中国社会科学院创新工程学术出版资助项目

国家社科基金重大特别委托项目
西南边疆历史与现状综合研究项目·研究系列

中国社会科学院创新工程学术出版资助项目

国家社科基金重大特别委托项目
西南边疆历史与现状综合研究项目·研究系列

云南矿业开发史

杨寿川 / 著

社会科学文献出版社
SOCIAL SCIENCES ACADEMIC PRESS (CHINA)

总　　序

　　"西南边疆历史与现状综合研究项目"（以下简称"西南边疆项目"）为国家社科基金重大特别委托项目，由全国哲学社会科学规划办公室委托中国社会科学院科研局组织管理。"西南边疆项目"分为基础研究和应用研究两个研究方向，其中基础研究类课题成果结集出版，定名为"西南边疆历史与现状综合研究项目·研究系列"（以下简称"西南边疆研究系列"）。

　　西南边疆研究课题涵盖面很广，其中包括西南区域地方史与民族史等内容，也包括西南边疆地区与内地、与境外区域的政治、经济、文化关系史研究，还涉及古代中国疆域理论、中国边疆学等研究领域，以及当代西南边疆面临的理论和实践问题等。上述方向的研究课题在"西南边疆项目"进程中正在陆续完成。

　　"西南边疆研究系列"的宗旨是及时向学术界推介高质量的最新研究成果，入选作品必须是学术研究性质的专著，通史类专著，或者是学术综述、评议，尤其强调作品的原创性、科学性和学术价值，"质量第一"是我们遵循的原则。需要说明的是，边疆地区的历史与现状研究必然涉及一些敏感问题，在不给学术研究人为地设置禁区的同时，仍然有必要强调"文责自负"："西南边疆研究系列"所有作品仅代表著作者本人的学术观点，对这些观点的认同或反对都应纳入正常的学术研究范畴，切不可将学者在研究过程中发表的学术论点当成某种政见而给以过度的评价或过分的责难。只有各界人士把学者论点作为一家之言，宽厚待之，学者才能在边疆研究这个颇带敏感性的研究领域中解放思想、开拓创新，惟其如此，才能保证学术研究的科学、公正和客观，也才能促进学术研究的进一步深入和不断繁荣。

自 2008 年正式启动以来，中国社会科学院党组高度重视"西南边疆项目"组织工作，中国社会科学院原副院长、"西南边疆项目"领导小组组长江蓝生同志对项目的有序开展一直给予悉心指导。项目实施过程中，还得到中共中央宣传部、全国哲学社会科学规划办公室、云南省委宣传部、广西壮族自治区党委宣传部、云南省哲学社会科学规划办公室、广西壮族自治区哲学社会科学规划办公室以及云南、广西两省区高校和科研机构领导、专家学者的大力支持和参与，在此一并深表谢意。"西南边疆研究系列"由社会科学文献出版社出版，社会科学文献出版社领导对社会科学研究事业的大力支持，编辑人员严谨求实的工作作风一贯为学人称道，值此丛书出版之际，表达由衷的谢意。

"西南边疆研究系列"编委会

2012 年 10 月

目　　录

下篇　近代云南矿业开发

序

　　1951 年，时年 12 岁的我，因家境突然发生困难而被迫辍学，离开石屏前往个旧"走厂"。经人介绍到个旧城区下河沟一家名叫"蕴发祥"的私营锡矿当童工，主要工作是挑塘、打扒子和浇泥浆。后来幸得姐姐鼎力支持，才又恢复学业。两年多的矿工生活，让我对锡矿产生了挥之不去的情结。

　　1964 年，我从云南大学历史系毕业后，被分配到云南省博物馆工作。此间，我接触了大量发掘出土的青铜器，并知道了青铜合金的锡来自个旧、铜来自东川，还知道了滇铜、滇锡在历史上都曾经有过极盛之时。这使我对古代云南的铜、锡开发产生了浓厚的兴趣。

　　1978 年，我被调回云南大学历史系任教，主要讲授明清史，并以中国经济史作为研究方向。遴选为硕士、博士研究生导师后，我的研究方向集中在云南地方经济史方面。于是，云南矿业史便成为主要研究选题，从 1981 年开始先后发表了有关云南矿业史以及滇金、滇银、滇铜、滇锡的论文若干篇（均收入拙著《云南经济史研究》，云南民族出版社，1999）。这是我对云南矿业史进行研究的开始。

　　一直以来，我十分关注云南矿业的发展，并从未间断地积累相关的资料，意在有生之年撰写一本云南矿业史。我的初衷与愿景是，向社会奉献一部全面、系统论述云南矿业开发历史的专著，并努力使之成为史料丰富、条理清晰、分析深入、观点鲜明、能经受时间考验的学术著作；以此诠释"云南——有色金属王国"的由来，凸显历史上云南矿业开发对国家作出的重要贡献，彰显历史上云南人民在矿业开发中表现出来的艰苦卓绝的精神；同时，希望今人和来者从本书中记取历史经验与教训，更加科学有效地推进云南的矿业开发。

2009年，我的夙愿有幸得到国家社会科学研究基金"西南边疆项目"的立项支持，于是便以《云南矿业开发史》为课题，启动了全面、系统的研究工作。经过近三年的努力，一部50余万字的《云南矿业开发史》已撰写完成。

《云南矿业开发史》分为古代篇和近代篇。古代篇始于晚商时期（公元前11世纪），迄于清道光二十年（公元1840年）；近代篇始于1840年，终于1949年，即从鸦片战争爆发至新中国成立。从开始到结束，本书涉及的时间大约3000年。古代篇分为7章30节，近代篇分为8章23节；本书最后列有主要参考文献，并附录了历史上云南金属矿产分布表。这是一部结构严密的学术著作。

《云南矿业开发史》的古代篇论及铜、锡、铅、金、银、铁、锌7种金属矿产的开发，近代篇则扩大为12种金属矿产，即金、银、铜、铁、锡、铅、锌、钨、锑、钴、锰、铝。换言之，本书对"云南——有色金属王国"形成过程进行了全面、系统的研究。

矿业史是经济史的一个组成部分。经济史的主旨是研究历史上生产力与生产关系的矛盾运动及其规律，因此矿业史自然要研究矿业生产力与生产关系的发展演变进程。本书对云南古代与近代矿业的论述，涉及矿产的地理分布、生产方法、生产技术和生产管理、经营方式、产量与成本、市场与营销、矿业开发与社会经济发展等，还涉及历朝历代政府的监管及其实施的"矿政"等。细心的读者将会发现，《云南矿业开发史》不同于一般的"冶金史"或"矿业史"，它是一部以经济史的理论与方法进行研究、充分体现经济史主旨的矿业经济史，是一部真正意义上的矿业开发史著作。这应当是本书最显著的特征。

读罢《云南矿业开发史》，读者们会看到云南的矿业及其开发具有如下若干突出的特点。

一是矿产种类的多样性。云南矿产种类的多样性，在古代及近代已经为人所知。古代曾开发过金、银、铜、铁、锡、铅、锌7种金属矿产，而近代增为12种，除古代已知的7种外，又先后开发了钨、锑、钴、锰、铝 5 种。经查阅《中国古代矿业开发史》及《中国近代工业史》等有关著述，在古代和近代，云南省已经发现并进行开发的矿产种类远多于其他各省，在当时已是一个矿产种类较多的省份。对此，清代乾隆时在滇为官十余载的吴大勋在其《滇南闻见录》中已有所认识："滇之山大半多产矿砂，凡金、银、铜、铁、铅、锡、朱砂、硝黄之属，所在多有。"近代学者何瑭的认识则更深刻一些，他在《云南矿产》中写道："云南正当横断山脉之冲，山岳多而平地少，且地质构造复杂，断层折皱特多，火成岩之侵入历历皆是。故各种矿产极富，而以金属矿产为尤丰"；全省有产地可稽的"金属矿产则有铁、铜、金、铅、锌、银、锡、钨、锑、汞、钴、锰、铋等十三种"。可见，云南矿产多样性的特点，早已为人们所认知。

二是矿产开发的持续性。根据目前的考古发现，云南的矿业开发大约始于公元前 11 世纪的殷商时期（也有学者认为始于约公元前 16 世纪的商代早期）。此后历经西周、春秋战国，直至元、明、清及民国时期，大约三千余年间，云南的矿业开发从未间断过，更不曾停止过。不仅如此，在这漫长的岁月中，人们还不断发现新的矿种及新的产地，开发的矿产种类随之不断增加，而生产规模也不断扩大。云南矿产开发的持久性由此可见。

三是矿业发展的阶段性。从殷商至民国三千余年的历史长河中，云南矿业发展显示出鲜明的阶段性特点。殷商时期至西汉末年，主要发展的矿业是铜、锡及铅，其产品是举世闻名的青铜器。南诏大理国时期，主要发展的矿业是铁与金，前者是为了适应农耕与战争的需要，后者是为了满足王室、贵族的享受和因应对外贸易之需。有元一代，黄金与白银是云南矿业开发的重点。黄金主要用来满足元蒙统治者和王公贵族的贪欲，另外，黄金的货币功能也更加凸显。当时，白银已成为纸币发行的准备金即"银本"，这是重点发展银业的主要原因。明代是云南矿业大开发的时期，对金、银、铜、铁、锡、铅、锌 7 种金属矿产都进行了开发，但其中以白银生产为重点。当时滇银大发展的主要动因是银本位货币制度和"计亩征银"赋役制度已逐步确立，从而极大地拓展了白银的使用范围并极大地增加了白银的需求量。清代前期，是云南矿业大开发的另一重要时期，对金、银、铜、铁、锡、铅、锌都进行了开发，其中对铜与银进行了更大规模的开发。滇铜大发展的主要原因，一是铸造制钱的需要，二是清廷对铜政的扶持，三是矿商的积极经营。滇银大发展的主要原因与上述明代情况大体相似。民国时期开发的矿产多达 12 种，即金、银、铜、铁、锡、铅、锌、钨、锑、钴、锰、铝，但其中执牛耳者乃是滇锡。滇锡的崛起成为当时享誉中外的一件盛事。寻求滇锡大发展的原因，主要是世界市场的需要，其次是铁路运输的改善以及生产中采用新法等。由上所述，可知云南矿业开发，在不同的历史时期，发展的矿业均因不同的社会需要和市场需求而有所不同，其阶段性特点显而易见。

四是优势矿业的领先性。云南矿业开发史上，金、银、铜、锡四种金属矿产都曾盛极一时，其产量均领先于其他各省。元代，云南产金之所达 15 处之多，文宗天历元年（1328 年）滇金产量达 30673 两，占全国总产量的 37.60%，即 1/3 强，超过其他产金各省。云南成为位居全国第一的黄金大省。明代，云南经常生产的银场约 30 个，滇银产量在全国总量中，除成化九年（1473 年）占 50% 以外，其他大多数年份均占 60% 以上，最高达 99%。明代著名学者宋应星在其《天工开物》中称："然合八省所生，不敌云南之半。"显然，云南成为独占鳌头的产银大省。清代前期，滇铜开发进入前所未有的鼎盛时期。乾隆至嘉庆中叶，经常生产的铜厂有 30～40 个，汤丹、宁台、碌碌、得宝坪等是闻名遐迩的大铜厂，此间滇铜产量大致稳定在年均 1100 万斤左右，有几个年份甚至高达 1300 万～1400 万斤，基本上保证了全国铸钱工业对铜料的需要。同期，云南先后开采的银厂有 45 个，其中有茂隆、乐马、石羊、安南、回龙、棉花地、个旧七大银厂。乾隆前期，每年产银多达 100 余万两，这是当时其他产银各省望尘莫及的。清人檀萃在《滇海虞衡志》中称："昔滇银盛时，内则昭通之乐马，外则永昌之茂隆，岁出银不赀，故南中富足，且利天下。"民国年间，滇锡迅速崛起，个旧矿区有各种大小厂尖 1000～5000 户；滇锡产量年均七八千吨，有的年份甚至超过万吨。滇锡成为全国之冠，并居于世界第五位。由上所述，元代的滇金、明代的滇银、清代前期的滇铜与滇银及民国时期的滇锡，均在全国居于领先地位，对国家的发展作出了重要贡献，成为我国矿业开发史上闪烁光辉的篇章。

五是矿业开发的重要性。商代，随着铜、锡矿产的开发，云南社会已从蛮荒迈向文明，即从石器时代跨入青铜时代。先秦至汉晋时期，云南铜、锡等矿产开发和青铜器铸造取得突出成就。青铜器广泛用于耕作之中，大大推动了农业生产的发展，同时促进了农业与手工业的分工。存在于春秋至西汉末年的滇国，其农业和手工业都有了巨大发展，甚至出现了用作交换媒介的贝币。南诏大理国时期，随着铁矿的大量开发，一些优质铁器被制造出来，并广泛用于生产之中；特别是铁制犁铧普遍用于农耕，"二牛三夫"耕作技术随之出现，大大促进了农业生产的发展。此外，当时生产的黄金，已作为商品用于内外贸易之中。元代，金、银、铜、铁等矿产品均作为商品进入市场交易，促进了手工业与商业的发展，一些城镇因此而繁荣起来，如押赤（今昆明）已成为一个"商工甚众"的大城市。明代，云南矿业大开发不仅增加了社会财富，而且推动了全国和云南社会经济的发展。从全国而言，滇金供给明廷享用，滇银供给市场流通、滇铜供给铸造制钱；从云南而言，首先是推动商品经济发展、其次是推动城镇工商繁荣、再次是推动"屯田之制"开展和农业生产发展。清代前期，滇铜每年以1100万斤供给全国铸钱，为铸钱工业作出重大贡献；滇铜大开发增加了云南地方财政收入，带动了云南其他矿产的开发以及交通发展与山区开发，促进了农业生产的发展与人力资源的增加及变化等。滇银大开发，"上充国课，下裕民生"；"南中富足，且利天下"。全国市场上流通的白银大多来自于云南，滇银在货币领域中独占鳌头。滇银大开发，还促进了云南山区经济与民族经济的发展。近代，滇锡异军突起，它是当时中国矿产出口的大宗、云南出口贸易的最大支柱、云南财政收入的主要来源；抗战期间，滇锡还作为先后两次向美国借款的抵偿品；此外，滇锡大开发，还带动了云南工矿业的发展和个旧的兴起与繁荣等。

读过《云南矿业开发史》，读者们还会发现在云南矿业开发的历史进程中，存在如下若干值得认真思考与研究的带有规律性的问题。

其一，畸形发展的矿业。自商周以来，云南社会经济发展一直处于滞后状态。前资本主义诸社会形态长期存在，直到新中国成立以前，一些偏远山区甚至还处在原始社会阶段。社会生产力水平低下，经济发展缓慢，农耕技术落后；加之山多田少，粮食基本不能自给。此外，由于山高路远、江河阻隔，云南的交通闭塞，运输条件极其艰险。云南矿业开发就是处在上述社会及经济环境之中，社会生产力的不适应性或局限性表现得十分突出：一是矿产资源大多分布在偏远山区，道路崎岖漫长，矿产品全靠人挑马驮，运输极其艰难；二是粮食供应困难，几十万矿工进入山区后，粮食缺乏的问题甚为严重，清代靠"川米"，近代靠"东京米"（越南河内大米），也常常发生供不应求的困难。简言之，社会生产力的发展不适应矿业的大规模开发，在古代尤其突出，到了近代虽有所缓解，但也未得到根本改善。因此，我们认为古代和近代的云南矿业是"一枝独秀"畸形发展的产业。

其二，千年不变的土法。在我国古代，矿产开发一直采用"土法"。这种情况，在云南表现得尤为突出，即不仅在古代，甚至到了近代，也仍然沿用土法，从未有过改进，遑论进行改良。这种土法的特点是：生产工具笨拙，生产技术原始，矿场范围狭小；找矿全凭经验和"运气"，开采全靠人力挖凿，运输全由人背、人挑，矿硐内通风和排水设施十分缺乏，选矿和冶炼的设备和技术都极其简陋等。采用土法，效率低、成本高，自不待言。采用土法，完全是一种粗放式的开发，对矿产资源造成的破坏，也自不待言。3000多年来一直沿用土法，盖因长期封闭、因循守旧所致。直至20世纪初叶，个旧锡务公司、东川矿业公司等才先后采用新法，从国外购置机器、引进技术、延聘技师，实现了部分生产流程的半机械化和机械化。然而，民营矿业，依旧一以贯之地沿用土法，直到新中国成立之初，仍然如此。

其三，变化多端的矿政。在古代，皇帝有关矿业的谕旨、诏令以及朝廷与地方政府对矿业实施的方针政策，称之为"矿政"。当时皇帝的一道诏令，即能决定矿产或开或闭。明初，太祖朱元璋认为，开矿是"结聚为患"，"固非善政"，坚决予以禁止。宪宗则认为"银课乃国家重务，无容停止"。世宗、神宗更是认定开发矿产"有益于国"，"以济国用"，而放开了矿产的采冶。清初，康熙帝有时主张开矿，有时又主张封禁；雍正帝继承封禁主张，在全国厉行矿禁政策。然而，乾隆帝登基的第二年（1737年）即全面开放矿禁，因为他认为矿产乃"天地间自然之利，可以便民，何必封禁乎？"此后，历代帝王都不再禁止开矿。由此可知，明清两代对于矿业是时禁时开，但总的趋势是逐渐放开，以开发更多的矿产。在矿业开发的经营方式上，官办或民办不断变化，元代实行官办与民办并行，以官办为主的政策。明初沿袭元制，也实行官营与民营兼行的政策；但迄于宣德十年（1435年），宣宗"诏罢金、银、铜各官矿，令民得自采炼"。这实际上开启了明代中期矿业开发以民营为主的时代。清代一开始便实行"听民采取"的政策，即完全放开由民间经营，放弃了官营矿业的方式。由此可知，在经营方式上，虽然不同的历史时期有所变化，但总的趋势是从官办、官办与民办并行逐渐演变为民办。明代学者丘濬对官办与民办的利弊作了很好的评断："山泽之利，官取之则不足，民取之则有余。"其中的深刻含义值得体味。古代矿政的变化还表现在矿课征收的数额方面。以银课为例：元代民办银矿交纳的银课先是1/10，后改为2/10；明代，洪武时较轻，永乐、宣德后逐渐增加，大抵以30%为常制；清代，银课税率先是20%，后改为15%，大抵以15%为常制。可见，元明清三代的银课税率，明代高于元代和清代，元代高于清代，三代中清代最低。由此可知，古代中央朝廷实施的矿课，虽然历代对其税率都有所调整改变，但总的趋势是逐渐降低、减轻。此外，古代矿政的变化还反映在政府管理矿业的方式、投资矿业的方式以及收购矿产品的方式等方面，这在历朝历代都有所变化。至于古代矿政何以屡屡发生变化，主要是由于当时社会的或经济的原因所致。

其四，盲目开发的恶果。云南历史上矿业开发的盲目性极其突出。大凡哪里发现矿苗，人们就会蜂拥而至，不顾一切地乱开乱挖，要到挖出了矿石（矿砂），才"陈之官"（向政府报告）。政府查明无碍，准予开采后，也是无序地进行挖采，对矿产资源的破坏，仍无法加以阻止。古代一些文献上所说的"硐老山空"，实际上就是盲目开发带来的后果。此外，由于一直采用土法，技术不精，采矿丢弃的"瘦壃"、洗选流走的"尾矿"和冶炼抛弃的"锛渣"都还含有一定数量的金属，从而又造成了矿产资源的巨大浪费。然而盲目开发造成的严重恶果，更突出地表现在对生态环境的破坏方面。在古代以及近代初叶，云南冶炼金属都以薪炭为燃料。为了满足冶炼需要，矿区周围广大地带的树木逐渐被砍伐殆尽。以东川铜矿业为例，乾嘉之时年产铜 1100 多万斤，按 100∶10000 的耗炭率计算，每年需炭 11000 余万斤；这 11000 余万斤炭，大约需要 33000 万斤树木才能烧成。每年要砍伐如此多的树木，年复一年，不知砍光了多少座青山，毁灭了多少片森林。随着植被和森林的消失，生态环境逐渐恶化，加之盲目开矿对山体的破坏，自然造成了水土流失和泥石流灾害。从嘉庆、道光时开始，东川及其附近广大地区即经常发生泥石流灾害。此后，泥石流灾害延续不断。直至新中国成立以来，泥石流暴发的次数之多、规模之大、危害之烈，远远超过以往任何历史时期。如今满目疮痍的东川，成了中国乃至世界泥石流最多发之地，被称为"世界泥石流天然博物馆"。盲目开发造成严重恶果，我们无法归咎于古人，却可警示来者。

由上所述，《云南矿业开发史》，是迄今云南矿业史研究中，从经济史视角进行研究的唯一著作；是迄今有关云南矿业史的著述中，最全面、最厚重也最深入的著作。此外，《云南矿业开发史》还是全国矿业史研究中，迄今并不多见的以一省为空间、全面系统研究其矿业开发史的著作。

《云南矿业开发史》的主要参考文献多达 148 种，涉及的编著者大约 200 多位。他们的著述，为本书提供了大量史料；他们的见解，对我的研究均有所启发。值此本书完稿之际，我谨向他们表示深切谢意。

《云南矿业开发史》是我在古稀之年写成的。我虽然已经作了很大努力，但书中疏漏之处仍在所难免。我期待着读者不吝指正。

是为序。

杨寿川　谨序

2012 年 8 月 30 日

上篇
古代云南矿业开发

古代历史文献中有关
云南矿产的记载

      云南大地构造处于欧亚、印度洋、太平洋三大板块的汇聚地带。由于各地质时期的构造活动频繁，沉积建造类型多样，多来源、多期次、多成因的成矿作用十分明显，从而形成了许多著名的矿床类型和丰富的矿产资源。[①]

      云南丰富的矿产资源及其开发利用的状况，很早就引起内地学者的关注，在许多历史文献，包括正史、政书、档册、实录、方志以及笔记文集中，都有或多或少的记载。

      先秦至汉晋时期，内地学者开始关注云南的金、银、铜、锡等矿产资源。战国末年韩非最先记载了"丽水之中生金"。[②]据顾观光《七国地理考》，"丽水"即今云南金沙江；又据向达《蛮书校注》，丽水即今云南大盈江上游。我国古代著名的唯物论哲学家、东汉初年的著名学者王充在其代表作《论衡·验符篇》中写道："永昌郡中亦有金焉，纤靡大如黍粟，在水涯沙中。民采得，日重五铢之金，一色正黄。"这是有关云南产金的又一重要记载。东汉大史学家班固在其《汉书》的《食货志》和

---

① 云南省地质矿产厅编撰《云南省志》卷 4 "地质矿产志"，云南人民出版社，1997，第 1 页。

② 《韩非子·内储说上》谓："荆南之地，丽水之中生金，人多窃采金。"见《韩非子》，云南大学出版社，2003，第 59 页。

《地理志》中，记载了"朱提银"（朱提，县名，今云南昭通市）；俞元（县名，今云南江川、澄江）出铜；律高（县名，今云南弥勒县南部）出锡、银、铅，贲古（县名，今蒙自、个旧一带）出锡、银、铅等。班固所记成为今天研究云南古代矿业最早、最翔实的史实。南朝刘宋史学家范晔在其《后汉书》的《西南夷列传》中称赞滇池区域"有盐池田渔之饶，金银畜产之富"，并记载了哀牢夷（今保山市怒江以西）出铜、铁、铅、锡、金、银等；又在《郡国志》中，记载了滇池（县名，今云南晋宁县东）出铁、俞元出铜、贲古出铜锡银、双柏（县名，今双柏新平易门一带）出银、不韦（县名，今施甸县）出铁、博南（县名，今永平县）出金等。东晋史学家常璩在《华阳国志》中专列《南中志》，将"南中"① 各郡县矿产一一加以记载：晋宁郡有"金银畜产之富"，朱提郡之堂螂县（今会泽、巧家、东川等县区）出银、铅、白铜，永昌郡产黄金、铜、锡，梁水郡之梁水县（今华宁）出铜，贲古县出银、铅、铜、锡等。北魏郦道元在其地理名著《水经注》中也谓：永昌郡有仓水出西南博南县，仓水出金沙，越人收以为黄金。以上所述说明，早在先秦、汉晋至南北朝时期，有关云南矿产的信息业已传至内地，一些著名学者在其著作中均一一记载了云南矿产资源的状况。这些历史文献成为我们今天研究云南矿业最早的也是最珍贵的资料。

唐宋至元明清时期，内地学者不仅留意云南的矿产资源，而且还关注云南矿业的生产方式以及政府实施征收矿课的情况。唐人樊绰在其《蛮书》（又名《云南志》）卷七"云南管内物产"中，记载了唐代南诏的矿产有"生金"、银、锡等，并简述了"生金"的生产及其产品"输官"的情况。宋代著名史学家欧阳修与学者宋祁合修《新唐书》，其中的《地理志》谓：姚州（今姚安县北）土贡麸金。宋人李石《续博物志》卷七谓：大理国境内之长傍诸山出生金、会同川银山出银矿、诺赕川有锡山出锡。宋濂《元史》《地理志》记载：元代经常开采的铜矿，分布在大理和澄江两地；威楚（今楚雄）、丽江、大理、金齿（今保山）、临安、曲靖、元江、乌撒（今贵州威宁、赫章县）、东川和乌蒙（今昭通）为

---

① 南中：常璩所谓"南中"，指今四川南部、云南和贵州地区。

"产金之所";威楚、大理、金齿、临安、元江为"产银之所";中庆（今昆明）、大理、金齿、临安、曲靖、澄江均产铁。该书《食货志》还记载天历元年云南省缴纳矿课的数额及同年全国矿课的总数，其中金、银课居全国之冠，铜课则只有云南缴纳。此外，《大元圣政国朝典章》还载：元代，中央设有"洞冶总管府"，各省设"诸路洞冶总管府""提举司"等矿业开发的管理机构等。

明代，记载云南矿业开发的历史文献较多，主要有《明史》《续文献通考》《明实录》《明一统志·云南布政司》《肇域志·云南志》《滇云历年传》《读史方舆纪要·云南纪要》及景泰《云南图经志书》、正德《云南志》和万历《云南志》、《天启滇志》和《滇略》等。这些史籍所载，涉及矿产分布、生产与产品、经营与管理、销售与市场等，其内容已较过去丰富了许多。

清代，记载云南矿业开发的历史文献更多，主要有《清史稿》《钦定大清会典事例》《清通典》《清文献通考》《清实录》《张允随奏稿》《岑襄勤公奏稿》《滇云历年传》《滇考》《滇海虞衡志》道光《云南志钞》及道光《云南通志》、光绪《云南通志》、《滇南闻见录》、《金厂行记》《云南铜志》、《清一统志·云南志》等。这些历史文献不仅详细记载了云南矿产的产地、生产、产量、经营、管理以及贸易等，而且记载了不同历史阶段云南矿业开发中的"矿法""矿务""矿政"，即中央与地方订立的制度和实施的政策。其中一些历史文献的著者就是曾在云南为官多年的府州官员乃至督抚大吏，他们为今天研究云南矿业开发史，留下了十分珍贵的第一手资料。

由上所述可知，云南虽然地处边陲，交通闭塞，然而其丰富的矿产资源及其利用开发的信息，却很早就通过各种渠道传到内地，而受到学者们的关注。从先秦时期直至有清一代，许多内地学者都在其著述之中，或详或略地记载了云南矿业的有关信息，几乎世代相沿，不曾或缺。这不仅反映了云南矿业开发的历史连贯性，而且也说明云南作为"有色金属王国"的形象早已形成于历史长河之中，为国人所共认。

此外，现代云南的考古发现，也提供了大量有关古代矿业开发的实物证据。《中国文物地图集·云南分册》统计，1955～2001年，全省16

个地州市中有 15 个发现青铜器，几乎遍布全省；有青铜器出土的遗址、墓葬、地点共 205 处。在已清理发掘的 48 处遗址和墓葬中，出土了各类青铜器 1 万余件，还出土了不少金、银、铁以及锡、铅等器具。[①] 这些发掘出土的金属文物，有生产工具、生活用具、兵器、乐器以及饰品等，它们反映了云南古代不同历史时期的社会经济面貌，也反映了当时矿业开发的实际状况，成为今天研究云南古代史和矿业开发史弥足珍贵的实物资料。

---

① 国家文物局主编《中国文物地图集》"云南分册"，云南科技出版社，2001，第 55 页。

第 二 章

商周时期：云南矿业
开发的发轫期

据《逸周书》等史籍记载，远在商汤之时，四方诸侯就前来贡献方物。南方产里、百濮等曾献上各种珍贵宝石、象牙、美丽的羽毛和"短狗"。西周初年，成周（今洛阳）举行一次大规模的朝献，又有"卜人"来献丹沙。前往商周王朝贡献方物的"百濮"和"卜"（濮）是分布在今江汉平原和云贵高原东部的一个古老族群。① 由此可见，早在商周时期，云南少数民族的先民已与中原地区的中央王朝有了一定联系。

第一节　剑川海门口遗址的发现——云南
青铜器时代的开端

1956 年，云南省剑川县甸南乡海门口村农民在修尾河时，发现了一个新石器晚期的文化遗址。遗址中出土了大批石器（石斧、石磷、石刀）、陶器、骨角器以及"干栏式"房屋建筑遗迹与碳化谷物；尤其重要的是，还出土了 14 件铜器，其中铜斧 4 件、铜镰 1 件、铜锥 1 件、铜夹子 1 件、铜凿 1 件、铜刀 1 件、铜镯 1 件、铜鱼钩 1 件、铜饰品 3 件。与

---

① 马曜主编《云南简史》，云南人民出版社，1991，第31页。

铜器一起出土的遗物还有两件用片麻岩制成的石范,是用来铸造铜斧的,说明这些铜器是当地生产的,并非来自外地。①

1978年,云南省文物考古研究所对剑川海门口遗址再次进行发掘。出土文物中,除大量石器、陶器、木器和骨角牙器外,又获铜器12件,其中铜斧1件、铜锥5件、铜镯3件、铜饰片1件、铲形铜器1件、残铜片1件。②

北京科技大学(原北京钢铁学院)冶金史组于1974年对剑川海门口遗址1956年所获14件铜器进行化学成分分析,结果是:铜斧、铜锥、铜镰、铜凿等9件含锡5%~10%之间,是为低锡青铜器;铜鱼钩、铜夹子、铜饰品等5件铜器含锡量仅1%左右,属于红铜器。1978年第二次发掘所获铜器未经合金成分分析,但被认为"可能与第一次出土的14件铜器相似,至少铜斧等生产工具应属于青铜制品"。③

关于剑川海门口遗址的年代,1972年,中国社会科学院考古研究所实验室对1956年遗址中的"干栏式"建筑底架进行放射性碳素测定,其时代为距今3115±90年,约公元前12世纪末,亦即商代晚期;树轮校正年代为公元前1335±155年,约当公元前14世纪,亦即商代前期。④1978年,对同一遗址第二次发掘所获木桩进行年代测定,其时代为距今2595±75年,树轮校正年代为2660±125年,约当公元前6世纪末,约当春秋中晚期。⑤

2008年,云南省文物考古研究所等对剑川海门口遗址进行第三次发掘,出土遗物约3000余件,有陶器、石器、骨器、牙器、木器、铜器等。其中铜器11件,即铜铃1件、铜刀1件、铜锥2件、铜凿2件、铜镞2

① 张增祺:《云南冶金史》,云南美术出版社,2000,第4~5页。
② 肖明华:《剑川海门口1978年发掘所获铜器及其有关问题》,载《云南青铜文化论集》,云南人民出版社,1991。
③ 张增祺:《云南冶金史》,第6页。
④ 中国社会科学院考古研究所:《放射性碳素测定年代报告(2)》,《考古》1972年第5期。
⑤ 中国社会科学院考古研究所实验室:《放射性碳素测定年代报告(17)》,《考古》1990年第7期。

件、铜镯 3 件。据初步分析、推测，这些青铜器的年代距今 3800 ～ 2500 年。①

考古学家认为，剑川海门口遗址出土的青铜器，是"云南目前发现的最早一批青铜器"，② 属于云南"青铜时代初期"。③ 海门口遗址"不仅上承了新石器文化，还下承了青铜文化"，"开创了云南青铜文化的新纪元。""滇西剑川及其周围一带地区，当是云南青铜文化的发源地，至少从商代初期开始，就进入了铜器时代"。④

由上所述，云南剑川海门口遗址先后三次发掘出土的铜器证明，大约早在公元前 14 世纪，云南西部地区已经开采铜矿，并将冶炼而成的铜料用来制造生产工具、兵器以及饰品等。换言之，考古发现证明，云南矿业史的开端可以追溯至距今 3300 年以前的商代前期。显而易见，关于云南矿业开发的历史，考古发现远远早于历史文献的记载。

第二节　商周青铜器的矿料来自云南

自 20 世纪末叶以来，我国科技史学者运用相关科学技术方法来研究商周青铜器的矿料来源问题，并取得了重大突破。其中有成果显示：晚商墓中出土的部分青铜器的铜料很可能来自云南。

1984 年，中国科学技术大学自然史研究室金正耀运用铅同位素比值检测法，⑤ 对殷墟妇好（商王武丁的妻子）墓出土的 12 件青铜器进行研究。1987 年，金正耀正式发表了其研究结论，认为"妇好墓 12 件样品中进入 I 匠区（即铅同位素分布场）的 4 件，其中的铅来自云南永善金沙厂"。⑥

---

① 云南省文物考古研究所等：《云南剑川县海门口遗址第三次发掘》，《考古》2009 年第 8 期。
② 张增祺：《云南冶金史》，第 5 页。
③ 王大道：《云南剑川海门口早期铜器研究》，《中国考古学会第四次年会论文集》，文物出版社，1983。
④ 肖明华：《剑川海门口 1978 年发掘所获铜器及其有关问题》，《云南青铜文化论集》，云南人民出版社，1991。
⑤ 关于铅同位素比值检测法：美国 R. H. Brill 和 J. M. Wampler 从 1967 年开始应用铅同位素比值方法，研究古代玻璃的原料产地，其后也测定了大量古代青铜等含铅样品，探讨它们和矿山产地的联系。关于这一检测法的基本原理详见张增祺著《云南冶金史》第 11、12 页。
⑥ 金正耀：《晚商中原青铜的矿料来源研究》，《科学史论集》，中国科技大学出版社，1987。

这就是说，妇好墓中出土的部分青铜器的矿料来自今永善县金沙厂一带的矿山。据有关地方志书记载：永善县矿产资源丰富，主要有铜、银，也产金、铅等。以铜、铅言之：铜矿方面，历史上先后开采的较大铜厂主要有梅子沱厂、小岩坊厂，此外还有一些较小的铜厂，如马旺沟厂、铜厂湾厂、沙河厂、雪山厂、新寨厂、龙家沟厂、铜产河厂以及绍威溪厂等。铅矿方面，金沙厂系多金属共生矿，在其提炼银矿之余，还提炼铅矿。[①] 由此可见，永善县铜矿资源甚为丰富，其铜产品完全有可能运往中原以供铸造青铜器。

1993 年，云南省社会科学院历史研究所李晓岑在金正耀研究的基础上，对有关的 684 个铅同位素数据进行了研究，发现与永善县金沙厂和洛红厂铅同位素比值相近的矿区还有巧家、昭通、新平、元谋，而以永善、巧家的铅同位素比值最低，即 Pb^{206} 与 Pb^{207} 的比值分别为 0.74 与 0.75。这种低比值的铅同位素称为"异常铅"，在中国其他地方还未发现过。因此，通过这种云南独有的异常铅作为"示踪元素"或"示迹指纹"，即可推知我国古代青铜器原料是来自云南还是其他地方。据此，李晓岑根据美国学者 E. V. Sayte 等人对中国商周 327 件青铜器的测试报告，认为基于这些铅同位素比值的特征，"我们发现不仅商代，而且西周、东周中原地区部分青铜器的矿质也来自云南，但这种云南矿质是随时间推移逐渐减少的。减少的原因推测是由于商周以后靠近中原一带的矿产已被开发（比如湖北铜绿山铜矿及安徽南陵铜矿等）"。[②]

金正耀和李晓岑运用铅同位素比值检测法得出的结论，即认为商周部分青铜器的矿料来自云南，这是近年来科技史和冶金史研究领域的一个重大突破。由于这一研究方法具有明显的科学性，故其结论亦应有一定的真实性。当然，他们的结论最后成为定论，尚待更多的研究成果来加以证实。

---

① 云南省文史研究馆：《云南矿产历史资料汇编》第五章"昭通专区"第八节"永善县"，1959，手抄本。

② 李晓岑：《商周中原青铜器矿料来源的再研究》，《自然科学史研究》1993 年第 3 期。

第三节　古蜀国青铜器的矿料来自云南

1986 年，四川广汉三星堆遗址发现两个大祭祀坑，从中清理出大批青铜器以及金、玉、石、骨、陶、象牙等质料的文物。青铜器中，有大型立人像、跪坐人像、人头像、人面像、太阳器、爬龙柱形器、虎形器、树座以及罍、尊、盘、器盖等。考古学家们认为，三星堆青铜器是古蜀国时期的遗物，其一号坑的时代为"殷墟一期"①（即公元前 14 世纪前后），二号坑为"殷墟晚期"②（公元前 11 世纪左右）；三星堆遗址的时代距今 3100～3300 年，相当于商代前期至商周之际。

三星堆青铜器的矿料来自哪里？不少学者进行了分析研究，最后结论都是来自云南。

四川师范大学巴蜀文化研究中心的段渝认为："云南自古富产铜矿、锡矿；早在商代，中原商王朝就已经大量地从云南输入铜、锡，作为青铜器制作的原料。蜀与滇相邻，蜀地固然有其铜矿，但商代是否开采，目前还没有确切材料予以说明，而锡却必须仰给于蜀境以外。除了东方的长江中游地区可能是蜀国青铜矿料的供应地外，云南铜矿、锡矿，当是古蜀王国青铜原料的最大来源。古蜀国青铜器合金成分与滇文化青铜器比较接近，显然与其矿产地和矿料来源有关。蜀、滇两地都曾使用贝币，为大宗的金（铜）锡交易提供了相同的等价物，是一个十分有利的条件。"③

四川省文史研究馆屈小强等也认为："云南自古富产铜、锡矿石。……据四川省文物考古研究所测定，三星堆青铜器中的铅，就是取之于云南的。大概其铜、锡原料也离不开这条供应途径。蜀滇青铜器合金成分比

① 四川省文物管理委员会等：《广汉三星堆遗址一号祭祀坑发掘简报》，《文物》1987 年第 10 期。

② 四川省文物管理委员会等：《广汉三星堆遗址二号祭祀坑发掘简报》，《文物》1989 年第 5 期。

③ 段渝：《三星堆古蜀文明与南方丝绸之路》，肖先进主编《三星堆研究》第二辑，第 38 页，文物出版社，2007；段渝：《四川通史》第 1 册，四川大学出版社，1993，第 146 页。

较接近，足以说明这个问题。"①

金正耀等对三星堆祭祀坑出土的青铜器的铅同位素比值进行了研究，结论是："三星堆遗物坑青铜器所含之铅属一种十分罕见的高放射性成因铅类型"，"在现代地质科学研究资料方面，已知数处矿山有较高放射性成因铅，都在滇东黔西地区"。② 又，金正耀等对来自三星堆、安阳殷墟、湖北盘龙城和江西新干大洋州的商代青铜器元素进行分析，认为其中所含高放射性成因铅，最接近今昭通市永善金沙、鲁甸乐珙、巧家东坪矿的铅。③

以上研究均认为三星堆青铜器的矿料来自云南，其中铜、铅来自滇东的永善、鲁甸、巧家等地。至于青铜器中的锡料则很可能来自云南的主要锡产地——个旧。

当时，云南的铜、锡、铅是怎样运往古蜀国的？近年来，考古学和历史学界对南方丝绸之路的研究，揭示了古代云南北上进入四川和中原地区的通道走向。原来历史上著名的"蜀身毒道"即今人所称的南方丝绸之路，国内的起点是成都，向南分为东、西南路。其中东路从成都南行至今乐山、犍为、宜宾，再沿五尺道经大关、昭通至曲靖。滇、蜀间的五尺道，《史记》称为秦代开辟的官道，但《汉书》则称秦以前已开通，秦代仅为整修。④ 由此看来，商周时云南输往四川，再由四川输往中原的铜、锡、铅产品，最近的走向就是从永善出发，渡过金沙江至宜宾，北上至犍为，再至乐山，最后至成都。

由上所述可知，商周时期是云南矿业开发的发轫期。随着铜、锡矿产的开发以及青铜器的制造与实用，云南社会已从蛮荒迈入了文明，即从石器时代跨入了青铜时代。此外，当时云南生产的铜、锡产品还运往古蜀国与中原地区，成为其制造青铜器的主要矿料来源，从而密切了云南与内地的经济文化联系。

---

① 屈小强、李殿元、段渝主编《三星堆文化》，四川人民出版社，1993，第550页。
② 金正耀、马渊久夫、Tom Chase、陈德安、三轮嘉六、平尾良光、赵殿增：《广汉三星堆遗物坑青铜器的铅同位素比值研究》，《文物》1995年第2期。
③ 金正耀：《商代青铜器高放射成因铅、原料的产地问题——答斋藤努博士》，《中国文物报》2003年1月17日。
④ 墨渝：《三星堆古蜀文明与南方丝绸之路》，《三星堆研究》第二辑，文物出版社，2007，第36页。

|第|三|章|

先秦至汉晋时期：云南矿业
开发的初盛期

先秦至汉晋时期，云南与内地的联系进一步加强。约在周赧王二十九年（公元前286年），楚顷襄王遣将军庄王滇。秦王政二十六年（公元前221年），秦始皇派常颐整修"五尺道"，又在"西南夷"地区置吏。汉代先后设置益州郡和永昌郡，将云南纳入中央王朝的直接统治范围。三国时期，蜀汉诸葛亮南征，旋即平定南中。西晋、东晋王朝设立宁州，使云南成为中央直接统治的一个大行政区。

从春秋至东汉初，云南经历了"滇王国"治理的时期。其间，社会经济发展较快，农业、畜牧业、手工业都有较大发展，尤其是随着铜、锡等矿产的发现与开发，青铜冶铸业获得了巨大成就。这一时期考古学家称为云南的青铜时代。

第一节 铜锡铅矿产的分布与开发

铜矿在世界上分布比较广，锡矿则分布在很少的地区。云南是兼产铜、锡的地区，这在世界范围内并不多见。关于云南出产铜、锡的记载，最早见于1900余年前成书的《汉书·地理志》。西汉武帝元封二年（公元前109年）在今云南以滇池区域为中心的地区设益州郡，郡下设24县，

表3—1 汉晋时期云南铜、锡、铅矿产分布

金属种类	时代	产地郡县	产地今名	文献记录	文献根据
铜	西汉	益州郡俞元县	澄江,江川,玉溪	"俞元......怀山出铜"	《汉书·地理志》
	西汉	益州郡来唯县	南涧(一说文山)	"来唯,从山出铜"	《汉书·地理志》
	东汉	益州郡俞元县	澄江,江川,玉溪	"俞元,装山出铜"	《后汉书·郡国志》
	东汉	益州郡贲古县	蒙自,个旧	"贲古,采山出铜,锡"	《后汉书·郡国志》
	东晋南朝	犍为属国朱提县	昭通,鲁甸,永善	"朱提,山出银,铜"	《后汉书·郡国志》
	东晋南朝	哀牢	保山市怒江以西	"出铜、铁、锡、铅、金、银"等	《华阳国志·西南夷列传》
	东晋南朝	朱提郡堂螂县	巧家,会泽,东川	"堂螂......出银,铅,白铜"	《华阳国志·南中志》
	东晋南朝	永昌郡	保山,德宏,临沧等地	"出铜,锡"	《华阳国志·南中志》
	东晋南朝	梁水郡梁水县	华宁(一说开远)	"梁水县,......有振山,出铜"	《华阳国志·南中志》
	东晋南朝	梁水郡贲古县	蒙自,个旧	"贲古县,山出银,铅,铜,锡"	《华阳国志·南中志》
锡	西汉	益州郡律高县	通海,曲溪(一说弥勒南部)	"律高,西石空山出锡"	《汉书·地理志》
	西汉	益州郡贲古县	蒙自,个旧	"贲古,北采山出锡,......南乌山出锡"	《汉书·地理志》
	东汉	益州郡律高县	通海,曲溪(一说弥勒南部)	"律高,石空山出锡"	《后汉书·郡国志》
	东汉	哀牢	保山市怒江以西	哀牢"出铜、铁、锡、铅、金、银"等	《后汉书·西南夷列传》
	东汉	永昌郡	保山,德宏,临沧等地	"出铅,锡"	《华阳国志·南中志》
	东晋南朝	兴古郡律高县	通海,曲溪(一说弥勒南部)	"律高县,西有石空山,出锡"	《华阳国志·南中志》
	东晋南朝	梁水郡贲古县	蒙自,个旧	"贲古县,山出银,铅,铜,锡"	《华阳国志·南中志》
铅	西汉	益州郡律高县	通海,曲溪	"律高,东南鲢町山出银铅,铅"	《汉书·地理志》
	西汉	益州郡贲古县	蒙自,个旧	"贲古,......西羊山出银铅,铅"	《汉书·地理志》
	东汉	益州郡律高县	通洛,曲溪	"律高,鲢町山出银铅,铅"	《后汉书·郡国志》
	东汉	益州郡贲古县	蒙自,个旧	"贲古,......羊山出银铅,铅"	《后汉书·郡国志》
	东汉	哀牢	保山市怒江以西	哀牢"出铜、铁、锡、铅、金、银"等	《后汉书·西南夷列传》
	东晋南朝	朱提郡堂螂县	巧家,会泽,东川	"堂螂......出银,铅,白铜"	《华阳国志·南中志》
	东晋南朝	梁水郡贲古县	蒙自,个旧	"贲古县,山出银,铅,铜,锡"	《华阳国志·南中志》

其中有三县出产铜、锡、银、铅。《汉书·地理志》这样记载：益州郡，"律高，西石空山出锡，东南賁町山出银、铅"；"贲古北采山出锡，西羊山出银、铅，南乌山出锡"；"来唯从山出铜。"后来，《续汉书·郡国志》也载：益州郡，"俞元装山出铜；律高石室山出锡，賁町山出银、铅；贲古采山出铜、锡，羊山出银、铅"；又犍为属国"朱提，山出银、铜"。《后汉书·西南夷列传》也载：哀牢（今保山市怒江以西）"出铜、铁、铅、锡、金、银"等。《华阳国志·南中志》又载：朱提郡"堂螂县因山名也，出银、铅、白铜"；永昌郡"出铜、锡"；梁水郡"梁水县，郡治，有振山，出铜"；"贲古县，山出银、铅、铜、锡"；兴古郡，"律高县，西有石空山，出锡；东南有賁町山，出银"。以上《汉书》、《续汉书》、《后汉书》、《华阳国志》所记汉晋时期，云南铜、锡、铅的产地与今地名，兹列表以明之（见上页表3-1）。

表3-1显示，汉晋时期云南铜矿分布在8个县（其中哀牢和永昌郡姑且作一个县计算），有8个矿点；锡矿分布在4个县，5个矿点；铅矿分布在4个县，4个矿点。这些矿点散布在滇中、滇南、滇西和滇东北地区。这说明早在汉晋时，云南已是全国重要的铜、锡、铅产地。据文献记载，汉晋时全国产铜之地除云南外，尚有山西运城洞沟、安徽丹阳（宣城）、浙江海盐章山（安吉）、新疆难兜和姑墨、四川邛都（西昌）、灵关（芦山）、国徙（天全）、严道（荥经）、青衣（雅安），江苏徐州铜山、河南陕县铜青谷、王屋山，山东益都、历城，陕西商州以及湖北大冶等。可见，云南8个县、89个矿点出产铜矿，远多于其他各省。全国产锡之地除云南外，仅有湖北郧西和湖南长沙两地产锡，而云南产锡之地有4处，也居于全国之首。全国产铅之地除云南外，只有新疆龟兹。[①]由上可知，早在汉晋时期，云南已盛产铜、锡、铅矿，其产地之多远在其他各省之上，"有色金属王国"的地位从此逐渐形成。

根据上述剑川海门口青铜器遗址的发现、晚商墓葬与三星堆青铜器铅同位素比值的测定和《汉书·地理志》的记载，从商代后期至西汉时

---

① 以上详见夏湘蓉、李仲均、王根元编著《中国古代矿业开发史》，地质出版社，1980，第45、47、61、62、66、67页。

期，云南一直出产铜矿，同时也可能出产锡矿和铅矿，即今滇东永善一带、澄江、江川、玉溪、南涧（一说文山）产铜，通海、曲溪（一说弥勒南部）、蒙自、个旧产锡和铅。当时，大量的铜、锡、铅产品被开采出来，并熔炼成青铜（铜锡合金或铜、锡、铅合金），进而用青铜来制作各种青铜器。

自 1955 年以来，先后在晋宁、安宁、呈贡、东川、路南、江川、玉溪、澄江、富民、官渡、新平、楚雄、禄丰、牟定、曲靖、昭通、巧家、鲁甸、禄丰、祥云、大理、剑川、弥渡、云龙、永胜、昌宁、德钦、文山、文南、西畴、马关、建水、个旧等 70 余县市（区）的 200 多座墓葬中，发掘出土了 12000 余件青铜器，其时代大致为春秋时期至东汉初期。这些青铜器，按其类别分为 5 大类 90 余种：

生产工具类：主要有铜锄、铜镰、铜锛、铜铲、铜斧、铜镢、铜凿、铜削、铜锥、铜刀、铜针以及铜纺织工具等。

生活用具类：主要有铜壶、铜洗、铜罐、铜碗、铜盘、铜杯、铜炉、铜戈、铜案、铜尊、铜盒、铜伞盖、铜执伞俑、铜灯、铜枕、铜镜、铜贮贝器、铜带钩等。

兵器类：主要有铜剑、铜矛、铜戈、铜啄、铜戚、铜锤、铜叉、铜镞、铜镦、铜狼牙棒、铜弩机、铜箭箙、铜剑鞘、铜头盔以及各式铜甲等。

乐器类：主要有铜鼓、铜编钟、铜锣、铜铃以及铜葫芦笙等。

装饰品和工艺品类：主要有铜浮雕扣饰、杖头铜饰、铜镯、铜簪、铜马饰以及大量工艺品（如铜俑、铜鹿、铜牛、铜马、铜猪、铜鸡、铜羊、铜鱼、铜孔雀）等。[①]

由上所述，大致春秋至东汉初，云南矿业开发进入了鼎盛时期，大量的铜、锡、铅矿产已开采出来，青铜产品广泛地用来制作各种生产、生活必需的青铜器，还用于制作战争中使用的多种兵器。青铜器成为当时生产力发展的标志，也成为云南从原始社会进入文明社会的象征。

---

① 张增祺：《云南冶金史》，第 20 页。

第二节　青铜冶铸业的发展

一　青铜冶炼

迄今云南省内还未发现青铜时代比较完整的冶炼遗址。考古工作者们在大理洱海东岸的青铜时代遗址中，发现过一些木炭灰、红烧土、铜矿石和海绵状铜块，这可能是一个炼铜的露天遗址。其冶炼工序大致是：先将开采出来的铜矿石（即孔雀石，氧化铜中最常见的一种）和木炭堆放在一起，两者之间留有一定的空隙以便于通风；并在其上面加糊一层草拌泥的外壳，留出通气孔和火口，使温度不易下降，火口中可扇风和继续加少量木炭，用以保持正常温度。铜矿石在大约650℃的较低温度下，即可还原出松软的海绵铜，再继续加热锻打，即可得到比较纯净的铜。近代云南少数民族烧制陶器和民间土法冶炼铜锡也还采用这种方法。① 这应是一种古已有之的炼铜方法而沿袭至近代的现象！

南北朝时期，南齐人刘悛于永明八年（490）曾在今昭通市附近发现了一个废铜矿和炼铜遗址，考古学家认为它"很可能是东汉或更早些时候的废铜矿及厂房遗址"。② 兹引录于此，以供进一步研究。《南齐书·刘悛传》载："永明八年，悛启世祖（齐武帝萧颐）曰：'南广郡（今镇雄县）界蒙山下，有城名蒙城（即乌蒙城，今昭通市政府所在地），可二顷地，有烧炉四所，高一丈，广一丈五尺。从蒙城渡水南百许步，平地掘土深二尺，得铜。又有古掘铜坑，深二丈，并居宅处犹存。"③ 文中所说的"烧炉"应是冶铜遗址，"古掘铜坑"应是采铜遗址。有学者据此认为昭通一带"在很早的时候就已采用高炉炼铜，技术水平是惊人的"；而当时"距汉代犹未远，却已认为是古时遗址，故此遗址的时代应该是很久远了"。④ 这一分析不无道理。由

---

① 张增祺：《云南冶金史》，第 21 页。
② 张增祺：《云南冶金史》，第 21 页。
③ （梁）萧子显：《南齐书》卷三十七，列传十八。中华书局，2011，第 653 页。
④ 李晓岑：《商周中原青铜器矿料来源的再研究》，《自然科学史研究》1993 年第 12 卷第 3 期。

此看来，早在南齐以前"很久远"的时期，云南的冶铜技术，已达到了较高水平。

二 青铜合金

现代冶金技术表明：当在铜中加入一定量的锡后，其性能即发生显著的变化：一是熔点降低。红铜（即纯铜、自然铜的一种）的熔点为1083℃，加锡百分之十，熔点就降到1010℃；加锡百分之二十，熔点就降低到890℃；加锡百分之三十，熔点就降低到750℃。二是硬度增高。红铜的硬度为布氏（Brinell）硬度计的35°，加锡百分之五至七，硬度增加至50°～60°；加锡百分之七至九，硬度至65°～70°；加锡百分之九至十，硬度从70°急剧上升至100°。三是色泽发生变化。铜中加锡由少到多，色泽由红变橙，橙变黄，黄变淡黄，当锡高达百分之三十至百分之四十时就呈灰白色。四是铸造性理想。红铜在液态时黏度很大，冷却时会吸收气体，不利于铸造；青铜在液态时具有很好的流动性，凝固时体积略微增大，填充性较好，铸造性能理想。其实，上述铜与锡熔合后，性能即发生显著变化的知识，早在战国时成书的《周礼》中，已经有所反映。该书《考工记》曰："金（即纯铜）有六齐（齐，即和。'六齐'郑玄注曰目和金的品数，意即六种合金的配料比例），六分其金而锡居其一（含铜85.71%，含锡14.29%），谓之钟鼎之齐；五分其金而锡居其一（含铜83.33%，含锡16.67%），谓之斧斤之齐；四分其金而锡居其一（含铜80%，含锡20%），谓之戈戟之齐；三分其金而锡居其一（含铜75%，含锡25%），谓之大刃之齐；五分其金而锡居其二（含铜60%，含锡40%），谓之削杀矢之齐；金锡半（含铜、锡各50%），谓之鉴燧（铜镜）之齐。"从实用角度来看，"六齐"的铜锡比例也是符合科学的。"六齐规则"是我国青铜时代经过长期实践总结出来的一套熔炼青铜的配料规则，是世界上最早的合金成分配比规则。

云南晋宁石寨山出土的部分西汉时期的青铜器经过金相分析，发现其合金成分"接近中原地区'六齐'合金规则"（详见表3-2）。

表 3 - 2　云南晋宁石寨山出土部分青铜器合金成分

单位：%

器物\合金成分	铜	锡	铅	铁	合计
鼓	82.95	15.07	0.55	—	98.57
斧	82.21	12.81	1.74	0.31	96.07
剑	76.18	20.07	0.39	—	96.64
铁剑上铜柄	81.53	14.50	0.84	1.52	98.39
镯	87.38	6.04	3.80	—	97.22

　　资料来源：曹献民：《云南青铜器铸技术》，《云南青铜器论丛》，文物出版社，1981，第208页。

　　从表 3 - 2 可知，铜鼓含锡量控制在 15.07%，是因为既要有一定硬度，以使其音域宽广、声音洪亮，又要有一定的韧性，打击时不易破损；铜鼓是古滇国的"国之重器"，象征权力和财富，地位与中原地区的钟鼎相似，其合金成分恰与"六齐"中的"钟鼎之齐"（含锡 14.29%）大致相符。铜剑属于利器，要求有锋利的刀口，一般含锡较高。晋宁石寨山出土的铜剑的成分（含锡 20.07%）也与"六齐"中的"戈戟之齐"（含锡 20%）几乎一致。铜镯要求有较好的韧性，其锡、铅含量必须控制在 10% 以下，石寨山出土的铜镯含锡铅量为 9.84%，保证了其较好的延展性。[①] 由此可知，西汉时期，古滇国的工匠在长期的实践中，已经懂得铜、锡含量必须控制在一定的比例，才能使用铜锡合金制成的青铜器获得所需要的韧性和强度。石寨山出土的青铜器表明，当时古滇国的铜锡合金工艺已达到一定的水平，甚至已经不亚于中原地区了。

三　青铜器铸造

　　云南青铜时代的青铜器都是经过铸造而成的。考古学家们通过分析青铜器上面留下的铸造痕迹，认为当时大致有七种青铜器铸造方法。

　　第一种是范模铸造法。云南古代青铜器中的大部分器物都是用范模铸造的，诸如铜锄、铜铲、铜斧、铜钺、铜矛、铜戈等生产工具和兵器；

---

　　① 曹献民：《云南青铜器铸造技术》，《云南青铜器论丛》，第 207～209 页。

又如铜釜、铜壶、铜洗、铜盒等生活用具及铜鼓、编钟等乐器。铸造一般生产工具和兵器时，先制作两件器型相同的对合外范，青铜铸件上将需要的花纹刻在外范的内壁，再制一个"泥芯"（即内模）。浇铸前，先将两外范对合竖立，范外壁用麻绳捆紧，以防外范错动。两范之间夹有泥芯，外范与泥芯间用支钉穿连，并保持一定的空隙，使铜液能顺畅通过。浇铸时，将铜液从两范及泥芯处徐徐浇入范腔，直至充满为止。待其冷却，揭去外范，取出泥芯，一件青铜器即告铸成。这是一种最早见也较容易操作的铸造方法。如果铸造器形和范纹都比较复杂的大型铸件（如铜鼓、贮贝器等），则在制模、翻范、浇铸、修饰等方面，要求高出许多。

第二种是地坑范铸造法。这种方法大多适合铸造平板薄壁的大型铸件。如祥云县大波那出土的铜棺。铸造这类器物时，先在地面上平整出一块空地，挖出一个形状、大小与铸件相一致的坑，将预先制好的板状铸范平铺于坑底。浇铸时，用坩埚将铜液注入坑内，待冷却后将铸件从坑内撬起，一件板状铸件即告成。

第三种是夯筑范铸造法。在晋宁石寨山和江川李家山出土的青铜雕铸像上，不止一处发现铜柱，它是神灵的象征和古代滇人崇拜的对象。这种铜柱就是采用夯筑范铸造的。铸造这类器物时，先制成一个与铅柱完全相同的泥模，然后将其竖立，在其四周加上木板边框，边框与泥模之间的空隙处用干湿适度的泥土夯实。最后将泥模粉碎取出，在边框夯土中就形成了一个与铅柱泥模完全相同的空腔。浇铸时，将铜液注入范腔，直至饱满。冷却后，剁去边框和夯土，一件实心的大型铜柱即告铸成。

第四种是悬模铸造法。云南青铜器中，有一部分是封闭式的空腔铸件，如葫芦笙和空心柄铜剑等，它们都是采用悬模铸造法铸成的。此种方法的内模（即泥芯）应完全包入外范之内，而且必须悬空，仅靠支钉与外范相接。悬空内模与外范之间的距离，就是封闭式空腔铸件的壁厚。浇铸后，由于内模完全浸泡在范腔内的铜液中，无法完整取出，只能在人为的镂孔或支钉形成的小眼中，用尖状物将内模戳碎倒出，内模空出的地方，就是铸件的封闭式空腔部分。

第五种是套接铸造法。云南青铜时代墓葬中出土的铜马饰和铜提梁壶，都是环环相扣的活动铸件。其铸造方法是：先用一般范模铸出第一个圆环，然后将此环嵌入另一铸范的适当位置，铸出第二个圆环，如此连续套铸多次，最后就得到环环相接、活动自如的链状器物。

第六种是分铸套接和分铸焊接法。云南古代青铜器中一部分形体较大、结构复杂、重量较重的器物，很难一次铸成，必须将其分铸成几个部分，然后再套接为一个整体，这就是分铸套接法，像铜棺、铜俑等，都采用此法铸成。滇王国古墓中出土的束腰筒形贮贝器、立牛铜壶与针线盒以及双牛铜尊等，都是先分铸后再焊接起来的器物。这种分铸焊接法，在青铜器铸造中已广泛应用。

第七种是蚀蜡铸造法（又称熔模铸造法）。云南青铜时代的一些结构复杂的器物，如房屋模型、有人物和动物活动场面的装饰品等，铸造时先将它们制成蜡模，然后在蜡模上直接敷泥成范，并留出浇铸孔。外范形成后，进行高温烘烤，使泥范内的蜡模熔化，蜡液从浇铸孔中流出，范内就形成一个与蜡模完全相同的空间。浇铸时，将铜液从浇铸孔注入范腔，直至充满为止。待冷却后，剥去外范，即成为光滑、美观的青铜器。[①]

上述七种青铜铸造技术，充分体现了古代滇人高超的创造力，这在2000多年前，无疑是十分先进的。尤其是蚀蜡铸造法，有学者认为"有可能率先出现于古滇国"，[②] "这一先进的铸造技术在我国起始于云南，春秋晚期就已经出现，到汉代时各种工艺已臻完善"。[③] 蚀蜡铸造法，不仅在我国，而且在世界铸造史上也是一个创举，是古代滇人对中外金属铸造技术的重要贡献。

四　青铜器加工

古滇车的工匠为了使青铜器更加美观和经久耐用，还对已铸成的器物进行精细加工。据考古学家研究，古滇国青铜器加工技术包括七个

---

① 详见张增祺著《云南冶金史》，第 22 ~ 35 页。
② 李晓岑：《白族的科学与文明》，云南人民出版社，1997，第 47 页。
③ 曹献民：《云南青铜器铸造技术》，《云南青铜器论丛》，第 204 页。

方面。

一是锻打。一部分薄壁件制品，如背甲、臂甲等，先铸成一定形状的板材，然后再加热锻打。

二是模压。将锻打而成的整块薄铜片置于范模间，然后在石制或铜制的模具上施加压力，使铜片下陷或上凸成型。

三是鎏金。将金粉和水银的混合物涂在青铜器表面，经过烧烤，水银挥发后，金粉就留在器物的外表，而且不易脱落。

四是镀锡。将锡熔液浇灌在青铜器表面，或把青铜器浸泡在锡熔液中，使器物表面均匀地敷上一层锡，呈现出银白色，这样不仅美观和富有光泽，而且具有防腐蚀性能。

五是金银错。在青铜器表面按照预先绘制的图案线条划出沟槽，然后将金银丝或片嵌入沟槽内，再加特制的错石将器物表面打磨光滑。

六是镶嵌。先将各种镶嵌物（如孔雀石、玛瑙、玉石等）改制或研磨成不同形状的珠、管，然后在青铜器表面有意留下的凹陷处涂上一层生漆作黏合剂，最后在漆液上将珠、管排列成各种预设的花纹图案，从而使青铜器更显美观。

七是线刻。古滇国的工匠用特制的刀具在青铜器表面刻画出细如发丝的线刻图案，其中有花草、昆虫、人物、动物、工具等，[①] 显示当时技艺之娴熟、精湛，令人难以想象。

五　青铜器精品简介

古滇国时期的青铜器都具有浓厚的地方特点和民族特点，许多青铜器的器形与纹饰之优美以及加工之精良，都令世人叹为观止，是我国乃至世界其他地区的青铜器物中所未曾见到的。其中具有代表性的青铜器精品主要有：牛虎铜案、铜鼓、铜贮贝器、铜扣饰等，兹分别简介如下。

牛虎铜案：江川李家山出土，通高43cm、长76cm，其造型既古朴庄重，又奇特美观。案的主体是一头神态憨厚的大牛，其四蹄为案足，前后蹄间有一横梁相连，牛背铸成椭圆形且稍凹的案面，便于置放祭品；

---

① 详见张增祺著《云南冶金史》，第38～43页。

案的后面铸有一头猛虎扑于牛尾，虎的前爪紧紧抓住牛的臀部。为使整件器物保持重心平衡，工匠们还别出心裁地在大牛腹下铸了一头神态安祥可爱的小牛，给人一种大牛舍身护犊的感觉，从而使这件青铜器的造型更加生动完美，并充满了深厚的生活气息，达到艺术性与实用性高度统一的效果。这是一件艺术构思和铸造工艺都十分精湛的青铜器珍品，1996 年被评定为全国少有的"国宝"级文物。

铜鼓：这是云南古代民族普遍使用的一种打击乐器。在云南晋宁、楚雄、弥渡、昌宁、祥云、江川、呈贡、云县、腾冲、元江、麻栗坡、文山、广南、曲靖、威信等县市先后发现的铜鼓共 40 余面，其中楚雄万家坝出土的铜鼓经碳 14 测定，其年代约为春秋中叶至战国初期；其他晋宁等地出土的铜鼓，均为楚雄铜鼓逐渐演变而成，年代约为西汉及以后。晋宁和江川等地出土的铜鼓，其鼓面和腰部都有丰富的纹饰，如太阳纹、翔鹭纹、牛纹、竞渡纹等；还刻有许多写实性的人物和动物纹样，如羽人舞蹈图、鸟舞、盾牌舞、铜鼓芦笙舞、蛙饰等。这些纹饰和人物、动物活动纹样，反映了当时丰富多彩的社会生活。在古滇国的政治生活中，铜鼓甚至成为"国之重器"，既是滇王权力的象征，又是人们祭祀的礼器。据近年来考古学家们研究，楚雄万家坝铜鼓"是我国最古老的铜鼓"，换言之，"最先制造和使用铜鼓的地区是我国云南的滇西—滇中地区"。[①]

铜贮贝器：这是滇人专门用来贮存贝币的一种铜容器，[②] 也是青铜文化中特有的一种青铜器。云南晋宁、呈贡、江川等地墓葬中先后出土的贮贝器多达 62 件。工匠们在这些铜贮贝器的盖上雕铸了许多写实性的人物与动物活动场面，如播种、上仓、纺织、纳贡、狩猎、赶集、放牧、诅盟、战争、杀人、祭铜鼓、祭铜柱以及歌舞等场面。这些栩栩如生的场面，反映了滇人生产、生活、祭祀以及与其他族群进行交战的真实情况，成为古滇国社会生活的生动画卷，是研究滇国历史绝好的珍贵资料。

---

① 李昆生、黄德荣：《论云南早期铜鼓》，云南省博物馆编《云南青铜文化论集》，云南人民出版社，1991，第 372、373 页。

② 古滇国用海贝作货币。晋宁、江川等地墓葬中出土了大批海贝，其中不少海贝装在贮贝器里。详见杨寿川编著《贝币研究》，云南大学出版社，1997，第 4 页。

铜扣饰：这是云南青铜时代一种挂在人身上或其他物品上的装饰品。从其器形上看，有圆形、方形和不规则形；从铸造工艺上看，分为镂空、浮雕、圆雕、镶嵌等。在铜扣饰的表面，多为浮雕的人物和动物活动场面，其题材有三类：一是以一种动物为主题，如群猿圆形扣饰；二是动物相互搏斗，如豹噬野猪扣饰等；三是人与动物搏斗，如骑士猎鹿扣饰等。这些扣饰造型奇特生动，写实性极强，再现了滇人狩猎和娱乐的真实情景。铜扣饰是古滇国时期一种特有的饰品，具有很高的铸造水平和艺术价值。

此外，铜葫芦笙、刻纹铜片、铜枕、铜伞以及铜弩机、铜狼牙棒等，也是铸工精细、富有特色的青铜器。

第三节 "白铜"——铜镍合金的开发

在中国矿业开发史上，有关白铜合金的记载最早见于东晋时成书的《华阳国志》卷四《南中志》。该书这样写道："堂螂县，因山名也。出银、铅、白铜、杂药，有堂螂附子。"据考证：堂螂（又作狼、蛝、琅）县，西汉时设置，属犍为郡；东汉安帝时并入朱提县，为犍为属国；蜀汉时复立，属朱提郡；西晋和东晋时仍称堂螂县，属朱提郡。《水经注·若水》谓："（朱提）郡（郡治为朱提县，即今昭通市）西南二百里，得所绾堂琅县"，县在泸津（金沙江）东八十里。据此可知，堂螂故城在今会泽县北部，辖今会泽、巧家、东川等县区。① 在历史上，东川、会泽、巧家都是盛产铜以及银、铅、锌等有色金属的地区，最先开发出白铜是有可能的。《华阳国志》成书于东晋永和四年至十年间（公元 348～354 年），即 4 世纪中叶。已故著名历史学家方国瑜先生指出：《南中志》"所载建安十九年至永和三年之事迹"，② 即《南中志》所记载的史事，上起东汉建安十九年（214 年），下迄东晋永和三年（即 347 年）。故白铜产生的时间可能在三世纪至四世纪中叶，即汉晋时期。《华阳国志》的

---

① 常璩撰、刘琳校注：《华阳国志校注》，巴蜀书社，1984，第 416 页。
② 方国瑜主编《云南史料丛刊》，第一卷，云南大学出版社，1998，第 250 页。

编撰者是常璩，晋时蜀郡江源县（今四川崇庆县）人，生卒年无可考，唯知其少好学，后在成汉李势时任散骑常侍，掌著作，曾著有《汉之书》和《华阳国志》。《华阳国志》序称"考诸旧纪、先宿所传，……及自所闻，以著斯篇"，即采录史书，又根据本人的见闻著成此书。该书记录了东晋时梁州、益州和宁州的历史、地理、人物以及物产等，保存了大量真实可信的史料，"自始为世人所重"，且一直留传至今。《华阳国志》中关于堂螂县出产白铜的记载，系当时之人记当时之事，故真实可信。由上所述可知，在我国矿业开发史上，白铜最早产于云南省的会泽、巧家、东川一带，时间是公元四世纪中叶或更早，大抵为汉晋时期。

原北京钢铁学院（今北京科技大学）编写的《中国冶金简史》认为，汉晋时期堂螂县生产的白铜，应是"镍白铜"，其理由是东川产铜、会理有镍矿，两地相距不远且有驿道相通，汉晋时期堂螂县生产镍白铜是可能的。[①] 又，北京科技大学冶金史研究室的梅建军、柯俊也认为：东晋时堂螂县"富产铜矿，而邻近的四川会理出镍矿，两地间有驿道相通；从资源上看，堂螂县所出白铜可肯定为镍白铜"。[②] 1998 年出版的《中国科学技术史·化学卷》也认为："古代云南白铜无疑是镍白铜"。[③]

汉晋时期，关于东川产铜和四川会理产镍的情况，有必要根据古今有关文献加以说明。

关于东川产铜的情况。据研究，早在汉晋以前东川可能已经产铜。1987 年，中国科技大学金正耀运用铅同位素比值检测法，对河南安阳商代晚期妇好墓出土的部分青铜器进行检测，结果发现其原料不产于中原和我国其他地区，而和云南东川地区的永善县金沙厂和洛红厂的铅同位素比值最为接近，说明这部分青铜器的铜原料很可能来自云南。更确切地说，来自云南古代规模最大、开采历史最久的东川矿区。[④] 屈小强、李殿元等主编的《三星堆文化研究》指出："云南自古富产铜、锡矿石。早

① 北京钢铁学院中国冶金简史编写小组编《中国冶金简史》，科学出版社，1978，第 165 页。

② 梅建军、柯俊：《中国古代镍白铜冶炼技术研究》，《自然科学史研究》第 8 卷第 1 期，1989 年。

③ 赵匡华、周嘉华：《中国科学技术史·化学卷》，科学出版社，1998，第 201 页。

④ 张增祺：《云南冶金史》，第 9 页。

在商代，中原王朝就大量从云南输入铜、锡，作为制作青铜器的原料。……据四川省文物考古研究所测定，三星堆青铜器中的铅，就是取之于云南的，大概其铜、锡原料也离不开这条供应途径。蜀滇青铜器合金成分比较接近，足以说明这个问题。"① 上述两项当代研究成果说明，早在商代晚期，今东川一带（包括永善县在内）已经出产铜矿，其铜产品不仅运往近邻的蜀郡，也运往数千里之外的中原，供其制造青铜器。汉晋时期，有关东川一带产铜的情况，则已见于历史文献。晋人司马彪著《续汉书·郡国志》谓："犍为属国朱提，山出银、铜。"犍为属国设置于东汉安帝永初元年（公元 107 年），朱提为其一县。据考证，汉晋时的朱提县包括今昭通、鲁甸、永善三地。可见，东汉时在今昭通、鲁甸和永善的山区已出产铜矿。此外，东汉时，朱提、堂螂两县还用当地出产的铜来制造各种铜器，其中主要有驰名全国的铜洗，"近几世纪全国各地出土而有铭文可考者，以朱提堂狼所造（铜洗）为最多，约 60 余件。其铭文所记年代，最早的是建初八年（公元 83 年），最晚的是建宁四年（171 年），其中永建年号（126～132 年）的最多"。② 可知，东汉时朱提、堂狼产铜当不在少数，不仅可供运往外地，而且还用来制造铜洗等器皿。至于汉晋时属于堂狼县的东川等地产铜的记载，历史文献阙如，近人研究认为："古代东川铜矿区域，包括今东川、会泽、巧家和禄劝的一部分。自东汉开始生产至今，（已有）近两千年的历史。"③ 以上所述说明，今滇东北地区，可能早在商代晚期已经产铜，汉晋时产铜之地扩大，东川铜矿最晚开发于东汉时期。

关于会理产镍的情况。据清代同治九年（1870）刻印的《会理州志》卷十"物产"记载："铜有赤、白、青、黄四色，红铜自矿内熔出，产处极多，其余俱配点而成。立马河、九道沟、清水河俱点白铜。"④ 会理所产的四种铜中，赤、黄两色铜是自然铜即红铜，而青色的铜即为镍。由

---

① 屈小强、李殿元等主编《三星堆文化研究》，四川人民出版社，1993，第 550 页。
② 李述方：《汉宋间的云南冶金业》，《云南矿冶史论文集》，云南省历史研究所，1965，第 26 页。
③ 东川矿务局编《东川铜矿志》，云南民族出版社，1996，第 13 页。
④ （清）杨昶等修、王继会等纂《会理州志》卷十"物产"，同治九年金江书院木刻本。

此可知，清末，会理州内立马河等地已能利用本地的铜、镍资源来"配点"即混合冶炼成白铜。会理力马河（或作"立马河"）等地出产镍矿由来已久，迄于当代，四川会理镍矿成为仅次于甘肃金川镍矿的我国重要的产镍基地。

会理镍矿的历史存在，不仅见于古代文献，而且从其产地的矿石化学成分分析也得到证明。1986 年出版的《会理镍矿志》告诉我们"力马河镍矿化学成分分析结果"，详见表 3 - 3：

表 3 - 3　会理力马河镍矿化学成分分析结果

单位：%

矿　类	镍矿的化学成分						
	Cu	Ni	Fe	S	SiO$_2$	MgO	CaO
精矿 1 号	2.00	3.30	25.40	15.30	24.30	12.70	1.97
精矿 2 号	2.05	3.80	22.90	13.78	26.10	13.00	4.80
富矿	1.44	3.68	29.40	18.00	18.30	6.00	6.21
一级富矿	1.09	3.50	29.04	17.98	16.52	7.11	9.90
二级富矿	1.05	2.00	25.74	12.66	19.75	17.11	5.29

资料来源：王德源等编《会理镍矿志》，1986，第 101 页。

汉晋时期，堂螂县将当地出产的铜与来自会无（即会理）[1]的镍"混合冶炼"而成镍白铜，其冶炼技术，未见文献记载，故不得其详。前引《南齐书·刘悛传》所说的"烧炉"应是南北朝时期的冶炼遗址，当时曾在此冶炼过包括白铜在内的铜产品；所谓"古掘铜坑"，则是汉晋时期的采铜遗址。可见，汉晋时期，在今昭通、会泽、巧家等地曾经冶炼过包括白铜在内的铜产品。

堂螂县出产的白铜，因色泽光亮如银，材质坚硬耐磨，故颇受人们欢迎。历史上，人们主要用白铜来做车饰、烛台、杯、盘、碗、盏等生活器皿。如唐代，用白铜作为一品官乘坐的"犊牛车"的饰品，[2]说明当

---

[1] 清代同治九年成书的《会理州志》卷一"会理州建置沿革"记载："汉武帝元鼎六年置会无、三绛、卑水三县，属越嶲郡。蜀汉因之。晋移越嶲郡来治，会无、卑水二县仍之、三绛县省。"可知，从西汉至东汉、三国、两晋，今会理称会无，均属越嶲郡管辖。

[2] 刘昫撰《旧唐书·舆服志》谓："自余一品乘白铜饰犊牛车。"中华书局，1975，第 1935 页。

— 27 —

时白铜十分珍贵。又如清代，白铜的用途更广，主要用来造面盆、墨盒、香炉、烛台、烟盘、水烟壶等。

由上所述可知，在中国矿业开发史上，云南的会泽、巧家和东川最早生产出白铜，时间是汉晋时期，约当公元四世纪前后。经近人研究，这种白铜是"镍白铜"，是用东川的铜与会理的镍"混合冶炼"而成的。

第四节　金矿的分布与开发

云南黄金的开发据文献记载大抵始于战国时期，战国末年的哲学家韩非最早记载了云南出产黄金的情况。《韩非子·内储说上》谓："荆南之地，丽水之中生金，人多窃采金。采金之禁，得而辄辜磔于市，甚众，壅离其水也，而人窃金不止。"① 文中的"丽水"，《中国历史大辞典·历史地理》谓："战国楚地，即今广西漓江。"顾观光《七国地理考》以为即今云南金沙江。又向达《蛮书校注》即以之为伊洛瓦底江。《蛮书校注》之说较为准确；更确切言之，应为伊洛瓦底江的上游，即云南境内的大盈江，因为大盈江发源的腾冲及其流经的梁河一带均出产黄金。上述韩非所言"人多窃采"，虽"磔于市"（处以分尸之刑），仍"窃金不止"，说明今大盈江流域产金颇盛。又据战国时的地理著作《山海经》记载，今保山市永平县的"鸡山"产金。② 由上可知，战国时期，今云南西部的大盈江流域腾冲、梁河等地以及永平县已经生产黄金，而且其产量不在少数。对此考古材料作了有力证明。1976 年，楚雄万家坝发掘的战国早期墓中，出土了鎏金铜片和鎏金铜管。③ 这不仅证实当时云南已经开采黄金，而且说明工匠们已经掌握了鎏金技术。

西汉时期，云南产金的地方较前有所扩大。司马彪著《续汉书·郡国志》载："博南，永平中置，南界出金。④"（博南，今永平县。）范晔

---

① 《韩非子》，云南大学出版社，2003，第 59 页。
② 转引自夏湘蓉等编著《中国古代矿业开发史》，"先秦时期全国金属矿分布地区表"续表 1，第 35 页。
③ 云南省文物工作队：《楚雄万家坝古墓群发掘报告》，《考古学报》1983 年第 3 期。
④ （晋）司马彪撰《后汉书志》第二十三，郡国五。见《后汉书》第十二册，中华书局，2011，第 3514 页。

著《后汉书》，多处述及云南产金。《哀牢夷传》谓："哀牢夷（今怒江以西，包括腾冲、龙陵、德宏州乃至更西地区）出铜、铁、铅、锡、金、银、光、珠、虎魄（琥珀）、水精（晶）、琉璃"；《郡国志》谓："博南，南界出金"；又，《西南夷传》谓：滇池区域"河土平敞，多出鹦鹉、孔雀，有盐池田渔之饶，金银畜产之富。人俗豪，居官者皆富及累世"。东汉学者王充《论衡·验符篇》云："永昌郡亦有金焉，纤靡大黍粟（与高粱、小米一样大），在水涯沙中，民采得，日重五铢之金，一色正黄。"（按：汉代24铢为一两，五铢为2钱。）王充所谓永昌郡金在"水涯沙中"，即从流经其境内的澜沧江、大盈江中淘洗沙金。至于滇池区域的黄金，主要是产自其附近的金沙江沿岸的砂金。由此看来，两汉时期，在今大盈江、澜沧江和金沙江流域的一些地区，人工采掘、淘洗黄金的情况已经较前普遍，有的甚至日进黄金二钱，滇池地区的官员以金银之富而传之子孙。蜀汉建兴三年（225年）秋，诸葛亮平定南中。南中"出其金、银、丹、漆、耕牛、战马给军国之用"。[1] 又蜀汉"赋出（南中）叟、濮耕牛战马、金、银、犀革，充继军资，于时费用不乏"。[2] 由此可知，三国时期，南中（即今云南省及贵州西部、四川西南部分地区）出产金银为数颇多，蜀汉以其作"军国之用"，而"于时费用不乏"。

考古材料也印证了当时黄金的开发情况。1955～1960年晋宁石寨山西汉初期和中期墓葬中，出土了大批黄金制品，其中有金剑鞘、金珠子、金发针、金手镯、金项链、金臂甲、金夹子以及各种形状的金片等。[3] 1991～1992年初又在江川李家山西汉中期至东汉早期墓葬中，出土了一批金器，其中有金剑鞘、金发饰、金马饰、动物形金片、金手镯、金腰带等。[4] 以上考古材料说明，两汉时期，云南已生产出大量黄金，并用来制造多种多样的装饰品。

两晋南北朝时期，在一些历史文献中也记录了云南出产黄金的情况。西晋张华《博物志补》谓："丽江府产金尤多，每雨后，其金散拾，如豆

① （晋）常璩撰、刘琳校注《华阳国志校注》，巴蜀书社，1984，第357页。
② （晋）陈寿撰《三国志》卷四十三，蜀书，传第十三。中华书局，2011，第1046页。
③ 云南省博物馆：《云南晋宁石寨山古墓群发掘报告》，文物出版社，1959，第109～112页。
④ 张新宁等：《江川李家山古墓群第二次发掘简况》，《云南文物》1993年第35期。

如枣，大者如拳，破之中空，有水，亦有包石子者。"西晋学者杜预所著《春秋释例》载："黑僰濮在永昌，西南出金。"东晋训诂学家郭璞注《山海经》谓："今永昌郡，水出金，如糠，在沙中。"东晋史学家常璩在其《华阳国志·南中志》中写道：永昌郡"属县八（即不韦、比苏、哀牢、永寿、巂唐、雍乡、南涪、博南），户六万，去洛六千九百里，宁州之极西南也。……土地沃腴，（有）黄金、光珠、虎魄、翡翠、孔雀、犀、象、蚕桑、绵、绢、采帛、文绣。"又谓："博南县，西山高（三）十里，越之得兰沧水（今澜沧江）。有金沙，以火融之为黄金"；"益州西部，金银宝货之地，居其官者，皆富及十世"。（益州西部，大致相当于今大理州及保山市怒江以东之地。①）按：《续汉书·郡国志》注、《后汉书·哀牢夷传》注引此文时，皆作"有金沙，洗取，融为金"，当是原本如此。此外，北魏郦道元所著《水经注·若水》谓："兰沧水出金沙，越人收以为黄金。"又《文选》卷四《蜀都赋》刘渊林注也谓："永昌有水出金，如糠，在沙中"等。上述杜预、郭璞、常璩、郦道元等著名学者都在其著述中记载了有关云南产金的情况，这说明两晋南北朝时，今云南澜沧江流域、保山、大理等地产金颇盛，而当地民族从江河中淘洗出砂金后，再用火炼成黄金。

由上所述说明，先秦至汉晋时期，在今大盈江、澜沧江和金沙江流域的广大地区均出产金矿，其中以保山市的永平、腾冲、龙陵和德宏州的梁河等地产金最盛。当时各地生产的金矿主要是砂金，即江河两岸沙土中蕴涵的金粒（薄如米糠），经山洪冲刷而沉积在江河泥沙之中；当地民族采用淘洗方法，② 洗出金粒（即所谓"披沙拣金"），然后"以火融之为黄金"。③ 淘金业在当时颇为盛行，官府虽然厉行禁止，而"人窃金不止"。当时，人们将淘冶出来的大量黄金用来制造各种精致装饰品，而居官者拥有的金银甚至富及子孙。

---

① （晋）常璩撰、刘琳校注《华阳国志校注》，第430、440、347页。
② 金的比重为19.32（20℃），远大于泥沙等杂质。经用水反复淘洗，泥沙等杂质因比重小，便随水流走，而砂金则沉积在矿床上。这就是淘金的基本方法。战国时，滇人已掌握了淘金方法。
③ 金的熔点较低，仅为1064.43℃，以樵薪为燃料而形成的温度，能使小片的自然金融化，并除去部分杂质。战国时，滇人已掌握了这种炼金技术。

第五节　银矿的分布与开发

云南是我国著名的银产地。据文献记载，云南产银的历史可追溯至西汉时期。《汉书·地理志》载：益州郡"律高，……东南监町山出银、铅"；"贲古，……西羊山出银、铅。"（按：律高，县名，即今通海、曲溪；贲古，县名，即今蒙自、个旧。）又犍为郡"朱提，山出银"。①（按：朱提，县名，即今昭通、鲁甸、永善。）《后汉书志》也载："朱提，山出银、铜"；"双柏出银"。②（按：双柏，汉晋时即今易门、双柏、新平等地。）东汉至两晋，也有文献记载云南产银的情况。范晔所著《后汉书》，其《西南夷传》谓：滇池区域有"金银畜产之富"，"居官者皆富及累世"；又《哀牢夷传》谓：哀牢"出铜、铁、铅、锡、金、银、光珠、虎魄（琥珀）、水精（晶）、琉璃……"（按：哀牢，即今怒江以西，包括腾冲、龙陵及德宏州和临沧市等地。）《续汉书·郡国志》谓："朱提，山出银、铜"；蜀汉时，南中"旧有银窟数十"。③《华阳国志·南中志》载：朱提郡"堂螂县，因山名也。出银、铅、白铜、杂药，有堂螂附子。"（按：堂螂县，辖今会泽、巧家、东川等地。）由上所述，先秦至汉晋时期，在今滇南、滇西和滇东北的广大地区都出产白银，其中包括通海、蒙自、个旧、易门、昭通、腾冲、龙陵、鲁甸、永善、会泽、巧家、东川等十多个县市（区）。这一分布格局，基本上成为后来元、明、清时期达于极盛的滇银产地范围。此外，云南境内银矿点之多，在当时也远远超过国内其他地区。据统计，汉代产银之处除云南外仅有今陕西的长安、新疆的难兜和四川的国徙等3处。④可见，滇银"冠于全国"的

---

① （汉）班固：《汉书》卷二十八上，地理志第八上。中华书局，2011，第1601、1599页。

② （晋）司马彪撰《后汉书志》第二十三，郡国五。见《后汉书》第十二册，第3516、3513页。

③ （晋）魏完撰《南中八郡志》谓："云南旧有银窟数十。刘禅时，岁常纳贡。亡破以来，时往采取，银化为铜，不复中用。"见王叔武辑著《云南古佚书钞》，云南人民出版社，1996，第9页。

④ 《中国古代矿业开发史》，"汉代全国金属矿分布地区表"，第46~47页。

地位，早在汉晋时期业已初步形成，唯因文献中均未记载其生产情况，故无法作进一步比较。

对于汉晋时期云南白银开发的情况，诸多考古发现亦可资说明。晋宁石寨山和江川李家山西汉墓葬中，先后出土了不少银器，其中有错金银带扣、银饰片、漆器上的银箍和银花以及铜银合金的手镯等。昭通市刘家老包的一座东汉时的砖室墓中，出土一灰白色金属块，经分析鉴定发现，含银42%，其余为锡，是银与锡的合金；又昭通市东汉至魏晋时期的一些古墓中，还先后发现过银镯、银耳环、银钗、银戒指等装饰品以及银筷、银碗等。^①可见，汉晋时白银已被广泛用来制作多种装饰品以及生活用品，同时也说明当时云南生产的白银数量当不在少数。

此外，西汉时，云南出产的"朱提银"在全国已颇负盛名。《汉书·食货志下》载："朱提银重八两为一流，直（值）一千五百八十（文）。它银一流直千（文）。"颜师古曰："朱提，县名，属犍为，出善银。"朱提银的价值是其他地区银的1.58倍，故质量上乘，称为"善银"。西汉末年，王莽改革货币制度，将朱提银用作货币，称为"银货二品"，是当时除黄金之外的一种价值较高的货币。然而，王莽改制不到一年即告废止，货币改革随之流产，"银货二品"也并未广泛通行。

第六节　铁矿的分布与开发

自20世纪50年代以来，云南境内的晋宁、江川、呈贡等地滇国时期的墓葬中，先后发现了200余件铁器，其中有铜铁合金制品（如铜柄铁剑等）和纯铁器（如铁斧等）。考古学家经过研究认为，这些铁器并非来自外地，"而是当地生产的"。他们又对江川李家山古墓出土铜柄铁剑作放射性碳素测定，结果为距今2500±105年，约公元前5世纪初，认为"云南最早使用铁器的时代定为春秋末期，也是有根据的"。^②这一研究结

① 详见张增祺著《云南冶金史》，第212~214页。
② 张增祺：《云南冶金史》，第153、154页。

论如果成立，较之过去云南于西汉中期才开始使用铁器之说提前了约 400 年；这就是说，云南最早使用铁器的时代与我国内地最早出现铁器的时代基本一致，即都是公元前 5 世纪的春秋晚期。

根据文献记载，西汉末年至东汉、两晋时期，云南已逐渐开发并广泛使用铁器。《后汉书·郡国志》载：益州郡"滇池出铁"（按：滇池，县名，今昆明市晋宁县）；永昌郡"不韦出铁"（按：不韦，县名，即今保山市施甸县）。又《后汉书·哀牢夷传》谓："哀牢夷，出铜、铁、铅、锡、金、银、光珠、琥珀、水精（晶）、琉璃"（按：哀牢夷，其地在今怒江以西，包括今腾冲、龙陵、德宏州以至更西之地）。由上可知，东汉时期的文献中，已开始记载云南产铁的情况，即今滇池地区和滇西的施甸、腾冲、龙陵以及德宏州等地均已开采铁矿。《华阳国志·南中志》载：公元 3 世纪末，西晋在南中的建宁郡已正式设置"铁官令"，[①] 以管理日渐增多的铁矿生产事宜。

近年来，在云南昭通、曲靖、昆明、禄丰、姚安、大理、保山等地，先后发现了不少东汉至魏晋时期的古墓。在这些古墓中都有铁器随葬，如铁剑、木柄铁刀、环首铁刀、铁斧、铁镢、铁锤、铁削、铁釜、铁灯以及棺钉、棺环等。这一时期铁器的数量和品类都比西汉时大大增多，而且其兵器和生产工具几乎全部改用铁制了。此外，东汉至魏晋时期，云南铁器制作技术也有了新的突破，即西汉中期的"块炼钢"（又称"块炼渗碳钢"）工艺已臻成熟，并向"百炼钢"的更高水平发展。[②]

由此可见，西汉末年至东汉、两晋时期，今滇中和滇东地区已有一些铁矿开采出来，大量铁产品被用来制造各种生产工具和兵器等，而铁器制作技术也较西汉时有了较大改进。随着铁器的大量出现和青铜器的逐渐减少，一个崭新的时代，即考古学称的"铁器时代"，已经悄然到来。

由上所述可知，先秦至汉晋时期，是云南矿业开发的初盛期。在此

---

① 秦汉以来，产铁之郡设铁官，有令、长及丞，级别如县。
② 张增祺著《云南冶金史》，第 164 页。

期间，云南的铜、锡、铅、金、银、铁等矿产均获得了不同程度的开发，其中，铜、锡矿产品的开发及其合金——青铜器的铸造成就尤为突出。随着青铜器广泛用于锄耕之中，大大推动了农业生产的发展，同时也促进了农业与手工业的分工。存在于春秋至西汉末年的滇国，其农业和手工业都有了巨大的发展，甚至出现了早期的商品交换，而一种具有"天然单位"的一般等价物——贝币已成为交换的媒介。① 古滇国时期成为云南历史上第一个社会经济快速发展的历史阶段。

---

① 杨寿川：《贝币研究》，第 65 ~ 80 页。

第四章

南诏大理国时期：
云南矿业的发展期

　　隋朝开皇十七年（597）文帝杨坚派史万岁率兵南征，击降割据云南长达 250 余年的爨氏集团，将云南重新置于中央王朝的直接统治之下。唐贞观二十三年（649）蒙舍诏（南诏）细奴逻建大蒙政权。开元二十六年（738 年）唐王朝支持"蒙舍"诏皮逻阁统一了"六诏"，并册封皮罗阁为"云南王"，从此开始了南诏对云南长达 200 余年的统治。南诏对唐既保持臣属关系，并遣使朝贡，又曾发生过战争。五代十国时期，后晋天福二年（937），白族段思平联络滇东三十七部进军大理，推翻了南诏权臣杨干贞的"大义宁"政权，次年（938）建立"大理国"。北宋王朝建立后，册封大理国首领为"云南大理国主"和"云南王"；南宋王朝也封大理旧主为世袭大理总管。大理国对两宋王朝始终保持臣属关系，也常遣使贡献方物。南宋宝祐元年（1253）忽必烈率军从四川渡金沙江进攻大理，大理国灭亡。唐宋两代，云南先后出现南诏、大理国两个均臣属于中央王朝的地方政权，其统治云南的时间约为 560 余年，几与唐、五代十国及宋朝相始终；其疆域包括今云南全境、四川南部、贵州西部、缅甸北部、老挝及越南北部（大理国时周边边界有所收缩）。在此期间，云南的社会经济较前有所发展，农业、纺织业和矿冶业等发展较为显著。

第一节　矿产资源的分布

　　南诏、大理国疆域辽阔，矿产资源分布较广，但矿业开发主要集中在以洱海区域为中心的广大地区，这显然与当时政治、经济中心已从滇池区域转移至洱海区域密切相关。

　　成书于北宋祥符年间（1008～1016）的《册府元龟》"外臣部·土风二"谓：南诏时"哀牢……出铜、铁、铅、锡、金、银"。① 北宋欧阳修等撰《新唐书·地理志》谓：嶲州越嶲郡"昆明，武德二年（619）置，有盐，有铁"。②（按：唐代"昆明"县，即今四川盐源。）唐杜佑撰《通典》"南蛮上"谓："黑爨濮，在永昌西南。……其境出白蹄牛、犀、象、琥珀、金、桐华布。"③《新唐书·南诏上》谓："永昌之西……长川诸山，往往有金，或披沙得之；丽水多金麸。"④（按：南诏时，"永昌"范围包括今保山市和德宏州等地。）唐代樊绰著《蛮书》"云南管内物产七"载："生金，出金山及长傍诸山、藤充北金宝山。……长傍川界三面山并出金。"又，"银，会同川银山出，锡、瑟瑟（玉石），山中出，禁戢甚严。"⑤（按：南诏时有"长傍城"，在今缅甸克钦邦北部小江流域的拖角附近。"会同川"，即今四川省会理县。）北宋政和年间的《重修政和经史证类备用本草》（即《证类本草》）中，称"金之所生，处处皆有，梁、益、宁三州多有、出"。⑥ 南宋范成大撰《桂海虞衡志》，其有关大理国事中，有"志蛮"专条曰："土产，生金、银、铜、铅、绿丹砂"⑦。

　　由上所述可知，南诏、大理国时期，矿产资源有金、银、铜、锡、

① （宋）王钦若、杨亿撰《册府元龟》卷960"外臣部·土风二"。中华书局，1960，第11292页。
② （宋）欧阳修、宋祁撰《新唐书》卷四十二，地理六。中华书局，2011，第1083页。
③ （唐）杜佑撰《通典》卷187"边防三南蛮上"。浙江古籍出版社，1988，第1003页。
④ 《新唐书》卷二百二十二上，南诏上。中华书局，2011，第6269页。
⑤ （唐）樊绰撰、向达校注《蛮书校注》卷七，中华书局，1962，第199页。
⑥ 唐慎微编撰、曹孝忠校勘《重修政和经史证类本草》卷四。转引自《云南史料丛刊》第二卷，第346页。
⑦ 转引自王崧《云南备征志》"桂海虞海志·志蛮"。见《正续云南备征志精选点校》，云南民族出版社，2000，第5页。

铁、铅等，其中有关金、铁的记载较多，可能是当时开发的重点。这些矿产资源主要分布在今滇西、滇西南、四川南部以及缅甸北部等地区。

第二节　铁矿的开发

南诏、大理国时期，云南的一些铁矿已经开发出来，而铁冶铸技术也较前有很大提高。《蛮书》卷七载："造剑法，锻生铁，取迸（并）汁，如是者数次，烹炼之。"① 这就是说，将生铁多次加热煅烧，使之成为熟铁；然后将生铁与熟铁合并冶炼，又将成品反复锤打，最后成为"灌钢"（又称团钢），此即"生铁炒钢工艺"。②《蛮书》卷七又载："郁刀次于铎鞘。造法用毒药虫鱼之类，又淬以白马血，经数十年乃用，中人肌即死。俗秘其法，粗问，得其由。"③ 宋李石《续博物志》也谓："郁刀铸以毒药，冶取跃如星者，淬以马血成之，伤一即死。刀剑以柔铁为茎干，不可纯用钢，纯钢不折则缺。"④ 上述两条史料所说"淬以白马血"、"淬以马血"，实际上就是指"淬火工艺"。淬火的目的，是为了加快铁器的冷却速度，溶解更多的碳元素，从而增强钢铁器物的硬度。一般淬火介质用水，也有用牲畜溺便和血液的。《蛮书》卷七谓用马与虫鱼之类的血，是可行的，因其含有大量盐分，使铁器冷却的速度比水更快，以之淬火可使铁器增加硬度。至于淬火时将毒药放入马血中，这仅仅是为了增强杀伤力，在冶金工艺上无多少意义。⑤ 当时采用"生铁炒钢工艺"和"淬火工艺"，生产出大量钢铁产品，并用来制造多种铁器，其中主要有兵器、农具、手工工具、宗教用品，还用来建造桥梁等。

兵器：南诏、大理国因与唐宋王朝以及吐蕃等时有战争发生，故需要大量兵器。当时，兵器全部用铁制造，而且制作也颇为精良。兵器种类较多，主要有弓箭、矛、刀、枪、剑、甲胄等。据唐白居易、宋孔传

---

① （唐）樊绰撰《蛮书校注》卷七，中华书局，1962，第 205 页。
② 张增祺：《云南冶金史》，第 170 页。
③ （唐）樊绰等：《蛮书校注》卷七，第 205 页。
④ 转引自樊绰等《蛮书校注》卷七，第 205 页。
⑤ 张增祺：《云南冶金史》，第 171 页。

所撰《白孔六帖》和《蛮书》卷七载：南诏兵器中最有名的是"铎鞘"，又称"铎槊"。其"状如刀戟，有孔旁达，出丽水，饰以金，所击无不洞，夷人尤宝，以血祭之。"[①] 铎鞘因其名贵与锋利，南诏王出军时，手中"双执铎鞘"，并曾以其作为贡品进献唐王朝。其次是"郁刀"，又称"郁刃"，其犀利异常，"中人肌即死"。复次是"南诏剑"，又称"浪剑"，是一种使用很普遍的剑，"使人用剑，不问贵贱，剑不离身。……浪人诏能铸剑，尤精利，诸部落悉不如，谓之浪剑。南诏所佩剑，已传六七代也。"[②] 大理国兵器中最有名的要数"大理刀"，又名"云南刀"、"蛮刀"。南宋范成大《桂海虞衡志》"志器"谓："云南刀，即大理所作，铁青黑，沈沈不韬，南人最贵之。以象皮为鞘，朱之，上亦画犀毗花文。一鞘两室，各函一刀。鞘以皮条缠束，贵人以金银丝。"[③] 又南宋周去非《岭外代答》卷六"蛮刀"条载："蛮刀以褐皮为鞘，金银丝饰靶，朱皮为带。……蛮刀以大理所出为佳，……今世所谓吹毛透风乃大理刀之类。"[④] 宋太宗端拱二年（989），大理国向北宋王朝进献的贡品中，就有"合金银饰蛮刀二"，说明当时蛮刀即大理刀是相当名贵的一种方物。闻名全国的大理刀，还成为当时邕州（今广西南宁）等市场上畅销的商品。[⑤]

犁铧：南诏、大理国时期，云南已经普遍使用牛耕。《蛮书》卷七载："每耕田，用三尺犁，格长丈余，二牛相去七八尺。一佃人前牵牛，一佃人持按犁辕，一佃人秉耒。"[⑥] 据考证，"南诏时用牛耕田犁土的铧应为铁制"，而"唐初洱海地区已用铁制作农具等是可以肯定的"。[⑦]

铁柱：今大理白族自治州弥渡县西有"铁柱庙"，庙中有一铁柱，高

---

① （唐）樊绰等：《蛮书校注》卷七，第205页。
② （唐）樊绰等：《蛮书校注》卷七，第205页。
③ （宋）范成大撰《桂海虞衡志》"志器"。见《知不足斋丛书》第二十三集。中华书局，1999，第377页。
④ 转引自《云南史料丛刊》第二卷，第251、252页。
⑤ （宋）周去非：《岭外代答》卷5，《邕州横山寨博易场》。转引自《云南史料丛刊》第二卷，第251页。
⑥ （唐）樊绰等：《蛮书校注》卷七，第171页。
⑦ 邵献书：《南诏大理国》，吉林教育出版社，1990，第115~116页。

3.20 米，周长 1.05 米，上有款识一行："维建极十三年岁次壬辰四月庚子朔十四日癸丑建立"。"建极"为南诏十一代国主景庄王世隆的纪年。建极十三年为唐懿宗咸通十三年（872）。可知该铁柱为南诏遗物，被称为"南诏铁柱"。有人研究认为，南诏铁柱高达 3.20 米，一次无法铸成，故分 5 次铸造后再连接起来。[1] 可见南诏铸铁技术已达到相当高的水平。又据《新唐书·吐蕃传》载：唐中宗时，御史唐九徵击姚州叛蛮，破之，"毁絚夷城，建铁柱于滇池以勒功"。[2] 据方国瑜考证，唐九徵所铸铁柱不可能在滇池，而是在波州，即今祥云县城区。[3] 由于当时路途遥远，交通不便，唐九徵只可能就地铸造铁柱。然而今已无此铁柱之遗迹也。

铁桥：据《大唐新语》、《蛮书》、《旧唐书·南蛮传》等记载：南诏时，曾在漾濞江上建铁索桥，在金沙江巨津州（今丽江巨甸）以北也建了铁索桥等。铁索桥上的链条，都是环环相扣的生铁铸件，需连续铸造多次才能得到这种环环扣合的铁链。当时已经能够铸造这种铁链，说明铁器铸造技术已达到较高的水平。

此外，南诏、大理国时期，云南还用铁来铸造佛像和法器等宗教用品，说明当时铁的用途已颇为广泛。

第三节　金矿的开发

云南南诏、大理国时期，金矿的开发进入一个崭新的阶段。在此期间，金矿采冶的方法有所改进；黄金生产管理制度开始形成；黄金器物种类增多，使用范围较前扩大；黄金除本地使用外，还供应中原地区以及用作出口商品。

一　金矿采炼方法有所改进

《蛮书》卷七"云南管内物产"载："生金，出金山及长傍诸山、藤充北金宝山。土人取法：春冬间先于山上掘坑，深丈余、阔数十步。

---

[1]　陈润圃：《南诏铁柱辨正》，《文物》1982 年第 6 期。
[2]　（宋）欧阳修等：《新唐书》卷 216 上，吐蕃上。中华书局，2011，第 6081 页。
[3]　方国瑜主编《云南史料丛刊》第二卷，第 362、363 页。

夏月水潦降时，添其泥土入坑，即于添土之砂石中披拣。有得片块，大者重一斤，或至二斤；小者三两五两。价贵于麸金数倍。"① 春冬在山上掘坑，夏季降雨时泥沙随水流入坑内，即可从坑内泥沙中披拣片块状的自然金。这种方法，不仅南诏时采用，大理国时也沿用。宋人李石《续博物志》卷七谓："生金出长傍诸山，取法：以春和冬先于山腹掘坑，方夏水潦荡沙泥土注之坑，秋始披而拣之。"② 其方法与南诏时大同小异，不同之处，一是掘坑于山上，一是掘坑于山腹。山腹掘坑会有更多泥沙流入，获得自然金的机会亦即更大一些。除在山上、山腹掘坑拣金外，仍在江河之中淘洗砂金。《蛮书》卷七、卷十载：南诏时，将罪犯和战俘"配丽水淘金"。（详后）由上可知，南诏、大理国时期，淘金的方法已有所改进，即从汉晋时在江河沿岸淘金，扩展至在山上和山腹掘坑拣金；从江河沿岸到山上、山腹，也说明采金的范围较前扩大了。

另外，大理国时黄金冶炼方法也有所进步。据《桂海虞衡志·志金石》载："生金出西南州峒，生山谷田野沙中，不由矿出也。峒民以淘沙为生，抔土出之，自然融结成颗，大者如麦粒，小者如麸片，便可锻作服用，但色差淡耳。欲令精好，则重炼，取足色，耗去什二三。既炼，则是熟金，丹灶所须生金。"③ 文中"西南州峒"不在大理国境内，但其冶炼黄金的方法，应与大理国相似或一致。由此可知，当时若想得到成色更高的黄金，必须多次冶炼，使之成为"熟金"。显然，这种"重炼"以成"熟金"的方法，较之汉晋时期一次性"以火融之"而得金的方法，已经大有改进，且黄金的纯度已有较大提高。

二 黄金生产的经营管理制度开始形成

《蛮书》卷七载：关于"生金"（又称"块金"、"土金"）生产，"然以蛮法严峻，官纳十分之七八，其余许归私；如不输官，许递相

---

① 樊绰等：《蛮书校注》卷七，第199页。
② 转引自樊绰等：《蛮书校注》卷七，第199页。
③ （宋）范成大：《桂海虞衡志·志金石》。见（清）鲍廷博辑《知不足斋丛书》第八册，第二十三集，中华书局，1999，第374页。

告。……长傍川界三面山并出金，部落百姓悉纳金，无别税役、征徭。"①
这显然是指民营金矿的管理方式，即当地的"部落百姓"只要向官府
"纳金"（交税），就可以采取生金，其税额为产品的十分之七八，除
此之外，不再承担别的赋税和徭役。如果经营者不向官府纳税，允许
相互告发，将受到严厉惩罚。这种管理方式，一方面倡导民间采金纳
税，一方面又以高达百分之七八十的税率限制民营金矿的发展。总体
而言，南诏时期，官府对民营金矿"禁戢甚严"，而对官营金矿则予以
大力支持。《蛮书》卷七谓："沙赕法：男女犯罪，多送丽水淘金。"
（按"河赕"在今大理西洱河地区②）又，《蛮书》卷十"南蛮疆界接连
诸蕃夷国名"条谓：太和九年（835 年），南诏破弥诺国，"劫金银，掳
其族三二千人，配丽水淘金。"③（按："弥诺国"，在今缅甸南部的钦敦
江附近，即伊洛瓦底江入海之处。）由此可知，南诏时在丽水（即伊洛
瓦底江上游大盈江流域地区）设有官营金矿，政府将犯罪之人和掳获
的战俘发配去那里充当淘金者。这种由政府直接管理的"丽水淘金"，
是当时较大的官营金矿，其规模当大大超过民营金矿。南诏、大理国
时期，云南金矿分官营与民营；对民营金矿征收重税，发配罪犯、俘
虏从事官营金矿生产，这一经营管理制度对后来云南矿业开发产生了
深远影响。

三　黄金制品种类增多，使用范围广泛

《蛮书》卷八"蛮夷风俗"和《新唐书·南诏传》等记载："南诏家
食用金银（器）"，南诏王"衣金甲"；清平官、大军将"皆佩金佉苴
（腰带）"；"曹长以下，得系金佉苴，或有等第战功褒奖得系者，不限常
例"；其他高级官员也佩戴"大金、小金告身（即佩戴在左臂上的标
志）"。王室、贵族妇女不施粉黛，但"髻上及耳，多缀真珠、金贝、瑟
瑟（玉石）"；"富室娶嫁，各金银数十两。……女之所赍金银，将徒亦称
是"等。南诏使臣去成都（唐朝西川节度使驻所），用"金镂盒子"装

---

① 樊绰等：《蛮书校注》卷七，第 199 页。
② 樊绰等：《蛮书校注》卷七，第 199 页。
③ 樊绰等：《蛮书校注》卷十，第 232 页。

信物公文；唐朝使臣到大理，南诏将宴席上使用的"金盏、银水瓶"作为礼物馈赠。此外，南诏还将所产黄金作为贡品进献给唐王朝。[①] 大理国曾于宋太宗端拱二年（989）进贡"合金银饰蛮刀二、金饰马鞍勒一具"。[②] 又于熙宁九年（1076）"遣使贡金装碧玕山"（即经过雕刻并镶金点缀的大理石）等。[③] 由上可见，南诏、大理国时期，用黄金制作的器皿和饰品有餐饮器具、金甲、金腰带、大小金标志、金贝、金镂盒子、金盏以及金贡品等。此外，据《南诏野史》记载：南诏劝龙晟即位时，"铸佛三尊送佛顶寺，用金三千两。"[④]《僰古通纪浅述》也谓：隆舜在位时，先"以兼金铸阿嵯耶观音"，又"以黄金八百两铸文殊、普贤二像，敬于崇圣寺"，后来又"用金铸观音一百八像，散诸里巷，俾各敬之。"[⑤] 1976年在维修大理三塔时，于千寻塔顶部发现大理国重修此塔时放入的大批宗教用品。其中有金佛像7尊、鎏金的银、铜佛像及观音像34尊、金盒1件等。1981年维修弘圣寺塔时，也发现金刚杵和大量鎏金器物。[⑥] 以上所述说明，南诏、大理国时期，云南黄金制品种类颇多，被广泛用于社会生活、政治交往以及宗教活动之中。

四　黄金用作内外贸易的商品

《蛮书》卷八"蛮夷风俗"载："本土（即南诏境内）不用钱。凡交易缯帛、毡罽、金、银、瑟瑟、牛、羊之属，以缯帛幂数计之，云某物色直若干幂。"[⑦] 由此可知，南诏时商品经济有所发展，其境内市场上用来交易的商品中有金和银等，而交换的媒介物是缯帛（丝织品）。宋代内地市场上流通的黄金，也以"云南块金"即"生金"为最佳。[⑧] 又据

---

① （宋）欧阳修、宋祁：《新唐书·地理志》载："姚州云南郡，土贡麸金。"中华书局，1975，第1086页。
② （元）脱脱等：《宋史》卷496"蛮夷传"。中华书局，1977，第14233页。
③ （元）脱脱等：《宋史》卷488"大理国传"。第14072页。
④ （明）倪辂：《南诏野史》"大蒙国"。见木芹：《南诏野史会证》，云南人民出版社，1990，第111页。
⑤ 佚名撰、尤中校注：《僰古通纪浅述校注》，云南人民出版社，1989，第81、82页。
⑥ 张增祺：《云南冶金史》，第238页。
⑦ （唐）樊绰等：《蛮书校注》卷八，第214页。
⑧ （宋）唐慎微撰《重修政和经史证类备用本草》卷四。

《蛮书》卷六"云南城镇"载：南诏时有七个大城镇，即云南、拓东（昆明市）、永昌（今保山市）、宁北（今邓川县北）、镇西（今盈江县）、开南（今景东县）和银生。其中银生城（银生节度治所，即今景东县城）是对外贸易的重镇。"银生城，……又南至林记川（今缅甸景栋），又东南至大银孔（今暹罗湾），又南有婆罗门（今印度境内）、波斯（缅甸南部勃生）、阇婆（印度尼西亚爪哇）、勃泥（印度尼西亚婆罗洲）、昆仑（又作"崑崙"，今柬埔寨，一说印度尼西亚苏门答腊）数种外道。交易之处，多诸珍宝，以黄金、麝香为贵货。"① 文中一些地名不详所在，大致是从今景东县城出发，向南至缅甸景栋，东南至泰国景迈，又至印度尼西亚等国。南诏商人在通往这些近海国家或地区的"数种外道"上，与其进行通商。在彼此交易的地方，商品种类颇多，其中南诏所产的黄金、麝香最为名贵。由此可知，南诏时黄金作为一种"贵货"（即最名贵的商品）已成为对外贸易的重要商品。

第四节　铜矿的开发

南诏、大理国以佛教为国教，信奉佛教者甚多，从国王到平民都是虔诚的佛教徒。由于佛教盛行，佛事活动颇多，各地广建佛寺，大铸佛像及钟鼎法器，从而促进了铜矿开发和青铜冶铸业的发展。铜钟、铜铸佛像等纷纷出现。崇圣寺铜钟"其状如幢"、"声闻百里"、"宇内罕有"，是云南最古之铜钟，铸成于南诏建极十二年（唐懿宗咸通十二年，即公元871年）。据《南诏野史》载：南诏丰祐即位后，用铜22705公斤，铸佛像11400尊，供于崇圣寺内及塔内。舜化贞即位后，于光化三年（900年），"铸崇圣寺丈六观音，清平官郑买嗣合十六国铜所铸，蜀人李嘉亭成像"。大理国开国国主段思平，"岁岁建寺，铸佛万尊"。② 南诏、大理国铸造的佛像等青铜制品不在少数，其中一部分因战乱已毁坏无存，一部分如今仍为民间收藏或流落国外；近年来也发现了一些。1976年，维

① 樊绰等：《蛮书校注》卷六，第164页。
② 木芹会证：《南诏野史会证》，第132、178、210页。

修三塔时，于塔顶发现南诏、大理国时期的文物多达 680 余件，其中大部分为青铜器，有佛像和观音 99 尊、天王与力士像 9 尊、铜塔模 5 件、铜镜 15 面、铜铃 4 件、铜镯 57 件等。① 这些青铜器都是采用铸造或煅打工艺制作而成，技术水准很高，佛像和菩萨像造型十分生动，其他佛事用品也制作精工，这说明南诏、大理国时期青铜冶铸业在先秦至西汉时的基础上又向前发展了。

此外，南诏时还用铜制作铜鼓、铜钹等乐器。唐杜佑《通典》第 144 卷"乐四"载："铜钹，亦谓之铜盘，出西戎及南蛮。……南蛮国大者圆数尺，或谓齐穆王素所造。铜鼓，铸铜为之，虚其一面，覆而击其上，南夷、扶南、天竺类皆如此。"② 又唐人刘恂《岭外表异》谓："蛮夷之乐，有铜鼓焉，形如腰鼓，而一头有面。鼓面圆二尺许，面与身连。全用铜铸，其身偏有虫鱼、花草之状。通体均匀，厚二分以外。炉铸之妙，实为奇巧。击之响亮，不下鸣鼍。"③ 南诏铜鼓的铸造工艺，显然已在先秦、西汉铜鼓之上。

南诏、大理国制作大批佛像、铜鼓等铜器，耗费了大量的铜，这就需要开采和冶炼为数更多的铜产品。关于当时采冶铜矿的情况未见文献记载，唯考古材料可资证明。1992 年在大理市的挖色乡发现一个巨大的古代冶铜遗址。在离地表 1~3 米处，有长分别为 8 米、30 米、80 米（宽 10~15 米、厚 1~2 米）的三个古铜矿渣遗址。又在挖色乡海印发现一些古代采铜矿硐，硐开气眼，离硐 100 米处还有一宽 6 米、高 7 米的巨大炼炉，其旁有成堆矿渣、炼渣及灰烬块。据考证，上述冶铜遗址和古矿硐遗址"应是南诏、大理国时期的冶铜工场"。④

由上所述可知，南诏、大理国时期，虽然早已进入铁器时代，生产工具、生活用具和兵器等已普遍用铁制造，但用铜、锡合金制作的青铜器仍然为数甚多，主要是佛像等宗教方面的用品以及鼓、钹等乐器，而且青铜冶铸技术水平也较前有所提高。

① 张增祺：《云南冶金史》，第 80 页。
② （唐）杜佑：《通典》卷一四四，乐四。浙江古籍出版社，1988，第 752 页。
③ 转引自《云南史料丛刊》第二卷，第 184 页。
④ 李晓岑：《南诏大理国时期冶金技术述论》，《思想战线》1995 年第 1 期。

第五节　银矿的开发

南诏、大理国时期，云南开发的矿产主要是铁、金、铜矿，此外，银矿开发也见于文献记载和考古材料。唐人樊绰《蛮书》卷七载："银，会同川银山出，……禁戢甚严。"① 宋人李石《续博物志》卷七载："会同川银山出银矿，私置冶，官收十之三。"②（按："会同川"，即会川，在南诏、大理国境内，今四川会理。）可见，当时官府对会川银矿管理甚严，如果私人开采、冶炼，官府按"十分之三"征收矿税。需要提及的是，百分之三十的税率对后来元代确定云南银课产生了直接影响（详见下文）。当时生产的银主要用来铸造佛像和生活用具。胡蔚《南诏野史》谓：南诏劝丰祐时，用银5000两铸佛像一堂。③ 王钦若等《册府元龟》卷980也谓：唐朝使臣至云南，南诏赠以"银水瓶"。④ 又《蛮书》卷八"蛮夷风俗"谓：南诏王及其家族的饮食器皿均为金银制品。⑤ 此外，近年考古材料中，也有不少南诏、大理国时期的银制品。1976年在维修大理三塔时，在千寻塔中发现银制佛像9尊、菩萨像3尊、天王与力士像3尊，还有鎏金银质的"金翅鸟和雕花圆盒"。⑥ 这些银像与银器的制作都十分精美。

第六节　其他矿产的开发

在历史文献中，还有零星关于南诏、大理国时期开发锡、铅矿的记载。上引《蛮书》卷七谓："银，会同川银山出；锡、瑟瑟（玉石），山中出，禁戢甚严。"⑦《续博物志》卷七谓："若（诺）赕川有锡山，出锡。"⑧

---

① 樊绰等：《蛮书校注》卷七，第200页。
② 〔宋〕李石：《续博物志》卷七。转引自樊绰等《蛮书校注》卷七，第200页。
③ 木芹：《南诏野史会证》，第132、133页。
④ 《册府元龟》卷980，外臣部·通好。中华书局影印，1960，第11516页。
⑤ 樊绰等：《蛮书校注》卷八，第200页。
⑥ 张增祺：《云南冶金史》，第215页。
⑦ 樊绰等：《蛮书校注》卷七，第200页。
⑧ （唐）樊绰等：《蛮书校注》卷七，第200页。

（按：诺赕川在今四川黎溪一带，当时在南诏、大理国境内。）《册府元龟》卷960载：哀牢"出铜、铁、铅、锡、金、银"[1]。又《桂海虞衡志》"志蛮"载："土产生金、铜、铅、绿丹砂"等。[2] 这些记载均十分简略，未言开采冶炼等情况，故无法加以论述。有学者认为"大概是因'禁戢甚严'的缘故，当时的锡矿（加上铅矿）很可能是官营的，专用于铜的合金原料，老百姓不能随便开采"。[3] 此说是否符合实际情况不得而知，只能立此存照了。

综上所述，南诏、大理国时期，金、银、铜、铁等矿产都有一定程度的开发，其中铁矿和金矿的开发均取得突出成就，铁器铸造技术和黄金采冶方法都较前有显著改进，其产品增多，使用范围广泛。此外，铜、银矿产开发也有所成就，大量的铜、银产品用来铸造佛像以及生活器皿等。需要指出的是，一些优质铁器被制造出来并用于生产，特别是铁制犁铧普遍用于农耕，"二牛三夫"的耕作技术也随之出现，从而大大促进了农业生产的发展。熙宁七年（1074），宋王朝使者杨佐路过姚州时，目睹当地田土物产，认为已与当时生产发展程度较高的四川资中、荣县等地相差不远。[4] 此外，当时生产的黄金已成为商品，不仅用于境内市场交易，还作为一种"贵货"用于对外贸易。

---

① 王钦若、杨亿等：《册府元龟》卷960，外臣部·土风二。中华书局影印，1960，第11293页。
② 转引自《正续云南备征志精选点校》，第5页。
③ 张增祺：《云南冶金史》，第198页。
④ （宋）李焘：《续资治通鉴长编》卷267，中华书局，1986，第6549页。

第五章

元代：云南矿业开发的发展期

南宋宝祐元年（1253 年）秋，元宪宗蒙哥命其弟忽必烈率十万大军，从宁夏出发，经甘肃、四川，"乘革囊，渡金沙"，进攻大理国。翌年国王段兴智被执，大理国灭亡。至元十二年（1275 年），元朝正式设立云南行省，并分置路府州县，第二年（1276 年）设中庆路昆明县，作为云南行省首府，云南政治中心从大理移至昆明。赛典赤以"平章政事行云南中书省"的身份，将地方的行政与军事大权统管起来，并将云南直接置于中央的管辖之下，从而开始了蒙元对云南 120 余年的统治。

在此期间，云南行省推行屯田之制，重视兴修水利，从而促进了农业生产的发展。与此同时，从元朝中央到云南行省，都十分重视开发云南矿业，金、银、铜、铁矿产的开发均取得突出成就。

第一节　矿业开发的管理与政策

元代，矿业开发有相当规模，也颇有成就。寻其原因，其中之一便是元朝政府十分重视开发矿业。《元史》卷 94 "食货二"载："山林川泽之产，若金、银、珠、玉、铜、铁、水银、朱砂、碧甸子、铅、锡、矾、硝、碱、竹、木之类，皆天地自然之利，有国者之所必资也，而或以病民者有之矣。"① 金、银、铜、铁等自然资源，是国家建设和发展必须依

_____

① （明）宋濂等撰《元史》卷九四，食货二，中华书局，2011，第 2377 页。

靠的重要资源，应予以足够重视，并大力加以开发，这或许就是元朝政府对开发矿业的基本认识。显而易见，这一认识是正确的，是有利于矿业开发的。再者，元初，战乱频仍，财政匮乏，即"以军兴国用不足"，政府急需开发矿业，特别是开发铁、金、银、铜等矿产。此外，朝廷对文武百官、王公贵族的诸多赏赐，皇室、贵族、官僚等对金银的百般贪欲等，对当时开发矿业也产生了一定影响。

一　矿业开发的管理

元代，矿业开发有一套从中央到地方的管理机构。至元四年（1267），元朝政府在中央设立"诸路洞冶都总管府"，"专以掌管随处金、银、铜、铁、丹粉、锡碌，从长规划，协办课程"。[①] 但不久即撤销，洞冶事务由转运司兼顾。后来，又在有关行省设立各种矿冶提举司，如云州银场提举司、河东铁冶都提举司等，直辖于中书省户部。提举司下分设场、洞、冶；在一些重要的矿点还加派官员或亲信去管理，如云州银场"设从七品官以掌之"，又如"以勃罗为云南打金洞达鲁花赤（皇帝的宣差、蒙古人）"。元朝政府尤其重视金矿的开发，曾设立"淘金总管府"，直接控制全国的黄金生产。为了保证官营矿冶的工匠与"冶户"，还在中央设立"诸色人匠总管府，秩正三品，掌百工之技艺"；在行省设"人匠提举，受省檄掌工匠祠讼之事。"[②] 云南也设置过"人匠提举"，曾任提举人名可考者，有张忠、杨国、杜昌海等。[③] 上述矿冶管理机构虽然废置无常，但自成体系的管理是不曾削弱的，而"恢办课程"即征收矿税的目的更是不会改变的。

元朝政府不仅从中央到地方设置各种机构以加强对矿业开发的管理，还于元初至元四年（1267）制定了一个有关矿业开发的"条画"（即条例）。该"条画"共5条，主要内容是：1. 矿业开发分官营与民营两种方式，过去开发而如今停业者，应尽快恢复生产，并缴纳矿课。2. 任何

① 王恽：《秋涧先生大全集》卷90。转引自陈高华、史卫民著《中国经济史·元代经济卷》，经济日报出版社，2000，第668页。

② （明）宋濂等：《元史》卷八九，"百官五"，第2254页。

③ 云南大学历史系等编《云南冶金史》，云南人民出版社，1980，第17页。

权势之家均不得霸占矿产，阻止别人采冶缴税；3. 冶炼需要的矿炭由洞冶总管府统一分配，管炉官不得擅自处理；4. 官营、民营矿业依照规定运行之中，所在地方政府以及驻军、民众均不得违规阻挠；5. "诸路洞冶都总管府"负责一切矿冶事宜，有关矿冶公事均应移送该府处理。① 由此可见，这一"条画"的主旨是保护和推动官营和民营矿冶业迅速发展，其目的在于"恢办课程"，即征收矿税，以缓解政府的财政匮乏。需要指出的是，元朝政府为了开发矿业，进行"从长条画"，制定了一个虽然不尽详备但切实可行的条例，这是史无前例之举，在我国矿业开发史上是不多见的。

二 矿业开发的政策

元朝政府为了开发矿业，不仅设置管理机构、制定条例，而且还制定与实施了一系列政策，主要有以下两方面：

（1）官营与民营

元代，矿产开发实行官营与民营并行、以官营为主的政策。所谓官营，即"系官拨户兴煽洞冶"，官府设置场、冶，从民户中签发部分人户当役，称为冶金户、铁冶户、冶银户等；官府发给这些冶户工本与衣粮，使其"兴煽洞冶"，即从事采矿冶炼等生产活动。官营矿业受官府各级机构领导，并由相关官员直接管理。官营矿业的生产品有定额，并如数上交。所谓"民营"，即"百姓自备工本炉冶"，百姓自备工本，入状申请，募工采冶；官府对其生产品"或抽分本货，或认办钞数"。② 元初，世祖至元间官营与民营并行。迄于成宗元贞二年（1296），中书省奏准："革罢百姓自备工本炉冶，官为兴煽发卖"，③ 即将所有民办矿业改为官办。但大德十一年（1307），武宗海山在即位诏书中宣布："诸处铁冶，许诸人煽办。"④ 至大元年（1308），"罢顺德广平铁冶提举司，听民自便，有

---

① 详见《大元圣政国朝典章》卷二二"户部八·洞冶"。见《续修四库全书》（第787册），上海古籍出版社，2002，第272页。

② 王恽：《秋涧先生大全集》卷九〇，"便民三十五事·省罢铁冶户"。四部丛刊本。

③ 《元典章》卷二二，《户部·洞冶·铁货从长讲究》。见《续修四库全书》（第787册），第272页。

④ 《元史》卷22《武宗纪一》，第479页。

司税之如旧"。① 重新恢复了官营与民营并行的"双轨制"。泰定二年（1325），"罢永兴银场，听民采炼，以十分之二输官"。② 总之，或官营或民营，摇摆不定，废置不常。对政府而言，采用官营方式，垄断矿产资源，可以谋取最大利润；但是官营矿业的生产效率较低，以至得不偿失。因此，朝廷在官营和民营之间左右摇摆。但有元一代，矿业开发仍以官营为主，民营为辅。

（2）征收洞冶课

元代，政府征收的洞冶课即矿税，对官营矿业与民营矿业不同；而且，金属种类不同，征收的税率也各不相同。一般而言，所有官营矿业的产品全部上交官府；民营矿业的产品则"官为抽分"，即实行分成制。民营矿业中金属种类不同，分成标准即比例亦各不相同。元代开发的金属主要是铁和金、银，兹分别说明其不同的税率标准。

铁课：《新元史·食货志》载："大德七年（1303），定各处铁冶课，依盐法一体禁冶（禁止私冶）。"此处所谓"盐法"，即官营官卖，产品全部归官府，严禁私营。但是，四年之后却发生变化。大德十一年（1307），铁矿"听民煽炼"，铁课则"官为抽分"。③ 相关文献虽然未载"官为抽分"的比例，然而征收铁课的办法却见诸史籍。《元典章》卷22《户部八·洞冶·铁课依盐法例》载："各处铁冶发卖铁课，合依盐法一体禁冶"。即征收铁课应依照"盐法"办法：官府向客商发卖"引"（即执照），客商赴各铁冶领取铁产品而进行贩卖交易。当时铁"每引二百斤"。可见，元代的铁课，是官府通过卖"引"的方式进行征收的。

金课：《元史·食货志·岁课》谓："初，金课之兴，自世祖始。"④（按：云南早在南诏时已有金课，即"官纳十分之七八"。）又《元史·刑法志·食货》谓："诸产金之地，有司岁征金课。"⑤ 如上所述，元代

---

① 《元史》卷22《武宗纪一》，第505页。
② 《元史》卷29《泰定帝纪一》，第654页。
③ 《元史》卷九十四，食货二·岁课，第2381页。
④ 《元史》卷九十四，食货二·岁课，2011，第2379页。
⑤ 《元史》卷一百四，刑法三·食货，第2648页。

官营金矿，其产品全部上交官府；而民营金矿则由官府按年征收金课。据《元史》卷二十八《英宗纪二》载：英宗至治三年（1323）正月，"罢上都、云州、兴和、宣德、蔚州、奉圣州及鸡鸣山、房山、黄芦、三叉诸金银冶，听民采炼，以十分之三输官"。① 由此可知，元代的金课按分成制征收，其税率为百分之三十。至于金课征收办法，夏湘蓉等研究认为："元代的金课，看来早期是以征收实物（麸金）为主，晚期主要征收银钞"；而折征银钞是"每金一钱，折纳价钱一十五两以至十八两"。② 这一折征标准显然远高于当时白银一两抵赤金一钱，即金与银 1∶10 的比值标准。

银课：元代民营银矿交纳的银课，大抵因时因地而有所不同。清修《续文献通考》卷二三《征榷考·坑冶》记载了三个时期的银课税率，即：仁宗延祐四年（1317），"李珪等包霍邱县豹子崖银洞，课银三十锭。其所得矿，大抵以十分之三输官"；英宗至治三年（1323），"罢上都、云州……金银冶，听民采炼，以十分之一输官（按：上引《元史》卷二十八《英宗纪二》作"以十分之三输官"）"；又泰定帝泰定二年（1325），"罢永兴银坊，听民采炼，以十分之一输官"。③ 仁宗之前与泰定帝之后的银课税率未见记载，故不得其详。大抵"十分之一"至"十分之三"即为元代政府征收的银课税率，而"十分之三"可能为银课之常制。据《元史·食货志二·岁课》载：天历元年（1328）岁课之数："银课，……云南省七百三十五锭三十四两三钱"，按每锭 50 两计，即 36781 两 3 钱，相当于全国银课总数的 47.42%，几占一半。由此可知，有元一代，云南已成为全国上交银课最多的省份。

此外，铜课、锡课和铅课等均未见其矿课税率的记载。唯在上引《元史·食货志二·岁课》"天历元年（1328）岁课之数"中，有"铜课：云南省二千三百八十斤"的记载，而且仅此一条，无其他各省的记载。该书曾记载："铜在益都者……在辽阳者……在澄江者"，然而"铜

---

① 《元史》卷二十八，英宗纪二，第 627 页。
② 《中国古代矿业开发史》，第 133 页。
③ （明）王圻纂辑《续文献通考》卷二七《征榷考·坑冶》：英宗至治三年为"以十分之三输官"；泰定帝二年为"以十分之二输官"。与清修《续文献通考》不同。

课"条下只有云南省。这说明，当时除云南省外，益都和辽阳均未上交铜课。这也许是因为益都、辽阳产铜不多的缘故。可见，早在元代，云南作为后来的产铜大省，已开始登上中国铜业的舞台。

附录：为了解元代洞冶课征收的详情，兹将《元史·食货二·岁课》中，"天历元年（1328年）岁课之数"列表5-1以明之。

表5-1　元代天历元年金属岁课

行省	铁课数（斤）（各省所占百分比）	金课数（银钞两）（各省所占百分比）	银课数（银钞两）（各省所占百分比）	铜课数（斤）（各省所占百分比）	地域范围
腹里	—	2047.3（占8.37%）	75（0.10%）	—	今河北、山东、山西
江浙	额外铁245867斤、银钞1700锭14两（占27.80%）	9015.1（占36.84%）	5789.2（占7.46%）	—	今浙、闽两省及苏南、皖赣东部
江西	额外铁217450斤、银钞176锭24两（占24.58%）	140.5（占0.57%）	23103.5（占29.79%）	—	今江西及粤东
湖广	铁282595斤（占31.95%）	4029.1（占16.46%）	11809（占15.23%）	—	今湘、桂两省及粤西、鄂南、黔东
河南	铁3930斤（占0.4%）	38.6（占0.16%）	—	—	今河南南部及鄂、皖、苏北部
四川	—	麸金7两2钱	—	—	今四川省及黔北
陕西	铁10000斤（占1.1%）	—	—	—	今陕西省
云南	铁124701斤（占14.10%）	9201.9（占37.60%）	36784.3（占47.42%）	铜2380斤（占100%）	今云南省及黔西、川西南
共计	铁884543斤银钞1879锭38两（占100%）	24472.5两麸金7两2钱（占100%）	77561（占100%）	铜2380斤（占100%）	

注：① "天历元年岁课之数的金属"中，尚有江西省锡课银钞17锭7两；江浙省铅课额外铅粉课银钞887锭9两2钱，铅丹课银钞9锭42两2钱、黑锡24锭10两2钱。

②本表是在《中国古代矿业开发史》第124页"元代天历元年金属岁课表"的基础上调整补充而成的。

③表中各省岁课占总岁课的百分比，未计铁课中的银钞数。

第二节　金矿的开发

元代，云南黄金的产地和产量，比南诏、大理国时期都有很大增加。云南已经成为有元一代位居第一的黄金大省。

一　黄金的产地

《元史·食货志二·岁课》载："产金之所：在腹里曰益都、檀、景，辽阳省曰大宁、开元，江浙省曰饶、徽、池、信，江西省曰龙兴、抚州，湖广省曰岳、澧、沅、靖、辰、潭、武冈、宝庆，河南省曰江陵、襄阳，四川省曰成都、嘉定，云南省曰威楚、丽江、大理、金齿、临安、曲靖、元江、罗罗、会川、建昌、德昌、柏兴、乌撒、东川、乌蒙。"①（按："威楚"，今楚雄；"金齿"，即金齿宣抚司，今保山、德宏等；"临安"，今建水、通海、蒙自、石屏等；"罗罗"，即罗罗斯宣慰司，今四川西昌、汉源等；"会川"，今四川会理；"建昌"，今四川西昌；"德昌"，今四川德昌；"柏兴"，今四川盐源、盐边；"乌撒"，今贵州威宁、赫章等；"乌蒙"，今昭通、大观等。）全国有 8 个省出产黄金，共计 38 个黄金产地，其中腹里等 7 个省有 23 个产地，而云南则有 15 个产地，多于其他产金各省。云南 15 个产金的地方，都是元代设路府或宣慰司、宣抚司的地方，其范围较今地为广。这些出产黄金之地分布在今云南省滇西、滇东、滇南等全省大部分地区以及四川省的西南部和贵州省的西部。意大利旅行家马可·波罗于元世祖至元十二年（1275）来到中国，至元十四年（1277）奉忽必烈之命出使国内外许多地方，大约于至元十五年（1278）到达云南。他在云南以及从云南赴缅甸的途中，目睹不少地方出产黄金。《马可·波罗行纪》第 116 章《建都州》谓："至其（即建都，今四川西昌等）所用之货币，则有金条，按量计值，而无铸造之货币。"第 118 章《重言哈剌章州》谓："其城即

---

① 《元史》卷九十四，食货二·岁课，第 2377 页。

名哈剌章（即今大理），……此地亦产金块甚饶，川湖及山中有之，块大逾常。产金之多，致于交易时每金一量值银六量。"第 119 章《金齿州》谓："离大理府后，……抵一州，名称匝儿丹丹（即金齿，今保山、德宏等地）。……其货币用金，然亦用海贝。"第 123 章《下一大坡》谓：离开金齿州后，"不久至一大坡（应在金齿边境之龙川江上）。……仅见有一重要处所，昔为一大市集，附近之人皆于定日赴市。每星期开市三次，以其金易银。盖彼等有金甚饶，每精金一量，易纯银五量，银价既高，所以各地商人携银来此易金，而获大利。"第 126 章《交趾国州》谓："此州有金甚饶。"第 128 章《秃落蛮州》谓："此地有金甚饶"等。① 由上述可知，有元一代，云南黄金产地甚广，大抵滇西、滇东和滇南的广大地区均出产黄金，当时属云南管辖的川西南和黔西也出产黄金。马可·波罗亲历所见云南"有金甚饶"，是对《元史》上述记载的有力佐证。

二　黄金的生产

云南"地多产金"，元朝中央政府十分重视云南金矿的开发。至元十九年（1282），"遣使括云南所产金，以孛罗为打金洞达鲁花赤（皇帝的宣差、蒙古人）"。② 此应为官营金矿。至元廿八年（1291），"云南省参政怯剌言：'建都地多产金，可置冶，令旁近民炼之以输官'。从之。"③这显然是民营金矿。可见，元朝政府既重视发展官营金矿，也重视发展民营金矿，云南的黄金生产于是迅速发展起来。

元代，云南黄金的生产详情未见记载。但是通过对政府征收金课的数额及其税率的分析，即可推算出黄金的大致产量。《元史·食货二·岁课》载："初，金课之兴，自世祖始。……在云南者，至元十四年（1277），诸路总纳金一百五锭。""诸路"即上述云南产金的 15 路（府）；"一百五锭"，每锭 50 两，合计 5250 两。若以 30% 的金课税率计算，这一年云南出产的黄金为 17500 两。同书又载：天历元年（1328），

---

① 《马可波罗行纪·云南行纪》，方国瑜主编《云南史料丛刊》第三卷，第 140～157 页。
② 《元史》卷十二"世祖九"，第 246 页。
③ 《元史》卷十六"世祖十三"，第 348 页。

"金课：……云南省一百八十四锭一两九钱。"184 锭 1 两 9 钱即 9201 两 9 钱。按 30% 的金课税率计算，这一年云南出产的黄金为 30673 两，即天历元年比至元十四年增加 13173 两；换言之，元代中叶较之元初云南黄金产量增加 0.75 倍。从表 5 - 1 可知，天历元年全国金课总数为 24472.5 两，按 30% 的税率计算，这一年全国黄金总产量为 81575 两。云南所产 30673 两，占全国总产量的 37.60%，即三分之一强，超过其他产金各省。以上是至元十四年和天历元年两个年份云南全省黄金的大致产量。此外，云南一些路府还用黄金向元朝政府纳贡，即所谓"贡金"。《元史·地理志》载："金齿六路、一赕，岁输金银有差"；曲靖路"岁输金三千五百五十两"。《元史·文宗纪》载：至顺二年（1331）二月，景东甸升为军民府，"常赋外，岁增输金五千两、银七百两"。[1] 可见，这些路府的"贡金"为数不少。至于其他路府是否也有"贡金"，则未见记载。由于文献记载不详，对元代云南黄金的实际产量无法作系统说明，只能从上列数字中了解一个大致情况。

三　黄金的使用

元代，云南生产黄金较多，黄金的使用范围也较广，主要用于以下四方面。

（1）上交金课。如上文所述，元代凡产金之地，"有司岁征金课"，其金课税率为 30%。云南"地多产金"，是当时的产金大省。据《元史·食货志二·岁课》记载：至元十四年云南上交的金课为 5250 两；天历元年增为 9201.9 两。此外，云南金齿、曲靖和景东等路府还向政府纳"贡金"，每年最多达 5000 两。

（2）"用金为则"。《元史·世祖本纪》载："至元十九年九月己巳，定云南赋税，用金为则，以贝子折纳，每金一钱，值贝子二十索。"[2] 元代云南以金作为缴纳赋税的准则，而以贝币折纳；黄金与贝币的比值是一钱黄金值 20 索贝币。黄金一钱只值贝币 20 索（即 1600 枚），黄金价

---

① 《元史》卷三十五，文宗四，第 778 页。
② 云南从春秋时期以至清初皆以海贝为货币（即"贝子"），元代云南使用贝币较广泛。详见杨寿川《论明清之际云南"废贝行钱"的原因》，《历史研究》1980 年第 6 期。

值如此低下，或许是因云南出产黄金较多之故。

（3）"货币用金"。《马可·波罗行纪》第 116 章载：建都州"所用之货币，则有金条，按量计值，而无铸造之货币"。第 118 章载：哈剌章州（今大理）"产金之多，致（至）于交易时每金一量值银六量"。第 119 章载：金齿州"其货币用金，然亦用海贝。其境周围五月程之地无银矿，故金一量值银五量，商人携多银至此易金而获大利"。又同书第 123 章载：金齿边境龙川江附近过去曾有一大市集，"每星期开市三次，以其金易银。盖彼等有金甚饶，每精金一量，易纯银五量；银价既高，所以各地商人携银来此易金，而获大利"。元代，金与银的比价，中统元年和至元十九年均为 1：7.5，至元二十四年和至正六年为 1：10。[①] 上述马可·波罗所言，大理地区金与银交易的比值为 1：6，德宏龙川江一带仅为 1：5，黄金价值其低，盖因这些地区"有金甚饶"，而产银较少，加之远离内地，交易不畅之故。

（4）用作饰物。《续资治通鉴》卷 185 "元纪三"载：至元十七年（1280 年），云南"规措所造金薄（箔），贸易病民，宜罢。"即曾以黄金造饰品金箔。近代大理继续生产金箔，还出现"金箔街"，其产品销往各县。《马可·波罗行纪》第 119 章《金齿洲》谓："匝儿丹丹之人，皆用金饰齿；别言之，每人齿上用金作套，如齿形，套于齿上，上下皆然。"第 127 章《阿木州》也谓："妇女腿臂带金银圈，价甚贵，男子亦然，其价较女子所戴者更贵。"马可·波罗所言，是指滇西等地的傣族等少数民族有"用金饰齿"和"腿臂带金银圈"的习俗。如今，这种习俗仍流传在傣族等少数民族地区。

第三节　银矿的开发

元代，云南白银的产地和产量，比南诏、大理国时期大大增加。从元代中期开始，云南白银产量跃居全国首位，云南成为全国白银最主要的生产地。

[①]　彭信威：《中国货币史》，上海人民出版社，1965，第 570 页。

一　白银的产地

《元史·食货二·岁课》载："产银之所，在腹里曰大都、真定、保定、云州、般阳、晋宁、怀孟、济南、宁海，辽阳省曰大宁，江浙省曰处州、建宁、延平，江西省曰抚、瑞、韶，湖广省曰兴国、郴州，河南省曰汴梁、安丰、汝宁，陕西省曰商州，云南省曰威楚、大理、金齿、临安、元江。"① 由此可知，元代全国有 8 个省产银，其产地有 27 处，云南省有 5 处。云南产银的 5 个地方都是元代设路的地名。云南产银的这 5 个路，即威楚（今楚雄）路、大理路、临安路、元江路和金齿宣抚司，包括的范围较广，含盖了今滇西、滇东南的广大地区。

元代，全国产银之地虽然有 8 个省 27 处，但比较有名的银场（或银洞）只有 3 处，即安徽霍邱县"豹子崖洞"、江西瑞州上高县"蒙山场"、河北"惠州银洞"。② 这 3 个银场（洞），分布在三个省的一州一县之内，而云南省的银场（洞）则是分布在"四路一司"的大范围之内，其银场（洞）的数量当不在少数，亦应多于其他产银之省。由于史籍记载阙如，元代云南银场（洞）地名不得其详，真乃憾事也。

二　白银的开发与产量

元代，白银已成为一种货币，称为"银钞"。元朝政府十分重视银矿的开发，通过以官营为主、民营为辅的方式，大力发展白银生产。云南丰富的银矿资源，分布广泛的银场、银洞自然受到元朝政府的重视。

至元二十七年（1290）五月，"尚书省遣人行视云南银洞，获银四千四十八两，奏立银场官，秩从七品"。③ 武宗至大元年（1308），"尚书省臣言：别都鲁思谓云南朝河等处产银。令往试之，得银六百五十两，诏立提举司，以别都鲁思为达鲁花赤（皇帝的宣差、蒙古人）。"④ 尚书省

---

① 《元史》卷九十四，食货二·岁课，第 2378 页。
② 《中国古代矿业开发史》，第 129、130 页。
③ 《元史》卷十六，世祖十三，第 337 页。
④ （明）王圻撰《续文献通考》卷二十七，征榷·坑冶。（台北）文海出版社，1984，第 1631 页。

直接派官员赴云南行视银洞，并设"从七品"官和立提举司，甚至由皇帝委派宣差进行监督管理，可见对开发云南银矿极为重视。

元代云南白银的生产情形，因文献无征，故不得其详。唯从天历元年的银课数，可推知当年云南的白银产量。《元史·食货二·岁课》载：天历元年（1328）岁课之数："银课：腹里，一锭二十五两。江浙省，一百一十五锭三十九两二钱。江西省，四百六十二锭三两五钱。湖广省，二百三十六锭九两。云南省，七百三十五锭三十四两三钱。"①

根据以上数据与泰定二年"十分之一"的银课税率（距天历元年最近，仅4年），可以计算出全国银的总产量及各省银产量，详见表5-2。

表5-2　元代天历元年全国银课与银产量

地点	银课（单位：两）	银产量（单位：两）	占全国总产量的百分比（%）
腹里	75	750	0.10
江浙	5789.2	57892	7.46
江西	23103.5	231035	29.79
湖广	11809	118090	15.23
云南	36784.3	367843	47.42
全国	77561	775610	100

从表5-2可知，天历元年云南省产银367843两，占当年全国总银产量775610两的47.42%，几近一半。云南省的银产量高于江西省，更远高于湖广等省，在全国产银五省中居于首位。可见，元代中叶，云南已成为全国最主要的白银生产地。

第四节　铜矿与铁矿的开发

元代，云南的铜矿与铁矿开发，与南诏、大理国时期相比，并无大的发展。关于这一时期云南铜矿与铁矿的记载仅见于《元史·食货志》，且十分简略。兹分述如下。

---

① 《元史》卷九十四，食货二·岁课，第2383~2384页。

一　铜矿

《元史·食货二·岁课》载："产铜之所，在腹里曰益都，辽阳省曰大宁，云南省曰大理、澂江。"①"铜在益都者，至元十六年，拨户一千，于临朐县七宝山等处采之。在辽阳者，至元十五年，拨采木夫一千户，于锦、瑞州鸡山、巴山等处采之。在澂江者，至元二十二年，拨漏籍户（原来户籍册上没有登记而被清查出来的人户）于萨矣山煽炼，凡一十有一所。"②由此可知，元代全国仅有三个省产铜，而三省合计也只有四个地方产铜，③其中云南省有两个路即大理路和澂江路产铜。澄江路的铜冶有萨矣山（其地不详）等 11 处，大理路的铜冶则未见记载。澄江路（今玉溪、澄江、江川）可能是当时云南铜冶最多的路，其铜矿开发始于至元二十二年（1285）。

《元史·食货二·岁课》又载：天历元年岁课之数，"铜课：云南省二千三百八十斤"。仅云南省有铜课记载，其他产铜的腹里和辽阳省则未见记载，这也许是因为天历元年腹里和辽阳未出产铜或产铜甚少的缘故。元代铜课税率未见文献记载，唯《中国古代矿业开发史》称"今假定岁课为'二八抽分'，即税率为百分之二十"。④据此计算，则天历元年云南的铜产量为 11900 斤。元代云南产铜虽然为数不多，但却揭开了后来明清两代云南铜矿大开发的序幕。

二　铁矿

《元史·食货二·岁课》载："产铁之所，在腹里曰河东、顺德、檀、景、济南，江浙省曰饶、徽、宁国、信、庆元、台、衢、处、建宁、兴化、邵武、漳、福、泉，江西省曰龙兴、吉安、抚、袁、瑞、赣、临江、

---

① 《元史》卷九十四，食货二·岁课，第 2378 页。
② 《元史》卷九十四，食货二·岁课，第 2380 页。
③ 柯劭忞编纂《新元史·食货志·钞法》载："至大二年（1309 年），大都立资国院，山东、河东、辽阳、江淮、湖广、川汉立泉货监六，产之地立提举司十九。"可见当时至少有 19 处产铜之地，但都语焉不详。见《二十五史》第八册，开明书店，1935，第 175 页。
④ 夏湘蓉等：《中国古代矿业开发史》，第 128 页。

桂阳，湖广省曰沅、潭、衡、武冈、宝庆、永、全、常宁、道州，陕西省曰兴元，云南省曰中庆、大理、金齿、临安、曲靖、澄江、罗罗、建昌。"① 由此可知，元代全国有六省产铁，设置铁冶之地达 45 处，其中云南省有 8 处，均为当时设置的路府之名，铁冶所在地点不详。云南产铁的 8 个路，分布在滇中中庆路（即今昆明市）、澄江路（即今澄江、江川、玉溪）、滇西大理路（即今大理凤仪和祥云县）、金齿宣抚司（即今保山和德宏）、滇南临安路（即今建水、石屏、蒙自、通海、华宁等县）和滇东曲靖路（即今曲靖市和寻甸、石林等县）；此外还包括今四川省西昌、汉源等（罗罗即罗罗斯宣慰司，今汉源、西昌；建昌即今西昌）。可见，元代云南境内的大部分地区均有铁冶。

《元史·食货二·岁课》又载：天历元年岁课之数，"铁课：江浙省，额外铁二十四万五千八百六十七斤，课钞一千七百三锭一十四两。江西省，二十一万七千四百五十斤，课钞一百七十六锭二十四两。湖广省，二十八万二千五百九十五斤。河南省，三千九百三十斤。陕西省，一万斤。云南省，一十二万四千七百一斤。"② 由此可知，天历元年，全国有六个省上交铁课，按其数额依次排序为：湖广省、江浙省、江西省、云南省、陕西省、河南省，云南省位居第四。《中国古代矿业开发史》研究认为："元代早期，腹里（今北京、山东、山西、河北）铁的年产量有可能超过五百万斤，河南省铁的年产量曾达到过一百万斤，再加上产铁数量多的江浙、江西、湖广三个行省的产量，可以大约估计元代盛时铁的年产量有可能在五百万到一千万斤之间。"③ 如此看来，在元代，云南作为主要的产铁行省之一，其他年份的产量也许不止天历元年的 124701 斤吧！

综上所述，有元一代，我国古代矿业开发进入了一个全新的时期。元朝政府十分重视金、银、铜、铁矿产的开发，制定了专门的管理制度和政策。此间，云南的金、银矿产开发，取得了前所未有的巨大成就，云南成为元代黄金、白银最主要的生产地；铜、铁矿产开发也取

① 《元史》卷九十四，食货二·岁课，第 2378 页。
② 《元史》卷九十四，食货二·岁课，第 2384 页。
③ 夏湘蓉等：《中国古代矿业开发史》，第 126 页。

得一定成就，而铜矿的初步开发为后来明清时期的大开发揭开了序幕。

第五节　矿业开发促进社会经济发展

元代，云南矿业开发取得了显著成就，这对当时全省社会经济的发展产生了一定的促进作用。前面已述，南诏、大理国时期，黄金产品作为"贵货"，即珍贵商品已广泛用于市场交易之中。这种情况，到了元代更为普遍。政府经营的金、银、铜、铁等矿产品中，一部分卖给商人，由其运往市场出售；民营矿业生产的产品，政府征收矿课后，由矿主自行销往市场。当时，由于黄金产量较多，市场也比较活跃，各地商人纷纷来滇进行以银易金的交易。《马可·波罗行纪》第123章载：云南某地"彼等有金甚饶，每精金一量（两），易纯银五量。银价既高，所以各地商人携银来此易金，而获大利。"① 又，至元十二年（1275），元政府曾在云南诸路设置金箔规措所，专门制造金箔进行交易，以供民间对黄金饰品的需求。黄金市场的活跃，带动了商品市场的发展。除黄金外，银、铜、铁等矿产品也有一部分作为商品在市场上进行交易。金、银、铜、铁等矿产品成为商品进入市场交易，促进了手工业和商业的发展，一些城镇因此而繁荣起来。至元二十四年（1287），马可·波罗从今四川成都、西昌南下，经元谋、武定到达当时云南行省的首府押赤（今昆明）。他在《行纪》中记载了当时昆明的繁荣景象："行此五日毕，抵一主城，是为国都，名称押赤，城大而名贵，商工甚众。"② 可见，元初的昆明，从事手工业生产（包括金、银、铜、铁器制作）的人很多，经营各种商业活动（包括金、银等交易）的人也不少；亦即手工业较为发达，商业市场也较为活跃。当时的昆明已经成为一个有名的大城市，它不仅是云南的政治和文化中心，而且也是云南的经济中心。

---

① 方国瑜主编《云南史料丛刊》第三卷，云南大学出版社，1998，第243页。
② 方国瑜主编《云南史料丛刊》第三卷，云南大学出版社，1998，第142页。

|第|六|章|

明代：云南矿业的大开发时期

明洪武十四年（1381）八月，太祖朱元璋亲自部署、调动 30 万军队，以傅有德为统帅，兰玉和沐英为副，对盘踞在云南的元朝梁王以及大理段氏残余势力进行讨伐。十二月，明军大败元军于白石江（在曲靖）后进抵昆明，梁王自杀，元行省右丞柜观音保投降。明军又分兵临安、楚雄等地，并不断取得胜利。洪武十五年（1382）闰二月，明军攻入大理，活捉元行省平章段明兄弟。不久云南基本平定，府、州、县各级行政机构随之相继成立，开始了明王朝对云南长达 260 余年的统治。

洪武十五年，明王朝在云南设立"三司"，即承宣布政使司、都指挥使司、提刑按察使司，分掌全省政务、军务及刑名按劾之事；针对云南地处边疆、民族众多的实际，实行"府卫参设"、"土流并治"的政策；推行"屯田之制"，大力开展军屯、民屯和商屯等，促进了云南社会经济的迅速发展，同时也促进了地主制经济的确立和发展。有明一代，是云南历史上一个重要的发展时期。

明清之际的著名学者顾炎武在其《肇域志·云南志》中写道："采矿事，惟滇为善。滇中矿硐，自国初（即明代初年）开采至今，以代赋税之缺，未尝辍也。"① 可见，在明代，云南丰富的矿产资源一直得到有效

---

① 顾炎武：《肇域志·云南志》。谭其骧等点校《顾炎武全集》（11），上海古籍出版社，2011，第4101页。

开发，其中，滇金、滇银、滇铜的产量都位居各省之首。明代，是云南历史上矿业大开发的时期。

第一节　银矿的开发

明代是滇银大开发的时期，大批银场纷纷开发出来，其产量和银课均居我国产银之省首位。下面对滇银开发的有关问题，逐一进行论述。

一　银场的分布

明代，云南银矿称为"银场"，又称"银坑"、"银穴"、"银冶"，其分布较元代广泛。近人梁方仲根据诸多文献进行了统计，他说：有明一代，全国的银矿总数"至少也在一百处以上吧"，其中"云南银场在宣德正统间有七处，弘治间有九处，万历天启间约有二十三所，至明末增至六十三处"。① 据景泰《云南图经志书》卷四，正德《云南志》卷三、卷五，天启《滇志》卷之三，宋应星《天工开物》"五金"以及《明史·地理志》等文献记载，明代云南银场主要分布在楚雄、大理、临安、永昌（今保山市）、曲靖、姚安和镇沅等七个府，而其中又以楚雄、永昌、大理三府所属银场最为兴旺，曲靖、姚安二府次之，镇沅府又次之。当时规模较大的银场有两个：其一为楚雄府南安州（今双柏县）西南的表罗山银坊。正德《云南志》卷五载："银出南安州表罗场，有洞，曰新洞、曰水车洞、曰尖山洞。矿色有青、绿、红、黑，煎炼成汁之时，上浮者为红铜，名曰海壳；下沉者为银。"② 顾祖禹《读史方舆纪要·云南纪要》称：表罗银场，"俗名老场，滇中银场以此为最"。③ 其二为永昌府腾越州（今腾冲县）西北的明光山银场。崇祯十二年（1639）徐霞客来到腾越州，亲眼看到明光山银场生产白银的实际情况。他在《徐霞客

---

① 梁方仲：《梁方仲经济史论文集》，中华书局，1989，第 119 页。
② （明）周季凤纂修：正德《云南志》卷五，志五。引自方国瑜主编《云南史料丛刊》第六卷，2000，第 156 页。
③ （明）顾祖禹撰《读史方舆纪要》卷一百十三，云南纪要。引自《云南史料丛刊》第五卷，1998，第 758 页。

游记·滇游记九》中写道：明光山银场包括六个场，即明光、南香甸、石洞、阿幸、灰窑、雅乌，合称"明光六场"。其中明光、灰窑、雅乌三场皆为采挖银矿或烧炭运砖之厂，阿幸、南香甸、石洞三厂则为鼓炼之厂。阿幸厂"皆茅舍，有大炉、小炉"，"炉烟氲氲"；南香甸厂"居庐最盛"，"乃众矿所聚也"；石洞厂"亦炉烟勃勃"。① 可见，明末腾越州的明光山银场也是较为兴旺的银矿区。

兹根据有关文献的记载，将明代云南先后开发的银场列表 6 - 1 以观之。

表 6 - 1　明代云南开采的银场

名称	位置	今地名	开采时间	备注
西溪银场	临安府蒙自县西南	蒙自	明	《明史·地理志》
羚羊洞银场	临安府纳楼茶甸长官司北	金平	明	同上
密勒山银场	会川卫东	四川会理	明	同上
卧象山银场	楚雄府广通县	禄丰县广通镇	明	同上
卧狮山银场	楚雄府广通县	禄丰县广通镇	明	同上
豪猪洞银坑	大理府邓川州东	邓川县	明	同上
明光山银场	永昌府腾越州西北	腾冲县	明	同上
表罗山银场	楚雄府南安州西南	双柏县	明	《明一统志》
广运银场	楚雄府楚雄县那来里	楚雄市	明	正德《云南志》卷五
银矿山银场	曲靖府马龙州	马龙县	明末	《云南矿产历史资料汇编》（云南省文史研究馆编，1959）
那石岗银场	寻甸府	寻甸县	明末	同上
乐马银场	乌蒙府	鲁甸县	明末	同上
银厂坝银场	乌蒙府	大关县	明	同上
得宝硐银矿	元江县普日长官司	宁洱县	明	同上
得宝硐银铅矿	元江府恭顺州	墨江县	明	同上
蛮线银场	车里宣慰司佛海县	勐海县	明末	同上
永盛银场	楚雄府楚雄县九台山	楚雄市	明中叶	同上

---

① （明）徐弘祖撰《徐霞客游记》滇游日记九。朱惠荣校注《徐霞客游记校注》下，云南人民出版社，1985，第 1058 页。

续表

名称	位置	今地名	开采时间	备注
阿龙池银场	楚雄府定远县	牟定县	明末	同上
石羊银场	楚雄府南安州南	双柏县	明末	同上
马龙银场	楚雄府南安州西南	双柏县	明末	同上
迴龙银场	姚安府姚州南	姚安县	明	同上
马厂后山银场	蒙化府	漾濞县	明中叶	同上
匡子河银场	蒙化府	漾濞县	明初	同上
白马银场	鹤庆府	鹤庆县	明	同上
黄矿银场	大理府赵州	弥渡县	明末	同上
白象山银场	大理府宾川州	宾川县	明末	同上
乳山银场	大理府宾川州	宾川县	明末	同上
凤羽蜂子硐银场	大理府浪穹县	洱源县	明末	同上
沙涧银场	大理府邓川州	邓川县	明末	同上
玉狮银场	大理府邓川州	邓川县	明末	同上

从表 6-1 可知，明代云南开采的银场，见于史志记载而有明确位置者，合计 30 处，也许其中尚有遗漏。由此可见，明代云南的银场数大约占全国总数的 1/3，比之元代已大大增加。当然，这些银场有的是一直生产，而有的则是"时开时闭"或"屡开屡闭"。

二　银场的管理

明代中叶以前，云南银场的经营方式主要是官营。官营银场的管理，见于文献记载者，有如下两个方面。

（一）明朝中央政府在云南各银场设立专门机构或委托当地政府进行管理

如李东阳等撰《大明会典》卷三七载：明廷曾在楚雄府和云南府等设立银场分司，负责银矿的生产管理。肖彦（万历十六年任云南巡抚）《敷陈末议以备采择疏》载：临安、澄江、元江、新化（今新平县）等地的银场，划归临元守道管理；鹤庆、大理、永昌的银场划归金沧守道管理；楚雄府银场划归洱海守道管理。与此同时，明廷还直接派遣内官（即太监）等前往云南监督银场生产和采办银课。如《大明会典》卷三七载：天顺二年（1458），明廷"仍令开云南、福建、浙江银矿，各差内使一员、办事一员，照旧煎办。令各镇守太监提督。"① 正德末何孟春（即何文简）以右副都御史巡抚云南，正德十四年五月十五日他在《何文简疏议卷四·议国课疏》中写道：云南有九处银场：判山、窝村、广运、宝泉四场，新兴、南安、白塔、白崖、黄矿五场。查照近规，镇守衙门行令三司掌印等官，于各府州选委廉慎勤能佐贰、官场各一员管领人工，采挖砂矿，办纳国课。② 倪蜕《复当事论厂务出》也谓：云南银场的"管理者为镇守太监，其贴差小阉皆分行知厂"。③《神宗实录》卷331载："万历二十七年（1599），遣内监杨荣开矿云南。"④ 矿使杨荣在云南以开矿征税为名，横征暴敛，恣意搜刮，从而激起民愤，"四索金宝，夷汉汹汹"。万历三十四年（1606）三月，杨荣被云南民众扔到火里活活烧死，其党羽200多人也都被杀死，公署和辎重亦通通被烧光。⑤

（二）明代官营银场的劳动者称为"矿夫"，其来源是采取劳役制方式，以户为单位向人民征调，且一切器具皆出自民间

然而，因当时云南人口比较稀少，⑥ 所以开发银矿的矿夫主要来自驻守云南卫军的军丁、军余（官兵家属）以及罪囚。《宣宗实录》卷二八记载：宣德二年（1427），"云南都司奏：（大理）新兴等场煎办银课，其矿夫初以大理等卫军士充之……"。⑦《滇云历年传》卷6载：宣德五年

---

① （明）李东阳纂：《大明会典》卷三七，金银诸课。（台北）文海出版社，1988，第693页。
② （明）何孟春撰《何文简疏议》卷四，议国课疏。引自《云南史料丛刊》第五卷，云南人民出版社，1998，第264页。
③ 参见清人师范编纂：《滇系》卷二职官条。王文成等辑校《〈滇系〉云南经济史料辑校》，中国书籍出版社，2004，第29页。
④ 《神宗实录》卷三三一。引自李国祥、杨昶主编《明实录类纂》"经济史料卷"，武汉出版社，1993，第137页。
⑤ （清）张廷玉等撰《明史》卷三〇五"宦官二"。中华书局，1974，第7811页。
⑥ 据《明史·地理志》记载，云南人口在洪武二十六年（1393年）只有259270口，弘治四年（1491年）仅125955口。这两个数字大概不包括少数民族人口在内。万历六年（1578年）也只有1476692口。（《明史》卷四十六，地理七，第1171页。）
⑦ 《宣宗实录》卷28。引自《云南史料丛刊》第四卷，1998，第124页。

（1430），"遣内官同监察御史等官开会川密勒山银场，以云南官军充矿夫。"①《宪宗实录》卷114载：成化九年（1473），"巡按云南监察御史胡泾等奏：云南所属楚雄、大理、洱海、临安等卫军全充矿夫，岁给粮布"；②又《宪宗实录》卷228载：成化十八年（1482），"巡抚云南右副都御史吴诚奏：云南楚雄等七卫银课……第年久矿微，额恒不足，官司摘拨军余以为矿夫"。③《大明会典》卷37"金银诸课"条载：天顺四年（1460），"奏准云南都、布、按三司，及卫、所、府、州、县，凡杂犯死罪，并徒流罪囚，审无力（自赎）者，俱发（大理）新兴等场充矿夫，采办银课"。④又，张萱《西园闻见录》卷九二谓："云南银场……采挖之夫，中间亦有逸贼逋囚，亡命无赖。"⑤上述记载说明，由于银矿开发规模不断扩大，矿夫需求量逐渐增加，最初由卫军的军丁充当矿夫，后来扩大为军余，又再扩大为"无力自赎"的罪囚以及"亡命无赖"者。这是明代中叶以前云南银场的矿工来源情况。明代中叶以后，由军丁充当矿夫的官营银场，由于矿脉细微，硐深利少，矿夫"煎办不足"，只得以口粮赔纳，甚至典妻鬻子以赔补其数。不少军丁被迫流移逃生，以至军丁消耗，啸聚为盗。⑥迄于弘治、正德时，官营银矿逐渐走向衰落，一些银场的"军丁退还各卫操备，口粮移交有司收积，以备军饷"。⑦大约自正德后，一些省外的游民在云南银场充当"夫役"。如《武宗实录》卷87载：正德七年（1512），"镇守太监张伦又奏：云南各（银）场夫役，又皆四方流移，仰给于此。一旦封闭，恐生他变"。⑧迄于嘉靖之时，云南官营银场纷纷封闭，从而"穷民失业，亡命潜聚"。可见，明中叶以后，随着官营银场的衰落，卫军已不再充当银场的矿夫。明初，驻守云

① （清）倪蜕辑《滇云历年传》卷六。引自李埏校点《滇云历年传》，云南大学出版社，1992，第286页。
② 《宪宗实录》卷114。引自《明实录类纂》，第129页。
③ 《宪宗实录》卷228。引自《明实录类纂》，第130页。
④ 李东阳：《大明会典》卷三七，金银诸课，（台北）文海出版社，1984，第693页。
⑤ （明）张萱撰《西园闻见录》卷九二，坑冶，（台北）文海出版社，1988，第6603页。
⑥ 《宪宗实录》卷114。引自《明实录类纂》，第129页。
⑦ 《孝宗实录》卷168。引自《明实录类纂》，第132页。
⑧ 《武宗实录》卷87。引自《明实录类纂》，第132页。

南卫军中的军丁与军余以及罪囚等是官营银场的主要劳动者（矿夫），他们在滇银大开发中发挥了重要作用。这是明代滇银开发的一个显著特点。

三　银矿的采炼技术

宋应星在《天工开物》卷下"五金·银"条中，详细地记载了有关云南等地银矿的开采和冶炼等生产技术。兹摘录如下：

> 凡云南银矿，楚雄、永昌、大理为最盛，曲靖、姚安次之，镇沅又次之。凡石山硐中有铆砂（即银矿），其上现磊然小石，微带褐色者，分丫成径路。采者穴土十丈或二十丈，工程不可日月计。寻见土内银苗，然后得礁砂（即银砂）所在。凡礁砂藏深土，如枝分派别，各人随苗分径横挖而寻之。上楮横板架顶以防崩压。采工篝灯逐径施镬，得矿方止。凡土内银苗或有黄色碎石，或土隙石缝有乱丝形状，此即去矿不远矣。

以上是关于探矿和采矿的记述。

> 凡成银者曰礁，至碎者曰砂，其面分丫若枝者曰铆，其外包环石块曰矿。石大者如斗，小者如拳，为弃置无用物。其礁砂形如煤炭，底衬石而不甚黑。其高下有数等。出土以斗量，付与冶工。高者六七两一斗，中者三四两，最下者一二两。

以上是关于区分矿石及其等级的记述。

> 凡礁砂入炉，先行拣净淘洗。其炉土筑巨墩，高五尺许，底铺瓷屑、炭灰。每炉受礁砂二石（即二十斗），用栗木炭二百斤，周遭丛架。靠炉砌砖墙一垛，高阔皆丈余。风箱安置墙背，合两三人力带拽透管通风。用墙以抵炎热，鼓鞲之人方克安身。炭尽之时，以长铁叉添入。风火力到，礁砂熔化成团。此时银隐铅中，尚未出脱。计礁砂二石熔出团约重百斤。

以上是关于冶炼白银的记述。

> 冷定取出，另入分金炉（一名虾蟆炉）内，用松木炭匝围，透
> 一门以辨火色。其炉或施风箱，或使交箑（即团扇）。火热功到，铅
> 沉下为底子（原注：其底已成陀僧样。今注：陀僧又称密陀僧，即
> 氧化铅）。频以柳枝从门隙入内燃照，铅气净尽，则世宝（即白银）
> 凝然成象矣。此初出银亦名生银。倾定无丝纹，即再经一火，当中
> 止现一点圆星，滇人名曰茶经。逮后入铜少许，重以铅力熔化，然
> 后入槽成丝。其楚雄所出又异，彼硐砂铅气甚少，向诸郡购铅佐炼。
> 每礁百斤先坐铅二百斤于炉内，然后煽炼成团。其再入虾蟆炉沉铅
> 结银，则同法也。此世宝所生，更无别出。[①]

以上是关于采用"沉铅结银"方法提取白银的记述。

上述《天工开物》关于云南银场生产技术的记载，可谓详备，涉及
探矿、采矿、冶炼以及"分金"（即提取）等全部工序。这一生产技术，
是对明代及其以前云南等地采冶白银的方法与经验的总结，对后来清代
的白银生产技术产生了直接影响。

四　银课与产量

《明实录》自成祖初年至武宗末年（1403～1521），均有全国每年银
课收入总数的记载，同时还记载了云南、浙江、福建、四川等主要产银
省份的部分银课数额。依此，即可计算出各省产银数量及其在全国的地
位。据《英宗实录》卷252载：天顺二年（1458），"命中官于浙江、福
建、云南三布政司闸办银课。浙江岁办银二万一千二百五十两，福建一
万五千一百二十两，云南五万二千三百八十两"。[②] 滇、浙、闽是三个产
银大省，三省"闸办"银课合计88750两，其中云南占59%，远超其他
两省。又《英宗实录》卷314载：天顺四年（1460），"命太监卢永、罗

---

① （明）宋应星：《天工开物》卷下，五金第十四·银，中国社会出版社，2004，第345、
348页。
② 《英宗实录》卷252，引自《明实录类纂》，第127页。

珪，少监冯让，内使何能闸办银课。永闸办浙江各银场，银三万八千九百三十两；珪闸办云南各银场，银十万二千三百八十两；……通计四处（即浙、滇、闽、川）银十八万三千七十七两"。① 当年云南银课占四个主要产银省份银课总数的 55.92% 。此外，据《中国经济史研究》统计：成化三年云南银课 52300 两，占全国总额的 75.5% ；成化二十年为 72380 两，占 80.44% ；弘治元年为 52380 两，占 64.4% ；弘治十七年为 31900 两，占 99.93% 等。② 换言之，其他三省的银课总数均不及云南的一半。

据《明史·食货志》载，洪武至嘉靖初，政府征收的银课税率为"十取其三"（详见下文）。依此，即可计算出天顺二年等七个年度云南银产量及其在全国银产量总数中的百分比（详见表 6 - 2）。

表 6 - 2　明代云南银产量及其在全国银产量总数中的百分比

年代	云南银产量（两）	全国银产量总数（两）	云南银产量在全国银产量总数中的百分比（%）
天顺二年（1458）	174600	248190	70.34
天顺四年（1460）	341266.66	487803.33	69.95
成化三年（1467）	174333.33	230940	75.48
成化九年（1473）	87000	173746.66	50.07
成化二十年（1484）	241266.66	299896.66	80.44
弘治元年（1488）	174600	270900	64.45
弘治十七年（1504）	106333.33	106400	99.93

资料来源：全汉昇：《中国经济史研究》（下），第 606、607、608、609 页；又同书第 629、630 页。

① 《英宗实录》卷 314，引自《明实录类纂》，第 127 页。
② 全汉昇：《中国经济史研究》（下），（台北）稻香出版社，1991，第 630 页。

表 6 – 2 所示，滇银产量在全国总量中，除成化九年占 50.07% 外，其他六个年份均占 60% 以上，最高达 99.93% 。可见，滇银在全国银业中具有独占鳌头的地位。难怪明末著名学者宋应星说：明代全国产银之省，除云南省外，尚有八省，即浙、闽、赣、湖广、黔、豫、川、陕，"然合八省所生，不敌云南之半。故开矿煎银，唯滇中可永行也"。①

五　滇银开发的动因

如上所述，明代滇银开发取得了巨大成就。到底是什么原因推动了滇银的大开发、大发展？换言之，当时在社会经济生活中，出现了什么新因素、新变化，从而极大地刺激了滇银的快速发展？笔者认为，当时推动滇银大开发的动因主要是"银本位"货币制度的初步形成和"计亩征银"赋役制度的确立；此外，明统治者逐渐放开矿禁，并实行有利于银业开发的政策等也是重要原因。兹分述如下。

（一）"银本位"货币制度的初步形成

在中国古代，贵金属白银一开始并不是"天然货币"，而是一种白如珍珠且富延展性能的华丽的装饰品。先秦至西汉时期，人们用白银来制造贵重器皿和饰物，如西汉时犍为郡西南朱提山（在今昭通鲁甸）出产的银，因质量上乘，被称为"善银"，人们用它来制造精美的银镯、银钗、银耳环等饰品，而享有"汉嘉金、朱提银"的美誉。西汉末年，王莽改革货币制度，最先将白银用作货币，称为"银货二品"，是当时价值最高的银币，而这种"银货"就是当时犍为郡出产的"朱提银"。② 然而，王莽改制不到一年即被废止，白银的"宝货"地位随之失去，"银货"也并未广泛通行。迄于唐代中叶以后，随着货币经济的发展，白银开始逐渐进入流通，主要用于贿赂、谢礼、旅费以及皇帝赏赐臣下、供应军费、地方进献等；但民间使用白银则多是先变卖成铜钱后再支付。在唐代，白银始终没有取得法定支付手段的地位。进入五代十国以后，

---

① （明）宋应星：《天工开物》卷下，第十四五金·银，第 345 页。
② 《汉书·食货志（下）》。引自金少英集释、李庆善整理《汉书食货志集释》，中华书局，1986，第 282 页。

白银的储藏与行使都逐渐普遍起来。至宋代，白银的使用，无论是数量和范围均较以前有了显著增加。在国家财政收入中，白银已占有一定比重；在国家财政支出方面，白银主要用于官员的赏赐、军费和赈灾开支以及官员、军士的部分薪俸；至于民间私人经济交往方面，如馈赠、贿赂、借贷以及购买宅第、田园与珠玉珍奇之物等大额支付，用银之例亦甚为多见。总之，在宋代，白银的货币性已大大增强。然而，有宋一代，物价还都用铜钱来表示，用银作为日用商品交易媒介之例还很少见，因此白银仍未充分获得价值尺度与流通手段这两种基本职能，白银还不是流通中十足的货币。特别是由于仁宗时"交子"（纸币）的统一发行与广泛流通，使白银取代铜钱成为主币的过程被大大延缓了。①

元代，在宋金发行地区性交钞（纸币）的基础上，建立了全国统一的纸币制度。从中统元年（1260）发行"中统钞"开始，又先后发行了"至元钞"、"至大钞"和"至正钞"等纸币。终元之世，纸币成为法定主币。然而，元代的纸币制度有一个显著特点，即纸币与白银相联系，以充足的白银作为纸币发行的准备金，称为"钞母"、"钞本"或"银本"。为此，元政府要求各地"发钞若干，随降银货"，"钞有若干，银本常不亏欠"。② 基于推行钞法和稳定币值的需要，元代一直采取集中金银于国库的政策，禁止民间金银交易和金银出口，并规定金银只能官买官卖。直至元末钞法失败以前，白银始终作为纸币的备用金，可见白银在元代货币经济中已具有十分重要的作用。

明初，实行钱钞兼行，以纸币为主、铜钱为辅的纸币制度。洪武元年（1368）颁行"洪武通宝"钱，八年（1375）开始发行"大明宝钞"，并从洪武二十七年（1394）开始禁用铜钱。为了维持纸币制度，政府一再申令禁用金银，然而政府的禁令并未得以实行，民间一直使用金银、铜钱如故。明中叶后，随着商品经济的迅速发展，货币经济也较前有了较快发展，实际流通中的钱、银使用日渐扩大，而宝钞的流通则日趋缩小。英宗正统元年（1436），明政府"收赋有米麦折银之令，遂减诸纳钞

---

① 肖清：《中国古代货币史》，人民出版社，1984，第 203～207、234～237 页。
② 王恽：《秋涧先生大全文集》卷80，《中堂事记上》。转引自陈高华、史卫民著《中国经济史·元代经济卷》，经济日报出版社，2000，第406页。

者，而以米银钱当钞，弛用银之禁。朝野率皆用银，其小者乃用钱，惟折官俸用钞，钞壅不行"。① 天顺、成化以后，"钞之用益微"；至弘治时，"宝钞今惟官府行之，……民间得之，置之无用之地耳"。② 及至嘉靖四年（1525），则"钞久不行，钱亦大壅，益专用银矣"。③ 这些记载说明，迄于明代中叶，明初以来实行的纸币制度业已壅滞不行，而白银则正式进入流通，成为"朝野率皆用银"的货币，这标志着中国早期银本位制度的形成。此后，白银使用范围更加扩大，除赋税征银外，在民间交易中，大数目用银，小数目用钱；白银甚至成为积累财富和计算财富的手段，皇室、大宦官和大官僚恣意贮银，富商大贾和大地主竞相积银，一般中小地主和商人也普遍藏银。由于白银的广泛流通，终于在明末清初因白银供不应求而出现了银贵钱贱的所谓"银荒"。④

由以上所述可知，白银最先仅被视为精美的饰品，迄于唐末五代才出现进入流通的趋势，宋代白银的货币属性有所增强，元代白银成为纸币"交钞"的备用金，其货币属性进一步增强。及至明代中叶，白银成为流通中的主要货币，一种尚不完善的早期银本位制度开始形成。⑤ 总之，元明以降，随着白银货币属性的逐渐增强，特别是早期银本位制度的形成，白银的使用范围大大拓展，白银的需求量大大增加，这就极大地刺激了白银生产的发展，当然也极大地推动了作为白银资源富集之地云南的银业开发。

（二）"计亩征银"赋役制度的逐步确立

中国古代的赋役制度经历了一个复杂而有序的演变过程。商周的田税均以"借民力以治公田"的力役形态出现；春秋战国时期，各国相继改革税制，田税开始与田亩数量和产量直接相关；秦代沿袭春秋战国

---

① 《明史》卷81，"食货五"。中华书局，1974，第1964页。
② 《春明梦余录》卷38、陆容《菽园杂记》卷10，转引自《中国经济史·明代经济卷》，经济日报出版社，2000，第794、795页。
③ 《明史》卷81，"食货五"，第1965页。
④ 肖清：《中国古代货币史》，第290页。
⑤ 这种银本位制度，"与近代意义的银本位制度并不完全相同"，"它还是不完整的，实际上，还未脱离银、铜二种金属并行流通的阶段"。详见肖清著《中国古代货币史》，第297页。

田税之制"据地出税";汉代"什伍税一或三十税一",依据仍然是土地;曹魏时,田税"每亩四升";西晋、北魏行占田制、均田制,按户、按丁计租与田亩数量、亩产量有关;唐代实行两税法,田税向田亩税转变,"据地出税"原则得以完整体现,及至宋代则全面"按亩计征"。以上历代田税,无论是"据地出税",还是"按亩计征",均为"实物税",即以实物(米、麦、粟)形式征税。然而,从唐末五代开始,局部实行"计亩征钱",宋代继续如此。这说明在商品经济日趋发展的条件下,货币税已开始萌芽。① 但是从实物税向货币税转化却相当缓慢。

元代和明初,田税仍然主要以税粮形式存在。不过,元代北方和南方的赋税中都先后开征包银(科差的一种),北方每户每年纳银4两,其中2两输银,另外2两折收丝绢、颜色等物;南方每户纳银2两。这说明,至元代白银已开始进入赋税征收之中。这种情况,到明代正统时更加显著,"英宗即位,收赋有米麦折银之令,遂减诸纳钞者,而以米银钱当钞,弛用银之禁"。② 首先将南畿(今江苏、安徽)、浙江、江西、湖广、福建、广东、广西等地的田赋米麦四百多万石折征银两,即所谓的"金花银"。这是白银成为正赋的开始,从而确立了白银法定支付手段的地位。到嘉靖四十一年(1562),在工匠制度方面,对各地"班匠"征银,实行以银代役的政策。万历九年(1581),明政府对赋役制度进行全面改革,即在全国推行"一条鞭法",其主要内容是:大大简化赋役征收手续,将一年应收的税粮、差役代金以及各种经常性摊派与土贡之类,统统归并于田赋之内"计亩征银"。③ 这是中国赋役史上一次重大变革,大大加快了实物税向货币税转化的进程。

由上所述可知,在中国古代赋役制度史上,唐宋以前实行的"据地出税"或"按亩计征"都是征收米、麦、粟等实物,称为实物税。唐末五代至宋代,部分地区的田税实行"计亩征钱",货币税开始萌芽。迄于元明时期,从元代的科差包银到明代的"一条鞭法",逐步将田赋与力役

① 郑学檬主编《中国赋役制度史》,厦门大学出版社,1994,前言1、2页。
② 《明史》卷81,"食货五",第1964页。
③ 肖清:《中国古代货币史》,第289页。

合而为一，统一计亩征银，从而基本上实现了实物税向货币税的转化。中国古代赋役制度史上的这一重大变革，极大地拓展了白银的使用范围，极大地增加了白银的需求量，从而大大促进了银业的发展，当然也大大促进了作为白银主要产地云南的银业开发。

（三）开放矿禁的"圣训"

在中国封建专制统治的社会，至高无上的统治者皇帝主宰一切。他们的任何诏令、谕旨，就是国家的制度，就是国家政策借以制定的基础。元明不同时期的统治者，对于开发矿业有不同的认识，有的主张开发，有的主张封禁。他们的"圣训"直接影响甚至决定银矿的或开或闭。

元初统治者认为："山林川泽之产，若金、银、珠、玉、铜、铁、水银、朱砂，……皆天地自然之利，有国者之所必资也。"[1] 基于此，终元之世，均十分重视金、银、铁等金属矿产的开发。

明太祖朱元璋由农民起义领袖最后当上皇帝，深知元朝覆灭的教训。他认为从事"洞冶"（即开矿冶炼）的劳动者，"聚众私采"、"结聚为患"，只要一有机会，就会起事作乱。因此，他坚决反对兴办矿业，特别反对新开银矿。洪武元年（1368），"近臣有言，山东旧有银场可兴举者。太祖曰：'银场之弊，我深知之：利于官者少，而损于民者多。况今凋瘵之余，岂可以此重劳民力。昔人有拔茶种桑，民获其利者，汝岂不知之？'言者惭而退。"[2] 洪武二十年（1387），卫军丁成言：河南陕州地有银矿，采之可资国用。"上（太祖）谓待臣曰：'君子好义，小人好利。好义者以利民为心，好利者以戕民为务。故凡言利之人，皆戕民之贼也。'"[3] 可见，这位皇明开国之君，将开发银矿视为"重劳民力"的戕民之举，而坚决反对。成祖永乐十年（1412），"河池县民言：县有银矿，宜大发民采。上曰：'献利以图幸幸者，小人也。国家所重，在民而不在利，其斥之。'"[4] 可知，成祖也反对开采银矿。此后历朝均恪守祖宗旧

---

[1] （明）宋濂等撰《元史》卷九十四，食货二，第2377页。

[2] 《太祖实录》卷30。引自《明实录类纂》，第118页。

[3] 《太祖实录》卷180。引自《明实录类纂》，第120页。

[4] 据《明一统志》。转引自夏湘蓉等编著《中国古代矿业开发史》，地质出版社，1980，第138页。

制，秉承"开采银矿，固非善政"的思想，不许开发新银矿，仅在洪武时定下的"岁办额"（即每年征收的银课数额）上作或增或减的调整，故银业开发无任何大的起色。然而，迄于成化十八年（1482），巡抚云南右副都御史吴诚秦，云南楚雄等七卫银场，因年久矿微，银课岁额不足，请求减少额数。宪宗认为："银课乃国家重务，无容停止。"① 嘉靖十五年（1536），世宗"诏可"武定侯郭勋再疏言："采矿无损于民，有益于国。"② 万历二十四年（1596），神宗"严旨切责"保定巡抚李盛春阻挠开矿的"违慢"行为，称"朝廷差官开矿以济国用"。③ 以上宪宗、世宗、神宗将开采银矿征收银课，视为"国家重务"，"有益于国"、"以济国用"，从而完全改变了太祖、成祖所谓开矿是"重劳民力"之说。由此可见，迄于明代中后期，随着早期银本位制度的形成和"计亩征银"赋役制度的确立，在经济发展和货币流通中，白银的地位大大上升，对白银的需求量也大大增加；当时的统治者们均顺应了这一客观趋势，一改"祖宗旧制"，大力倡导和支持开发银业。明代统治者中，对开发银业从反对到支持的截然不同的转变，对中后期银业的开发，特别是对作为主要产地云南的银业开发显然是十分有利的。

由上所述可知，元明的开国之君及其后继者，对开发银业都曾下达或开或禁的谕旨。其中，元初统治者一开始即表示要大力开发金、银、铁等金属矿产。明朝的开国之君，则鉴于其所不同的历史教训，均主张封禁金银开采；迄于明代中后期，方才放开金银的开发。从元明两代封建帝王对银矿或开或禁下达的诸多"谕旨"，体现了他们对开发银业的认识和主张，从而构成元、明白银开发的政治背景，我们称之为"圣训语境"。当时，全国的银业正是在这一"圣训语境"中运行。云南均为元明两代全国最主要的白银生产地，滇银开发自然受制于这一"圣训语境"，受其主导，受其支配。对此，本文在上述"滇银开发的巨大成就"中已有充分证明，兹不赘述。

① 《宪宗实录》卷 228，引自《明实录类纂》，第 130 页。
② 《世宗实录》卷 194，引自《明实录类纂》，第 133 页。
③ 《神宗实录》卷 302，引自《明实录类纂》，第 136 页。

（四）开放银业的政策

（1）官营与民营

明代主要开发的矿产是金、银、铜、铁、铅等。明初，矿产开发实行官营与民营的政策。官营银场是由政府派遣官员直接管理，并督办银课以及巡视银场有关事务。在云南，"管理者为镇守太监，其贴差小阉皆分行知厂"。[①] 官营银场的劳动者，是采取劳役制方式，以户为单位向人民征调，且一切器具都出自民间。[②] 在云南，银矿开发的劳动者（"矿夫"）则来自卫军的军丁、军余（官兵家属）及其他罪因。因为明初云南人口稀少，[③] 且"多夷少汉"，明政府不可能从民间征调矿夫，而只能从卫所调派军丁和军余，再加上云南本地犯了死罪无力自赎者"以充矿夫"。这些军丁、军余和罪因在明初滇银开发中发挥了主要作用。这是明代滇银开发的一个显著特点。迄于宣德十年（1435），宣宗诏罢金银铜等官营坑冶，各官矿，"听民采取"。[④] 这表明，内地的官营银业已开始衰落。但在云南，官营银业又延续了六七十年，直至弘治、正德时，才逐渐走向衰落。弘治十三年（1500），巡按云南都御史李士实奏："'云南银场有九，近年矿脉甚微，各卫俱以矿夫口粮陪纳……。迄自十二年为始，将四场（即判山、窝材、广运、宝泉）银课暂免，军丁退还各卫操备，口粮移文有司收积，以备军饷。'户部复奏。从之。"[⑤] 正德七年（1512），镇守云南总兵官林昆、巡按御史张羽各奏："'（云南）新兴等银场，……伪称矿脉微细，岁课不足，遂将军夫口粮逼令折银，掊克扰害。乞如福建等处例，一切封闭而释军夫。'已得谕旨。"[⑥] 可见，弘治、正德时，由军丁充当矿夫的诸银场，由于矿脉甚微、岁课不足等原因而被封闭，云南官营银矿遂走向衰落。所谓民营银业，即"商民凿穴得砂，

---

① 倪蜕：《复当事论厂务书》，师范：《滇系》卷2。引自王文成等辑校《〈滇系〉云南经济史料辑校》，第29页。

② 汤纲、南炳文：《明史》（上），上海人民出版社，1985，第160页。

③ 据统计：弘治四年（1491年）云南人口仅15950户、125955人。见《云南省志》卷71《人口志》，云南人民出版社，1998，第29页。

④ 《英宗实录》卷2。（台北）"中央研究院"历史语言研究所校印，1962，第0048页。

⑤ 《孝宗实录》卷168。引自《明实录类纂》，第132页。

⑥ 《武宗实录》卷87。引自《明实录类纂》，第132页。

先呈官府验办，然后定税"。① 宣德时（1426～1435），宣宗下令停办各地官营矿冶，规定"各处……坑冶，原系民业，曾经官府采取，见（现）有人看守及禁约者，自今听民采取，不许禁约，其看守内外官员人等，各回原职役"。② 宣宗的诏令宣告了明代矿业政策的改变，即由官营为主，变为民营为主。从此，民营银业迅速发展起来。明代学者丘濬在其《大学衍义补》中写道："盖以山泽之利，官取之则不足，民取之则有余。"③ 这一十分深刻的论断，实际上包括了对明代官营与民营矿业政策利弊得失的准确评价。事实也证明，宣德以后，滇银开发以民营为主，不断取得了巨大成就。

（2）银课征收

明代，无论官营或民营银矿，皆实行定额税制，大抵政府征收的银课占银矿产量的百分之三十。对此，《明史》卷81"食货志"曾有记载：崇祯"三年（1630），御史饶京言：'铸钱开局，……复苦无铸本，盖以买铜而非采铜也。乞遵洪武初及永乐九年、嘉靖六年例，遣官各省铸铜采铜于产铜之地，置官吏驻兵，仿银矿法，十取其三……'。帝从之"。④ 可见，从洪武、永乐至嘉靖初，银课税率均为"十取其三"，即百分之三十。兹就官营和民营的银课税率分别举例说明之。

嘉靖时，政府经营的北直隶蓟州（今河北兴隆、遵化等市县及天津北部）瀑水银矿，其产品"以十分为率，除三分纳于官课，以五分给办器具、密陀僧（即氧化铅）、白炭、料物、饮食之类，其余二分以偿矿甲人等工力之资"。⑤ 所谓"三分纳于官课"，即百分之三十的官营银课税率。至于民营银课税率，则以云南为例。万历时，云南民营矿洞，"每日义夫（采矿者）若干人入洞，至暮尽出洞中矿为堆，画其中为四聚瓜分之：一聚为官课，则监官领煎之以解藩司者也；一聚为公费，则一切公私经费，硐头（投资者）领之以入簿支销者也；一聚为硐头自得之；一

---

① （明）宋应星：《天工开物》第14卷，"五金·银"条，第348页。
② 《英宗实录》卷2，第0048页。
③ （明）丘濬撰《大学衍义补》卷29，《山泽之利下》。琼州海口海南书局印行，1931年。
④ 《明史》卷81，食货五，第1968页。
⑤ 《明经世文编》第二册卷103，梁材："驳议差官采矿疏"。中华书局，1962，第928页。

聚为义夫平分之"。① 其中"一聚为官课"，即矿砂产量的四分之一（即百分之二十五）作为银课，但加上"炉户则每炉输五、六金于官"（即五六两白银），则政府征收的银课"也可能约占银产额的百分之三十左右"。② 然而，自万历中期以后，明政府因财政困难，急需大量白银，③即以太监充当税监矿使，派往山西、福建、江西、湖广、浙江、云南、四川、广西等产银之地，名为开矿征税，实为横征暴敛、肆意搜刮，按"官四民六"或"官民匀分"征收银课，即银课税率高达百分之四十至百分之五十。明末，大抵才恢复百分之三十的银课税率。关于明代的银课征收，还有两个方面应加以说明：其一，政府按年征收银课，若不足额（既定的数额），银矿必须负责"赔纳"。如《续文献通考》卷23载：弘治十三年（1500），"巡按都御史李士实奏：云南银场凡九，近年矿脉甚微，各卫俱以矿夫口粮赔纳。……今判山、窝村、广运、宝泉四场，矿脉久绝，赔纳不已。"④ 其二、永乐至天顺间，政府向各地银矿征收银课（即"采办银课"），分为"岁办"和"闸办"。"岁办"指洪武时确定的课额（即"原额"）；"闸办"则为比洪武旧额增加的课额。据载：从永乐时起，因"洪武岁办额太轻"，各银矿均应"如闸办额数"交纳。⑤ 可见，永乐以后，银课数额已超过洪武时的"旧额"。至于洪武时的课额是多少，则因未见记载，故不得而知。

概而言之，明代征收银课，洪武时较轻，永宣后逐渐增加，大抵以百分之三十为常制。这一税率重于元代和清代，显然不利于银业开发。这也许是因为明代社会经济生活中急需大量白银之故。

（3）严禁盗矿

明代，社会上常发生"盗矿"问题。文献中多有"奸民私开矿穴"、

---

① （明）王士性撰《广志绎》卷之五"西南诸省"。见《元明史料笔记丛刊》，中华书局，1981，第121页。

② 全汉昇：《中国经济史研究》（下），第614页。

③ 据梁方仲研究，万历二十年后，"三大征"接踵发生，即平宁夏哱拜之乱、援朝抗倭、平四川播州杨应龙之乱；于是国用大匮，欲谋增加财政。详见《梁方仲经济史论文集》，第108页。

④ 嵇璜等：《续文献通考》卷二十三，征榷六，浙江古籍出版社，1988，第3000页。

⑤ 《英宗实录》卷248。引自《明实录类纂》，第127页。

"奸民聚众以窃矿为业"、"贼徒聚众强采银矿"等记载。这种"盗矿"之风，在明代甚为盛行，盖因当时白银成为流通最广的货币，社会经济生活中白银需求量日趋扩大之故。

据文献记载：正统三年（1438），"上谕行在都察院臣曰：'比因开办银课扰民，已皆停罢，封闭各处坑穴，禁人煎采。近闻浙江、福建等处有顽猾军民，不遵法度，往往聚众偷开坑穴、私煎银矿，以致互相争夺，杀人伤命。尔都察院即揭榜禁约。今后犯者，即令该管官司拿问具奏，将犯人处以极刑，家迁化外。如有不服追究者，即调军剿捕"。① 又正统十年（1445），"云南八寨（今马关、麻栗坡、西畴）长官司地方产有银矿，而云南左、临安等卫官军家人，不时挟带兵器，聚众私采。……上命总兵等官揭榜禁约。仍令都按二司各委堂上官设法抚谕，令各复业，有恃顽者，即擒治之"。②

由上所述，明代对"盗矿"者，调军剿捕，处以极刑，还将其家人迁往化外，可谓严刑峻法。严禁盗矿，这对银业的正常开发，当然是必要的。

综上所述，有明一代，云南银业获取了大发展，其产量和银课均居于产银各省之首，云南成为当时全国最主要的白银生产地。明代滇银大发展的根本原因，是由于此间，早期"银本位"货币制度初步形成和"计亩征银"赋役制度逐步确立，社会经济生活中对白银的需求量显著增加，从而极大地刺激了白银生产的发展。此外，明代统治者逐渐开放矿禁、实施有利于银业开放的政策，也在一定程度上促进了滇银的大开发和大发展。

第二节　铜矿的开发

一　铜场的分布

据《明史·食货志》载：明初，铜场"惟江西德兴、铅山。其后四川梁山、山西五台、陕西宁羌、略阳及云南皆采水银、青绿（即孔雀

---

① 《英宗实录》卷49。引自《明实录类纂》，第123页。
② 《英宗实录》卷135。引自《明实录类纂》，第125页。

石）"；"而四川东川府、会川卫山产青绿、银、铜"。① 由此可知，明代初年，全国开发的铜场主要分布在江西、四川、山西、陕西和云南等五省，云南铜矿在明初仍进行开发。又据《天工开物》下卷"五金"条载："凡铜坑所在有之。……今中国供用者，西自四川、贵州为最盛。东南间自海舶来，湖广武昌、江西广信皆饶铜穴。其衡（即衡州，今湖南衡阳）、瑞（即瑞州，今江西高安）等郡出最下品。"② 可见，明末铜场主要分布在四川、贵州、湖广、江西等四省，③ 其中"四川、贵州为最盛"，未言铜场所在州县。四川梁山铜场，于明初曾一度开采，但宣德八年因其"所得不偿所费而止"，④ 所以后来四川省铜场可能主要在会川卫（今四川会理）和东川府。换言之，明末东川府（辖地为今云南会泽、巧家、东川区）之铜场已经获得较大开发。

明代，云南先后开发的铜场较多，其分布亦较广。兹根据相关史志等文献，列表6–3以明之。

由表6–3可知，明代云南铜矿（又称"铜场"、"铜穴"、"铜坑"）分布在全省24府中的15个府，约21个州县。据《中国古代矿业开发史》表14统计，明代有16省产铜，其中山西省有8个州县产铜、浙江和陕西省各有7个州县产铜，其余各省仅1～4个州县产铜，而云南则有21个州县产铜。这说明，云南铜场分布较其他各省更为广泛。至于在云南21个州县中有多少铜场，因文献记载不详，故不得而知。唯万历间任云南右参政的谢肇淛在其所著《滇略》卷三"产略"中写道："又有铜矿十九所。"⑤ 说明万历时云南有19个铜场在生产，这应是准确无误的记载。此外，文献中多有述及路南州铜场者，如《明史·食货志》谓：

① 东川府：洪武十五年改东川路置东川土府，属云南省。十七年改属四川省，清康熙二十七年改设流官，置东川府。雍正四年改属云南省。（参见《东川市志》大事记。云南人民出版社，1995，第7、8页。）
② （明）宋应星：《天工开物》下卷，五金·铜，第357页。
③ 据《中国古代矿业开发史》统计，明代先后开发的铜矿分布在16省（详见该书第142～144页，表14）。上述《明史·食货志》《天工开物》所载，应为主要铜矿的分布地区。
④ 谈迁：《国榷》，古籍出版社，1958，第1459页。
⑤ （明）谢肇淛撰《滇略》卷三，产略。引自《云南史料丛刊》第六卷，第690页。

表 6 – 3 明代云南铜锡矿场分布

府州县名	今地名	文献记录	文献根据
东川府	会泽、巧家、东川	"东川府……山产青绿、银、铜"	《明史·食货志》
永昌府腾越州	保山市腾冲县	"西北有明光山,有银矿、铜矿"	《明史·地理志》
澄江府路南州	昆明市石林县	"东有札龙山,石可炼铜"	《明史稿·地理志》
澄江府路南州	昆明市石林县	"凤凰坡产和红石岩厂"	道光《云南通志》卷75
永宁府	丽江市宁蒗县永宁镇	"土产:金、铜……"	《明一统志·云南布政司》
金齿军民指挥使司	保山市一部,德宏州等	"土产:金、铁、铜"	同上
车里宣慰使司	西双版纳州	"土产:锡石(天然黄铜)、铜"	同上
大理府赵州	大理市凤仪镇	"土产:铜、锡、黑铅"	景泰《云南图经志书》卷之二
临安府宁州	玉溪市华宁县	"土产:铜,宁州出"	正德《云南志》卷四
蒙化府	大理市巍山县	"土产:自然铜,出山外里"	同上
丽江府北胜州	丽江市永胜县	"土产:紫铜,出昰庄坝,色紫而亦"	同上
楚雄府南安州	楚雄州双柏县	"产有铜矿"	(明)何孟春撰《何文简疏议》卷八
云南府易门县	玉溪市易门县	"产有铜矿"	同上
云南府岁次县	楚雄州禄丰县碧城	"产有铜矿"	同上
澄江府河阳县	玉溪市澄江县	上交铜课	同上
曲靖府陆良县	曲靖市陆良县	上交铜课	同上
姚安府姚安县	楚雄州姚安县	三台厂(铜厂)	张伟编《矿产一览表》(民国十一年)
丽江府华坪县	丽江市华坪县	小铜厂	同上
大理府	大理凤仪	秦国寺(铜矿)	《云南实业公报》(民国九年)
大理府	大理州弥渡县	南二乡二郎(铜矿)	同上
澄江府新兴州	玉溪市	古埂(铜矿)	刘盛堂编《云南地志》(光绪间石印)
东川府	昆明市东川区	汤丹(铜矿)	《中国矿业纪要》(第四次,民国十八年)

“成化十七年，封闭云南路南州铜坑。”[①] 又如景泰《云南图经志书》卷之二谓：澄江府路南州土产：“铜矿，在州东南一百里札龙村，有山产铜矿，岁纳铜课。”[②] 又道光《云南通志》卷75“食货志·矿厂三”谓：“凤凰坡厂，在路南州境内，距城六十里，明时开采”；“红石岩厂，在路南东六十里，明时，于附近之碁卜山开采，年获数百万斤。万历年间重修西岳庙，碑犹记其略。”[③] 再如《续文献通考》卷27谓：成化二十年，“令云南宁州等处军民客商，有偷采铜矿、私煎及潜行贩卖出境者，照路南州例究治”等。[④] 上述文献说明：明代，路南州先后开采的铜矿有三个，即札龙山铜矿、凤凰坡厂和红石岩厂；其中红石岩厂曾年产铜数百万斤。成化十七年（1481）该州的铜坑曾一度封闭，其原因是有客商偷采私煎和贩卖出境，而这些人均受到了惩治。可见，在云南21个产铜州县中，路南州的铜场较多，并且已有一定的生产规模，是明代云南主要的铜产地。

二 铜矿的生产

成书于万历六年（1578）的李时珍著《本草纲目》“金石部第八卷”载：“铜有赤铜、白铜、青铜。赤铜出川、广、云、贵诸处山中，土人穴山采矿炼取之。白铜出云南，青铜出南番，惟赤铜为用最多，且可入药。人以炉甘石（即菱锌矿 Z_nCO_3）炼为黄铜，其色如金。”[⑤] 又崇祯十年（1637）刊出的宋应星著《天工开物》卷下“五金第十四”载：“凡铜供世用，出山与出炉止有赤铜。以炉甘石或倭铅（即金属锌）掺和，转色为黄铜”；“凡出铜山，夹土带石，穴凿数丈得之。……凡铜砂，在矿内形状不一，或大或小，或光或暗，或如鍮石（即天然黄铜），或如礓铁（即黄铁矿石）。淘洗去土滓，然后入炉煎炼，其熏蒸旁溢者为自然

---

① （清）张廷玉：《明史》卷八十一，食货五，第1974页。

② 陈文纂修：景泰《云南图经志书》卷之二。引自《云南史料丛刊》第六卷，第35页。

③ （清）阮元等修：道光《云南通志》卷七十五，食货志·矿厂三。引自《云南史丛刊》第十二卷，第643页。

④ 王圻纂辑《续文献通考》卷之二十七，征榷考·坑冶。（台北）文海出版社，1984，第403页。

⑤ （明）李时珍：《本草纲目》金石部，第八卷，人民卫生出版社，1982，第465页。

铜（即还原出的金属铜），亦曰石髓铅"；"凡铜质有数种，有全体皆铜，不夹铅、银者，洪炉单炼而成。有与铅同体者，其煎炼炉法，旁通高、低二孔，铅质先化，从上孔流出，铜质后化，从下孔流出"；"凡红铜升黄色为锤锻用者，用自风煤炭百斤，灼于炉内，以泥瓦罐载铜十斤，继入炉甘石六斤，坐于炉内，自然熔化。后人因炉甘石烟洪飞损，改用倭铅。每红铜六斤，入倭铅四斤，先后入罐熔化。冷定取出，即成黄铜，唯人打造。"① 以上成书于明代中后期的《本草纲目》和《天工开物》，较详细地记载了当时包括云南铜矿在内的铜矿出产技术，即采矿、选矿与冶炼工艺。采矿方面：开凿矿穴，从中挖掘铜砂；选矿方面：将铜砂进行淘洗，去除泥土等杂质；将淘洗后的铜砂装入泥瓦罐中，再加入一定数量的炉甘石或倭铅（铜 10 斤加炉甘石 6 斤或铜六斤加倭铅 4 斤），然后将罐置入洪炉内进行冶炼；铜与锌先后在泥罐内熔化，先熔化的锌即从泥罐的上孔流出，后熔化的铜则从泥罐的下孔流出。这时炼成的铜，即为铜与锌的合金，即黄铜。据研究，用铜与炉甘石炼制黄铜的方法，最早记载于五代末至宋初的炼丹文献中，显然与中国炼丹术的发展有关。这种方法在民间一直流传。元明时期，仍然用铜加炉甘石炼制黄铜；明末天启时开始炼锌后，才大规模地用单质锌配炼黄铜。②

明代，云南铜矿除了主要生产铜与锌的合金黄铜以外，还继续生产铜与镍的合金白铜，即镍白铜。对此，成书于万历年间的《事物钳珠》作了明确记载："白铜出滇南，如银。"③ 此外，云南还生产一种铜与砷的合金白铜，即砷白铜。《本草纲目》载："铜有赤铜、白铜、青铜。……白铜出云南，……砒石炼为白铜。"④ 据研究，我国炼制砷白铜的历史，大约可追溯至东晋时期，与当时盛行的炼丹术密切相关。当时的炼丹方士用雄黄、雌黄和砒黄等"点化药"与铜、铅、锡、汞等金属合炼、生

---

① （明）宋应星：《天工开物》卷下，五金第十四·铜，第 357、358 页。

② 韩汝玢、柯俊主编《中国科学技术史·矿冶卷》，科学出版社，2007，第 727 页。

③ 佚名撰《事物绀珠》，明万历十三年成书。成引自张子高编著《中国化学史稿》（古代之部），科学出版社，1964，第 114 页。

④ （明）李时珍：《本草纲目》金石部，第八卷，第 465 页。

成金黄和银白色的合金，含砷较高的银白色合金即为砷白铜。唐宋时用砒霜点化白铜的方法日趋成熟，迄于元代已普遍使用这种方法。[1] 如元人所辑（托名苏轼）《格物粗谈》谓："赤铜入炉甘石炼为黄铜，其色如金；砒石炼为白铜；杂锡炼为响铜。"[2] 明代，仍沿用以砒霜点化白铜的方法。《天工开物》卷下载："铜以砒霜等药制炼成白铜"；"凡红铜升黄铜而后熔化造器，用砒升者为白铜器，工费倍难，侈者事之"。[3] 这种"以砒霜等药制炼"的砷白铜，因毒性太大、性质不如镍白铜稳定、制炼较困难，加之"工费倍难"等原因，可能主要产于内地，云南不会生产太多。经查阅明代云南的相关文献，未见云南生产砷白铜的其他记载，亦可资证明。[4]

三　铜产量与铜课

明代，云南全省历年的铜产量以及上交的铜课数量，均无系统记载，故不得其详。唯《英宗实录》卷132载："正统十年（1445）八月，云南布政司奏：'路南州铜场，岁久乏铜，……铜课岁千八十斤。'"[5] 据《明史·食货志》载，明代洪武初年及永乐九年至嘉靖六年，铜课税率为"十取其三"。[6] 依此计算，则正统十年路南州产铜数为3600斤。这是路南州"岁久乏铜"年份的产量，平时的产量肯定比该年要多。嘉靖三十四年（1555）云南铸"嘉靖通宝"钱33012100文（详见下文）。按嘉靖中铸钱则例："通宝钱六百万文，合用二火黄铜四万七千二百七十二斤"，则可知铸钱3300万余，需用二火黄铜26万斤；又按当时二火黄铜的成分，红铜占六成，倭铅占四成，[7] 则二火黄铜26万斤所含的红铜为15.6万斤。用15.6万斤红铜铸钱，从一个侧面反映了嘉靖时云南产铜的数量。

---

① 韩汝玢、柯俊主编《中国科学技术史·矿冶卷》，第735、736页。
② 元人辑《格物粗谈》。转引自韩汝玢等《中国科技技术史·矿冶卷》，第736页。
③ （明）宋应星：《天工开物》卷下，五金第十四·铜，第358页。
④ 杨寿川、张永俐：《中外矿业史上的云南白铜》，《思想战线》2011年第1期。
⑤ 《英宗实录》卷132。引自《云南史料丛刊》第四卷，第125页。
⑥ 《明史》卷八十一，食货5，第1968页。
⑦ （明）宋应星：《天工开物》卷下"五金"："每红铜六斤，入倭铅四斤，先后入罐熔化，冷定取出，即成黄铜。"

又据天启《滇志》卷三载："红石岩厂，在路南州，……明时于附近之暮卜山开采，年获铜数百万斤。万历年间，重修西岳碑，犹记其略。"① 万历时庙碑上记载路南州一个铜场年产铜多达"数百万斤"，远远超过正统十年全州 3600 斤的产铜数，这可能是 100 多年后来自民间的传闻，不一定准确。此外，万历《云南通志》卷六"赋役志"载：姚安的"铜课银六十两"。② 盖明代中后期，铜课不再征收铜产品，而是折征银两。据《续文献通考》卷十一载，万历时政府收购铜的价格是红铜一斤，值白银一钱四分。按此价格计算，姚安府铜课银 60 两可买铜 428.5 斤。又按"十取其三"的税率计算，则姚安府产铜 1428.3 斤。天启《滇志》卷六也记载了明末各地交纳铜课的情况。罗次县"炉课银八两四钱"，晋宁州"铜炉课银二十一两六钱"，禄丰县"盐税、铜炉、商税等银共一千一十二两六钱"，易门县"铜炉课银三十五两二钱"，蒙自县"商税、酒米、铜炉课银一百九两七钱三分，……又商税、铜炉、米课银九十三两"，宁州"炉课银十四两四钱"，路南州"炉课银二百三十两八钱"，大姚县"商税、铜铁、炉课等银一百二十六两九钱九分"，顺宁府"商税、铜炉课银一百五两六钱"。③ 以上九个州县共交纳铜课银 1758.7 两，其中包括 5 个州县的商税、铁课以及米酒课等。若以 1758.7 两折买铜计，即可买铜 12562 斤；按百分之三十的税率，则上述九个州县共产铜 418738 斤。这个数字显然不尽准确，也不够全面，不能反映明末云南产铜的实际情况。需要指出的是，明代云南有多达 21 个州县产铜，其铜产量肯定不在少数，必定多于此前历代，亦必定超过其他产铜各省。④

四　设局铸钱

明代中叶以后，随着商品经济的迅速发展，货币经济也较前有了

---

① （明）刘文征：天启《滇志》卷之三。转引自张增祺《云南冶金史》，第 92 页。

② （明）邹应龙修、李元阳纂万历《云南通志》卷之六赋役志。引自《云南史料丛刊》第六卷，第 573 页。

③ （明）刘文征：天启《滇志》卷之六。古永继校点本，云南教育出版社，1991，第 216、217、218、219、224、225、234、237、244 页。

④ 据《中国古代矿业开发史》统计：明代永乐、宣德年间民营铜矿的岁课，仅为 2000 余斤，其中宣德九年（1413 年）最高，亦只有 2989 斤。正统十年（1445 年）云南路南州铜课多达 1080 斤，占宣德九年全国民矿铜课总数的 36%。详见该书第 145 页表 15。

较快发展。在货币流通中，先前推行的宝钞制度已壅滞不行，而铜钱与银两则成为主要通货；在民间交易中，大数目用银，小数目用钱，"今天下交易所通行者，钱与银耳"。① 铜钱的广泛流通，极大地刺激了铸钱业的发展，而由于铸钱业的需要，又极大地促进了铜矿的开发。因此，明代云南铜矿获得较大规模开发，尤其是万历间"有铜矿十九所"之多，其根本原因即在于铸钱的需要。对此，《明史·食货志》这样记载："正德九年（1514），军士周达请开云南诸银矿，因及铜、锡、青（蓝铜矿）、绿（孔雀石）。诏可，遂次开采。嘉靖、隆（庆）、万（历）间，因鼓铸，屡开云南诸处铜场，久之所获渐少。"② 总之，因铸钱需要而开发各地铜矿，这就是明代云南等省铜矿得以开发的主要原因。

明朝正式建立后，于洪武初年即在北京设立"宝源局"，铸造制钱"洪武通宝"。此后，历朝均"遣官各省铸钱，采铜于产铜之地"。③ 据《续文献通考》卷 11 记载，云南从弘治十六年（1503）开始设立"宝泉局"铸造铜钱。当年，令云南每年铸造"弘治通宝"钱 5832000 文。嘉靖六年（1527）令云南布政司购买铜料铸造"嘉靖通宝"，其数目不详。嘉靖三十四年（1555），因两京铜价太高，铸钱得不偿费，又在云南即山鼓铸。每年扣支云南盐课银 2 万两，额定铸造"嘉靖通宝"33012000 文。万历四年至八年（1576～1580），云南再次开局铸钱，其数量不详。天启六年（1626），令云南巡抚闵洪学等，凑集白银 6000 两购买铜锡，铸"天启通宝"钱 6000000 文。④ 又据《明史·食货志》载：直至崇祯初，云南仍与南北两局以及湖广、陕西、四川等省铸"崇祯通宝"。⑤ 从上述可知，自明代中期至明末，云南一直奉命利用本地丰富的铜资源铸造制钱，至于共铸造了多少，史无记载，但由于铸钱时间长达一百多年，其数量当不少。

---

① 谢肇淛：《五杂俎》卷 12。转引自王毓铨主编《中国经济通史·明代经济卷》（下），经济日报出版社，2000，第 810 页。
② 张廷玉等：《明史》卷八十一，食货五，第 1974 页。
③ 张廷玉等：《明史》卷八十一，食货五，第 1968 页。
④ 嵇璜：《续文献通考》卷十一，钱币五，考 2869、考 2870、考 2871。
⑤ 《明史》卷八十一，食货五，第 1968 页。

明代,云南铸造的铜钱并不在本地民间流通,而是首先要"解户部",即运往京师以佐国家之需;其次是运往省外以供其"兵食之需",如万历八年(1580),"罢云南铸钱。其在库者令贵州运充兵饷"。① 云南铸造的铜钱不在本地使用,其原因是"海内贸易皆用银钱,而滇中独用贝",② 且"终明之世俱用玌",③ 即有明一代云南始终使用海玌(即贝币),而不使用铜钱;不仅民间交易用,租赋、商税、借贷以及官吏俸给等均使用海。④ 因此,云南虽然开局铸钱,而"民间用如故,钱竟不行"。⑤

云南使用本地铸造的铜钱始于南明永历时期。据《滇云历年传》等志书记载:永历元年(1646)张献忠余部大西军进入云南后,初铸"大顺通宝";二年,又于云南省城及下关设炉十八座炼铜,"铸'兴朝钱',禁民用"。永历五年(1651),孙可望"奉南明正朔",改铸"永历通宝"。大西政权在治理云南的十余年中先后铸造"大顺通宝"、"兴朝通宝"和"永历通宝"三种铜钱,并规定"凡上纳钱粮,放给俸饷,以至民间一切贸易,皆通用之"。⑥ 从此结束了云南自春秋晚期至明末清初长达2100余年使用贝币的历史,本地铸造的"大顺通宝"等铜钱进入流通,最终实现了"废贝行钱"。这是大西政权顺应当时云南社会经济特别是商品经济发展的客观趋势,革新币制,废止贝币、使用铜钱的结果。⑦

五　铸造铜殿、铜钟

明代,云南诸多铜矿生产的铜产品除主要用来铸造铜钱外,还大量用来铸造铜殿和铜钟等。据清雍正《云南通志·寺观志》载:万历三十二年(1604年),"明巡抚陈用宾建太和宫,铸为殿,供奉北极上帝,环

---

① 倪蜕:《滇云历年传》卷八,李埏校点本,云南大学出版社,1992,第423页。
② 谢肇淛:《滇略》卷四"谷略"。引自《云南史料丛刊》第六卷,第694页。
③ 倪蜕:《滇云历年传》卷十二。李埏校点本,第570页。
④ 杨寿川:《贝币研究》,第161、163页。
⑤ 倪蜕:《滇云历年传》卷十二。李埏校点本,第570页。
⑥ (清)李天根撰《嬹火录》。转引自杨寿川编著《贝币研究》,第24页。
⑦ 杨寿川:《贝币研究》,第24、25页。

以砖城，规制宏丽。崇祯十年，巡按张凤翮移之鸡足山"。太和宫的梁、柱、壁板、窗户、门、顶部结构等，均以铜铸造，高约 6 米、宽约 4 米，其重量"可数十百万斤"。太和宫迁往今宾川县鸡足山后，即称"鸡足山铜殿"，又称鸡足山"金殿"。① 以大约"数十百万斤"铜来铸造一个"金殿"，可见明代后期云南产铜之盛。鸡足山金殿于"文化大革命"中被毁，今仅留部分铜件，可悲夫！

据《云南金石目略》载：明代云南铸造的著名铜钟有 30 余件。这些铜钟悬于城楼或寺观，岁时击钟，声闻广远，其制作又各有历史意义。现存的铜钟主要有 5 个：其一是"西钟楼铜钟"：高 3.3 米，重约 3 万斤。永乐二十一年（1423）造，原悬挂在昆明西城墙钟楼，1953 年拆除旧城时移入古幢公园，后又移至昆明东郊金殿，现称"永乐大钟"。在明代云南铜钟中，此为最大者。其二是"腾冲司城禁钟"：高 2.3 米、径 1.3 米、厚 10 厘米，重约 2500 斤。景泰元年（1450）腾冲军民指挥使司指挥使陈升等造。其三是"威远楼铜钟"：正德八年（1513 年）铸，在蒙化（今巍山）县城威远楼悬之，故名。其四是"新化铜钟"：高 1 米、径 1.9 米，重 600 余斤。嘉靖三十七年（1558）铸，现存今新平县（明代称新化州）内。其五是"乌蒙铜钟"：高 1.3 米、径 2.3 米，重约 1000 斤。嘉靖三十八年（1559）铸，今存昭通市龙兴寺内。② 由上述可知，铸造如此多的铜钟，耗费的铜产品也为数不少。

六　滇铜的外销

如上所述，明代云南诸多铜矿生产的铜产品为数不少，除供本地铸钱以及铸造铜殿、铜钟之外，还经客商之手运往省外各地销售。成书于天启五年（1625）的刘文征撰天启《滇志》卷之三"地理志·物产"载："滇之产，……铜以供天下贸易。"可见，明朝末年，云南的铜产品已经成为国内市场的重要商品。王士性的《黔志》记载了万历时滇铜出

---

① 方国瑜：《太和宫铜殿概说》，《云南史料丛刊》第七卷，第 300 页。
② 方国瑜主编《云南史料丛刊》第七卷，第 239、240 页。

省贸易的途径和交易情况："镇远（属贵州），滇货所出，水陆之会。滇产如铜、锡，斤止值钱三十文，外省乃二、二倍其值者。由滇云至镇远，共二十余站，皆肩挑马赢之负也。"① 意即客商们雇佣大批力夫，肩挑马驮着云南出产的铜产品，沿着滇黔驿道、经二十余站，运至贵州镇远；在此装船再运往湖南等地销售，以牟取二三倍之利。云南至贵州镇远府，是明末滇铜外销的主要途径，虽然路途遥远，交通工具简陋，但因有二三倍的利润，仍有大批商人从事长途贩运，以从中牟利。此外，云南出产的铜、铅等产品，还经由贵州的思南府至四川的涪陵，然后顺长江而下至湖广省的荆州和常德等地销售，于是荆州与常德"商贩铜、铅毕集"，② 成了两个大的滇铜集散地。

滇铜从上述商道运往全国各地销售，只要"所过所止"交纳关市之征（即税课），政府不加禁止。③ 但滇铜如果运往国外则予以严令禁止。如《宪宗实录》卷220载："户部会议……云南路南州铜坑，往往为奸民窃法煎卖，以资交阯（今越南）兵器。请移文所司封闭，免其税课，榜文禁约。有犯者，发烟瘴地充军。"又《大明会典》卷37载："成化十七年（1481），令封闭云南路南州铜场，免征铜课。其私贩铜货出境者，本身处死，全家发烟瘴地面充军。"④ 与路南州毗邻的宁州（今云南华宁县）也有私运滇铜出境者，明廷于成化二十年（1484）下令："宁州等处军民客商，有偷采铜矿、私煎及潜行贩卖出境者，照路南州例究治。私贩出境者论以死，其家属发烟瘴地面充军。"⑤ 严禁滇铜出境，不仅成化时如此，盖终明之世亦然。

综上所述，有明一代，云南铜矿分布较广，其产量为数亦较多。滇铜不仅用来铸造钱币、铜殿、铜钟，而且还销往省外各地，但严令禁止出境。这说明，滇铜在明代经济生活中，已占有重要地位。清人檀萃对

① 王仕性：《黔志》。转引自杨寿川《贝币研究》，第168页。
② 《明史》卷八十一，食货五，第1969页。
③ 《明史》卷八十一，食货五，第1974页。
④ 李东阳：《大明会典》卷三十七，户部二十四。引自《云南史料丛刊》第三卷，第715页。
⑤ 李东阳：《大明会典》卷三十七，户部二十四。引自《云南史料丛刊》第三卷，第715页。

明代云南的铜业及其产品赞赏有加，他在其《滇海虞衡志》卷五中写道："铜独盛于滇南，故铜器具为多。大者至于为铜屋（即铜殿），今太和宫（在湖北武当山）、铜瓦寺（在昆明凤鸡山）是也。其费铜不知几巨万。"①

第三节　金矿的开发

明代，全国有山东、福建、湖南、陕西、四川、贵州、云南等16个省出产黄金。然而，黄金产量不多，课金自然也很少。据统计：洪武二十三年（1390）课金200两，永乐初每年仅50两，永乐二十一年（1423）课金达5000两。近人认为，"这可能是明代黄金的最高岁课"。②

据文献记载和考古发现，明代云南黄金产地分布较广，其产量亦多于其他产金各省，是当时全国主要的黄金生产地。

一　金矿的分布

《本草纲目》"金石部"第八卷载："金有山金、沙金二种"。"山金出交（今越南）广（今广西）南韶（即南诏，今云南）诸山，衔石而生"；"云南出颗块金，在山石间采之"；"叶子金出云南"。③李时珍在书中三处述及云南出产山金、颗块金和叶子金。

又《天工开物》卷下"五金"载："水金多者，出云南金沙江（原注：古名丽水）。"④可见明代云南不仅产山金还产"水金"（即沙金），云南是明代产金的重要地区。

据史志等记载，明代云南先后开发的金矿分布在10个府州县，共计11个金场或产金点。兹列表6-4以明之。

---

① （清）檀萃辑《滇海虞衡志》卷之五。《云南史料丛刊》第十一卷，第189、190页。
② 夏湘蓉等：《中国古代矿业开发史》，第156页。
③ （明）李时珍：《本草纲目》金石部第八卷，第459、460页。
④ （明）宋应星：《天工开物》卷下，五金第十四·黄金，第342页。

表 6 - 4　明代云南金场分布

府州县名	今地名	文献记录	文献根据
楚雄府大姚县	楚雄州大姚县	"西北有龙蛟江……,一名苴泡江,产金"	《明史·地理志》
临安府安南长官司	文山州	"土产:金,安南长官司出"	《明一统志·云南布政司》
芒市长官司	德宏州芒市	"土产:金,金沙江出"	《明一统志·云南布政司》
永宁府	迪庆香格里拉县等	"土产:金、铜、盐,府境出"	《明一统志·云南布政司》
姚安军民府	楚雄州姚安县、大姚县	"土产:金,龙蛟江出"	《明一统志·云南布政司》
丽江军民府	丽江市等	"土产:金,金沙江出"	《明一统志·云南布政司》
金齿军民指挥使司	保山市德宏州等	"土产:金,澜沧江滨出有金沙,取沙洗融为金"	正德《云南志》卷四
镇沅府镇沅县	普洱市镇沅县	水头金厂	云南省文史研究馆编《云南矿产历史资料汇编》(1959 年)
元江府恭顺州	普洱市墨江县	坤勇金厂	云南省文史研究馆编《云南矿产历史资料汇编》(1959 年)
丽江府丽江县	丽江市	打鼓(金厂)	云南省文史研究馆编《云南矿产历史资料汇编》(1959 年)
鹤庆府鹤庆县	大理州鹤庆县	鲁斑坡脚(金厂)	云南省文史研究馆编《云南矿产历史资料汇编》(1959 年)

　　表 6 - 4 所示,明代云南先后开发的金矿分布在滇西、滇西南的 10 个府州县,共有金场或产金点 11 处。《天工开物》称:"凡中国产金之区大约百余处",[①] 云南占百分之十左右,应为全国产金地区较多的省份之一。又《天工开物》载:"水金多者出云南金沙江(原注:古名丽水),此水源出吐蕃,绕流丽江府,至于北胜州(今永胜县),回环五百余里,出金者有数载。"[②] 由此可知,流经丽江府的金沙江,有数段江水中可以"淘沃取金";换言之,明代云南的丽江府是产沙金最盛的地区。[③] 此外,明

---

　　① 宋应星:《天工开物》卷下,五金第十四·黄金,第 342 页。
　　② 宋应星:《天工开物》卷下,五金第十四·黄金,第 342 页。
　　③ 王圻纂辑《续文献通考》卷 23 "征榷考·坑冶"载:洪武二十六年(1393 年),"西平侯沐春奏:丽江府土民每岁输白金七百六十两,皆摩些洞所产"。又《徐霞客游记·滇游日记》载:"丽江府,且产砂(金)独盛,宜其富冠诸土郡。"

代云南金矿产地中，金沙江沿岸的产金点以及临安府、永宁府、元江府等的金场，迄于清代仍是重要的金矿所在地，可见明代金矿开发为清代开发打下了基础。

二　年例金课、贡金

明政府征收矿课，"皆因各处土产，若金有常例，铁、水银、铜、锡有常额"。每年对金矿征收的金课又称为"年例金"。关于在云南征收的年例金，未见历年记载，故不得其详。唯王圻纂辑《续文献通考》卷 27 "征榷考·坑冶"记载："自弘治十六年（1503）为始……每年额办金六十六两六钱七分"；"嘉靖七年（1528），题准云南年例金一千两"；九年（1530）"又题准云南年例金一千两并耗金十两"。时隔 27 年，从 66.67 两增至 1010 两，增加 15 倍多，这从一个侧面反映了云南金矿在世宗朝迅速发展的情况。此外，该书又载：弘治与嘉靖时，政府在云南"该征差发银"，用来收买黄金。弘治十五年（1502）"令云南每年该征差发银八千八百九两五分为常例。自弘治十六年为始，每年折买金一千两，足色二分、九成色三分、八成色五分"。嘉靖七年（1528），将云南每年该征差发银"照依时佑两平，收买真正成色金，每十两为一锭"。"自嘉靖九年（1530）为始，（云南）每年于该征差发银动支六千六十两收买（黄金）解进，以后每年永为定规"。① 可见，弘治、嘉靖之世，在云南征收的金课，实际上包括"年例金"和"差发银"两部分；而"差发银"是专门用来折买黄金解进的。此外，《续文献通考》卷 23 又载：嘉靖四十三年（1564），"命户部催买云南九成金二千，八成、七成金三千，银万两"。② 这些记载说明政府除征收年例金外，还征收差发银用来折买黄金；而嘉靖四十三年以一万两白银折买各种成色的黄金五千两，说明当时云南生产的黄金是比较多的。

此外，明政府还在云南"岁办贡金"。据天启《滇志》卷之六"进

---

① 以上俱见王圻：《续文献通考》卷二十七，征榷考·坑冶，第 1656、1657 页。

② （清）嵇璜等：《续文献通考》卷二十三，征榷考·坑冶，考 3001。

贡"条载："（贡）金，原无正额，嘉靖十三年（1534），始派解二千两，每年春夏办足色金一千两，价钱六千三百六十三两；秋冬办成色金一千两，价银五千五百六十七两，俱于布政司济用库秋粮、差发各项银内措处动买。万历二十二年（1594），奉旨每年加足色、成色金三千两，共五千两。"[1] 云南"岁办贡金"，从嘉靖十三年的 2000 两增至万历二十二年的 5000 两，时隔 60 年增加 2.5 倍，反映了在此期间云南黄金生产的迅速发展。

从上述年例金与贡金的征收数量，我们无法推算出明代中后期云南黄金的实际产量。然而，可以肯定的是，有明一代，云南生产的黄金为数不少，而明政府通过年例金、贡金以及用差发银折买的黄金也不在少数。云南生产的黄金成为明廷财赋的重要组成部分，则是毋庸置疑的。对此，万历时的山西巡抚魏允贞有一段话讲得颇为生动、明确。万历二十四年（1596）"诏开各处矿冶。山西巡抚魏允贞奏停开矿之役，其略曰：'……陛下之财赋（赋，即赋税）：白米、织纻则取诸吴越，羊绒则取诸秦潞，绅则取诸晋，金则取诸滇，扇则取诸蜀，磁则取诸江西；太仓为库、太仆为厩、光禄为厨，何求不得，何欲不遂，而以开矿为利乎？'"[2] 在"天下财赋"中，"金则取诸滇"，说明云南生产的黄金在神宗朝的赋税收入中占有颇为重要的地位。

三　定陵出土滇造金元宝

定陵是明神宗万历皇帝朱翊钧的陵墓。1957 年发掘定陵，出土了大批随葬品，其中有金元宝共计 103 锭，万历皇帝尸体下 79 锭、孝端皇后尸体下 21 锭，其他 3 锭分别放在帝、后棺、椁之间。元宝有大、小两种，大的十两，小的五两左右。大的表面都有刻字，小的未刻，也有的是在上面贴纸条，写明元宝成色、重量。万历帝梓宫内金元宝，所刻字迹都在底面，刻解金的省份、年代和金锭的成色、重量及委官、金户、金匠

---

[1]　刘文征：天启《滇志》卷之六，赋役志第四。古永继校点本，云南教育出版社，1991，第 212 页。

[2]　王圻纂辑《续文献通考》卷 27，"征榷考·坑冶"。又《明史》卷 232 "魏允贞传"中"陈时政缺失疏"有曰："金取于滇，不足不止"，时间为万历二十八年。

姓名，个别的也不刻金户、金匠姓名。万历帝梓宫内刻字金元宝，都是云南布政司收解的，年代自万历二十七年至四十五年，如刻"云南布政司计解万历三十七年份足色金一锭，重拾两，委官经历宋宪全，金户吴相，金匠沈教"。又"云南布政司计解成历四十五年份足色金壹锭，重拾两，委官通判郑续之，金户陈卓，金匠沈教"。其余委官、金户、金匠姓名各有不同。① 上述万历帝梓宫中随葬的金元宝，都是云南布政司收解的。有学者认为，这些金元宝是万历间云南收解朝廷以"专供御用"的"岁办贡金"。② 此外，定陵出土的金元宝中未见其他省计解者，这说明万历时，云南生产黄金较多，计解黄金亦较多，明廷帑藏的黄金主要取之于云南。

第四节　锡、铅、锌矿的开发

明代，云南除了生产银、铜、金外，还生产锡、铅、锌。但因文献记载较少，故关于锡、铅、锌的论述较为简略。

一　锡矿的开发

云南产锡的历史始于殷商时期，本书上篇第二章已作专门论述。此后，历经秦汉两晋至唐、宋、元，云南锡矿一直有所开发，本书上篇第三、第四、第五章已有述及。但是，在过去锡只是一种添加原料，用来制作铜锡合金即青铜。云南古代的青铜器就是用铜锡合金制成的。云南冶锡业成为一个独立的生产部门，而且其产量大幅度增长，大概是从元末明初开始的。③

《本草纲目》"金石部"第八卷载："锡出云南、衡州（今湖南衡阳市）。"④ 《天工开物》卷下"五金"载："凡锡，中国偏出西南郡邑，……以临贺郡（今广西贺县）产锡最盛。……今衣被天下者，独

---

① 详见《定陵试掘简报》，《考古》1959 年第 7 期。
② 方国瑜：《云南布政司造金元宝锭概说》，《云南史料丛刊》第七卷，第 302 页。
③ 《云南冶金史》，第 198 页。
④ （明）李时珍：《本草纲目》金石部第八卷，第 481 页。

广西南丹、河池二州居其十八。衡、永（今湖南衡阳、永州）则次之。大理、楚雄即产锡甚盛，道远难致也。"① 由上引文献可知，明代全国产锡之省有广西、湖南和云南三省，其中广西产锡最盛，湖南次之，云南大理、楚雄两府产锡本来也"甚盛"，但因道路遥远而难以得到。②

明代云南锡矿的分布，在当时的志书中亦有记载。景泰《云南图经志书》卷之五载：大理府赵州土产"铜、锡、黑铅，皆出赵州白崖（注：赵州，今大理州凤仪镇）"。③ 正德《云南志》卷四载：临安府土产"锡，蒙自县个旧村出"；卷十三载：金齿军民指挥使司土产"金、铜、铁、锡、琥珀，生地中，其上及旁不生草"。④ 天启《滇志》卷之三"地理志·物产"载：楚雄府"所产，五金（指金、银、铜、铁、锡）与铅，而铜为盛"。⑤ 据这些志书和上引《天工开物》所载，明代云南先后开发的锡矿，分布在大理府、临安府、金齿军民指挥使司（今保山、德宏一带）和楚雄府，其中以大理、楚雄两府锡矿最为兴盛，而临安府所产之锡质量最好。对此，成书于天启时的谢肇淛《滇略》卷三"产略"曾记载说："锡则临安者最佳，上者为芭蕉叶，扣之声发铜铁，其白如银，作器殊良。出市者杂以铅，遂顿减价。"⑥ 此外，正德《云南志》卷四载：临安府"土产：……锡，蒙自个旧村出"。⑦ 这是古代文献中以"个旧"作为产锡之地的最早记载，说明早在正德及其以前，临安府蒙自县所属的个旧村已经成为专门采冶锡矿的地方。从此，"个旧"这个名字便以产锡而逐渐闻名天下，迄于20世纪50年代则成为享誉世界的锡都。这在本书的下篇中将有充分的论述。

---

① 宋应星：《天工开物》卷下，五金第十四·锡，第370页。
② 据《中国古代矿业开发史》统计，明代锡矿分布地区除广西、湖南、云南三省外，还有广东、四川、贵州三省；此外，云南省的罗次县（今禄丰碧城）也产锡。见该书第143、144页，表14。
③ 陈文：景泰《云南图经志书》卷之五，《云南史料丛刊》第六卷，第81页。
④ 周季凤：正德《云南志》卷四，《云南史料丛刊》第六卷，第147、219页。
⑤ 刘文征：天启《滇志》卷之三，地理志·物产。古永继校点本，第116页。
⑥ 谢肇淛：《滇略》卷三，产略。《云南史料丛刊》第六卷，第690页。
⑦ 周季凤：正德《云南志》卷四。《云南史料丛刊》第六卷，第147页。

明代，关于云南的锡课，未见文献详加记载。仅万历《云南通志》卷之六"赋役志"谓：临安府"锡课银一千六百八十两"。由于文献中未见当时锡课税率和锡的银价，故无法推算临安府的锡产量。但万历时期临安已经成为重要的产锡地区，则是可以肯定的。

二　铅矿的开发

云南产铅的历史可追溯至汉晋时期。后来，南诏、大理国时期至元代，仍继续出产铅。详见本书上篇第三、第四、第五章。

《天工开物》卷下"五金"载："凡产铅山穴，繁于铜、锡（即铅常与铜、锡共生）。其质有三种，一出银矿中，……曰银矿铅，此铅云南为盛。一出铜矿中，……曰铜山铅，此铅贵州为甚。一出单生铅穴。"明代，产铅之省，除云南、贵州外，尚有山东、安徽、浙江、江西、湖南、广东、广西、四川等省，铅矿分布比较普遍。[1]

明代，云南铅矿的分布，在地方志书中亦有记载。景泰《云南图经志书》卷之五谓：大理府赵州土产"铜、锡、黑铅，皆出赵州白崖"。[2]正德《云南志》卷四谓：临安府土产"铅，各银场俱出"；又楚雄府土产"黑铅，广通县出"。[3]天启《滇志》卷之三"地理志·物产"亦谓：临安府"金之属惟锡，而玄铅附焉（即锡与铅共生）"；"楚雄（府）所产，五金与铅，而铜为盛"。[4]此外，万历《云南通志》卷之六"赋役志"载：澄江府"铅税银四两"，既然交纳铅税，当然该府也应有铅矿。由上可知，明代云南先后开发的铅矿，分布在大理、临安、楚雄和澄江四府，这与《滇略》卷三"产略"所载"有铅矿四所"正相一致。从上述文献还可得知，明代云南的铅矿，除与银矿共生外，还与锡、铜矿共生，未见有单生铅矿。

关于明代云南铅课及铅产量，除上引万历《云南通志》载澄江府"铅税银四两"外，未见其他文献记载，故不得其详。

---

① 详见夏湘蓉等《中国古代矿业开发史》第142～144页表14。
② 陈文：景泰《云南图经志书》卷之五。《云南史料丛刊》第六卷，第81页。
③ 周季凤：正德《云南志》卷四。《云南史料丛刊》第六卷，第147页。
④ 刘文征：天启《滇志》卷之三，古永继校点本，第115、116页。

三 锌矿的开发

在我国古代，人们认识和利用锌，首先是从"以红铜与含锌矿石合炼而生产锌黄铜"开始的。后来才发明出冶炼锌的技术，进而以铜、锌两种金属搭配，熔炼成黄铜，因为锌是古代最难冶炼的金属。锌黄铜在我国最早出现于六世纪时北朝的梁代（503～557），至迟在明代中期已成功地冶炼出了金属锌，使锌铜合金的冶炼技术进入了一个新的历史阶段。①

在我国古代文献中，将一种含氧化锌的矿石称之为炉甘石（即菱锌矿，为最常见的锌矿）。将炉甘石与自然铜（即红铜又称赤铜）合炼而成的产品称为"输石（即锌黄铜）。明代中期，已能够用炉甘石熬炼而成"倭铅（即金属锌）。

明代云南已生产炉甘石和黄铜。《本草纲目》卷九"石部"载：炉甘石"川蜀、湘东最多，而太原、泽州（晋城）、阳城、高平、灵丘、融县及云南者为胜"。②《明史·地理志七》载：临安府"宁州（今云南省玉溪市华宁县）……东有水角甸山，产芦（炉）甘石"。③ 又顾祖禹《读史方舆纪要》卷115 也载：宁州"木（应为"水"）角甸山在州东百三十里，地名备乐村，产芦（炉）甘石。旧封闭。嘉靖中，开局铸钱，取以入铜，自是复启。"④ 由上引文献可知：明代，全国生产炉甘石的省份有四川、湖南、山西、广西和云南等；云南炉甘石出产在临安府宁州东水角甸山的备乐村。嘉靖时，由于云南开局铸钱需要，将炉甘石入铜熔炼而成锌黄铜，从此又开始了黄铜的生产。顺便要提及的是，我国在嘉靖以前的钱币都是用锡铅青铜铸造的，含锌量极少，而嘉靖年间铸造的"嘉靖通宝"则骤然变为清一色的锌黄铜钱。⑤ 此后"万历通宝"等历朝

---

① 赵匡华、周嘉华：《中国科学技术史·化学卷》，第183、185、188 页。
② （明）李时珍：《本草纲目》石部第九，第558 页。
③ 《明史》卷四十六，地理志七，第1176 页。
④ （清）顾祖禹撰《读史方舆纪要》卷115，云南三。《云南史料丛刊》第五卷，第743 页。
⑤ 赵匡华、周嘉华：《中国科学技术史·化学卷》，第190、191 页。

制钱均用锌黄铜制造。云南从嘉靖时开始铸造制钱，其原料为锌黄铜，这说明当时云南锌矿开发已达到全国水平。最后还要指出一点，明代云南锌矿的开发，揭开了云南锌矿开发的序幕，此后，清代和民国时期，云南锌矿均获得大规模开发，成为云南主要的有色金属之一。

第五节　铁矿的开发

明代，全国铁矿进入一个大规模开发的时期。据《中国古代矿业开发史》统计，全国先后开发的铁矿分布在包括云南在内的 19 个省，共计 120 个州县。洪武初年，全国官营铁矿的总年产量多达 18475026 斤。[①] 洪武二十八年（1395 年），"诏罢各处铁冶，令民得自采炼，而岁输课每三十取其二"。[②] 铁矿由官营改为民营后，促使民营冶铁业迅速发展起来。明代中期以后，商品经济的发展又促进了民营冶铁业的更加兴盛，广东、福建、山西等省的民营冶铁业都具有相当规模。[③]

明代云南铁矿的开发，除受全国大规模开发的影响外，还与明初推行的"屯田之制"密切相关。从洪武十四年（1381）明军平定云南后，明政府即在云南大力推行"屯田之制"。首先是开展军屯，随之民屯与商屯也相继展开。洪、永间，云南卫所驻军多达 142000 人，以七分拨屯计算，则从事屯垦者为 99000 人。从洪武十七年（1384 年）开始，先后有江南、江西等地几十万甚至上百万人迁至云南"置立民屯"。洪武十五年（1382）"令商人往云南中纳盐粮"，以缓解"兵食不继"的问题，从而又有大批内地商人前来云南从事商屯，招民种粮。[④] 从明初开始，随着军屯、民屯和商业的大规模展开，几十万、上百万军民先后来到云南屯戍和垦殖，他们需要大量的铁制农具，亦需要不少铁制兵器。据万历《云南通志》载：云南卫所需要的各种铁制兵器多达 502.4 万件。至于铁制

---

① 详见《中国古代矿业开发史》，第 141～144 页。
② 《太祖实录》卷 242。引自《明实录类纂》，第 120 页。
③ 详见王毓铨主编《中国经济通史·明代经济卷》（上），经济日报出版社，2000，第 561～563 页。
④ 详见杨寿川著《云南经济史研究》，云南民族出版社，1999，第 88～95 页。

农具的需求量，虽未见文献记载，但不言而喻，当远远超过铁制兵器的数量。正是由于开展大规模屯田，大大增加了对铁制农具和兵器的需求量，从而极大地推动了云南铁矿的开发。

一　铁矿的分布

明初至英宗天顺年间，云南铁矿分布在 7 个府的 11 个州县。天顺五年（1461）成书的《明一统志·云南布政司》载：云南府"铁，昆明县（今昆明市）出"；临安府"铁，河西（今通海县河西镇）、嶍峨（今峨山县）二县出"；澄江府"铁，新兴州（今玉溪市红塔区）出"；蒙化府（今巍山县城）"土产：铁"；曲靖军民府"铁，钴凉（今陆良县）、霑益（今沾益县）二州出"；金齿军民指挥使司"土产：铁"。① 又景泰《云南图经志书》载：云南府昆阳州土产"铁矿，州南三十五里，有山曰险陵岗，产铁矿，官立铁冶所，以赋其利（注：昆阳州即今晋宁县昆阳镇）"；临安府石屏州土产"铁，出宝秀乡（注：石屏州即今红河州石屏县）"；大理府邓川州土产"铁矿，出州治之东青索鼻山，岁输铁四万五千斤（注：邓川州即今大理州洱源县邓川镇）"。② 自明初至英宗天顺年间近 100 年，在此期间云南有 7 个府的 11 个州县生产铁矿，这大概就是明代云南铁矿分布的基本格局。此后至明末，又增加两个府的五个州县产铁，即云南府安宁州（今昆明市安宁县）③、丽江军民府北胜州（今丽江市永胜县）④、楚雄府定远县（今楚雄州牟定县）⑤、大理府漾濞县北区高门前以及車里军民宣慰使司（产铁地点不详）⑥。总之，明代云南先后开发的

---

① （明）李贤等撰《大明一统志》卷八十六、卷八十七，"云南布政司"。《云南史料丛刊》第七卷，第 176、186、192、193、199、212 页。

② 陈文：景泰《云南图经志书》。《云南史料丛刊》第六卷，第 29、51、83 页。

③ 周季凤：正德《云南志》卷二：云南府土产"铁，安宁州出"。《云南史料丛刊》第六卷，第 126 页。

④ 周季凤：正德《云南志》卷十二：北胜州土产"铁，出南山关"。《云南史料丛刊》第六卷，第 212 页。

⑤ 周季凤：正德《云南志》卷五：楚雄府土产"铁，出定远县"。《云南史料丛刊》第六卷，第 156 页。

⑥ 周季凤：正德《云南志》卷十四："车里军民宣慰使司土产：铁。"《云南史料丛刊》第六卷，第 226 页。

铁矿分布在 9 个府的 16 个州县，其中大部分铁矿开发于明代前期。这种情况与明初推行的"屯田之制"密切相关，并与当时军屯、民屯、商屯的分布大体一致。①

二　铁课与铁产量

据景泰《云南图经志书》卷之一载：云南府昆阳州"土产：铁矿，州南三十五里，有山曰险陵岗，产铁矿，官立铁冶所，以赋其利"。该书卷之五载：大理府邓川州"土产：铁矿，出州冶之东青索鼻山，岁输铁四万五千斤"。② 上引两条史料，是我们所见文献中有关明初政府征收铁课情况的记录。据此可知，明代宗景泰间，政府在云南府昆阳州的铁矿产地险陵岗设立铁冶所，以征收铁课。以此类推，大凡所有产铁之处，均设立铁冶所，负责征收铁课"以赋其利"。又，大理府邓川州的青索鼻山产铁每年政府在此征收的铁课为 45000 斤，依照上述明初铁矿"岁输课每三十取其二"推算，青索鼻铁矿的年产量应为 675000 斤。陈文于景泰五年（1454）修纂《云南图经志书》，其"博访而统观，穷搜而远探"，其中只记载了青索鼻铁矿每年上交铁课 45000 斤，也许这个铁矿是明初至景泰时云南最大的铁矿吧！

明代中后期的云南志书记载了一些府州县上交铁课的情况。万历《云南通志》卷六"赋役志"载：云南府"铁课银一十九两六钱八分"，临安府"铁课银五十五两九钱一分六厘六毫"，永昌府"铁课银三十六两九钱八厘"，蒙化府"铁课银二十一两"。③ 由此可知，万历时云南上交的铁课已不再征收铁产品，而是折成银两征收。云南四个府共上交铁课银 133.5766 两。据研究，嘉靖元年的铁课税率是"铁产万斤交

---

① 明初，云南军屯主要分布在云南府、临安府、楚雄府、曲靖府等，民屯主要分布在临安府、曲靖府、顺宁府等，商屯主要分在云南府、临安府、楚雄府、曲靖府以及金齿等。详见杨寿川《云南经济史研究》，第 88～95 页。

② 陈文：景泰《云南图经志书》卷之五。《云南史料丛刊》第六卷，第 83 页。

③ 邹应龙、李元阳：万历《云南通志》卷六赋役志。《云南史料丛刊》第六卷，第 562、565、567、572 页。

银三两"。① 按此推算，万历时云南四个府共计产铁 445282 斤。又天启《滇志》卷六"赋役志"载：云南府昆阳州"铁课银十九两六钱八分"，罗次县"商税酒铁课共三十三两三钱三分九厘"；楚雄府定远县"铁课银二十两"；姚安府大姚县"商税、铜铁、炉课银一百二十六两九钱九分"；澄江府新兴州"炉课商税等银七两二钱"。② 以上五州县共上交铁课银207.109 两，按上述税率推算，即产铁 690236 斤。由于这些记载都不全面，且有的州县铁课与商税、酒课、铜课混在一起，故无法准确得知明代中后期云南全省的铁产量。然而，需要指出的是，有明一代，云南先后开发的铁矿多达 16 处，其产量当不在少数；虽然不能与当时广东、福建、山西等产铁大省相比，但已大大超过元代云南的铁产量则是可以肯定的。

三 修建霁虹桥

明代云南生产的铁产品，除用来制造各种农具、兵器外，还用来修建桥梁等。如今仍然横跨在澜沧江之上的霁虹桥，便是弘治年间修建的一座规模宏大、驰名中外的铁索桥。

正德《云南通志》载：弘治十四年（1501），云南兵备副使王槐在此前"架木为桥"的基础上"斥旧更新"，贯以铁绳，修建霁虹桥。③ "行者若履平地"。该铁索桥，总长度 106 米、净跨 60 米、桥宽 3.7 米，由18 根铁索组成。铁索之上络以木板，其两端固定在江两岸的桥台上。两山夹峙，索桥飞悬，惊险异常。清人吴大勋在《滇南闻见录》中说："（云南）铁索桥不一，唯永昌霁虹桥最大、最奇。"④ 修建于明代中叶的霁虹桥，是我国目前尚存的最大的古代铁索桥。⑤

---

① 许涤新、吴承明主编《中国资本主义发展史》第一卷，人民出版社，1985，第 172 页。
② 刘文征：天启《滇志》卷之六"赋役志"，古永继校点本，第 218、216、229、237、234 页。
③ 王臣：《霁虹桥记》，见周季凤正德《云南志》卷 33。引自《云南史料丛刊》第六卷，第 428 页。
④ 吴大勋：《滇南闻见录》上卷"地部·铁索桥"。引自《云南史料丛刊》第六卷，第 15页。
⑤ 张增祺：《云南冶金史》，第 175 页。

第六节　矿业开发的特点

一　官营矿业的兴盛与衰落

明代，云南矿业开发大概经历了两个阶段。第一个阶段为明初至正德时期，约 150 余年，其特点是官营矿业逐渐发展起来，[①] 其中以银业为主的矿业开发尤为迅速。天顺四年（1460）滇银产量多达 341266 余两，占当年全国总量的 69.95%；弘治末年产银 106333 余两，占全国总产量的 99.93%（详见第六章第一节）。第二阶段为嘉靖初至明末，约 120 余年，其特点是官营矿业逐渐衰落，民营矿业则迅速兴起，其中民营铜业的发展尤为迅速，云南生产的铜产品"以供天下贸易"。

明代云南的官营矿业有一个显著特点，即实行严格的劳役制度。官营银业的劳动者"矿夫"主要是来自卫军的"军夫"及其"军余"（即官兵家属）。如英宗天顺时，"当日矿场，使用官夫攻采，想亦不令商民得与者也，善政哉！"[②] 又如宪宗成化九年，楚雄、大理、洱海、临安等卫军"全充矿夫"；[③] 成化十八年，楚雄等七卫，"官司摘拨军余以为矿夫"。[④] 从相关文献的记载来看，大约正德以前"军夫"以及"军余"是所有官营银矿的主要劳动者。此外，从天顺四年开始，令"云南杂犯死罪以下无力（自赎）者，俱发新兴等（银）场充矿夫，采办银课"。[⑤] 可见，罪囚也被发往银场充当矿夫。据《武宗实录》卷 87 载：正德时"且各场夫役，又皆四方流移，仰给于此"。所谓"四方流移"，指来自云南本地或外省的丧失土地的贫苦农民。由上所述，明代正德以前，云南官营银矿中的劳动者，首先是来自卫军的军夫以及军余，后来由于卫军人数减少，军夫不足，于是矿夫中又增加了云南当地的"罪囚"和来自云

---

① 《太宗实录》卷 48 载：永乐三年，"建云南大理银冶，命所司定额督办"。此应为明代云南官营矿业的开始。见《明实录类纂》，第 121 页。
② 倪蜕：《滇云历年传》卷七，李埏校点本，第 323 页。
③ 《宪宗实录》卷 114。引自《明实录类纂》，第 129 页。
④ 《宪宗实录》卷 228。引自《明实录类纂》，第 130 页。
⑤ 嵇璜等：《续文献通考·征榷考·坑冶》，浙江古籍出版社，1998，考 3000。

南省内外的破产农民。

在劳役制度之下，从事银业生产的军夫、军余以及罪囚和贫民，都没有人身自由。他们被迫在极其艰苦的条件下，进行十分繁重的劳动，并且随时都有伤亡的危险，特别是军夫更为悲惨。他们为了按定额缴纳矿课，常常因为"年久矿微"，"煎办不足"，而不得不用口粮折价赔纳，甚至"典妻鬻子，赔补其数"。同时，大批矿夫或因工伤事故而死亡，或因官府逼迫而自杀等。在这种生命和生活都毫无保障的劳役制度下，矿夫们自然没有生产积极性，劳动效率很低，从而使官营银矿"矿利甚微"、"得不偿费"，官营银矿已处于瓦解之中。此外，卫军矿夫还被迫以"流徙逃亡"、"哨聚为盗"以及"聚众私采"等方式，强烈反对这种劳役制度。《英宗实录》卷135、卷189、卷207记载了正统与天顺时的情况："云南八寨长官司地方产有银矿，而云南左、临安等卫官军家人，不时挟带兵器，聚从私采"；"云南洱海卫千户傅洪，数集军旗盗矿于白塔、宝泉诸银场"；"云南军民及诸外逃来军匠常啸聚，千百为群，盗矿于诸银场，张旗持刃，杀伤甚众，其军官多纵子弟与通，不之擒捕"等。① 由此可见，官营银矿中的军夫及官军家人、子弟等，纷纷聚众私采，甚至"张旗持刃"盗矿；官营银矿已经到了不能正常生产的境地。明政府知道官营银矿确实已无利可图，便于正德十五年（1520）下令，将新旧官营银矿"一体封闭"。② 总之，残酷的劳役制度已成为阻碍和束缚官营银业发展的桎梏，促使它无可挽回地走向衰落。③ 后来，嘉靖时云南等省"所在进矿砂、金银"，于是"复议开采，以助大工"。④ 云南官营银矿生产有所恢复，但昔日兴旺不再，全省每年缴纳的矿课仅一万余两，⑤ 不及弘治时的三分之一。迄于隆庆初，"南中诸矿山，亦勒石禁止"，⑥ 即官营矿

① 分别见《明实录类纂》，第125页。《云南史料丛刊》第四卷，第125页。
② 李东阳：《大明会典》卷37。（台北）文海出版社，1984，第694页。
③ 参见宁超：《明代云南的矿冶业及其特点》，云南大学历史系等编《云南矿冶史论文集》，1965，第43、44页。
④ 《明史》卷81，食货五，第1971页。
⑤ 《世宗实录》卷454。引自《云南史料丛刊》第四卷，第128页。
⑥ 《明史》卷81，食货五，第1971页。

业再次封闭。万历初，"开采之端启，……于是无地不开"。① 云南有表罗、永盛、北衙、白塔等十个原来的官营银场"照例开采，以济贡金兵饷之费"。② 万历后期，云南全省还有 23 个官营银场在进行生产。但这些银场产量不多，一半以上拖欠矿课，其中以大理府最严重，"完者十一，负者十九"。③ 据《神宗实录》卷 363 载：万历二十九年（1601），云南上缴的银课仅一千九百三十七两，仅为弘治时 31900 两的 5.95%。面对这种衰落情况，神宗也只得下诏："今开矿年久，各差内外官俱奏出砂微细。朕念得不偿费，都着停免"，"今矿硐既闭，着一体停止勿采"。至此所有金银官矿全部"封闭了"。④ 有人这样写道："当神宗朝，榷使四出，课数倍常额，而矿产日微。问诸炉，炉无以应；问诸硐，硐亦无以应。"⑤ 这就是对万历后期云南官营矿业衰落景况的生动描述。

二 民营矿业的发展与雇佣关系及工役制的出现

明代民营矿业的发展始于洪武末年。据《续文献通考》卷 23 载：洪武二十八年（1395），即"诏罢各处铁冶，令民自采，而岁输课程"。⑥ 可见，早在明初内地的冶铁业就已实行民营。尽管如此，明政府对矿业开发仍然保持以官营为主的政策。直到宣德十年（1435）二月，英宗新即帝位后，才开始放宽禁令："各处山场、园林、湖池、坑冶及花果树木等件，原系民业，曾经官府采取，见有人看守及禁约者，自今听民采取，不许禁约，其看守内外官员等，各回原职役。"⑦ 英宗诏令中所谓各处坑冶"自今听民采取，不许禁约"，无异宣示民营矿业具有合法地位，显然有利于促进民营矿业的发展。宣德以后，内地民营矿业迅速发展起来。

云南民营矿业的显著发展是在明代中叶以后。正德九年（1514），云

---

① 《明史》卷 81 "食货志五"。中华书局，1974，第 1971 页。

② 《神宗实录》卷 437。引自《云南史料丛刊》第四卷，第 137 页。

③ 萧彦：《敷陈末议以备采择疏》。见刘文征：天启《滇志》卷之二十二，古永继校点本，第 740 页。

④ 《神宗实录》卷 416。引自《云南史料丛刊》第四卷，第 129 页。

⑤ 李大受：《张公革北衙陋规碑》。引自《云南史料丛刊》第七卷，第 299 页。

⑥ 《续文献通考》卷二十三，征榷·坑冶，浙江古籍出版社，1988，考 2998。

⑦ 《英宗实录》卷 2。（台北）"中央研究院"历史语言研究所校印，1962，第 48 页。

南澜沧卫"军士周达请开云南诸银矿，因及铜、锡、青绿。诏可。遂次第开采"。[1] 周达之请，因涉及铜、锡的开发，便被"诏可"，可知当时急需铜、锡产品。自正德"遂次第开采"之后，迄于嘉万时，云南民营矿业更加迅速地发展起来。《明史》卷81"食货志五"载："嘉靖、隆（庆）、万（历）间，因鼓铸，屡开云南诸处铜场。"[2] 可见，迄于嘉靖、隆庆、万历时，因为铸造铜钱，需要大量铜产品，于是大力开发云南各处铜场。据《滇略》卷三"产略"记载，万历前后，经常进行生产的铜矿有十九所之多。其中比较著名的铜场有：年产铜数百万斤的路南州暮卜山铜场和凤凰坡厂、南安州香树坡厂、宁州绿矿铜厂以及后来最负盛名的东川汤丹厂等（详见本章第二节铜矿的开发）。嘉靖至万历时期，云南官营矿业的衰落与民营矿业的兴起，几乎是相伴而行的；而继辉煌一时的官营银业走向落后之后，异军突起的民营铜业则迅速发展起来。明代中叶后，民营铜矿已成为云南诸多民营矿业中的佼佼者。除铜矿外，当时迅速发展起来的民营矿业，尚有锡、铅、锌、铁矿等（在本章第三、第四、第五节中已有论述，兹不赘言）。

著名学者白寿彝先生指出："明中叶后，云南铜产似逐渐重要。"[3] 云南铜产之所以重要，首先是因为云南出产的铜"以供天下贸易"，其次是因为在云南的铜业中已出现生产关系的重大变化。

万历时人王士性在其《广志绎》卷之五中记载了当时云南矿业的详细情况。他写道："采矿事惟滇为善。滇中矿硐，自国初开采至今以代赋税之缺，未尝辍也。滇中凡土皆生矿苗。其未成铜者，细民自挖掘之，一日仅足衣食一日之用，于法无禁。其成硐者，某处出矿苗，其硐头领之，陈之官而准焉，则视硐大小，召义夫若干人，即采矿之人，惟铜头约束者也。择某日入采，其先未成硐，则一切工作公私用度之费皆硐头任之，硐大或用至千百金者，及硐已成，矿可煎验矣，有司验之。每日义夫若干人入硐，至暮尽出硐中矿为堆，画其中为四聚瓜分之：一聚为官课，则监官领煎之以解藩司者也；一聚为公费，则一切公私经

① 《明史》卷八十一，食货五，第 1974 页。
② 《明史》卷八十一，食货五，第 1974 页。
③ 白寿彝：《学步集》，三联书店，1962，第 80 页。

费，硐头领之以入簿支销者也；一聚为硐头自得之；一聚为义夫平分之。其煎也，皆任其积聚而自为焉，硐口列炉若干具，炉户则每炉输五六金于官，以给札而领煅之。商贾则酤者、屠者、渔者、采（菜）者，任其环居矿外，不知矿之可盗，不知硐之当防，亦不知何者名为矿徒。是他省之矿，所谓'走兔在野，人竞逐之'；滇中之矿，所谓'积兔在市，过者不顾'也。采矿若此，以补民间无名之需、荒政之备，未尝不善。"①

王士性的上述记载，由于系作者亲身实地考查所得，故真实可信。明清之际的著名学者顾炎武认可此记载，在其《肇域志》"云南志"中，一字不少地引录了王士性的这一记载。

王士性关于云南矿业的记载，受到史学界不少著名学者的高度重视。许涤新、吴承明、南炳文、汤纲、王毓铨、刘重日、张显清等，均在其著述中征引，并进行了分析。② 笔者在《论明清之际云南"废贝行钱"的原因》一文中也曾经作过分析。③

综合学者们的分析，王士性的上述记载，包括以下方面的主要内容。

（一）王士性所说的"滇中矿硐"，指明代万历时期云南开发的金属矿产，主要是铜矿，不大可能包括银矿等

因为万历时，云南的铜矿已有大规模的开发，而银矿则已走向衰落。另外，这里所说的"矿硐"，并非官营矿业，而是民营矿业。这是因为：首先"成硐"（即认定有一定储量）后，由硐头（即投资者）负责"陈之官"（即向官府呈报）；其次经官府批准后，硐头便可招募"义夫"（即劳动者）进行生产了。可见，"硐头"是握有一定资本的投

---

① 据《广志绎》点校说明：王士性，浙江临海人，万历五年进士，曾先后在北京、南京、河南、四川、广西、贵州、山东等地做官。《广志绎》是他晚年的一部关于地理的笔记，其自序写于万历二十五年，未及出版，他就去世了。由于作者反对"籍耳为口、假笔于书"，注重亲身见闻、实地考查，这就提高了本书的史料价值。见元明名笔记丛刊《广志绎》，中华书局，1981，第1页。
② 许涤新、吴承明主编《中国资本议发展史》第一卷，人民出版社，1985，第174页；南炳文、汤纲著《明史》上，上海人民出版社，1991，第545、546、547页；王毓铨主编、刘重日、张显清副主编《中国经济通史·明代经济卷》（上），经济日报出版社，2000，第576、577页。
③ 杨寿川：《论明清之际云南"废贝行钱"的原因》，《历史研究》1980年第6期。

资商，也就是后来所说的民营资本家；商业资本投向矿业，已显而易见。

（二）生产组织中有两种人，即"硐头"和"义夫"

"硐头"是投资者，开矿前期的一切经费（包括工作、公私用度之费）均由"硐头"负责筹集支出；比较大的矿硐，需投入约几百上千两白银。"义夫"（即劳动者）是由"硐头"招募而来，并受"硐头"约束。可见，"硐头"与"义夫"之间，显然存在雇佣与被雇佣的关系。

（三）产品分配实行分成制

每天傍晚，将矿硐内开采出来的矿石，运至硐外，平均分为四堆。其中一堆为官课，由驻矿监官领取，经冶炼后，上交官府；一堆为"公费"（即生产成本，包括提供伙食所需经费等），由"硐头"领取，登记上账，以供生产开销；一堆归"硐头"自己所有（即投资利润）；一堆由当天下硐生产的"义夫"平均分配。可见，按这种分成制分配产品，官府得25%，雇主得25%，矿工得25%，留下25%作为再生产投入。矿工所得是实物形式的工资，而不是货币工资。这种"建立在实物偿付劳动的基础上"的产品分成制，是一种工役制。[1] 由此看来，万历时期，云南矿业中已由原来实行的劳役制变为工役制，这是一个重大的变化，也是一个明显的进步。明代云南民营矿业中出现工役制，这是云南矿业的一个显著特点，在其他各省矿业中并不多见。

（四）政府在每个民营矿场中均派驻监官，以确保矿课的征收

政府除了征收25%的"官课"外，还征收"炉课"[2]，即按每炉向炉户征收五六两白银。明政府对民营矿业派驻监官、征收官课和炉课，体现了国家对矿藏资源的权力；"矿藏的国有形式是明代矿业中经济基础的支配形式"。[3] 封建国家对民营矿业实行严格管理，征收高额矿课，显然不利于民营矿业的发展。

---

① 列宁：《俄国资本主义的发展》，《列宁全集》第3卷，人民出版社，1956，第155页。
② 刘文征：天启《滇志》卷之六"赋役志"载，一些府的"课程"中有"炉课"之名。见古永继校点本，云南教育出版社，1991，第216、228、232等页。
③ 白寿彝：《学步集》，第95页。

　　由《广志绎》记载可知，万历时期云南民营矿业已迅速发展起来。一些投资者已将其商业资本投入矿业，他们招募矿工进行采冶，对矿工加以约束，彼此之间已存在雇佣关系。矿业管理方面，实行工役制，即产品分成制，官府、矿主、矿工各得四分之一，另有四分之一留作再生产投入。封建政府在所有矿场中派驻监官，负责征收高额课税。商业资本进入、雇佣关系出现、工役制度实施、政府严格控制，四者构成了明代中后期云南民营矿业的特点。其中，劳资之间的雇佣关系和分配方面的工役制度，体现了资本主义生产关系的萌芽。然而，在封建专制之下，政府允许发展民营矿业，仅仅是为了"佐邦国，赡军输"① 的需要，不可能从制度与政策方面支持民营矿业的发展。因此，民营矿业中出现的资本主义生产关系萌芽，不会迅速成长，更不会长成参天大树。

　　综上所述，明代是云南历史上矿业大开发的时期，银、铜、金、铁以及锡、铅、锌等矿产都纷纷开发出来，其中以银、铜、金的开发成就尤为显著。随着"银本位"货币制度和"计亩征银"赋役制度的逐步形成，社会经济活动中对白银的需求量大大增加，从而极大地推动了滇银的开发。滇银产量一直领先于其他产银各省，云南成为全国最大的产银地。由于铸造铜钱的需要，云南有 20 多个州县开采铜矿，嘉靖时年产铜156000 余斤，相传万历间曾达到数百万斤，滇铜成为重要商品销往全国各地。从弘治开始，明政府在云南征收"年例金"，嘉靖和万历时又"岁办贡金"，最多时达 5000 两，滇金成为"专供御用"的主要来源，云南是明代重要的黄金产地。此外，铁矿、锡矿、铅矿和锌矿也有不同程度的开发，值得一提的，是"个旧村出锡"和宁州"产炉甘石（菱锌矿）"已正式出现于史志记载之中。明代云南矿业的显著特点表现为两个方面：一是以滇银为主的官营矿业从兴盛逐渐走向衰落，而以滇铜为主的民营矿业则迅速发展起来；二是在民营矿业中，已出现雇佣关系和工役制度等资本主义生产关系萌芽。

---

　　① 　张廷玉：《明史·职官志》记户部职掌之一，是"以山泽陂池关市坑冶之政佐邦国，赡军输"。第 1741 页。

第七节　矿业大开发推动社会经济发展

如上所述，明代云南矿业大开发取得了巨大成就，这不仅增加了社会财富，而且对全国和云南社会经济发展产生了一定的推动作用。

一　从全国而言：云南开发的金、银、铜等产品，通过交纳矿课和市场交易等渠道运往全国各地，以供各种需要

1. 滇金供给明廷享用

云南是明代全国主要的黄金生产地，其出产的黄金，通过"年例金课"和"岁办贡金"等渠道，进入明廷帑藏，成为其"天下财赋"之一。神宗时，因征收的滇金较多，故有"金则取诸滇"之说。① 帑藏之滇金，当然成了皇帝、皇室以及廷臣的装饰品；他们不仅生前享用，死后还作为随葬品供其继续"享受"。如上引《定陵试掘简报》称：万历帝梓宫中出土的 103 锭金元宝，都是云南生产并作为"贡金""专供御用"的。②

2. 滇银供给市场流通

明代，云南是产银大省，其产量占全国总产量的一半以上。当时，因实行"银本位"制和"计亩征银"制，社会经济活动中需要大量白银。明政府通过"三十取一"的银课政策和"收赋有米麦折银之令"等方式，牢牢掌握云南白银的产销，将其投向流通领域，以保证"银钱兼行"货币市场的需要，使其得以正常流通。

3. 滇铜供给铸造制钱

如上所述，明代，虽然"朝野率皆用银"，但在民间交易中"大数目用银，小数目用钱"。为满足铸钱需要，明政府从正德时起即扩大滇铜开发，并于嘉、万之间"屡开云南诸处铜场"。从弘治十六年（1503）开始，明政府还在云南"设局铸钱"，先后铸造"弘治通宝"、"嘉靖通

---

① 王圻纂辑《续文献通考》卷 27 "征榷考·坑冶"，第 1655 页。
② 《定陵试掘简报》，《考古》1959 年第 7 期。

宝"、"万历通宝"、"天启通宝"以及"崇祯通宝"等。云南虽开局铸钱，但"民间用吧如故，钱竟不行"。云南所铸铜钱或"解户部"即运往京师以佐国家之需，或运往其他省以供其"兵食之需"，从而支持了全国货币市场的正常运行。

二　就云南而言，明代云南矿业大开发，对于推动本省的社会经济发展是十分明显的，主要表现在下述三方面

第一，推动商品经济的发展

如上所述，明代中后期，云南民营铜矿业迅速发展，商业资本的扩大、雇佣关系的出现以及工役制度的实施，体现了民营铜业中已出现了资本主义生产关系的萌芽。这些民营铜矿一般都从事商品生产，其产品大多运销省外市场，故天启《滇志》卷三称"铜以供天下贸易"。矿商们雇佣大批人夫，肩挑马驮，沿滇黔大道，经二十余站，运至贵州思南府、四川涪陵，顺长江而下运往荆州、常德等地；荆州、常德因此而"商贩铜铅毕集"，成为两个颇大的集散市场。云南生产的铜以及锡在本省出售，每斤只值铜钱三十文，但运往省外销售，即可"二三倍其值"，亦即每斤能卖到六十至九十文。因此，商人为了从中牟利，不顾路途遥远，从云南将铜以及锡、铅贩运出省销售。民营矿场的产品，也有一部分出售给政府以供铸钱。据载，嘉靖六年（1527），明廷令云南地方政府"采铜于产铜之地"，铸造嘉靖制钱，以"发民间贸易"。① 万历四年至八年（1576～1580），云南地方又"于州县收买黄铜鼓铸"，一时"铜价腾跃"。② 天启六年（1626），云南巡抚闵洪学等以6000余两白银购买铜、锡原料，铸造了600万文制钱。当时，"滇中铸钱，不患无子（原料），而患无母（经费）；不患无铜，而患无匠"。③ 可见，政府一直都是铜、锡产品的主要买主。除上述外，云南的部分铜产品还被"私贩"出境至交趾（今越南）销售，这种情况主要发生在成化年间，是一些"军民客

---

① 嵇璜：《续文献通考》卷11，钱币五。浙江古籍出版社，1988，考2870。
② 张溥：《国朝经济录》，转引自云南大学历史系等编《云南矿冶史论文集》，1965，第51页。
③ 闵洪学：《条答钱法疏》，转引自《云南矿冶史论文集》，第63页。

商"所为，受到明政府的严厉禁止。① 由上所述，明代中后期，云南生产的铜、锡产品已经完全成为一种商品，除销往省外市场之外，还售给政府铸钱，甚至被"僭行贩卖出境"。可见，铜成了当时云南商品之大宗。这不仅带动了锡、铅等矿产的商品生产，还推动了全省商品经济的向前发展。迄于明末清初，正是由于商品经济的进一步发展，由于以铜为大宗的锡、铅等矿产品大量进入市场交易，原来细碎、微贱的贝币已不能再充当一般等价物而丧失货币机能退出流通，一种脱离价值实体、交换价值较大、能够起支付作用的铜钱则迅即进入流通领域，充当商品交换的等价物。于是，云南历史上使用了 2100 余年的贝币至此被铜钱取代，最终实现了"废贝行钱"。②

第二，推动城镇工商的繁荣

明代中后期，云南民营矿业的迅速发展，促使一些府治所在城市的工商业繁荣起来。万历年间任云南右参政的谢肇淛记载了当时的情况：云南府治昆明，"雄据滇池，方广三百里，旁平地，肥饶千里，有盐池田渔之利，金银畜产之富，人俗豪□，自汉已然"。大理，"一大都会也。……贾人皆他方来，贸易缯彩以致厚蓄"。临安，"繁华富庶，甲于滇中。谚曰：'金临安，银大理'，言其饶也。……又有铜、锡诸矿，展转四方，商贾辐辏"。永昌，"亦一大都会也。……其人儇巧，善制作，金、银、铜、铁、象牙、宝石……皆精好甲于他处，加以诸夷所产琥珀、水精（晶）、碧玉……辐辏转贩，不胫而走四方。故其习尚渐趋华饰、饮食、宴乐"。③ 谢肇淛又载："锡，则临安者最佳。上者为'芭蕉叶'，扣之声如铜铁，其白如银，作器殊良。出市者杂以铅，遂顿减价。"④ 可见，昆明、大理、临安、永昌（今保山）这些府治所在城市，都由于从事矿冶业或经营金、银、铜、铁、锡等产品及其器物等，其手工业和商业随之迅速发展起来，逐渐成为"商贾辐辏"、"繁华富庶"的大城市。

---

① 《宪宗实录》卷 220。引自《云南史料丛刊》第四卷，第 127 页。

② 杨寿川：《云南经济史研究》，第 33~35 页。

③ 谢肇淛：《滇略》卷四"俗略"，约刻于天启五年之后。见《云南史料丛刊》第六卷，第 661 页。

④ 谢肇淛：《滇略》卷三"产略"。引自《云南史料丛刊》第六卷，第 690 页。

第三，推动"屯田之制"的开展

前面已述，明代在云南大力择优推行"屯田之制"，继军屯之后，民屯和商屯也先后展开。为此，江南、江西等地的军人（包括家属）、百姓、商人，以几万、几十万甚至上百万的规模来到云南屯垦。屯戍旗军既需要农具还需要不断补充兵器，民屯与商屯屯户则需要大量农具以及生活器具等。据万历《云南通志》载：云南各卫所驻军需要的各种兵器共约502.4万件。至于各类屯田所需的农具数，虽然文献上未作记载，但毋庸置疑，其数量当远远超过兵器数。明代，云南先后开发的铁矿多达16处，基本上分布在主要的军屯、民屯、商屯地区，直接为屯垦提供所需要的铁矿产品，以打制各种铁制农具以及兵器等，从而推动了云南屯田的开展，促使云南农业生产获得前所未有的巨大发展。①

此外，明代云南矿业大开发还有一个直接而明显的成效，那就是增加了云南的财富，并以此解决了"兵食之需"和"赋税之缺"的问题。万历年间任云南巡抚达20余年之久的陈用宾在其《陈言开采疏》中这样写道："（云南）通省税粮不及中州一大县之半。先臣奏开矿场，益以盐课，并奏留各部事例银两充兵食之需，行之数十年矣。"② 明清之际的学者顾炎武在其《肇域志·云南志》中也谓："采矿事，惟滇为善。滇中矿硐，自国初（即明代初年）开采至今，以代赋税之缺，未尝辍也。"③ 需要说明的是，云南省从矿业开发中获得的财富其实很有限，因其大部分财富都被朝廷通过征收高额矿课和低价强购矿产品等方式夺去了。由此导致万历中期的矿监税使恣意掠夺矿利的祸害，就是很好的证明。

---

① 由于推行"屯田之制"，大片荒芜之地辟为耕地，田亩大增。弘治四年（1491年）官民田地363135亩，至万历六年（1578年）增至1788450亩，增加了4.6倍。随着耕地的增加，粮食和其他农作物产量均大大增加。详见杨寿川《云南经济史研究》，第94、95页。

② 王文成等辑校：《〈滇系〉云南经济史料辑校》，中国书籍出版社，2004，第114页。

③ 转引自方国瑜主编《云南史料丛刊》第五卷，第698页。

| 第 | 七 | 章 |

清代前期：云南矿业
开发的鼎盛期

　　康熙二十年（1681），清政府最终平定"三藩之乱"，从而结束了吴三桂及其孙吴世璠在云南长达二十年的统治。从此，清政府在云南进行了一系列重要改革，如直接委任巡抚、总督，变卖吴三桂霸占的庄田，招抚逃亡的农民复业，安置兵丁及其家属垦荒，鼓励民间集资自行开采矿业等。这些改革措施，对恢复和发展云南社会经济产生了积极作用。

　　清代，从康熙二十一年（1682）开始，中央政府即明确支持云南开发矿业。后来至乾隆时，更是全面开放矿禁，从而促进了滇铜、滇银等矿业的大发展。乾嘉时期，滇铜年产量达 1000 多万斤，滇银最多年产量也达 100 多万两，均达到历史最高水平。云南成为全国铜、银金属的重要产地。此外，金、铁、铅、锡、锌等矿产也有较大开发。有学者认为，清代前期"以铜矿业为中心的云南采矿业，其发达程度为此前历史所不能比拟，是 18 世纪以来我国西南边疆地区在经济开发方面的第一件大事"。① 这一论断是切合云南实际的。

---

　　① 潘向明：《清代云南的矿业开发》，马汝珩、马大正主编《清代边疆开发研究》，中国社会科学出版社，1990，第 333 页。

第一节　清政府矿业政策的演变

清初，从顺治到康熙初年，清政府为了巩固其统治，在经济上采取了一系列安定社会、恢复和发展生产的措施，诸如革除明末弊政、减轻徭赋、招集流亡、鼓励垦殖等。矿业开发方面，鉴于明代万历时"矿监之祸"、清廷采取了"听民采取"的政策。赵尔巽著《清史稿》卷124载："清初，鉴于明代竞言矿利，中使四处，暴敛病民，于是听民采取，输税于官，皆有常率。若有碍禁山风水，民田庐墓及聚众扰民，或岁欠谷踊，辄用封禁。"① 所谓"听民采取，输税于官"，虽然过于笼统，不够具体，但已成为清代矿业政策的基础。

康熙时期，矿业政策不断调整。康熙十四年（1675），"定开采铜铅之例。户部议准：凡各省产铜及黑白铅处，如有本地人民具呈愿采，该督抚即委官监管采取"。② 可见，这时政府已放开铜、铅由民营采冶，但只允许"本地人民具呈"采冶。康熙十八年（1679），"定各省采得铜铅以十分内二分纳官，八分听民发卖，监管官准按斤数议叙；上官诛求逼勒者从重议处；如有越境采取及衙役扰民，俱治其罪。臣等谨按：嗣后各厂之开闭，视山矿之旺衰。……今则湖南、云、贵、川、广等处并饶矿产，而滇之红铜，黔、楚之铅，粤东之点锡，尤上供京局者也。大抵官税其十分之二，其四分则发价官收，其四分则听其流通贩运；或以一成抽课，其余尽数官买；或以三成抽课，其余听商自卖；或有官发工本招商承办，又有竟归官办者。"③ 这一年，政府确定的矿业政策已经比较全面、具体，涉及了官税、官买和商民自卖的比例，甚至提出了"官发工本，招商承办"，以及"竟归官办"等政策主张。这是康熙前期制订的一套比较完整的矿业政策，对后来的矿业政策产生了较大影响。康熙二十一年（1682年），平定三藩之乱的战事结束不久，刚刚担任云贵总督的蔡毓荣向清廷上《筹滇十疏》（即包括十个方面的治滇方略），其中第四

---

① 赵尔巽：《清史稿》卷124，食货志五，中华书局，1977，第3664页。
② 嵇璜等：《清朝文献通考》卷30，征榷5，浙江古籍出版社，1988，考5129。
③ 嵇璜等：《清朝文献通考》卷30，征榷5，考5129。

疏为矿业开发的政策建议：他主张"矿硐宜开"，"鼓铸宜广"，以此作为"理财"的重要组成部分，从而改变滇省"兵饷不继"、"赋税无多，兵食仰给他省"的状况；他主张招来"本地殷实有力之家，或富商大贾"，"悉听自行开采，每十分抽税二分"；他反对官办矿业，因为"若令官开官采，所费不赀"等。① 蔡毓荣的《筹滇十疏》得到了康熙帝的"谕准"。蔡氏关于开发云南矿业的主张和建议被清廷批准后，云南矿业迅速发展起来（详见下文）。

康熙二十一年蔡毓荣的《筹滇十疏》，是清代云南矿业大开发的一个起点，是云南矿业从明末清初的凋敝迅速走向繁荣的一个转折点。但是，康熙帝"谕准"蔡毓荣的《筹滇十疏》，"仅是作为处置云南省善后问题的一个应急的权宜方法而被采纳的，并不等于他对适合于全国的矿业问题的政策决定"。② 换言之，蔡毓荣的《筹滇十疏》并不具有全国性政策的意义，而仅仅适用于云南一省。个中原因乃在于清代实行银钱并用的货币制度，白银和铜斤是重要财源，而云南自元明以来即是银、铜的主要产地，支持云南大力开发银、铜、铅等矿产，即成为康熙帝"谕准"蔡毓荣《筹滇十疏》的基点。康熙帝作为最高统治者，在全国矿业政策的制定上，由于受到当时来自统治集团内部主禁派诸如开矿"有伤风水龙脉"、"弃本逐末"、"扰民"、"易聚难散"以及"商力不足"等论调的影响，③ 他曾经左右为难，甚至自相矛盾，有时主张开矿，有时又主张禁矿。康熙二十二年（1683年，即谕准蔡毓荣《筹滇十疏》后的第二年）"并谕开矿无益地方，嗣后有请开采者，均不准行"。④ 康熙三十八年（1699）、四十三年（1704）、五十二年（1713）还先后下达谕旨禁矿，认为"开采事情，甚无益于地方，嗣后有请开采者，俱着不准行"。⑤ 可见，康熙帝不主张在全国都开放矿禁。但是，在康熙五十二年，又对云

① 师范：《滇系》卷8。见王文成等《〈滇系〉云南经济史料辑校》，中国书籍出版社，2004，第242、243、244页。
② 韦庆远、鲁素：《清代前期矿业政策的演变》，《中国社会经济史研究》1983年第3、4期。
③ 韦庆远、鲁素：《清代前期矿业政策的演变》，《中国社会经济史研究》1983年第3、4期。
④ 《清史稿》卷124，食货五，第3664页。
⑤ 俞正燮：《癸巳存稿》卷9，乾隆《潮州府志》卷43，"艺文"。转引自韦庆远等《清代前期矿业政策的演变》（下），《中国社会经济史研究》1983年第4期。

南等省实行特殊政策。该年五月初五日，"大学士九卿等遵旨议复，开矿一事，除云南督抚雇本地人开矿，及商人王纲明等于湖广、山西地方各雇本地人开矿不议外，他省所有之矿向未经开采者，仍严行禁止"。① 这就是说，云南是特许的地区，皇商王纲明是特许之人，在遵照"雇本地人"的前提下可以开矿，至于其他地区或任何人，均在禁止开矿之列。大体说来，康熙帝是反对普遍招商较大规模地开采矿产，但对个别地区和少数人为维持生计的零星开采则持宽容的态度。例如康熙四十三年（1704）的谕旨就说，"有矿地方，初开时即行禁止，乃可。若久经开采，贫民勉办资本，争趋觅利，借为衣食之计，而忽然禁止，则已聚之民，毫无所得，恐生事端。总之，天地间自然之利，当与民共之，不当以无用弃之。要在地方官处置得宜，不致生事耳"。② 五十二年（1713）又在谕旨中说："朕念此等偷开矿厂之徒，皆系无室少居，无田少耕乏产贫民，每日所得锱铢，以为养生之计。若将此等乏产贫民尽行禁止，则伊等何以为生？"只要不"聚众生事、妄行不法"，政府应允许这些贫民开矿，以"获有微利养瞻生命"。③ 总之，康熙朝的矿业政策是以禁为主，禁中有开；在主禁的前提下，对个别地区或个别人区别对待，特许开矿。④ 这里所说的"个别地区"即指云南。除上述康熙二十一年谕准蔡毓荣的《筹滇十疏》之外，又有康熙四十四年（1705），云贵总督贝和诺"复请于额例抽纳外，预发工本，收买余铜，……从之"。⑤ 这就是后来人们所谓的"放本收铜"政策。根据这一政策，乾隆初，清政府动员全国财力支持云南发展铜矿业，"岁发工本银百万两"，从而大大推动了滇铜开发，其年产量多达 1000 余万斤，而且持续了近一个世纪之久（详见下文）。

雍正帝发展了其父康熙主张禁矿的方面，在全国厉行矿禁的政策。雍正二年（1724），他在给主张开放矿禁的两广总督孔毓珣的谕旨中说："若招商

① 《清实录》第六册《圣祖实录》第 255 卷，中华书局，1985，第 521 页。
② 《清实录》第六册《圣祖实录》第 255 卷，第 521 页。
③ 《清实录》第六册《圣祖实录》第 255 卷，第 521 页。
④ 韦庆远、鲁素：《清代前期矿业政策的演变》，《中国社会经济史研究》1983 年第 4 期。
⑤ 阮元等修：道光《云南通志》卷 76，食货志八之四。引自《云南史料丛刊》第十二卷，第 655 页。

开厂，设官征税，传闻远近，以至聚众藏奸，则断不可行也。"① 同年对广西平乐府有人入山采矿一事，雍正帝批示"矿砂之利，穷民私采犹当禁止，何况明目张胆而行之者，此中利害，朕深知之"。② 七年（1729），雍正帝甚至勒令原已在四川省会川、宁番等处已经开办的铜铅厂"概行封闭，令商民各回本籍"。③ 可见，雍正时期，全国矿业政策的基本点是全行封禁，其出发点主要是担心开放矿禁会"聚众生事"，"恐酿地方大患"。然而，雍正帝也继承了康熙对云南矿业开发予以特许的方面。雍正元年（1723），"禁云南收铜之弊，令商民得以余铜自行贩卖"；五年（1728）谕准户部议言，"令江苏、湖北、湖南收买（云南铜斤），解交京局"；八年（1730），"定广东办解滇铜之例"；九年（1731），"令江苏、浙江兼办滇铜"；十二年（1734），"开云南、广西府局，铸钱运京"等。④ 上述记载说明，雍正朝对云南铜矿业不仅开放矿禁，而且对其予以多方面的支持，涉及商民余铜自行贩卖、"办解滇铜"以及"滇省就近铸钱"等。

乾隆帝一改雍正朝厉行矿禁的政策，实施全面开禁的政策。他即位后的第二年（1737），"谕凡产铜山场，实有裨鼓铸，准报开采"。同年，针对贵州提督王无党主张准开放铜、铅两矿种，而禁开银、锡等矿的奏请，朱批曰："据云铜铅为铸局所需不可禁，则银锡亦九币之一，其可而行禁采乎？且禁银锡之厂，则为此者将转而求之铜铅之场矣，游手耗食之人如故也。此奏虽是而未通权。"⑤ 乾隆四年（1739），两广总督马尔泰奏：英德县长冈岭开矿炼铜，从中炼出白银；又河源县铜矿贴近银山及英德县之洪磜矿出银过多，应请封闭。对此，乾隆帝谕旨曰："银亦系天地间自然之利，可以便民，何必封禁乎？"⑥ 乾隆三十年（1772），谕

---

① 《清实录》第七册《世宗实录》第 24 卷，第 380 页。
② 《朱批谕旨》，第 8 册，李绂。转引自韦庆远、鲁素《清代前期矿业政策的演变》，《中国社会经济史研究》1983 年第 4 期。
③ 《户科史书》，雍正十年十一月，张廷玉题。转引自韦庆远、鲁素《清代前期矿业政策的演变》，《中国社会经济史研究》1983 年第 4 期。
④ 嵇璜：《清朝通典》卷十"食货十"。浙江古籍出版社，1988，典 2077。
⑤ 《圣训·理财门》。转引自中国人民大学清史研究所、档案系中国政治制度史教研室合编《清代的矿业》上册，中华书局，1983，第 18 页。
⑥ 《圣训·理财门》。转引自中国人民大学清史研究所、档案系中国政治制度史教研室合编《清代的矿业》上册，第 18 页。

旨："金、银等矿乃地产精华，自无不行发露之理。开采一事，原因天地自然之利，为之加意节宣（宜），特在人之善为妥协办理耳。"① 乾隆帝上述谕旨明示，金、银、铜、锡、铅等矿产，系天地间自然之利，可以便民，只要妥善办理，即可以开发。这些谕旨，无异宣示全面开放矿禁时代的到来。全国矿业政策如此，云南当然亦不例外。乾隆朝对云南矿业不仅实行全面开放的政策，而且还实施了一系列矿业开发的具体政策，诸如政府投资、官买产品、滇铜京运、滇铜采买、矿课、铸钱以及管理等。我们将在下文中做详细论述。

嘉庆和道光时期，仍然实行全面开放的矿业政策。光绪二十年（1894）成书的《钦定大清会典事例》卷243"户部·杂赋"载："道光二十八年谕：'开矿之举，以天地自然之利，还之天下，仍是藏富于民。如果地方官办理得宜，何至借口于人众难散，因噎而废食。着四川、云贵、两广、江西各督抚于所属境内确切查勘，广为晓谕。其余各省督抚，亦留心访查，如有苗旺之区，酌量开采，断不准畏难苟安，托词观望；倘游移不办，朕不难派员前往履勘，如果不便于民，或开采之后弊多利少，亦准奏明停业。至于官办、民办、商办，其应如何统辖弹治稽查之处，朕亦不为遥制，惟在该督抚等各就地方情形熟商妥议，定立章程具奏。'"② 道光帝的这一谕旨，不仅明示凡"有苗旺之区"即可"酌量开采"，而至于采取官办或民办、商办，中央朝廷"不为遥制"，完全由各地方根据实情"熟商妥议"。在清代矿政中，道光帝的这一谕旨是最全面，也是最明确的。

关于清代前期的矿业政策，除了论述历朝或开或禁及开中有禁、禁中有开外，还应分析历朝矿业或官或民的经营方式。由上所述可知，矿业开发从清初即"听民采取"，亦就是说清代一开始便实行矿业民营的政策。后来康熙、雍正、乾隆、嘉庆、道光历朝均实行民办矿业的政策。对此，《中国经济通史·清代经济卷》认为："总的来看，矿业政策趋向松弛，值得一提的是，清代的矿业自弛禁伊始，即放开由

---

① 《清实录》第二十册《高宗实录》卷923，第405页。
② 《钦定大清会典事例》卷243，户部九十二杂赋。引自《云南史料丛刊》第八卷，第220页。

民间经营，完全放弃了官营矿业。"① 人们不禁要问，为什么有清一代，矿业开发放弃了官营而改由民间经营呢？《清史稿》的编著者赵尔巽认为是鉴于明代万历时的"矿监之祸"。他这样写道："清初，鉴于明代竞言矿利，中使四出，暴敛病民，于是听民采取，输税于官，皆有常率。"② 这一说法不无一定道理。据研究，明代万历二十四年（1596）至三十四年（1606）的十年间，神宗先后派出几十批太监，前往南北两直隶及十三布政司，名义上是矿监税使，即督领矿产开采和征收商税。然而这些矿监实际上成为主持开矿的专员，他们督民开采，坐地分成；实行"包矿"，即令地方包纳解进；进行矿税以外的种种搜括和掠夺等。③ 实际上是"在全国贯彻矿业官营的政策"。④ 这一政策的实施，最后酿成了"矿监之祸"，导致全国不少地区爆发了民变和兵变，从而加速了明王朝的崩溃。如果说赵尔巽是从吸取历史教训的角度进行了解释，那么有的学者则是从更深层次上作了解释。许涤新、吴承明指出："原来，清王朝一开始就吸取了明代'山泽之利，官取之则不足，民取之则有余'的历史经验，放弃了得不偿失的官矿政策，……开放民营，官收税课。"⑤ 这一解释十分深刻，实际上是对明代官营与民营矿业政策的利弊得失的正确评价。由上所述，有清一代的矿业开发从一开始便实行民营政策，而放弃了官营政策。官营政策到底有何弊端？对此，云贵总督蔡毓荣进行了比较全面而准确地说明：（一）官营矿业，必须支出不少生产费用，"若令官开官采、所费不赀，当此兵饷不继之时，安从取给？"（二）官府自营，如矿藏不富，徒蒙损失，"一经开挖，或以矿脉衰微，旋作旋辍，则工本半归乌有"；（三）官营则官吏胥役从中贪污舞弊，砂丁、炉户不免偷漏放卖，"而山僻之，耳目难周，官民之漏卮无限，利归于公家

① 方行、经君健、魏金玉主编《中国经济通史·清代经济卷》（上），经济日报出版社，2000，第716页。
② 赵尔巽：《清史稿》卷124，食货，第3664页。
③ 南炳文、汤纲：《明史》（下），上海人民出版社，1991，第753、754、756页。
④ 《梁方仲经济论文集》，《中国社会经济史集刊》第6卷第1期（1939年）。
⑤ 《中国资本主义发展史》第一卷，人民出版社，1985，第454页。文中所引"山泽之利，官取之则不足，民取之则有余"，出自明代学者邱濬《大学衍义补》卷29（琼州海口海南书局印行，1931年重印）。

者几何哉！"（四）官开所需劳力，难于招募，势必佥派夫役，引起纷乱：
"盖官开则必派取民夫，……民夫各有本业，或不能深入矿硐，往往半途而
废；且恐派夫扰民，朝廷未见其利而地方先见其害也"；（五）为了社会治
安，不如放任民营，使无业游民得以自食其力，而免于滋事："若矿夫多系
游手无籍、有膂力而无衣食之人，彼知利不专于官而与民共之，未有不趋
赴如市者。矿夫既集，矿税自盈；且予此辈以逐利之途，而渐息其为非之
念，是以理财而兼弭盗之一法也。"① 蔡氏的上述认识，写在康熙二十一年
《筹滇十疏》之一的"议理财"中。他的奏书获得康熙帝"谕准"。经康
熙帝认可的蔡氏《议理财》，亦即成了"官取之则不足，民取之则有余"
的最好注释，当然也成为清代实施矿业民营政策的最好说明。

综上所述，清代前期，政府实行的矿业政策经历了一个不断演进的过
程。清初，实行"听民采取"的政策，但到康熙时不允许在全国开放矿禁，
只"谕准"云南"自行开采"。雍正时，厉行矿禁政策，但继续允许云南
开采铜矿和"办解滇铜"。乾隆帝即位之后，完全开放矿禁，并对云南的铜
矿生产给予多方面的支持。嘉庆和道光时，沿袭乾隆朝的矿业政策，大凡
有矿之地，皆可"酌量开采"。从开中有禁到禁中有开再到完全放开，这就
是清代前期矿业政策演变的基本轨迹。需要特别指出的是，在清代前期，
云南矿业开发一直受到清廷的特许。康熙帝先后"谕准"蔡毓荣与贝和诺
的奏请，特许云南"自行开采"、"预发工本收买余铜"；雍正帝对全国矿
业厉行封禁，但支持云南铜矿生产和"办解滇铜"；乾隆之世，以招商方式
鼓励民间开发云南矿业，特别是从政府财政支出中拨出 1% 即 100 万两作为
开发滇铜的"工本"，这在全国绝无仅有。官府预放工本的政策，从乾隆四年
（1739）开始一直行至咸丰初年，长达近一个半世纪，对滇铜开发产生了巨大
作用。如此看来，在清代前期，云南似乎成了一个矿业开发的"特区"。

清代前期，随着矿业政策的逐渐放开，全国矿业开发进入了一个崭
新的时期，各省的铜、铅、铁、金、银、锡等矿产均纷纷开发出来，全
国矿厂数量大大增加，详见表 7-1。

---

① 彭雨新：《清乾隆时期的矿政矿税与矿业生产发展的关系》，中国社会科学院《经济研
究所集刊》（第八集），中国社会科学出版社，1986，第 140、141 页。

表 7－1　清代前期全国矿厂数统计

[顺治元年（1644）至道光十八年（1838）]

省别	共计 报开	共计 停闭	共计 在采	铜 报开	铜 停闭	铜 在采	铅 报开	铅 停闭	铅 在采	铁 报开	铁 停闭	铁 在采	金 报开	金 停闭	金 在采	银 报开	银 停闭	银 在采	银铜铅 报开	银铜铅 停闭	银铜铅 在采	锡 报开	锡 停闭	锡 在采
云南	327	212	115	175	136	39	21	13	8	30	16	14	11	7	4	64	37	27	—	—	—	1	—	1
四川	101	69	32	43	32	11	14	12	2	27	11	16	—	—	—	—	—	—	5	3	2	—	—	—
贵州	90	75	15	11	10	1	41	35	6	—	—	—	5	5	—	5	5	—	6	5	6	—	—	—
广东	183	143	40	14	14	—	6	6	—	110	82	28	—	—	—	—	—	—	18	17	1	14	14	—
广西	126	111	15	31	31	—	29	29	—	26	17	9	3	3	—	13	10	3	7	7	2	8	6	2
湖南	85	76	9	8	7	1	21	19	2	29	26	3	1	1	—	1	1	—	3	3	2	12	10	2
陕西	38	11	27	3	3	—	7	7	—	27	—	27	—	1	—	—	—	—	—	—	—	—	—	—
甘肃	34	31	3	1	1	—	7	6	1	1	1	—	20	19	1	1	—	—	—	—	—	—	—	—
直隶	21	21	—	—	—	—	4	4	—	1	1	—	—	—	—	—	—	—	—	1	—	—	—	—
山西	8	7	1	1	1	—	3	3	—	4	4	—	—	—	—	—	—	—	—	—	—	—	—	—
湖北	12	12	—	3	3	—	—	1	—	4	3	—	—	—	—	—	—	—	—	—	—	—	—	—
江西	16	9	7	—	—	—	—	—	—	—	—	—	—	—	—	—	—	—	—	—	—	—	—	—
奉天	22	19	3	—	—	—	4	4	—	10	—	—	—	—	—	2	2	—	—	—	—	—	—	—
吉林	10	6	4	—	—	—	—	—	—	10	—	—	—	—	—	—	—	—	—	—	—	—	—	—
山东	8	8	—	—	—	—	—	—	—	8	8	—	—	—	—	3	3	—	—	—	—	—	—	—
河南	2	1	1	—	—	—	—	—	—	—	—	—	—	—	—	—	—	—	—	—	—	—	—	—
福建	10	2	8	1	1	—	—	—	—	8	8	—	—	—	—	—	—	—	—	—	—	—	—	—
浙江	9	9	—	1	1	—	—	—	—	—	—	—	—	—	—	—	—	—	1	1	—	—	—	—
江南	7	7	—	—	—	—	4	4	—	—	—	—	—	—	—	—	—	—	—	—	—	—	—	—
共计	1109	829	280	292	240	52	157	139	19	280	168	97	40	35	5	89	59	30	39	37	3	35	30	5

资料来源：彭泽益编《中国近代手工业史资料》1840～1949年，第一卷，中华书局，1984年，第386页。"清代矿厂统计"1，各省矿业情况。

原注：据清代矿课、钱法档案、历朝会典、则例、事例，及各省方志及有关官私记载整理。附注："在采"，系道光十八年在采矿厂。

由表 7-1 可知：从清初至道光十八年，即清代前近二百年，全国矿业有了较大发展，先后报开的矿厂多达 1109 个，其中铜厂 292 个、铅厂157 个、铁厂 280 个、金厂 40 个、银厂 89 个、银铜铅厂 39 个、锡厂 35个。在此期间，云南先后报开的矿厂共 327 个，占全国总数的 29.48%；其中铜厂 175 个、铅厂 21 个、铁厂 30 个、金厂 11 个、银厂 64 个、锡厂1 个。就矿厂数而言，云南的铜、银厂数均为全国第一，金、铁为第二，铅为第三（与湖南并列）。可见，云南的铜、银、金、铁、铅矿厂数，在全国 19 个省份中位居前列。换言之，清代前期是云南矿业开发的一个鼎盛时期。

第二节　滇铜的大开发

清人吴大勋在其《滇南闻见录》下卷"物部"中写道："滇之山大半多产矿砂，凡金、银、铜、铁、铅、锡、朱砂、硝黄之属，所在多有。大约山势宽深，来龙远大，环抱周匝者，所产矿砂必旺。《中庸》所谓宝藏兴焉者，余于滇南之山征之矣。"[①] 吴氏于乾隆三十七年至四十七年间，在云南任知州、知府，其见闻广博，"语皆纪实"。可见，云南丰富的矿产资源，已经记录在清人的著述之中。道光时任云南巡抚的吴其濬在其《滇南矿厂图略》（又称《滇矿概略》）下卷中说：云南的矿产，主要有铜、银、金、锡、铅、铁，"滇多矿而铜为巨擘"。[②] 铜矿在云南矿产中的重要地位即此可见。丰富的铜矿资源为清代前期的滇铜大开发提供了前提条件。

一　滇铜大开发的原因

清代前期，滇铜大开发的原因是多方面的：云南丰富的铜矿资源，

---

① （清）吴大勋撰《滇南闻见录》下卷物部。引自方国瑜主编《云南史料丛刊》第十二卷，第 29 页。

② （清）吴其濬纂《滇矿概略》（又名《滇南矿厂图略》）下卷第一页。该书的成书于道光二十四年，1924 年刻印。按：因《滇南矿厂图略》之名流传较广，故本书所引亦采用此名。

为滇铜大开发提供了前提条件；康熙时特许云南"自行开采"，乾隆时则全面开放矿禁，为滇铜大开发提供了政策保障；雍正年间大规模改土归流后，在云南形成了统一安定的政治环境，使内地移民得以大批进入边远山区，为矿业开发提供充足的人力资源；等。除此之外，滇铜大开发还有以下三方面更重要的原因：

（一） 市场需要滇铜

滇铜开发与铸钱密切相关。清朝的货币制度，虽然是以银为主、以钱为辅，银、钱并用，可是民间使用的货币主要是铜钱。人们手中的小块银锭或碎银，在实际使用时，仍要先去钱铺兑换成铜钱，然后才能购买日用什物或作零星支付。因此，铜钱是与人民日常生活最为密切的货币。[①] 这种银、钱并用的币制，决定了铜钱的流通量是巨大的；换言之，在货币流通中，需要大量的铜钱。

为了维持币制、增加财政收入以及满足货币流通中对铜钱的需求，清政府于顺治元年（1644）即仿照明制，在京师设立宝泉局和宝源局，开铸"顺治通宝"钱；同时，又命令各省恢复鼓铸，开局铸造铜钱以供当地行用。从此以后，历朝都在京师和各省铸造以年号为名的铜钱，称为"制钱"，直到清末。

清代制钱的币材主要是铜与黑铅，或白铅（即锌）。顺治朝厘定钱法，规定制钱的成分是七成红铜、三成白铅。[②] 康熙五十三年（1714）改用四色（滇铜、白铅、黑铅、点锡）配铸青铜钱，其中铜、铅为主要用料。制钱的重量初定为每文一钱，后改为一钱二分、一钱四分、一钱二分五，一钱二分成为全国各省铸局的铸钱标准。据彭泽益先生统计，顺治元年（1644）以后，宝泉局和宝源局（合称"京局"）大致每年铸钱数万串至数十万串（1000 枚为一串），迄于十七年（1660）约 38 万串。康熙二十三年（1684）左右，京局铸钱约 35 万～45 万串，六十年（1721）约 673920 串。雍正十二年（1734）为 602687 串。乾隆十年（1745）为 1305000 串，乾隆四十三年（1778）至五十八年（1793）平均

---

① 　肖清：《中国古代货币史》，人民出版社，1984，第 311 页。
② 　千家驹、郭彦岗：《中国货币发展简史和表解》，人民出版社，1982，第 27 页。

每年铸钱 1381517.948 串。进入 19 世纪以后，京局岁铸钱 166 万串，全国 14 个省局设炉 197 座，岁可铸钱 1146269.523 串，估计全国每年铸钱数当在 281 万串。① 据《清代钞档》所载："铸钱一千（即一串），约费铜七斛（斤）"，② 由此即可计算出以上各个时期铸钱所用铜料的数量。顺治十七年、康熙二十三年、康熙六十年京局铸钱所用铜料分别为 2660000 斤、2450000～3150000 斤、4717440 斤；雍正十二年、乾隆十年分别为 4218809 斤、9135000 斤；乾隆四十三～五十八年平均每年为 9669625.436 斤；19 世纪以后，全国京局和省局每年铸钱所用铜料合计 19670000 斤。简言之，顺治末年至雍正末年，京局铸钱年均用铜 200 万～400 余万斤；乾隆十年后增至 900 余万斤，其中不包括 14 个省局用铜数；嘉庆以后，全国铸钱每年用铜增至近 2000 万斤。以上就是清代前期京局以及省局铸造制钱所用铜料的基本情况。上述铸钱所用铜料的数量，反映了铸钱工业对铜料市场的需求。那么当时铜料市场的铜料从何而来呢？

顺治至康熙初年，铸造制钱的铜料每年不过二百多万斤，大概全靠国内供给。康熙中叶以后，铜料需求量增至三四百万斤，国内市场已供不应求。于是，清政府即主要依靠商人采买洋铜和在国内收买杂钱废铜。康熙二十二年（1683）开放海禁，为"洋铜"进口提供了条件。从康熙三十四年（1695）开始，大批"洋铜"从日本纷纷进入中国市场，成为铸钱所需铜料的主要来源，加之国内生产的部分铜斤以及从民间收购的杂钱废铜，基本上保证了铸钱的需要。但是，从康熙末年以后，由于日本控制铜料出口，"洋铜"来源日趋减少。迄于乾隆十六年（1751）至二十八年（1763），日本每年输出（主要输往中国）的铜减少至二百万斤。乾隆二十九年（1764）至乾隆五十三年（1788）每年减为一百五十万斤，嘉庆二十三年（1818）至道光九年（1829）每年七十万斤，迄于道光十年（1830）至十七年（1837）每年只有六十万斤了。③ 从日本进口的"洋铜"不仅日

① 彭泽益：《清代宝泉宝源局与铸钱工业》，《中国社会科学院经济所集刊》第 5 集，第 183 页。
② 转引自彭泽益《清代宝泉宝源局与铸钱工业》，《中国社会科学院经济研究所集刊》第 5 集，第 188 页。
③ 严中平编著《清代云南铜政考》，中华书局，1948，第 3～4 页。

渐减少，而且其价格一再增高。康熙二十三年（1684）以前，每百斤仅为银六两五钱，二十五年（1686）增为十两，五十五年（1716）又增至十二两五钱，五十七年更增至十四两五钱；乾隆五年（1740）猛增为十七两五钱，[1] 为康熙二十三年前的近 2.7 倍。至于向民间收购的杂钱废铜，其价格也增加不少。康熙三十八年（1699）规定收买民间小钱每百斤仍为六两五钱；雍正二年（1724）定收买废铜每百斤生铜器值银九两五钱、熟铜器为十一两九钱九分，私铜十五两，红铜十七两五钱。[2] 由于进口"洋铜"大大减少，且价格不断增高，而国内收购的杂钱废铜价格也增长许多，于是宝泉、宝源两局的"铜荒"日益严重，地方铸钱局更无铜可铸。这种状况显然对政府垄断经营的铸钱工业造成了威胁，清政府不得不在国内开辟新的铜料来源，以解决铸钱的币材问题。

清代铜矿资源分布较广，据各地报采情况，云南、贵州、四川、湖南、广东、广西、湖北、陕西、甘肃、新疆、山东、河北、山西、江西等 14 个省都有开采，然而云南的铜矿资源居于各省之首，"秦、蜀、桂、黔、赣皆产铜，而滇最饶"。[3] 康熙时对各地矿产开采多实行封禁政策，但是对云南则实行特殊政策。康熙二十一年（1682），首先开放云南的铜矿，"悉听自行开采"。[4] 四十四年（1705）又议定云南铜厂每年由官府拨银，"预发工本，收买余铜"，[5] 以资助工本不足的铜厂开工生产。云南铜矿业由于得到清廷的特殊政策扶持，在全国诸多产铜省份中率先迅速发展起来。康熙二十四年云南在采铜厂不过一家，四十四年则增至十九家。雍正时又增为二三十厂，乾嘉时维持在三四十厂，最多时为四十六厂（详见下文）。随着铜厂的增加，云南的铜产量也不断迅速增加。《清史稿》卷 124 "食货五"载："滇铜……雍正初，岁出铜八、九十万，不数年且二、三百万，岁供本路鼓铸。及运湖广、江西，仅百万有奇。乾隆初，岁发铜本银百万两，四、五年间，岁出六七百万或八九

---

① 嵇璜等纂《清朝文献通考》卷 16，钱币考四。浙江古籍出版社，1988，考 4997。
② 嵇璜等纂《清朝文献通考》卷 14，钱币考二。浙江古籍出版社，1988，考 4976。
③ 《清史稿》卷 124，食货五，第 3666 页。
④ 蔡毓荣：《筹滇十疏》。王文成等《〈滇系〉云南经济史料辑校》，第 244 页。
⑤ 阮元等：道光《云南通志》卷七十六，食货志八之四。引自《云南史料丛刊》第二十卷，第 655 页。

百万，最多乃至千二三百万。户、工两局，暨江南、江西、浙江、福建、陕西、湖北、广东、广西、贵州九路，岁需九百余万，悉取给焉。"① 乾隆时期滇铜年产量保持在 1000 万斤以上，最高时达 1400 余万斤（详见下文）。自雍正时期开始，滇铜除供本省铸钱需要外，已开始输往湖广和江西，每年约一百万斤供其铸造铜钱。从乾隆三年（1738）开始，户部厘定每年运往京师供给京局铸钱的滇铜为 633.144 万斤；此外，每年供应四川、贵州、广东、广西、江苏、陕西、浙江、江西、福建等十一省采买的滇铜为 200 万～300 万斤，每年供本省鼓铸所需的铜为 100 万～300 万斤。以上每年供给"京运"、"采买"和"省局"的滇铜合计 933 万斤至 1233 万斤。云南供给京局以及十二个省局铸钱所需的铜料，占全国铸钱铜料总量的 80%～90%。② 可见，清代前期，云南已成为全国铸币用料的主要产地；滇铜成为国内铜料市场的主要来源。铸钱工业的迅速发展，带来了铜料市场的巨大需求，从而促进了滇铜的大发展。

（二）铜政扶持滇铜

乾隆四十年（1775），"云南布政佚王大岳议曰：滇南地处荒裔，言政理者，必以铜政为先。"③ 这不仅是云南地方官员关于治滇的认识，也是清廷对于发展云南经济的一个基本认识。基于此，清廷先后采取了一些开发云南铜矿资源的政策以及相关措施，当时概称为"铜政"，如上述关于开放矿禁、特许开发滇铜等。于此，有必要对直接促进滇铜大发展的几项"铜政"作较为详细的论述。

1. "放本收铜"

自康熙二十一年（1682）清廷采纳云贵总督蔡毓荣的建议，在云南实行"听民开采而官收其税"的政策以后，云南矿业逐渐发展起来。康熙四十五年（1706）云南各种矿产的税课达到 81482 两，比康熙二十一年增加了二十多倍。因当时云南已"广开铜厂"，故铜课当占多数；换言之，在此期间增加最快的，必是铜产无疑。④ 据推算，康熙四十四年，滇

---

① 《清史稿》卷 124，食货五，第 3666 页。
② 严中平编著《清代云南铜政考》，第 23 页。
③ 王文韶：《续云南通志稿》卷 48，食货志·铜政议。（台北）文海出版社，1984，第 2999 页。
④ 严中平：《清代云南铜政考》，第 6 页。

铜的产量约为一百八十余万斤。[①]

康熙四十四年（1705），清廷批准了云贵总督贝和诺的奏请，对云南铜矿实行"预发工本，收买余铜"的政策，简称为"放本收铜"。[②] 根据这一政策，矿民进山开矿，由政府预先发给工本，即"每百斤预发价银四两五钱。至铜砂煎出时，抽去国课二十斤"，[③] 即按额例完纳百分之二十的铜课；剩下部分称为"余铜"，不允许矿民自卖，而是由设在省城昆明的"官铜店"按"每斤价银三、四分至五、六分不等"全部收买，谓之"官铜"；然后"官铜店""以每百斤定价九两二钱"的价格"卖给官商，以供各省承办京局额铜之用"；"除归还铜本及由厂运省脚费等项外，所获余息尽数归充公用。[④] 如果有不愿领取官府预发的工本而进山开矿的矿民，其采煎出铜后，必须"自备脚力，驼至省店领银，每百五十斤给银五两[⑤]"；不论是否领取官府工本，完税后的余铜一律不许私卖，"其有私相买卖者，谓之私铜，将铜入官，复坐以罚"。[⑥] 以上诸多方面即是"放本收铜"政策的全部内容。显而易见，官府预发工本是为了收购全部"余铜"，而且无论是否领取工本，税后余铜都必须全部卖给官办的铜店。通过实施这一政策，官府就可控制和垄断滇铜生产，保障铸钱所需铜料的来源，最终达到控制鼓铸、稳定钱法的目的。

"放本收铜"政策实施后，曾经产生了一定积极效果，滇铜生产继续较快发展。从康熙四十四年（1705）至雍正十三年（1735）的三十年间，在采铜厂由 17 个增为 35 个；[⑦] 滇铜产量也从雍正元年（1723）的一百余

---

① 常玲：《清代云南的"放本收铜"政策》，《思想战线》1988 年第 2 期。
② 阮元等修道光《云南通志》卷 76，食货志八。引自《云南史料丛刊》第十二卷，第655 页。
③ 贺长龄：《皇朝经世文编》卷 52，李绂："与云南李参政论铜务书"。转引自彭泽益《中国近代手工业史资料》第一卷，中华书局，1962，第 346 页。
④ 阮元等：道光《云南通志》卷 76，食货八。引自《云南史料丛刊》第十二卷，第 655、656 页。
⑤ 贺长龄：《皇朝经世文编》卷 52。转引自彭泽益《中国近代手工业史资料》第一卷，第346 页。
⑥ 贺长龄：《皇朝经世文编》卷 52。转引自彭泽益《中国近代手工业史资料》第一卷，第346 页。
⑦ 严中平编著《清代云南铜政考》，第 79 页，"云南全省铜厂报采请封在采厂数表。"

万斤增至雍正七年（1729）的四百万斤。① 但是，康熙末年至雍正时期，铸钱工业所用铜料，主要还是靠从日本输入的洋铜，滇铜还没有成为全国铸钱的主要来源。因此，贝和诺奏疏中所说的"预发工本"，起初并非呈请清朝中央政府拨发，而是由云南地方政府发放。然而云南地方财力有限，铸钱所用铜量也不多，故其发放的工本也就很有限，大约只有几万两银用来放本收铜。可见，在康熙雍正时期，"放本收铜"仅为云南地方政府实施的一项铜政，其力度较小，效果也不大。

如上所述，康熙末年日本限制铜的出口，输入中国的洋铜日渐减少。到了雍正之时，京局铸钱的"铜荒"更趋严重；一些省承办铜斤（即供京局铜料）也出现困难，如"湖南、湖北以采买维艰，每逾定限，而江苏则办新不足，旧欠滋多"。② 寻找新的铜料来源，以补京局及一些省局用铜之不足，已成为清廷的当务之急。当此之时，云南铜矿业发展出现了"铜多本少"的问题，地方政府正在寻求解决办法。雍正四年（1726），清政府革除东川土府，划归云南管辖，并改设流官，"遂由滇委道府，总理其事，招集商民开采，先发资本，后收所出之铜作抵"。③ 于是东川铜厂生产迅速发展起来，云南的铜产量因此而显著增加。雍正五年（1727）云贵总督鄂尔泰称："今岁铜产增盛，就现在核算，五年分铜斤，可获三百数十余万斤。但铜多本少，收买不敷。恳于盐务盈余银两酌借五、六万两，发价收铜，运至镇江、汉口，令江南、浙江、湖广办铜诸省，出价收买，以便还项。"雍正帝批准了鄂尔泰的这一奏请，按户部复议："将滇省鼓铸余铜二百数十余万，动用盐务盈余银六万两收买，即委滇员运至镇江、汉口，卖价还项。"④ 由此可知，当时清廷同意动用云南盐务盈余六万两，收买滇省鼓铸造余铜二百数十万斤，运至镇江、汉口，卖给江南、浙江、湖广诸省，供其鼓铸或转供京局，然后将售款赔还盐务项内。由清廷借款购买滇铜，以供江南诸省采买铸钱和转供京局，这说明

① 全汉昇：《清代云南铜矿工业》，（香港）《中国文化研究所学报》第七卷第一期，1974年。
② 《清实录》第七册《世宗实录》卷58。引自云南省历史研究所编《清实录有关云南史料汇编》，云南人民出版社，1986，第32页。
③ 云南省文史研究馆编《云南矿产历史资料汇编》（手抄本）第2章，东川市。
④ 《世宗实录》卷58，转引自《〈清实录〉有关云南史料汇编》，第32页。

从雍正五年开始，滇铜除供本省铸钱外，已成为江南诸省采买的重要来源，同时滇省"铜多本少，收买不敷"的情况，已经引起清廷的重视。

乾隆初，铸钱工业迅速发展，所需铜料大幅增加，然而进口洋铜日趋减少，京局以及各省局用铜不足的情况都越来越突出。这时云南的铜产颇为兴旺，其年产量已达数百万斤，完全可以取代洋铜而成为铜料的来源。于是，京局用铜改由云南供应，已成必然之举。如文献所载："乾隆三年（1738）以前，京师铸钱所用之铜，大部悉采自外洋，及滇省铜产日盛，铜价颇贱（洋铜价每百斤十六两，滇铜约十两余），乃有停办洋铜改采滇铜运京供铸之议"；"从乾隆三年到咸丰初年，户部每年拨库银一百万两（从云南）办铜"。① 此事在官修正史《清史稿》卷124"食货五"中也有如下记载："滇铜自康熙四十四年官为经理，嗣由官给工本。……乾隆初，岁发铜本银百万两。"从乾隆三年（一说四年）② 开始，清廷对云南铜矿业实施"官给工本"的政策，每年由户部拨库银100万两作为"铜本"，以解决云南"铜多本少，收买不敷"的问题。又据吴其濬《滇西矿产图略》下卷"帑第四"载："凡滇省办运京铜，岁拨帑银一百万两"，其中837250余两由户部指令各省协济解交云南，用作铜厂采冶生产的预发工本，余下的162740余两分别由湖北、江苏直隶等省司库拨支，以为铜料运输脚费之用。

清政府对于拨给云南的这100万两铜本，规定了详细的使用办法，首先是"官给工本"，其规定包括三个方面：①矿民开办铜厂之初，首先要"报开试采"，官府派人勘验，认定有开发前景后，即可向官府领取工本；②预借工本分为"月本"和"底本"（又称垫本）两种，"月本"上月发放，下月收铜，是一种短期贷款；厂民多半利用这种贷款来购买油、米、柴炭，即作流动资金之用。"底本"的偿还期则较长，各厂不尽相同，如乾隆二十三年（1758）预借汤丹厂底本银五万两，以五年限完；但大水

---

① 云南省文史研究馆编《云南矿产历史资料汇编》（手抄本）第二章，东川市。

② 《清代户部抄档》：乾隆六年七月十六日协理户部事务讷亲等题折内有"乾隆四年办运京铜应需工本等项银一百万两。奉准部咨：于湖南省拨三十两，于江西省拨银三十万两，于浙江省拨银四十万两。"可见于乾隆四年已正式确定一百万两的数额。转引自彭雨新《清乾隆时期的矿政矿税与矿业生产发展的关系》，载《中国社会科学院经济研究所集刊》第8集，中国社会科学出版社，1986，第132页。

沟、碌碌两厂底本七万五千两，以十年限完；三十六年（1771）又借给这几个厂银七万余两，限四年完缴。① 这种长期贷款主要用作固定资本的支出，亦有一部分用来购备屯积油、米、柴炭，以便增加生产，获取更多利润。生产贷款中，预借底本的作用远大于短期性的"月本"。③ 如果发生贷借工本不能如约缴铜偿还，即所谓"厂欠"，政府又有相应的严格规定。如嘉庆十五年（1810）规定：月本一项，若三月后不缴铜偿还，该管道府便要勒令厂员（即驻厂官员）陆续扣销或将家产追变，统以一年为断，逾期不完，即着令厂员赔缴，并将厂民审明定罪。如果事隔数年，忽有未清月本，厂员要以侵亏公款科断，该管上司也要照徇隐例议处。底本出现"厂欠"也有规定："凡滇厂采办已逾十年，硐穴深远，准预借两月底本银两。每厂民办交铜百斤、带交余铜五斤，定限四十个月扣交清楚。如炉户中有亏欠者，即着落经放厂员赔补归款。"又不论月本底本，每年年底都要清结，厂员要取得该管上司的无欠保结，才算了清责任。如实在厂衰矿薄，炉户故绝，无从追偿，可取具道府印结，奏明豁免。在追赔厂欠中，不许将厂欠之责推卸于砂丁，借为搪抵等。② 由上可知，清政府对于工本的发放和管理，是相当慎重和严密的。

其次是"官买余铜"的规定。清政府实行"官给工本"的目的是为了收买余铜。如上所述，早在康熙四十四年清廷批准的贝利诺奏疏中，即已明确提出：政府"预发工本，收买余铜"，并规定凡领取政府工本的铜厂生产出的产品除按额例完纳20%的课铜外，剩余的80%必须全部卖给官府以抵算工本，称为"官铜"；即使未领取政府工本的铜厂，其完税后的余铜也不许"私自卖买"，而必须如数卖给官府。在实施"官买余铜"的过程中曾一度有过改变和调整，如"雍正元年禁止云南收铜之弊，令商民得以余铜自行贩卖"。③ 这一改变似实行不久，又恢复"官买余铜"。又如乾隆三十八年（1773）后，准许矿民有10%的余铜可以自由出卖，称为"通商铜"（详见下文）。此外，清政府还有种种成文的摊派，

① 严中平：《清代云南铜政考》，第28页。
② 吴其濬：《滇南矿厂图略》下，帝第四，第21、22页。
③ 阮元等修道光《云南通志》卷76，食货志八。引自《云南史料丛刊》第十二卷，第656页。

如汤丹厂有"归公铜"百分之三、"养廉铜"百分之一、"耗铜"百分之一,"捐铜"每三百五十斤捐缴一斤;又如青龙厂有"小铜"百分之九、凤凰坡厂有"公廉捐耗铜"四斤二两等。据统计:除了"课铜"、"通商铜"以及摊派之外,"大约还有产量的百分之七十至八十的铜料,要全部卖给官厅,抵算工本,叫做'官买余铜'或'官铜'"。[1] 由此可见,清政府通过征收课铜和购买余铜等,几乎全部控制了滇铜的产销,对滇铜实行强制性的垄断。

在"官买余铜"中,铜价问题显得十分突出。铜料价格不是按市场行情进行调节,而是由清廷直接规定,而且一经规定便很难变动。清廷规定的铜价(即官价)都远低于市价,而且不敷采冶成本。[2] 这个问题由来已久。康熙四十四年(1705)贝和诺奏定的官买铜价,便已不敷采冶成本,矿民因此赔累逃亡者甚多。

雍正五年(1727)时任云南布政使的张允随第一次请加铜价,于是"民乐于开采,旧厂复盛"。[3] 十一年之后,即乾隆三年(1738)布政使陈宏谋第二次请加铜价,汤丹、大水沟、碌碌、茂麓诸厂,每百斤计银五两一钱五分三厘八毫,其余各厂得价三两七八钱、四两一二钱不等,铜厂始得大为兴盛。乾隆十九年(1754),云南巡抚爱必达估计汤丹产铜成本,每采铜百斤,需费银六两,超出官价八钱四分七厘二毫,故请求"恩许"酌半添加,即增给银四钱二分二厘六毫,此为第三次加价。乾隆二十一年(1756),巡抚郭一裕第四次请加铜价,补上了另外一半,即0.4237两,合计六两,刚够成本。[4] 乾隆四十年(1775),裴宗锡在其《筹滇省铜政疏》中写道:"自乾隆十九年以后,历任抚臣陆续陈奏,以各该厂硐深炭远、油米昂贵,叠次请增(铜价),皆蒙恩允。自是大厂增价至六两及六两四钱,小厂至五两一钱五分,最下金钗厂亦加至四两六

① 严中平:《清代云南铜政考》,第 29 页。
② 彭雨新在《清乾隆时期的矿政矿税与矿业生产发展的关系》说:乾隆年间,"滇铜的市价约为每百斤十四两";"云南铜矿每产铜一百斤的成本费,少的在六两(银)以下,多的在六两以上,一般则以六两为准。"见《中国社会科学院经济研究所集刊》第 8 集,第 128 页。
③ 赵尔巽:《清史稿》卷 307,列传九十四·张允随,第 10555 页。
④ 严中平:《清代云南铜政考》,第 37～39 页。

钱。……顾臣甫履滇境，即闻各厂颇以工价不敷为累。……数月以来，明查暗访，取各该厂打烘、扯炉之夫工、粮食，并灯油、炉炭价值，逐一核实折中牵算，即以矿砂稍旺之厂计之，百斤之铜，实少一两六钱；若更矿薄铜稀，则赔折更无底止。此臣亲自钩稽，得其确数，非同泛拟者也。"① 由上述可知，虽然一些督抚大吏多次奏请增加官买余铜的铜价，但所增有限，官价不敷成本的问题始终未得解决，上文所说的"厂欠"，主要原因即在于此。总之，清代前期"官买余铜"的价格虽然有过几次调整，但仍然低于或只相当于生产成本，这当然不利于激发矿民的积极性，现将清代滇铜几次调价列表 7-2 以观之。

表 7-2　清代前期滇铜收购官价

单位：每 100 斤铜付银两数

年代	奏请加价人	大厂	中小厂	金钗厂
雍正五年（1727）	布政使张允随	—	—	—
乾隆三年（1738）	布政使陈宏谋	5.1528	3.8~4.2	4.0000
乾隆十九年（1754）	巡抚爱必达	5.5764		
乾隆二十一年（1756）	巡抚郭一裕	6.0000		
乾隆二十四年（1759）	巡抚刘藻	—	5.1528	4.6000
乾隆二十七年（1762）	总督吴达善	6.4000		
乾隆三十三年（1768）	巡抚鄂宁	7.0000		
乾隆三十六年（1771）	同前议	6.4000	—	—
乾隆四十一年（1776）	巡抚裴宗锡	6.4000	—	—
道光中叶	巡抚吴其濬述现状	7.4520	6.0000 6.9870	4.6000 4.6000

资料来源：许涤新、吴承明主编《中国资本主义的萌芽》第一卷，人民出版社，1985，第498 页。

由上所述，关于清代前期实施的"放本收铜"，我们获得如下几方面的认识：

第一，从康熙四十四年起开始实施的"放本收铜"政策，曾产生一

---

① 裴宗锡：《筹滇省铜政疏》。载佚名纂《皇清奏议》卷六十一，见《续修四库全书》第473 册。上海古籍出版社，2002，第 515~516 页。

定积极效果，但当时"工本"是由云南地方政府发放，限于财政收入较少，其数额不多，康熙末年至雍正初叶虽然已开始"兼办滇铜"，但京局铸钱仍主要依靠"洋铜"，故清廷尚未直接提供"铜本"投资滇铜开发。因此，这一时期实施的"放本收铜"，仅为云南地方政府实行的一项"铜政"，而非清廷中央实施的具有全国意义的"铜政"。

第二，雍正"五年议：转运云南铜斤，令江苏、湖北、湖南收买，解交京局"。① 同时，清廷动用云南盐务盈余六万两收买滇铜，以缓解云南"铜多本少，收买不敷"的问题。这一举措，成为后来乾隆朝"官给工本"的先声。

第三，乾隆初，滇铜生产迅速发展起来，产量已有较大增加。乾隆三年户部厘定：以后云南每年要供给京局和十二个省局铸钱所需的铜料933万~1233万斤。为了保障这一巨大的铜料供应，乾隆四年清廷决定对云南铜矿业实施"官给工本"的政策，即每年由户部协济100万两白银供给云南，作为其铜厂采冶生产的"预发工本"。这100万两白银，在当时是一个很大的数目。首先，它大致相当于乾隆三年至咸丰初年"中央支出的1%以上"；② 其次，它是康熙时期云南全省每年主要收入的2.2倍；③ 第三，它是康熙四十五年云南各种矿产课税的12.2倍。④ 国家直接调集100万两白银投向"铜多本少"、"资本微薄"的云南铜矿业，其所产生的作用是巨大的。清人赵尔巽早在其《清史稿》中就已明言："乾隆初，岁发铜本银百万两"之后，滇铜生产获得了迅猛发展，其铜产量大幅增加，从六七百万斤增为八九百万斤，再增至一千二三百万斤。于是，京局以及江南、江西、浙江、福建、陕西、湖北、广东、广西、贵州九省，"岁需九百余万，悉取给焉"。⑤ 又著名经济史学者严中平先生估计：

---

① 阮元等：道光《云南通志》卷76，矿厂四。引自《云南史料丛刊》第十二卷，第656页。

② 丁文江：《东川铜矿的历史》，《独立评论》，1936年，第85期。引自陈真等《中国近代工业史资料》第三辑，三联书店，1961，第604页。

③ 康熙《云南通志》卷10"田赋"载：康熙朝，云南全省每年的主要收入大约在446548两左右。

④ 康熙四十五年，云南各种矿产的课税达到81482余两。见严中平编著《清代云南铜政考》，第6页。

⑤ 赵尔巽：《清史稿》卷124，食货五，第3666页。

从乾隆五年（1740）开始，一直到嘉庆十六年（1811）的七十余年间，云南铜料产量每年都在 1000 万斤以上，其中乾隆三十一年、三十三年、三十四年和四十二年四个年份分别达到 1400 余万斤。① 乾嘉时期，滇铜生产长期保持高水平发展，其产量常年保持在 1000 万斤以上，足以说明清代前期滇铜开发取得了空前巨大的成就。这一成就的取得，与清政府的"官给工本"、"岁发工本银百万两"密切相关。有学者指出："清政府出于国家财政需要，即根据全国铸币用料需要而制定的滇铜开发政策，及服务于该政策的大量投资等经营措施，是乾嘉年间云南铜矿开采获得显著成就的根本原因所在。"② 此说甚是。

清代滇铜开发中实施的"放本收铜"政策，如果从康熙四十四年（1705）贝和诺奏定开始算起，一直延续了 146 年，迄于咸丰元年（1851）方告结束。③ 在这近一个半世纪的期间，"放本收铜"政策在滇铜开发的不同时期都产生了不同程度的积极作用，其中以乾嘉时期尤为显著，而嘉庆中叶至道光末年则逐渐减弱（详见下文）。

2. 减轻税负

云南铜课的税率，康熙二十一年（1682）蔡毓荣奏疏中已明确"悉听（商民）自行开采，每十分抽税二分"，④ 即税率为 20%。此后，至雍正十三年（1735）的五十余年间税率一直都是 20%。从乾隆初年开始，减为 10%。乾隆二年（1737）刑部尚书尹继善奏称：当时滇铜"每百斤内除课铜十斤不收耗铜外，余铜九十斤应收耗铜四斤半"。⑤ 这里明确说明当时滇铜税率已经减为 10%，并不收耗铜。乾隆四十二年（1777），大学士于敏中题奏：滇省产铜，"每百斤抽课十斤"，另征耗

---

① 严中平：《清代云南铜政考》，第 81～84 页，第二表"云南全省铜产销量估计表"。

② 潘向明：《清代云南的矿业开发》，载马汝珩、马大正主编《清代边疆开发研究》，中国社会科学出版社，1990，第 337 页。

③ 白寿彝编《回民起义》载：咸丰元年太平天国革命爆发，"长江阻隔，铜不运京，各省拨工本。"工本来源断绝，云南铜矿纷纷停业。见该书上册，第 363 页。

④ 蔡毓荣：《筹滇十疏》，第四疏。引自王文成等《〈滇系〉云南经济史料辑校》，中国书籍出版社，2004，第 244 页。

⑤ 《清代户部抄档》乾隆二年十二月十七日刑部尚书尹继善奏折。转引自《中国社科院经济研究所集刊》第 8 集，第 134 页。

铜和公廉捐。① 又据《户部则例》规定："各厂每办铜一百斤，抽课十斤，又归公养廉、折耗铜三斤十四两三钱四分三厘。"② 又据《滇南矿厂图略》（下）"铜厂第一"载：铜厂"定例：各厂每办铜一百斤，抽课十斤，公廉捐耗四斤二两。"又载东川府汤丹厂、澄江府凤凰坡厂、曲靖府双龙厂等铜厂"每铜百斤，抽课十斤"，而其他各厂也"抽课如例"（即"抽课十斤"）。可见每产铜百斤抽课十斤和加耗已成为定制。但有时也会按各铜厂生产情况和官价收购情况的不同而更动税率。如乾隆五年（1740），监察御史包祚永奏称：滇省铜厂"每铜百斤，或照旧例抽九斤，或照正例每百斤抽十斤外，或照新例抽二十斤，分都抽收，以重税额也"。乾隆四十二年于敏中的题奏中，曾说汤丹等厂"每办铜百斤抽课十斤，惟金钗、户蒜二厂不抽铜课，每百斤以四两六钱收买"。③ 由此可见，乾隆时期，铜课税率曾有过若干变动，9%、10%、20%以及"不抽铜课"，但总的说来，10%的税率是乾隆朝云南铜矿的"正例"（即常制），其他则为"旧例"或"新例"，并非常制。10%的税率较之清初的20%减少了一半，从而大大减轻了铜矿业的铜课负担，显然有利于铜矿的开发。

3. "一成通商"

所谓"一成通商"，即政府允许矿民自行在市场上销售其铜产品的十分之一。矿民自行销售其部分铜产品，在清初已经实行过。如《清朝文献通考》卷30征榷五载：康熙十八年（1679），"定各省采得铜铅，以十分内二分纳官，八分听民发卖"。但是，康熙四十四年（1705）发生重大变化，即实行政府"预发工本，收买余铜"的政策，矿民完纳20%的铜课外，其余80%不得"私相买卖"，必须全部卖给政府。"官买余铜"的政策，于雍正初曾一度进行调整："雍正元年，禁云南收铜之弊，令商民

---

① 《清代户部抄档》，乾隆四十二年大学士于敏中奏折。转引自《中国社科院经济研究所集刊》第8集，第134页。
② 《清代户部抄档》，乾隆五年闰六月十一日监察御史包祚永奏折。转引自《中国社科院经济研究所集刊》第8集，第134页。
③ 《清代户部抄档》，乾隆四十二年十一月初十日大学士于敏中奏折。转引自《中国社科院经济研究所集刊》第8集，第134页。

得以余铜自行贩卖。户部议言：'……至所产之铜，除抽税及官买供本省鼓铸外，有余，听民间自行贩卖流通，毋得禁遏。'从之。"① 矿民自行贩卖余铜的政策，实行时间并不长。雍正五年（1727）因云南"铜多本少，不敷官买"，于是动支盐务银六万两收买"滇省余铜"，② 从此又恢复了过去"官买余铜"的政策。乾隆十六年（1751），"官买余铜"的政策开始有所松动。乾隆帝谕曰：矿厂"解局铜铅既有定额，不足者责令赔补，则赢余者即当听其售卖。盖赢余已在正额之外，即不得谓之官物，……应听其售卖"。③ 乾隆"三十七年（1772）冬，均考厂库以稽厂欠，前后厂官赔补数万两外，仍有民欠十三万余两。重蒙恩旨特下指挥，俾筹利便，然后厂铜得以十一通商，而以铸息代之偿欠，今之东川局加铸是也"。④ 原来"十一通商"（即"一成通商"）政策产生的背景是：乾隆中期，矿民领取工本后，往往因为"官价不足"、硐深矿少、食物腾贵、柴炭价昂等原因，而不能如期按量缴纳官铜以抵偿工本，形成了"厂欠"。乾隆三十二年（1767）厂欠多达13.7万两；三十七年（1772）又增为13.9万两，矿民因此不堪赔累，纷纷逃亡，铜矿生产受到影响，迫使清政府再次改变政策，于乾隆三十八年（1773）开始实行"一成通商"政策。按照这一政策，准许矿民自行出售其铜产品中的十分之一，称为"通商铜"。但是，矿民必须将这些通商铜送到东川铸钱局制成铜钱，以所得余息（即铸钱的利润）偿还厂欠；待积欠全部偿清后，通商铜才能由矿民支配。乾隆三十八年（1773）以后，一直实行"一成通商"的政策，如乾隆三十八年六月，"署云贵总督彰宝奏：'窃照滇省各旧厂，硐深矿薄，攻采费力，每年办获铜斤，未敷京外拨运之需。前岁勘有九渡箐等新厂七处，经臣专折奏蒙俞允，拨发帑金，遴委妥员住厂，专司承办。并照黔省之例，将炉民采获铜斤，准以一分通商，听其自售获利。'

① 阮元等修：道光《云南通志》卷76，食货志八。引自《云南史料丛刊》第十二卷，第656页。
② 阮元等修：道光《云南通志》卷76，食货志八。引自《云南史料丛刊》第十二卷，第656页。
③ 清《高宗实录》卷387。引自《〈清实录〉有关云南史料汇编》第57页。
④ 王大岳：《论铜政利病状》。载吴其濬《滇南矿厂图略》下，第60页。

（朱批奏折）。"① 又如乾隆"四十二年奏准：云南各厂出产铜斤，准照旧例一分通商"。② 通商铜一成即十分之一是常例，"有时额外多办，准加为二成、三成者"。③ 对此，《滇南矿厂图略》（下）记载较详，其"帑第四"载："铜矿……通商者什一或什二。"又其"铜厂第一"载：铜厂"定例：各厂每办铜一百斤，抽课十斤，公廉捐耗四斤二两，一成通商铜十斤，余铜七十五斤十四两给价收买。或免抽课铜，或免抽公廉捐耗铜，或通商二成；额外多办，并准加为三成"。又载："（东川府）汤丹厂……每铜百斤抽课十斤，公廉、捐耗四斤二两，通商十斤"；"（澄江府）凤凰坡厂每铜百斤，……通商铜十斤"；"（曲靖府）双龙厂，……每铜百斤，抽课十斤，照不拘一成例，通商二十斤"；"（楚雄府）秀春厂，……抽课如例，通商二成"；"（临安府）绿矿铜厂，……每铜百斤，抽课如例，通商二成"；其他一些铜厂也"一成通商如例"。由上所述，从乾隆三十八年开始，清廷一直允许矿民以其铜产量的 10%，甚至 20%、30% 作为"通商铜"卖给市场，按照当时市场铜价每百斤可卖十四五两，远超官价六两左右，如此矿民即从"通商铜"中获得更多利益。"通商铜数量虽小，但作用甚大。十斤通商铜的收入，抵得上官铜二十余斤。并且，滇铜虽说系官收，实际上私采私售从未杜绝，通商铜一来，私售就门路更宽了。"④ "当时矿民之所益，不在官价，而在自卖铜料——公开的通商铜百分之十，和秘密私铜。"⑤ "一成通商"既是矿民利益所在，矿民从"一成通商"中可弥补部分因"官价不足"造成的损失，这显然有利于铜矿业的发展。

此外，对滇铜开发产生积极促进作用的"铜政"还有一项，即开修"铜路"。云南山高谷深、河流纵横，交通极其不便。每年要将 630 余万斤滇铜分八批运往京师（北京），以供铸钱，称为"滇铜京运"；而

---

① 中国人民大学清史研究所等编《清代的矿业》（上册），第 152 页。

② 《大清会典事例》转引自道光《云南通志》卷74，食货志八·铜厂上。引自《云南史料丛刊》第十二卷，第 636 页。

③ 周钟岳等修：民国《新纂云南通志》卷 146，矿业考二·铜矿，云南人民出版社，2007，第 129 页。

④ 许涤新、吴承明主编《中国资本主义的萌芽》第一卷，第 500 页。

⑤ 严中平编著《清代云南铜政考》，第 37 页。

"自滇至京，途程万里，水陆般（搬）运"。① 如果没有一条畅通的"铜路"，滇铜京运是根本不可能的。基于此，清政府十分重视开修"铜路"，既包括陆路，也包括水路，其中特别是乾隆七年至十三年历时六年耗银10万两修通了金沙江下游一段航路，大大便利了"滇铜京运"（详见下文）。

由上所述可知，清代前期，清廷实施的"铜政"中，"放本收铜"、减轻税负、"一成通商"以及开修"铜路"等政策，对云南铜矿开发都产生了积极促进作用；其中"放本收铜"作为"铜政"的核心，其作用更为巨大；铜课从20%减为10%、矿民自卖一成通商铜以及开修水陆"铜路"等，也都产生了重大作用。总之，清廷"铜政"对滇铜开发具有毋庸置疑的扶持、促进作用。

（三）商民经营滇铜

入清以后，对于矿产开发实行"听民采取，输税于官"的政策（上文已及，兹不赘述）。在云南，早在康熙二十一年（1682）云贵总督蔡毓荣在其《筹滇十疏》"议理财中"就明确提出了：滇铜"听民开采，而官收其税"的政策。此政策又规定：矿场一经确定开采，即"广示招徕，或本地殷实有力之家，或富商大贾，悉听自行开采，每十分抽税二分，仍委廉干官监收，务绝额外诛求，额内侵隐之弊"；又规定"严禁别开官洞，严禁势豪霸夺民洞，斯商民乐于从事，而成效速矣"；此外，还规定"凡有司招商开矿，得税一万两者准其优升，开矿商民上税三千至五千两者酌量给予顶带，使知鼓励"。② 经康熙帝"谕准"的蔡氏《筹滇十疏》对于招徕商民，规定了上述诸多有力保护措施，再加之清廷实施扶持滇铜的"铜政"，从而形成了良好的投资环境，自然促使各地富商大贾来云南开发铜矿业。

据督办云南矿务（即矿务大臣）唐炯《筹议云南矿务疏》（光绪十三年）载："伏查滇省旧有铜厂30余处，……从前开办皆系川、湖、江、广大商巨贾，每开一厂率费银十万、二十万两不等。其时各延矿师，能识地脉之衰旺，引路之浅深、结堂之大小、矿质之佳劣，相度既定，然

① 王文韶等修《续云南通志稿》卷47，食货志·矿务，第2960页。
② 方国瑜主编《云南史料丛刊》第八卷，云南大学出版社，2001，第429、430页。

后施工。一经形成，历数十年取用不竭。又能煎炼得法，分汁甚易，故获利既厚，招徕愈多；即有折亏变不中止。"① 云贵总督岑毓英等《整顿铜政事宜疏》（光绪九年）载："查开办矿务，全在资本厚实。从前厂利丰旺，皆由三江、两湖、川、广富商大贾，厚集资本，来滇开采。"② 又光绪十八年（1892）云贵总督王文韶等奏："臣等博访厂（铜厂）情，较核成案，始知……当日皆外省巨商挟资来滇开办，甲或力竭，乙又继之，往往一厂历十余年，费数十万，而后大旺。及其既旺，所以能取偿前费而犹获厚利者，则仍在通商，得卖民价。"③ 上引光绪时云南地方官的三篇奏疏，其中所谓"从前"、"当日"即为光绪朝以前。据这三篇奏疏，即可知清代前期省外商民来滇投资铜矿业的大致情况：①招徕之商民，来自江苏、浙江、江西、湖北、湖南、四川和广东等省；②这些外省富商大贾携巨资来滇开办铜厂，每开一厂，约费银10万两、20万两，甚或数十万两，而后大旺；③一个厂往往要经过一二年、十余年，而后得矿；④商民获利主要靠"通商铜"，"得卖民价"（即市场铜价）；因获利甚厚，甲或力竭，乙又继之；即有亏折，亦不中止。这些省外富商大贾携巨资来滇开办铜矿，当然是为了从中牟取利益。至于他们能够获取多少利益，史无记载。然而，从清人的笔记文集中，可略知点滴，④ 即"每有以数千金置一矿，而发家千倍者"。投资数千两白银，可获取一千倍的利润，这或许言过其实了。但滇铜采冶基本上属于营利性生产，投资者从中获利一般来说是可能的。不唯如此，一些"获利既厚"的大矿，"招徕愈多"，不少内地富商大贾更是趋之若鹜、蜂拥而至。有诗为证："远人骛利纷沓至，运甓芟茅安井臼，顿令空谷成市廛，铃驮骈阗车毂走。"⑤

---

① 陈真等编《中国近代工业史资料》第三辑，三联书店，1961，第605页。
② 《道咸同光四朝奏议》第11册，第4609页，转引自全汉昇《清代云南铜矿工业》，香港《中国文化研究所学报》第七卷第一期，1974年。
③ 王文韶等修《续云南通志稿》卷45，食货志·矿务，第2906页。
④ 吴乡岸：《客窗闲话》卷一，初集，第10页。转引自中国人民大学清史研究所等《清代的矿业》上册，第102页。
⑤ 王文治：《王梦楼诗集》卷八，个旧厂。载《续修四库全书》第1450册。上海古籍出版社，2002，第460页。

如上所述，清代前期，内地江苏等省的富商大贾携巨资来云南开发铜业，经营滇铜。他们投资数额一般为 10 万两、20 万两，甚或多达数十万两。这对于当时的云南而言，是望尘莫及的。清人有言："夫滇地最薄，民最贫，商无万金之储，民鲜终年之积。"① "商无万金之储"，当然也就无力投资矿业："开办矿务，全在资本厚实。"内地七省的富商大贾，"厚集资本，来滇开采"，投入巨额资金经营滇铜生产，对滇铜的大开发显然产生了巨大的推动作用。

综上所述，清代前期，由于铸钱工业的发展，铜料市场需要滇铜提供大量铜产品；清廷实施以"放本收铜"为核心的铜政，并将铜课税率从 20% 减为 10%，允许矿民自卖"一成通商铜"，开修水陆"铜路"；云南地方政府"广示招徕"，内地富商大贾携巨资来滇开采，经营滇铜生产。这些因素构成巨大推力，推动了滇铜的大开发，促使滇铜快速持续发展并长期保持年产 1000 万斤以上的高水平，促成了滇铜近一个世纪的乾嘉极盛时代的形成。

二　滇铜矿厂的分布与概况

据表 7-1 可知，顺治元年至道光十八年（1644～1838）的 194 年间，全国先后报开的铜厂共 292 个，其中云南有 175 个，占 59.93%，位居全国 12 个产铜省的首位。

康熙四十四年（1705）至道光十一年（1831）的 126 年间，云南在采铜厂数在全国总在采铜厂数中也占有重要地位，详见表 7-3。

由表 7-3 可知，从康熙四十四年（1705）至道光十一年（1831）的 126 年间，云南铜厂每年在采厂数，约占全国总数的 70%～80%；其中康熙五十七年（1718）至雍正五年（1727）前后 10 年，全国只有云南一省的铜厂开工采冶。大约康熙后期，云南在采铜厂经常有十五六个；雍正时期，大部分时间有 20 多个，最多达 33 个；乾隆时期，以 30 多个至 40 多个的时间为多，乾隆三十八（1773）、三十九年（1774）、

---

① 刘彬：《救时议》。师范：《滇系》二，职官系。引自王文成等《〈滇系〉云南经济史料辑校》，第 26 页。

表 7 - 3　清代前期全国与云南铜厂在采厂数统计

年代	全国	云南	年代	全国	云南
康熙四十四年	20	19	十五年	37	27
四十六年	15	14	十六年	40	27
四十七年	16	15	十七年	44	29
四十八年	19	15	十九年	46	31
四十九年	16	15	二十年	40	29
五十年	19	15	二十一年	46	29
五十一年	20	16	二十二年	50	32
五十三年	19	16	二十三年	58	38
五十七年	16	16	二十四年	60	40
六十年	17	17	二十五年	57	42
雍正元年	16	16	二十六年	56	37
二年	19	19	二十七年	54	36
四年	23	23	二十八年	61	37
五年	24	24	二十九年	59	36
六年	30	25	三十年	58	36
七年	38	26	三十一年	55	33
八年	46	26	三十二年	52	32
九年	47	27	三十三年	61	38
十年	41	27	三十四年	64	38
十一年	40	28	三十六年	62	41
十二年	40	29	三十七年	67	46
十三年	44	33	三十八年	71	52
乾隆元年	35	27	三十九年	73	51
三年	38	33	四十年	73	50
四年	42	26	四十一年	66	46
五年	37	21	四十二年	56	36
六年	40	23	四十三年	55	36
七年	35	21	四十四年	55	38
八年	39	24	四十五年	55	39
九年	48	32	四十六年	56	40
十年	55	36	四十七年	58	41
十一年	47	31	四十八年	59	42
十二年	43	33	四十九年	59	44
十三年	44	32	五十年	58	42
十四年	41	28	五十一年	56	40

续表

年代	全国	云南	年代	全国	云南
五十五年	55	40	七年	54	40
五十七年	56	40	八年	53	40
五十八年	56	41	九年	50	37
六十年	55	41	十一年	52	39
嘉庆元年	56	41	十九年	51	39
三年	53	41	二十一年	50	39
四年	56	41	道光五年	51	39
六年	55	40	十一年	52	39

资料来源：彭泽益编《中国近代手工业史资料》第一卷，中华书局，1962，第362页。
按：表中资料系根据清代矿课、钱法档案、历朝会典、事例、则例，各省方志及有关记载整理
而成。

四十年（1775）分别多至 52 个、51 个和 50 个，这是云南在采铜厂最多的时期；嘉庆元年（1796）至道光十一年（1831）的 35 年间，云南在采铜厂经常有 40 个左右。总而言之，从雍正十三年（1735）以后，直至道光十一年（1831）将近一个世纪的时间内，云南在采铜厂多达 30 余个和 40 余个，远远超过其他各省在采铜厂之数，是全国在采铜厂最多的省份。

清代前期，云南铜厂遍布全省，主要分布在滇东北、滇西、滇中和滇南的广大地区。对此，嘉庆、道光时的史志文献记载较为全面、翔实，兹据以叙述滇铜矿厂的分布及其概况。

嘉庆时期，云南府呈贡县人戴瑞征，因"历任方伯聘勷铜政，凡三十年。以亲历周知，信今传后者，勒为一书，凡八卷，名曰《云南铜志》"。据《云南铜志》卷一"厂地"载："滇之产铜，由来久矣。……向有四十八厂，……迨各厂开采年久，矿砂衰竭，以次封闭十余厂。现在开采之厂，只三十八处。"戴瑞征长期办理云南铜政，"亲历周知"厂地情况，所言当时云南在采铜厂三十八处，当为实在情形。兹据《云南铜志》记载，列表 7-4 以观之。

表7-4　嘉庆时期云南铜厂分布与概况

铜厂名	坐落府州县	开采年代	每年约产铜数（斤）	子厂
宁台厂	顺宁府顺宁县	乾隆九年	五六万至十万	底马库子厂 水泄子厂 荃麻岭子厂 罗汉山子厂
得宝坪厂	永北直隶厅	乾隆五十八年	十三万二千	
大功厂	大理府云龙州	乾隆三十八年	八十万至一百万	乐依山子厂 蛮浪山子厂
香树坡厂	楚雄府南安州	乾隆九年	一千七八百至二千四五百	
双龙厂	曲靖府寻甸州	乾隆四十六年	九千至一万	
汤丹厂	东川府会泽县	雍正四年改归滇省采办	八九十万至一二百万	九龙箐子厂 聚宝山子厂 观音山子厂 岔河子厂 大碛子厂
碌碌厂	东川府会泽县	雍正四年改归滇省采办	八九十万至一百余万	兴隆子厂 龙宝子厂 多宝子厂 小米子厂
大水沟厂	东川府会泽县	雍正四年改归滇省采办	一二十万至四五十万	联兴子厂
茂麓厂	东川府会泽县	乾隆三十三年	八九万至十余万	普腻子厂
乐马厂	昭通府鲁甸厅	乾隆十八年	五六千至二三万	
梅子沱厂	昭通府永善县	乾隆三十六年	三四万	
人老山厂	昭通府大关厅	乾隆十七年	二三千至四五千	
箭竹塘厂	昭通府大关厅	乾隆十九年	二三千至四五千	
长发坡厂	镇雄直隶州	乾隆十年	八九千至一万一二千	
小岩坊厂	昭通府永善县	乾隆二十四年	一万二三千至二万余	
凤凰坡厂	澄江府路南州	乾隆六年	七八千至一万一二千	
红石岩厂	澄江府路南州	乾隆六年	七八千至一万一二千	
大兴厂	澄江府路南州	乾隆二十三年	八九十万至一百余万	

续表

铜厂名	坐落府州县	开采年代	每年约产铜数（斤）	子厂
红坡厂	澄江府路南州	乾隆三十五年	七八千至一万余	
发古厂	曲靖府寻甸州	乾隆三十六年	二三十万斤	
大风岭厂	东川府会泽县	乾隆十五年	二三万至十余万	杉木箐子厂 大寨子厂
紫牛坡厂	东川府会泽县	乾隆四十年	六七万至十万余	
青龙厂	元江直隶厅	康熙三十七年	二三万至六七万	
回龙厂	丽江府	乾隆四十二年	五六万	
白羊厂	大理府云龙州	乾隆三十五年	八九万至十万余	
马龙厂	楚雄府南安州	雍正七年	一万二三千至二万余	
寨子箐子厂	楚雄府南安州	乾隆三十六年	六七千至万余	
秀春厂	楚雄府定远县	乾隆四十三年	一二千至三千余	
义都厂	云南府易门县	乾隆二十三年	十万余至三四十万	
万宝厂	云南府易门县	乾隆三十六年	十五六万至二三十万	
大宝厂	武定直隶州	乾隆三十年	四五千至六七千	
大美厂	云南府罗次县	乾隆二十八年	一二万至四五万	
狮子尾厂	武定直隶州禄劝县	乾隆三十八年	一二万	
绿硔硐厂	临安府宁州	嘉庆十一年	一万七千	
鼎新厂	临安府建水县	嘉庆十一年	六千一百	
竜邑厂	开化府文山县	乾隆三十三年	七八千至万余	
者襄厂	开化府文山县	雍正八年	十八九万至二十一二万	
金钗厂	临安府蒙自县	无案可稽	二三十万	

资料来源：戴瑞征撰《云南铜志》卷一，厂地上、下。引自方国瑜主编《云南史料丛刊》第十二卷，云南大学出版社，2001，第717~746页。

由表7-4可知：嘉庆时期（1796~1820），云南在采铜厂有38个，加上子厂19个，合计57个。这些铜厂分布在东川府、曲靖府、昭通府、云南府、澄江府、顺宁府、大理府、楚雄府、丽江府、临安府、开化府以及永北、武定、镇雄、元江直隶厅（州）等，共15个府或直隶厅（州）。清代云南有24个府和直隶厅（州），近三分之二的府和直隶厅（州）内有铜厂，可见云南铜厂分布之广泛。当时仍在开采的38个铜厂中，开采于康熙时期的1个、雍正时期的5个、乾隆时期的29个、嘉庆时期2个，开采时间不详的1个，可见76%以上的铜厂开采于乾隆时期。

在这些铜厂中，每年产铜100万斤以上的有4个厂，即大功厂、汤丹厂、碌碌厂和大兴厂；每年产铜10万斤以上至90万斤的有19个；其余15个年产铜仅五六万斤，最少仅一二千斤不等。

道光中期，有两位督抚大吏详细记载了当时云南铜厂的分布及其概况。一位是道光六年（1826）至十五年（1835）任云贵总督的阮元，纂修了道光《云南通志》；另一位是道光二十三年（1843）至二十五年（1845）任云南巡抚、署云贵总督的吴其濬，著有《滇南矿厂图略》。兹根据道光《云南通志》和《滇南矿厂图略》，列表7-5介绍道光中期云南铜厂的分布及其概况。

表7-5 道光中期云南在采铜厂分布与概况

单位：斤

铜厂名 （所在府州县）	开办年代	额定产量	供销渠道	子厂
汤丹厂 （东川府巧家厅）	明代已开	乾隆四十四年 3160000 嘉庆七年 2300000 道光实办 2081500	专供京运	九龙箐厂 观音山厂 聚宝山厂 裕源厂 岔河厂
碌碌厂 （东川府会泽县）	雍正四年	乾隆四十三年 1240040 乾隆四十六年 823992 嘉庆七年 620000 道光实办 561100	专供京运	龙宝厂 兴隆厂 多宝厂 小米山厂
大水沟厂 （东川府巧家厅）	雍正四年	乾隆四十三年 510000 嘉庆七年 480000 道光实办 362000	专供京运	联兴厂 聚源厂
大风岭厂 （东川府巧家厅）	乾隆十五年	乾隆四十三年 80000 道光实办 72000	先供省铸 后改京运	大寨子厂、杉木 箐子厂
紫牛坡厂 （东川府巧家厅）	乾隆四十三年	乾隆四十三年 3300 道光实办 29700	先供省铸 后改京运	
茂麓厂 （东川府巧家厅）	乾隆三十三年	乾隆四十三年 280000 道光实办 253396	专供京运	普腻山厂
人老山厂 （昭通府大关厅）	乾隆十七年	乾隆四十三年 4200 道光实办 3780	专供京运	

续表

铜厂名 （所在府州县）	开办年代	额定产量（斤）	供销渠道	子厂
箭竹塘厂 （昭通府大关厅）		乾隆四十三年 4200 道光实办 3780	专供京运	
乐马厂 （昭通府鲁甸厅）	乾隆十八年	乾隆四十三年 36000 嘉庆十二年 10000 道光实办 9000	专供京运	
梅子沱厂 （昭通府永善县）	乾隆三十六年	乾隆四十三年 40000 嘉庆十二年 20000 道光实办 18000	专供京运	
长发坡厂 （镇雄州）	乾隆十年	乾隆四十三年 13000 道光实办 11700	专供京运	
小岩坊厂 （昭通府永善县）	乾隆二十五年	乾隆四十三年 22000 道光实办 19800	专供京运	
万宝厂 （云南府易门县）	乾隆三十七年	乾隆四十三年 300000 道光实办 271500	供省铸及采买	
大美厂 （云南府罗次县）	乾隆三十七年	乾隆四十四年 24000 道光实办 32400	供省铸及采买	老硐箐厂
狮子尾厂 （武定州禄劝县）	明代即有乾隆 三十七年复开	乾隆四十三年 2400 乾隆四十五年 3600 道光实办京铜 5400	供省铸及采买 改供京运	
大宝厂 （武定州）	乾隆三十年	乾隆四十三年 7200 道光实办 8640	供省铸及采买	亮子地厂 绿狮子厂 马英山厂
凤凰坡厂 （澄江府路南州）	明代开采乾隆 六年复开	乾隆四十三年 12000 道光实办 10800	供省铸及采买	
义都厂 （云南府易门县）	乾隆二十三年	乾隆四十三年 80000 道光实办 72000	供省铸及采买	
红石岩厂 （澄江府路南州）	乾隆六年复开	乾隆四十三年 12000 道光实办 10800	供省铸及采买	
红坡厂 （澄江府路南州）	乾隆二十五年	乾隆四十三年 48000 道光实办 43200	供省铸及采买	
大兴厂 （澄江府路南州）	乾隆二十三年	乾隆四十三年 48000 道光实办 43200	供省铸及采买	腾子箐厂

铜厂名 （所在府州县）	开办年代	额定产量（斤）	供销渠道	子厂
发古厂 （曲靖府寻甸州）	乾隆三十七年	乾隆四十三年 48000 道光实办 43200	供省铸及采买	
双龙厂 （曲靖府寻甸州）	乾隆四十六年	乾隆四十八年 13500 道光实办 10800	供京运或省铸	茨营厂
金钗厂 （临安府蒙自县）	康熙四十四年	乾隆四十三年 900000 道光实办 450000 又子厂京铜 400000	供采买	老硐坪厂
绿矿硐厂 （临安府宁州）	嘉庆十一年	嘉庆十三年 12000 道光实办 9700	供省铸	
青龙厂 （元江厅）	康熙时开	乾隆四十三年 60000 道光实办 54000	供省铸及采买	猛仰厂
宁台厂 （顺宁府）	乾隆九年	乾隆四十六年 2900000 道光实办京铜 2900000 省铜 589537	供京运、省铸 采买	水泄厂 底马库厂 荃麻岭厂 罗汉山厂
白羊厂 （大理府云龙州）	乾隆三十五年	乾隆四十三年 108000 道光实办 97200	供采买	
大功厂 （大理府云龙州）	乾隆三十八年	乾隆四十三年 400000 道光实办京铜 312000	供京运省铸 采买	乐依山厂 者甸厂 蛮浪山厂 核桃坪厂 沙河厂
寨子箐厂 （楚雄府南安州）	乾隆三十六年	乾隆四十三年 11200 道光实办 10080	供京运省铸 采买	
马龙厂 （楚雄府南安州）	雍正七年	乾隆四十三年 4400 道光实办 3960	供省铸及采买	
香树坡厂 （楚雄府南安州）	康熙时开 乾隆九年复开	乾隆五十二年办京 铜 100000 道光实办京铜 100500 省铜 24249	供京运省铸	
秀春厂 （楚雄府定远县）	乾隆四十六年	乾隆五十年 4500 道光实办 3600	供省铸及采买	

续表

铜厂名 (所在府州县)	开办年代	额定产量(斤)	供销渠道	子厂
回龙厂 (丽江府)	乾隆三十八年	乾隆四十五年 70000 道光实办省铜 63000 加办京铜 20000	供省铸及采买	札朱厂 来龙厂 必多山厂
得宝坪厂 (永北直隶厅)	乾隆五十八年	嘉庆三年 1200000 道光十四年 600000 道光又减 300000 道光实办 270000	专供京运	

说明：1. 子厂包括已停采者；子厂不另计定额。

2. 额定产量指平年，闰年另加十二分之一左右。

3. 道光实办，指道光二十五年左右实际办获之课余额，即不包括征课铜。

4. 据《滇南矿厂略》：凡京运厂额铜 7645650 余斤，凡省铸、采买厂额铜 1700710 余斤，合计厂额铜 9346370 余斤。

资料来源：阮元等纂修道光《云南通志》卷 75，食货志八·铜厂上、下；吴其濬纂《滇南矿厂略》（下）。参阅许涤新、吴承明主编《中国资本主义的萌芽》，人民出版社，1985，第 493~496 页，表 5-4 清代云南铜厂概况。

由表 7-5 可知，道光中期，云南全省在采铜厂 36 个，加上子厂 32 个，共 68 个，比嘉庆时多 11 个，这些铜厂分布的地区及所在府州县与嘉庆时大致相同。至于各个铜厂的产量，嘉庆时期表中列入"每年约出铜"的数量，当为实际产铜的估计数；道光中期表中列入的是额定数和道光实办数，因此两个时期的铜产数没有可比性。此外，两个时期，滇铜供销渠道，京运、省铸、采买也基本相同。从乾隆四十三年起，清政府对云南铜厂分别额定产量，即规定每年产铜数量。从表中看到额定产量最多的是汤丹厂，多达 316 万斤；其次是宁台厂，为 290 万斤；第三是碌碌厂，为 124 余万斤；第四是得宝坪厂，为 120 万斤。这是道光中期以前云南最大的四个铜厂。此外，大水沟厂、茂麓厂、万宝厂、金钗厂、大功厂等，额定产铜为数十万斤，也是比较大的铜厂。

道光《云南通志》除了记载道光中期云南在采的铜厂外，还以"附录"形式记载了当时"已封"的铜厂，从而为我们保留了道光十五年以前云南铜厂的分布及其基本情况。兹据其所载，列表 7-6 以观之。

表 7 - 6　道光中期云南已封铜厂一览

铜厂名	坐落地方	开采年代	封闭年份
猛萨厂	普洱府	康熙四十四年	乾隆十四年
子母铜厂	昆阳州	康熙四十四年	乾隆四十二年
寨子山厂	易门县	康熙四十四年	乾隆四十一年
永兴等厂	宁州	康熙四十四年	乾隆二年
龙宝等厂	路南州	康熙四十四年	乾隆五年
二郎山厂	赵州	康熙四十四年	乾隆十五年
铜矿箐厂	永平县	康熙四十四年	乾隆十四年
临江等厂	顺宁府	康熙四十四年	乾隆五年
白沙等厂	和曲州	康熙四十四年	无考
斐母、三元等厂	建水州	康熙四十四年	无考
乌龙厂	宣威州	康熙四十四年	乾隆三年
兴国厂	宣威州	康熙四十四年	无考
者襄厂	开化府	康熙四十四年	无考
发济厂	禄劝州	康熙四十四年	无考
青阳厂	永平县	乾隆十三年	乾隆三十八年
三才厂	罗次县	雍正二年	乾隆三年
大石硐厂	宜良县	无考	无考
芹菜箐厂	和曲州	无考	无考
多那厂	寻甸、禄劝交界处	乾隆十二年	乾隆二十五年
阿白租厂 （阿坝租厂）	东川府	乾隆九年	乾隆十五年
白龙厂	宁洱县	康熙四十四年	乾隆十四年
龙宝大山厂	宣威州	乾隆七年	乾隆十八年
安库山厂	腾越州	乾隆八年	乾隆三十五年
白石岩厂	平彝县	乾隆八年	乾隆十七年
日见汛厂	丽江府	乾隆十年	乾隆四十一年
双象厂	广通县	乾隆十年	乾隆十六年
半个山厂	平彝县	乾隆十年	乾隆二十年
太和厂	新平县	康熙六十年	乾隆十八年
普尾厂	东川府	雍正四年	乾隆十年
虑姑厂	会泽县	雍正十三年	乾隆七年
多乐厂	寻甸、会泽交界处	乾隆三年	乾隆七年
雾露河厂	东川府	乾隆二十九年	乾隆三十二年
凤凰妥木厂	会泽县	乾隆三十三年	乾隆四十三年
波罗箐厂	会泽县	乾隆三十七年	乾隆三十九年

铜厂名	坐落地方	开采年代	封闭年份
新裕厂	沾益县	乾隆四十六年	乾隆四十六年
阿紫柏厂	罗平州	雍正十二年	乾隆三年
鲁机厂	罗平州	乾隆二十三年	乾隆二十七年
鲁法厂	罗平州	乾隆十八年	乾隆十八年
溜槽山厂	马龙州	乾隆二十六年	乾隆二十九年
西沟厂	马龙州	乾隆二十七年	乾隆二十八年
深沟冲厂	平彝县	乾隆二年	乾隆三年
紫荆冲厂	平彝县	乾隆二十二年	乾隆二十五年
回龙厂	平彝县	乾隆二十五年	乾隆二十六年
补都箐厂	平彝县	乾隆二十五年	乾隆二十五年
香冲厂	平彝县	乾隆三十九年	乾隆三十九年
二道箐厂	宣威州	乾隆三十三年	乾隆三十三年
大龙箐厂	路南州	雍正五年	乾隆五年
象牙厂	路南州	乾隆十年	乾隆十一年
母鸡厂	路南州	乾隆二十三年	乾隆二十四年
五老山古埂厂	河阳、江川交界处	乾隆二十五年	乾隆二十九年
太极厂	江川县	乾隆四十三年	乾隆四十六年
大古厂	弥勒县	乾隆二十四年	乾隆二十五年
弓背河厂	恩安县(昭通县)	乾隆二十六年	乾隆二十六年
龙塘厂	镇雄州	乾隆十年	乾隆二十五年
大鱼井厂	镇雄州	雍正十一年	乾隆七年
宝象山厂	赵州	乾隆二十三年	乾隆二十三年
炎山厂	云龙州	乾隆九年	乾隆十一年
凤凰厂	南安州	雍正二年	乾隆五年
惠隆厂	姚州	康熙间	乾隆十年
白马直厂	姚州	乾隆二十三年	乾隆二十七年
猛冈河厂	定远县	乾隆二十六年	乾隆三十九年
天象厂	广通县	雍正二年	乾隆五年
打盹山厂	顺宁府	乾隆五年	乾隆九年
大豫厂	永平县	乾隆三十九年	乾隆三十九年
罗汉山厂	永昌府	乾隆二十三年	乾隆二十四年
肆洪厂	保山县	乾隆二十五年	旋即封闭
李家山厂	腾越州	雍正十三年	乾隆三年
沐龙厂	丽江府	乾隆二十四年	乾隆二十五年
白驴厂	丽江府	乾隆三年	乾隆五年

铜厂名	坐落地方	开采年代	封闭年份
那水杞厂	永北厅	乾隆二十四年	乾隆三十一年
桅杆山厂	宜良县	乾隆十七年	乾隆二十二年
大铜山厂	宜良县	乾隆二十一年	乾隆三十一年
二租租厂	宜良县	乾隆三十三年	乾隆三十九年
老矿厂	嵩明县	乾隆二十二年	乾隆二十四年
九渡箐厂	安宁州	乾隆三十七年	乾隆四十一年
大坝河厂	罗次县	乾隆十七年	乾隆二十三年
冷水沟厂	罗次县	乾隆二十七年	乾隆二十八年
去硐箐厂	禄丰县	乾隆二十八年	乾隆二十八年
水泄厂	易门县	雍正十三年	乾隆三年
四尖山厂	武定州	乾隆二十八年	乾隆三十年
安封厂	元谋、武定交界处	乾隆四十四年	不详
旧山箐厂	和曲州	乾隆九年	乾隆十三年
老保厂	和曲州	乾隆十九年	乾隆二十七年
那白厂	建水县	雍正六年	乾隆四年
豹子箐厂	建水县	乾隆九年	乾隆十一年
灵丹厂	建水县	雍正二十四年	乾隆二十五年
黑山水箐厂	建水县	乾隆二十五年	乾隆二十五年
落水硐厂	建水县	乾隆二十七年	乾隆二十九年
个旧厂	建水县	乾隆二十八年	（注1）
双岩厂	建水县	乾隆二十九年	乾隆三十八年
鲁纳厂	建水县	乾隆三十三年	乾隆三十八年
波迷厂	建水县	乾隆三十四年	乾隆三十八年
翠柏厂	建水县	乾隆三十七年	乾隆三十九年
大多山厂	建水县	乾隆三十九年	乾隆四十年
美五寨厂	阿迷州	乾隆二十二年	乾隆二十二年
象山厂	宁州	乾隆二十二年	乾隆二十五年
观音山厂	宁州	乾隆十九年	乾隆二十一年
永盛厂	宁州	乾隆九年	乾隆十一年
尖山厂	宁州	乾隆二十四年	乾隆四十一年
元丰厂	元江州	雍正九年	乾隆三年
易得岭厂	新平县	乾隆九年	乾隆十一年
东山哨厂	新平县	乾隆四十三年	嘉庆九年
密得孔子厂	新平县	乾隆四十七年	嘉庆九年
乐施达厂	新平县	乾隆十二年	乾隆十二年

续表

铜厂名	坐落地方	开采年代	封闭年份
慢竹箐厂	他郎厅	乾隆四十五年	乾隆四十九年
铁厂河厂	镇沅州	雍正十三年	乾隆三年
户蒜厂	永昌府	不详	嘉庆六年

注：个旧厂"本是锡厂，矿内夹有铜气，因质杂难分，堆贮厂内。乾隆二十八年，江苏采买，无铜，赴个旧厂运铜矿至省煎成二十余万斤，次煎铜一万余斤，积矿尽矣。"道光《云南通志》卷75，食货志八·铜厂下。引自《云南史料丛刊》第十二卷，第653页。

资料来源：阮元等纂修：道光《云南通志》卷75，食货志八·铜厂下。引自方国瑜主编《云南史料丛刊》第十二卷，云南大学出版社，2001，第647~655页。

由表7-6可知，道光十五年（1835）以前，云南原来的铜厂中有107个已经封闭。[①] 这些铜厂分布的地区，除上述嘉庆、道光时期的范围外，还有滇西南地区的普洱府和镇沅直隶厅以及滇西地区的永昌府、滇南地区的广西直隶厅。这107个铜厂中，开采于康熙时期的有17个，开采于雍正时期的有13个，开采年代不详或无考的有3个，其他74个开采于乾隆时期；乾隆时期先后在采的铜厂多达99个。此外，这些已经封闭的铜厂中，有不少曾年产数十万斤甚至百数十万斤者，如会泽县多那厂"岁办铜二十万至五十万斤"，寻甸与会泽交界处的多乐厂"岁办铜三十万斤"，和曲州老保厂"岁办铜二三十万斤"，宜良大铜山厂"岁办铜数数十万至百数十万斤不等"，安宁州九渡箐厂"岁办数万及数十万斤不等"，建水县翠柏厂"岁办铜数万斤至二十余万斤不等"，宁州象山厂"岁办铜数十万斤及数百万斤不等"，宁州尖山厂"乾隆二十四年开采，岁办铜四五十万斤；三十四年，岁办铜九十余万斤"。可见已封闭厂中也有一些是年产铜数十万斤甚至上百万余斤的较大的铜厂。

由上所述可知，清代前期，云南先后报开的铜厂有175个，占全国铜厂总数292个的59.93%，是全国铜厂最多的省份。这些铜厂分布在滇东

---

① 上文表7-1清代前期全国矿厂数统计引彭泽益编《中国近代手工业史资料》"清代矿厂统计"称："从清初至道光18年，云南先后报开的铜厂有175个。道光《云南通志》载：道光中期云南在采的铜厂36个，加上子厂32个，合计68个；附录中记载道光十五年前已封铜厂107个，在采与已封相加相共计175个。此与彭泽益先生的统计相吻合。

北、滇西、滇中、滇南以及滇西南的广大地区，在全省 24 个府及直隶厅（州）中，有 19 个府及直隶厅（州）分布有铜厂，即东川府、曲靖府、昭通府、云南府、澄江府、顺宁府、大理府、丽江府、临安府、开化府、普洱府、永昌府以及永北、武定、镇雄、元江、镇沅、广西直隶厅（州），即 79% 的行政建制地区都有铜厂；在全省约 130 个州县中，有铜厂者为 53 个，① 占 40% 以上，可见铜厂分布颇为广泛。云南铜厂大多开采于康熙中后期，② 迄于乾隆时期铜厂数剧增，先后开采的铜厂多达 135 个，③ 占清代前期云南先后报采铜厂 175 个的 77%。换言之，近五分之四的铜厂在乾隆时期已经先后进行生产，可见乾隆时云南铜厂数之巨大。从产铜数量而言，清代前期，云南最大的铜厂首推东川府巧家厅的汤丹厂，其次是顺宁府的宁台厂、东川府会泽县的碌碌厂、永北厅的得宝坪厂、澄江府路南州的大兴厂、大理府云龙州的大功厂以及临安府的金钗厂等。这七个大厂曾经年产铜一百万至几百万斤，是清代前期云南铜矿业的支柱（详见下文）。

三　滇铜的七大铜厂

如上所述，在清代前期先后开采的云南 175 个铜厂中，有 7 个年产铜 100 万斤以上的大厂，即汤丹厂、宁台厂、碌碌厂、得宝坪厂、大兴厂、大功厂和金钗厂，兹分别简述如下。

1. 汤丹厂

汤丹厂坐落在东川府巧家厅西北的汤丹山，前属会泽县，距东川府城 160 里。相传开采于明末。东川初隶四川，厂已开采。雍正四年

---

① 这 53 个州县是：安宁县、禄丰县、昆阳州、易门县、嵩明县、罗次县、宜良县、武定州、禄劝县、元谋县、沾益州、宣威州、马龙州、陆良州、罗平州、平彝县、寻甸州、河阳县、江川县、路南州、广西州、弥勒县、会泽县、巧家厅、恩安县、鲁甸厅、永善县、大关厅、彝良县、镇雄州、太和县、赵州县、云龙州、广通县、定远县、南安州、永北厅、丽江县、保山县、永平县、腾冲厅、顺宁县、建水县、阿迷州、宁州、蒙自县、和曲州、文山县、宁洱县、他郎厅、镇沅县、元江州、新平县。

② 康熙四十四年，云贵“总督贝和诺题开”铜厂 19 个之多。见表 7-3。

③ 道光中期仍在采的 36 个铜厂、道光十五年以前已封的 99 个铜厂，均为乾隆时期进行生产的铜厂，两者合计 135 个。详见阮元等：道光《云南通志》卷 74、卷 75，铜厂上、下。引自《云南史料丛刊》第十二卷，第 638～655 页。

（1726），改隶云南，总督鄂尔泰题开汤丹铜厂。"雍正十一、二、三年（1733、1734、1735），岁获铜二、三、四百万斤。乾隆元年（1736）至五年（1740），岁获铜五、六百万斤至七百五十余万斤，供京铜之外尚给各省采买，称极盛。后出铜渐少，至二百余万斤。四十三年（1778），定年额三百一十六万余斤，专供京局。每铜百斤抽课十斤，归公铜三斤，养廉铜一斤，耗铜一斤，通商铜十斤。三百五十斤捐铜一斤。东川府管理。……嘉庆七年（1802），定年额铜二百三十万斤，遇闰办铜二百四十九万一千六百六十九斤。每铜百斤价银七两四钱五分二厘。迤东道专管，东川府经营。"① 道光时，"实办课余底本额京铜二百八万一千四百九十九斤十五两六钱"。②

汤丹厂下属子厂六个：九龙箐子厂，位于汤丹厂西南一百里，于乾隆十六年（1751）开采，年获铜三四十万斤；聚宝山子厂，在汤丹厂西七十里，乾隆十八年（1753）开采，年获铜五六十万斤；观音山子厂，在汤丹厂西八十里，乾隆二十三年（1758）开采，年获铜三四十万斤，即在汤丹厂年额之内；裕源子厂，距汤丹厂六十里，乾隆四十七年（1781）开采，年获铜八九万斤。③ 此外，还有岔河子厂，于乾隆六十年（1795）开采；大碰子厂，于嘉庆二年（1791）开采，其办获铜斤不详。以上子厂"办获铜斤，悉照老厂（即汤丹厂）事例，通商抽课，给价收买，运交老厂补额"。④

2. 宁台厂

宁台厂在顺宁府顺宁县（今凤庆县）东北五百二十里宁台山。"乾隆九年（1744）开采，年获铜八、九万斤。后厂衰矿绝，于附近踩获（踏勘发现）水泄子厂，获铜如初。三十八年（1763）踩获芦塘子厂，年获铜七十余万至三百余万不等。四十六年（1781）定年额铜二百九十万斤。

---

① 阮元等：道光《云南通志》第75卷，食货志八·铜厂上。引自《云南史料丛刊》第十二卷，第638页。
② 吴其濬：《滇南矿厂图略》（下），铜厂第一。第3页。
③ 岑毓英修、陈灿：光绪《云南通志》卷74，矿产二。光绪二十年刻本，第38、39页。
④ 戴瑞征编《云南铜志》卷一，厂地上。引自《云南史料丛刊》第十二卷，第724页。

内紫板铜九十万斤拨外省采买，蟹壳铜二百万斤价银五两一钱五分二厘；蟹壳铜照大功厂例，不抽公廉、耗铜，每百斤价银六两九钱八分七厘。先系专员管理，五十一年（1788）归顺宁县管理。……嘉庆四年（1799），因得宝坪厂旺，酌减宁台（厂）之额，每年办蟹壳铜一百四十万斤、紫板铜五十万斤。（后因京铜不敷）仍照旧额。十六年（1811）加办蟹壳铜六十万斤，计年办蟹壳铜二百六十万斤，紫板铜九十万斤。今（道光时）年办额铜三百八十万斤，遇闰办铜四百一十一万六千六百六十六斤。迤西道专管委员管理。"① 宁台厂"在乾隆朝后期，即约1785年以后，……就已取代汤丹厂，成为云南第一大厂"。②

宁台和下属子厂四个：水泄子厂，乾隆五十四年（1789）开采，距宁台厂三站；底马库子厂，乾隆五十一年（1786）开采，距宁台厂三站；荃麻岭子厂，道光三年（1823）开采，距宁台厂九站；罗汉山子厂，道光四年（1824）开采，距宁台厂七站。这些子厂产铜数量不详，"其办获铜斤，悉照老厂（即宁台厂）事例，通商抽课，给价收买，运交老厂补额"。③

3. 碌碌厂（今落雪矿）

碌碌铜厂，在会泽县西落雪山，距东川府城一百六十里。原系四川省经营，雍正四年（1726）改归滇省采办，每年约出铜八九十万斤及一百余万斤不等，并未定额通商，亦未抽收公廉、耗。每办获铜百斤内，抽收课铜十斤，官买余铜九十斤。每百斤给银六两。所收课余铜斤，备供本省局铸，及江、楚等省采买解京之用。雍正十二年（1734）奏准：每办获铜百斤内，抽收课铜十斤，另抽公廉、捐耗铜四斤二两，官买余铜八十五斤十四两。每百斤给价银六两九钱八分七厘。乾隆二十七年（1762）又加为银七两四钱五分二厘。乾隆三十八年（1773）奏准：每办铜百斤内，给与厂民通商铜十斤，照前抽收课铜及公廉、捐耗铜斤，官买余铜七十五斤十四两，每百斤给银八两一钱五分一厘。乾隆三十九年

---

① 岑毓英等：光绪《云南通志》卷75，矿厂三，光绪二十年刻本，未注页码。
② 杨煜达、潘威：《政府干预与清代滇西铜业的兴盛——以宁台厂为中心》，杨伟兵主编《明清以来云贵高原的环境与社会》，东方出版中心，2010年，第71页。
③ 戴瑞征：《云南铜志》卷一，厂地上。引自《云南史料丛刊》第十二卷，第719页。

（1774），停止加价，每余铜百斤，照旧给价银七两四钱五分二厘。四十三年（1778 年）奏定：年办额铜一百二十四万四千斤。四十六年（1781）因磠硐覆压，屡提无效。经督抚奏准，酌减铜四十二万余斤，每年只办额铜八十二万三千九百九十二斤。嘉庆七年（1802）因该厂砿砂质薄，出铜短缩。经奏请酌减铜二十万三千九百九十二斤，每年少办额铜六十二万斤。① 道光时，"实办课余底本额京铜五十六万一千一百斤"。②

碌碌厂下属四个子厂：兴隆子厂，开采于乾隆十九年；龙宝子厂，开采于乾隆十九年；多宝子厂，开采于乾隆六十年；小米山子厂，开采于嘉庆二年。"各子厂办获铜斤，悉照老厂（即碌碌厂）事例，通商抽课，给价收买，发运老厂交收，转运补额。"③

4. 得宝坪厂

得宝坪铜厂，坐落于永北同知地方（今永胜县）。乾隆五十八年（1793）因其产铜丰厚，议准其开采，每年认办铜一十三万二千斤。照大功厂奏准之例，每办铜百斤内，给与厂民通商铜十斤，抽收课铜十斤，官买余铜八十斤，每百斤给价银六两九钱八分七厘。所收课余铜斤，备供京运及本省局铸、各省采买之用。至嘉庆三年（1798），递加至年办额铜一百二十万斤，遇闰加办铜十万斤；十六年（1808）减为年办铜六十万斤。照旧通商抽课，余铜给价收买，发运下关店交收转运。自该厂至下关店十站半。④ 道光时"实办课余额京铜二十七万斤"。⑤

5. 大兴厂

大兴铜厂，坐落于澄江府路南州地方（今石林县）。乾隆二十三年（1758）开采，每年约出铜八九十万斤及一百余万斤不等，并未定额通商。照雍正十二年奏准之例，每办获铜百斤内，抽收课铜十斤，又抽公廉、捐耗铜四斤二两。官买余铜八十五斤十四两，每百斤给价六两九钱

---

① 戴瑞征：《云南铜志》卷一，厂地上。引自《云南史料丛刊》第十二卷，第 724 页。
② 吴其濬：《滇南矿厂图略》（下），铜厂第一，第 3 页。
③ 戴瑞征：《云南铜志》卷一，厂地上。引自《云南史料丛刊》第十二卷，第 725 页。
④ 戴瑞征：《云南铜志》卷一，厂地上。引自《云南史料丛刊》第十二卷，第 720 页。
⑤ 吴其濬：《滇南矿厂图略》（下），铜厂第一，第 8 页。

八分七厘。所收课余、公廉、捐耗铜斤，备供京运及本省局铸、各省采买之用。自乾隆三十三年（1768）起，于例定价格外，每百斤暂行加银六钱，连原给例价，合每余铜百斤给价银七两六钱八分五厘。乾隆三十八年（1773），奏准通商，每办铜百斤，给与厂民通商铜十斤。三十九年（1774），停止加价。四十三年（1778）奏定，年办额铜四万八千斤，遇闰加办铜四千斤。照旧通商，抽收课、廉等铜，余铜给价收买。如拨京运，自厂至贵州省威宁州城一站，共计十站。① 道光时"实办课余额京局铜四万三千二百斤"。②

大兴厂下属一个子厂，即腾子箐子厂，在路南州东三十五里，开采于乾隆五十一年，③ 其产铜情况不详。

6. 大功厂

大功铜厂，在大理府云龙州西北三百二十里大功山。于乾隆三十八年（1773）开采，每年出铜约八十余万及一百万余斤不等，并未定额。经督抚奏准，办获铜百斤内，给与厂民通商铜十斤，抽收课铜十斤，官买余铜八十斤，每百斤照加价之例，给银七两六钱八分五厘。所收课余铜斤，备供京运及各省采买之用。三十九年（1774），停止加价，每余铜百斤，给价银六两九钱八分七厘。四十三年（1778）奏定年办额铜四十万斤，遇闰办铜四十三万三千三百三十三斤。每百斤抽课十斤、通商十斤，收买余铜八十斤。所收课余铜斤，发运下关店交收转运。自厂至下关店，共十二站半。④ 道光时"实办课余底本额京铜三十六万一千九百九十九斤十五两七钱"。⑤

大功厂下属五个子厂：乐依山子厂（乾隆五十三年开采）、蛮浪山子厂（乾隆五十八年开采）、可者甸厂（开采年代不详）、核桃坪厂（开采年代不详）和沙河厂（开采年代不详）。这些子厂，"办获铜斤，悉照老

---

① 戴瑞征：《云南铜志》卷一，厂地上。引自《云南史料丛刊》第十二卷，第733、734页。
② 吴其濬：《滇南矿厂图略》（下），铜厂第一，第6页。
③ 岑毓英、陈灿：光绪《云南通志》卷75，铜厂下，光绪二十年刻本，未注页码。
④ 戴瑞征：《云南铜志》，卷一，厂地上。引自《云南史料丛刊》第十二卷，第720、721页。
⑤ 吴其濬：《滇南矿厂图略》（下），铜厂第一，第8页。

厂（即大功厂）事例，通商抽课，给价收买，运交老厂补额"。①

7. 金钗厂

金钗铜厂，在临安府蒙自县西南九十里。康熙四十四年（1705）云贵总督贝和诺题开，无定额。四十九年（1710），收获各厂课息银九千六百二十五两，后为每年定额。每铜百斤，抽收课铜二十斤，外收小铜九斤。王昶《云南铜政全书》：金钗厂年获铜一二十万至一百六十万不等。乾隆四十三年（1778）定年额铜九十万斤。其铜中夹铅，色黯，称低铜，只供各省采买。一成通商，不抽课。因矿中夹有银气，每铜百斤价银四两六钱，内抽小课银一钱。案册：遇闰办铜九十七万斤。临安府专管，蒙自县经管。② 道光时"实办无课余采铜四十五万斤"。③

金钗厂下属有一个子厂：老硐坪厂，位于建水猛喇掌寨，"道光十三年（1833）开，抽课通商如例，供京运。今实办课余京铜四十万斤"。④

以上汤丹、宁台、碌碌、大兴、大功、金钗六大铜厂均有其子厂，其中汤丹厂多达6个，宁台和碌碌也各有4个。所谓"子厂"，就是将旧矿附近发现的新矿，定为旧矿的"子厂"。盖于乾隆中叶以后，云南的督、抚等官吏为了保持交铜定额，便多方开辟新铜源"以赢补绌"，并向朝廷奏报新近勘得的铜矿及其试采的情况。为便于管理，他们将新发现的中小铜矿划为各大厂的"子厂"，并将其行政与技术管理、抽收课余铜斤及核报工本价值等均由"母厂"负责。"子厂"一般不直接与官府打交道。"子厂"有时也会吸取一些"母厂"的技术和管理经验，减少在同一矿区内的一些冲突摩擦。如果"母厂"直接经营"子厂"，还可以在财政和产量上互相调剂。这种"子厂"制度的推行，对于主要矿区的普遍勘查和开发，对于保持滇铜的产量，是有一定作用的。⑤ 上述云南铜矿业的七个大厂，都曾经年产铜100万斤以上，其中宁台厂多至380余万斤，汤

---

① 戴瑞征：《云南铜志》卷一，厂地上；引自《云南史料丛刊》第十二卷，第721页。吴其濬：《滇南矿厂图略》（下），铜厂第一，第8页。
② 岑毓英、陈灿：光绪《云南通志》卷75矿厂三，光绪二十年刻本，未注页码。
③ 吴其濬：《滇南矿厂图略》（下），铜厂第一，第10页
④ 吴其濬：《滇南矿厂图略》（下），铜厂第一，第10页
⑤ 韦庆远：《清代前期的商办矿业及其资本主义萌芽》，《档房论史文编》，福建人民出版社，1984，第163、164页。

丹厂更多达 750 余万斤。这七个大铜厂，开采于康、雍、乾时期，其中乾隆时开采者多；而且一直开采至道光之世。这几个铜厂，除金钗厂外，政府征收课铜都是每百斤抽收十斤，即税率为 10%；厂民自卖的通商铜都是一成，即 10%；余铜收购官价，最高是汤丹厂和碌碌厂，每百斤铜的价格皆为银 7.453 两；宁台厂、大兴厂和大功厂，均为 6.987 两；金钗厂最低，仅为 4.600 两。从供销方面来看，汤丹厂、碌碌厂和得宝坪厂生产的铜，全部是专供京运（运京铸钱）；宁台厂、大兴厂和大功厂生产的铜，主要供京运、省铸（在省铸钱）和采买（供其他十一省购买）；金钗厂生产的铜，只供各省采买。汤丹等七大铜厂，是乾隆嘉庆时期滇铜达于极盛的支柱。

四 滇铜的经营与管理

（一）经营方式

清代前期，云南铜厂都是商民投资的私营企业。如上所述，当时的铜厂大多是四川、湖北、湖南、江西和广东的富商巨贾，投入巨额资金进行开采，"每开一厂，率费银十万、二十万两不等"。商民投资办厂是当时唯一的经营方式。以乾隆时期为例，虽然每年从国家财政支出中拨出 100 万两白银，扶持开发滇铜；但当时开采的铜厂多达三四十个，按上述"每开一厂率费银十万、二十万两不等"计算，需要投入的经费是 300 万~600 万两和 400 万~800 万两，此为国家投入的 3~8 倍。再者，国家投资的 100 万两中，实际借贷给铜厂的"月本"大约只是 50 万~60 万两，最多也不过 70 万两，其余则被用作其他开支；几十万两投向三四十个铜厂，显然是不足的。由此可见，商民投资是当时铜厂资金的主要来源，国家发给的"月本"在整个生产资本中所占比重很小。因此，投资主体既然是商民而不是政府，企业的性质当然只能是民营，而不是官营。

云南的民营铜厂有四种不同的类型，兹分述如下：

其一，个体小生产类型

王太岳在其《论铜政利病状》中记载了一些偏远地区的铜厂如青龙山、日见汛、凤凰坡、红石岩、大风岭，以及滇与黔、蜀交界地区的铜厂如大屯、白凹、人老山、箭竹塘、金沙、小岩等的经营情况。他写道：

"其在厂地采矿，又皆游惰穷民，苟图谋食。既无资力深开远入，仅就山肤寻苗，而取矿经采之处，比之鸡窝，采获之矿，谓之草皮草荒。是虽名为采矿，实皆侥幸尝试已耳。矿路既断，又觅他引；一处不获，又易他处，往来纷藉，莫知定方。是故一厂之所，而采者动有数十。……加以此曹不领官本，无所统一，其自为计也。本出无聊，既非恒业，何所顾惜。有则取之，无则去之；便则救之，不便则去之。如是而绳以官法、课以常科，则有散而走耳，何能縻乎。官厂者见其然也。……厂民得矿，皆由官长平其多寡而输之锅头炉房，因其矿质，几锻几揭而成铜焉。每以一炉之铜，纳官二三十斤，酬客长、炉头几斤；余则听其怀携，远卖他方。"① 这段引文告诉我们：这些采矿者（厂民），都是穷苦百姓，没有资本开采矿硐较深的大矿，只能开采一些草皮矿和鸡窝矿，"有则取之，无则去之"。他们领不到官本，无统一组织，而是"自为计也"。但是，政府也派有"客长"来管理他们，将其所采获的矿砂评定分量，交锅头、炉房冶炼成铜；每炉铜要交纳官课二、三十斤，还要酬劳客长、炉头几斤，余下的部分厂民即可运往其他地方自行销售。这些"厂民"显然是个体小生产者，铜厂生产规模很小，产量也很少，"覆其实数，曾不及汤丹厂之百一"。

其二，独资（"独办"）类型

所谓"独资"，就是指一个人投资，置备油米、雇工开采铜矿的经营者通称"锅头"。《滇南矿厂图略》（上）附倪慎枢"采铜炼铜记"载："一厂之中，出资本者，谓之锅头。"② 民国《新纂云南通志》卷146"矿业考二铜矿"载："硐民之中，大抵出资购备油米者为锅头（供头），出力采矿分卖及下硐背塃者为弟兄，亦即砂丁。"③ 又《滇南矿厂图略》（上）"丁第九"载："雇力称硐户，曰锅头；硐户称雇力曰弟兄，"④ 一个锅头（硐户）备油米，招募若干"雇力"（又称"砂丁"、"弟兄"）开采铜矿。他包采一个或几个矿硐，而非整个铜厂；有的甚至只包采一个

---

① 王大岳：《论铜政利病状》，见《滇南矿厂图略》（下），第56页。
② 倪慎枢：《采铜炼铜记》，见吴其濬《滇南矿厂图略》（上），第20页。
③ 周钟岳：民国《新纂云南通志》卷146，矿业考·铜矿，第135页。
④ 吴其濬：《滇南矿厂图略》（上）"丁第九"。第9页。

矿硐中的一个或几个"尖子"（硐内分路攻采谓之"尖子"）。"锅头"一般不参加采矿劳动，其资金不会很多，所经营的采铜生产规模也不会很大。

其三，合伙（"伙办"）类型

合伙类型的铜厂，情况比较复杂。兹分别介绍如下。

道光初，王崧著《云南志钞》"矿产志"谓："凡厂之初辟也，不过数十人，裹粮结棚而栖，曰伙房。所重者油米，油以燃灯，米以造饭也。"[1] 这是矿厂初辟之时的合伙。这种合伙带有临时性，因为据王崧所说，一俟开采有成效，即须报告官府，申请派官查验，并任命厂主。这种临时性合伙经营的铜厂，生产规模也不会很大，虽或有吸收"走厂"之人，却未必有正式的雇工，应该说基本上属于劳动者合伙性质。

《滇南矿厂图略》（上）"丁第九"、"规第十一"载："合伙开硐谓之'石分'，从米称也。""石分：数人伙办一硐，股分亦有大小。厂所首需油米，故计石而折银焉。退出添入，或相承顶，令其明立合同，后即无争。"[2] 因开矿首先要置备油米，故按照合伙者所出石米计量股份，称"石分"或"米分"。这种全伙订有合同，可以增资、退伙，亦可以转让股份，应是一种长期性的集股经营形式。此外，这些以"石分"入股的合伙者，可能直接参加劳动也可能是雇工生产，其生产规模当比独资经营大一些。

林则徐于道光二十七年（1847）任云贵总督，他在《查勘矿厂情形试行开采疏》中写道："查矿厂向系朋开，其股份多寡不一。有领头兼股者，亦有搭股分尖者，自必见好矿而后合伙。滇省有一种诈伪之徒，惯以哄骗油米为伎俩，于矿砂堆中，择其极好净块，如俗名墨绿及朱砂荞面之类，作为样矿示人，啖以重利，怂恿出资，承揽既多，身先逃避。愚者以此受累，黠者以此诈财。"[3] 林则徐所说的"朋开"，即"见好矿而后合伙"，这也是一种长期集股形式，其生产规模可能更大些。其中或

---

① 王崧：《云南志钞》"矿厂志"。引自《云南史料丛刊》第十一卷，第 472 页。

② 吴其濬：《滇南矿厂图略》（上）"丁第九"、"规第十一"。第 9、11 页。

③ 林则徐：《林文忠公政书》丙集，云贵奏稿，卷九。转引自彭泽益编《中国近代手工业史料》第一卷，第 338 页。

有"诈伪之徒"利用欺诈手段诱人集股者。

由上所述可知，合伙开采铜矿，有临时性与长期性两种，又有以"石分"入股而订有合同者。这种类型的铜厂，一般都雇工生产，其规模比独资者要大一些。此外，这种类型的铜厂，大多是云南本地商民伙办，非外省商民所为。①

其四，富商大贾投资类型

前面我们曾经援引云南官员的奏疏称：清代云南铜厂"皆由三江、两湖、川、广富商大贾，厚集资本，来滇开采"，"每开一厂，率费银十万、二十万两不等"。②来自江苏、浙江、江西、湖北、湖南、四川和广东七省的富商大贾，厚集资金来滇开采铜矿，每开一厂大约投资10万、20万两白银。这种情况，大概出现于康熙二十一年（1682）蔡毓荣奏请招商开矿之时，像汤丹、金钗等大厂，大约都是来自外省的大商人投资经办。康熙四十四年（1705），贝和诺奏请实行官给工本、官买余铜后，大商人投资曾一度受其影响。但迄于雍正时，滇铜"名为归官，而厂民之私以为利者犹且八九，官价之多寡，固不较也"。③厂民"私以为利"中包括了其投资开矿。如碌碌、大水沟两个大矿就是雍正初年所开，想必有大商人投资。乾隆初期，全面开放矿禁，招商开矿逐渐形成高潮，外省商民携资来滇开矿者当不在少数。乾隆中叶以后开办的茂麓、万宝、宁台、大功、大兴、得宝坪等大矿，恐怕少不了外省大商人资本。道光时云贵总督吴其濬著《厂述》诗咏滇铜开发商，称"厂主半客籍，逐利来穷边"；只要能获得大堂矿（即富矿），则"抽课得羡余，陶猗不足贤。百货日麇集，优倡肆妖妍。……叩囊出黄金，一掷虚牝填。"④这些外省

---

① 王文韶：《续云南通志稿》卷45，食货志·矿务谓："至于本省，原不过零星伙办。"又岑毓英：《奏陈整顿滇省铜政事宜疏》载："至于本省，户鲜股实，不过零星凑集，朋充伙办。"载葛士濬著《皇朝经世文续编》卷49，户政，第11页。转引自《清代的矿业》上册，第100页。

② 唐炯：《筹议矿务以招集高股延聘东泽矿师疏》。见葛士濬《皇朝经世文续编》卷26，户政三，第18页。引自彭泽益编《中国近代手工业史资料》第一卷，第340页。

③ 王太岳：《论铜政利病状》，见《滇南矿厂图略》（下），第57页。

④ 黄钧宰：《金壶七墨·遁墨》卷二。转引自许涤新等《中国资本主义的萌芽》，第506页。

来滇开矿的大商人获利甚丰，气派也蛮大。总之，清代前期，"滇铜之能进入全盛时期，是与大商人投资分不开的。尽管有官府管制，厂欠不绝，商人的私利仍是不少的。云南铜厂，盛时有三百余家，但从产量来看却是很集中的，道光时前列九家大厂即占全省额铜的 84.1%。这也看出大商人投资的作用"。①

由上所述可知，云南铜矿业中有个体、独资、合伙及大商人投资等四种类型的民营铜厂，其中个体户和劳动者合伙者都不占重要地位，因为这些小户经营的铜厂产量甚少，早期甚至有不足汤丹一厂 1% 之说。富商大贾投资经营的铜厂，其生产规模较大、产量甚多，它们是清代前期滇铜大开发、大发展的强大支柱。

（二）生产管理

清代云南铜厂大多有一套比较周密的生产管理制度。王崧的道光《云南志钞》"矿产志"载：凡铜厂"以七长治厂事：一曰客长，掌宾客之事；二曰课长，掌税课之事；三曰炉头，掌炉火之事；四曰锅头，掌役食之事；五曰镶头，掌镶架之事；六曰硐长，掌碛硐之事；七曰炭长，掌薪炭之事。一厂之碛硐，多者四五十，少者二三十，计其数曰口，其管事又各置司事之人：工头以督力作，监班以比较背堆之多寡。其刑有笞、有缚；其笞以荆，曰条子；其缚以藤，曰楦；絷两拇悬之梁栋。其法严，其体肃"。②吴其濬的《滇南矿厂图略》（上）对"七长"的职责作了较详记载，其"役第十"谓："曰课长，天平与秤、库柜锁钥均其专管，铜厂掌支发工本、收运铜斤，……一切银钱出纳均经其手，间有委办事件。通厂遵之，选以谨厚为先，才为次。曰客长，分汉回，旺厂并分，省而以一人总领之，掌平通厂之讼。必须公正、老成，为众悦服，方能息事，化大为小，用非其人，实生厉阶。曰炭长，……铜厂则保举炭户，领放工本，不必家道殷实，而以有山场、生畜为要。曰炉长，铜厂有可不设……曰总镶，亦曰总工，……

---

① 参见许涤新、吴承明主编《中国资本主义的萌芽》，人民出版社，1985，第 501~506 页。

② 王崧：道光《云南志钞》"矿产志"。引自《云南史料丛书》第十一卷，第 472 页。

任与硐长略同，选宜熟悉闩（栓）引、矿色、硖道、矿质。曰硐长，掌各硐之务，凡硐之应开与否，及邻硐穿通或争尖夺底，均委其人硐察勘。"又该书"丁第九"谓："曰管事（即锅头），经管工本、置办油米一切什物。……曰镶头，每硐一人，辨察闩引、视验矿色、调拨槌手、指示所向。松矿则支设镶木，闷亮则安排风柜，有水则指示安（龙），得矿则（核）定卖价。凡初开硐，先招镶头，如得人硐必成效。""曰炉头，熟识矿性、谙炼配煎、守视火候，无论银铜炉户之亏成，在其掌握。"

从上述对"七长治厂"的论述中可知：锅头负责投资，提供米、油等生产经费；课长负责全厂财务；客长负责全厂诉讼；镶头负责矿硐开采；硐长负责调解与邻硐的纠纷；炉长负责冶炼；炭长负责薪炭供应。从投资、开采、冶炼到财务管理、调解纠纷等各个生产环节，均有专人负责。此外，铜厂内还设练役，"掌缉捕盗贼"；又设"壮练"，负责护送铜课和弹压闹事矿工等。对于违犯厂规的矿工，施行自订刑罚，"有笞，有缚"，"其法严，其体肃"。清代前期，云南铜厂实行的"七长治厂"制度，既全面又严密，保障了滇铜生产的高产、稳产。

（三）政府监管

清初实行听民开采，政府虽然派官员到各铜厂驻厂监督，但只是为了征收课铜，并不干预生产。实行"放本收铜"政策以后，为了控制滇铜的销售，防止矿民贩卖私铜和拖欠工本，清廷规定了总督、巡抚、布政使都有督办铜政的权力和责任，但实际综理全省铜政者，起初是"粮储道"，粮储道再分派管理厂务和监运京铜的人员。乾隆三十三年（1768）巡抚明德请准将省方职权移归布政使，运输还由专人督办，厂务则由道、府、州、县、厅各级官员办理。[①]"巡抚与布政使躬历诸厂，以求采运之宜；而责巡道周环按视，以课输运之勤怠，而察其停寄盗匿；其自守、丞以下，州、县之长与簿、尉、巡、检之官，往来相属，符檄

---

① 王钟翰：《清史列传》卷二十三，中华书局，1987，第 1693 页。

交驰，弁役四出，所在官吏日惴惴，捄过之不暇，而厨传骚然矣。"① 大抵铜厂靠近哪一州县，就由哪一州县管理，如迤东道专管 12 个厂，其下：由东川府经管汤丹、碌碌、茂麓、大水沟、大风岭、紫牛坡、狮子尾七厂；由大关同知经管人老山、箭竹塘两厂；由鲁甸通判经管乐马一厂；由曲靖府经管双龙一厂；由昭通府经管梅子沱一厂。② 道、府、州、县各级政府将铜政作为地方政府行政事务的一部分，向各铜厂派驻"厂官"（又称"厂员"）。对此，《滇南矿厂图略》（下）也有记载："凡滇厂，皆地方官理之，其职任繁剧，而距厂辽远，不能兼理者，则委专员理之。酌远近，别大小，量材而任，宽裕者叙，短缺者议。"③ 上述情况，在相关史志中，被称为"官为经理"、"归官办理"或"官治铜政"等。④

"官治铜政"，先从中央开始，到省一级，再到道、府、州、县一级，逐渐下放权力。其目的是将铜政的主体从中央变为地方，使地方承担起监管铜务的全部责任。这是"清政府为了确保铜料来源而对云南矿业所实行的一种行政和经济的干预手段"。⑤

"官治铜政"的主要内容是：核准办厂、预发工本、征收课铜、收买余铜、缉查走私、平息纷争和组织运输等。对于铜厂的生产及其经营管理，诸如探找矿点、招股集资、雇佣矿工、凿硐挖采、开槽泄水、冶炼矿砂以及分发工资及红利等一系列生产管理，各级政府并不直接插手、干预，概由各厂自理。至于政府派驻铜厂的"厂官"，虽然"厂民奉之为厂主"，⑥ 但实际上不过是一个由地方政府派驻铜厂的官员，只是代表地

---

① 王昶：《国子监司业前云南布政使王公太约行状》，载《碑传集》卷 86。转引自韦庆远著《档房论史文编》，福建人民出版社，1984 年，第 153 页。

② 王文韶：《续云南通志稿》卷 45，厂员，第 2879 页。

③ 吴其濬：《滇南矿厂图略》（下），考第六，第 26 页。

④ 赵尔巽：《清史稿》卷 124，"食货五矿法"谓："滇铜自康熙四十四年官为经理，嗣由官给工本"（中华书局，1977，第 3666 页）。乾隆五年监察御史包祚永奏折中说："查滇铜自归官办理以来，每年动领库本买办，至岁底销算，……。"（莫庭芝等：《黔诗纪略后编》卷 5。引自《清代的矿业》上册，第 77 页）。周钟岳等：民国《新纂云南通志》卷 146 "矿业考二铜矿"谓："自康熙四十四年，始设官为经理，岁有常课，驻厂征收，是为官治铜政之始。"（第 136 页）

⑤ 潘向明：《清代云南的矿业开发》，马汝珩、马大政主编《清代边疆开发研究》，中国社会科学出版社，1990，第 340 页。

⑥ 吴大勋：《滇南闻见录》卷上，"打厂"。引自《云南史料丛刊》第十二卷，第 23 页。

方政府向各铜厂征收课税、发放工本和收购铜料等。换言之，地方政府委派驻厂的"厂官"（或厂员），并非铜厂成员，不必全驻厂也不负担生产职能。他们对于矿山如何开挖、矿砂如何冶炼、采冶能否成功，却全然不管。所谓"官为经理"、"官治铜政"，并不是管理企业，因此并未改变企业的民营性质。总之，在云南铜厂业中，各级政府实施的铜政，虽然影响很大、作用亦不小，但政府的职能主要是监管，即监运京铜、管理课税和收购余铜。有学者从"官治铜政"的概念出发，认为清代前期云南的铜矿业是由政府一手经办的"官办企业"，其实这是一种误解。

（四）矿工（"走厂之人"）

云南铜厂的劳动者（矿工）是来自省内和省外各地的贫民。[①] "四方之民入厂谋生，谓之走厂。" "厂之大者，其人以数万计；小者，以数千计。"[②] 这些数以万计的"走厂"之人，又称"打厂之人"，被称为"砂丁"、"矿丁"或"雇力"，也有被称为"弟兄"者。他们主要从事铜矿的开采和冶炼工作。铜厂根据需要，将他们进行明确分工：

镶（欀）头：如前所述，镶头"每硐一人，辨察闩（栓）引，视验塃色、调拨槌手，指示所向。松塃则支设镶木，闷亮则安排风柜，有水则指示安竜（龙），得矿则核定卖价。凡初开硐，先招镶头，如得其人，硐必成效。"镶头是采矿工序的技工，统一指挥硐内开采事宜。领班："专督众丁硐中活计，每尖每班一人，兼帮镶头支设镶木。"槌（椎）手："专司持槌，每尖每班一人；挂尖一人，持槌随时互易，称为双换手，选以年力壮健。"槌手主要负责开凿岩石，打通矿路，即为"采矿破甲者"。背塃："每尖每班无定人，硐浅碳硬，则用人少；硐深矿大，则用人多。" "出塃负矿"是采矿工序中人数最多，也是最主要的工序。炉头："熟识矿性，谙练配煎，守视火候。无论银铜，炉户之亏成，在其掌握。"炉头是冶炼工序的技工，统一指挥炼铜事宜。[③]

"走厂之人"进入铜厂后，必须接受厂规约束。他们"各从其类：硐

---

① 赵尔巽：《清史稿》卷 124，"食货五矿政"载："大厂矿丁六、七万，次亦万余。近则土民，远及黔、粤，仰食矿利者，奔走相属"（第 3666 页）。
② 王崧：《道光云南志钞》，矿产志。引自《云南史料丛刊》第十一卷，第 470 页。
③ 吴其濬：《滇南矿厂图略》（上），丁第九，第 9、10 页。

丁归于硐，以领镶约束之。炉丁趋于炉，以炉户招纳之"。① "凡硐，管事（即锅头）管镶头，镶头管领班，领班管众丁，递相约束，人虽众，不乱"。因为各个铜厂都以"立规为要"，"设制度、定纪纲"，② 即订有一套管理厂丁的制度。如矿丁违犯厂规，则要被处以刑罚，"有笞、有缚"，"其法严，其体肃"（见上文）。

"走厂之人"为谋生而来，"意非有它，但为利耳"。他们来去自由，"去留随其自便"，③ 不受任何强迫。他们"无城郭以域之，无版籍以记之。其来也，集于一方；其去也，散之四海"。④ "凡厂衰旺，视丁众寡。来如潮涌，去如星散。机之将旺，麾之不去；势之将衰，招之不来。故厂不虑矿乏，但恐丁散。"⑤ 一般来说，因为端午、中秋和年终三节，是"预支雇价"（即发放工资）的时间，故"走厂之人，率以此时来厂，大旺则闻风随时而集，平厂一经过期，便难招募也"。⑥ 这些"走厂之人"是否接受招募，对每个铜厂来说都是至关重要的，因为"厂不虑矿乏，但恐丁散"。这些被称为"砂丁"、"矿丁"或"弟兄"的自由出卖劳动力的"走厂之人"（即矿工），是铜厂生产的主力军。

至于矿工的工资及其与矿主的关系，将在下文论述。

五 滇铜的生产技术

关于滇铜的生产技术，吴其濬《滇南矿厂图略》及其所附诸文都有详细叙述，兹据以作如下概述。

（一）探矿技术

我国古代的探矿技术，长期停留在凭经验识别地势、地貌和根据矿苗、矿物共生伴生、地植物等传统的方法找矿，清代前期仍如此。《滇南矿厂图略》（上）"引第一"谓："山有葱，下有银；山有磁石，下有铜

---

① 王昶：《铜政全书·咨询各厂对》，吴其濬：《滇南矿厂图略》（上），第31页。
② 吴其濬：《滇南矿厂图略》（上），规第十一，第12页。
③ 王昶：《铜政全书·咨询各厂对》，见吴其濬《滇南矿厂图略》（上），第31页。
④ 王崧：《道光云南志钞》，矿产志。引自《云南史料丛刊》第十一卷，第470页。
⑤ 吴其濬：《滇南矿厂图略》（上），丁第九，第9页。
⑥ 吴其濬：《滇南矿厂图略》（上），规第十一，第12页。

若金。"其实磁石与铜并无关系，此将铜的硫化物混为金了。至于"踩厂之人必相山势，与堪舆家卜地相等"，而"堪舆卜地，察来龙求结穴，厂之来脉，则喜层峦叠嶂、势壮气雄凝聚；则看重关紧锁、堵塞坚牢。……既得形势，复观矿苗。就近居民或见物象出现，或见彩霞团结，所谓白虹辉而映地，荧光起而烛天，晦冥之中光景动人（今称矿火者是）"。① 这些说法显然无科学根据，然而"谛观山崖石穴之间，有碧色如缕或如带，即知其为苗"，② 则可能是孔雀石。孔雀石又称墨绿、绿青、石绿、铜绿和绿矿等，是一种氧化物矿，即原生含铜矿物氧化后形成的表生矿物，是云南用来炼铜的矿石之一。

当时踩厂之人找矿，主要根据"露头"，即苗引。《滇南矿厂图略》（上）开篇首述"引"："矿藏于内，苗见于外，是曰闩引。谚曰：一山有矿，千山有引。……进山，唯老走厂者能辨之。"具有丰富经验的"老走厂者"能够根据苗引判断矿之有无与多少，如："憨闩，色枯而质轻，无矿也"；"铺山闩，散漫无根，虽有所得，不过草皮微矿"；"磨盘闩，盘旋曲绕，势多趋下，数年之后必致水患"；"跨刀闩，斜挂进山，忽断忽续，一得篷座分明，小则成刷，大望成堂"；"大闩，宽厚尺余，横长数丈，石砆坚硬，马牙间错，一时不能得矿，既得之后，必有连堂，兼能悠久"等。③ 这显然是长期积累的经验总结。又王崧《矿厂采炼篇》也谓："矿有引线，亦曰矿苗、亦曰矿脉。其为臧否，老于厂者能辨之。"④ 可知"老于厂者"是有丰富经验的探矿师。

在辨矿上，则颇精密："大抵矿砂结聚处必有石甲包藏之（今称"栏门石"）。破甲而入，坚者贵于黄绿赭兰，脆者贵于融绿细腻，俗谓之黄木香，得此即去矿不远矣。宽大者为堂矿，宽大而凹陷者为塘矿，斯皆可以久采者也。若浮露出面，一厮（掘）即得，中实无有者为草皮矿；稍掘即得，得亦不多者为鸡爪矿；参差散出，如合如升或数枚或数十枚谓之鸡窝矿，是皆不耐久采者也。又有形似鸡爪、屡入屡得之，既深乃

---

① 王昶：《云南铜政全书·咨询各厂对》，见《滇南矿厂图略》（上），第 23、24 页。
② 倪慎枢：《采铜炼铜记》，见《滇南矿厂图略》（上），第 21 页。
③ 吴其濬：《滇南矿厂图略》（上），引第一，第 1 页。
④ 王崧：《矿厂采炼篇》，见《滇南矿厂图略》（上），第 18 页。

获成堂大矿者，是为摆堂矿，亦取之不尽者也。"① 堂矿、塘矿以及摆堂矿的矿砂储量多，可以久采；草皮矿、鸡爪矿和鸡窝矿的矿砂储量少，则不耐久采。

对矿石的分类比较成熟："矿之名目不一，其佳者有黄胖绿豆、青绿、墨绿。佳者为白锡镴，色白体重、边纹如簇针尖；油锡镴，色光亮；红锡镴，色红紫；金锡镴，色深紫。尤佳者火药酥，色深黑、质松脆，皆彻矿，彻即净，厂俗讳净为彻。又有亚子矿，叠叠山腹采之，如折砖墙，亦佳品；盐砂矿，色青黑，若带黄绿则次矣；穿花绿石中夹矿，又其次矣；尤下者为松绿，内外纯绿，成分极低，止可为颜料之用。"② 乾隆时人檀萃在其《滇海虞衡志》卷之二，"志金石"中亦写道："凡（铜）矿，锡镴为上，墨绿次之，黄金箔又次之"；"碔之最佳者曰绿锡镴，炼千斤则铜居其五六；次曰白锡镴、烂头锡镴，再次曰朱碔锡镴，铜居其三四；下者曰牛版筋，仅可敷炭价。"③ 据近人研究，清代关于云南铜矿的文献中，锡镴名称繁多。但总的看来，不外两类：一类是以辉铜矿为主要成分的矿石，如今云南东川仍称这类矿石为灰锡镴；另一类是以斑铜矿为主要成分的矿石，现在东川仍称这类矿石为红锡镴。在东川矿区中，"原矿以硫化矿为主，而其中以辉铜矿（灰锡镴）及斑铜矿（红锡镴）占多数"。④ 可见，清代对铜矿石的分类与近代已很接近。

对矿砂含铜成分的辨别也比较成熟。清人以"溜"来计算矿砂的含铜成分，"凡矿砂百斤，炼得铜十斤的，谓之一溜。辨别矿砂含铜成分之高低，则靠审察矿砂的颜色、光泽和组织纹理来决定"。⑤ 如"天生铜"含 10 溜，甚难得到。"马豆子"（属黄铜矿）含 7～8 溜。"紫金锡镴"含 5 溜以上，又有红晕、蓝晕之分（属赤铜矿、斑铜矿）。再有"绿锡镴"，含量为 5～6 溜；白锡镴、栏头锡镴以及珠沙锡镴，含量为 3～4 溜；产量最多的是"黄金箔"，乃贫矿石，含铜有限。最低者如"牛版筋"，含铜

---

① 倪慎枢：《采铜炼铜记》，见《滇南矿厂图略》（上），第 21 页。
② 倪慎枢：《采铜炼铜记》，见《滇南矿厂图略》（上），第 21 页。
③ 檀萃：《滇海虞衡志》卷之二，"志金石"。引自《云南史料丛刊》第十一卷，第 178、179 页。
④ 冶金工业部地方工业司等编《土法炼铜》，冶金工业出版社，1958，第 679 页。
⑤ 严中平：《清代云南铜政考》，第 53、54 页。

仅 4% ~ 5% ，即不足一溜，炼之"得不偿失"。① 又"火药酥"，成分可达 9 溜以上，称为"彻矿"（即"净矿"），名贵不易多得。② 除观察矿石色泽纹理外，还有火焰辨矿法。檀萃《农部琐录》中说："凡炼白火者，荒（土）也；青火者，峡（石）也；绿火、黄火各如其矿之色，惟红火为上，乃铜之光。"③

由上所述可知，滇铜在找苗和辨矿方面积累了丰富的经验，逐渐减少了开矿的盲目性。清代的探矿技术已经超过以往任何时期。但是，由于缺乏地质勘查，仍不免"俱于穹窿岏峄之中，冥搜暗索，得者一，不得者众"；④ 又因缺乏勘探技术，不能较准确地预估储量，导致报废者不少。自顺治元年（1644 年）至道光十八年（1838 年），全省共报开 175 厂，前后停办 136 厂，其中有不少是开采后不久即报废者，盖多因储量不明之故。

（二）采矿技术

滇铜的开采，称"打硐"（又称"打礂子"），即"穴山而入，谓之'礂'，亦谓之硐"。打硐用槌、凿、尖。槌即铁锤，木柄。凿是铁钎，后端装木托。尖是铁钎后端横穿一藤柄。轻锤一人，一手执锤，一手执凿。重锤分槌手、凿手，二人轮换。矿硐开凿全靠人力（"槌手"和"凿手"）锤凿。若遇坚硬岩石，有用火烧水浇使之松裂者。"打硐"是滇铜矿业中最主要的开采方式。此外，还有"明礂"采矿方式。"明礂"作业，即露天挖采，"其采用之法，系由远处导水而潴积之，名为札塘，置有水门。迨水满即将水门开放，俾水注射表土，不但洗露矿床，又得侵入岩石之罅隙，借营与爆裂同一之破坏作用，然后用大钻（一名爆杆）穿孔，利用火药之力轰破有矿之岩石，至破碎岩块，则用长筒形两面平之锤，此虽不免毁及地面，然此利用水力之法，极为适宜。"⑤ "明礂"采矿在滇铜开采中为数不多。

---

① 张泓：《滇南新语》"象羊厂"。引自《云南史料丛刊》第十一卷，第 388 页。
② 倪慎枢：《采铜炼铜记》，载《滇南矿厂图略》（上），第 21 页。
③ 转引自严中平《清代云南铜政考》，第 54 页。
④ 王崧：《矿厂采炼篇》，见《滇南矿厂图略》（上），第 23 页。
⑤ 周钟岳：民国《新纂云南通志》卷 146，矿业考二·铜矿，第 134 页。

沿着矿脉开凿而成的矿硐，称为"窝路"。"窝路"的走向有平硐称为"平推"，斜硐称为"牛吃水"，由上而下者谓之"钓井"，由下而上者谓之"钻天"。因此，硐内采矿即有"直攻、横攻、仰攻、俯攻，各因其势，依线（即引线，亦称矿苗、矿脉）攻入"。硐内再分路开采，称为"尖子"，"计其数曰把，有多至数十把者"。矿硐"浅者以丈计，深者以里计"。① 不过，此所谓深浅，只指进山尺度，不包括竖井（钓井）深度。矿硐口径未详，但有记支架宽 2 尺、高 5 尺者，是极狭矮。

从矿硐内挖凿出来的矿石（矿砂）和废土，皆由砂丁用麻布袋背出。这种运输土石的麻布袋，形如褡裢，长四五尺，两头都可以装载，一头搭在肩上，一头压在臀部，以便爬行。背运土石称为"背塃"，它在采矿作业中需要人手最多，一人开凿需数人背运。

硐内须用木"架镶"，即"虑其崩摧，搘柱（支撑）以木"。架镶以四根园木为一组，称"一厢"，有间隔一尺的，也有更长的，一般二尺余架一厢，"硐之远近以厢计"。如此看来，矿硐内的支护是比较普遍的。

矿硐的通风设备称为"闷亮"。窝路不长者仅设风柜，即普通风箱。窝路长者须另开风洞。但《滇南矿厂图略》所绘采矿图中，另有一圆形大风箱，其内有格路，一人摇柄旋转之。国外有人认为，这表明中国在清代已发明旋叶式风洞，应是机械学的一大进步。但文献中未载，别处亦未见应用。

硐内照明用铁制油灯盏，称为"亮子"。灯盏用铁杆挂在矿工的包头布（"套头"）上，棉花搓条为捻，每灯可盛油半斤，矿工四五人用"亮子"一照（即一盏）。灯油铁是办矿中食米以外最大的开支，所谓硐内"五步一火，十步一灯，所费灯油铁约居薪米之半"。②

硐内排水工具称为"竜"（即龙），作业称"拉龙"："龙，或竹或木，长自八尺以至一丈六尺，虚其中，径四五寸。另有棍，或木或铁，如其长。剪皮为垫，缀棍木，用以摄水上行。每龙每班用丁一名、换手一名；计龙一条，每日三班，共用丁六名。每一龙为一闸，每闸视水多

---

① 王崧：《矿厂采炼篇》，见《滇南矿厂图略》（上），第 18 页。

② 师范：《滇系》卷四之二，赋产。王文成：《〈滇系〉云南经济史料辑校》，第 75 页。

寡，排龙若干；深可五六十闸，横可十三四排，过此则难施。"① 可见，一个蓄水较多的大矿，仅排水工就需要300多人。据近人研究，滇矿中使用的这种名为"龙"的吸水工具，是采用唧筒原理，大约是明代后期从外国传入的，在徐光启《农政全书》中称为"恒升"。滇铜开采中应用这种新式工具，是一个进步，盖因山区不便装置传统水车，而铜的价值较高，不惜工本之故。

滇铜开采的效率如何，未见清人记载。稍晚的云南志书则有简略记载："每一坑夫之采矿量，每日平均计之，由二十斤至三十斤，五十斤以上者则甚少。合坑夫六人为一组，每组合日采二百斤之矿石。"② 若按每人每日采矿30斤算，除去泥沙约5斤，合矿石25斤，每年开工按8个月计，则每人每年采矿6000斤。加上排水和其他劳动力平均计算，劳动生产率就很低了。

需要指出的是，当时矿硐内劳动条件极其恶劣，矿工伤亡事故经常发生。窝路狭窄阴暗、潮湿闷热，镶架不多且易崩塌，排水简陋又常阻塞。背塘者"群裸而入，入深苦闷"，来往要"侧身相让"，上则"后人之项接前人之踵"、下则"后人之踵接前人之项"。身背三四十斤矿石，伛偻而行，苦不堪言，"释氏所称地狱，谅不过（如）是"。拉龙者更是"身无寸缕，蹲泥淖中，如涂涂附，望之似土偶而能运动"。凡遇积水、崩坍，攻者不得出，"常闷死，或数人，多至数十百人"，并且"即委之死所，不取以出"。③

（三）冶炼技术

矿石在冶炼前先经选矿和配矿。

关于选矿，"至于炼矿之法，须先辨矿，彻矿（净矿）即可入炉，带土者必捶拣淘滤"。④ "矿夹砂石，必先锤碎，用筛于水内淘洗，使砂石轻浮随水而去，矿砂沉重，聚于筛中，以便煎炼也"。⑤

---

① 吴其濬：《滇南矿厂图略》（上），硐之器第三。第4、5页。
② 周钟岳：民国《新纂云南通志》卷146，矿业考二·铜矿，第134页。
③ 王崧：《矿厂采炼篇》，见《滇南矿厂图略》（上），第18页。
④ 倪慎枢：《采铜炼铜记》，见《滇南矿厂图略》（上），第21页。
⑤ 王昶：《硐政全书·咨询各厂对》，见《滇南矿厂图略》（上），第25页。

关于配矿，"矿汁稠者取汁稀者配之，或取白石配之；矿汁稀者取汁稠者配之，或以黄土配之，方能分汁"。即含铜成分不同的矿石相配，间用白石、黄土作媒剂，目的在使炉温均匀，矿砂可同时熔化、易流。若"配制失法"，则成分高者也会"矿不分汁"，"结而为团"；或矿渣结成"和尚头"。①

炼铜的主要设备是炉，各厂型制不一。通称大炉者，一般属高炉型式：底座长方形，立如石碑，上部收缩，圆顶，呈⌂形。其大者，如倪慎枢所记，底为 9 尺×2 尺，高 15 尺；小者，如吴其濬所记，底为 2 尺×1 尺，高 8 尺。又有做成上尖下圆者，叫"将军炉"；上方下圆者，叫"纱帽炉"；其型制，大者约为 6.4 尺×2.6 尺×16 尺；小者 4.5 尺×2 尺×7 尺；炉底作锅形，若改为平底，亦可炼银。这种型制，其小者也比《天工开物》所记明代冶炉（高 5 尺）为大，而其大者竟高出 2 倍。

大炉用土筑成，内用胶泥和盐捄实。炉前面有二门，上门进矿石和炭；下门叫"金门"，出铜时开启，门上另有小孔，出渣沫，叫"放臊"。炉后面有进风洞，位置高于金门二三寸，接连风箱；上有一孔，以窥火候。

另有一种精炼炉，叫"蟹壳炉"。大炉所出紫板铜含铜量 80% ~ 85%，再入蟹壳炉精炼成蟹壳铜，其含铜可达 90%，这是当时滇厂所能炼成的最纯的铜料。蟹壳炉也是土筑，一如大炉，但扁矮，其型制为 5 尺×1.5 尺×10 尺。

燃料用木炭。松炭、硬杂木炭火势猛烈，栗炭火势均满，枯木烧成的炭火力减半，经雨淋水浸的炭喷焰不同。大炉用炭常视炭价搭配使用，而精炼蟹壳铜则必须用松炭。大炉，因矿石成分不同，炼 100 斤矿石需炭 80 ~ 100 斤；蟹壳炉，100 斤矿石需炭 125 斤。一般矿石均需反复冶炼几次，故平均出铜 100 斤需耗炭 1000 斤，而有的厂需 1400 ~ 1500 斤。木炭供不应求，常是滇铜的一大困难。我国北魏时即有用煤炼铁的记载，但在明清冶铁业中未见用煤的记载，大约是缺乏炼焦技术之故。《滇南矿厂图略》（上）"用第八"谓："煎炉亦可用煤，……先

---

① 倪慎枢：《采铜炼铜记》，见《滇南矿厂图略》（上），第 21 页。

将煤拣净，土窑火锻成块，再敲碎用，火力倍于木炭”，此系基本炼焦之法。又谓：是否掺用或专用焦煤，必须“以辨矿性稀干，宜与不宜。仅知滇之宣威、禄劝，川之会理有之。”① 虽然只有宣威、禄劝两地用煤炼铜，但已是一大突破，因煤的火力远大于炭，冶铜效率当有较大提高。

铜的熔点较低，鼓风不像冶铁那样重要，但也不能缺少。云南冶铜鼓风所用活塞式风箱是用大圆木挖空制成，口径 1.3~1.5 尺，长 12~13尺，出风口居中。3 人轮换扯风箱，6 人为一班。这种整木制成的风箱效率较高，但大木不易得，亦有用板箍成者，风力较差。

成分较高的矿石，直接入大炉炼制，即所谓“一火成铜”。冶炼前，先将炉烧热，用柱炭竖装令满，点火，再将矿石与炭层层混合由上门进炉。这样，在进风口上面由矿石与炭结成一条桥，叫“嘴子”，全炉烧红，嘴子是一圈黑的。如鼓风太猛，嘴子烧掉，或鼓风太慢，火力不到之处矿石粘结炉壁，都会造成损失。炼铜以六个时辰（即 12 小时）为一班，好铜二班（一昼夜）可炼成，有的需三班、四班，最长者需六班，即三昼夜。

铜炼成后，破开金门，扒去渣灰，下沉炉底者即熔铜，闪烁沸腾。先揭出一层“冰铜”，用铁条搅熔液，拨净渣子。再来米泔（淘米水）或清水或泥浆浇熔液（称为“揭淬”），上凝一层，用钳揭出，淬入水中，便成铜饼，一炉可得六七饼，即紫板铜。最初揭出的一二饼杂质较多，谓之“毛铜”，须入炉重炼。其余紫板铜则视需要，入蟹壳炉精炼成蟹壳铜。“每百斤紫板铜可炼蟹壳铜八十斤，这是云南大炉所能炼得最纯净的铜料，成分可达百分之九十。”② “然一火成铜之厂寥寥无几，其余各厂并先须窑煅，后始炉熔”。③ 即大多矿石含铜成分不高，须先在煨窑中翻煅烧结，再入大炉熔炼。这种煨窑，“形如大馒首，高五六尺，小者高尺余。以柴炭间矿，泥封其外，上留火口”。④ 烧窑用柴，须新砍者，树根

---

① 吴其濬：《滇南矿厂图略》（上），用第八，第 8 页。
② 严中平：《清代云南铜政考》，第 62 页。
③ 倪慎枢：《采铜炼铜记》，见《滇南矿厂图略》（上），第 22 页。
④ 倪慎枢：《采铜炼铜记》，见《滇南矿厂图略》（上），第 22 页。

尤宜,枯柴即无用,"矿之稍易炼者,窑中煨煆二次,炉中煎炼一次,揭成黑铜,再入蟹壳炉中煎炼,即成蟹壳铜。揭淬如前法。其难炼者,先入大窑一次,次配青白带石入炉一次,炼成冰铜,再入小窑翻煆七八次,仍入大炉始成净铜,揭淬亦如前法"。① 矿石在入大炉冶炼前,先在煨窑中进行翻煆烧结,使之粘结成块,再入大炉熔炼,虽然耗费大量燃料和劳动力,但提高了冶铜效率。②

关于滇铜冶炼的流程,详见图 7-1。

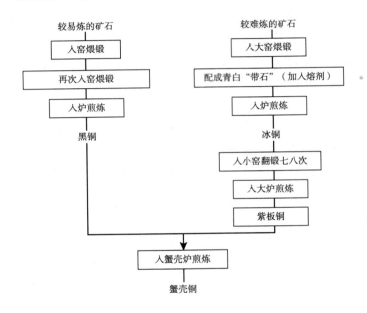

图 7-1　清代云南铜矿冶炼流程

资料来源:夏湘蓉、李仲均、王根元编著《中国古代矿业开发史》,地质出版社,1980,第 269 页。

由上所述可知,清代前期滇铜冶炼技术,在炉的型制和提纯上比明代有明显改进;尤其已采用烧结法,这是冶铜技术的一大进步;少数铜厂用煤冶铜,也是一个突破。当然,滇铜的冶炼水平还不高,尚未突破

---

①　倪慎枢:《采铜炼铜记》,见《滇南矿厂图略》(上),第 22 页。

②　现代冶金学证明,铜矿烧结焙烧,可使其中部分铁的硫化物发生氧化反应并生成硅酸铁,并使炉料粘结成块,从而提高矿石的脱硫率和结块率,有利于冶铜生产率的提高。

冶炼贫矿的难关，燃料问题也并未解决；特别是提炼技术还比较落后，据近人考察，清代遗留下来的矿渣含铜量达5%，说明当时资源浪费问题是很突出的。[1]

附录：清代云南矿厂生产图示

（采自《滇南矿厂图略》上卷"工器图略"。道光原刻本卷首题"进士及第兵部侍郎巡抚云南等处地方吴其濬纂、东川府知府徐金生绘辑"，成书约为道光二十五年。）

1. 采矿、选矿

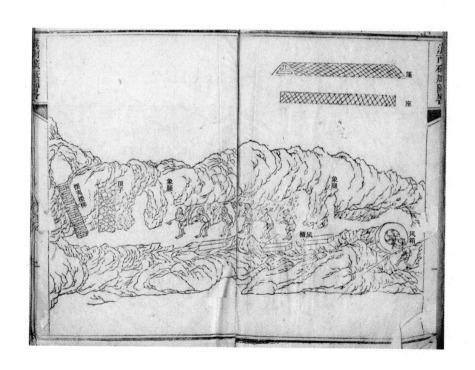

---

① 参阅许涤新、吴承明主编《中国资本主义的萌芽》，人民出版社，1985，第478～485页。

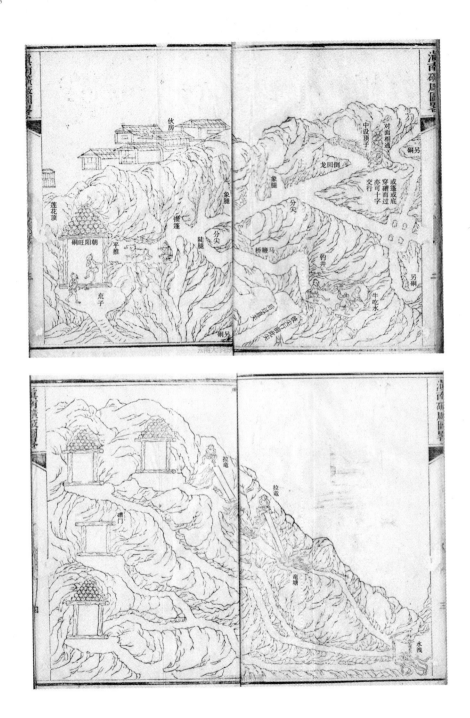

2. 冶炼

3. 交铜、运铜

4. 生产工具

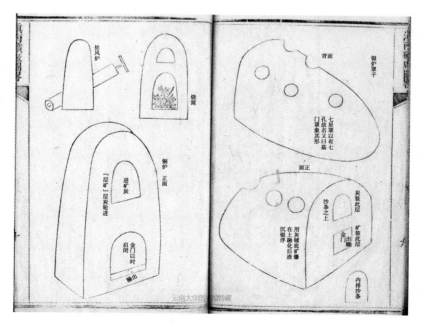

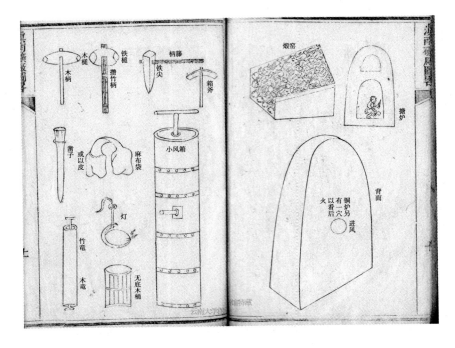

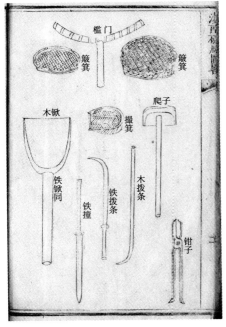

六　滇铜的生产与产量

清代前期，滇铜生产盛衰起伏，主要原因在于清廷实施的税课和官价收购等政策不断调整。概括起来，滇铜的生产大致分为三个不同的时期。

（一）康雍时期：云南铜产由初盛阶段转入中落阶段，又由中落转到再盛阶段

康熙二十四年至四十四年（1685～1705）的二十年为初盛阶段。此间执行的政策是二八抽课，税率虽重，但矿民纳税后所余百分之八十可以自由出售，每铜百斤可赢利 5.2 两左右。[①] 这样大的赢利，当然会刺激矿业生产的迅速发展。"三江、两湖、川、广富商大贾，厚积资本，来滇开采"，[②] 指的当是这一阶段。在此阶段，清政府在云南的税额收入增长了二十倍，滇铜产量应该也增加了二十倍。

从康熙四十五年至六十一年（1706～1722）的十六年为中落阶段，因贝和诺奏定官买余铜的办法，规定矿民开矿先向官府领取工本，铜炼出后，先纳课铜百分之二十，其余百分之八十必须按官价全部卖给官府以扣还工本。官价按各矿区生产条件不同，分别规定为每百斤三四两至五六两，不到市价的一半。不愿领取工本者，也必须将 20% 税课后的 80% 余铜卖给官府。后来铜们还用秤头加长的办法盘剥矿民，"矿民入山采铜，官必每百斤预发价银四两五钱。至铜矿煎出时，抽去国课二十斤，秤头加长三十斤，共交一百五十斤。其有不愿官价，自备工本入山开采者，至铜砂煎出时，令矿民自备脚力，驮至省（官铜）店领银，每百五十斤，给银五两，又旷日持久，不能支领"。在这种掠夺方式下，矿民难以继续维持生产："夫矿民开采铜斤，其费甚大，有油米之费，有锤凿之费，有炉火之费；其运至省店也，有脚价之费。所费甚大而官价不足以偿之，所以矿民每有'硐老山空'之请，盖托之以逃耳。"[③] 这样就将原来已经兴盛起来的铜矿生产拉入

---

① 当时滇铜市价约为每百斤 14 两，生产成本一般为每百斤 6 两，税率为 20%，自卖部分 80%，则利润为：$14 \times 80\% - 6 = 5.2$（两）。

② 王文韶：《续云南通志稿》卷 45，厂员，第 2887 页。

③ 李绂：《与云南李参政论铜务书》，《皇朝经世文编》卷 52。转引自《清代的矿业》上册，第 75 页。

萧条冷落的境地。在此期间，除原有的 17 个厂生产衰落外，新报开的仅 1 个厂而已。

从雍正元年至十三年（1723~1735）的十二年是云南铜矿的再盛阶段。新即位的雍正帝下令严禁加长秤头、短价、勒索等弊端，允许矿民除交纳税课及以官价卖给本省供鼓铸用的铜额以外，其余部分可以自由出卖，超过定额所增加的产量成了赢利的一线来源。于是商民去而复来，矿业转衰为盛。滇铜产量由雍正元年的一百余万斤增至四年的二百一十五万斤。雍正五年（1727）云南布政使张允随奏增购铜官价，这年铜产量又增至四百零一万三千斤，六年（1728）回落至二百七十万斤，七年又回升至四百万斤。[①] 在此阶段，云南在采铜厂由康熙后期的十余个，雍正元年的 16 个增至四年的 23 个，十三年更增至 33 个（见上文表 7-3 "清代前期全国与云南铜厂在采厂数统计表"）。

（二）乾隆至嘉庆中期：滇铜生产极盛期

在此期间，滇铜在采厂数最少为 21 个，最多达 52 个，经常生产者有 30 多个至 40 多个。铜产量经常稳定在 1000 万斤左右，保证了铸造巨额铜钱的需要。这一时期又分为三个阶段：

第一阶段：乾隆元年至十八年（1736~1753），此为稳进阶段。这期间，滇铜产量从七八百万斤增至一千一百四十九万余斤，并基本上稳定在一千万斤左右。此间，首先，清廷继续实行康熙四十四年"官给工本"的政策，从乾隆四年（1739）开始"岁发铜本百万两"。这一政策的实施，极大地缓解了当时云南"铜多本少，收买不敷"的问题，并对滇铜生产长期保持高水平发展产生了巨大的作用。其次，政府实施减轻税负的政策。从康熙二十一年至雍正十三年（1682~1735）的五十三年中，云南铜课的税率都是 20%，从乾隆二年（1737）开始，减为 10%，税率减轻了一半，当然激发了矿民的生产积极性。再次，政府对超定额以上余铜收购政策也作了调整。乾隆初期，官府收购铜产，有两种购价：一为"正铜官价"，即官府按各厂生产能力派定每月除纳税外应卖给官府定

---

① 全汉昇：《清代云南铜矿工业》，香港《中国文化研究所学报》1974 年第 1 期。

额铜料的价格；二为"余铜官价"，除派定数额以外再卖给官府的铜料价格。如乾隆五年（1740）"各厂收买正铜，每斤官价自三分五厘及三分七厘、九厘以至四分不等；收买余铜每斤官价自五分以至六分不等"。① 可见余铜官价比正铜官价每斤约高二分左右，对铜矿生产有所刺激。迄于乾隆十六年（1751），清廷下令官买正铜之外，剩余部分应听炉户自卖。② 这本来是雍正初年行之有效的措施，这时加以恢复，自然对铜矿生产有所促进。

第二阶段：乾隆十九年至四十三年（1754~1778），此为滇铜的全盛阶段。此间，铜产量由 1100 万斤增至 1400 余万斤，如乾隆三十一年（1766）为 14674481 斤，三十二年（1767）为 14127249 斤，三十四年（1769）为 14567697 斤，四十二年（1777）为 14018172 斤，而且经常稳定在 1200 万斤左右。在此期间，清廷实施了三项有利于铜厂生产的政策。首先是从乾隆三十八年开始实施"一成通商"的政策，即允许矿民于纳课 10% 以外，以铜产 10% 自行卖给市场，然后再将所余部分照官价卖给政府。当时市价每百斤铜可卖银十四五两，矿民自卖铜产 10% 与超额自卖两者结合，显然具有更大的刺激生产发展的作用。其次是乾隆十九年（1754 年）云南巡抚爱必达以汤丹等厂"开采日久，洞深矿薄，食物昂贵"为由，奏请增加铜价。③ 清廷分两次（乾隆十九年、二十一年）各加 0.4236 两，从 5.1528 两增为 6 两。由于官价略有增加，汤丹、碌碌等大厂的铜产量逐年增加，乾隆"二十四、五两年办铜二千六百余万（斤）"。④ 同一时期，青龙等二十余个小厂，原定官价每百斤铜给银四两左右，乾隆二十四年（1759）增为 5.15 两，二十五年（1760）后又两次增至 6 两，于是这些小厂的铜产量也

① 《清代户部抄档》，乾隆五年闰六月十一日监察御史包祚永奏折。转引自《中国社科院经济研究所集刊》第 8 集，第 135 页。
② 《清实录》第十四册《高宗实录》（中华书局，1985，第 79 页）卷 387 载：乾隆十六年四月癸未（上谕）："（炉火）解局铜铅既有定额，不足者责令赔补，则从前竟可不必定以额数矣！足额已可完公，又谁肯尽交余数？所有余剩铜铅，应听其售卖。"
③ 《清实录》第十四册《高宗实录》（第 987 页）卷 461，乾隆十九年四月癸丑（上谕）。
④ 《清实录》第十七册《高宗实录》（第 108 页）卷 636，乾隆二十六年五月壬子（上谕）中引达云南巡抚爱必达奏语。

有所增加，从二十四年的 48 万斤增为二十六年的 100 余万斤。① 可见，无论大厂小厂都于增价后增加了产量。再次是官府加借底本和接济油米。如乾隆二十三年（1758）官府预借汤丹厂底本银五万两，以五年限完；又借给大水沟、碌碌厂底本银七万五千两，以十年限完。"皆于季发铜本之外，特又加借，使厂民气力宽舒，从容改采，故能多得铜以偿凤逋也。"② 乾隆三十六年（1771）又有一次借给底本。③ 至于接济油米，如乾隆三十四年（1769）和三十七年（1772），地方官"先后陈请借贮油、米、薪、炭以资厂民，厂民乃能尽以月受铜价，雇募砂丁，而以官贷之油米资其日用，故无惰采"。④ 官府于预发工本之外，对矿民加借底本，还接济油、米，当然也产生了一定的积极作用。总之，清廷先后实施的"一成通商"、"超额自卖"、调高官价和加借底本等政策，均有利于铜厂生产的发展，并使滇铜生产长期保持兴旺的局面。

第三阶段：乾隆四十四年（1779）至嘉庆中期，此为滇铜的徘徊阶段。这段期间，云南铜产量徘徊在 1000 万至 1100 万斤之间；虽然尚未出现大减大落，但已不再向上发展。其所以如此，首先是受生产条件限制。由于生产技术落后，硐愈深，困难愈大，通风、排水设备所费更多，特别是夏秋两季洞中积水难以排除，采掘不免中途停辍；铜厂周围柴薪砍伐殆尽，燃料难以供应，冶炼常因此而停炉。其次是生产成本增加。矿区人口逐渐增多，粮油价涨，交通运输的支出不断增加，不少铜厂因成本超过官价无法继续生产而纷纷停闭，"是故厂之兴废靡常，甫毂击肩摩，烟火绵亘数千万家；倏为鸟巢兽窟，荆榛瓦砾填塞谿谷"。⑤ 复次是矿民"逋欠"情况日趋严重。由于成本增加，而官府收购铜料的价格总是赶不上成本的上涨，使矿民难以偿清工本，"日积月累，逋欠在所不免；"旧欠未清，新欠又积，虽借官力，仍鲜

① 王太岳：《铜政议（下）》，《皇朝经世文编》卷 52，户政，（台北）文海出版社，1984，第 1890 页。
② 王太岳：《铜政议（下）》，《皇朝经世文编》卷 52，户政，第 1889 页。
③ 王太岳：《铜政议（下）》，《皇朝经世文编》卷 52，户政，第 1889 页。
④ 王太岳：《铜政议（下）》，《皇朝经世文编》卷 52，户政，第 1889 页。
⑤ 王崧：《矿厂采炼篇》，见《滇南矿厂图略》（上），第 20 页。

宏效。"① 当时一些矿民因逋欠而逃亡，铜厂亦随之而封闭。对此，清廷曾多次实行"豁免积欠"的措施，如乾隆四十四年（1779）、四十九年（1784）、五十六年（1791）、六十年（1795）分别豁免积欠30万两、27万两、39万两、49万两。② 但是，豁免积欠的措施，主要是为了解除地方官的责任（因为矿民拖欠官本或逃亡无着，应由官府派驻铜厂的厂员负责赔偿，而地方官也有责任），并不能扭转铜厂生产的下降趋势。③

（三）嘉庆中期以后滇铜的衰落阶段

现代著名经济史学家严中平先生在《清代云南铜政考》中写道：嘉庆初年，额运京铜、各省采买和本省铸局需铜1000万斤，供应日益艰难。"到了嘉庆中年，产量更薄，遂不得不请减京铜二百万斤，始能措办。二十二年开始采买四川乌坡厂铜以济滇铜之不足，至于外省来滇购买的，自更无铜可发。到了道光初年，合全省所产并乌坡买来的两项，也不足以供应各方的需求了。"后来，"云南之铜，年年缺产。大约到了道光末年，滇铜产量实已不足称道了"。④ 至于嘉庆中期以后滇铜为什么逐渐走向衰落，我们将在下文进行阐述，兹不赘。

清代前期滇铜生产经历了上述三个时期，由初盛转中落到再盛—极盛—衰落，此即其发展的轨迹。初盛中落又到再盛，经历了50年；极盛经历了70多年；在此期间，从乾隆五年（1740），至嘉庆十六年（1811）的71年间，每年产铜基本上都是1000万斤，而大多数年代超过1000万斤，只有很少年代略少于1000万斤（见后文）。严中平先生称这一时期是"滇铜极盛时代"，并说："这七十多年里，云南所发现的铜矿，都已开采；其出产分运全国，全国的制钱，大部分是用滇铜鼓铸

---

① 周钟岳：民国《新纂云南通志》卷146，矿业考二，第133页。

② 《清高宗实录》卷1208、1372、1472。转引自《中国社会科学院经济研究所集刊》第8集，第138页。

③ 参阅彭雨新《清乾隆时期的矿政矿税与矿业生产发展的关系》，《中国社会科学院经济研究所集刊》第8集，第138页。

④ 严中平：《清代云南铜政考》，第43页。

出来的。"①

乾隆、嘉庆时期是滇铜的极盛时代。据载当时先后开采的铜厂及其子厂有300个之多，其中产铜旺盛者有35个，加上其子厂共60个。这35个铜厂各厂产铜数量未见记载，故不得而知。但从文献所记其额铜（即规定每年产铜数）大致可知各厂产铜情况。需要说明的是，实际产量一般都多于额定铜数。为明晰起见，列表7-7如下。

表7-7 乾隆、嘉庆时期云南主要铜厂及其额定产量统计

单位：斤

铜厂名（所属府）	额定时间	额定产量	闰加	课余额定	子厂名
万宝厂（云南府）	乾隆四十三年	300000	25000	省铜271500	
大美厂（云南府）	乾隆四十四年	24000	15000	省铜32400	老硔箐厂
狮子尾厂（武定州）	乾隆四十三年 乾隆四十五年	2400 3600	2900	京铜5400	
大宝厂（武定州）	乾隆四十三年	7200	800	省铜2660	亮子地、绿狮子厂、老鹰山厂
汤丹厂（东川府）	乾隆四十四年 嘉庆七年	3160000 2300000	191000	京铜3081499	九龙箐、观音山、聚宝山、裕源、岔河、大硔
碌碌厂（东川府）	乾隆四十三年 乾隆四十六年 嘉庆七年	1240040 823992 620000	51066	京铜561100	龙宝、兴隆、多宝、小米
大水沟厂（东川府）	乾隆四十三年 嘉庆七年	510000 480000	33200	京铜361900	联兴、聚源
大风岭厂（东川府）	乾隆四十三年	80000		京铜72000	大寨厂

① 严中平：《清代云南铜政考》，第10页。

续表

铜厂名 （所属府）	额定时间	额定产量	闰加	课余额定	子厂名
紫牛坡厂 （东川府）	乾隆四十三年	33000	2750	京铜29700	
茂麓厂 （东川府）	乾隆四十三年	280000	23300	京铜253300	普腻山厂
人老山厂 （昭通府）	乾隆四十三年	4200	355	京铜3780	
箭竹塘厂 （昭通府）	乾隆四十三年	4200	355	京铜3780	
乐马厂 （昭通府）	乾隆四十三年	36000	832	京铜9000	
梅子沱厂 （昭通府）	乾隆四十三年	40000	1600	京铜18000	
长发坡厂 （镇雄州）	乾隆四十三年	1300	1083	京铜11700	
小岩坊厂 （昭通府）	乾隆四十三年	2200	1800	京铜19800	
凤凰坡厂 （澄江府）	乾隆四十三年	12000	1000	京铜10800	
红石岩 （澄江府）	乾隆四十三年	12000	1000	京铜10800	
红坡厂 （澄江府）	乾隆四十三年	48000	4000	京铜43200	
大兴厂 （澄江府）	乾隆四十三年	48000	4000	京铜43200	腾子箐厂，旋停
发古厂 （澄江府）	乾隆四十三年	48000	4000	京铜43200	
双龙厂 （曲靖府）	乾隆四十八年	13500	1125	京铜10800	茨营厂
宁台厂 （顺宁府）	乾隆四十六年	2900000	24000	紫板铜580000 蟹壳铜2000000	芦塘厂、水泄厂、底马库厂、 荃麻岭[注]厂、罗汉山厂
得宝坪厂 （永北厅）	嘉庆三年	1200000	35000	京铜270000	

续表

铜厂名 （所属府）	额定时间	额定产量	闰加	课余额定	子厂名
白羊厂 （大理府）	乾隆四十三年	108000	9000	省铜97200	
大功厂 （大理府）	乾隆四十三年	400000	33330	京铜361999	乐依山厂、者甸厂、蛮浪山厂、核桃坪厂、沙河厂
寨子箐厂 （楚雄府）	乾隆四十三年	11200	933	省铜10080	
马龙厂 （楚雄府）	乾隆四十三年	4400	366	省铜3960	
香树坡厂 （楚雄府）	乾隆五十二年	7200	600	省铜24200 京铜100500	
秀春厂 （楚雄府）	乾隆五十年	4500	375	省铜3600	
回龙厂 （丽江府）	乾隆四十五年	70000	5833	京铜20000	札朱厂、来龙厂
义都厂 （云南府）	乾隆四十三年	80000	6660	省铜72000	
金钗厂 （临安府）	乾隆四十三年	900000	70000	京铜400000	老硐坪厂
绿矿硐厂 （临安府）	嘉庆十三年	12000	1000	省铜9700	
青龙厂 （元江厅）	乾隆四十三年	60000	5000	省铜54000	猛养厂

注：①额定时间：清廷规定各铜厂产铜年额的时间。②额定产量：清廷规定各铜厂每年产铜数量。③闰加：逢闰年再增加数，一般另加十二分之一左右。④课余额定铜斤数：课税以外实际办获的铜斤数。⑤京铜：专供京运的铜；省铜：供本省的铜。

说明："荃麻岭"，吴其濬《滇南矿厂图略》写作"荃麻岭"，而戴瑞征《云南铜志》写作"钱蔴岭"，此依《滇南矿厂图略》改为"荃麻岭"，下同。需要说明的是，在本书中，一些金属产地和矿厂之名，由于受不同民族语言和地区方言的影响，读音不尽相同，如上引"荃"（quán）字，在云南不少地方读"钱"（qián）音。此种同一地名或厂名而读音存在差异的情况，在历史文献中常有反映，故在本书中亦在所难免。特此说明。

资料来源：阮元等纂修：道光《云南通志》卷75，吴其濬纂《滇南矿厂图略》（下），周钟岳等撰民国《新纂云南通志》卷146，矿业考二·铜矿，等。

由表 7 - 7 可知，乾隆嘉庆时期，清廷对云南比较兴旺的 35 个铜厂都先后规定了各厂每年产铜数量，其中年额在 100 万斤以上者有 4 个厂，即汤丹厂 3160000 斤、宁台厂 2900000 斤、碌碌厂 1240000 斤、得宝坪厂 1200000 斤；100 万斤以下 10 万斤以上者也有 6 个厂，即金钗厂 90 万斤、大水沟厂 51 万斤、大功厂 40 万斤、万宝厂 30 万斤、茂麓厂 28 万斤、白羊厂 10.8 万斤；其余 25 个厂的年额多者几万斤，少者几千斤不等。35 个厂每年额定产铜合计 11694640 斤。这也许是滇铜在当时全国铸钱实际需要的铜料数量。不言而喻，清廷规定各厂产铜年额，其目的首先是确保京局铸钱的需要，同时也是为了保证云南本省和外省铸钱之需。从表中可知，清廷规定云南各厂"额铜"，大都是在乾隆后期，多为乾隆四十三年及其以后，而嘉庆朝则较少。盖因乾隆后期铸钱增加，需要更多的铜料。乾隆四十三年（1778），"谕军机大臣等：'滇省办运铜斤，事关鼓铸，不可不从长筹画。……在滇省产铜，岁逾千万斤，本不为少。第因生齿日繁，需钱日众，自京局以至各省，逐渐加炉加卯，致铜额日渐增多，每岁所需几倍于昔，相沿既久，自难轻议改弦。'"①

嘉庆中期以后，虽然在采铜厂尚有 38 个，加上子厂 19 个，共计 57 个，然而其年产量较之乾隆朝和嘉庆初期已大大减少，如汤丹厂年产铜约八九十万至一二百万斤，宁台厂五六万至十万斤，碌碌厂八九十万至一百余万斤，得宝坪厂十三万二千斤，金钗厂二三十万斤等。详见表 7 - 4 嘉庆时期云南铜厂分布与概况。

道光中期，云南在采铜厂数并未减少。但一些铜厂的年产量有所减少。这从道光二十五年（1845）左右实际办获的课余年额中可以得知，如碌碌厂为 561100 斤，大水沟厂为 362000 斤，梅子沱厂为 18000 斤，大功厂为 312000 斤等。详见表 7 - 5 道光中期云南在采铜厂分布与概况。

以上，我们简要叙述了清代前期云南主要铜厂的产量状况。嘉庆中期各厂的产量应是实际产量。乾隆时期至嘉庆中期仅列出各厂产铜"年额"，"年额"不等同于实际产量，一般而言实际产量要多于"年额"，因为实际产量还应包括超出"年额"的部分以及从乾隆三十八年起允许

---

① 《清实录》第二十二册《高宗实录》卷 1063，第 215 页。

矿民自卖的"一成通商"铜等。"道光实办"也不等于实际产量，因为实际产量还应包括课铜以及"一成通商"铜等，其总数亦多于官府办获的数量。在未见文献记载的情况下，"年额"和"道光实办"作为铜厂产量基数，可提供参考。

清代前期，云南全省铜厂历年产量散见于当时的实录、奏折、史志等之中，在一些官员和士人的著述中也有所涉及。如云南布政使王太岳在其《论铜政利病状》中说："尝稽滇铜之采，其初一、二百万（斤）者不论矣。自乾隆四、五年以来，大抵岁产六、七百万耳，多者八、九百万耳，其最多者千百有余万，至于一千二、三百万止矣。今乾隆三十八年、三十九年，皆以一千二百数十万告，此滇铜极盛之时，未尝减于他日也。然而不能给者，惟取之者多也。"① 又唐与昆《制钱通考》卷之二也谓："按云南省各铜厂，当乾隆初年旺盛之时，约计每年可获铜九百余万斤。乾隆元年获铜七百五十九万八千有奇，二年获铜九百四十八万七千有奇，三年获铜一千四十五万七千有奇，四年获铜九百四十二万五百有奇，五年获铜八百四十三万四千有奇。按五年牵算，每年获铜九百余万斤。后云南本省以及各省屡次添炉加铸，用铜至一千一百余万斤，以至铜不敷领。今裁减二百余万斤，适仅敷解京及各省采办之数，并无盈余。"② 上引记载仅述及乾隆朝一些年份的滇铜产量，显然并不全面，也不完整。

现代以来，经济史学者从诸多文献中搜集、整理了大量相关数据，并进行计算后，大致理清了清代前期滇铜产量的基本状况，详见表7-8。

表7-8　清代前期云南铜厂产量（估算）

年代（公历）	办获滇铜数量（斤）	估计全省铜产量（斤）
康熙四十四年（1705）	—	1804283
雍正元年（1723）	1000000	—
雍正四年（1726）	2150000	—
雍正五年（1727）	4013000	—
雍正六年（1728）	2700000	—

① 吴其濬纂《滇南矿厂图略》（下），附，第59页。
② 彭泽益编《中国近代手工业史资料》第一卷，中华书局，1962，第348页。

续表

年代（公历）	办获滇铜数量（斤）	估计全省铜产量（斤）
雍正七年（1729）	4000000	—
乾隆元年（1736）	7598900	—
乾隆二年（1737）	10089100	—
乾隆三年（1738）	10457900	—
乾隆四年（1739）	9420500	—
乾隆五年（1740）	8434600	10286272
乾隆六年（1741）	7545500	9349998
乾隆七年（1742）	8757800	10295401
乾隆八年（1743）	9290700	8985049
乾隆九年（1744）	9249200	10252783
乾隆十年（1745）	8281300	9272782
乾隆十一年（1746）	8421100	10577662
乾隆十二年（1747）	8542700	10967901
乾隆十三年（1748）	10347700	10352100
乾隆十四年（1749）	11920400	10205437
乾隆十五年（1750）	10056200	9155974
乾隆十六年（1751）	10702000	10955144
乾隆十七年（1752）	8151800	10271331
乾隆十八年（1753）	7510100	11496527
乾隆十九年（1754）	10950200	11595694
乾隆二十年（1755）	8387100	10888782
乾隆二十一年（1756）	6262400	11155003
乾隆二十二年（1757）	9824900	11463102
乾隆二十三年（1758）	10173100	11463102
乾隆二十四年（1759）	12760100	11995559
乾隆二十五年（1760）	12128800	11706966
乾隆二十六年（1761）	11712500	12324989
乾隆二十七年（1762）	12262500	12647858
乾隆二十八年（1763）	12766000	11988040
乾隆二十九年（1764）	13781000	12685821
乾隆三十年（1765）	11875900	12504668
乾隆三十一年（1766）	8123300	14674481
乾隆三十二年（1767）	7394000	14127249
乾隆三十三年（1768）	7757000	13792711
乾隆三十四年（1769）	9743800	14567697

年代(公历)	办获滇铜数量(斤)	估计全省铜产量(斤)
乾隆三十五年(1770)	—	11844596
乾隆三十六年(1771)	—	11685646
乾隆三十七年(1772)	—	11891110
乾隆三十八年(1773)	—	12378445
乾隆三十九年(1774)	—	12357442
乾隆四十年(1775)	—	13307975
乾隆四十一年(1776)	—	13088522
乾隆四十二年(1777)	—	14018172
乾隆四十三年(1778)	—	13363786
乾隆四十四年(1779)	—	11238032
乾隆四十五年(1780)	—	10945059
乾隆四十六年(1781)	—	10469584
乾隆四十七年(1782)	—	10403857
乾隆四十九年(1784)	12050251	11115406
乾隆五十年(1785)	—	11409678
嘉庆元年(1796)	—	10260946
嘉庆六年(1801)	—	10897703
嘉庆七年(1802)	6477790	—
嘉庆九年(1804)	—	10355363
嘉庆十一年(1806)	—	10355363
嘉庆十三年(1808)	—	12025119
嘉庆十五年(1810)	—	10574916
嘉庆十六年(1811)	—	10538656
道光二十五年(1845)	9346370	—

资料来源:许涤新、吴承明主编《中国资本主义的萌芽》,人民出版社,1985,第491~493页,表5-3"清前中期云南铜厂数及产量估计"。补入:康熙四十四年产铜数,引自常玲《清代云南的"放本收铜"政策》,《思想战线》1988年第2期;雍正元年办获滇铜数,引自《雍正朱批谕旨》第一册;嘉庆十六年产铜数,引自彭泽益主编《中国近代手工业史资料》第一卷,中华书局,1962,第351页;道光二十五年实办铜数,引自吴其濬纂《滇南矿厂图略》(下)。

表7-8中"办获滇铜数量"出自乾隆三十五年云南官员的奏折"(云南)历年办获铜斤数目清单",即"乾隆元年起至三十四年各厂办获铜斤数目"。[①]

[①] 中国第一历史档案馆藏《军机处附录奏折》,金融货币类。引自中国人民大学清史研究所等编《清代的矿业》上册,第150~152页。

所谓"办获铜斤数目"，即由政府预先贷款（或预付铜价）给各铜厂来采矿冶炼，及冶炼成铜后，以其中 10%（初为 20%）充作税课（称"课铜"），又抽取部分公廉、捐、耗铜，其余大部分（除 10% 的通商铜外）由政府以固定价格（即"官价"）收购，称为"官铜"；税课、抽取及官铜合称"办获铜"。可见，"办获铜斤数目"，只是滇铜产量中的大部分，并不反映全部实际产量。虽然如此，"办获铜斤数目"仍是计算总产量的基本数据。

表 7-8 中"估计全省铜产量"系严中平先生根据清代大量文献记载，经过计算而得到的数据。严先生说："云南各铜厂的出产，全部由官厅收买，分别京局、省局、采买三路配销出去，论理，这三路配销总量，便可代表全省的总产量。不过，僻远小厂很难稽查，不免偷漏私卖，而从乾隆三十八年起，也有准以一分通商的谕旨，所以估计全省总产量，还应加入私卖和准予自卖的那一部分，若统以百分之十计算，则全省总产量估计等于京局省局采买合计除以百分之九十。"① 严先生的计算方法，总体上说是合理的；但将私卖和准予自卖的这一部分统以 10% 计算，则又不尽合理。因为准予自卖的通商铜即占总产量的 10%，私卖部分可能更多（见下文），因此将通商铜和私铜只"以百分之十计算"，就偏低了。若将私铜排除于计算之外，仅将 10% 的通商铜纳入计算，则严先生的估计显然是正确的。

云南铜矿业中的私铜问题从有官买政策以来就一直存在，如乾隆三十三年总督阿里衮、巡抚明德奏："查云南通省铜厂三十余处，山路崎岖，近者数百里、远者千有余里，不惟亲身不能遍历，即耳目亦所难周。……其作奸之法：采获铜斤交官，每百斤领价银五六两不等，私卖则得银十一二两。"② 官价只及私价的一半，私铜买卖亦即必然发生。对此云南巡抚裴宗锡说得很清楚："工价不敷，非自今始。由于官买之初，定价较他省本为最轻，而厂民不以为累者，当年大小各厂岁办铜不过八九十万斤，后数年亦不过三四百万斤，比之今日十才二三。发官即少，私卖必多，厂民利有私铜，不计官价。"③ 可见早在官买之初，因官价太

---

① 严中平：《清代云南铜政考》，第 22 页。
② 中国人民大学清史研究所等编《清代的矿业》上册，第 146 页。
③ 裴宗锡：《筹滇省铜政疏》，《皇清奏议》卷 61。见《续修四库全书》第 473 册，上海古籍出版社，2002，第 516 页。

低，卖给官府的比较少，而私卖的比较多；厂民主要靠出卖私铜牟利，不计较官价的高低。王太岳也说：滇铜"是名为归官，而厂民之私以为利者犹且八九，官价之多寡固不较也"。① 厂民用以牟利的私铜多达十之八九，也许言过其实，但当时私铜较多，却是肯定的。私铜的来源大致不外两方面：一是"小厂之收买，涣散莫纪也。……每以一炉之铜，纳官二三十斤，酬客长、炉头几斤，余则听其怀携，远卖地方"。② 二是不少厂员"希图侵肥，通同舞弊"，以私铜牟利；有的厂员甚至仗势强占民开旺硐。裴宗锡就说："若厂员自行占据，则私卖渔利，竟得肆其侵贪，何所顾忌。"③ 如此看来，厂民以私铜牟利，厂员也从中舞弊，这是自放本收铜以后普遍存在的问题。对此，清廷曾于乾隆四十三年前后，规定各个铜厂的产铜年额（即额铜），但也未能防止私铜买卖的发生。后来，清廷不得不在保证额铜的前提下，允许厂民自卖超额铜斤。如乾隆四十五年又谕（军机大臣等）："滇省采办铜斤，近年以来，屡形竭蹶。""兹据和珅面奏：'滇省铜斤，官价轻而私价重，小民趋利，往往有偷漏走私。地方官虽设法严禁，无如滇地山多路僻，耳目难周，私铜仍多偷漏，所以京铜缺少。向来定例，九成交官，一成通商。不若令将官运之铜，全数交完后，听其将所剩铜斤，尽数交易，不必拘定一成。或商民知利之所在，竞相趋赴，丁多铜集，京运不致仍前缺乏。'等语。"④ 乾隆帝采纳了和珅的建议，放宽"一成通商"的限制，"听商贾流通贸易"。这也许在一定程度上减少了私铜的偷漏，但因私价高于官价的问题始终没有彻底解决，私铜偷漏的现象不可能完全禁绝。

由上所述可知，滇铜"私卖和准予自卖"的数量决不止百分之十，而应更多一些。有学者估计，"私铜和通商铜在全部铜产量中，应不低于25%"。⑤ 这一估计，是否准确，尚待进一步研究。

---

① 王太岳：《论铜政利病状》，《滇南矿厂图略》（上），附，第57页。
② 王太岳：《论铜政利病状》，《滇南矿厂图略》（上），附，第62页。
③ 孙士毅：《陈滇铜事宜疏》，《皇清奏议》卷62。见《续修四库全书》第473册，上海古籍出版社，2002，第525页。
④ 《清实录》第二十二册《高宗实录》卷1106，第803、804页。
⑤ 杨煜达：《清代中期（公元1726~1855年）滇东北的铜业开发与环境变迁》，《中国史研究》2004年第3期。

表 7-8 中严中平先生关于云南全省铜产量的估计，虽然偏低了一些，但一直为学术界所认同。通过表中所列"估计全省产量"可知，从乾隆五年（1740）至嘉庆十六年（1811）的 71 年间，滇铜产量有记录者共 52 年。在此期间，年产量在 1000 万斤（合今 5968 吨）[①] 以上者有 48 年，其中有 8 年（即乾隆三十一年、三十二年、三十三年、三十四年、四十年、四十一年、四十二年、四十三年）高达 1300 万斤（7758.4 吨）以上；更有 4 年（即乾隆三十一年、三十二年、三十四年、四十二年）多达 1400 万斤（8355.2 吨）以上，最多是乾隆三十一年，达 14674481 斤（8757.7 吨）；其余 4 个年份的产铜数也在 890 余万至 934 余万斤之间，略少于 1000 万斤。可见滇铜产量基本稳定，年产量大约为 1100 万斤，尚未出现大起大落的情况。

总体上说，乾嘉时期，是滇铜的极盛时代，也是我国古代铜矿业的黄金时代，在中国古代矿业开发史上是空前绝后的。

七　滇铜的供销

清代前期，云南各铜厂出产的铜产品，绝大部分由政府统一安排供销渠道，主要有"京运"、"省铸"和"采买"三个方面，兹分别叙述如下。

（一）京运

所谓"京运"，即将滇铜运往京师，供给分属于户部和工部的宝泉局与宝源局铸造制钱。这是滇铜最主要的供销渠道。

据文献记载，滇铜京运始于康熙四十四年（1705）。当时清廷"令云南省城设立官铜店"，"预发工本收买余铜，各铜厂每斤价银三四分以至五六分不等，发运省城，……卖给官商，以供各省承办京局额铜之用。"[②]京局（宝泉局和宝源局）铸钱所需部分铜料由各省负责赴滇承办，直至雍正朝也如此。雍正五年（1727），云南产铜三百数十万斤，本省铸钱仅需一百余万斤，剩余二百数十万斤，经云贵总督鄂尔泰奏请，经户部决

---

① 《汉语大辞典》附录"中国历代衡制演变测算简表"：清代 1 斤 = 16 两，1 两 = 37.3 克，1 斤 = 596.8 克，据此计算。下同。

② 阮元等：道光《云南通志》卷 76，食货志八·矿厂四。引自《云南史料丛刊》第十二卷，第 655 页。

定，云南可动用盐务余银六万两收买，一百万斤运至汉口，以备湖北、湖南采办，又以一百万运至镇江，以备江苏采办；再由汉口、镇江递运至京。江苏、两湖所买滇铜，均作为雍正六年额办。① 由此可知，这时京局每年所需铜料由江苏、湖北、湖南三省采办滇铜。雍正八年（1730），"定广东办解滇铜之例"，"令（广东）从滇买铜起运至京"；九年（1731）"又令江苏、浙江兼办滇铜"。② 采办滇铜的省份又增加广东、浙江两省，加上此前的江苏、两湖，共五省。雍正十二年（1734），办供京铜的省份共八个，其中采办洋铜的是浙江、江苏、安徽、江西和福建五省，每年 2772300 斤；采办滇铜的是湖北、湖南和广东三省，每年 1663200 斤。就在这一年，"奉上谕"："开云南广西（今云南泸西）府局，设炉九十四座，铸钱运京，停湖北、湖南、广东办解滇铜。"③ 乾隆元年（1736），京局所需铜斤，"每年以四百万斤为率，滇、洋两处各办二百万斤。除湖北、湖南、广东应办铜数已留滇铸钱解京外，令滇省每年再解铜三十三万六千八百斤交局，以足二百万斤之数"。④ 乾隆二年（1737），云南总督尹继善奏言：滇省各铜厂较前甚为旺盛。所产铜斤，除供广西府鼓铸运京及解京铜三十三余万斤，"又拨添省城局、并供黔、蜀二省采办外，尚可存铜三百余万斤"，"京局必须之铜又办自外洋，殊觉舍近求远"，而"采办洋铜弊累甚深"，"莫如将江苏、浙江应办乾隆三年额铜毋庸停办，委员赍价交滇，照依厂价每百斤九两二钱之数收买解京"。经九卿议定："令江、浙委员照依二百万之数赴滇分办，仍令上下两运，照原定限期解部。"⑤ 乾隆三年（1738），清廷又作出两个决定：其一，"议停云南广西府局铸运京钱，令即以原铜解京"；其二，

---

① 阮元等：道光《云南通志》卷76，食货志八·矿厂四。引自《云南史料丛刊》第十二卷，第 656 页。
② 阮元等：道光《云南通志》卷76，食货志八·矿厂四。引自《云南史料丛刊》第十二卷，第 656、657 页。
③ 阮元等：道光《云南通志》卷76，食货志八·矿厂四。引自《云南史料丛刊》第十二卷，第 657 页。
④ 阮元等：道光《云南通志》卷76，食货志八·矿厂四。引自《云南史料丛刊》第十二卷，第 658 页。
⑤ 阮元等：道光《云南通志》卷76，食货志八·矿厂四。引自《云南史料丛刊》第十二卷，第 658 页。

"江、浙应办铜二百万斤，自乾隆四年为始，即交滇省办运"。即从乾隆四年开始停止采办洋铜，京局所需四百万铜斤"尽归滇省办解"。^① 从此，滇铜取代洋铜，成为京局鼓铸的铜料来源。乾隆四年（1739），清廷户部议定：鉴于汤丹等厂近更旺盛，每年可办获铜八九百万斤，办运京铜四百余万斤以及本省、黔、蜀铸钱等用铜不过五六百万斤之外，余剩尚多，故"议定每年添办铜一百七十万四千斤"。^② 由此可知，从乾隆四年起，每年京运滇铜为5704000斤。乾隆七年（1742），"户部议定：云南办运京局正、耗铜及余铜共六百三十三万一千四百四十斤。"^③ 其中："岁需原额正铜四百万斤、加额正铜一百七十万四千斤，二（项）共正铜五百七十万四千斤。岁由云南省办运，每正铜百斤，加运耗铜八斤，共加耗铜四十五万六千三百二十斤。又每正铜百斤，准带余铜三斤，共准带余铜十七万一千一百二十斤。计正、耗、余三项，共铜六百三十三万一千四百四十斤。"^④ 从乾隆四年（1739年）开始，每年运供京师的滇铜基本上都是6331440斤。严中平先生也认为每年6331440斤是乾隆嘉庆时期京运滇铜的"常数"："从乾隆四年起，这个运额，就成为定例，难以减少。"^⑤ 据道光《云南通志》卷76"食货志八·矿厂四·京铜"载：对于供应京局的滇铜，清廷还有种种规定。如：乾隆四年（1739）"议定云南运铜条例"，其中有"耗铜宜核定也。汤丹厂铜多系九五成色，应于每百斤外加耗铜八斤，一并交纳，永为定例"。又有"余铜宜备给也。自滇至京，程途万里，水陆搬运，凡磕损、失落，在所不免。应于正额百斤之外带余铜三斤"。^⑥ 乾隆四十五年（1780）"复准：滇省各厂解京铜斤，

① 阮元等：道光《云南通志》卷76，食货志八·矿厂四。引自《云南史料丛刊》第十二卷，第659页。
② 阮元等：道光《云南通志》卷76，食货志八·矿厂四。引自《云南史料丛刊》第十二卷，第660页。
③ 阮元等：道光《云南通志》卷76，食货志八·矿厂四。引自《云南史料丛刊》第十二卷，第661页。
④ 《钦定户部则例》，见道光《云南通志》卷76，食货志八·矿厂四。引自《云南史料丛刊》第十二卷，第673页。
⑤ 严中平编著《清代云南铜政考》，第84、13页。
⑥ 阮元等：道光《云南通志》卷76，食货志八·矿厂四。引自《云南史料丛刊》第十二卷，第659页。

务须加工煎炼，熔化纯洁；如有低潮，[①] 到京时煎炼兑收，其亏折铜斤，令承办各员赔补，并严行参奏"。乾隆四十九年（1784）"奏准：铜斤领运时，于铜面上堑凿厂分、炉户姓名，遇有挑退低铜，饬令改煎补运，仍将炉户责惩。倘掺杂铁砂充额，即将厂、店各员，参奏治罪"。乾隆五十七年（1792）"奏准：解京铜斤，挑拣整圆大块，堑明厂名、斤数，毋得藉称挤碎搀杂零星。其间有碎块，每百斤用木桶装钉，以免沿途散失"等。[②] 这些规定，主要表现为对京运滇铜的质量要求，即务必是经过精炼的"蟹壳铜"，其含铜量为百分之九十。[③]

根据对京运滇铜的质量要求以及运输路线安排，清廷和云南地方当局指定了专供京运的铜厂及其额定产量。兹根据道光时的有关文献，列表 7 - 9 以明之。

表 7 - 9 清代前期供京运的云南铜厂一览

铜厂名 （所在府）	子厂名	额定产量 （斤）		道光实办 （斤）	备注
汤丹厂 （东川府）	九龙箐厂、观音山厂、聚宝山厂、裕源厂、岔河厂	乾隆四十四年 嘉庆七年	3160000 2300000	2081500	
碌碌厂 （东川府）	龙宝厂、兴隆厂、多宝厂、小米山厂	乾隆四十三年 乾隆四十六年 乾隆七年	1240040 823992 620000	561100	
大水沟厂 （东川府）	联兴厂、聚源厂	乾隆四十三年 乾隆七年	510000 480000	362000	
大风岭厂 （东川府）	大寨厂又名杉木箐厂	乾隆四十三年	8000	72000	先供省铸 后改京运
茂麓厂 （东川府）	普腻山厂	乾隆四十三年	280000	253396	

---

① "低潮"，即低铜，"铜中夹铅色黯，称为低铜"。见王昶《云南铜政全书》，据道光《云南通志》卷75引。

② 俱见《钦定大清会典事例》卷215，"户部六十四钱法办铜二"。引自《云南史料丛刊》第八卷，第189、190页。

③ 严中平说："紫板铜入蟹壳炉再炼一次，便成为可供京局的蟹壳铜了，每百斤紫板铜可炼蟹壳铜八十斤，这是云南厂炉所能炼得的最纯净的铜料，成分可达百分之九十。"见《清代云南矿政考》，第62页。

续表

铜厂名 （所在府）	子厂名	额定产量 （斤）		道光实办 （斤）	备注
紫牛坡厂 （昭通府）		乾隆四十三年	33000	29700	先供省铸 后改京运
人老山厂 （昭通府）		乾隆四十三年	4200	3780	
箭竹塘厂 （昭通府）		乾隆四十三年	4200	3780	
乐马厂 （昭通府）		乾隆四十三年 嘉庆十二年	36000 10000	9000	
梅子沱厂 （昭通府）		乾隆四十三年 嘉庆十二年	40000 20000	18000	
长发坡厂 （镇雄州）		乾隆四十三年	13000	11700	
小岩坊厂 （昭通府）		乾隆四十三年	22000	19800	
狮子尾厂 （武定州）		乾隆四十三年 乾隆四十五年	2400 3600	5400	供省铸及采 买改供京运
双龙厂 （曲靖府）		乾隆四十八年	13500	10800	供京运或 省铸
宁台厂 （顺宁府）	水泄厂、底马库厂、荃麻 岭厂、罗汉山厂	乾隆四十六年	2900000	2900000	供京运省 铸、采买
大功厂 （大理府）	乐依山厂、者甸厂、蛮浪 厂、核桃坪厂、沙河厂		400000	312000	供京运、省 铸、采买
寨子箐厂 （楚雄府）		乾隆四十三年	11200	10080	供京运、省 铸、采买
香树坡厂 （楚雄府）		乾隆五十二年	办京铜100000 24249	100500	供京运、 省铸
得宝坪厂 （永北厅）		嘉庆三年 道光十四年 道光又减	1200000 600000 300000	270000	

注：1. 子厂包括已停采者；子厂不另计定额。

2. 额定产量指平年，闰年另加十二分之一。

3. 道光实办，指道光二十五年前后实际办获之课余额，即不包括征课铜。

资料来源：阮元等纂修：道光《云南通志》卷75，食货八·铜厂上、下；吴其濬纂：《滇南矿厂图略》（下）。

由表 7 - 9 可知，清代前期，云南铜厂中有 19 个厂被指定为供京运之厂，称为"京铜厂"；若加上其子厂 21 个，则供京运之厂达 40 个。前面我们曾说过，清代乾隆、嘉庆两朝是云南铜矿业最兴旺的时期，经常生产的铜厂大约有三四十个；由此可见，近一半的铜厂是"专供京运"或"兼供京运"。如上所述，清廷大力开发滇铜的目的乃在于保证京局铸钱的需要，云南每年以 600 多万斤的优质铜料运往京师，应该说清廷的目的已经达到。

（二）省铸

所谓"省铸"，即将滇铜运交云南本省各铸钱局，以供铸造铜钱。这是滇铜供销的又一渠道。

云南利用本省丰富的铜、铅、锌资源铸造铜钱，始于明代中后期。嘉靖三十四年（1555）"云南始铸钱（按：即'嘉靖通宝'）。扣留盐课二万（银两）作本，铸钱三万余（串）解户部"。又万历四年（1576），"以巡抚御史言，开局鼓铸（按：即'万历通宝'）。而民间用如故，钱竟不行。遂以铸成之钱运充贵州兵饷，停罢铸局。时，万历八年（1580）也"。[①] 后来，于天启六年（1626）又铸"天启通宝"、崇祯时又铸"崇祯通宝"。南明永历元年（即清顺治四年，1647 年），以孙可望为首的大西农民军进入云南后，"初铸'大顺钱'"（按：即"大顺通宝"）；二年（1648），于云南省城及下关设炉十八座，"铸'兴朝钱'（按：即'兴朝通宝'），禁民用贝"。[②] 据李天根《爝火录》载：兴朝钱"分大小四种：当银一两、一钱、一分、一厘。凡上纳银粮、放给俸饷，以至民间一切贸易，皆通用之"。永历七年（1653），停铸兴朝钱而代之以"永历通宝"。[③] 从此，铜钱开始进入流通，并逐渐取代广泛流通的贝币。

清顺治十七年（1660），时为平西王的吴三桂奏准开局铸钱（按：即"顺治通宝"），"以利民用"。"于是贝散为妇女口领之饰，而贸迁交易，

---

① 倪蜕辑《滇云历年传》卷 12，李埏校点，云南大学出版社，1992，第 570 页。
② 倪蜕辑《滇云历年传》卷 12，李埏点校，第 571 页。
③ 汤国彦主编《云南历史货币》，云南人民出版社，1989，第 68 ~ 71 页。

则惟钱是用矣。"① 但是，云南地广人稀，铜钱"行销颇少"，遂于康熙九年（1670）因四川巡抚张德地请停各省鼓铸，云南随之停止铸钱。康熙十二年（1673）吴三桂发动叛乱，翌年"开局省城，铸利用钱（按：即'利用通宝'）。② 康熙十七年（1678）吴三桂孙吴世璠又铸"洪化钱"（按：即"洪化通宝"），康熙十八年（1679）又铸"昭武钱"（按：即"昭武通宝"）。康熙二十年（1681）判事平定。第二年，云贵总督蔡毓荣实行其理财第一策"广鼓铸"，"设局于蒙自、禄丰、云南、大理等处。二十四年（1685）又设临安一局"。③ 各局所铸"云"字钱用于搭放兵饷。后因铜钱太多，价值大跌，原来法定每钱千文兑银一两，实际市面只能兑银三四钱，而官兵领饷，银钱各半，其"苦累得无以为生"。终于在康熙二十七年（1688）秋天激成省城的兵变，同年十月总督范承勋不得不以全银发饷，并停止各局鼓铸。④ 这次停炉历时三十四五年，直至康熙末年，其间钱价并未恢复法定价值，每银一两尚兑钱一千七八百文之多。⑤

雍正元年（1723），重开云南省城及临安府、大理府、沾益州鼓铸局，分别设炉21座、6座、5座、15座共47座，开铸制钱。⑥ 从这一年起至嘉庆十五年（1810）的87年间，除三年（乾隆五十九、六十，嘉庆元年）全省停铸外，其余84年从未间断开局铸钱。在此期间，清廷对云南铸造制钱先后作过若干规定。据道光《云南通志》卷77"矿厂五附钱法"载，主要有以下一些具体规定：雍正元年（1723）规定"云南应铸'宝云'（按：'雍正通宝'的钱幕铸'宝云'二字）"，"遂照铜六铅四配铸"；"每铸铜、铅百斤，准耗九斤，给工食钱一千二百文，料价六百二十文。……每年开铸三十六卯，遇闰加三卯（按：清代通常以铸钱一期为一卯作标准）。每炉一卯用铜、铅千斤计，四十七炉岁用铜、铅一百

---

① 倪蜕辑《滇云历年传》卷12，李埏点校，第571页。
② 倪蜕辑《滇云历年传》卷11，李埏点校，第532页。
③ 倪蜕辑《滇云历年传》卷12，李埏点校，第571页。
④ 王钟翰点校：《清史列传》卷十一"范承勋传"。中华书局，1987，第806页。
⑤ 倪蜕辑：《滇云历年传》卷12，李埏点校，第570页。
⑥ 阮元等：道光《云南通志》卷77，食货志八之五。引自《云南史料丛刊》第十二卷，第685页。

六十九万二千斤"。又每"钱一文，铸重一钱四分"。雍正三年（1725），"令云南各局鼓铸制钱（即'雍正通宝'），听其流通各省，以便民用，不必禁止出境"。雍正四年（1726），云南"鼓铸制钱，除本省搭放流通外，以四万串发运四川、湖广、广西等省，……每制钱一串易银一两，交云南解官领回，接济工本"；"并准于鼓铸正额外，加带铸钱及外耗钱"。[①] 雍正十一年（1733），"开云南东川府局铸钱，运往陕西"；又十二年（1734）"开广西府局铸钱运京，停湖北、湖南、广东办解滇铜"。乾隆五年（1740），"定云南鼓铸青钱配用版锡，……云南蒙自县之个旧厂产有版锡，应准其就近收买，配搭鼓铸"。乾隆十七年（1752）"令云南东川府增设新局鼓铸"。（按：东川府即有新旧二局。）乾隆二十九年（1764），"开云南顺宁府鼓铸局"，"设炉八座，每年开铸三十六卯，钱幕（背面）仍铸'宝云'二字"。乾隆四十年（1775），"奏准：云南复设大理、临安、保山三局，共建炉三十五座鼓铸"。乾隆四十五年（1780），"奏准：云南宝云局令按察使总理云南府，知府监铸；东川局令该管道员稽查，东川知府监铸。又四十八年（1783）奏准：云南宝云局照旧改归臬司兼管监铸"。乾隆五十九年（1794），"奏准：停各省鼓铸"。嘉庆元年（1796）"奏准：复开各省鼓铸。又题准：云南东川局，暂缓开铸。案册：四年（1799）临安府设炉六座，广南府设炉六座，东川府设炉六座，大理府下关设炉二十二座，楚雄府设炉十座，永昌府设炉十座，就近收买小钱改铸，于五年、六年铸竣，节次裁撤"。嘉庆五年（1800）改为三色配铸，每百斤用铜五十四斤、白铅四十一斤八两、黑铅六斤八两。[②] 二十二年（1817），复开东川局鼓铸，设炉十座。"现行铸款，省城设炉二十八座。原系按察司专管，嘉庆元年改为布政司、按察司同管。六年（1801）遵照新定章程，三色配铸，每百斤用铜五十四斤、白铅（即锌）四十二斤十二两、黑铅三斤四两"等。此外，清廷和云南

---

① 带铸钱：即于每炉每卯添铸铜铅一百斤，名曰"带铸"，所得息钱（即铸钱利润）以为解送各省脚价之用。外耗钱：即于每炉每卯铸正额铜、铅一千斤，准耗九十斤，名曰"外耗"，所得息钱以为添给与局官役、养廉、工食之用。

② 乾隆六年（1741 年）"改为四色配铸。每百斤用铜五十斤、白铅四十三片八两、黑铅三斤八两、锡三斤"。见戴瑞征编《云南铜志》卷五，局铸上。转引自《云南史料丛刊》第十二卷，第785页。

地方当局还对增炉、减炉，增卯、减卯以及铸息（即铸钱获得的利润）的使用等，常因时因地作出调整与规定。

由上述可知，从雍正元年至嘉庆十五年间，云南一省，先后在省城（云南府）、东川府、广西直隶州（今泸西一带）、临安府、大理府、顺宁府、永昌府、曲靖府、沾益州、保山县、楚雄府、广南府等府州县开设过13个铸钱局（东川有新旧二局），其中以省城局（称"宝云局"）和东川局（称"宝东局"）最有名。这些铸钱局分布在滇中、滇东、滇西和滇南地区，这与滇铜的分布密切相关；分布在各地的铜厂被指定向当地的铸钱局提供铜料。根据道光时期的文献，供给省铸的铜厂有21个之多，兹列表7-10以明之。

表7-10　清代前期供省铸的云南铜厂一览表

铜厂名	子厂名	额定产量（斤）		道光实办（斤）	备注
大风岭厂（东川府）	大寨厂又名杉木箐厂	乾隆四十三年	80000	7200	先供省铸后改京运
紫牛坡厂（东川府）		乾隆四十三年	33000	29700	先供省铸后改京运
万宝厂（云南府）		乾隆四十三年	300000	271500	供省铸及采买
义都厂（云南府）		乾隆四十三年	80000	7200	供省铸及采买
大美厂（云南府）	老硐箐厂	乾隆四十四年	24000	32400	供省铸及采买
狮子尾厂（武定州）		乾隆四十三年乾隆四十五年	24003600	—	供省铸及采买
大宝岩厂（武定州）	亮子地厂、绿狮子厂、马英山厂	乾隆四十三年	7200	8640	供省铸及采买
凤凰坡厂（澄江府）		乾隆四十三年	12000	10800	供省铸及采买
红石岩厂（澄江府）		乾隆四十三年	1200	10800	

铜厂名	子厂名	额定产量(斤)		道光实办(斤)	备注
红坡厂 (澄江府)		乾隆四十三年	48000	43200	供省铸及采买
大兴厂 (澄江府)	滕滕子箐厂	乾隆四十三年	48000	43200	供省铸及采买
发古厂 (澄江府)		乾隆四十三年	48000	43200	供省铸及采买
双龙厂 (曲靖府)	茨营厂	乾隆四十三年	13500	10800	供京运或省铸
绿矿硐厂 (临安府)		嘉庆十三年	12000	9700	
青龙厂 (元江厅)	猛养厂	乾隆四十三年	60000	54000	供省铸及采买
宁台厂 (顺宁府)	水泄厂、底马库厂、荃麻岭厂、罗汉山厂	乾隆四十六年省硐	2900000 589537	2900000	供京运、省铸、采买
大功厂 (大理府)	乐依山厂、者甸厂、蛮浪厂、核桃坪厂、沙河厂	乾隆四十三年	400000	312000	供京运、省铸、采买
寨水箐厂 (楚雄府)		乾隆四十三年	11200	10080	供京运、省铸、采买
香树坡厂 (楚雄府)		乾隆五十二年办京铜、省硐	100000 斤 24249	100500	供京运、省铸、采买
秀春厂 (楚雄府)		乾隆五十年	4500	3600	供省铸及采买
回龙厂 (丽江府)	札朱厂、来龙厂、必多山厂	乾隆四十五年	70000	63000	供省铸及采买

资料来源:阮元等纂修道光《云南通志》卷75,食货八·铜厂上、下,见《云南史料丛刊》第十二卷,第636~647页;吴其濬纂《滇南矿厂图略》(下),铜厂第一,第1~12页。

由表7-10可知:清代前期,云南铜厂中有21个厂被指定为供省铸之厂,称为"局铜厂";若加上其子厂19个,供省铸之厂则达40个。在当时经常生产的三四十个铜厂中,有一半左右的铜厂"专供省铸"或"兼供省铸"。

　　清代前期，云南铸钱局从顺治十七年（1660）开始铸造制钱，先后铸造背面有"云"字与"宝云"二字的顺治通宝、康熙通宝、雍正通宝、乾隆通宝、嘉庆通宝和道光通宝等。这些制钱，俗称"老钱"、"金刀钱"，每串1000文约重8斤；法定制钱1串值银1两，但实际兑换仅8钱左右。这种制钱最受民间欢迎，用于市场交易、完纳税粮和喜庆馈赠等，流通甚为广泛。

　　关于清代前期云南铸造制钱的情况，我们从两个方面作进一步考察：一是各铸钱局的鼓铸情况，二是13个铸钱局的鼓铸概况。

　　云南各铸钱局的鼓铸情况，根据嘉庆时成书的《云南铜志》，兹列表7-11以明之。

　　由表7-11可知：清代前期，云南13个铸钱局中，开局设炉铸钱时间较长，设炉座数、年铸卯数、年铸钱数和年息银数较多者，首先是省城局和东川旧局与新局，其次是临安局和大理局，再次是广西局、曲靖局、保山局、顺宁局、沾益局。永昌府局、广南局、楚雄局均于嘉庆四、五年开局设炉，主要是收买改铸当地或附近的小钱，且于开炉当年或翌年即告竣裁撤。从开局时间看，13个铸钱局中，雍正时期开局者有5个，即省城局、东川旧局、临安局、沾益局、大理局；乾隆时期开局者有5个，即广西局、东川新局、顺宁局、保山局、曲靖局；嘉庆时期开局者有3个，即永昌府局、广南局和楚雄局。从设炉座数看，除广西局于乾隆元年设炉94座铸钱运京之外，最多者为东川新局（50座）、省城局（35座）、东川旧局（28座），其余仅为4~18座。从年铸卯数看，除广西局乾隆元年3384卯外，最多者为东川新局（乾隆十八年1800卯）、省城局（乾隆五年1260卯）、东川旧局（雍正元年1008卯），其他局为144~900卯。从年铸钱数看，除广西局乾隆元年347264串外，最多者为东川新局乾隆十八年180525串，其他10万串以上者有省城局（乾隆五、六年都分别为129480串）、东川旧局（雍正十二年102600串），其余各局多为5万至10万串。从年息银数看，年铸息最多都为东川新局（乾隆十八年为43600两）和省城局（乾隆六年为31000两），其余各局为980两至2.81万两不等。清代，全国14个省设局铸钱，云南一省开设13个铸钱局，其余13省没有任何一省如此，且云南的一个铸钱局年铸钱数多

表 7-11　清代前期云南各铸钱局鼓铸情况

铸钱局名称	设局时间	设炉时间和座数		年铸卯数	年铸钱数（串）	年息银数（两）	备注
云南省局 （省城局）	雍正元年 （1723）	雍正元年	21	756	76900	14640	
		雍正五年	25	900	91600	17000	
		雍正十二年			91620	28100	
		乾隆元年	35	1260	92480	16400	
		乾隆五年			129480	22900	
		乾隆六年			129480	31000	
		乾隆十五年	25		92480	22200	
		乾隆十七年			92480	23300	
		乾隆三十年	20		92000	21400	
		乾隆四十四年	28	1008	72200	17100	
		乾隆四十六年			101090	24000	
		乾隆五十九年	全行裁撤				
		嘉庆二年	28	1008	101090	17400	
		嘉庆五年			101090	23200	
		嘉庆六年	28	1008	101094	21690	
东川局 （旧局）	雍正十二年 （1734）	雍正十二年	28	1008	102600	31400	
		雍正元年	全行裁撤				
		乾隆六年	20	720	72200	13600	
		乾隆三十九年	25	900	90200	21800	
		乾隆四十四年	16	576	57700	13900	
		乾隆四十六年	10	360	36100	8700	
		乾隆五十九年	全行裁撤				
		嘉庆四年	6				
		嘉庆五年	全行裁撤				
		嘉庆十五年	10	36	36105	980	改铸小钱

续表

铸钱局名称	设局时间	设炉时间和座数		年铸卯数	年铸钱数（串）	年息银数（两）	备注
东川新局	乾隆十八年（1753）	乾隆十八年	50	1800	180525	43600	
		乾隆二十七年	25	900	90200	21800	
		乾隆四十二年	15	540	54100	13000	
		乾隆四十三年	8	280	28800	6900	
		乾隆四十四年	全行裁撤				
		乾隆元年	94	3384	347264		停办滇铜，就近铸钱运京。注①
		乾隆五年	全行裁撤				
广西局（广西直隶州）	乾隆元年（1736）	乾隆十六年	15	540	56400	14700	
		乾隆二十六年			56400	15100	
		乾隆三十一年			56400	15700	
		乾隆三十五年			56400	15100	
		乾隆四十二年	8	280	30100	8000	
		乾隆四十四年	4	144	15000	4000	
		乾隆四十五年	全行裁撤				
顺宁局（顺宁府）	乾隆二十九年（1764）	乾隆二十九年	8	280	28884	4300	
		乾隆三十五年	全行裁撤				
保山局（永昌府保山县）	乾隆四十一年（1776）	乾隆四十一年	8	280	29595	4000	
		乾隆四十二年	12	432	44300	6000	
		乾隆四十三年	10	360	36900	5000	
		乾隆四十三年底	全行裁撤				

续表

铸钱局名称	设局时间	设炉时间和座数		年铸卯数	年铸钱数（串）	年息银数（两）	备注
永昌府局	嘉庆四年(1799)	嘉庆四年 嘉庆五年	10 炉座裁撤				改铸收买小钱
曲靖局 （曲靖府）	乾隆四十二年(1777)	乾隆四十二年四月 乾隆四十二年八月 乾隆四十四年二月	18 8 全行裁撤	648 280	66500 29500	17600 7800	
临安局 （临安府）	雍正元年(1723)	雍正元年 雍正五年 雍正十二年 乾隆元年 乾隆五年 乾隆六年 乾隆十五年 乾隆十九年 乾隆三十五年 乾隆三十五年八月 乾隆四十一年 乾隆四十二年 嘉庆四年 同年炉座裁撤	6 11 16 8 全行裁撤 12 8 全行裁撤 6	216 396 570 280 432	21900 40310 40310 40690 59100 59190 29590 29590 28800 43300 28800	4200 7700 12300 6760 9800 13590 7720 7790 7100 10790 7100	改铸收买小钱

续表

铸钱局名称	设局时间	设炉时间和座数	年铸卯数	年铸钱数（串）	年息银数（两）	备注
沾益局（曲靖府）	雍正元年（1723）	雍正元年 15	540	54976	10500	
		雍正五年 全行裁撤				
大理局（大理府）	雍正元年（1723）	雍正元年 5	180	18325	3500	改铸收买小钱
		雍正五年 全行裁撤				
		乾隆九年 15	540	54100	8700	
		乾隆二十四年		54100	9100	
		乾隆三十五年 全行裁撤				
		乾隆四十一年 15				
		乾隆四十二年正月18				
		乾隆四十二年八月8	540	54100	9100	
		乾隆四十五年移于省局	648	64900	10900	
		嘉庆四年 22	288	28800	4880	
		嘉庆七年 炉座裁撤				
广南局（广南府）	嘉庆五年（1800）	嘉庆五年 6				改铸小钱
		同年炉座裁撤				
楚雄局（楚雄府）	嘉庆四年（1779）	嘉庆四年 10				改铸小钱
		嘉庆五年 炉座裁撤				

注：①阮元等：道光《云南通志》卷76，"矿厂四附钱法"案：雍正十二年"议：开云南广西府局，停湖北、湖南、广东办解滇铜。……于广西府设炉九十四座，……共用铜三百四十五万一千五百七十六斤，铸钱四十二万九千六百三十六串有奇"。见《云南史料丛刊》第十二卷，第657页。此记载与《云南铜志》互异，今并存之。戴瑞征编《云南铜志》卷五、六，"局铸"上、下，见《云南史料丛刊》第十二卷，第784～804页。

达 18 万余文，也是其他各省不能相比的。这说明清代云南的铸钱业十分发达，其规模和数量都在其他各省之上。

关于云南 13 个铸钱局的鼓铸概况，严中平先生根据清代有关文献进行统计，并列如表 7 – 12，兹照录于下。

表 7 – 12　清代前期云南全省十三铸钱局鼓铸概况（十年平均）

年代（公历）	开炉座数	铸钱卯数	用铜斤数	成钱串数	余息两数
雍正一至十年(1723～1732)	40	1501	1210919	187131	29609
雍正十一至乾隆七年(1733～1742)	88	3270	2033363	404747	69978
乾隆八至十七年(1743～1752)	82	3053	1573591	375966	83081
乾隆十八至二十七年(1753～1762)	135	5569	2926834	691642	153683
乾隆二十八至三十七年(1763～1772)	99	5318	2809268	662307	151802
乾隆三十八至四十七年(1773～1782)	69	3679	1931467	459503	107615
乾隆四十八至五十七年(1783～1792)	39	1451	733528	180893	40215
乾隆五十七至嘉庆七年(1793～1802)	43	1586	441724	180616	18649

注：严中平编著《清代云南铜政考》，第 15 页。

由表 7 – 12 可知，清代乾隆中期（即乾隆十八年至三十七年，即 1753～1772）是云南铸钱最盛的时期。在这 20 年间，平均每年设炉 117 座，开铸 5457 卯，用铜 286.8 万余斤，铸钱 67.69 余万串，获铸息 15 万余两。雍正一朝和乾隆末年（即雍正元年至十三年，即 1723～1735 年；乾隆五十八年至嘉庆七年，即 1793～1802）是云南铸钱最少的时期。在这期间，平均每年仅设炉 41 座，开铸 1543 卯，用铜 82.6 万余斤，铸钱 18.3 万余串，获铸息 2.4 万余两，只分别是乾隆中期的 35%、28%、28.8%、27%、16%。除上述两个时期外，乾隆元年至十年（1736～1752）和乾隆三十八年至五十七年（1773～1792）的 35 年间，平均每年设炉 69 座，开铸 2866 卯，用铜 156.79 万余斤，铸钱 35.5 万余串，获铸息 7.5 万余两；分别是乾隆中期的 58.9%、52.6%、52.4%、50%，即均为一半或一半多一点。如此看来，从雍正元年至嘉庆七年（1723～1802）的 80 年间，云南铸造制钱，平均每年最多为 67.69 万余串，最少 18.3 万余串，一般为 35.5 万余串。

据清代钱法档案资料计算，乾隆二十二至五十八年间，宝泉、宝源两局平均每年铸钱 933733 串；按"户部铸二，工部铸一"的规定，宝源局应为 466886 串，两局共铸 1400659 串。① 云南全省于乾隆十八年至五十七年间，平均每年铸钱 498586 串。云南省局铸钱数为京局铸钱数的 35.59%，而且超过宝源局 1.06%。毫无疑问，云南在全国 14 个铸钱省中，当是居于首位的铸钱大省。《云南历史货币》一书称："据不完全统计，清代在云南设局铸钱的七十七年间，共铸制钱 200 多亿枚，本省需用不多，大部分供应全国各地。因此，滇铸制钱是清代制钱制度的支柱。"②

云南省为什么先后开设铸钱局多达 13 个，并大规模地设炉加卯铸造制钱？其原因主要有三个方面。首先是谋求铸息，以增加省库收入。铸钱除"归还铜铅本、脚（运费）外"，均有铸息（又称余息，即铸钱获得的利润）可图。大致每铸制钱一千文，可获利一百二十文。如上表 7－12 所记，全省平均每年铸息最多达银 15 万余两，平常 7.5 万两，最少 2.4 万余两。这些铸息收入可充实省库，用来搭放军饷、支付州县巡防土练等。其次是适应市场需要。自康、雍、乾以来，全国生齿日繁，人口增加较快，对于日常支付用的铜钱的需要量也增加了，尤其在乾隆一代铜钱一直保持较高的购买力；而且是"钱价平时少，而贵时多"，在乾隆十年（1745）时，钱价曾高至"七百二三四十文"。③ 而云南各局铸造的制钱，"听其流通各省，以便民用，不必禁止出境"。④ 这当然激发了云南铸钱的积极性。复次是为京师和别省代铸。为京师铸钱，乾隆元年（1736）在广西府设炉铸钱解京，目的是节省运费。但实行后并不省便，铸了 4 年，又恢复办运滇铜了。为别省铸钱，如雍正十二年（1734），因陕西钱价昂贵，云南东川府局奉命"岁铸钱十万串发运陕西"，易银还滇。十三年（1735）因"陕西钱价已渐平减"，"停云南东川局铸运

---

① 彭泽益：《清代宝泉宝源局与铸钱工业》，载《中国社会科学院经济研究所集刊》第 5 集，第 183 页。

② 汤国彦主编《云南历史货币》，云南人民出版社，1989，第 20 页。

③ 《皇朝经世文编》卷 53，陈宏谋：《申铜禁酌鼓铸疏》，（台北）文海出版社，1984，第 1933 页。

④ 阮元等修道光《云南通志》卷 77，矿厂五·附钱法。引自《云南史料丛刊》第十二卷，第 685 页。

陕西钱"。① 又如乾隆七年（1742）因广西省"钱文尚未充裕"，"滇省岁运粤钱六万二千串"，至十四年（1749）"停云南拨运广西钱"。② 为陕西、广西代铸铜钱，虽为数不多，但反映了云南作为铸钱大省的实力。

至于乾隆末年以后，云南铸钱大幅减少，其主要原因是当时钱价已经下落。十八世纪末和十九世纪初以后，随着西方殖民者入侵我国，鸦片输入导致白银大量外流，使银价上涨，造成"银贵钱贱"的局面，千文一两作为长期、正常的银钱比价发生了变化，以至一串制钱仅值银八钱甚至更低。此外，乾隆末年以后，滇铜产量已经逐渐减少（详见上文）。当时滇铜除确保每年京运600余万斤外，常因省铸、采买滇铜不敷而"暂停采买"或"裁局减炉"，"宝云"、"宝东"钱随之减少。可见，滇铸制钱减少，还与滇铜产量下降有关。

（三）采买

所谓"采买"，即一部分省将滇铜买去自铸制钱（不包括运赴京局的在内）。

康、雍两朝，各省铸局不多，所用铜料，位居沿海各省如江苏、浙江、福建、广东等颇赖洋铜供应，内地省份则取诸本省出产。

乾隆三年（1738），四川巡抚硕色奏言："宝川局开铸以来，兵民称便，但出钱无多，配支兵饷尚不及一成之数。近闻滇省产铜甚多，请添买滇铜，配办黔铅，增炉七座，共为十五座。"③ 此为各省采买滇铜的开始。乾隆五年（1740），"云南巡抚张允随疏称：每年川省采办鼓铸铜三十万斤。七年（1742），以赴滇采买道远，奏开建昌等处铜厂。十年（1745），停止采买"。④ 四川省采买滇铜前后共二年。

---

① 阮元等：道光《云南通志》卷77，矿厂五·附钱法。引自《云南史料丛刊》第十二卷，第686页。

② 阮元等：道光《云南通志》卷77，矿厂五·附钱法。引自《云南史料丛刊》第十二卷，第687、688页。

③ 阮元等：道光《云南通志》卷77，食货志八之五。引自《云南史料丛刊》第十二卷，第680页。

④ 阮元等：道光《云南通志》卷77，食货志八之五。引自《云南史料丛刊》第十二卷，第680页。

乾隆四年（1739）贵州总督张广泗奏请"仍应按额向滇省铜厂添买"；而此前贵州"威宁开炉十座，已买滇铜。兹复奏明采买净铜二十二万三百余斤"。① 贵州省于乾隆四年之前已采买滇铜。

乾隆五年（1740），"浙江巡抚卢焯请动库银十万两，前赴滇省采买铜斤，运浙鼓铸"；"户部复准云南巡抚张允随疏称：浙省买铜六十万斤"。江苏"总督郝玉麟奏言：江省钱价日昂，……请先动帑银十万两，委员采买滇铜，复开宝苏局"；"寻云南巡抚张允随以滇铜所剩无几，请卖给三十万斤"。"又以闽省内地钱价日昂，巡抚王仕任奏请采买滇铜二十万斤，开局于省城福州府"。"湖北巡抚张渠奏请采买滇铜，以资鼓铸"，"嗣经云贵总督庆复奏拨金钗厂铜三十一万八千五百五十斤"。②

乾隆六年（1714），湖南巡抚许容奏言：……请动帑银，委员赴滇采买金钗厂铜，以复开宝南局。乾隆七年（1715），"苏州巡抚陈宏谋疏：买金钗厂铜三十万个。""江西巡抚际宏谋请将滇省解京铜内，于船过九江府时截留五十万斤，速开鼓铸"；"寻截留五十五万余斤，江省委员赴滇采买，解补京额"。③

乾隆九年（1744），"广东按察使张嗣昌奏请采买滇省者囊厂铜七万八千六百九斤、金钗厂铜七万五千斤，……开炉鼓铸"。乾隆十一年（1746），"两广总督策楞、广西巡抚鄂宝请采买滇铜四十五万斤"。④ 乾隆十四年（1749），"陕西巡抚陕西陈宏谋请买滇铜二十万斤"。⑤

从上述记载可知：外省来滇采买铜斤"以资鼓铸"始于乾隆三年，四川省首开其例。其后从乾隆四年至十四年，又先后有贵州、浙江、江苏、福建、湖北、湖南、江西、广东、广西和陕西，加上四川共十一省

---

① 阮元等：道光《云南通志》卷77，食货志八之五。引自《云南史料丛刊》第十二卷，第681页。
② 阮元等：道光《云南通志》卷77，食货志八之五。引自《云南史料丛刊》第十二卷，第681页。
③ 阮元等：道光《云南通志》卷77，食货志八之五。引自《云南史料丛刊》第十二卷，第681页。
④ 阮元等：道光《云南通志》卷77，食货志八之五。引自《云南史料丛刊》第十二卷，第681、682页。
⑤ 阮元等：道光《云南通志》卷77，食货志八之五。引自《云南史料丛刊》第十二卷，第682页。

"委员赴滇采买"滇铜。当时全国共十八省，有一半以上的省采买滇铜。这些省采买滇铜都是由其督抚大吏奏请获准并核有定量。

据《云南铜志》卷 7 "采买"条记载，对于各省采买滇铜，清廷和云南省当局作了若干规定："滇省拨给各省采买铜斤，于委员到滇之日，即将应买铜斤，指定厂所。何厂拨铜若干，系几成色，开单咨会各省验收。"① 各省采买滇铜分正铜、耗铜和余铜；正铜又按成色高低分为"高铜"和"低铜"；不论高铜低铜每百斤都要配给余铜一斤；高铜，除湖北所买的每百斤都要配给耗铜八斤、广东所买的配给十斤四两外，其余各省都不给耗铜。高铜每百斤价银十一两，惟有贵州所买高铜给价九两八钱是例外；低铜每百斤都给价银九两（上述各省采买情况与《滇南矿厂图略》（下）记载略有不同，详见下文）。各省采买滇铜，例由其派员赴滇自运，其中有的"令各厂员运至省城交云南府收存，转发各省委员领运"，有的则"令各省委员，自行雇脚，赴厂领运"。此外还规定采买限期，按采买铜斤 10 万、20 万、30 万、40 万、50 万等，定限一个月、一个月十天、一个月二十天和两个月等；无故超过限期者将受到相应的处分。

各省采买滇铜由滇省"指定厂所"。根据道光时期的文献记载，乾隆、嘉庆时期指定供给采买的云南铜厂共 21 个，兹列表 7 - 13 以观之。

表 7 - 13　清代乾隆嘉庆时期供给采买的云南铜厂一览

铜厂名（所在府）	子厂名	额定产量（斤）	道光实办（斤）	备注
汤丹厂（东川府）	九龙厂、观音山厂、聚宝山厂、裕原厂、岔河厂	乾隆四十四年 3160000 嘉庆七年 2300000	2081500	供京运及采买①
万宝厂（云南府）		乾隆四十四年 300000	271500	供省铸及采买
义都厂（云南府）		乾隆四十三年 80000	72000	供省铸及采买
大美厂（云南府）	老硐箐厂	乾隆四十四年 24000	32400	供省铸及采买
狮子尾厂（武定州）		乾隆四十三年 2400 乾隆四十五年 3600		供省铸及采买 改供京运

① 戴瑞征：《云南铜志》卷 7，采买。引自《云南史料丛刊》第十二卷，第 807 页。

铜厂名（所在府）	子厂名	额定产量（斤）	道光实办（斤）	备注
大宝厂（武定州）	亮子地厂 绿狮子厂 马英山厂	乾隆四十三年 7200	8640	供省铸及采买
凤凰坡厂（澄江府）		乾隆四十三年 12000	10800	供省铸及采买
红石岩厂（澄江府）		乾隆四十三年 12000	10800	供省铸及采买
红坡厂（澄江府）		乾隆四十三年 48000	43200	供省铸及采买
大兴厂（澄江府）	滕子箐厂	乾隆四十三年 48000	43200	供省铸及采买
发古厂（澄江府）		乾隆四十三年 48000	43200	供省铸及采买
金钗厂（临安府）	老硐坪厂	乾隆四十三年 900000	450000	供省铸及采买
青龙厂（元江厅）	猛仰厂	乾隆四十三年 60000	54000	供省铸及采买
宁台厂（顺宁府）	水泄厂、底裤发、荃麻岭厂、罗汉山厂	乾隆四十三年 2900000		供省铸及采买
白羊厂（大理府）		乾隆四十三年 108000	97200	供省铸及采买
大功厂（大理府）	乐依山厂、者甸厂、蛮浪山厂，核桃坪厂、沙河厂	乾隆四十三年 400000	312000	供京运、省铸及采买
寨子箐厂（楚雄府）		乾隆四十三年 11200	10080	供京运、省铸及采买
秀春厂（楚雄府）		乾隆五十年 4500	3600	供省铸及采买
回龙厂（丽江府）	札朱厂、来龙厂、必多山厂	乾隆四十五年 70000	63000	供省铸及采买
者囊厂（开化府）		不详	不详	供采买[2]
多那厂（寻甸州）		不详	不详	供采买[3]

注：①道光《云南通志》卷75，食货志八·矿厂五载：乾隆十一年，福建省采买汤丹铜50万斤；乾隆十二年和二十七年苏州分别采买滇铜10万斤和20万斤。

②道光《云南通志》卷75，食货志八·矿厂五载：乾隆五年，福建省采买开化府者囊厂所出铜20万斤；九年，广东省采买滇省者囊厂铜78609斤。

③道光《云南通志》卷75，食货志八·矿厂五载：乾隆九年，浙江省采买寻甸州多那厂铜483090斤。

资料来源：阮元等修：道光《云南通志》卷75，食货志八·铜厂上、下；吴其濬纂《滇南矿厂图略》（下）。

由表7-13可知：清代前期，云南铜厂中有21个被指定为供采买的"厂所"，称为"采铜厂"；再加上23个子厂，供采买的铜厂达44个。在当时经常生产的三四十个铜厂中，有一半以上的厂"专供采买"或"兼供采买"。

上述采买滇铜的十一省中,四川省因为开发其建昌铜厂而于乾隆十年停止采买滇铜,其他十省则从获准采买之时起,一直采买至嘉庆时期。在此期间,各省来滇采买的次数不同:浙江、湖北、湖南、广东、广西和贵州六省是每年各采买一次,江西和陕西两省是一年半采买一次,江苏和福建两省是三年采买一次。①

至于各省采买滇铜的总次数和总数量,文献记载互异,《铜政便览》和阮元等的道光《云南通志》可作为代表性的文献。根据《铜政便览》的记载,从乾隆五年(1740)至嘉庆十六年(1811)的71年间,十一省一共到云南采买滇铜269次,采买正铜8263余万斤,加上余铜和耗铜共计运走铜料9042万余斤,平均每年采买1273636斤;其中买量最多的是贵州,达2581余万斤;其次是广西、湖北,最少是湖南,只有169万斤之谱。根据道光《云南通志》记载推算出来的数量是:在同一时期内,各省一共来云南采买过435次,采买正铜14647余万斤,加上余铜和耗铜共计16164余万斤,平均每年采买2276627斤;其中福建买量最多,达2740余万斤,其次是贵州、广西,最少是湖南,才200万斤。

著名学者严中平先生以其严谨的科学态度,将上述两种文献不同的记载,列表7-14如下,以供后人进一步研究。兹照录于下。

表7-14 各省采买滇铜数量(乾隆五年至嘉庆十六年)

省别	《铜政便览》所载数			就道光《云南通志》事例推算数(注)		
	采买次数	采买正铜量(斤)	正耗余铜共计(斤)	采买次数	采买正铜量(斤)	正耗余铜共计(斤)
江苏	10	4450000	5173000	34	16560000	19250834
浙江	18	7718370	8478654	57	15803090	17342311
江西	20	5930000	6820502	59	16978000	19575803
福建	7	3350000	3648000	49	27407500	29797720

---

① 阮元等:道光《云南通志》卷77,矿厂五·附钱法。引自《云南史料丛刊》第十二卷,第683页。

续表

省别	《铜政便览》所载数			就道光《云南通志》事例推算数（注）		
	采买次数	采买正铜量（斤）	正耗余铜共计（斤）	采买次数	采买正铜量（斤）	正耗余铜共计（斤）
湖北	35	820641	9020771	15	3658930	4070557
湖南	6	1535984	1691640	10	2000000	2204000
陕西	19	6500000	7069386	42	14950000	15001165
广东	37	5854008	6729551	38	5862009	6738239
广西	49	14452615	15981447	63	19332529	21218360
贵州	68	24731878	25815152	63	22452534	23314808
四川	—	—	—	5	1500000	1473735
共计	269	82633496	90428103	435	146477592	161640532

说明：该表录自严中平编著《清代云南铜政考》，第21页。

注：《通志稿事例》只载采买正铜量，其高、低铜分配及其配余铜、耗铜，以"便览"数为标准。

资料来源：《铜政便览》，据王文韶《云南通志稿》卷46引文；《通志稿》，指阮元等修道光《云南通志》卷77，采买。

　　由上表7－14可知：乾隆五年至嘉庆十六年的71年间，各省采买滇铜的总数最少9000万斤以上，最多不会超过16200万斤；平均每年采买滇铜最少127万余斤，最多227万余斤。严中平先生指出："上述两项资料，显然都不精确：大抵《铜政便览》的统计，系据档案作成，案册难免散失，结果自会偏低，可以看作各省运去的最低量。《通志稿》的'采买'事例，是奏准采买的成案，事实上，各省未必都能按照成案次次都采买足额，可以看作最高量。"最高量与最低量"两数的差额虽有七千余万斤，可是分配在七十一年里，平均每年差误还不到百万斤，这个数量，在每年全省产量一千二百万斤里，所占成数还是很少的。"①严先生的分析是平允、正确的。

　　由上所述，滇铜的供销渠道是京运、省铸和采买。从乾隆四年（1739年）起，京运滇铜为633万斤左右（见上文）。乾隆三十五年

────────

①　严中平编著《清代云南铜政考》，第20页。

（1770 年）户部统计："滇省办运京铜六百二十九万余斤，该省鼓铸及各省采买共需铜五百余万斤。"① 其中滇省鼓铸大约平均每年 150 万 ~290 万斤，各省采买 127 万 ~227 万斤（见上文）。

滇铜年产 1100 万余斤，无论是供京运，还是供省铸与采买，都存在一种交易关系，从而都要有一个价格标准。但这个价格标准不是由市场来调剂，而是由包销滇铜的政府来确定。据载，雍正五年（1727 年）户部规定：滇铜供应京局、滇局和各省铸局鼓铸，一律按每百斤价银九两二钱销算之后。供应京局和滇局就一直是按九两二钱销算，但供应各省的滇铜价格则不尽如此，贵州省从雍正八年至嘉庆十六年一直是高铜给价银九两八钱，低铜为九两，其他各省从乾隆五年至嘉庆十五年间一直是高铜为十一两，低铜为九两。② 其实，供应京局的滇铜价格也没有按每百斤九两销算，而是由专制集权的清廷确定"官价"，以四两至七两的低价向铜厂收购后，经手的行政机构又层层加码，再加上高额的脚价（即运费）和杂费，及至运交京局充作铸钱原料时，报销价格已变成了十四两五钱、十六两三钱乃至十八两了。"总起来看，在十八世纪四十年代以前，京局依靠商人采办洋铜时，铸铜价格腾涨十分剧烈；四十年代以后，依靠其行政机构办运滇铜时，铸铜价格也未能大幅度的降低。"③

八　滇铜的运输

云南铜厂大多分布在海拔较高的山区，交通道路艰险，运输条件极其落后。吴其濬在《滇南矿厂图略》（下）"程第八"中写道："滇多山

---

① 阮元等：道光《云南通志》卷 77 "矿厂五·鼓铸"。引自《云南史料丛刊》第十二卷，第 690 页。按：阮元等：道光《云南通志》卷 77 "食货志八之四"谓：每年"由云南省办运正、耗、余三项，共铜六百三十三万一千四百四十斤。除自东川、寻甸运至四川省泸州，沿途例准销折余铜三万一千六百五十八斤。实应自泸州解京正、耗、余三项，共铜六百二十九万九千七百八十二斤"。引自《云南史料丛刊》第十二卷，第 673、674 页。又，戴瑞征《云南铜志》卷 3 "京运"谓："至嘉庆十二年，……每年共领运滇铜六百二十九万九千七百八十二斤十二两八钱"。引自《云南史料丛刊》第十二卷，第 749 页。
② 彭泽益：《清代宝泉宝源局与铸钱工业》，《中国社会科学院经济研究所集刊》第 5 集，第 190 页。
③ 彭泽益：《清代宝泉宝源局与铸钱工业》，《中国社会科学院经济研究所集刊》第 5 集，第 190、191 页。

而孕百蛮，商贾所至有驿传所不及者。矿产于瘴乡岩穴寸天尺地，蔓壑支峰，古之悬车束马，何以加焉。"① 每年从各铜厂运出 1000 多万斤铜，并运往京师、采买各省以及本省铸局，这不仅要翻山越岭，跨江渡河，而且要长途跋涉，历经若干水陆驿站。

根据上述滇铜的京运、采买和省铸三条销路，兹分别叙述其运输情况，包括路线、里程、运价以及管理等。

（一）京铜的运输

上文已述，从乾隆四年（1739）起，每年京运滇铜 444 余万斤，六年（1741）又加运 189 余万斤，合计每年运往京师的滇铜多达 633 万余斤。这么多的铜，"自滇至京，长途万里"，怎样组织运输，在当时是一个很大的问题。清廷和云南地方当局妥善地解决了这一问题。对此，有学者进行了专题研究，并作了深入而准确的阐述。潘向明先生指出："滇铜京运的全过程，由所谓分运、递运和长远这三个阶段组成。分运是从各产铜地点即'铜厂'到滇省内官府收购和贮存铜料地点即'官铜店'的运输，其中主要的官铜店有滇西的下关店和滇东北的东川店及寻甸店等，此外还有川南的泸州店。递运便是从各官铜店依次递接，终至川省泸州的运输，由于京铜产地主要集中于滇东北的地区，因而自东川和寻甸而至泸州的运输便是递运的主要内容。至于长远，则是从泸州循长江航道再转运河水道而达北京的运输。"② 兹将京铜分运、递运和长运的具体情况分述如下。

（1）京铜的分运和递运

京铜的分运和递运，即从各铜厂运至寻甸和东川等官铜店，再从寻甸和东川等官铜店运至四川泸州店的运路。在云南有关地方志中，称为"寻甸路"和"东川路"，630 余万斤京铜"由两路各半分运"。

寻甸路：

滇西、滇中、滇南各铜厂京运铜斤均运至寻甸店。滇西各厂铜斤先

---

① 吴其濬：《滇南矿厂图略》（下），程第八，第 31、32 页。
② 潘向明：《清代云南的交通开发》，马汝珩、马大正主编《清代边疆开发研究》，中国社会科学出版社，1990，第 373 页。

要运至大理府下关店（即关店）：顺宁县宁台厂至关店 13 站 730 里、云龙州大功厂至关店 13 站 635 里、丽江县迴龙厂至关店 17 站 985 里、永北厅得宝坪厂至关店 11 站 690 里，然后经 7 站 470 里至楚雄，又经 6 站 460 里至昆明，再经 4 站 250 里到达寻甸，从下关店到寻甸店共计 17 站 1180 里。滇中、滇南各厂铜斤也要运往寻甸店：路南州红石岩厂至寻甸 6 站 283 里、凤凰坡厂至寻甸 5 站 233 里、红坡厂至寻甸 5 站 220 里、大兴厂至寻甸 5 站 320 里、南安州香树坡厂至寻甸 14 站 960 余里、寻甸州双龙厂至寻甸店 2 站 100 里、蒙自县老铜坪厂至寻甸 21 站 1345 里，又路州发古厂至威宁 747 里等。运至寻甸的滇西、滇中和滇南的京运铜斤，经 15 站至宣威、经 5 站至贵州威宁、经 5 站至镇雄、又经 5 站至罗星渡，再经水路 8 站到达四川泸州。寻甸路上设有若干官铜店，主要有下关店（关店）和寻甸店（寻店），此外还有宣威店（宣店）、镇雄店（镇店）、威宁店（威店）等。① 这些铜店的功能是收集、储存和转运等。寻甸路的终点是四川泸州店，它是滇铜京运的最重要的总集散地和转运中心。

　　据近年学者实地考察，寻甸路实际上应分为二路，一是"乌撒入蜀旧路"。滇铜从云南各厂运至寻甸后，北上用牛车挽运 6 站半到宣威州，再马运 8 站半到威宁，共 15 站。从威宁州经毕节驿、赤水河驿 13 站到四川永宁，再从永宁河水路 16 站到泸州，共 29 站。这是滇铜京运的第二交通线，在当时得到较好维修。二是"乌撒入蜀旧路罗星渡支线"。这条路取乌撒入蜀旧路到威宁后，经高枧槽、阿箕车、菩萨塘、桃园共 5 站到镇雄，然后经古芒部、雨洒河、花蛇岭、中村经四川珙县洛亥到罗星渡 5 站，从罗星渡（今珙县罗渡）沿南广河水路 5 站到经木滩、赞滩、南广洞，再沿长江 3 站到泸州，计从威宁到泸州 18 站。② 这也是一条重要的铜路。据《滇南矿厂图略》（下）载："凡运铜陆路险窄处，岁修之"，经修治之后"不特铜运得济，滇民往来亦有裨益"。

　　东川路：

　　这是滇东北地区的铜厂运输铜斤至泸州总店的路线，是滇铜京运最

　　① 俱见吴其濬纂《滇南矿厂图略》（下），程第八。第 34 页。
　　② 蓝勇：《清代滇铜京运路线考释》，《历史研究》2006 年第 3 期。

重要的路线，史称"第一线"。

据近年学者实地考察和研究，"东川路"可分为三条道路。

其一为石门旧道。这是古已有之的川滇交通要道，秦为五尺道，汉为西南夷道，唐为石门道，清初用于运盐，从乾隆七年（1742）起承担京铜运输。会泽、禄劝县各厂的铜斤，先要运到东川店（即"东店"）：会泽县茂麓厂至东店计程7站半、碌碌厂至东店3站半、大水沟厂至东店3站半、汤丹厂至东店2站、大风岭厂至东店6站、紫牛坡厂至东店2站半、禄劝县狮子尾厂至东店10站等。汇集到东川店的铜斤，从陆路经鲁甸5站半（其中东川到鲁甸4站）到昭通，6站北运到豆沙关，水运半站（或1站）到盐井渡，经横江河谷水运至叙州府共6站，沿长江到泸州2站。合计由盐井渡到泸州水运8站，豆沙关至泸店水程1450里，全线从东川到泸州共20站。昭通府所属铜厂中，乐马厂经鲁甸2站120里到昭通，然后再经豆沙关、盐井渡和叙州府至泸州；其他各厂则不经昭通而直接将铜运往泸州：大关厅箭竹塘厂经豆沙关计水陆11站半、1697里到泸店，人老山厂计水陆9站、1696里到泸店，镇雄州长发坡厂经罗星渡计水陆15站、410里到泸店，永善县金沙梅子沱厂经叙州府计690里水路到泸店，小岩坊厂经叙州府计水陆8站、1159里到泸店。[1] 原先石门旧道"自宣威至昭通，程经五百里，大都险峻崎岖，中多溪流间阻"，经当时为云南巡抚的张允随委员勘察、修治，"凿其险隘，平其偏陂，溪流泛溢则驾浮梁，以资济涉"，[2] 运输条件得以改善。《清高宗实录》卷231乾隆九年十二月条载：石门旧道经整修后，"铜运坦行，商货骈集"，[3] 每年滇铜转运入京达150多万斤。又石门旧道昭通至豆沙关间的乌蒙山山势高耸，特别是豆沙关以下横江河谷狭窄，滩多水险。为此，清政府一直着力维修此道，"沙石冲积，岁修之"。[4]

其二为黄草坪金沙江水路。金沙江水急滩多，历史上水运一直不畅。

---

[1] 吴其濬纂《滇南矿厂图略》（下），程第八。第32～38页。

[2] 陈宏谋：《大学士广宁张文和公神道碑》，《碑传集》卷26。见《清代碑传全集》（上），上海古籍出版社，1987，第171页。

[3] 《清实录》第十一册《高宗实录》卷231，第977页。

[4] 吴其濬纂《滇南矿厂图略》（下），程第八，第39页。

早在明代和清初就有人力主开通金沙江航道，但都未能实现。雍正九年（1731 年），云南巡抚张允随为解决滇铜京运的问题，奏请开浚金沙江水道。乾隆三年（1739），张允随再次具题奏闻朝廷，称若金沙江水道得以开通，则京铜即由东川经鲁甸、昭通至大关之盐井渡下船，从水路直达川江（岷江），不仅可以解决滇铜京运"马脚不敷"、"壅滞不前"的问题，而且还"可省运脚之半"。乾隆五年（1740），清廷批准了张允随的奏请，开浚金沙江水道的工程随即开始。当年十一月动工开修从东川府小江口至昭通府金沙厂的水道，即上游工程，全长 673 里，历时两年有余，糜费 8 万两，但因水深流急，险滩难凿，终未浚通。为此，张允随被清廷饬令赔补银 2 万两。下游工程于乾隆六年（1741）十月兴工，主要是开修从永善县金沙厂至四川叙州府新开滩的水道，全长 646 里，历时两年半，耗银 11 万两，最后"全功告竣"。① 金沙江航运浚导工程，始于乾隆五年，迄于乾隆十三年，历经 8 年之久，投入民工 88 万，在极其险恶的条件下施工，最后使下游竣工，金沙厂至新开滩全线水运畅通。从乾隆十四年（1749）开始，东川一路的部分京铜即改由"厂陆运到黄草坪上船，直运到新开滩平水处，以抵泸州"。② 黄草坪金沙江水路的通航对滇铜京运等带来了巨大效益。《清高宗实录》卷 324 称："金沙江亘古未经浚导，今平险为夷，通流直达，不独铜运攸资，兼且缓急有备，于边地民生，深有利益，工巨役重，成千古大功。"③

其三为奎乡路。此路线开通较早，据《清高宗实录》载，乾隆四年（1739）云南总督庆复上奏："滇铜运道，自东川起由昭通镇雄，直达川属之永宁，最为捷径。"④ 从乾隆五年（1740）始，滇铜就由威宁、镇雄两路运到永宁。其中镇雄路从东川府 4 站到鲁甸店，为昭通府管辖，经过昭通 4 站到奎乡店（云南彝良奎香镇），为镇雄州管辖。乾隆十七年（1752）改在昭通设店后，从东川店到昭通 5 站半，又 3 站半经洛泽河

---

① 杨寿川：《张允随与清代前期云南社会经济的发展》，《云南经济史研究》，云南民族出版社，1999，第 123、124 页。

② 方桂：乾隆《东川府志》卷 12 "铜运"。引自《中国地方志集成》（云南府县志辑）10，凤凰出版社，2009，第 91 页。

③ 《清实录》第 13 册《高宗实录》卷 324，第 341 页。

④ 《清实录》第 9 册《高宗实录》卷 85，第 339 页。

到奎乡店，再从奎乡经镇雄牛场、芒部、雨河、札西隘、威信 12 站到永宁，水路 1 站到泸州。此路历史上不是一条大道，不过清代因运铜之故，不断遣人维修，如道光五年（1825 年），"修云南镇雄州运铜桥道。"①

（2）京铜的长运

滇铜从四川泸州至京师主要经过长江转运，故称为"长运"。滇铜长运从四川泸州开始，完全依靠水路进行，沿途经过四川、湖北、江西、安徽、江苏、山东、河北直至京东通州。

泸州作为长运的起点，在此设有滇铜办运总店，简称泸店，乾隆七年（1742 年）开设，"额设委员二名，专司收领各店京铜，发兑各起京运，一年一换"。② 泸店为京铜转运的中枢与主要集散地，至今泸州城内仍留有"铜码头"地名，在今泸州市滨江路，此即清代滇铜长运的码头。乾隆十六年（1751 年）以前，四川永宁也是一个滇铜办运总店，后来裁撤，统归泸店收发。

京铜从泸州码头上船，沿着长江航路，过淮河、黄河，入运河，抵达直隶通州张家湾（水运终点），"凡水道八千二百一十六里"。③ 在这条漫长的水道上，水深流急，险滩众多，如泸州水运至巫山县的川江段，次险滩 84 个、一等极险之滩 36 个；湖北省巴东水运至黄梅县的荆江段，次险滩和一等极险之滩各 102 个；江西省德化县水运至星子县，也有一等险滩 33 个等。④ 如此众多的险滩更增加了京铜长运的艰险。

从泸州至京师，途经四川、湖北、江西、安徽、江苏、山东、直隶七省、数十个府州县，最后达于北京东便门外。蓝勇先生根据有关文献记载，在《清代滇铜京运路线考释》中将京铜长运经过的主要府州县及站点如下列表 7 - 15 以明之，兹照录于下。

---

① 蓝勇：《清代滇铜京运路线考释》，《历史研究》2006 年第 3 期。
② 戴瑞征：《云南铜志》卷 3。引自《云南史科丛刊》第十二卷，第 765、766 页，第 767、768 页，第 769 页。
③ 严中平编著《清代云南铜政考》，第 32 页。
④ 戴瑞征：《云南铜志》卷 4。引自《云南史科丛刊》第十二卷，第 775 页。

表 7 – 15　京铜长运途经府州县及主要站点

路段	府州县及站点
四川段	泸州铜码头、合江县、江津县、重庆打鱼湾码头、长寿县、涪州、丰都县、忠州、万县、云阳县、夔州府、巫山县
湖北段	巴东县、归州、宜昌府、宜都县、枝江县、松滋县、荆州、石首县、嘉鱼县、汉阳府、黄州府、蕲州
江西段	九江府官排甲湾码头、湖口县、彭泽县
安徽段	安庆府、池州府贵池县、铜陵县、芜湖县、太平府当涂县
江苏段	江宁府上元县草鞋湾码头、仪征县、瓜州镇(长江与运河交汇处)、扬州府、高邮州、宝应县、淮安县、清河县(黄河与运河交汇处)、桃园县众兴镇、宿迁县
山东段	台儿庄、济宁州、东平州、东昌聊城县、临清州、武城县、德州
直隶段	东光县、南皮县、沧州、青县、静海县、天津府、通州张家湾(水运终点)、北京东便门外

资料来源：道光年间佚名：《自滇至京水陆里程》；戴瑞征：《云南铜志》卷3。转引自蓝勇《清代滇铜京运路线考释》。

装载滇铜的船只经历遥远而艰险的水道到达通州后，以前一般是在张家湾起陆旱运到北京东便门外，但乾隆五年〔1740〕在通州大桥设立铜房，由通州普济等五闸水运进京。[①]以上就是京铜长运的全过程。

在现代交通工具出现以前，利用水路航运是大规模运输的最佳方式。清代京铜长运，每年将630余万斤铜从南向北沿水道运输，其路线贯穿大半个中国，这是一项"亘古未有"的规模宏大的运输工程。这条铜运路线，从乾隆初年到道光末年存在了一个多世纪，成为当时地处西南边疆的云南与远在北方的政治中心北京紧密相连的交通纽带之一。

在长期京铜长运的过程中，逐渐形成了一套严密而复杂的规章制度，当时称为"办运京铜章程"（又称"云南运铜条例"）。据《云南铜志》卷3记载，该章程内容主要包括5方面：

其一是"运员"。所谓"运员"，即承运京铜的官员。每起正运或加运，均由云南从全省"丞倅（州县佐官）、牧令（地方官员）内"选派

---

① 蓝勇：《清代滇铜京运路线考释》，《历史研究》2006年第3期。

二人，一为"正运官"，一为"协运官"，合力办运京铜。"运员承运铜斤，赴部交收，掣获实收呈明，回滇销差"；如"有额运之数交收短少者，除沉失之外，所短铜斤，由户、工二部核明具奏"，先将该运员革职，待回滇后，再令其赔补。京铜水运途经各地，上至总督巡抚，下至府州县官，都有监督协助的责任，他们必须记录铜船入境出境的日期以及在其辖境内守风、守冻、守水、过载、沉失、拓捞等类情事，并报部以备考核；后来以铜船停泊，阻塞漕运，又议准沿江各段，委长江游击都目押运，而自仪征以下，并听巡漕御史催趱赶行。又，正、加各运，均由滇省拨兵护送，正运每起派拨弁兵十九名，健役十名；加运每起派拨弁兵十六名，健役八名护送。从上述选派运员、各地监督到拨兵护送，显而易见是为了确保京铜顺利、安全运输。这是清代"办运京铜章程"中最主要的一项规章制度。

其二是"限期"。如上所述，滇铜京运分为正运和加运（正运444万斤，加运189万斤，共633万余斤）。正运每年八起，后改为四起、六起，加运每年四起，后改为二起。嘉庆十一年（1806）"每年共计正、加六起"，即正运四起、加运二起。按规定，每起正运和加运，要求其运员23天内从省城昆明到达泸州，正运在泸州"受兑京铜"花费40天，加运为30天。从泸州到重庆行程定限为20天，在重庆换船等25天。重庆到汉口行程40天，在汉口换船、换篓等30天。汉口至仪征28天，在仪征换船、换篓等30天。仪征至山东鱼台县行程44天5时，从鱼台县至直隶景州行程41天3时。从景州至通州定限36天。合计从泸州开行到通州共294天，即9个月25天。若加上在泸州兑铜雇船的40天，从昆明到泸州的23天，再加上守风（不得过四日）、守水（不得过八日）、让漕等的时间，则正好一年左右。这就是说，每起京运的限期，大约是一年。如果"逾限"即超过限期，运员将受到降级甚至革职处分，而"逗留地方"的官员也因督催不力而被"严参议处"。

其三是"报销"。所谓"报销"，即运员领运京铜应准予报销运费。京铜运费包括"水脚"（即水运费用）、"杂费"（指"篓绳、房租、灯笼、油蜡、酬江、犒赏等项"所需费用）、"起剥"（即驳运，在江岸和大船之间用小船运送铜斤）、"夫价"（包括雇用纤夫、滩师以及水手、头舵、雇夫背铜上岸与下船等）和"养廉银"（官吏常俸之外按职位等级另给的银钱）等。每起正运，领运铜 1104450 斤，水脚、杂费、起剥、夫价和养廉等项费用计银 15103.497 两，每百斤铜的运费为银 1.367513 两；每起加运，领运铜 940991.64 斤，水脚等项费用计银 7780.9093 两，每百斤铜的运费为银 0.826884 两。全年六起，运铜共 633 万余斤，其运费合计银 75975.806 两，所有运费均由京运经过省份藩库、道库领发报销。

其四是"运铜船只"。京铜长运铜船一般每船载 4 万～7 万斤，每年京运铜 633 余万斤，泸州运解京师的铜船即为 90～158 只。每起正运铜 110 余万斤，需铜船 15～27 只；加运铜 90 余万斤，需铜船 13～23 只。这些铜船均责成京运沿线各地雇募。"在泸（州）领运铜斤所需船只，责成永宁道督同泸州知州雇募小船，装运重庆。至重庆，应需大船，责成川东道督同江北同知雇募夹中船，装运汉口。至汉口换船，责成汉黄德道督同汉阳府同知雇募川桨船，装运仪征。至仪征换船，责成江宁巡道督同仪征县，雇募骆驼船，装运通州"；同时，还规定"其所雇船只，务须验明船身坚固、结实、板厚、钉密。船户、水手、头舵人等，务择熟谙水性、风色、路径，身家殷实之人，方准雇募驾驶，以免偷漏、盗卖、沉失之虞"。

其五是沉铜"豁免"与"分赔"。运京铜斤，"如有在途沉失者，勒限一年实力打捞"，若"限满无获，由沉铜省分查明"后，分别情况进行处理：如系"极险之滩，人力难施，实在不能捞获者，取具水模甘结、地方文武员弁印结，由府道加结，咨部咨滇。俟奉到部文，会疏保题豁免"；如"系次险之滩，实在不能捞获者，取其印甘各结，咨部咨滇"，并"总按沉铜处所，核计（所沉铜斤）应缴铜价、水陆运脚等银详咨。在沉铜处所之地方官名下，分赔十分之三；运员名下，分赔十分之七"，而"所有地方官应赔银两"和"运员应赔银两"，均在滇"买铜补还清款"。

除上述 5 方面外，"办运京铜章程"还涉及"应纳关税"、"沉铜捞费"、"划分余铜"、"兑铜盘验"等内容，详见《云南铜志》卷 3。① 值

---

① 戴瑞征：《云南铜志》卷 3。引自《云南史料丛刊》第十二卷，第 756、757、752 页。

得一提的是"办运京铜章程"中还有一项"运员引见"，称：嘉庆十年钦奉上谕：滇省委员押运京铜，"长运跋涉，经历风涛，苦累情形，朕所素知。将来该委员运送到京后，果能解交足额，并无迟误逾限之处，该部（吏部）带领引见时，朕必当酌量施恩，加之鼓励，钦此"。姑且不论嘉庆帝是否接见过云南运员，由此亦说明嘉庆帝和清廷是多么重视滇铜京运。

（二）采买的运输

上文曾引《云南铜志》卷7"采买"条谓：从乾隆三年开始，先后有四川、贵州、浙江、江苏、福建、湖北、湖南、江西、广东、广西和陕西共十一省"委员赴滇采买"滇铜；云南省"即将应买铜斤，指定厂所，何厂拟铜若干，系几成色，开单咨会各省验收"。这就是说，云南省根据产铜情况，核定各省采买的数量、产地、铜价以及铜斤成色。对此《滇南矿厂图略》（下）也作了详细记载，兹据以列表7－16明之（四川省于乾隆十年即停止采买，故未列入表中）。

表7－16　清代前期各省采买滇铜情况

省名	采买次数	每次采买成色与数量（斤）		每百斤价银（两）	每百斤加耗（斤）	每百斤余铜（斤）（注2）	备注
江苏	三年一次	正高铜	170000	11	—	1	
		正低铜	520000(注1)	9	23	1	
		合　计	690000	—	—	—	
江西	一年半一次	正高铜	53680	11	4.6	1	
		正低铜	234320	9	23	1	
		合　计	288000	—	—	—	
浙江	一年一次	正高铜	260000	11	4.6	1	
		正低铜	140000	9	23	1	
		合　计	400000	—	—	—	
福建	三年一次	正高铜	420000	11	4.6	1	
		正低铜	180000	9	23	1	
		合　计	600000	—	—	—	
湖北	一年一次	正高铜	224038	11	3	1	
湖南	一年一次	正高铜	135000	11	3	1	
		正低铜	65000	9	23	1	
		合　计	200000	—	—	—	

续表

省名	采买次数	每次采买成色与数量 （斤）		每百斤价银 （两）	每百斤加耗 （斤）	每百斤余铜 （斤）（注2）	备注
陕西	一年半一次	正高铜	245000	11	—	1	
		正低铜	155000	9	23	1	
		合　计	400000	—	—	—	
广东	一年一次	正高铜	101227	11	5	1	
		正低铜	50613	9	23	1	
		合　计	151840	—	—	—	以盐易铜
广西	一年一次	正高铜	212550	11	5	1	
贵州	一年一次	正高铜	363867.1562	9.2	11		

注：①各省采买的正低铜均为金钗厂所产。
　　②每百斤余铜均不收价。
　　资料来源：吴其濬纂：《滇南矿厂图略》（下）"采第十三"。

各省委派官员（也称"运官"）赴滇买铜，他们按照上列表7-16中核定的数量、成色和指定的铜厂进行采买。"铜多路近及下游各厂（距省会昆明较近），令（各省）委员赴厂领运（如义都、青龙各厂）；铜少路远各厂，令厂员运至云南府（如大美、大宝、寨子箐、香树坡等厂）、大理府（如白羊等厂）接收转发"。云南各地方官应协助各省运员雇募马、牛运输铜斤，"马运者日行一站，牛运者日行半站"。"凡上游（距省会昆明较远）自厂至省，脚价（即运费）归滇报销；其下游赴厂领运，脚价仍归各省报销"。

各省所买滇铜，除贵州省"由平彝（今富源）陆运至黔"（高铜每站每百斤运费六分，低铜每站每百斤运费七分）外，其余九省均"由滇陆运至（广南府）剥隘，转运百色；由百色水路分运各省"。从省店（省会店）、寻店（寻甸店）领运铜斤运至弥勒县竹园村，每站百斤脚银一钱；竹园村至剥隘，脚银一钱二分九厘二毫。金钗厂铜，自蒙自县领运至剥隘，每站每百斤脚银一钱二分九厘二毫。宁台厂铜，自大理府领运至云南省城，每站每百斤脚银一钱四厘二毫，由省至竹园村及至剥隘见上。①

---

① 以上所引俱见吴其濬纂《滇南矿厂图略》（下），采第十三，第52、53页。

各省所买滇铜运至剥隘后，分别以水运或陆运运至各省省城，其途经各站及运脚（运费）情况，见表 7 – 17。

表 7 – 17　清代前期各省采买运输概况

单位：银两

省名	剥隘以下各站及每站每百斤运费	备　　注
江苏	汉口 0.53、苏州省城 0.225	
江西	百色 0.04、南雄府 0.015、南安府 0.12、省城 0.01	外加起剥费：百色 0.03、韶关 0.031
浙江	百色 0.04、汉口 0.4391、省城 0.35	
福建	百色 0.04、汉口 0.0457、省城 0.7522（包括水脚、起剥、夫价）	
湖北	百色 0.04、南宁府 0.058、苍梧县 0.065、桂林府 0.1027、湘潭县 0.11、省城 0.04	
陕西	百色 0.04、汉口 0.44、襄阳府 0.7、龙驹寨 0.45、省城（陆运）	龙驹寨至省城雇骡驮运，每骡每百里银 2 钱
广东	百色 0.04、西安省城 0.015	
广西	百色 0.04、省城 0.2391	
湖南	百色 0.04、南宁府 0.058、苍梧县 0.065、桂林府 0.1027、长沙省城 0.116346	

资料来源：吴其濬：《滇南矿厂图略》（下），采第十三，第 54、55 页。

（三）省铸的运输

如上所述，清代前期云南的铸钱局多达 13 个，且大多设在产铜的地方，这就大大方便了省铸的运输。据《滇南矿厂图略》（下）"运第七"载："局铜则厂员各运至局"，意即云南省局和东川府等铸钱局所需铜料，均由各供给铜厂的厂员负责将铜料运至各局。该书记载了道光时一些铜厂运输铜料至相关铸钱局的站程和脚银（运费）。兹引录于下：

（元江厅）青龙厂铜，运局（应为省城局）六站，每百斤脚银三钱七分七厘；（武定州）大宝厂铜，运局（应为省城局）五站，每百斤脚银五分；（云南府）大美厂铜，运局（应为省城局）三站半，每百斤脚银三钱五分；（临安府）绿矿硐厂铜，运局（应为临安局）六站，每百斤脚银六钱；（楚雄府）秀春厂铜，运局（应为省城局）十站，每百斤脚银一两；（澄江府）红坡、大兴二厂铜，运局（应为省城局）并四站，每百斤脚银四钱；（澄江府）发古厂铜运局（亦应为省城局）六站，每百斤脚银七钱五分；（楚雄府）香树坡厂铜，运局（应为省城局）十站半，每百斤脚银一两零五分；（云南府）义都、万宝二厂铜，运局（应为省城局）并六站，每百斤脚银六钱；（楚雄府）马龙厂铜，运局（应为省城局）十一站，每百斤脚银一两一钱；（楚雄府）寨子箐厂铜，运局（应为省城局）十三站，每百斤脚银一两三钱。

由此可知省城局、临安局和大理局所需铜料的运输情况。[①]

此外，东川局、曲靖局、沾益局、广西局、保山局、顺宁局等所需铜料的运输，虽然未见文献记载，但可以想见，当从各局所在地的铜厂或其附近的铜厂运至省城。

九　"云南白铜"的更大开发

第三章第三节阐述了汉晋时期的堂螂县已生产一种铜镍合金，称为"镍白铜"。此后，镍白铜生产不断。迄于明代仍然生产这种白铜，如万历时成书的《事物绀珠》载："白铜出滇南，如银。"[②] 明代云南除生产镍白铜外，还生产另一种白铜，即"砷白铜"。李时珍《本草纲目》"金石部第八卷""赤铜"条谓："铜有赤铜、白铜、青铜。赤铜出川、广、云、贵诸处山中，土人穴土采矿炼取之。白铜出云南，青铜出南番。惟赤铜为用最多，且可入药。人以炉甘石炼为黄铜，其色如金。砒石炼为白铜。杂锡炼为响铜。" 文中云南以"砒石炼为白铜"，与此前铜镍合金的镍白铜显然是两种不同的白铜。李时珍笔下所

---

① 吴其濬：《滇南矿厂图略》（下），运第七，第31页。
② 佚名撰《事物绀珠》。转引自张子高编著《中国化学史稿》，科学出版社，1964，第114页。

谓"砒石炼为白铜"，可能是源于元人"砒石炼为白铜"之说。① 明末宋应星在《天工开物》卷下"五金"中也谓："以砒霜等药制炼为白铜。"② 宋氏之说，可能源于《本草纲目》。其实，用砒石或砒霜与铜化合而成白铜，早在宋代何薳的《春渚纪闻》中已有记载："薛陀，兰陵（今山东枣庄市）人。尝受异人煅砒粉法，是名丹阳者。余尝从惟湛师访之，因请其药……，其药正白而加光烂，取枣肉为园，俟铜汁成，即投药坩埚中，须臾，铜汁恶类如铁屎者，胶着埚面，以消搅之，倾槽中，真是烂银，虽经百火，柔软不变也。"③ 文中所谓按"煅砒粉法"炼成的"烂银"即灿烂之银，也就是白铜。经现代冶金史学者研究，上述以砒石、砒霜、砒粉与铜合炼而成的白铜，"实际为砷白铜，而非镍白铜"。④ 然而，这种砷白铜，可能主要产于内地，云南生产不会太多，因其"工费倍难，侈者事之"。⑤ 经查阅相关历史文献，也未见清代云南生产砷白铜的记载。

有清一代，云南进一步开发镍白铜，其生产规模较之以前扩大很多。清初，云南已有专门生产白铜的工厂。康熙初年为云南巡抚甘国璧幕僚的倪蜕在其《复当事论厂务书》中写道："然今天下之厂，于云南为最多。五金而外，尚有白铜、硃砂、水银、乌铅、底母、硝磺等厂，大小不止百余处也。"⑥ 可见，白铜厂已成为五金（金、银、铜、铁、锡）厂之后的重要工厂。

清代云南的白铜厂，见于史志记载者，共有七处：

一是妈泰（又称马泰）白铜厂，坐落于定远县（今牟定县）。康熙二十四年（1685）由云贵总督蔡毓荣上疏，获谕准后开办，每年抽课银二

① 参见署名宋代苏轼著《格物粗谈》，该书可能是元代人托名之作。转引自韩汝玢等《中国科技史·矿冶卷》，科学出版社，2007，第736页。
② 宋应星：《天工开物》卷下，五金。中国社会出版社，2004，第357页。
③ 何薳：《春渚纪闻》，中华书局，1983，第147、148页。
④ 梅建军、柯俊：《中国古代镍白铜冶炼技术研究》，《自然科学史研究》1989年第1期。
⑤ 宋应星著《天工开物》卷下"五金"谓："凡红铜升黄铜而后熔化造器，用砒升者为白铜器，工费倍难，侈者事之。"
⑥ 师范编纂《滇系》贰，"职官系"。见王文成等《〈滇系〉云南经济史料辑校》，第29页。

十四两，遇闰加二两。四十四年（1705），总督贝和诺题明：年该课银三十八两。乾隆四十三年（1778）题准封闭。① 该厂从开办到封闭，一共生产了 90 多年。

二是茂密白铜子厂（即分厂，可能是妈泰厂的分厂），在大姚县境内，开采年代无考。外地"发红铜到厂，卖给硐民（即厂商），点出白铜。每一百一十斤抽十斤，照定价每斤三钱，变价以充正课外，所获余息尽数归公。无定额。炉多寡不一，每炉每日抽白铜二两六钱五分。乾隆二十二年核准：每炉每月抽课铜二斤八两，每铜一（百）斤折收银三钱"。② 这一记载说明：①这是一个民营白铜厂，它收购红铜（还应有青铜，即黑色含镍矿石），冶炼成白铜；②政府征收的正课（即矿税）是 110 斤抽 10 斤，即税率为 9.09%，并按每斤 3 钱折收银两（每百斤白铜的定价是银三钱）；③除按产量征收矿税外，还按炉的数量抽课。

三是大茂（又称"大茂岭"）白铜厂，坐落于定远县（今牟定县）。"乾隆四十六年（1781）开采，厂民自备工本煎办。每撬炉一座，抽收炉墩课铜二两六钱六分六厘，每（百）斤折收银三钱，由定远县按年批解司库，年约收银十七八两，并无定额。其商民贩运白铜，由定运县填给引票，交商民执持，运至省店过秤，纳课销售。"③ 又，"收炉墩小课白铜，每百斤折收银三钱，年司库银一十九两二钱。此厂商民以其铜运省，省城白铜店按一百一十斤抽课十斤，处解变价银自四五百两至一千一二百两不等"。④ 上引记载说明：①这是一个由厂民投资开办的白铜厂。②政府一方面按炉墩抽收"课铜"，每生产白铜 100 斤收银三钱，每年 19.2 两；一方面征收通商税，110 斤抽课 10 斤，税率为

---

① 阮元等修道光《云南通志》卷 75，矿厂三·白铜厂。引自《云南史料丛刊》第十二卷，第 655 页。

② 阮元等修道光《云南通志》卷 75，矿厂三·白铜厂。引自《云南史料丛刊》第十二卷，第 655 页。

③ 戴瑞征编《云南铜志》卷 8，白铜税课。引自《云南史料丛刊》第十二卷，第 816、817 页。

④ 阮元等修道光《云南通志》卷 75，矿厂三·白铜厂。引自《云南史料丛刊》第十二卷，第 655 页。

9.09%，并按每百斤三钱折收银两，每年交纳的通商税为四五百两至一千一二百两不等。根据这些数据进行计算，大茂岭厂年产白铜少则14666 斤，多则 44000 斤。③省城昆明设有官办的白铜店，一方面负责向厂民征收白铜的通商税，一方面收购各厂白铜，经营白铜的买卖。

四是雷马山白铜厂，在元谋县北六十里。① 生产情况不详。

五是多克白铜厂，也在元谋县境内。② 生产情况亦不详。

六是祭牛白铜厂，③ 坐落及生产情况均不详。

七是南阳白铜厂，④ 坐落及生产情况亦不详。

由上所述，清代前期，云南白铜生产有了较大发展，其产地已由原来的滇东北扩大至滇中地区，专门生产白铜的工厂多达七个，白铜产量随之增加，最大的大茂岭厂年产量多达 44000 余斤。云南已成为当时全国主要的白铜产地。

至于白铜是怎样炼成的，在第三章第三节中，我们根据《南齐书·刘悛传》的记载，只知道是用烧炉来冶炼白铜，而具体冶炼技术则不得其详。入清以后，文献中已有关于冶炼白铜的记载。如乾隆时官居云南的吴大勋在其《滇南闻见录》中写道："白铜，另有一种矿砂（即镍矿），然必用红铜（即纯铜）点成。故左近无红铜厂，不能开白铜厂也。闻川中多产白铜（实为粗白铜），然必携至滇中锻炼成（白）铜。云滇中之水相宜，未知确否。"⑤ 这一记载说明：云南生产的白铜是用滇中的纯铜与来自川中（即四川会理）的粗白铜合炼而成的。又成书于道光时的何东铭所辑《邛崃野录》卷 32 也谓："白铜由赤铜升点而成，非生即白也。其法用赤铜融化，以白泥升点。" 文中所谓"赤铜"即红铜；"升点"即冶炼；"白泥"即含镍矿粉，盖因当时尚不知为镍也。此记载更加

---

① 《古今图书集成》，转引自章鸿钊著《古矿录》，地质出版社，1954，第 215 页。
② 檀萃著《华竹新编》谓："白铜出多克。"转引自章鸿钊著《古矿录》，第 214 页。
③ 均见王昶《云南铜政全书》，并称这个厂迄于道光时已封闭。见阮元等修道光《云南通志》卷 75。引自《云南史料丛刊》第十二卷，第 655 页。
④ 均见王昶《云南铜政全书》，并称这个厂迄于道光时已封闭。见阮元等修道光《云南通志》卷 75。引自《云南史料丛刊》第十二卷，第 655 页。
⑤ 吴大勋撰《滇南闻见录》下卷，物产·白铜。引自阮元等修道光《云南通志》第 12 卷，第 30 页。

明确地告诉我们：白铜是由红铜与镍矿融化而成的。再有刻于同治九年的吴钟崙等纂《会理县志》卷9载："煎获白铜，需用青、黄二矿搭配。黄矿，炉户自行采办外，青矿另有。"这一记载也说明四川会理生产的白铜，是用从外地买来的黄矿（即红铜）与当地出产的青矿（即镍矿）搭配冶炼而成的。上述记载，仅说明白铜是由铜与镍混合冶炼而成，没有详述冶炼过程，也没有说明铜镍搭配的比例。

关于清代镍白铜的冶炼过程，直到20世纪80年代末，才被冶金史学者们科学地揭示出来。北京科技大学冶金史研究室的梅建军、柯俊根据20世纪40年代初地质工作者访问两位清末冶炼白铜的技师所记录的《西康之矿产》（于锡猷著，国民经济研究所，1940），绘制了冶炼流程图7－2，兹照录如下（见图7－2）：

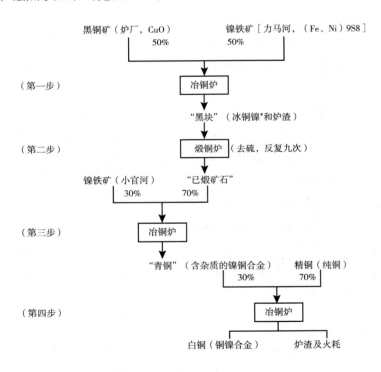

图7－2 镍白铜冶炼流程

注：冰铜镍的化学组成为 N_3S_2、Cu_2S 和 FeS。

由上图 7 - 2 可知，镍白铜的冶炼过程分四步进行：第一步，镍铁矿与黑铜矿按 1：1 比例混炼，产物"黑块"可能是冰铜镍与炉渣的混合物；第二步，反复煅烧"黑块"得所谓"已煅矿石"，其目的可能是去硫；第三步，"已煅矿石"与小官河镍铁矿按 7：3 比例混炼，所得"青铜"可能是含杂质较多且镍含量较高的镍白铜合金；第四步，"青铜"与纯铜按 3：7 比例混炼，即得镍白铜和炉渣；这一步与前述《滇南闻见录》和《邛嶲野录》等的记载相吻合，即红铜是冶炼镍白铜的原料之一。① 该图所揭示的镍白铜冶炼流程，既是清末会理冶炼白铜的流程，也可能是当时云南冶炼白铜的流程；在一定程度上说，汉晋时堂螂县冶炼白铜，或许也大致如此吧。

有清一代，云南生产的白铜越来越多，其使用范围也更加扩大。嘉庆四年（1799），著名学者檀萃在其《滇海虞衡志》卷之五，志器条下写道："白铜面盆，惟滇制最天下，皆江宁匠造之。自四牌坊（今昆明市正义路中段）以上，皆其居肆。……白铜别器皿甚多，虽佳亦不为独绝。而独绝者，唯面盆，所以为海内贵。"② 除独绝者白铜面盆外，其他白铜器甚多，如墨盒、镇纸、香炉、烛台、烟盘、水烟壶等。这些云南制造的白铜器皿，不仅在昆明销售，而且还销往京津、苏杭等地，受到广大市民和文人墨客的欢迎。③ 直至 20 世纪二三十年代，昆明市仍有不少制造白铜器的店，其中以"江南宝白铜店"最有名，其产品色泽光洁，质地软硬适中，且经久耐用，不起浮垢，一拭即新，堪称中国一绝，深受人们喜爱。

光绪十六年（1890）面世的《中国矿厂图略》称："白铜以云南为最佳。……已称'上高白铜'矣。"④ 短短数言，将云南出产的白铜推为中国矿产优质产品。

云南白铜自公元 4 世纪中叶发明以来，不仅传入中国内地，而且通

---

① 梅建军、柯俊：《中国古代镍白铜冶炼技术的研究》，《自然科学史研究》1989 年第 1期。

② 檀萃：《滇海虞衡志》卷之五，志器。引自《云南史料丛刊》第十一卷，第 189 页。

③ 梅建军、柯俊《中国古代镍白铜冶炼技术的研究》。见《自然科学史研究》1989 年第 1期。

④ 吴其濬辑《中国矿厂图略》，第 38、39 页。

过丝绸之路传入波斯和阿拉伯地区。8 世纪时，毕生研究阿拉伯炼丹术的学者吉伯（Jabir）曾列出在阿拉伯金丹术上起过重要作用的七种金属，"中国石"是其中之一（其他六种为铜、铁、铅、锡、金、银）。波斯人也传言中国人用这种合金（即"中国石"）来制造镜子和箭镞。波斯人和阿拉伯人所说的"中国石"（Xar-sini）就是"来自中国的白铜"，亦即云南白铜。

18 世纪以后，云南白铜从波斯、阿拉伯传入欧洲。1735 年（雍正十三年），德国人杜赫尔德在其《中华帝国全志》中写道："最特出的铜是白铜。……这种铜，只中国产有，亦只见于云南一省。"在德国人介绍云南白铜的著作问世 25 年后，英国人即开始从中国进口云南白铜。1760 年（乾隆二十五年），英国的出入口账上有白铜一项，重 10 磅，价值为一英镑十一先令十便士。1775 年，英国刊出的《年纪》中写道：英国东印度公司驻广州的一个名叫勃烈的货客（即商人），于 1774 年夏季托从中国驶往伦敦的船寄回从中国内地发现的铅矿样品，同时"附寄了他自云南得来的白铜，……并详细说明制造白铜器皿的方法，目的是要在英国……从事实验和仿造这种中国白铜"。当时，传入英国的中国白铜，价格昂贵，仅次于金银，成了贵族们追求的奢侈品。于是英国东印度公司的职员和从事航海运输的船长及水手，便以"私人贸易"（即走私）的方式，将中国白铜的原材料运到英国，卖给银匠，用来制造壁炉围栅、烛台、烟盒、带扣、纽扣和餐具等，从中谋取暴利。伯明翰是"18 世纪英国最重要的白铜器生产地"。这种从中国走私白铜的活动，大抵一直延续至 19 世纪 20 年代。

云南白铜传到欧洲后，引起了轰动。许多科学家争相对这种"奇异的金属"、"精致的金属"和"神秘的白铜"，进行了"积年累代的想尽方法"的研究和仿造。最先是 1776 年（乾隆四十一年）瑞典人恩吉斯特朗（V. Enge-strom）发表了《白铜：一种中国的白色金属》论文，文中分析了一件来自云南的白铜器的成分：铜 40.6%、镍 15.6%、锌 43.8%，样品是英国东印度公司提供的。据他说，白铜在云南制成后，运到广州，重新加入增色剂，使之色泽发白。[1] 1822 年（道光二年），英

---

① J. Needham，*Science and Civilisatisation in China*，Cambridge Univ. Press，1974，p. 230.

国爱丁堡大学化学系讲师菲孚（A. Fyfe）也在《爱丁堡哲学会报》上发表了他分析云南白铜的结果，即铜 40.4%、镍 31.6%、锌 25.4%、铁 2.6%。这两位学者的研究，为后来欧洲成功仿造云南白铜打下了基础。此后，直到 1823 年（道光三年）英国伯明翰的汤姆逊（E. Thomasn）"制出了质地和中国白铜相似的合金"。第二年即 1824 年，德国人汉宁格尔（Henniger）兄弟也先后冶炼出了白铜，初以"新银"（Neusilver）名其产品，往后则在科学文献及其他书籍上称之为"德国银"。"德国银"出现后，推动了白铜在欧洲的规模化生产和广泛应用。19 世纪末（清代后期），"德国银"大量从欧洲输入中国，云南白铜反而湮没无闻了。[①]

由上所述可知，云南白铜大约从公元 8 世纪西传至今伊朗以及阿拉伯地区，18 世纪后由此传至欧洲。欧洲人先是通过贸易和走私从中国获得云南白铜，随即进行了长期的分析研究和仿制，直到 19 世纪 20 年代初，先后在英国和德国获得成功，仿制出了所谓"德国银"即白铜。由此可见，云南白铜比之"德国银"最少要早 1400 余年。[②] 云南白铜对世界铜合金工艺的发展作出了杰出贡献。

十 滇铜大开发对国家和云南发展的贡献

前面已述，从乾隆四年（1739）开始，京局铸钱所需铜料"停止采办洋铜"，"尽归滇省办解"。从此，滇铜京运成为常制，每年以 633 万余斤之数运京，保证京局正常铸造制钱的需要。此外，江苏等 11 省派员赴滇采买铜料以供本省铸钱，从乾隆五年（1740）起至嘉庆十六年（1811），每年采买滇铜少则 127 万余斤，多则达 227 万余斤；同期，云南本省设有 13 个铸钱局，平均每年鼓铸需要铜料少则 150 万余斤，多则 290 万斤。以上每年供京局、采买和省铸的铜料合计约 1100 万斤，铸钱 200 万至 280 万串左右，满足了市场对铜钱的需要。这就是说，清代从乾隆初年至嘉庆中期的 70 余年间，云南供给全国铸钱所需要的全部铜料，

[①] 以上引文，除注明出处者外，均引自武汉大学张资珙《略论中国的镍质白铜和它在历史上与欧亚各国的关系》，《科学》1957 年第 2 期。

[②] 杨寿川：《中外矿业史上的云南白铜》，《思想战线》2011 年第 1 期。

从而保证了全国制钱的正常流通。显见之，滇铜开发对清代前期全国铸钱工业的发展做出了重大贡献。

滇铜大开发当然也对云南经济社会发展做出了贡献。兹从五个方面分别论述如下。

（一）滇铜大开发增加了云南地方财政收入

从乾隆初年至嘉庆中期的 70 余年中，云南每年平均产铜大约 1100（即 8800 吨）万斤。每年铜课收入约铜 110 万斤（即税率 10%），按政府规定每百斤银 9.2 两计，应收银 101200 两；每年官买铜料平均约 900 万斤，每百斤按银 6 两收购所得差价收入为 3.2 两（9.2 - 6 = 3.2 两），共为 288000 两，减去各厂官派员役公费役食等费约 30000 两，实际所得余息为银 258000 两；各省采买按每年平均约 220 万斤，以每百斤价银 11 两计，差价 1.8 两（11 - 9.2），应为余息银 39600 两；本省铸钱所获"铸息"平均每年约为银 98600 两。以上铜课、官买铜料余息和铸息总和为银 497400 两。[①] 这一数额对于历来贫瘠的云南省来说，确是一项重大岁入。据康熙《云南通志》卷 10 "田赋"载：康熙时期，云南全省每年的主要收入大约在银 446548 两左右，乾嘉时期云南每年的田赋等收入估计不会超出康熙时太多。这就是说，乾嘉时期，云南省官府从滇铜开发中获取的收入可能已超过田赋等收入，成为地方财政收入中位居第一的来源。这当然大大有利于云南全省各方面的财政支出。如乾隆三年（1738），云南巡抚张允随疏言："青龙、汤丹等厂每年办铜余息[②]银二十万两，向俱解存司库，备拨兵饷。嗣因盐务盈余裁减，将办铜余息银咨明留为协办各官及学政养廉，一切公费应仍按年解贮司库备用。"[③] 又，乾隆五年（1740），监察御史包祚永奏称：滇铜余息"如乾隆元年分余息银二十七万有余，二年分余息银三十余万，三年二十八万有零。此项余

---

① 彭雨新：《清乾隆时期的矿政矿税与矿业生产发展的关系》，《中国社会科学院经济研究所集刊》第 8 集，第 142、143 页。其中各省采买铜料以每百斤付价 11 两计算。

② "余息"，一般指云南官府买入和卖出铜料的差价与云南官府卖给各省铜料的价格和市场价之间的差价。

③ 《清实录》第十册《高宗实录》卷 82，乾隆三年十二月庚寅户部议复张允随奏疏，第 299、300 页。

息银两，除每年应销如各厂员役公费役食、京铜起运脚价、船钱、运官人员盘费、养廉、饭银等项外，余剩之处仍留本省作次年工本"。[1] 可见，每年官买铜料所获得的二三十万余息，可用来备拨兵饷、指作官吏"养廉"、各项公费、京铜运费以及次年工本等，这对解决云南省财政上的困难，显然起了较大作用。[2]

（二）滇铜大开发带动了其他矿产的开发

由于铜矿的大量开发，带动了与其相关的银矿和铅矿的开发，不少银矿及铅矿纷纷开采出来。据统计，清代前期，全国先后报开的银厂89个，云南64个，占71.9%，位居产银各省首位；全国铅厂157个，云南有21个，占13.3%，位居产铅各省第三位。此外，金、锡和铁等矿也有较大开发（详见下文）。总之，滇铜的大开发，带动了诸多矿产的开发，使云南成为当时全国矿产数量最多的一个省份，"概略而计，在整个矿业开发兴盛之时，全省各矿约有150家矿厂在同时生产，每年提供的矿课由康熙年间的8万余两上升到30万银两，实为清代云南社会经济发展的根本支柱"。[3]

（三）滇铜大开发带动了云南交通发展和山区开发

前面已述，清代前期为了解决630余万斤滇铜京运的问题，清廷十分重视开发滇蜀交通，意在使京运取道滇东北而抵四川泸州。基于此，乾隆初期，先后开凿盐井渡、罗星渡等水道工程；又花大气力兴修从小江口到金沙厂的水道工程，最终取得金沙江下游一段黄草坪至叙州可能航运的实际效益。"开凿通州河道，实为滇省大利"（张允随语），使云南"自古不通舟楫"的状况得以改变，滇铜京运从此沿着金沙江水路"通流直达"，大大改善了运输条件。清廷不仅重视京运水路的开凿兴修，还重视运铜陆路的修治。如"道光二年五月丙子，修云南运铜桥道"；[4] "道

---

① 《清代户部抄档》，乾隆五年闰六月十五日监察御史包祚永奏语。转引自《中国社会科学院经济研究所集刊》第8集，第142页。

② 彭雨新：《清乾隆时期的矿政矿税与矿业生产发展的关系》。见《中国社会科学院经济研究所集刊》第8集，第142页。

③ 陈庆德：《商品经济与中国近代民族经济进程》，人民出版社，2010，第203页。

④ 《清实录》第三十三册《宣宗实录》卷35，第621页。

光五年正月丙午，修云南镇雄州运铜桥道；① 又"道光十年正月甲午，修云南寻甸州至贵州威宁州运铜桥道，从云南巡抚伊里布请也"。② 随着水路和陆路（合称"铜路"）的兴修和修治，"不特铜运得济，滇民往来亦有裨益"。③ "铜运坦行，商货骈集"，④ 即不仅大大便捷了滇铜京运，而且也便利了民间商贸交往等。值得一提的是，随着金沙江下游水道的开通，四川商船纷纷来滇贸易，"载运米、盐货物赴金沙厂发卖"，过去滇省"厂地常年米价，每石需银四两有余，今止一两七八钱，亦属从来未有"。⑤ 川米、川盐成为云南铜矿等厂地的基本生活物资。

滇铜等矿产厂地大多分布在山区。随着滇铜等矿产开发规模的不断扩大，人流、物流、资金流纷纷涌入山区，大批来自省内外的"走厂之人"，在此凿山开矿、建房设炉，开发当地铜矿资源。随着铜厂的不断发展，这些山区"不数月而荒巅成市"，"商贾负贩，百工众技，不远数千里蜂屯蚁聚"。⑥ 昔日荒无人烟的山区，逐渐变成日益繁荣的市镇，"其繁华亚于都会之区，其侈荡过于簪缨之第"。⑦ 时人有诗云："远人鹜利纷沓至，运壁芟茅安井臼。顿令空谷成市廛，铃驮骈阗车毂走。"⑧ 当然，这说的是一些产铜丰盛的山区。例如地处金沙江之东高山深川之中的东川府，"今则版宇式廓，商民云集，汤丹大碌三厂之铜，岁以数百万输纳天府，……滇黔楚蜀之民，倚开采锻冶、转运以给衣食者，以数万计。实滇省上游之望郡，非昔之东川比矣"。⑨ 又，"四方逐末、操计然之术者，无不闻风奔走，辐辏虚而往实而归，所集成都邑，……遂为西南一大都会焉"。⑩ 可知东川府因开采铜矿，四方之民涌入，人烟辐辏，百货云集，

---

① 《清实录》第三十四册《宣宗实录》卷 78，第 261 页。

② 《清实录》第三十五册《宣宗实录》卷 164，第 541 页。

③ 《清实录》第十一册《高宗实录》卷 229，第 962 页。

④ 《清实录》第十一册《高宗实录》卷 231，第 977 页。

⑤ 杨寿川：《云南经济史研究》，第 124 页。

⑥ 王崧：《矿厂采炼篇》，《滇南矿厂图略》上，第 19 页。

⑦ 王崧：《矿厂采炼篇》，《滇南矿厂图略》（上），第 20 页。

⑧ 王文治：《王梦楼诗集》卷 8。《续修四库全书》（第 1450 册），上海古籍出版社，2002，第 459、460 页。

⑨ 方桂：乾隆《东川府志》卷 1。见《中国地方志集成》（云南府县志辑）10，第 8 页。

⑩ 余泽春：光绪《东川府续志》卷 8，光绪二十三年刻本。

成为当时西南大都会。东川府所辖汤丹铜厂，位于拱王山东侧山腰，亦因铜开矿，依矿成镇，是东川府历史最悠久、铜产最丰盛的集镇。可见铜矿开发对于昔日偏僻荒凉山区面貌的改变起了难以估量的促进作用。

值得一提的是，在铜厂分布的一些山区，世代居住着彝、苗等少数民族。铜矿开发和大批汉族群体进入山区，推动了山区民族经济的发展与变化："它从根本上改变了以云南多民族部落分割聚居而相对封闭的小地域开发格局。自清代开始，云南民族经济的开发完全进入了一个以汉民族为开发主体、在区域总体联系基础上进行全面开发的新阶段。"[1] 这是颇有见地的分析。

（四）滇铜大开发促进了云南人力资源的增加与变化

清代前期，云南全省常年生产的铜厂大致 40 个（不包括子厂）。每个铜厂都招雇一定数量的矿丁，"厂之大者，其人以数万计；小者以数千计"，[2] 如此看来，全省铜厂矿丁为数不少。据陈庆德测估："清代云南铜矿生产中的槽、炉、炭、马各户在其全盛时期，拥有的劳工数量约计 7.4 万人"，加上金矿劳工数 1000 人、银矿 2.3 万人、锡矿 7400 人、铅矿 3300 人，"综合各项测估，乾嘉时期云南矿冶开发常年投入的人力资源约为 10.9 万人。若对上述估测以 10% 的误差计，再对最高矿产时期追加 5% 的人力投入，清代云南矿冶开发的最大人力资源规模约为 12.5 万人左右"。[3] 这一测估有所偏低，实际投入铜矿以及其他矿产生产者，大约为数十万之众（详见下文）。

据《云南人口志》统计，清初顺治十八年（1661），云南全省人丁（16～59 岁者）数为 1270174 人，乾隆三十二年（1767）为 2148596 人、五十六年（1791）为 3689000 人，嘉庆二十年（1815）为 5742360 人。[4] 清代初期至中后期，云南人丁数从 120 余万增至 210 余万、360 余万和 570 余万，分别增长 1.75 倍、3 倍和 4.75 倍。云南人丁数增长如此迅速，固然主要是自然生育繁殖所致，但亦与外来移民不断增加有

① 陈庆德：《商品经济与中国近代民族经济进程》，第 215 页。
② 王崧：《矿厂采炼篇》，《滇南矿厂图略》（上），第 17 页。
③ 陈庆德：《商品经济与中国近代民族经济进程》，第 207 页。
④ 《云南省志》卷 71，人口志，云南人民出版社，1998，第 30 页。

关，其中从外省来滇开矿者不在少数。对此，清代文献中有一些记载。《清高宗实录》卷209载："滇省山多田少，民鲜恒产，惟地产五金，不但滇民以为生计，即江、广、黔各省民人，亦多来滇开采。"① 云南铜矿"从前厂利丰旺，皆由三江（即江苏、浙江、江西）、两湖（湖北、湖南）、川、广富商大贾厚积资本来滇开采，至于本省不过零星夥办"；② "厂既丰盛，……商贾负贩，百工众技，不远数千里蜂屯蚁聚，以备厂民之用"；③ "大厂矿丁六七万，次亦万余，近则土民，远及黔、粤，仰食矿利者，奔走相属"；④ "从前大厂动辄十数万人，小厂亦不下数万，非独本省穷民，凡川湖两粤力作功苦之人，皆来此以求生活"；⑤ "今合顺宁诸厂，其人之多，不可算数。况总全滇诸厂而计之，则其数岂止七十万哉"；⑥ "（云南铜厂）开凿背运，悉赖人工。从前大厂，（砂丁）率七八万人，小厂亦万余人。合计通省厂丁，无虑数百十万，皆各省穷民来厂谋食"。⑦ 乾隆三十一年，大学士管云贵总督杨应琚奏："滇省近年来矿厂日开，各处大小厂聚集砂丁人等不下数十万人。现在各省来滇者犹络绎不绝，其间江、楚等省流寓倍于滇省。"⑧ 从上引记载可知，清代云南由于开发铜矿，江苏、浙江、江西、湖北、湖南、四川、广东的一些富商大贾，"厚积资本"来滇投资开矿；贵州、广东、广西、湖南、湖北、四川的"穷民"，也"奔走相属"，纷纷来到云南"入厂谋生"；此外，还有一些经营买卖活动的"商贾负贩"，也不远千里来到云南厂地售卖各种生产物资及生活用品。这些来自省外的投资者、矿丁和商贩等，上引文献中称"岂止七十万"、"无虑数百十万"，"各处聚集砂丁人等不下数十

① 《清实录》第十二册《高宗实录》卷269，第505页。

② 王文韶等修《续云南通志稿》卷45，光绪二十七年刊行，第2887页。

③ 王崧：《矿厂采炼篇》，《滇南矿厂图略》（上）。第19页。

④ 《清史稿》卷124，食货五·矿法，第3666页。

⑤ 岑毓英：《奏陈整顿滇省铜政事宜疏》（光绪九年），见葛士濬《皇朝经世文续编》卷49。引自《清代的矿业》上册，第100页。

⑥ 檀萃：《厂记》。引自王文成等《〈滇系〉云南经济史料辑校》，第301页。

⑦ 唐炯：《筹议矿务拟招集商股延聘东洋矿师疏》，见葛士濬《皇朝经世文续编》卷26。转引自《清代的矿业》上册，第100页。

⑧ 《朱批奏折》，工业类，乾隆三十一年六月，云贵总督杨应琚奏。引自韦庆远著《档房论史文编》，福建人民出版社，1984，第215页。

万"，这些说法各不相同，"无虑数百十万"的可能性很小，"七十万"和"数十万"则比较符合实际，而"数十万"因出自一位大学士、云贵总督的奏疏之中，当更为确切一些。因此，清代来滇从事矿冶业的人数大约为数十万。

数十万外省人来滇从事矿冶业，给地广人稀的云南带来了巨大的人力资源。他们主要从事铜矿生产，保证每年1100万斤的高产水平，使滇铜成为全国铸钱所需铜料的主要来源，为滇铜大开发做出了巨大贡献。如东川各厂区"聚楚、吴、蜀、秦、滇、黔各民，五方杂聚，百物竞流"；① "人烟辐辏，买卖街场，各分肆市"。② 又如个旧矿区亦是"商贾贸易者十有八九，土著无几"。③ 这些来自"四方之民"，世代居住在云南，不仅扩大了云南人口的基数，改变了过去人口寥落的状况，而且进一步增强了"客民多，夷渐少"即汉族逐渐多于少数民族的民族结构。他们还与矿区所在地的少数民族进行经济、文化交流，有的甚至移往民族聚居区，从事商业贸易活动，如临安府"历年内地民人贸易往来纷如梭织，而楚、粤、蜀、黔之携眷世居其他地租垦营生者，几十之三四"；还有"客民经商投向夷地，絜家而往者，渐次已繁。更有本属单子之身，挟资潜入……至与（夷人）联为婚姻，妻以子女，因而凭藉夷妇往来村寨"。④ 汉族世居民族地区，"汉夷杂处"，不仅促进了当地民族经济的发展，而且传入了汉族文化，使少数民族"渐染华风"，对汉族与少数民族的相互认同与融合，也起了一定促进作用。

（五）滇铜大开发促进了云南农业生产的迅速发展

数十万外省人来到云南从事矿冶业，这一庞大的非农业生产队伍，对云南粮食生产提出了新的要求。清初，"云南、广西、贵州米价，亦不甚贵。大抵户口稀少，则米价自贱"；⑤ 然而，迄于乾隆初年，随着滇铜

---

① 崔乃镛：《东川府地震记事》。见雍正《东川府志》卷2"艺文"。云南省国书馆手抄本。
② 王昶：《铜政全书·咨询各厂对》，《滇南矿厂图略》（上），第31页。
③ 转引自陈庆德著《商品经济与中国近代民族经济进程》，人民出版社，2010，第210页。
④ 江浚源：《条陈稽查所属夷地事宜议》。引自王文成等《〈滇系〉云南经济史料辑校》第292、294页。
⑤ 《清实录》第六册《圣祖实录》卷272，第668页。

的大规模开发，外省人大量涌入，造成了巨大的粮食供应压力。这种情况在铜厂最多的东川府显得更为突出："东郡（即东川府）地方，山多田少，土瘠民贫，既无邻米之流通，全资本地之出产；况附近厂地最多，四处搬运。是乏食之虞，惟此地为最。"① 乾隆五年（1740）云南总督庆复疏称：因"工匠云集，油米腾贵"而请求将汤丹附近"产铜亦旺"的多那厂"暂为封闭"。② 乾隆十三年（1748）云南巡抚图尔炳阿复奏：云南"由于出产五金，外省人民走厂开采，几半土著；且本省生齿亦繁故也"，因此"米价之贵，总由于生齿日繁，岁岁采买"。③ 乾隆三十一年（1766），大学士云贵总督杨应琚奏："窃照滇省山多田少，产米有限，且在在皆山，不通舟楫，并无外来之粮可以接济，遇有缺乏，即致办理周章"。又"滇省矿厂甚多，……每省流寓之人，闻风来至，以致米价日昂。请嗣后示以限制，将旧有之老厂、子厂存留开采，只许在厂之周围四十里以内开挖矿硐；其四十里以外，不准再开。庶客户、课长、砂丁人等，不致日渐加增"。④ 采用封闭少数铜厂和限制新开矿硐，以减少相关人员，从而减轻米油供应的压力，显然并非长久之计。根本途径乃在于大力发展农业生产，扩大耕地面积，增加粮食产量。

云南"山多地少"，发展农业当首先大力"招徕开垦"。乾隆五年（1740），巡抚张允随奏："窃滇省山多田少，……欲为滇民谋足食之方，惟有劝民广为垦辟，尽力耕耘，俾多垦尺寸之地，即多收升斗之储，庶几缓急稍资，俯仰有籍。请嗣后滇省各府、州、县地方，夷民村寨，凡有未垦之土，如成段、成丘者，仍照例报垦升科外，其山头、地角、崎零弃土，……听该地夷民用力垦辟，免其升科。"⑤ 不仅云南地方政府鼓励开垦，清廷也予以支持。乾隆三十一年（1766）谕："滇省山多田少，水陆可耕之地，俱经垦辟无余，惟山麓、河滨尚有旷土，向令边民垦种，以供口食。……嗣后，滇省山头、地角、水滨、河尾，俱著听民耕种，

---

① 方桂：乾隆《东川府志》卷 20 下。见《中国地方志集成》（云南府县志辑）10，第 182、183 页。
② 《清实录》第十册《高宗实录》卷 127，第 869 页。
③ 《清实录》第十三册《高宗实录》卷 317，第 217 页。
④ 《清实录》第十八册《高宗实录》卷 764，第 393 页。
⑤ 《张允随奏稿》（上）。引自《云南史料丛刊》第八卷，第 592 页。

概免升科，以杜分别查勘之累，且使农氓无所顾虑，得以踊跃赴功，力谋本计。"① 在中央和地方政府的鼓励下，大片荒闲土地不断开垦出来，耕地面积迅速增加。顺治十八年（1661）云南耕地面积为5211510亩，康熙二十四年（1685）增加1270256亩共6481766亩，雍正二年（1724）增加735858亩共7217624亩，乾隆十八年（1753）增加325381亩共7543005亩，嘉庆十七年（1812）又增加1772063亩共9315126亩。② 在此150年间，从520多万亩增加到930多万亩，增幅为78%；若以雍正二年田亩数为100，则乾隆十八年为176.93、嘉庆十七年为190.16。③ 可见此间耕地面积的增长速度是比较快的。随着耕地面积的迅速扩大，粮食产量亦不断增加。据《张允随奏稿》（上）载：乾隆六年（1741），全省各府、州、县实储在仓的粮食共计1014589石。这说明过去"存贮无多，不敷接济"的状况已经开始有所改观。至于粮食产量实际增加的情况，因未见文献记载，故不得其详，但有所增加是毫无疑问的。

总而言之，滇铜大开发对清代前期全国铸钱业做出了重大贡献，同时也对云南经济社会发展做出了巨大贡献。基于此，有学者指出："清代以铜矿业为中心的云南采矿业，其发达程度为前此历代所不能比拟，是18世纪以来我国西南边疆地区在经济开发方面的第一件大事。"④ 其实，清代前期滇铜大开发的意义已经超出"西南边疆地区"，而是在全国范围之内，即它是全国经济开发方面的重大事件，是中国矿业开发史上"亘古未有"的重大事件，是古代云南对国家发展做出重大贡献的一件大事。

附：滇铜大开发对云南的负面危害

滇铜大开发确乎对国家、对云南的发展做出了重大贡献。然而，滇铜大开发也确乎对云南铜产地及其周围地区的森林资源以及生态环境造

① 《清实录》第十八册《高宗实录》卷764，第393页。
② 梁方仲：《中国历代户口、田地、田赋统计》，上海人民出版社，1980，第380页。
③ 梁方仲：《中国历代户口、田地、田赋统计》，第383页。
④ 潘向明：《清代云南的矿业开发》，《清代边疆开发研究》，中国社会科学出版社，1990，第333页。

成了巨大破坏，酿成了迄今仍在延续的严重的自然灾害。

前面述及，滇铜冶炼的大炉和蟹壳炉，都以木炭为燃料，而且以松炭为佳。大炉，炼 100 斤矿石需木炭 80～100 斤；蟹壳炉，100 斤矿石需木炭 125 斤。一般矿石均需反复几次冶炼，故平均出铜 100 斤需耗木炭 1000 斤，而有的铜厂甚至需耗炭 1400～1500 斤。乾嘉时期，滇铜平均年产量是 1100 余万斤，按 100∶1000 的耗炭率计算，则每年需木炭 11000 余万斤。这 10000 余万斤木炭；大约需要 33000 万斤树木才能够烧成。[①] 如果仅仅以滇铜"极盛"的乾隆五年至嘉庆十六年（1740～1811 年）的 71 年计算，则共计需要树木达 234.3 亿斤。如此巨大的数字，要砍伐多少棵树木，要砍光多少座青山！此外，滇铜开采分为"打硐"和"明"。打硐采矿，硐内需用圆木架镶，以支撑坑道；四根圆木为一组，称为"一厢"，一般二尺余架一厢，则所需镶木当为数颇多。一些铜厂采用"明"，即露天开采，这对于山体和森林植被破坏就更大。开矿过程中，开挖、掘进、剥离等均产生大量废石，堆成一些小山丘，在暴雨冲击下，形成泥石流；[②] 冶铜过程中，产生的尾气含有硫化物、氯化物等有害气体，液化降落到地表后也会引起植被死亡，山体坡面失去保护，水土流失严重，亦为泥水流发生提供固体物质等。[③] 由于上述原因，大凡铜厂所在之地及其周边地区，森林资源以及生态环境都遭到了不同程度的破坏。

清代前期，云南先后报开的铜厂有 175 个，分布在滇东北、滇西、滇中和滇南的 19 个府或直隶厅州的 53 个州县。可见云南大部分地区由于都有铜厂分布，其植被和环境均受到破坏。其中尤以铜厂多达 14 个、[④] 铜

---

① 杨煜达：《清代中期（公元 1726～1855 年）滇东北的铜业开发与环境变迁》，《中国史研究》2004 年第 3 期。文中称："根据《中国农业百科全书·森林工业卷》的记载，白桦树干馏为木炭的转化率为 31.8%，山毛榉为 34.97%，松树 31.83%。我们可以大概估评平均的薪炭比约为 33%，即烧 100 斤炭需 300 斤木柴。"

② 王治华：《东川泥石流与人类活动》，《中国地质》1990 年第 6 期。

③ 杜玉龙、方维萱、柳玉龙：《东川铜矿区泥石流特征与成因分析》，《西北地质》2010 年第 1 期。

④ 清代东川府先后报开的铜厂有汤丹厂、碌碌厂、大水沟厂、茂麓厂、大风岭厂、紫牛坡厂、多那厂、阿白租厂、普尾厂、虐姑厂、多乐厂、雾露河厂（东川）、凤凰妥木厂、波罗箐厂，共 14 个。详见阮元等修道光《云南通志》第 12 卷，第 638、639、640、648、650 页。

产量占全省总产量 70% 左右的东川府，受到的破坏最为严重。

清雍正年间及乾隆初年，东川府境内还是"危峦矗嵲，重围叠拥，加以幽箐深林，蓊荟蔽塞"；① "其地万峰壁立，林木阴森，以为蚕丛鱼凫境界，于兹犹见"。② 当时森林植被与生态环境都很好。但是，随着铜矿开发规模的不断扩大，植被和环境逐渐遭受破坏。首先是各个铜厂所在地的树木被砍伐尽之后，又去砍伐附近的山林，即"开厂之处，例伐邻山"；③ 附近山林砍伐殆尽后，炭薪"渐取渐远，竟有待给于数百里之外者"。④ 可见，伐木毁林的范围逐渐扩大，从东川府扩大到数百里之外的昭通、曲靖等府。故此，有学者将"滇东北"即清代所设东川、昭通两府，作为研究铜业开发与环境变迁的空间，是有道理的。其研究表明，雍正四年到咸丰四年即 1726～1855 年的 130 年间，滇东北伐木毁林的程度随铜矿开发规模而有所不同：雍正四年到雍正十三年即 1726～1735 年的 10 年间，是滇东北铜业的发展期，平均每年产铜 350 万斤，需木炭 21000 吨，约合木柴 63000 吨，即 70000 立方米，按 93 立方米/公顷，约合 2500 公顷，即每年因炼铜需砍伐 25 平方公里的林地。加上其他方面对森林资源的破坏，这一时期估计应有不少于 400 平方公里的森林植被受到破坏。乾隆元年至三十八年即 1736～1773 年的 38 年间，是滇东北铜业的鼎盛期，平均每产铜 6400 吨，需用木炭 64000 吨，约合木柴 213300 吨，需砍伐林地 7680 公顷左右；38 年间，共计毁林达 2900 平方公里左右。乾隆三十九年至嘉庆六年即 1774～1801 年的 28 年间，是滇东北铜业保持平稳生产的时期。由于"硐老山空"开采困难，加之炭山渐远、炭价增加，铜产量已呈下降趋势。这一时期平均每年产铜约 4724 吨，平均每年毁林约 5668 公顷。28 年中，共有约 1587 平方公里的林地被毁。嘉庆七年至咸丰四年即 1802～1885 年的 84 年间，滇东北铜业已逐渐下滑，每年

---

① 雍正《东川府志》卷 1，山川，云南省图书馆抄本。

② 乾隆《东川府志》卷 20，山川，见《中国地方志集成》（云南府县志辑）10，第 163 页。

③ 倪蜕：《复当事论厂务疏》，《滇系》卷 2，"职官系"。引自王文成等《〈滇系〉云南经济史料辑校》，第 30 页。

④ 孙士毅：《陈滇铜事宜疏》，《皇清奏议》卷 62。见《续修四库全书》第 473 册，上海古籍出版社，2002，第 525 页。

平均产铜约为 3127 吨，每年毁林 3750 公顷左右，54 年中约毁林 1720 平方公里。以上 4 个时期，130 年间滇东北地区被毁森林共计 6450 平方公里，约占其土地面积的 21%。换言之，清代中后期，滇东北地区因开发铜矿导致其森林覆盖率下降了 20 个百分点！这些林地在树木被砍伐后，由于没有适当保护措施，自然变成了水土流失和泥石流频发的地区。① 上述研究细致、深入，特详加引录。

由于森林植被和生态环境被严重破坏，不少山地水土流失，于是山体滑坡、泥石流以及山崩等地质灾害不断发生。这种情况，在滇东北以及滇西、滇中和滇南的铜厂所在地及其周边地区都时有发生，而且越往后越严重。

乾隆时期，滇东北地区的东川府先后发生三次泥石流灾害。一次是乾隆二年（1737）"大水冲决木姑寺等处归公田一百一十二亩九分二厘"；② 另一次是乾隆八年（1743）"小江一带，七月间，大雨连绵，山水泛涨，夹杂沙石冲压田地房屋"。③ 还有一次是乾隆十八年（1753）"大水冲决（巧家）米粮坝田亩"。④ 此外，昭通府永善县也于乾隆八年（1743 年）"山水泛涨，夹杂沙石，冲压田地房屋"。⑤

嘉庆、道光时期，滇中和滇西地区一些产铜之县也先后发生泥石流灾害，如嘉庆六年（1801），"云南（府）易门太和川等处山水陡发，沿河低洼之处俱被沙石淤压"。嘉庆十七年（1812），"云南（府）禄丰县因五月间大雨，山水涨发，田亩、房屋、城垣等处间被冲淹"。道光二年（1822），"云南丽江县山水陡发，相必等三村沙石淤压过深，不能挑复耕种"。⑥

---

① 详见杨煜达《清代中期（1726～1855 年）滇东北的铜业开发与环境变迁》，《中国史研究》2004 年第 3 期。

② 方桂：乾隆《东川府志》卷 19，"祥异"。引自《中国地方志集成》（云南府县志辑）10，第 127 页。

③ 《清实录》第十一册《高宗实录》卷 205，第 648 页。

④ 方桂：乾隆《东川府志》卷 19，"祥异"。引自《中国地志集成》（云南府县志辑）10，第 127 页。

⑤ 《清实录》第十一册《高宗实录》卷 205，第 648 页。

⑥ 俱见道光《云南通志》卷 78，食货志九·蠲恤。引自《云南史料丛刊》第十二卷，第 699、706 页。

同治、光绪时期，东川府发生多起严重的泥石流灾害。同治三年（1864），"因历年水石冲淤，田土不能开垦，……十年，水灾，奉文减免会泽本年钱粮四成"。① 又，同治"十年夏，连旬霪雨，大水漂禾，平地水深数尺，淹至罗乌门外，经月始退。岁大饥，米粮骤涨数倍。秋八月，灵碧山崩，城西北隅倾倒"。② 光绪五年（1879）"夏，（会泽县）集义乡大水，冲废官庄民田数百亩，漂没居民数十人。六年三月初九日，巧家石膏地山崩，先于更静，后忽吼声如雷，夜半从山顶劈开，崩移对岸四川界小田坝，平地成灾，毙村民数十，金沙江断流逆溢百余里，三日始行冲开，仍归故道。七年夏五月，集义乡大水。九年七月朔夜，以濯河出蛟，大水冲坏田禾数百亩"。③ 光绪十五年（1889），东川府"八月大雨如注，山水陡发，该府小江庄、猴子坡、皁冲等处，官租田亩因在山峡中，尽被沙石冲淹。计冲废官租田共 250 亩另 4 分三厘，实均不能再垦"。④ 光绪十六年（1890），"据矿务公司奏称，本年五月十五日以后至六月三十日止，（东川府）各厂昼夜大雨，山水涨发，炭薪无从转运，矿座潮湿，以致矿砂僵硬，不能煎炼，硐各干坍塌，民间所开硐甚有压毙人口事"。⑤ 光绪三十一年（1905）会泽县"入秋以后，淫雨不止，山水聚涨，丰乐里等村民田官庄田亩被冲没，沙石堆积不易垦，秋收失望"。⑥ 光绪年间，东川府泥石流灾害频频发生，且其危害比过去更为严重。

民国年间，昭通县，1917 年"夏，连日大雨，山水暴涨，到处横流，淹没东区上下乾河、南区鸭子塘、西区打鱼村等处，低洼田 131 顷 47 亩"。⑦ 1931 年 8 月 14 日，昭通发生大水灾，波及大关、永善、绥江、盐津、镇雄、彝良、威信、鲁甸十县，"淹毙人畜、房屋极多，田土概没成沙碛"，"下游之四川叙府，捞获男妇幼尸数千具，为云南空前之大水

---

① 光绪《东川府续志》卷1，蠲恤，光绪二十三年刻本。
② 光绪《东川府续志》卷1，祥异，光绪二十三年刻本。
③ 光绪《东川府续志》卷1，祥异，光绪二十三年刻本。
④ 《北京故宫清代奏折档案》，引自《云南天气灾害史料》，第118页。
⑤ 《北京故宫清代奏折档案》，引自《云南天气灾害史料》，第121页。
⑥ 《北京故宫清代奏折档案》，引自《云南天气灾害史料》，第137页。
⑦ 《北京故宫清代奏折档案》，引自《云南天气灾害史料》，第148页。

灾"。其中盐津受灾最严重，有人写诗称："桥头勒马重咨嗟，昔日繁华一片沙，漫道有家如水洗，可怜先后直无家。"① 昭通十县遭受如此严重水灾，显然与山洪暴发及泥石流有关。

新中国建立后，东川市经常暴发山洪和泥石流灾害。如 1957 年 7 月暴发山洪，田地受冲淹 16796 亩，冲倒房屋 56 间。1961 年 7 月 28、29 日发生洪灾，被冲毁和沙埋田地 1296 亩，冲塌民房 38 间。1962 年 6 月底 7 月初，河道山洪为害，冲淹田地 14480 亩，冲倒房屋 34 间，大小牲畜 150 多头。1964 年 6 月 13 日，发生洪灾，冲淹田地 2759 亩，损坏房屋 43 间等。② 至于泥石流的暴发，则更为频繁："从 1965～2003 年间，共暴发泥石流 440 次，平均每年约暴发 11 次，最少一年 2 次，发生于 2003 年，最多一年达 28 次，发生于 1965 年。"③ 东川境内形成规模并造成灾害的泥石流冲沟共 107 条，其中危害较为严重的有 16 条，蒋家沟最有名，每年都要暴发数场甚至数十场泥石流。据统计，仅仅 1954～1986 年的 32 年间，东川因山洪、泥石流、滑坡，冲毁和淤埋农田 3.1 万亩。又据 1987 年对东川水土流失状况进行观测调查，全市水土流失面积多达 1274 平方公里，占其土地总面积的 68.5%，居全省各地州市首位。④ 又，中国科学院东川泥石流观测站的观测数据显示：小江流域 140 条泥石流冲沟之一的蒋家沟，输沙量从 20 世纪 70 年代的 360 万立方米，恶化到 20 世纪八九十年代的 600 万立方米。小江（金沙江支流，流经东川区域内）已经成为长江上游环境最恶劣、侵蚀最强烈、灾害最严重、输泥沙量最大的河流。目前，小江泥石流的输沙量还与日俱增，河道淤积越来越严重，这对金沙江下游水电梯级开发和长江三峡库区安全，都构成极大隐患。⑤ 如今的东川，是中国乃至世界上泥石流最多发的地区，被称为"世界泥石

① 《云南省志》卷 2，天文气候志，云南人民出版社，1995，第 238 页。
② 《云南省民政局报实材料》，引自《云南天气灾害史料》，第 184、194、198、203 页。
③ 张京红、韦方强、刘淑珍、高克昌：《ENSO 与云南蒋家沟泥石流灾害发生的关系》，《自然灾害学报》2005 年第 4 期。
④ 《东川市志》，云南人民出版社，1995，第 282 页。
⑤ 谭熙鹏：《金沙江支流小流域生态环境待治》，《人民日报》（海外版）2003 年 10 月 28 日，第 6 版。

流天然博物馆"。①

综上所述，清代前期，清廷为了铸钱的需要大力开发云南的铜矿资源，平均每年京运、采买和省铸的滇铜达 1100 多万斤。诚然，这对于当时国家和云南的发展作出了重要贡献。然而，云南是一个多山的省份，所谓"跬步皆山"，山地面积占土地总面积的 80% 左右。山地的植被如果遭到破坏，必然造成水土流失，继而带来滑坡、泥石流甚至山崩等灾害。滇铜大开发，对滇东北以及滇西、滇中和滇南的山地森林植被造成了极大破坏，其中滇东北最为严重，其森林覆盖率下降了 20%。昔日"幽箐深林，蓊荟蔽塞"变为"民间爨薪，几同于桂"。② 民国初年，巧家县 70斤重的一担柴竟与 60 斤一斗的米价几乎相当。③ 随着森林植被遭致破坏，从乾隆初年开始，"山水泛涨"、"泥沙冲淤田土"的灾害便时有发生。近代以来，水土流失和泥石流灾害越来越严重。尤其是新中国成立以来，泥石流暴发的次数之多、规模之大、危害之深，远远超过历史任何时期。

有清一代对云南铜矿资源进行盲目而无度的开发，带给后来云南巨大而深远的危害。这就是历史的辩证法，也是人们永远不应忘记的历史教训。

十一　滇铜资本主义萌芽的进一步发展

第六章第六节阐述了明代云南民营铜矿业中已出现资本主义生产关系的萌芽。清代前期，云南铜矿业中资本主义生产关系萌芽进一步发展。

前面已述，清代前期，云南铜厂均为民营企业，包括四种类型，即个体小生产型、独资型、合伙型和富商大贾投资型。其中前三种类型，规模不大，产量不多，在全省铜矿业中都不占重要地位。而富商大贾投资兴办的铜厂，生产规模较大，年均产量较多，且经营管理制度亦严密，它们是滇铜开发的主要支柱。资本主义生产关系萌芽，即主要出现在富

---

① 王志芬：《清代以来云南小江流域的生态变迁与泥石流的历史成因分析》，周琼、高建国主编《中国西南地区灾荒与社会变迁》，云南大学出版社，2010，第 58 页。
② 光绪《东川府续志》卷3，轶事，光绪二十三年刻本。
③ 民国《巧家县志》卷7，"商务"附表"巧家历年各种物价表"，见《中国地方志集成》（云南府县志辑）8，凤凰出版社，2009，第 327、328 页。

商大贾投资兴办的铜矿业中。概而言之,主要表现在下述三方面。

(一) 商业资本转化为产业资本

康熙二十一年 (1682 年),清廷批准云贵总督蔡毓荣的奏请,开放云南铜矿,广招商人富户雇工开采,政府征收十分之二的铜课,其余十分之八则听民自由发卖。① 清廷率先在云南开放矿禁,且实施较轻的矿税政策,自然吸引了内地大批商人。于是,江苏、浙江、江西、湖北、湖南、四川和广东的一些富商大贾,"厚积资本,来滇开采";他们"每开一厂,率费银十万、二十万不等"。② 象汤丹、金钗等一些大厂,可能就是康熙中后期来自外省的大商人投资经办的。乾隆初,全面开放矿禁,且铜课减为十分之一,又可自行出售"一成通商"铜,于是招商开矿逐渐形成高潮,外省商民携资来滇开矿者当为数更多。乾隆中期全省铜厂骤增为四十余个,其中如茂麓、万宝、宁台、大功、大兴、得宝坪等大矿,恐怕少不了外省大商人的资本。总之,清代前期,"滇铜之能进入全盛时期,是与大商人投资分不开的"。③

外省富商大贾来云南投资办厂,当然是为了逐利而来,所谓"有利则赴,无利则逝"。他们从兴办铜厂中能够获取多少利润,未见文献详载。惟倪慎枢在《采铜炼铜记》中写道:"采矿之时,俱于穹窿岈峰之中冥搜暗索,得者一,不得者众。得铜多者,可以获什一之利;其寡者,或至于不偿劳。"④ 这说的是采到富矿,即可获得"什一之利",如果采到贫矿,则劳而无获;而前者极少,后者较为普遍。又吴乡岸《客窗闲话》卷一谓:外省富商挟资来滇开矿,"每有以数千金置一峦而发家千倍者"。⑤ 以几千两白银买下一座矿山,开采后获利千倍,这或许有所夸大。投资铜业的利润,无论"什一"或"千倍",都不具有普遍性,一般来说百分之几则是可能的。正因为至少有百分之几的利润,所以"小民趋利

---

① 蔡毓荣:《议理财疏》,《云南史料丛刊》第 8 卷,第 430 页。
② 唐炯:《筹议云南矿务疏》,1887 年 8 月 27 日《申报》。转引自陈真等《中国近代工业史资料》第三辑,三联书店,1961,第 605 页。
③ 许涤新、吴承明主编《中国资本主义的萌芽》,人民出版社,1985,第 501 页。
④ 吴其濬:《滇南矿厂图略》(上),"附倪慎枢采铜炼铜记"。第 23 页。
⑤ 吴芗厈:《客窗闲话》卷一,初集第 10 页。引自《清代的矿业》上册,第 101、102 页。

若鹜，矿旺不招自来，矿竭亦不驱自去"；① 商民"无城廓以域之，无版籍以记之。其来也，集于一方；其去也，散之四海"。② 可见，商民投资铜业，完全是为了追逐利润，而非政府强制所为。这些外省商民投资开采云南铜矿，"一经开成，历数十年取用不竭"，③ 获利之丰即可想见。道光时吴其濬有《厂述》诗云："厂主半客籍，逐利来穷边。"一经获得富矿，则"抽课得羡余，陶猗不足贤。百货日麕集，优倡肆妖妍。……叩囊出黄金，一掷虚牝填"。④ 这些大厂主获利甚丰，显得十分排场。这些富商大贾为获得高额利润而投入巨资开办铜业，其身份由"商民"变成"厂民"或"矿主"，其资本属性亦由商业变成了产业。商业资本向矿业生产移动，实际上是传统的商业资本向具有资本主义因素的产业资本转化。换言之，商业资本转化为产业资本，乃是资本主义萌芽的表征之一。

厂民经营的铜厂每年生产的铜斤，都经由京运、采买和省铸三种渠道进入市场，按一定价格分别卖给京局、各省和本省，以作铸钱原料。可见滇铜生产已经不是一种"为买而卖"的简单的商品生产，而是一种"为卖而买"的发达的商品生产。当时云南铜业中虽然还有不少的小生产者，但毕竟有更多的大厂是厂民占有生产资料（矿山、矿硐和资金等）、雇佣矿丁进行生产，而以攫取利润为目的。这种发达的商品生产和商品流通，乃是资本主义生产的前提和必要条件。

有一个事例，说的是一位肖姓盐商之子随其官为大理太守的兄长来到云南，因艳羡云南丰富的铜矿资源，不顾劝阻投资办矿，历尽艰苦困顿，终于开出富矿，而大发其财。该事例因与本论题相关，可作例证，特引录如下。

　　　　维扬肖姓，世业醝商。翁以好士，挥霍数万金，家以中落，郁

---

① 王文韶：《续云南通志稿》卷43，道光二十八年云贵总督林则徐奏，第2765页。
② 王崧：《矿厂采炼篇》，《滇南矿厂图略》（上），第17页。
③ 唐炯：《筹议矿务以招集商股延聘东洋矿师疏》，《皇朝经世文编》卷26，户政三，见《近代中国史料丛刊》（741），（台北）文海出版社，1966，第708页。
④ 黄钧宰：《金壶七墨·遁墨》卷2，铜厂。见《近代中国史料丛刊》（428），（台北）文海出版社，1966，第194页。

郁而亡。其长子希圣自幼得与诸名士游，熏陶入学，由甲科入馆选，转部郎而膺外任。初为云南大理太守，奉太夫人并幼弟希贤赴任。希贤……在衙斋，好与幕客谈黄白之术，客因说之以滇池为产矿之区，山中银苗盛衰，视其草木即辨，每有以数千金置一峦而发家千倍者，故外来游民半以此为营生也。希贤艳羡之，因是日偕客遍历群山以求奇遇。搜索年余无获，客妄指一峰，谓此中产矿甚旺，不过为脱卸计耳。希贤深信不疑，即与山主议价，以百金得之，骤欲集夫开采，太守力阻，不从。……于是丁男涌集，合力兴工，锯木凿山，穿石穴土，希贤往来监工，无倦色，如是五六年，虚掷亿万工，亦无所得。太守以俸满入觐，须携眷去，劝其弟舍是同行。希贤泣下曰：弟一生事业在此，工既将成，本亦不少，若半途而废，死不甘心。太夫人不忍拂其志，倾乃兄之宦囊剖其半与之曰：尔姑以此相搏，若一二载不得，则剩数百金作腰缠而归，……太守去后，属下之夫皆星散，希贤自募役夫，昕夕从事者又数载。是岁中秋，计短夫价若干缗，工头已言之屡矣，而囊中仅剩十余金，度无以应，乃嘱其仆，尽以余金市酒肉，号召众夫……尽今日之力，予将备偿工价，众皆踊跃欢呼，饱餐而去。……已得大矿，请往拜祭。希贤喜出望外，趋视之，见大穴已辟，其内见黑色拳块，一望皆是。众夫佥来贺请赏，欢声雷动曰：此墨绿矿也，最难得者，其源远，其色高，非大福人焉能致此。希贤乐极，不知所云。其仆为之邀集旧友，或司载籍，或司会计，或司监督，或司宾客，量能授任，群谋报官设厂。内有三分皇税，是以帅遣弁兵，安营环守。文自中丞以下咸来纳交，声势一时煊赫。希贤乃于穴口设板屋，置大权，持筹握算，凡百金一载，俾夫递运厂内，匠人收之，百炉并开，以鼓以铸，皆熔为方锭，每方五百两，以防小窃。自近达远，环山之厂皆盈，而穴中尚未尽也。希贤酬应烦劳，志愿已满，惟思载运回籍，以与母兄享此终身。①

---

① 吴炽昌：《客窗闲话》卷1。转引自《档房论史文编》，第195、196页。

肖希贤作为累世盐商的后代，将其家财尽数投向云南铜矿业，并以此作为"一生事业"而冒险进取，锲而不舍。经过五六年的艰苦开发，最后终于挖出"源远"、"色高"、"最难得"的墨绿"大矿"（即贮量丰富、成色又高的铜矿），从而大发其财，成为大富大贵之人。肖希贤从投资办矿开始，其实际身份便已从盐商后代向"厂民"转化，而其投向铜业的家财（商业积累）则已转化为产业资本。他所经营的铜厂已经具有资本主义因素的性质。然而，肖希贤既富且贵后，认为"志愿已满，惟思载运回籍，以与母兄享此终身"，则表现了他拥财归里、愿作土财主的保守思想。① 这从一个侧面反映了当时铜矿业中资主义萌芽缺乏持久性和延续性的特点。

（二）小作坊与大工场

前面已述，清代前期在云南铜矿业中有不少小生产者经营的铜场，其中包括个体、独资和合伙三种类型。这三种类型的铜厂大多是云南本省商民开办。如《皇朝经世文续编》卷49 载："至于本省，户鲜股实，不过零星凑集，朋充伙办。"② 又《续云南通志稿》卷45 谓："至于本省，原不过零星伙办。"③ 这些铜场实际上是一些小手工业作坊。其特点包括六方面：一是投入资本不多，如个体厂的投资者"皆游惰穷民，苟图谋食"。④ 既为"穷民"，当然不可能有太多资金投入铜厂。二是生产规模不大，有的只能开采草皮矿和鸡窝矿，有的只能包采一个或几个矿硐，甚至只能包采一个矿硐中的一个或几个"尖子"；矿丁人数仅几人、十几人、数十人不等。三是产铜量较少，如个体户经营的铜厂，其产铜总数甚至不足汤丹一厂的1%。四是个体厂不招募雇工，独资厂和合伙厂中有的招募少数雇工生产。五是合伙厂实行"石分"（又称"米分"）制，即合伙者各出食米、灯油若干，计作米石（读作"担"）或银两，以作各人股份；参加劳动日多少也计入各人股份之内。这是一种劳动者合

① 韦庆远：《档房论史文编》，福建人民出版社，1984，第196、197页。
② 岑毓英：《奏陈整顿滇省铜政事宜疏》，见《皇朝经世文续编》卷49，（台北）文海出版社，1966，第1321页。
③ 王文韶：《续云南通志稿》卷45，第2887页。
④ 王太岳：《论铜政利病状》，《滇南矿厂图略》（下），第61页。

伙经营的铜厂。六是独资厂实行产品分成制，"砂丁，即系兄弟。其初出力攻采，不受月钱。至得矿时，与洞主四六分财者，名为亲身弟兄。"① 一般是砂丁四成，洞主六成；至于砂丁们如何分配，则由其自行议定。合伙厂按股份多少，对"洪账"（即赢利）进行分配，即"卖获矿价，除去工本，又抽公费，……余则就原夥石分而分之"。② 由此看来，这些铜厂是一些小手工业作坊，其生产关系性质仍然是自然经济之下的小生产，是带有封建主义属性的简单商品生产。因此，在这些小手工业作坊的生产关系中，资本主义因素并不明显。

在经常生产的铜厂中，大量的是由外省富商大贾投资兴办的厂。这些铜厂的特点包括六个方面：

第一是资金较多。"从前，厂利丰旺，皆由三江、两湖、川、广富商大贾，厚集资本，来滇开采"；③ "每开一厂，率费银十万、二十万两不等"。④ 一个厂投入资金多达十万、二十万两，这不是一个小数，因为云南历来地瘠民贫，全省田赋收入年均也不过四五十万两。显然，这是个体厂、独资厂和合伙厂都不能与之相比的。

第二是生产规模较大。"厂之大者，其人以数万计；小者以数千计"，⑤ "况每厂砂丁不下千计"。⑥ 又，光绪时人称："从前大厂动辄十数万人，小厂亦不下数万"；⑦ "从前大厂率七八万人，小厂亦万余人"。⑧ 大厂数万甚至十数万，小厂数万、万余、数千、"不下千计"，这些数字不论准确与否，实情是这些铜厂都有成千累万的矿工在从事生产劳动。

---

① 吴其濬：《滇南矿厂图略》（上），附铜政全书·咨询各厂对，第31页。

② 吴其濬：《滇南矿厂图略》（上），规第十一，第12页。

③ 王文韶：《续云南通志稿》卷45，食货志·矿务，第2887页。

④ 唐炯：《筹议云南矿务疏》，《申报》，1887年8月27日。转引自陈真等《中国近代工业史资料》第三辑，第605页。

⑤ 王崧：《矿厂采炼篇》，《滇南矿厂图略》（上），第17页。

⑥ 福康安：《复奏滇省铜铅各厂毋庸封闭疏》，《皇清奏议》卷68。见《续修四库全书》（第473册），上海古籍出版社，2002，第584页。

⑦ 岑毓英：《奏陈整顿滇省铜政事宜疏》，《皇朝经世文续编》卷49。见《近代中国史料丛刊》（741），第1320页。

⑧ 唐炯：《筹议矿务以招集商股延聘东洋矿师疏》，《皇朝经世文续编》卷26。见《近代中国史料丛刊》（741），第708页。

这也是上述小生产者经营的铜厂根本不能比拟的。

第三是产铜数量较多。这些铜厂大多平均年产几十万、上百万甚至几百万斤，如汤丹厂"岁获铜五、六百万斤至七百五十余万斤"，宁台厂"年办额铜三百八十万斤"，其他碌碌厂、得宝坪厂、大兴厂、大功厂和金钗厂，年产铜都在 100 万斤以上；大水沟厂、万宝厂、茂麓厂等厂也分别年产铜数十万斤。这是小生产铜厂望尘莫及的。

第四是实行"子厂"制度。所谓"子厂"，即老厂附近发现的新矿，即定为老厂的子厂；或老厂"年久矿衰，广开子厂以补不足"。① 子厂的行政和技术管理以及核报工本等均由老厂负责；而"其办获铜斤，悉照老厂事例，通商抽课、给价收买，运老厂补额"。② 子厂一般不直接同官府打交道。有的子厂由老厂直接经营，在财政和产量上相互调剂。子厂制度在一些大厂所在的矿区推行，如汤丹厂下属子厂多达 6 个，宁台厂、碌碌厂、大功厂也分别有 4 个等。（详见前文"滇铜的七大铜厂"）子厂制度的实行对于主要矿区的普遍勘查和开发，对于保持滇铜产量，都是有利的。③

第五是实行"七长治厂"制度。如前所述，王崧著道光《云南志钞》"矿产志"载：铜厂"以七长治厂事：一曰客长，掌宾客之事；二曰课长，掌税课之事；三曰炉头，掌炉火之事；四曰锅头，掌役食之事；五曰镶头，掌镶架之事；六曰硐长，掌硐之事；七曰炭长，掌薪炭之事。"而"一厂之硐，多者四五十，少者二三十，计其数曰口，其管事又各置司事之人，工头以督力作，监班以比较背荒之多寡"。"七长"对铜厂生产进行全面管理：锅头负责投资，提供米、油等生产费用；客长负责对外联系以及调解厂内或与邻硐纠纷；课长负责交纳铜课以及全厂财务；炉头负责冶炼事宜；硐长负责采矿事宜；镶头专门负责架镶；炭长负责薪炭供应。一个矿硐，有的多至四五十口，有的二三十口，每口都有管事：一为工头，负责监督生产；一为监班，负责登记砂丁背墧的数量。此外，铜厂内还设练役，"掌缉捕盗贼"；又设"壮练"，负责护送铜课以

① 吴其濬：《滇南矿厂图略》（下），铜厂第一，第1页。
② 戴瑞征编《云南铜志》卷1，厂地上。引自《云南史料丛刊》第十二卷，第719页。
③ 韦庆远著《档房论史文编》，第163、164页。

及弹压闹事矿工等。对于违犯厂规的矿工，铜厂施行自订刑罚，"有笞，有缚"，"其法严，其体肃"。[1] 可见，"七长治厂"制度，既全面又严密，保证了滇铜生产的高产、稳产运行。

第六是实行雇佣劳动与"月活"工资制度（详见下文）。

从上述六方面的特点看来，这些外省富商大贾投资开办的铜厂已经是工场手工业了。我们知道，在资本主义发展的过程中，一般都经历了简单协作、工场手工业和大机器生产三个阶段，而工场手工业虽然仍旧采用手工操作，但由于有了比较精细的分工和比较严密的管理，使劳动生产力有了显著提高，并为以后过渡到大机器生产作了准备。因此，工场手工业是资本主义发展的一个重要环节。清代前期，云南铜矿业中一些较大的矿厂，已经是具有相当规模的工场手工业了。

（三）"厂民"与"矿丁"的雇佣关系

随着工场手工业的出现，矿丁与厂民的关系也发生了变化。

在云南铜矿业中，投资者被称为"锅头"、"矿主"、"硐民"、"炉民"，在清代官方文书中称之为"厂民"（以下以"厂民"作为其称呼）。厂民是从社会上各个阶层中分化出来的一部分人汇集而成，其中主要成分是原有的老式封建商人，其次才是封建官僚、贵族、地主以及少数游民。他们既是铜矿的投资者，也是经营管理者。他们首先要延聘矿师作地质勘查，选定可开之地并呈报政府批准；他们在指定的矿区内享有一定的专营权利，根据实际需要组织人力进行开采和冶炼；他们对官府必须承担遵守规章、按期按额交课纳税并接受监督管理的义务。他们自负盈亏，可以从自行出售一部分产品（即"一成通商铜"）中获得高出成本的收益即利润。[2] 来自江苏、浙江、江西、湖北、四川和广东等省的厂民，"厚积资本，来滇开采"。[3] 他们"出资本，募工力"[4]、"招募砂丁"，[5] "厂之大者，其人以

① 王崧：道光《云南志钞》，矿产志。引自《云南史料丛刊》第十一卷，第472页。
② 韦庆远：《档房论文编》，第189页。
③ 王文韶：《续云南通志稿》卷45，食货志·矿务，第2887页。
④ 王崧：道光《云南志钞》卷2，矿产志。引自《云南史料丛刊》第十一卷，第471页。
⑤ 王昶：《铜政全书·咨询各厂对》，《滇南矿厂图略》（上），第24页。

数万计；小者，以数千计"。① "工力"、"砂丁"，又称"雇力"、"矿丁"和"走厂"之人等，均为厂民出资招募而来从事采矿和冶炼的矿工。这些矿工有的是铜矿附近少地或无地的农民，而更多的则是从其他地方来的破产农民和手工业者。"近则土民，远及黔、粤，仰食矿利者，奔走相属"。② "非独本省穷民，凡川湖两粤力作功苦之人，皆来此以求生活。"③ "初因方连硐兴旺，四方来采者不下数万人，楚居其七，江右居其三，山陕次之，别省又次之。"④ 可见，这些"入厂谋生"的矿工，除本省少数土民（即铜矿附近的农民）外，大量是来自四川、贵州、广西、广东、湖南、湖北、江西以及陕西等省的"力作功苦之人"（即出卖苦力的人）。他们一经接受厂民招募，彼此之间即形成雇佣关系，即厂民凭借其占有生产资料（如矿山、矿硐和资本）而雇用矿工为其劳动，目的是攫取利润；矿工则是一无所有，只能靠出卖自己的劳动力，挣得一点工资来"以求生活"。厂民与矿工之间的雇佣关系，不是一成不变的，因为矿工"入厂谋生"，"意非有它，但为利耳"。"利"（即工资）之多少，决定其流向："凡厂衰旺，视丁众寡。来如潮涌，去如星散。机之将旺，麾之不去；势之将衰，招之不来"；⑤ 他们来去自由，不受任何强迫和约束，"无城廓以域之，无版籍以记之。其来也，集于一方；其去也，散之四海"。⑥ 可见，矿工"去留随其自便"，他们是自由出卖劳动力的"走厂之人"，他们的去留，决定雇佣关系的解除与存在。

在雇佣关系下，厂民采用支付工资的形式以购买矿工的劳动力，即所谓"畀以资而役其力"。⑦ 关于云南铜矿业中实行的工资制度，乾隆时任云南布政使的王昶在其《铜政全书·咨询各厂对》中有如下明确记载："至于砂丁，即系弟兄。其初出力攻采，不受月钱；至得矿时，与硐主四

---

① 王崧：道光《云南志钞》卷2，矿产志。引自《云南史料丛刊》第十一卷，第470页。
② 赵尔巽：《清史稿》卷124，食货五·矿政，第3666页。
③ 王文韶等：《续云南通志稿》卷45，食货志·矿务，第2882页。
④ 李焜纂修乾隆《蒙自县志》卷3，厂务。见《中国地方志集成》（云南府县志辑）48，凤凰出版社，2009，第233、234页。
⑤ 吴其濬：《滇南矿厂图略》（上），丁第九，第9页。
⑥ 王崧：道光《云南志钞》卷2，矿产志。引自《云南史料丛刊》第十一卷，第470页。
⑦ 吴其濬：《滇南矿厂图略》（下），帛第四，第20页。

六分财者，各为亲身弟兄；其按月支给工价，去留随其自便者，名为招募砂丁；其或硐内偶尔缺人，临时招募添补，则雇工应用。"① 从此记载可知铜厂实行的工资制度有如下两种：

第一种是"亲身弟兄"制。矿工承担了挖掘攻采的任务，但在获矿得利之前，除必要的伙食外，并无工钱可领。他们实际上是把自己应得的工钱垫支到投资中，只能等到矿场获利时才一并结算。他们对矿场经营之盈亏有连带责任，"常时并无身工，得矿共分余利"。② "亲身弟兄制"其实就是上述独资厂实行的产品分成制，与合伙厂的"石分"制也十分相似。不过实行"亲身弟兄制"的铜厂并不多，大概只在一些中小型铜厂里实行过，就连象香树坡厂这样年产仅10万斤的小厂，也"向无亲身弟兄，均系招募砂丁"，③ 即从未实行过"亲身弟兄"工资制。有学者指出："这种'亲身弟兄'制，当时首创于云南，继又推行于许多省份。这样一种投资和给酬办法的出现和盛行，是由中国社会当时所处的历史条件所决定的。大体说来，当时有相当一部分商办矿场，不论是一人独资或数人合资经营的，在创办阶段，'厂民'只能拿出一点钱购买维持生产必须的油米盐菜和简单的工具，便可以开张挖掘。这部分钱便是'厂民'的全部投资，因为对全矿劳动者的工资一律采取暂时拖欠的办法，因而大量节省了投资，使许多本来在资金方面准备不足的矿场得以投入生产，直到采获矿砂，变卖得银后，才一并进行结算。当时习惯的结算分配方法，一般是除缴交总产量百分之二十给官府作课税外，再分为十份，其中镶头、硐领等少数管理和技术人员共得一份，全体'砂丁'共得三份，'厂民'则可得六份。这六份中，扣除了垫支的生产费外，便是'厂民'的利润。"④ 这是很有见地的分析。

第二种是"月活"制。对于"招募砂丁"以及"临时招募添补"的"雇工"实行"月活"工资制。所谓"月活"，即"不论有矿无矿，月得

---

① 王昶：《铜政全书·咨询各厂对》，见吴其濬《滇南矿厂图略》（上），第31页。
② 吴其濬：《滇南矿厂图略》（上），丁第九，第10页。
③ 王昶：《铜政全书·咨询各厂对》，见《滇南矿厂图略》（上），第31页。
④ 韦庆远：《档房论史文编》，第222、223页。

雇价"，"草皮活、硐之外杂事皆系月活"。① 可知，"月活"工资制，就是不管是否挖到矿砂，厂民都必须按月给矿工发放工资，包括所有招募而来从事硐内挖采者、草皮矿开采者、硐外做杂事者以及临时性的雇工等都如此。上面提到的南安州香树坡厂，年产铜不过十万斤，自始一直都实行"月活"制。可见，实行"月活"工资制的铜厂较多，富商大贾开办的铜厂可能都如此，一些中、小型铜场也可能如此。实行"月活"制的铜厂，所有矿工都"月得雇价"，即按月获得货币工资，并且"去留随其自便"，无人身束缚；他们对于铜厂的盈亏不负任何责任。"当然，'月活'也是由雇主供给伙食的，矿工劳动报酬的很大部份仍然是属于自然经济范围的工食。我们没能发现有关雇价的资料，不能确定其工钱水平。不过，从一般情况看，到清中期，工钱部分所占比重已有增进，估计可能占到全部工值的30%～50%。这样，雇工依靠工钱维持劳动再生产的可能性也相应增加了。还有，虽说是'月得雇价'，实际上并非都按月开支工钱，而多半是三节（端午、中秋、年终）归总支付，平日可以预支。……总之，就月活来说，他们基本上已有资本主义雇佣劳动的性质了。"② "月活"工资制延至近代仍然在实行，东川、个旧矿山称工资为"月活钱"。

由上所述可知，清代前期，云南铜矿业中商业资本业已转化为产业资本，一些较大的铜厂已经成为工场手工业，"厂民"与矿工的关系已经是一种雇佣关系。厂民投资招募一定数量的矿工，为其从事生产，采用"月活"制或"亲身兄弟"制方式对矿工支付工资（货币或产品分成）；矿工来自本省穷民和外省"力作功苦之人"，他们入厂谋生，"去留随其自便"。这就是说，一部分人（厂民）手中积累了为组织资本主义生产所必需的货币财富，而另一部分人（矿工）则是失去生产资料（如土地）并具有一定人身自由的劳动者；这两部分人之间形成了雇佣关系，资本主义的生产关系萌芽也就产生了。显而易见，云南铜矿业中已存在明显的资本主义萌芽。

---

① 吴其濬：《滇南矿厂图略》（上），丁第九，第10页。
② 许涤新、吴承明主编《中国资本主义萌芽史》，第512页。

然而，云南铜矿业中出现的资本主义萌芽具有显著的局限性。

首先是单一性。清代前期，在云南除铜矿业外，金矿、银矿、铅矿、锡矿及铁矿都有不同程度的开发，其中银矿业无论规模和产量都居于全国首位，金矿和铁矿的厂数位居全国第二，铅矿为全国第三。但从文献记载来看，金、银、铁、铅矿业生产关系的性质未见太大变化，基本上还是自然经济下的小生产，仍然具有封建主义商品经济的性质。这就是说，在当时云南诸多矿产业中，只有铜矿业中出现资本主义萌芽。

其次是微弱性。康熙四十四年实行放本收铜后，大部分铜产品（除十分之一的"通商铜"外）都由政府收购，未在市场上流通，成为一种"特殊商品"，而且清政府是用低于成本的价格收购，违背了价值规律。此外，当时虽然有了许多生产规模较大的工场手工业，但是也还有不少生产规模狭小，由个体、独资或合伙开办的手工作坊；其劳动所得，在交纳矿税后，按出资多少分配产品，各人自卖，即实行"石分"制。这些小作坊大多是小生产性质，从事简单商品生产，资本主义因素并不明显。

再次是封建性。首先表现在矿工同土地还保持着某种联系。"铜厂大旺，鼓铸新添，各省其旁郡民聚二三万人。其娶妻生子，凿井耕田，著籍称民者虽多，终不敌蛮。"① 矿工"本出无聊，既非恒业，何所顾惜！有则取之，无则去之；便则救（就）之，不便则去之"。② 有的铜厂"迩只附近居民农隙从事，旷日而不能持久，朝树而即冀暮凉；得矿即争，无矿便散。故衰不能旺，而旺亦易衰"。③ 这就是说，有的矿工在铜厂附近开荒种地，有的则不把在铜厂做矿工当回事，随意来去无常。甚至有的铜厂只是附近农民于农闲之时前来生产，有矿即采，无矿便散。封建社会农民阶级离乡不离土的恋土观念在矿工中还依然存在。其次表现为"亲身兄弟"制的剥削形式。"亲身弟兄"制规定矿工不领固定工资，而是按一定比例（五五、四六、三七不等，一般是四六，即厂民得六分，

---

① 方桂：乾隆《东川府志》卷8，户口。见《中国地方志集成》（云南府县志辑）10，第72页。
② 王太岳：《论铜政利病状》。《滇南矿厂图略》（下），第61页。
③ 王昶：《铜政全书·咨询各厂对》，《滇南矿厂图略》（上），第32页。

矿工得四分）分配产品。这种剥削形式带有浓厚的封建性，可以说是
"工役制"的残余形态。① 此外，云南铜矿业中资本主义萌芽还缺乏应有
的延续性。前面列举的厂民肖希贤，在云南投资办铜厂，大发其财后即
"载财归里"，去当土财主，就是很好的例子。

综上所述，清代前期，云南铜矿业中的资本主义萌芽，在明代业已
出现的基础上又有了显著发展，主要表现在商业资本转化为产业资本，
许多铜厂已经成为工场手工业，大多数铜厂实行"月活"工资制度，厂
民与矿工之间已经形成典型的雇佣关系等。然而，云南铜矿业中的资本
主义萌芽还具有自身不能克服的局限性，主要表现为单一性、微弱性、
封建性以及缺乏延续性等。因此，清代前期云南铜矿业中资本主义萌芽
的发展仍然是十分缓慢的。

十二 滇铜的衰落及其资本主义萌芽的萎缩

云南铜矿业于乾隆中期达于巅峰之后，大约从乾隆四十年以后便逐
渐进入困顿艰难的时期。此后，在历届云贵总督和云南巡抚的奏折中，
一改过去"出铜丰旺"②，"上供京局鼓铸，下资各省采买"③ 之说，开始
向朝廷报告云南铜厂产量下降、亏损闭歇、"不能办铜足额"等情况，如
"滇省铜务废弛，获铜减少"；"近年之来，屡形歇蹶"；"获矿较少，出
铜无多；有成分低潮，煎提繁费，不能抵还原领之数，渐俱歇业逃亡"；
"峒深矿薄，办理倍形支绌"；"厂民逃匿"；"厂丁星散"④ 等等。这些督
抚大吏笔下，是一片诉苦告急之声，一派衰败的景象。这说明乾隆四十
年以后，云南铜业确实已经出现由盛及衰的转折；生产形势的恶化就是
这一转折的标志。如东川府的碌碌厂，是当时七大铜厂之一，原定每年
额铜1244000 斤，但从乾隆四十六年至四十九年的四年间，每年只能办获

---

① 张煜荣：《关于清代前期云南矿冶业的资本主义萌芽问题》，云南历史研究所、云南大
学历史系编《云南矿冶史论文集》，云南历史研究所印，1965，第110、111 页。

② 《清实录》第十六册《高宗实录》卷611，乾隆二十五年四月庚寅云贵总督爱必达等奏，
第868 页。

③ 《清实录》第十三册《高宗实录》卷345，乾隆十四年七月丙寅云贵总督张允随奏，第
772 页。

④ 《朱批奏折》，工业类，转引自《档房论史文编》，第232 页。

铜斤 823000 余斤，即每年不足定额 420000 斤，欠产三分之一以上。① 这种日渐衰微的情况，后来也未能改变。迄于乾隆五十二、三年间，"京铜又感拮据，外省采买竟有坐候三年始得足数者"。②

嘉庆初年，额运京铜增至 650 余万斤，又带补历年沉失 30 余万斤，各省采买凡 270 余万斤，本省铸局 60 余万斤，四者合计须铜 1000 余万斤。但供应已颇为艰难。时任云贵总督的伯麟说原因是"至嘉庆三四年以后，厂势复又衰微"。③ 嘉庆十年（1805），云贵总督伯麟等奏："臣等到滇以来，查知采办铜斤连年缺额，详细体察，实因近年各处老厂开采年久，窝路（矿硐内挖采之路）日深，如完额最多之汤丹、碌碌、大水沟等厂，前于嘉庆四年减办额铜一百六万余斤之外，年来尚不能采办足额"；"今厂铜既不宽裕，其势不能不先尽京运，以致各省委员到滇，均不免稍为守候。此近年来实在情形也"。④ 迄于嘉庆中期，滇铜产量更薄，遂不得不请减京铜 200 万斤，始能措办。"请减"之数近京铜总额的三分之一，这标志着滇铜业已显著衰落。嘉庆二十年（1815），云贵总督伯麟、云南巡抚孙玉庭奏称："近年以来，各厂多有办不足数"。⑤ 可见"厂衰矿薄"、办铜艰难的情况已经不是一矿一厂，而是多数铜厂了。二十二年（1817）云南开始采买四川乌坡厂铜以济滇铜之不足。⑥ 至于外省来滇购办的铜斤，自更无铜可发了。

道光初年，云南继续采买四川乌坡厂铜，以"协供京运"。但是，合全省所产并乌坡买来的两项，也不足供应各方的需求。道光六年（1826），云南应运京铜正运四起、加运二起，共额解、带解 240 余万斤。因办解艰难，

---

① 《朱批奏折》，工业类，乾隆四十九年九月，云贵总督富纲、云贵巡抚刘秉恬奏。转引自《档房论史文编》，第 232 页。
② 王昶：《春融堂集》卷 76，引自《清代云南铜政考》，第 42 页。
③ 朱批奏折。转引自《清代的矿业》上册，第 178 页。
④ 朱批奏折。转引自《清代的矿业》上册，第 177、178 页。
⑤ 军机处录副奏折。转引自《清代的矿业》上册，第 197 页。
⑥ 朱琇：《小万卷斋文稿》卷 24，转引自《清代云南铜政考》，第 43 页。又，《钦定大清会典事例》卷 215 "钱法办铜二"载：嘉庆二十四年，"又奏准：滇省各厂承办铜斤，责成厂员尽力照额办解，不准短少。倘遇厂势衰微，准本管厂赍领脚价银两，前赴四川省宁远府属西昌县乌坡厂收买余铜，准充本省正额。……又奏准：滇省采买四川乌坡厂铜价值，每百斤定以九两二钱"。

经户工两部议准：加运二起停解一年，以资喘息。但到第二年（道光七年），仍无力办运，时任云贵总督的伊里布，又不得不再求减解。① 道光之世，滇铜生产每况愈下，诸如"近年滇铜渐形短绌，各省采办不及；"② "近因各厂攻采年久，出铜短绌……以致办铜疲滞"；③ "滇铜不敷接济，节年积欠甚多"④ 等说法，屡见于云南督抚大吏的奏疏之中。迄于道光末年，"云南之铜，年年缺产"，⑤ "滇铜产量实已不足称道了"。⑥

由上所述，从乾隆四十年之后滇铜逐渐走向衰微，嘉庆中期其衰败之势十分显著，迄于道光末年则已全面衰落。与此同时，滇铜生产关系中的资本主义萌芽，伴随着滇铜的衰落，也逐渐呈现萎缩。

那么，促使滇铜衰落及其资本主义萌芽萎缩的原因是什么呢？我们认为，其原因是多方面的，但主要有下述三个方面，兹分别论述之。

（一）封建社会生产力的局限

在我国封建社会，矿产开发都采用"土法"。这种土法，千百年来一直沿用，很少有重大改进，这显然限制了矿产的更大开发。此外，社会生产力的发展较为缓慢，与矿产开发不相适应。滇铜开发也完全如此。

清代前期，云南铜矿经过康熙以来特别是乾隆年间空前规模的大量开采之后，迄于乾嘉之际已屡屡出现"硐老山空"的现象，这在有关文献中可谓触目皆是。所谓"硐老山空"，就是"开采年久"、"硐深矿薄"之意。我们知道，任何一种矿产都是不可再生资源，其贮量也有限，并非可以永远采掘。乾隆后期，云南不少铜矿出现"硐老山空"现象，就说明这时铜矿资源已经大大减少，甚至有的矿硐铜矿资源已经枯竭。据近代调查，铜矿资源富集的东川矿区，矿砂品位较高，但铜脉宽仅 1.5 厘米，且系生成在地下浅处之酸化带上，日久就采完了。碳酸铜（孔雀石）之属，在云南分布较广，且易于熔炼，当时开采较多，惟日久衰竭，所余者则成分过差。

---

① 《清史稿》卷36，伊里布传，第2848页。
② 《清实录》第三十七册《宣宗实录》卷52，第924页。
③ 《清实录》第三十四册《宣宗实录》卷97，第572页。
④ 《清实录》第三十五册《宣宗实录》卷171，第664页。
⑤ 梁章钜：《退菴随笔》卷7。转引自《清代云南铜政考》，第43页。
⑥ 严中平编著《清代云南铜政考》，第43页。

有一种黄铜矿，常与黄铁矿伴生，深埋在地下 70～100 米处，但以当时的采矿技术而言，尚难以开采。① 矿产有富矿、贫矿之分，富矿（当时称为"彻矿"、"堂矿"、"塘矿"）含铜多、产量高而投入成本较少，自然最受采掘者重视；贫矿含铜少、产量低而投入成本较多，自然不受重视，甚至常被当作废土抛弃。铜矿经过 100 余年的大规模开采，比较易于挖凿、掘采的浅矿、富矿已经开采殆尽，余下者则多为难以挖凿、掘采的深矿、贫矿。这种情况，在云贵总督林则徐的奏疏中有所反映。道光二十七年（1847），林则徐、程矞采奏言："从前各厂矿质较厚，煎炼尚不费时"，现在则"矿质不尽凝厚，成分每觉低潮。净矿万斤，前可煎铜二千数百斤者，今仅得铜一千数百斤。前只煎炼数次者，今须煎炼多次。……每炉所得铜斤，仅得从前之半；而工火倍之，时日亦倍之"。② 铜矿成分"从前"与"如今"相差一倍，自然使铜产量大大降低了。又据民国初年的调查，汤丹的富矿，原含铜量 20%～60% 者，现在实际所采，经洗选后，含铜亦只 8%～10%；其余碳酸铜，含铜量仅及 4%。③ 由上所述可知，乾嘉之际，当时发现的云南铜矿资源已大大减少，尤其是含铜成分较高又易于采掘的富矿更是逐渐枯竭；而一些埋藏较深的铜矿资源，则限于落后的土法技术，难以进行有效开采。这当然促使滇铜开发日趋走向衰微。

在历时长久的铜矿开采中，土法的落后性表现得愈来愈突出。首先，矿硐深远，采矿困难日巨。早在乾隆时吴大勋就曾指出：矿硐"历年既久，攻采甚多，曲折深邃，竟有数里之远者"，从而"用力既劳，工本多费"。④ 道光二十六年（1846）林则徐也说："滇南本系产铜之区，……开采既久，窝路远而且深。厂丁背运矿砂，往返不能迅速。是以数日所得，尚不及从前一日之获。"⑤ 其次，攻凿、背砣、架镶、排水、通风等

---

① 许涤新、吴承明主编《中国资本主义的萌芽》，第 518 页。
② 《道咸同光四朝奏议》第二册，第 785～786 页。转引自全汉昇《清代云南铜矿工业》，香港中文大学《中国文化研究所学报》第 7 卷第 1 期，1974 年 12 月。
③ 农商部地质调查所：《中国矿产图略》，1919，第 133、137 页。转引自《中国资本主义的萌芽》，第 519 页。
④ 吴大勋：《滇南闻见录》上卷，打厂。引自《云南史料丛刊》第十二卷，第 23 页。
⑤ 林则徐：《查明铜厂情形及现办缘由折》，《文宗显皇帝实录》卷 33。转引自全汉昇《清代云南铜矿工业》，（香港）《中国文化研究所学报》，1974，第七卷第一期，第 172 页。

项作业，劳动强度大，投入劳力多，生产成本愈来愈增加。比如背垅：即由锤手凿出来的矿砂和沙石由背运者负载出硐外。这些背运者（即"砂丁"）以"形如裰裢"的两条布袋，"一头在肩，而一头在臀"，在坑道中匍匐爬行，踽踽而动，时时有石落、土塌的危险，其艰难情形不难想见。而随着矿硐日渐深远，砂丁的劳动强度也就愈大；为保证产铜数量，矿主必相应增加砂丁数量，从而生产一定铜斤所需的成本便更加增多。又如排水：矿井中常有地下水涌出，必须不断加以排除，当时云南铜矿排水作业，是以人力驱动一种叫做"竜（龙）"的竹木结构的水车来进行的。"计竜一条，每日三班，共用丁六名。每一竜为一闸，每闸视水多寡，排竜若干，深可五、六十闸，横可十三、四排，过此则难施。"① 在此情况下，以每日每龙 6 人计算，一个比较深远的大硐，至少要用排水工人 4000 名。事实上，"竜至十余闸后，养丁多费，每致不敷工本"。② 由此可见，仅排水一项作业，因需要的工人很多，费用随之增大，结果常常是入不敷出。再如照明："硐中昏黑，非灯不能行走。每灯一照，用油八两，每丁四人，用灯一挂。"③ 这是开矿之初的情况。后来，随着矿硐愈渐深远，照明所需油铁（灯架）等费愈来愈增加，以至"所费油铁约居薪米之半"。④ 这又是矿主所不堪负担的。上述种种情况表明，矿硐开采年久，其既深且远，而所采用的土法又无任何改进，造成生产成本不断增加，矿主面临的困难愈来愈大，终至无力解决而导致铜矿业逐渐走向衰落。

当时，云南社会生产力发展缓慢对铜矿业的迅速发展也形成了限制。首先是粮食问题。云南农业生产发展缓慢，产粮本来就不多。随着铜矿业的大规模开发，数十万众非农业人口从外省迁入，必然造成粮食的极大紧张。如文献所载："窃照滇省山多田少，产米有限，且在在皆

---

① 吴其濬：《滇南矿厂图略》（上），硐之器第三，第 5 页。
② 吴其濬：《滇南矿厂图略》（上），患第十三。第 13 页。
③ 吴其濬：《滇南矿厂图略》（上），用第八，第 8 页。
④ 檀萃：《滇海虞衡志》卷之二，志金石。引自《云南史料丛刊》第十一卷，第 179 页。

山，不通舟楫，并无外来之粮可以接济，遇有缺乏，即致办理周章（周折）。"① 云南"厂分既多，不耕而食者，约有十万余人，日糜穀二千余石，年销八十余万石。又系舟车不通之地，小薄其收，每忧饿殍。金生粟死，可胜浩叹"。② 这种情况在铜厂最多的东川府更为严重："东郡（东川府）地方，山多田少，土瘠民贫，既无邻米之流通，全资本地之出产；况附近场地最多，四处搬运。此乏食之虞，惟此地为最。"③ 由于缺乏粮食，粮价因而昂贵："现在各省来滇者犹络绎不绝，……厂内需米既多，遂不惜重价赴远外购运，故各厂粮价倍贵于城市，而他处之粮亦因搬运空虚，市价日涨。……米价增昂，非惟于民食有碍，即于开厂之人生计，亦属无益。"④ 乾隆中期任云贵总督的杨应琚在其奏疏中写了上引一段话后，又称当时日趋严重的粮食问题为"滇省第一累民之大弊"。粮价昂贵，大大增加了生产成本，既然对于厂民"亦属无益"，其所经营的铜厂自然只好关门。其次是薪炭问题。炼铜需要大量木炭，矿硐内架镶需要大量木材，矿工煮饭需要大量木柴。这些木炭、木材最初还可以靠铜厂附近的山林供给，成本不高；以后随着岁月推移，附近山林砍伐殆尽，薪炭从数十里运来，成本自然大大升高。对此，《东川府续志》卷3作了记载："东川向产五金，隆嘉间，铜厂大旺，有树之家悉伐，以供炉炭，民间爨薪几同于桂。"薪炭价格高昂，生产成本升高，这又是厂民面对的又一巨大困难。复次是运输问题。清代前期，云南每年有上千万斤铜料运往京师和十余个省以及本省各铸钱局。运输这些铜料，因云南"不通舟楫"，只能依靠牛马驮运，然而云南牛马十分缺乏，真可谓不堪重负。对此，乾隆四十年（1775）云南布政使王太岳作了很好的分析："夫滇，僻壤也。著籍之户才四十万，其畜马牛者十一二耳。此四十万户隶八十七郡邑，其在通途而转运所必者，十二三耳。由此言

---

① 杨应琚：《密请开垦以裕民食疏》。引自《皇清奏议》卷 57。见《续修四库全书》（第473 册），第 484 页。

② 倪蜕：《复当事论厂务书》。见王文成等《〈滇系〉云南经济史料辑校》，第 30 页。

③ 廖瑛：《严禁囤积米粮斗升出入不公之积弊以裕民食事》，见乾隆《东川府志》卷 20下，艺文。引自《中国地方志集成》（云南府县志辑）10，第 182、183 页。

④ 乾隆三十一年六月初四日云贵总督杨应琚奏。《朱批奏折》，见《清代的矿业》上册，第 141、142 页。

之，滇之牛马不过六、七万，而运铜之牛马不过二、三万，盖其大较矣。滇既有岁运京铜六百三十万，又益诸路之采买与滇之鼓铸，岁运铜千二百万。计马牛之所任，牛可载八十斤，马力倍之，一千余万之铜，盖非十万匹头不办矣。然民间马牛只供田作，不能多畜以待应官，岁一受僱，可运铜三、四百万，其余八、九百万斤者，尚需马牛七、八万，而滇固已穷矣。"王太岳又说："盖今日铜政之难，其在采办之四，而在输运者一。"① 云南本省运铜的牛马仅二三万，只能承担运输三四百万斤，其余八九百万斤则无力运输。这当然是一大困难了。由上所述，云南农业、林业、运输业均发展缓慢，不仅不能适应铜矿业的发展，而且极大地限制了其发展速度，成为导致滇铜走向衰落的又一重要原因。

（二）清政府的控制与掠夺

（1）清政府对铜矿业进行严格控制

清代初年，政府实行听民开采、官收其税的政策，虽然也派官员到各矿厂驻厂进行监督，但只是为了保证铜课征收，并不干预生产和厂民自卖余铜。自康熙四十四年（1705）起，清廷谕准云贵总督贝和诺的建议，实行"放本收铜"政策，铜厂生产的产品除交纳20%的课铜外，其余80%要如数卖给政府，称为"官铜"。铜厂私自出卖产品即"私铜"，一旦查获，其铜没官，其人罚役。"放本收铜"政策，实际上就是通过贷给工本，收购全部余铜，从而全面控制滇铜的销售，即对滇铜实行"统购统销"。在"放本收铜"政策实行以后，清政府为了彻底控制铜矿生产和销路，防止厂民贩卖私铜和拖欠工本，以及防范矿工"聚众滋事"，进一步控制了矿厂的各项事务。最初规定，总督、巡抚、布政使有督办铜政的责任和权力，而实际由粮储道具体负责，粮储道分派管理矿厂和监运京铜的人员。乾隆三十三年（1768），清政府认为这种监管制度还不够严密，又将省方职权移交给布政使，运输派专人管理，厂务则责成道、

---

① 王太岳：《论铜政利病状》，《滇南矿厂图略》（下）。第61、62、56页。按：所谓"采办之难"：一曰"官给之价难再议加"，二曰"取给之数不便议减"，三曰"大厂之迪累积重莫苏"，四曰"小厂之收买涣散莫纪"。

府、州、县各级官府逐层分级监管："由州县经管者,该管知府督之;由知府、直隶州同知、通判经管者,该管道员督之;而以督、抚、藩司主持,自上以总其成。"① 地方政府逐层分级监管矿厂事务,实际上已将厂务作为地方行政事务的一部分。这样做的目的在于地方政府既能就近了解情况,又可以随时动用当地军政力量干预矿厂事务,如遇有发现偷漏矿产、拖欠课税、聚众哄闹等情况,便可及时进行镇压。② 对此,早在乾隆三年(1738)云贵总督阿里衮就曾有所了解:"查本地道府大员,州县是其所辖,乡保是其所管。山厂就近,遇有见闻,可以克期而至;设有透漏,即可调拨兵役查拿追究。"③

　　清政府为了更切实有效地控制矿厂事务,又在地方政府逐层分级监管的基础上,实行"厂员"制度,即由地方政府分别委派官员常驻各厂,对其进行"监采"。这一制度最迟于乾隆初年即已在各矿厂推行。"厂员"又称"厂官"、"厂主",是常驻各矿厂的官方代表,实际上是在各矿厂中最高权力的执行者。他只对官府负责,主要职责是发放工本、监督生产,征收课税、收购余铜和组织运输等。"厂员"之下,还有"吏"一人,掌管文书;"胥"二人,负责巡察;还有捉拿盗贼的"练役"和镇压矿工的"壮练"。如此便形成了以"厂员"为核心的监管系统。政府还对"厂员"进行严格考核和奖惩,"计岁获之盈亏(即每年办获铜斤多少),定厂员之功过"。④ 如果"厂员漫无调剂,任意废弛,以致办铜短绌,又不及时补足,经该督抚题参,即无论分数多寡,俱革职,发往新疆效力"。⑤ 然而,若确有被称为"干吏"(干练的官吏)的"厂员",则必定受到清廷或地方政府的奖誉,并被破格升用。例如乾隆三十四年(1769),署理云贵总督明德竟专折保举一个居于官秩最底层(从九品)的州吏目左普,此人在担任"厂员"期间,不知使用何种手段,居然在一年之内将"废弛已极"的一处铜矿,从年产二十七八万斤

① 周钟岳:民国《新纂云南通志》卷146,矿产志,第136页。
② 韦庆远:《档房论史文编》,第247页。
③ 《军机处录副奏折》,工业类。转引自韦庆远著《档房论史文编》,第247、248页。
④ 乾隆四十九年九月云南总督富纲、云南巡抚刘秉恬奏。《朱批奏折》工业类,转引自《档房论史文编》,第251页。
⑤ 薛允升:《读例存疑》卷14,户律·仓库下。转引自《档房论史文编》,第251页。

一跃达上百万斤。明德奏请将其越衔升用，以示激劝。此事"上达天听"，乾隆帝同意了奏请，于是左普便从一个从九品的小官逾格提拔为官拜正八品即连升三级的府经历、县丞。①可见清廷对"厂员"及"厂员"制度是多么重视。由上所述可知，清政府对铜矿业，从最初管束比较松弛，到后来实行分层逐级监管，又以"厂员"制度进一步实施切实有效监管；由疏渐密、由简渐繁，逐步强化，从而形成了一套严格的监管制度。

清政府对铜矿业实行监管的目的，是为了完全控制其生产和销售，以确保全国铸钱的需要。封建国家根据自己的需要对民营铜矿业的生产和销售进行严格监管，当然有碍于民营矿业的正常发展，这是毋庸赘言的。清政府控制铜矿业的另一弊端是经办铜政的各级官吏从中大肆贪污中饱。上自总督、巡抚、布政使，中有知府、知县，下到"厂员"、公役，无不竭尽贪污之能事。高级官吏公开收取"归公铜"、"养廉铜"以及"捐铜"等，下级官吏在放本时短少秤头，收铜时使用大秤，刁难改炼，敲诈勒索，使厂民不胜其苦。特别是号称"厂主"的"厂员"，凭借职权为所欲为，有恃无恐，作威作福。"厂民奉之为厂主，凡事禀命而行，一呼百诺，可以出票（票，即"印票"，炉户只有领到印票方可起火冶炼），可以听讼，可以施刑，俨然一官也"。②不仅如此，有的"厂员"甚至将厂民开发有成、产铜旺盛的矿场公然夺为己有。乾隆四十二年（1777），云南布政使孙士毅在奏陈矿政时即反映了这种情况。他写道："厂员占据硐之弊宜禁也。……滇民多系瘠贫，当其开采之时，需用饭食油炭，或一二十家，或三四十家，攒凑出资，始能开一硐。乃闻从前竟有厂员探知某硐丰旺，即令派管厂务之亲友长随，挟势夺取，自行雇丁攻采。厂民迫于势力，不得不吞声拱手让之厂员。（厂民）或则投往他厂，或则星散。伏思厂民竭数十家之膏血，才获一丰旺硐，全赖交纳铜斤，承领工本，借以养赡身家，一旦为厂员倚势夺取，情殊可悯。且厂民倘有偷漏，尚恃有厂员弹压稽查，知所儆畏。若厂员自行占据，则私卖渔利，竟

---

① 《朱批奏折》，工业类。转引自《档房论史文编》，第252页。
② 吴大勋：《滇南闻见录》上卷，人部。引自《云南史料丛刊》第十二卷，第23页。

得肆其侵贪，何所顾忌？况更加以经手之亲友长随，层层剥削，交官之数，必致有绌无盈，为铜政大害。"① "厂员"恃权侵贪，中饱私囊，即此可见也。此外，一些地方官也往往利用职权，派人垄断和经营某些富矿，不惜将专营矿业的厂民排斥于外。在矿厂开办之初即已存在这种情况："至于踩获大厂，非常人之所能开者，则院、司、道、提、镇衙门差委亲信人，拥资前去，招集峒丁，摒辞米份，独建其功，并不旁贷。虽获万两，亦于商民无与。"② 由上述可见，从中央朝廷到地方政府，不断加强对滇铜产销的控制，从督抚大吏到"厂员"又对滇铜厂务实行层层监管，这当然严重束缚了滇铜的不断发展，成为滇铜逐渐走向衰落的重要原因。

（2）清政府对铜矿业进行巧取豪夺

清政府严格控制滇铜产销的目的，除确保全国铸钱需要之外，还在于将滇铜视为"利薮"而进行掠夺。清政府对滇铜进行掠夺，主要是通过实施低价统购政策来实现的。这一政策肇始于康熙四十四年（1705）云贵总督贝和诺获准的题奏。其具体做法是，由官府给厂民发放工本，待炼出铜后，20%的产品作为课铜交给政府，其余80%全部由政府以"官价"收购，每百斤给价银四至六两不等，以此作为偿还"工本"之用。如有厂民不领工本，也照样要征收课铜并以官价收购所有余铜，不得瞒产私卖，若有故违，不但没收全部铜斤，而且还要受到惩罚。乾隆以后，虽然课铜税率减为10%，又开放厂民自卖"一成"通商铜，但仍有80%铜斤必须由政府按"官价"统购。清廷规定的"官价"一直都较低，一些总督、巡抚也认为定价不合理。如："江阴杨文定公名时，抚滇，奏铜厂利弊，疏云：各厂工本多寡不一，牵配合计，每百斤价银九两二钱，其后凡有计息议赔，莫不以此为常率。至买铜则定以四两、五两，以至六两，然且课铜出其中，养廉公费出其中，转运耗损出其中，捐输金江修费出其中，即其所谓六两者，实得五两一钱有奇。非惟较蜀

---

① 孙士毅：《陈滇铜事宜疏》。引自《皇清奏议》卷62。载《续修四库全书》（第473册），第524、525页。
② 倪蜕：《复当事论厂务疏》，师范：《滇系》卷2之1。引自王文成等《〈滇系〉云南经济史料辑校》，第30页。

粤之价几减其半，① 即按之云南本价亦特十六七耳（即厂民实得，按云南本地政府卖出价也仅占十分之六七）。"② 杨名时于康熙末年任云南巡抚，其奏疏的主要内容是：滇铜每百斤的政府卖出价是银9.2两，而政府收购的官价则是4两、5两、6两；扣除课铜、官吏养廉铜、③ 转运耗损铜④、捐输金江修费铜，若以最高官价6两计，厂民实得不过5.1两多一点。这不仅几乎只有广西、四川的一半，而且只占政府卖出价的十分之六七。

乾隆四十年（1701）云南布政使王太岳著《论铜政利病状》，在引述上面杨名时的奏疏之后写道："故曰旧定之价过少也。……于是厂民无复纤毫之赢溢，而官价之不足，始无所以取偿，是其所以病也"。他认为当时铜政的弊端之一，就是"取给之数过多也"。⑤ 意即政府统购（即"官买"）铜斤（即"官铜"）的数量和按"官给之价"（即"官价"）卖出而获得的余息，即"取"与"给"两方面，都为数过多了。这是切中铜政弊病的见解。对王太岳"旧定之价过少"和"取给之数过多"，作进一步分析发现：清廷按每百斤铜不超过银6两的官价收购，却以9.2两的高价出售，差价为3.2两，利润率是53%。这就是说，清政府在收购与卖出的过程中，利用统购统销的合法手段，攫取了铜矿业的大部分利益。从厂民方面来说，按上述杨名时所说：厂民经营的铜厂，每生产100斤铜"实得五两一钱有奇"。这5.1两仅占政府卖出价9.2两的55%；这就是说厂民每生产100斤铜，要损失约45%的利润。清廷实施的低价统购政策，既然"取给之数过多"，对政府而言是"利薮"，对厂民而言则是其

---

① 王太岳著《论铜政利病状》载："夫粤蜀与滇比邻，而四川之铜以九两、十两买百斤，广西以十三两买百斤"。《滇南矿厂图略》（下），第56页。

② 王太岳著《论铜政利病状》，《滇南矿厂图略》（下），第57页。

③ 吴其濬：《滇南矿厂图略》（下）"附户部则例"载："云南省铜厂官养廉薪水项下：汤丹厂厂官月支银三十两，碌碌厂、尖山厂、义都厂、宁台厂厂官各月支银一十五两，大水沟厂、大风岭厂、青龙厂、金钗厂、茂麓厂厂官各月支银十两，白羊山厂厂官、下关、楚雄、省城三处各委员月支银八两，寨子箐厂厂官月支银六两。"（第24页）可见铜厂厂官（厂员）每月从铜厂支取的"养廉薪水"即月薪之外的津贴是6～30两不等。

④ 吴其濬：《滇南矿厂图略》（下），"耗第十"谓：转运耗损分为路耗和逾折。"路耗：凡铜自产至店，自店递至泸（州），陆运途长，载经屡换，既有磕碰，必致折耗"。"路耗之外，复有短少，谓之逾折"。"凡余铜每正铜百斤，例带余铜三斤之内。以八两为泸州以前折耗，以二斤八两为泸州以后折耗及京局添秤之用"。第46页。

⑤ 王太岳：《论铜政利病状》，《滇南矿厂图略》（下），第59页。

铜厂或盛或衰的关键。因此，一些开明的云南督抚大吏，为了保证滇铜正常生产，不断奏请增加"官给之价"。如乾隆朝先后有初年的张允随、十九年爱必达、二十一年郭一裕、二十四年刘藻、二十七年吴达善、三十三年郭宁等六位总督或巡抚曾先后上疏"请增给铜价"。清廷迫于压力，先后五次增加铜价，但幅度都很小，最高是汤丹等厂增为银 6.4 两，最低是金钗厂不过 4.6 两。然而"限于旧定之价过少，虽累加而莫能偿也"。[1] 后来，直至道光中，汤丹、碌碌等大厂也只增至 7.452 两，昭通府人老山厂、梅子沱厂等中小厂仅增为 6～6.987 两，而金钗厂仍为 4.6两。[2] 如此看来，清廷为了不断获取滇铜的最大利润，一直牢牢掌控其官价，使"官给之价难再议加也"。[3] 著名清史学者韦庆远先生指出：清政府实施的"这种限价收购政策完全无视矿产品的实际价值，完全无视根据成本高低、商品供求畅滞而形成的市场价格。所谓'官价'，其实是封建政权对交纳矿产商品硬性规定的一种给付标准，它是完全把价值规律排挤在流通领域之外的，是建立在'口含敕命'的政治垄断和特权基础上的掠夺"。[4] 其说甚是。总之，清廷对铜矿业长期不断地巧取豪夺，官吏之贪污中饱，此乃滇铜衰落的又一重要原因。

（三）清嘉庆、道光年间货币市场出现的新变化

市场的货币流通量取决于商品生产和商品交换的发展程度。清初对外贸易出超，白银外流，呈现出"钱贵银贱"的现象。于是清政府增加铜钱的鼓铸，从中取得巨大利益。大事鼓铸的结果，导致铜钱泛滥，充斥市场，铜钱对白银的比价下降，又一度呈现"银贵钱贱"的现象，铸钱得不偿费，于是清政府又减少了鼓铸。如康熙二十七年（1688）以后，云南曾停铸达三十余年之久，直至雍正以后才又恢复。乾隆时期，鼓铸大增，钱价亦开始低落。不过，这时对银钱比价还有一个有力的稳定因素，使钱价不致大跌，那就是中国对外贸易的长期出超。在乾隆末年至嘉庆初年（即 18 世纪末至 19 世纪初），中国大

---

① 王太岳：《论铜政利病状》，《滇南矿厂图略》（下），第 56 页。
② 吴其濬：《滇南矿厂图略》（下），铜厂第一，第 3、4、5、10 页。
③ 王太岳：《论铜政利病状》，《滇南矿厂图略》（下），第 56 页。
④ 韦庆远：《档房论史文编》，第 237 页。

量出口茶、丝、土布，而由于当时中国的小农业和家庭手工业紧密结合的自然经济，对"洋货"（毛织品、洋纱、洋布、五金等）的需要不大，结果形成对外贸易的出超。据研究：十七到十八世纪的早期，在中英贸易中，"中国总是处于出超的优势地位，英国不得不用现银来支付逆差。……东印度公司来华船只的装载，白银常在90%以上，商货不足10%。到十九世纪二、三十年代，英国对华贸易的逆差，每年还在2~3百万两以上"。① 因此，当时有大量白银从英国流入中国。

英国殖民者为了改变这种长期贸易逆差的不利状况，弥补贸易差额和防止贵金属大量流向中国，竟不顾中国的强烈反对，向中国大量输出鸦片。鸦片的输入年年增加，不仅极大地毒害了中国人的身心，而且破坏了中国的经济，使中国的对外贸易大量入超，导致白银大量外流。"盖自鸦片烟土流入中国，粤省奸商勾通巡海兵弁，运银出洋，运烟入口。查道光三年以前，每岁漏银数百万两；三年至十一年，岁漏银一千七八百万两；十一年至十四年，岁漏银二千余万两；十四年至今（十八年），渐漏至三千万两。此外，福建、江浙、山东、天津各海口，合之亦数千万两。日甚一日，年复一年，诚不知伊于胡底？"② 大量白银外流的结果，使中国出现严重银荒，银价上涨，钱价下跌："自鸦片流毒中国，纹银出洋之数，逐年加增，以致银贵钱贱。"③ 其实"银贵钱贱"的现象在嘉庆末年即已出现，当时"银价日贵，官民商贾胥受其累"。④ 迄于道光之世，"银贵钱贱"的现象更趋严重，"钱贱银昂，商民交困"。⑤ 从前一两白银只能兑钱七八百文，到道光时则可以兑换一千六百文，⑥ 铜钱贬值多达一倍。面对这种情况，清政府为了稳定铜钱的币值，不得不减少制钱的鼓铸量，随之即大量减少对铜料的需求量。这是云南铜矿业衰落的另一重

---

① 湖北大学政治经济学教研室编《中国近代国民经济史讲义》，第73页。
② 《清实录》第三十七册《宣宗实录》卷309，黄爵滋奏疏，第811页。
③ 《清实录》第三十七册《宣宗实录》卷309，第819页。
④ 《清实录》第三十二册《仁宗实录》卷366，第845页。
⑤ 《清实录》第三十六册《宣宗实录》卷235，第511页。
⑥ 《清实录》第三十七册《宣宗实录》卷309，黄爵滋奏疏谓："近年银价递增，每银一两，易制钱一千六百有奇。"第811页。

要原因。[①]

　　由上所述，滇铜于乾嘉时期达于极盛之后，便逐渐走向衰落。寻其原因，主要是封建社会生产力的局限、清政府的控制与掠夺、嘉道之际出现的"银贵钱贱"等。随着滇铜的衰落，其生产关系中的资本主义萌芽，也逐渐呈现萎缩状态。

第三节　滇银的大开发

　　第六章第一节已全面论述了明代滇银开发的详情。入清以后，在明代开发的基础上，滇银又进入一个大开发、大发展的时期。

一　滇银大开发的原因

（一）"银本位"制与"计亩征银"制进一步发展

　　明代初步形成的"银本位"货币制度，迄于清代更进一步发展。清代的币制是银钱兼用，但以银为主、以钱为辅。在流通中，大数用银，小数用钱；政府的财政收支，自始均以银为准。所以，清朝重银轻钱，以银为主要货币的状况是很明显的。这在清廷的谕旨中有明确说明。如乾隆九年（1744 年）谕旨称："用银为本，用钱为末。"[②] 十年又谕："朕思五金皆以利民，鼓铸钱文原以代白金（银）而广用，即如购买什物器用，其价值之多寡，原以银为定准，不在钱之低昂，……使钱价低昂以为得计，是轻重倒置，不揣其本而惟末是务也。"[③] 又《清文献通考》的编纂者也说："本朝始专以银为币"；[④] 其按语还简述了白银以秤量货币而流通的情况："其用银之处，官司所发，例以纹银；至商民行使，自十成至九成、八成、七成不等，遇有交易，皆按照十成足纹递相核算。……

---

① 参见张煜荣《清代前期云南矿冶业的兴盛与衰落》，云南省历史研究所云南地方史研究室、云南大学历史系编《云南矿冶史论文集》，云南省历史研究所印，1965，第 73 ~ 75页。

② 陈宏谋：《申铜禁酌鼓铸疏》。《皇朝经世文编》卷 53。引自《近代中国史料丛刊》（731），第 734、735 页。

③ 《清文献通考》卷 16，钱币四，乾隆十年上谕。浙江古籍出版社，1988，第 5002 页。

④ 《清文献通考》卷 13，钱币一，第 4967 页。

今民间所有，自各项纹银之外，如江南、浙江有元丝等银，湖广、江西有盐撒等银"，"陕甘有元镨等银……云南贵州有石镨及茶花等银，此外又有青丝、水丝、白丝、单倾、方镨、长镨等名色。……因其高下轻重，以抵钱之多寡，实可各随其便，流转行用。"① 可见全国各地普遍流通各种秤量白银。由于白银已成为普遍流通的货币，故"银本位"制度又进一步发展了。

明代确立的"计亩征银"赋役制度，迄于清代更进一步发展。清初，继续推行明代的"一条鞭"法，将赋役合并，以田为纲，以银代役，田赋和徭役一概征收白银。从康熙五十五年（1716）开始，清政府又在全国逐步推行"摊丁入亩"制度。所谓"摊丁入亩"，就是在"一条鞭"法的基础上，进一步将地赋和丁役完全、彻底地加以合并，按占有土地多少统一折银征收，史称"自后丁徭和地赋合而为一，民纳地丁之外，别无徭役矣"。② 地赋与丁徭完全合并，按亩征银，较之"一条鞭"法又前进了一步，在我国赋役制度史上具有重大意义，即不仅地赋货币化，而且丁徭也货币化，从而基本上实现了实物税向货币税的转化。

上述清代"银本位"制和"计亩征银"制的进一步发展，极大地拓展了白银使用的范围，极大地增加了对白银的需求量，从而大大促进了银矿业的发展。③ 这是滇银大开发的根本动因。

（二）清廷银业政策的调整

清初，鉴于明代矿业政策的弊病，曾一度实行"听民采取，输税入官"的矿业政策，但为时不久即禁止开采，然而对云南却网开一面。康熙二十一年（1682），圣祖"谕准"了云贵总督蔡毓荣的"筹滇十疏"，其中之一即"矿硐宜开"。于是从康熙二十四年（1685）起，云南银矿业逐渐发展起来。乾隆四年（1739），高宗谕旨："银亦系天地间自然之利，可以便民，何必封禁乎？"④ 这无异宣示完全放开银矿开发时代的到来。从圣祖到高宗，逐渐开放矿禁，这是他们顺应当时商品货币市场迅速发

---

① 《清文献通考》卷16，钱币四，第5002页。
② 《清史稿》卷121，食货二，第3546页。
③ 详见杨寿川《13～19世纪：滇银辉煌600年》，《云南社会科学》2011年第3期。
④ 唐景崇：《国朝掌故讲义》，宫中折件。引自《清代的矿业》上册，第18页。

展的趋势而作出的决策，为全国矿业开发营造了良好的政治环境。

根据圣祖和高宗的"圣训"，清政府对银矿业开发的相关政策作了重大调整，主要包括以下四方面：

第一是听民开采。元代和明代宣德以前银矿业开发均主要实行"官府采取"即官营政策。清代，从初期开始，便实行"听民采取，输税于官"的政策。康熙帝谕准的蔡毓荣《筹滇十疏》的"矿硐宜开"条中明确规定："广示招徕，或本地殷实之家，或富商大贾，悉听自行开采。"[①] 此后，在滇银开发中，一直实施"听民开采"的政策。如嘉庆十六年（1811）云贵总督伯麟、云南巡抚孙玉庭在奏折中写道："自康熙年间以来，新旧报开银厂二十四处，向系民人自备工本，采挖淘炼，地方各官按出矿之多寡，抽课报解。"[②] 可见，清代滇银开发的政策已完全将元明两代的官营改变为民营。至于为何作此调整，道光帝有一道谕旨说得颇有道理。道光二十四年（1844），道光帝谕军机大臣等曰："自古足国之道，首在足民，未有民足而国不足者。天地自然之利，原以供万民之用，惟经理得宜，方可推行无弊。即如开矿一事，前朝屡行，而官吏因缘为奸，久之而国与民俱受其累。我朝云南、贵州、四川、广西等处，向有银厂，每岁抽收课银。历年以来，照常输纳，并无丝毫扰累于民。可见官为经理，不如任民自为开采，是亦藏富于民之一道。因思云南等省，除现在开采外，尚多可采之处。著宝兴、桂良、吴其濬、贺长龄、周之琦体察地方情形，相度山场，民间情愿开采者，准照现开各厂一律办理。……总期于民生国计，两有裨益，方为妥善。"[③] 这道谕旨是说，"官为经理"即实行官营的弊病在于"官吏因缘为奸"，导致国家与人民"俱受其累"。因此不如"任民自为开采"即实行民营，如此则"于民生国计，两有裨益"。其实，清廷实行银业民营化的主要目的，乃在于防止官吏凭借职权，在"官为经理"中营私舞弊，贪赃中饱。这当然是正确的政策调整。总之，清代实行的听民开采政策，显然有利于滇银的大开发。

① 方国瑜主编《云南史料丛刊》第八卷，云南大学出版社，2001，第430页。
② 《军机处录副奏折》，《清代的矿业》下册，第578页。
③ 《清实录》第三十九册《宣宗实录》卷404，第57页。

第二是"一五抽收"。元代对为数不多的民营银场征收银课先后为十分之三和十分之一（详见本书第五章第一节）；明代以"十取其三"为常制，万历时曾一度"官四民六"或"官民匀分"（详见本书第六章第一节）。清代，康熙二十一年（1682），"定云南省属银矿招民开采，官收四分，给民六分"。① "官收四分"，即40%的课银税率显然定得太高。不久，因康熙帝谕准云贵总督蔡毓荣《筹滇十疏》，而改为"每十分抽税二分"，即20%的课银税率。② 康熙后期又作了调整。康熙四十六年（1707），"定云南矿税，毋许加增"；各银厂均"照例抽课"，"土革喇银厂，……每银一两，抽课一钱五分"。后来大抵皆以此作为课银税率。如乾隆七年（1742），"又题准：云南省金鸡厂，每出银一两，抽正课一钱五分，撒散（在征收银课中发生的各种花费附加）三分"；③ "每出银一两，抽课一钱五分"即15%的课银税率。同年，乐马厂也是"卖矿价银一两，抽课一钱五分，撒散二分五厘"。乾隆四十一年（1776），回龙厂"出银一两，抽课一钱五分，撒散三分"。嘉庆十三年（1808），太和厂"出银一两，抽课一钱五分，撒散三分"④ 等。道光末年林则徐曾在其奏疏中写道："况查滇省，……其银课章程，本系一五抽收，民间采得十万两之银，纳课者仅及一万五千两。可谓敛从其薄，于民诚有大益"。⑤ 所谓"一五抽收"，亦即每银一两抽课一钱五分。如此看来，清代课银税率经过康熙二十一年和四十六年两次调整，最后定为15%，并成为常制，这比元明两代的30%调低了一半，比之康熙中期也低了五个百分点，正如林则徐所说"可谓敛从其薄"。康熙后期以来，清政府一直实行"一五抽收"的银课政策，这显然有利于滇银的开发。此外据《张允随奏稿》载：雍正时对孟连土司地方的募乃银厂曾实行减半征收课银；乾隆十一年对永昌府属茂隆厂也实行减半纳课。又据《大清

---

① 《钦定大清会典事例》卷243，金银矿课。引自《云南史料丛刊》第八卷，第219页。
② 见《云南史料丛刊》第8卷，第430页。
③ 《钦定大清会典事例》卷235，金银矿课。引自《云南史料丛刊》第八卷，第219页。
④ 阮元等：道光《云南通志》卷73，矿产·银厂。引自《云南史料丛刊》第十二卷，第620、622、623页。
⑤ 林则徐：《林文忠公政书》丙集《云贵奏稿》卷九。引自《近代中国史料丛刊》（51），文海出版社，1966，第1573页。

会典事例》卷243"金银矿课"条载：乾隆四十二年（1777）奏准："卡瓦地方茂隆银厂，每银一两，抽课银九分，以四分五厘作课起解，以四分五厘赏给卡瓦酋长。"又"迤西各厂硐户卖矿不纳课，惟按煎成银数，每百两抽银十二三两不等"。① 可见，清政府对滇西地区银厂征收的课银又有所减轻。

　　第三是"课有定额"与"尽收尽解"。清政府向云南各银厂征收课银是经"据实核查"后而规定每年的定额，称为"课有定额"和"额课银"。如石羊厂"年抽课银二十七两四钱四分，遇闰加银二两二钱八分六厘六毫零"；永盛银厂"额课银三千三百七十五两九钱六分，遇闰不加"；乐马厂"年征课银四万二千五百三十一两七钱五分五厘"等。② 除规定每个银厂每年的额课银外，又规定云南新旧各厂全年的额课银总数。如康熙四十六年（1707），"云南新旧各厂，楚雄府属马龙厂等，每年额课银六万二千五百八十九两九钱二分"；乾隆十六年（1751），"云南各银厂，石羊等十五厂，以二万四千一百一十四两零作为每年抽收总额。如有亏短，着落经管厂员及该管上司分别赔补；遇有赢余，尽数报解"；嘉庆六年（1801），"云南新旧各厂，涌金等厂，每年额课银六万二千五百八十九两九钱五分"等。③ 此外，还于乾隆三十年（1765）"题准：云南省各厂，凡遇洞老砂稀，课银缺额，准于各子厂抽收课银内通融抵补"。又嘉庆六年（1801）奏准："云南现在各银厂，不论新旧子厂，准其据实报解，通融拨补，以此厂之有余，补彼厂之不足，务敷年额总数"。④ 上述各种规定，颇为灵活，其目的是为了保证每年征收的额课银总数不至亏短。

　　在征收银课中，还有一项规定即"尽收尽解"。嘉庆十六年

---

① 林则徐：《林文忠公政书》丙集《云贵奏稿》卷九。引自《近代中国史料丛刊》（51），第1583、1584页。

② 阮元等：道光《云南通志》卷73，矿厂·银厂。引自《云南史料丛刊》第十二卷，第618、619、620页。

③ 阮元等：道光《云南通志》卷73，矿厂·银厂。引自《云南史料丛刊》第十二卷，第618、621页。

④ 阮元等：道光《云南通志》卷73，矿厂·银厂。引自《云南史料丛刊》第十二卷，第616页。

（1811），云贵总督伯麟、云南巡抚孙玉庭奏："臣等伏查各厂抽收课银，前准部议定以总额，原属慎重课款，防范弊端之道。但银矿产自山腹，忽有忽无，旋丰旋啬，原非人力所能强求。且厂民开采，旺则不招自集，衰则不驱先散，既不领官工本，来去可以自由，是以地方官抽收课银，毫无把据。今出矿既衰，征不足数，自应准其尽收尽解，以归核实。"① 原来实行"尽收尽解"，是因为"银厂矿砂衰薄，征课不足"，"无庸定额"而采取的一项措施。所谓"尽收尽解"，就是"免其定额"，根据实际产银的数量，按课银税率进行收解。从文献记载来看，大概乾隆末年已经有"尽收尽解"的规定，如"溯查嘉庆四年以前，……石羊等厂并红坡吉咱等子厂，俱系尽收尽解"。② 嘉庆以后实行"尽收尽解"的银厂逐渐增多。嘉庆十六年（1811）实行"尽收尽解"的银厂多至十六个。③ "尽收尽解"是一项据实征课的措施，显然也是有利于银矿业的发展。

第四是严禁盗矿。清代的"律例"明确规定："凡盗掘金、银、铜、锡、水银等矿砂，……俱计赃准窃盗论。若在山洞捉获，持杖拒捕者，不论人数、砂数多寡及初犯再犯，俱发边远充军。若杀伤人，为首者照窃盗拒捕杀伤人律，斩；不曾拒捕，若聚至三十人以上者，不论砂数多寡及初犯再犯，为首（者）发近边充军，为从（者）枷号（坐牢）三个月，照窃盗罪发落。若不曾拒捕，又人数不及三十名者，为首初犯枷号三个月，照窃盗罪发落；再犯，亦发近边充军；为从者止照窃盗罪发落"。④ 可见，清代对盗矿者"俱计赃准窃盗论"，或"枷号"、"充军"，以至处以"斩"刑等。这对矿业的正常发展也是有利的。

由上所述可知，清代前期，"银本位"制度和"计亩征银"制度的进一步发展，极大地拓展了白银流通市场，大大增加了对白银的需求量。

---

① 《军机处录副奏折》，转引自《清代的矿业》下册，第580页。
② 《军机处录副奏折》，转引自《清代的矿业》下册，第579页。
③ 《军机处录副奏折》，转引自《清代的矿业》下册，第580页。
④ 张荣铮等点校《大清律例》卷24，刑律贼盗中，天津古籍出版社，1993，第400、401页。

此间，清廷又调整了银矿业开发的相关政策，推行银业民营化，大幅调低课银税率以及灵活征课、严禁盗矿等。随着这些制度的进一步发展和相关政策的重大调整，滇银在明代开发的基础上，又进入了一个大开发、大发展的重要时期。

二 滇银矿厂的分布

清代前期，先后在山东、山西、陕西、贵州、广东、广西、青海、河北和云南等九省开采银矿。山东、山西和陕西于康熙二十二年（1683）即已停采。贵州威宁银矿从乾隆五十七年（1792）开采，经雍正至乾隆朝，一直进行采掘。雍正时广西贺县有蚂山银矿；乾隆初广东英德县和潮州府曾开采银矿；嘉庆和道光时，青海、河北两省也在个别地方采银。然而在此期间全国主要的采银地区则在云南省。[①]

清代前期，云南银矿业快速、持续发展，除明代已经开采的一些银矿继续开采外，又新开了更多的银矿。从康熙二十四年（1685）至道光二十年（1840），云南先后开采的银厂分布在12个府（厅），达45个之多。兹列表7-18以观之。

表7-18 清康熙二十四年至道光二十年（1685~1840年）云南银厂一览

银厂名称	银厂所在地	开采年代	封闭年代
马腊府银厂	开化府	康熙六十年	嘉庆十六年
黄龙银厂	开化府	康熙四十六年	雍正五年
回龙银厂	丽江府	乾隆四十一年	不详
蒲草塘银厂（即南北衙厂）	丽江府鹤庆州	康熙二十四年	嘉庆十六年
白沙地银厂	丽江府鹤庆州	嘉庆五年	嘉庆十八年
白马厂	丽江府鹤庆州	嘉庆二十年	不详

① 详见夏湘蓉、李仲均、王根元编著《中国古代矿业开发史》，地质出版社，1980，第188、192页。

续表

银厂名称	银厂所在地	开采年代	封闭年代
古学银厂 （即安南厂）	丽江府中甸厅	雍正三年	不详
红坡吉咱厂	丽江府维西厅	不详	嘉庆七年
募乃银厂	永昌府孟连地方	雍正八年	嘉庆十五年
茂隆银厂	永昌府	乾隆八年	嘉庆五年
三道沟银厂	永昌府永平县	乾隆四十二年	不详
邦发银厂	永昌府	嘉庆十五年	嘉庆二十五年
兴隆银厂	顺宁府	乾隆五年	乾隆二十四年
石羊银厂	楚雄府南安州（今双柏县）	康熙二十四年	不详
马龙银厂	楚雄府南安州	康熙四十六年	不详
土革喇银厂	楚雄府嘉州（今双柏县）	康熙四十六年	不详
永盛银厂	楚雄府楚雄县九台山	康熙四十六年	不详
惠隆银厂	楚雄府大姚县	康熙五十一年	乾隆十年
沙涧银厂	大理府邓川州	康熙四十六年	嘉庆十六年
白羊银厂	大理府云龙州	嘉庆五年	不详
金龙银厂	大理府云南县	康熙五十七年	乾隆十年
个旧银厂	临安府蒙自县	康熙四十六年	不详
摸黑银厂	临安府建水县	乾隆七年	不详
黄泥坡银厂	临安府建水县	雍正五年	乾隆三十五年
华祝箐厂	临安府建水县	康熙五十八年	康熙六十年
泚革银厂	临安府河西县（今通海县河西）	康熙四十六年	雍正六年
金牛银厂	东川府会泽县	嘉庆三年	不详
角麟银厂	东川府会泽县	嘉庆九年	不详
棉华地银厂	东川府巧家厅	嘉庆三年	不详
永兴银厂	东川府	嘉庆七年	嘉庆十一年
矿（硔）山厂	东川府会泽县	嘉庆二十四年	不详
乐马银厂	昭通府鲁甸厅	乾隆七年	不详
金沙厂	昭通府永善县	乾隆七年	不详
铜厂坡银厂	昭通府镇雄州	嘉庆五年	不详
涌金银厂（故立思基 银厂）	顺宁府顺宁县（今凤庆县）	嘉庆五年	不详
悉宜银厂	顺宁府耿马土司地方	乾隆四十八年	不详
方丈银厂	元江直隶厅新平县	康熙四十六年	乾隆十七年
太和银厂	元江直隶厅新平县	嘉庆十三年	不详

银厂名称	银厂所在地	开采年代	封闭年代
白达母银厂	元江直隶厅新平县	道光十二年	太和厂子厂
明直银厂	元江直隶厅新平县	不详	康熙三十七年
东升厂	永北直隶厅（今永胜县）	道光十一年	属子厂
青龙银厂	镇沅州	嘉庆二十年	属子厂
三嘉（家）银厂	开化府	乾隆五十二年	乾隆五十七年
阿发银厂	云南（所在地不详）	雍正十年	乾隆十四年
金鸡厂	云南（所在地不详）	乾隆七年	乾隆四十二年

资料来源：①《钦定大清会典事例》卷243"杂赋金银矿课"；引自《云南史料丛刊》第八卷，第218~220页。②阮元、伊里布等修：道光《云南通志》卷73"矿厂一"；引自《云南史料丛刊》第十二卷，第618~624页。③吴其濬：《滇南矿厂图略》（下）"银厂第二"。第12~16页；④周钟岳：民国《新缩云南通志》卷145矿业考一，第119~121页。⑤章鸿钊著《古矿录》，地质出版社，1954，第198、216、217页。

上表显示，康熙二十四年（1685）至道光二十年（1840）的155年间，云南省开化、丽江、永昌、顺宁、楚雄、大理、临安、东川、昭通、元江、永北、云南等12个府（厅）均有银厂开采，刚好占全省24个府（直隶厅州）的一半。这说明当时开采的银厂分布比较普遍。这种情况在全国所有产银省份中是绝无仅有的。在此期间，云南全省先后开采的银厂共计45个，其中康熙年间开采的14个、雍正时4个、乾隆时9个、嘉庆时12个、道光时4个，开采时间不详者2个。由此看来，康雍乾嘉四朝，是滇银开发较快的时期，尤其乾嘉两朝滇银开发达于极盛。据统计，清顺治元年（1644）至道光十八年（1838）的194年间，全国先后报开的银厂共89个，同期云南先后报开的银厂64个，占全国总数的71%（详见本书第七章第一节）；而康熙二十四年（1685）至道光二十年（1840）的155年间，云南先后开采的银厂就多达45个，占上述全国报开总数的一半多。可见从银厂数而言，云南也位居全国产银各省首位。

三　滇银的七大银厂

清代前期，在云南先后开采的45个银厂中，有7个生产规模比较大、产银数量也比较多的矿厂。兹据有关文献，分别介绍如下。

（一）石羊银厂

石羊银厂，坐落于楚雄府南安州（今双柏县）境内，于康熙二十四年（1685）开采。初期，每年征收的课银仅27.44两，遇闰加银2.2866两。按"每银一两抽课二钱、撒散（花费附加）二分"计算，年平均产量不过137.2两。但经营20年后即康熙四十四年（1705），额课银多达22393.32两，遇闰加银29两。按"每银一两抽课银二钱"计算，则年平均产量达111966.6两。康熙末年，石羊厂产量下降，课银"征收不足"。乾隆时期，石羊厂也"课银不能敷额"。此后更是每况愈下，迄于道光九年（1829），"报解课银"仅5.546两。咸丰"军兴停办"。① 这是云南诸多银厂中昙花一现而一落千丈的银厂。

（二）安南银厂

安南银厂，即古学旧厂，坐落丽江府中甸地方（今迪庆藏族自治州香格里拉县），雍正三年（1725）巡抚杨名时奏开。乾隆十六年（1751），安南厂额课银568.5363两，遇闰不加；按其"出银一两抽课一钱五分，撒散三分"，计算，年均产银3790.243两。后来，安南厂有所发展，其产量也有所增加。道光九年（1829），"报解课银一千二百六十二两三钱一分"，按"出银一两抽课一钱五分"计算，其产量达8415.4两。咸丰五年（1855），安南厂"报解课银二千五百二十二两零"。其产量又增为16813.333两。② 这是一个不断有所发展，产量逐渐增加的银厂。

（三）回龙银厂

回（一作"迴"）龙银厂，坐落于丽江府境内，乾隆四十一年（1776）开采，"每银一两，抽课一钱五分，撒散三分；征课银八千四百两"。经计算可知，回龙厂年平均产量为56000两。乾隆四十二年（1777）议定："管理回龙银厂委员，一年抽收课银自八千两以上至一万五千两以上，并二万两以上、二万五千两以上者，由户部核明岁收各银

---

① 王文韶等修《续云南通志稿》卷43，食货志·矿务，第2809、2810页。
② 岑毓英等修光绪《云南通志》73，食货志·矿厂一，光绪二十年刻本，第22页。

数，咨送吏部照例分别给予加级纪录。"① 此"议定"后来执行情况未见记载，但说明回龙厂具有较大生产潜力。该银厂一直生产不断。咸丰四年（1854），报解"课银三千八百九十四两八钱五分九厘"，② 按"每银一两抽课一钱五分"计算，其年平均产量减为25965.726两。回龙银厂大概于乾隆后期产银较多，若按当时议定的抽收课银数量，其年平均产量大致在53000～166000两左右，具有这样的产能当然也是一个大厂。

（四）棉花地银厂

棉花地银厂，坐落于东川府地方，嘉庆三年（1798）巡抚江兰奏开，该厂"卖矿银一两，抽课银一钱五分，撒散三分"。同年奏准：因"云南乐马厂额课短缩"，将其附近的棉花地厂"作为乐马子厂以补缺额"。道光九年（1829），该厂"报解课银五千一百六两三钱五分九厘"。③ 按"卖矿银一两，抽课银一钱五分"计算，则年平均产银34042.393两。这是道光初期一个最大的银厂。

（五）个旧银厂

个旧银厂，坐落于临安府蒙自县境内，康熙四十六年（1707）开采。据《会典事例》，该厂"额课银三万六千六百一十三两七钱八分，遇闰加银三十八两。每银一两抽正课银一钱五分，撒散课银三分"。经计算，年平均产量达244091.86两。但十一年后的康熙五十七年（1718），则已"征收不足"。乾隆十七年（1752），"课银不能敷额，嗣后准据实造报，毋庸另叙额课"。乾隆四十二年奏准："照例抽收，尽收尽解"。道光九年（1829），"报解课银二千三百六两一钱四分二厘"。④ 按"每银一两抽正课一钱五分"计算，年均产量为15374.28两。个旧银厂于康熙后期异军突起，年均产银曾多达244000余两，是康熙年间云南乃至全国最大的银厂。康熙末年后，其产量逐渐减少。乾隆时期"课银不能敷额"，但仍

---

① 阮元等：道光《云南通志》卷73，矿厂·银厂。引自《云南史料丛刊》第十二卷，第622页。
② 王文韶等修《续云南通志》卷43，食货志·矿务，第2817页。
③ 王文韶等修《续云南通志》卷43，食货志·矿务，第2818页。
④ 阮元等：道光《云南通志》卷73，矿厂·银厂。引自《云南史料丛刊》第十二卷，第619页。

"照例抽收"。道光九年，产银仅 15000 余两，只及康熙四十六年的
6.29%，前后相差甚多矣。

以上 5 个银厂，年产量均在 15000 两以上，最多达 110000 两，甚至
244000 余两，它们是清代前期诸多银厂中产量比较高的银厂。然而，还
有两个更大的银厂，即乐马厂和茂隆厂，其生产规模和产量均超过上述 5
个厂。兹将其分别介绍如下。

（六）乐马银厂

乐马银厂，坐落于昭通府鲁甸厅（今昭通市鲁甸县）西南三十五公
里的龙头山西部，乾隆七年（1742）开采。[①]

乐马厂矿区处于群山之中，分布甚广，"矿体分布于古生代地层所构
成之背斜构造范围以内，矿源来自二叠纪之玄武岩，矿脉大部生于石炭
岩中。主要矿物为含银方铅矿，锌矿则不常见；其次为辉银矿、含银之
黝铜矿、斑铜矿等。矿砂含银成分特高，每公吨含银六十四两至二百五
十二两，较之（茂隆银厂的）炉房尤佳"。[②] 据民国十八年（1929）经济
部地质调查所昆明办事处化验室分析结果：乐马厂矿区，"矿石普通含银
万分之二十四，最佳者可至万分之九十四。现属国内重要之银矿"。[③] 又
民国二十九年（1940）《云南经济问题报告》中，马镇坤对乐马厂的银贮
量作了估计，得出一个约数："全区矿砂至少有千万吨"，而"纯银则有
10000 吨"。

乐马厂矿区产银、铅、铜，而以银为主。乐马厂"本系银厂，（因）
矿夹铜气，银罩所出冰䐉，加以煅炼，因而成铜。……乾隆四十三年定
额铜三万六千斤。"[④] 除乐马厂外，金沙、马龙、白羊厂也用"冰燥"即
炼银炉渣来炼铜。

乐马厂，本为银厂，"历来皆以炼银为主"；[⑤] 而且其"银质高，倾

① 吴其濬：《滇南矿厂图略》（下），银厂第二，第 13 页。
② 何璐：《云南矿产》，《云南史地辑要》（下），云南省立昆华民众教育馆出版，民国三十
   八年十一月。第 20 页。
③ 朱熙人、袁见齐、郭令智：《云南矿产志略》，国立云南大学发行，民国二十九年，第
   47 页。
④ 吴其濬：《滇南矿厂图略》（下），铜厂第一，第 5 页。
⑤ 何璐：《云南矿产》，第 21 页。

成定，面有龙纹凸起者，为最高足纹"。① 乾隆七年（1742）开采后，"年征课银四万二千五百三十一两七钱五分五厘"，其课银税率为"卖矿价银一两，抽课一钱五分，撒散二分五厘"。② 据此计算，乐马银厂年均产银283545.03两。③ 乾隆四十一年（1776），乐马厂附近又发现天财、开泰、裕丰、元龙矿硐四个，"试采有效，照例抽课"。这四个矿硐的发现，扩大了乐马厂的生产规模。四十二年（1777），乐马厂"照例抽课，尽收尽解"；同年议定："管理乐马厂委员，一年抽收课银，自八千两以上至一万两以上、二万两以上、二万五千两以上者，俱由户部核明，岁收各银数咨送吏部，照例分别给予加级纪录"。可见直至乾隆后期，乐马厂仍"照例抽课"；既然课银数额不变，原28万余两的年产量也不会发生大的变化。嘉庆三年（1798），"奏准：云南乐马银厂额课短缩，附近金牛箐、绵（棉）华（花）地出有银矿，堪以试采，作为乐马子厂，以补缺额"。这就是说，直到嘉庆初年，乐马厂加上两个子厂，仍能补足课额，故其原来产量也未出现大的变化。此后，乐马厂逐渐出现衰微。迄于道光九年（1829），其"报解课银四千六百七十三两八钱五分一厘"。④ 此课银数只及乾隆七年课银42531余两的10.98%；就产量而言，从乾隆七年的28万余两，减为3万余两，前后相差达25万余两，其减少幅度可谓大矣。

由上所述可知，乐马银厂，矿区分布甚广，银储量丰富，矿砂含银成分特高，自乾隆初开采以来，长期保持年均产银28万余两，是乾嘉时期一个特大银厂。近代一位研究云南矿产的学者称：乐马银厂，"明末清初即行开采，年产银二十八万四千余两，为全国冠。……然斯矿分布甚广，银之含量又特丰富，实中国最大银矿之一"。⑤

---

① 吴大勋：《滇南闻见录》下卷，物部·厂饼。引自《云南史料丛刊》第十二卷，第29页。
② 阮元等：道光《云南通志》卷73，矿厂一·银厂。引自《云南史料丛刊》第十二卷，第620页。
③ 何璘在《云南矿产》中也称：乐马银厂"年产银二十八万四千余两"，这与计算得出之数基本吻合。见该书第21页。
④ 以上均引自阮元等：道光《云南通志》卷73，矿产一·银厂。引自《云南史料丛刊》第十二卷，第620页。
⑤ 何璘：《云南矿产》，第21页。

（七）茂隆银厂

茂隆银厂，坐落于"永顺东南徼外之葫芦王地"，即清代顺宁府镇边厅境内之茂隆山，周六百余里，今为临沧市沧源佤族自治县班洪乡一带，为中国与缅甸交界之地。（文献中称"云南永昌府属之茂隆银厂"）

乾隆八年（1743），临安府石屏州人吴尚贤赴茂隆山开采银矿，与当地"卡瓦葫芦酋长蚌筑"议定办厂开矿，并"相与立木契，各执其一为证，共开采之"。① 不久茂隆厂"矿砂大旺"，吴尚贤按照内地厂例向政府上缴课银，"计每岁应解银一万一千余两"。但是，清廷于乾隆十一年（1746）在给云南地方政府的饬令中，将吴尚贤赴化外夷方（即今滇西边境少数民族居住地区）开矿视为"违例出境"，并认定"势难保其不无滋事"，要求地方政府对吴尚贤"晓谕大义，令其回巢"。对此，时任云贵总督的张允随则奏陈情由，辨明利弊，力主听其继续开采。他在奏疏中写道："滇省山多田少，民鲜恒产，惟地产五金，不但滇民以为生计，即江广黔各省民人，亦多来滇开采。至外夷虽产矿砀，不谙煎炼，多系汉人赴彼开采，食力谋生，安静无事，夷人亦乐享其利。"② 他又指出：茂隆厂处于"卡瓦葫芦国"，虽地处化外，但"不属缅国"，"自明至今，厂民从无不靖；而该银厂"实属民生衣食之源"，也是政府"抽课充饷"之地，"以外夷之余，补内地之不足，所益良多"。故应听其"永远开采"，而不应予以封禁。经张允随据理力争，乾隆帝对其奏疏朱批"从之"，于是茂隆厂得以继续开采。③

茂隆银厂包括炉房厂和焦山厂。炉房厂在班洪之西，离班洪约 45 公里；焦山厂在班洪之西北，距班洪 20 公里。矿区位于山坡之半腰。矿石以含银方铅矿及闪锌矿为主。"就矿床露头观之，其矿量之丰富，实为中缅边界所仅见"。④ 据民国二十九年《云南矿产志略》载：炉房区内"主

---

① 方树梅辑《滇南碑传集》卷末，吴尚贤传，云南民族出版社，2003，第 977 页。
② 《清实录》第十二册《高宗实录》卷 269，第 505 页。
③ 杨寿川：《张允随治滇的经济思想》，《云南经济史研究》，云南民族出版社，1999，第 132 页。
④ 何瑭：《云南矿产》，《云南史地辑要》（下），第八篇第 18 页。按：民国二十八年冬，何瑭"偕孟宪民、陈恺两氏，曾随中英两国政府会派之滇缅南段勘界委员会，亲履中缅边境调查"。

要矿石为方铅矿、闪锌矿等；方铅矿颗粒细致，含银可望较富。脉石为白石英等。化验结果，每吨含银约为二十五两"。① 又据《云南矿产》载：炉房厂区矿石，"据化验结果，矿砂每吨含银十八两至三十六两，平均约二十五两，就今所知，应为中国含银成分最高之矿石"。② 可见茂隆山银矿资源丰富，矿石含银成分亦颇高。

茂隆银厂在吴尚贤来此开采之前，即已进行过开采。张允随于乾隆十一年（1746）的奏疏中称："茂隆山银厂，自前明时开采至今，衰旺不一。"③ 又孙士毅的《绥缅纪事》也谓："境内茂隆山厂，明时开采甚旺。"④ 由此可知，茂隆银厂可能在明代嘉靖、万历年间云南大规模开发矿产时即已进行开采。

乾隆八年（1743年）六月十二日，吴尚贤与卡瓦酋长蚌筑议定开采。此后两年，即"乾隆十年六月间，开获堂矿，厂地大旺。厂民吴尚贤等议给山水租银，该酋不敢收受，愿照内地厂例抽课报解，以作贡献。将自乾隆十年七月初一日起至十月底，四个月所抽银三千七百九两八厘开造收课细册，……于乾隆十一年正月十八日到云南省城（报解）"。⑤ 乾隆十一年（1746）五月，云贵总督张允随奏称：茂隆厂"所解银三千七百九两零，乃系四个月所收，若以年计，每岁应上课银一万一千余两，为数过多"。⑥ 因此，他建议清廷仿照雍正八年孟连募乃银厂减半纳课之例，"可否减半抽收，再将所抽课银以一半解纳，一半赏给酋长，以慰归顺之志。至嗣后应纳课银，令该酋长、客课长人等就近解交永昌府转解司库充饷，于每年奏销厂课文尾叙明，不入额款"。⑦ 乾隆帝对此建议朱批"从之"。⑧ 由此可知，茂隆银厂开初按内地厂例抽课报解，后经张

---

① 朱熙人、袁见齐、郭令智著《云南矿产志略》，第52页。
② 何瑭：《云南矿产》，第18页。见《云南史地辑要》（下册）第八篇，崇文印书馆，民国三十八年。
③ 《张允随奏稿》下，《云南史料丛刊》第八卷，第679页。
④ 孙士毅：《绥缅纪事》，见《永昌府文征》卷18，纪载。民国三十年铅印本。
⑤ 《张允随奏稿》下，《云南史料丛刊》第八卷，第679页。
⑥ 据此即可算出乾隆十年茂隆银厂的银产量为73333余两（即11000÷15%）。
⑦ 《张允随奏稿》下，《云南史料丛刊》第八卷，第682页。
⑧ 《清实录》第十二册《高宗实录》卷269，第506页。

允随奏请则减半纳课，并将一半课银尝给当地酋长。所以如此，据说是"只取慕化之脓诚，何计贡献之有无"。① 至于后来茂隆银厂所纳课银情况，据嘉庆五年云贵总督书麟的奏疏："初采之时，出矿丰旺，年解课银六千数百两至八千余两不等。迨后获矿渐微，抽课递减。……至（乾隆）四十九年，仅报解银七百五两四钱五分二厘，自五十年至五十四年，课银并无分厘报解。"② 据此，可计算出茂隆银厂产银的大致情况。其初期，"每解课银六千数百两"仅以6000两计，其年均产银量为16万两；"年解课银八千余两"以8000两计，其年均产银量为213333余两。至乾隆四十九年，则递减为18812两。③ 又据《大清会典事例》卷243"金银矿课"条载：乾隆四十二年（1777年）奏准："卡瓦地方茂隆银厂，每银一两，抽课九分，以四分五厘作课起解，以四分五厘赏给卡瓦酋长。"据此，又可计算出乾隆四十九年的产银量为31353余两。④ 由上述可知，茂隆银厂交纳的课银税率前后有所变化，乾隆十年以前照内地厂例，即15%；从十一年起减半纳课又以所抽收的课银之半赏给酋长；四十九年又将课银税率降为9%。这种不断调低税率的变化，显然有利于茂隆银厂的发展。又，根据课银数及其税率计算出来的银产量，最初为73000余两，后来为16万两，多至21万余两，到乾隆四十九年骤减为31000余两。由于文献记载不详，这些计算出来的数字，可能不尽准确，但从中可以了解了一个大概的发展变化趋势。

茂隆银厂自"开获堂矿"之后，内地人纷纷"赴彼开采，食力谋生"。至乾隆十一年五月，张允随"询知解课夷目通事"，据称该厂

---

① 《清实录》第十二册《高宗实录》卷261页，第386页。
② 《朱批奏折》，引自《清代的矿业》下册，第592页。
③ 计算方法：年均产银量等于政府抽课数加上赏给酋长数乘以2（减半纳课），再除以课银税率。即：

$$160000（两）=（6000+6000）\times 2 \div 15\%$$

$$213333（两）=（8000+8000）\times 2 \div 15\%$$

④ 计算方法：产银数等于政府抽课数加上赏给酋长数乘以2（减半征收），再除以课银税率，即：

$$31353.422（两）=（705.452+705.452）\times 2 \div 9\%$$

"打矿、开磂及走厂贸易之人，……约有二三万人，俱系内地各省人民"。① 一个多达二三万人的大厂，如何进行管理呢？据文献记载：茂隆银厂"厂例无尊卑，皆以兄弟称。大爷主厂，二爷统众，三爷出兵，时（吴）尚贤充其课长……"。② 又，"吴尚贤开募（茂）隆厂，厂例无老幼俱称弟兄。由一至十，每数下约数十人或百人，而呼十为满、为幺。渠居十数之首，故曰幺大云"。③ 由此可知，茂隆厂以吴尚贤为大爷，主管全厂事务，下有二爷统领"工丁"（即矿工）进行生产，再有三爷负责银厂的安全保卫。全厂工丁，根据不同的生产工序，按十、数十或百人编制组织生产，厂主吴尚贤还从云南地方政府那里得到"课长"之名。原来，清廷和云南地方政府认为："因该厂（即茂隆厂）坐落卡瓦夷境，地处极边烟瘴，不便委员专管，酌设正副课长二人在厂经理，每年抽获课银以一半赏给卡瓦酋长，以一半解司充饷。"④ 可见，清廷的"厂员"制虽未在茂隆厂实行，但设置课长，以保证抽收课银。以吴尚贤为厂主、课长，大爷、二爷、三爷三人共同治厂，由于他们分工明确，又"熟谙厂务"，"厂民信服"，故使银厂生产得以迅速发展。

茂隆银厂的经营方式。清代前期，云南银矿业的经营方式发生了很大变化，即不再如明代那样以官营为主，而是都变为民营了（详见下文）。茂隆银厂也是一个完全由商民经营的民营银厂。它是一个"伙办"性质的大型民营企业，拥有二三万矿工。其集资方式是"米分"制，即由合伙者以一定数量的油米（或折成银两）入股，而按股份"洪账"（利润），基本上具有劳动者合伙经营的性质。茂隆银厂的分配制度与上述云南铜矿业中实行的"亲身弟兄"分配制度基本相同。上引方树梅《滇南碑传集》"吴尚贤传"谓：茂隆厂"厂例无尊卑，皆以兄弟称"；⑤ 师范《滇系》"杂载"也说："吴尚贤开茂隆厂，

---

① 《张允随奏稿》下。引自《云南史料丛刊》第八卷，第 684 页。
② 方树梅辑《滇南碑传集》卷末，"吴尚贤传"。云南民族出版社，2003，第 977 页。
③ 师范：《滇系》卷 12，杂载。引自王文成等《〈滇系〉云南经济史料辑校》，第 554 页。
④ 《朱批奏折》，《清代的矿业》下册，第 592 页。
⑤ 方树梅：《滇南碑传集》卷末，吴尚贤传，第 977 页。

厂例无老幼，俱称弟兄。"① 这不仅是银厂上下互称"兄弟"、"弟兄"，同时也应与"亲身弟兄"分配制度有关。按照这种"亲身弟兄"制，银厂硐丁承担采冶任务，在获矿得利之前，除必要的伙食外，并无工钱可领；要等到矿厂获矿得利后，方能一并结算，"共分余利"。具体分配办法是除按规定向政府缴纳课银外，将产品分为十份，镶头、硐领等技术人员一份，全体硐丁三分，厂客六份。这种按一定比例分配产品的办法，带有浓厚的封建性质，可以说是"工役制"的残余形态。

茂隆银厂自乾隆八年正式开采后，正常运营了七八年，即发生重大变故，这与厂主吴尚贤密切相关。吴尚贤"本系无籍细民"，因"家贫走厂"，"开茂隆厂，大赢"。他精明干练，"熟谙厂务"，"厂例无尊卑，为众所服"，"厂众俱听其约束"。但是，他"非安分之人"，"从前多有恃强凌弱之事"；更有甚者，他志满欲张，官迷心窍，先后"捐纳通判"、② 花钱托人"赴川捐官"和在京活动捐官；③ 甚至欲"邀恩得葫芦王"。④ 当这些花钱买官的活动未能得逞后，吴尚贤又精心策划了一个更大的"跑官"活动，即"思假贡象得袭守"⑤（想借向朝廷上贡大象而获得知府之位）。他于乾隆十五年（1750）十二月，说服缅甸国王遣使入朝，上贡大象、方物；吴尚贤则请自备费用护送使者进京。此事经云贵总督硕色奏上，得乾隆帝"未为不可"的谕示。⑥ 吴遂伴送缅国使者及贡象、方物进京。乾隆十六年（1751）六月，乾隆帝受缅甸使者朝贡，并赐缅王大批礼物。然而，吴尚贤"随贡行，贡既进，不能如所望，怏怏回"。⑦ 此时，云南地方政府和清廷已正在密谋加害

---

① 师范：《滇系》卷 12，杂载。引自王文成等《〈滇系〉云南经济史料辑校》，第 554 页。
② 《清实录》第十四册《高宗实录》卷 393，第 159 页。
③ 《宫中档乾隆朝奏折》第 2 辑，（台北）"国立故宫博物院"，1982，第 506、509 页。
④ 屠述濂纂修乾隆《腾越州志》卷 10。见《中国地方志集成》（云南府县志辑）（39），凤凰出版社，2009，第 155 页。
⑤ 檀萃：《厂记》，师范：《滇系》卷 8 之 4。引自王文成等《〈滇系〉云南经济史料辑校》，第 299 页。
⑥ 《清实录》第十四册《高宗实录》卷 387，第 84 页。
⑦ 檀萃：《厂记》，师范：《滇系》卷 8 之 4。引自王文成等《〈滇系〉云南经济史料辑校》第 299 页。

于吴尚贤。首先是认为他"非安分之人，难任久居徼外，当即选人更替"，[①] 又说他"图财不法，并勒毙二命"；[②] "交通夷众，断不可令为课长"。[③] 其次是议定待"缅使回滇，委员另送。谕令吴尚贤居住省城，安分守法。倘或显违约束，即拘禁请旨办理"。[④] 云南地方政府则因"恐其回厂生变，拘而饿死之"。这位清代著名的民营企业家吴尚贤，仅仅因为"图财不法"、"交通夷众"（即与边地少数民族土司密切往来）和买官跑官，即遭致封建政府迫害，于乾隆十七年（1752）二月十二日病死狱中，结束了其艰辛创业而可悲可叹的一生。

茂隆银厂遭受吴尚贤被迫害致死的重大变故后，"遂为夷人所据矣"，[⑤] 但并未出现"尚贤死而厂徒散"的情况，而是继续进行生产，照旧开采纳课。在嘉庆五年（1800）五月云贵总督书麟的一份奏疏中有这样的记载：茂隆银厂"初采之时，出矿丰旺。……迨后获矿渐微，抽课递减。至（乾隆）四十九年仅报解七百五两四钱五分二厘，自五十年至五十四年，课银并无分厘报解"。[⑥] 可见，从乾隆十七年吴尚贤死后，直到四十九年的三十余年间，茂隆厂生产并未中断，且不断报解课银，只是"获矿渐微，抽课递减"而已。直到嘉庆五年（1800）"谕：云南永昌府属之茂隆银厂，近年以来，并无分厘报解。自系开采年久，硐老山空，矿砂无出，若仍照旧采办，不特虚费工力，课项终归无著，而聚集丁夫，亦恐滋生事端。所有永昌府属茂隆银厂，著即封闭，其四年应交课银七百五两零，亦加恩豁免"。[⑦] 茂隆银厂从乾隆八年（1743）吴尚贤与卡瓦酋长蚌筑议定开采，至嘉庆五年（1800）"上谕：着即封闭"，前后经历 57 年之久。

民国二十四年（1935）冬，孟宪民、陈恺、何瑭等学者前往茂隆银

---

① 《清实录》第十四册《高宗实录》卷 393，第 159 页。
② 《清实录》第十四册《高宗实录》卷 400，第 262 页。
③ 《清实录》第十四册《高宗实录》卷 393，第 159 页。
④ 《清实录》第十四册《高宗实录》卷 393，第 160 页。
⑤ 方树梅：《滇南碑传集》卷末，吴尚贤传，第 979 页。
⑥ 《朱批奏折》，引自《清代的矿业》下册，第 592 页。
⑦ 《钦定大清会典事例》卷 243，"杂赋·金银矿课"。引自《云南史料丛刊》第八卷，第 220 页。

厂考察。他们发现"该厂矿区内，废硐尚有八处，遗渣则遍地皆是，堆积如山，约略计之，尚有渣滓一百二十万吨，其中尚含银三百四十余万两、铅四十二万吨、锌八万四千吨"。① 何瑭认为，"吴尚贤主办时代之茂隆厂，年产银在三十万两左右。当时实为中国第一大银矿"。② 孟宪民也"估计其时产银价值约三十万两。……如以其最盛及衰落时期之产银量平均计算，每年约出银十五万两"。③ 何瑭、孟宪民均估计茂隆银厂旺盛时期的年平均产银量约为三十万两。这虽然是一个估计数，但与实际数不会出入太多，因乾隆时人檀萃曾说茂隆厂"银出不赀，过于内地之乐马"。前面已述，乾隆时期，乐马厂年均产银283500 余两。因此，茂隆厂兴盛期内年产银约三十万两是可能的，也是可信的。

以上茂隆银厂和乐马银厂，乾隆时都曾有过兴盛时期，年均产银多达二三十万两。这两个厂"东西竞爽"，是清代云南数一数二的两大银厂，也是当时全国最大的两个银厂。

附记：

英国殖民者于 1886 年（清光绪十二年）吞并缅甸后，对我国西南地区丰富的矿产资源垂涎三尺。1930 年前后，派传教士永伟里以传教为名，到达班洪地区调查矿藏情况。1933 年将永伟里在班洪窃取的矿藏标本送去印度化验，得知原茂隆银厂遗弃的矿渣含银量很高。接着，英缅矿业公司以每百斤十元的高价收购茂隆厂矿渣，运往其邦海银厂（即原波竜银厂）冶炼，获取了巨额利润。英缅矿业公司总办伍波南曾说：邦海银厂每年可出银二十五条，每条重一千两。若要提炼也要三十年才能炼完。因此，班洪一带的银矿资源成为英国殖民者掠夺的对象。1934 年，英国侵略军 2000 人侵入沧源地区，强占班洪、班老银矿区，利诱佤族老王困旺、总管胡玉山允许英国人开矿设厂。遭到拒绝后，英军遂发动进攻。当地以佤族为主

① 何瑭：《云南矿产》，第 18、19 页。《云南史地辑要》（下），民国三十八年十一月。
② 何瑭：《云南矿产》，第 18 页。《云南史地辑要》（下），民国三十八年十一月。
③ 《云南企业》第一卷第二期（1949 年），第 7 页。

的民族武装坚决进行抵抗，誓死抗英保厂，后来胡玉山战死。双江、澜沧、耿马、沧源等地各族人民纷纷响应，组织义勇军前往班洪支援。这就是我国近代史上的"班洪事件"。1940年中英拟定中缅分界线，竟将班洪划入缅甸境内。班洪各部落首领联合发出《告全国同胞书》，揭露英人暴行及其侵略野心，声明阿佤山属中国领土，宣示抵抗决心。1941年日军侵入缅甸，英军撤离班洪。1960年，中缅政府签订《中缅边界友好条约》，班洪始重归祖国。①

除上述七大银厂外，还有三个银厂，情况较特殊，也应作简要介绍。

一是悉宜厂。坐落于顺宁府耿马土司地（今临沧市耿马傣族自治县），乾隆四十八年（1783）云贵总督富纲奏明开采。该厂在耿马土司地"大黑山"，"相距府州七八站之远，均相难顾，耿马土司罕朝亦情愿就近管办，每年认解课银八百两，遇闰照加，不敢短少"。乾隆四十九年（1784），共抽课银八百五两八钱三分。② 五十年（1785）"悉宜厂忽大旺"，"年额课银俱能解足"。"迨嘉庆六年以后，厂势渐衰，征课未能足数。……自十六年起准其尽收尽解"。嘉庆十七年（1812），云贵总督伯麟等，以该厂"矿砂衰竭"为由，奏请封闭。③ 悉宜银厂从开采到封闭历经29年，年额课银仅八百两，与内地银厂不同之处是由当地土司管办。

二是募乃厂。坐落顺宁府孟连土司地（今普洱市孟连傣族拉祜族自治县）。雍正八年（1730）孟连土司刀派鼎呈请开采募乃银厂，"每年认纳课银六百两。"④。雍正帝"俯念孟连地处极边，抒诚效顺，特降谕旨：'着减半，收银三百两，以昭柔远之意'"。该厂曾"汉夷聚集万有余人"。⑤ 是一个不小的银厂。募乃银厂也是一个由当地土司管办的银厂，且其课银"奉谕旨"减半征收。据文献记载，

①　参见《云南辞典》，云南人民出版社，1993年，第197页。
②　《朱批奏折》，引自《清代的矿业》下册，第586页。
③　《军机处录副奏折》，引自《清代的矿业》下册，第587页。
④　《朱批奏折》，引自《清代的矿业》下册，第586页。
⑤　《张允随奏稿》（上），《云南史料丛刊》第八卷，第571页。

慕乃银厂曾"旺盛三十余年"。① 迄于嘉庆十五年（1810）封闭。至于其他生产情况则不得其详。

三是波竜厂。原明朝桂家（本江宁籍，从永历帝亡缅后称桂家）后裔宫里雁在新地方（即班况）开办"波竜银厂"。各地民人"闻风云集"，其矿工达"四万多人"。该厂所在地班况，"商贾云集，比屋列肆，俨然一大镇"。乾隆二十七年（1762），云贵总督吴善达，通过孟连土司刀派春、永昌守杨重谷，将宫里雁"诱擒"到昆明杀害。② 其原因是，认为宫里雁与吴尚贤同为"边防两虎"，他们都是"潜越出外开矿者"，且"胆大妄生事端"，故均应受至严厉处分。宫里雁死后，波竜厂很快被封闭了。限于文献记载零散、简略，波竜厂详情不得而知。从以上简述，可知波竜银厂的开办者是南明永历帝残余的后代，该厂曾经一度兴旺，厂主宫里雁与吴尚贤一样最后被清政府迫害致死。

上述三个银厂都位于滇西边地少数民族地区，悉宜厂和慕乃厂均"归土司管办"，波竜厂则由南明永历遗少开办，即具有其特殊性。但由于文献记载均十分简略，故其详情均不得而知。

四　滇银的经营与管理

倪蜕在其《复当事论厂务书》中，对云南银矿业的经营情况等作了简要记述，虽然说的是康熙时期的情况，但后来也许不会有大的变化。他写道："嗜利之徒、游手之辈"发现银矿后，"具呈地方官，查明无碍，即准开采。……因即宰牛祀山，申文报旺。此名一传，挟赀与分者远近纷来，是为'米分'。厂客或独一人，或合数人，认定硐口，日需硐丁若干进采，每日应用油米盐菜若干，按数供支。得获银两，除上课外，分作十分，镶头、硐领共得一分，硐丁无定数共得三分，厂客则得六分。若遇大矿，则厂客之获利甚丰。然亦有矿薄而仅足抵油米者，亦有全无

---

① 龚荫：《清代滇西边区的银矿业》，《思想战线》1982 年第 2 期。
② 龚荫：《清代滇西边区的银矿业》，《思想战线》1982 年第 2 期。

矿砂，竟至家破人亡者。……商民所开之厂，大概如此"。又，"厂分既多，不耕而食者约有十万余人。日糜谷二千余石，年销八十余石"。[①] 倪蜕所述，涉及银厂发现后，呈报官府、集中资金、组织生产以及产品分配等。从经营方面而言，主要包括四个方面：第一，银厂都是"商民所开"的民营企业。这种民营银厂分为两种，即一人独资与数人合伙。第二，数人合伙的银厂实行"米分"制。所谓"米分"，又称"石分"，"合伙开硐，谓之石分，从米称也"。[②] 因开矿主要资金是用于购买油米，故按出若干石（音担）米计量股份，所以常称"米分"。"挟赀（资）与分者"合伙开矿，订有合同，可以增资、退伙，亦可转让股份。他们也可能是劳动者合伙，吴其濬将他们记在"丁"的一章之中，丁即"雇力"，即"走厂之人"；当然在实行"米分"制的银厂中，有的也许雇工生产，其规模可能更大一些。"石分"是一种长期性的集股制度，大多具有劳动者合伙经营的性质。[③]（清代云南铜矿业中有的铜厂也实行"米分"制，见本书第七章第二节）第三，实行产品分成制。银厂生产的产品，除按政府规定的税率交纳课银外，又分为十份，镶头和硐领即采矿技术人员得一份，硐丁即挖采、背运矿砂的矿工得三份，厂客即投资集股者得六份，亦即"四六分成"。产品分配实行分成制，自明代万历时期以来，云南铜矿业中一直如此。清代银矿业从康熙初年以后，也一直实行产品分成制。这是一种工役制的分配形式，较过去的劳役制前进了一步，而较后来的货币工资制则落后了许多。第四，银厂生产所需的工具，十多万矿工生活所需的油米盐菜等，概由厂客"按数供支"等。从倪蜕的《复当事论厂务书》以及其他文献记载来看，清代前期，滇银的经营大多具有伙办性质，独资与富商大贾投资经营者，未有文献记载。

滇银的生产管理与滇铜基本一致。银厂除投资者"厂客"外，一般都设有掌税课之事的课长、掌镶架之事的镶头、掌硐之事的硐领、

---

① 倪蜕：《复当事论厂务书》，见《滇系》卷二，职官系。引自王文成等《〈滇系〉云南经济史料辑校》，第 29、30 页。

② 吴其濬：《滇南矿厂图略》（上），丁第九，第 9 页。

③ 许涤新、吴承明主编《中国资本主义的萌芽》，第 503 页。

掌炉火之事的炉头、掌薪炭之事的炭长以及掌宾客之事的客长等，称之为"七长治厂"。① 当然，有的银厂也没有如此全面、周密的"七长治厂"制度，如上述茂隆银厂实行的是"三爷制度"，即"大爷主厂、二爷统众、三爷出兵，时尚贤为厂主"。② 其实茂隆银厂的生产管理也不可能完全不受"七长治厂"制度的影响，因为"二爷统众"之下，不可能没有镶头、硐领、炉头、炭长等专门的"长"来具体组织生产事宜。

　　滇银的政府监管。云南银矿业与滇铜一样，政府实行监管。《滇南矿厂图略》（下）载："凡滇厂，皆地方官理之，其有职任繁剧，而距厂辽远，不能兼理者，则委专员理之。"③ 大凡银厂所在地的道、府、厅（州）、县，都对银厂进行监管，如上述乐马厂的监管者是鲁甸厅通判，个旧厂是蒙自县知县，棉花地厂是东川府知府，石羊厂是南安州知州等。④ 对于坐落较远的银厂，政府则"委专员理之"，即委派官员驻厂进行监管。这就是前面述及的滇铜"厂员"制度。无论是地方政府就近监管，还是委派厂员进行监管，其目的都是为了保证抽收课银；倘若课银出现短缺，则巡抚藩司、专管道府以及厂员都必须"按十股分赔：厂员分赔六股，专管道府分赔二股，巡抚藩司各分赔一股"。⑤ 此外，政府监管银厂，还有一个目的，就是对厂内"人役"进行"严密稽查"，若发现"盗首及要犯藏匿"，即拿获而按法究治。⑥ 可见，从清廷到云南地方政府，对滇银的监管是很细致、很严密的。对位于滇西极边之地的茂隆银厂，政府采取直接委任课长的方式进行监管。乾隆初云贵总督张允随委任吴尚贤"充其课长"（乾隆十一至十六年），其后又先后委任了七个课长，即杨公亮（乾隆十七至二十五年）、骆文锦（乾隆二十至二十二年）、海中正（乾隆二十三至二十五年）、熊既成（乾隆二十六至二十八年）、陶虞臣（乾隆二十九至三十八年）、刘

① 王崧：道光《云南志钞》，"矿产志"。引自《云南史料丛刊》第十一卷，第 472 页。
② 方树梅辑：《滇南碑传集》卷末，吴尚贤传，第 977 页。
③ 吴其濬：《滇南矿厂图略》（下），考第六，第 26 页。
④ 周钟岳等纂：民国《新纂云南通志》卷 145，矿业考一，第 119、120 页。
⑤ 《内务府呈稿》，引自《清代的矿业》下册，第 577 页。
⑥ 《清实录》第十七册《高宗实录》卷 650，第 281 页。

世衍（乾隆三十九～四十六年）、顾久（乾隆四十七～？年）。① 可见，课长基本上"以三年为期，期满即行撤回内地，其余依次充当承管"。② 云南地方政府如此依次不断委任课长，其目的也是为了向茂隆银厂征收课银。

五 滇银的生产与产量

清代前期，云南银矿业的生产技术未见重大改进，基本上沿袭明代的采冶方法。檀萃《滇海虞衡志》卷之二"志金石"谓："至于炼银则用推炉罩子为稍异，然银成总由底母倭铅，固其常也。"又其《农部琐录》也谓："炼银必以铅配乃成，谓之底子。"③ 铅沉为底子，在明代宋应星《天工开物》卷下"五金·银"中已有记载，即当时炼银已采用"沉铅结银"的方法，清代沿用之。惟"推炉罩子"与明代有所不同。对此，吴其濬作了较详的说明："炼银曰罩，……要需为老灰也。"银罩有大小之分。小罩称为"虾蟆罩"：其下为土台，长三四尺，横尺余；四周为土墙，高尺许；顶如鱼背，面上有口以透火，下有口不封以看炎候。铺炭于底，置镰其中，炭在砂条上。炼约对时许，银浮于罩口内，用铁器水浸，盖之即凝成片，渣沉灰底，即底母也。出银后即拆毁另打。大罩称为"七星罩"：其形如墓，又称"墓门罩"。其下亦土台，长五六尺，横二尺；四周土墙，顶圆有七孔以透火，故名"七星罩"。前高二尺，上口添炭，下口为金门，土板封之，后以次而杀。铺灰于底，置矿于上，挽以镰炭在大砂条之上，约二时开金门，用铁条赶燥一次，仍封之。或一对时，或两对时，银亦出于罩口内。出银后，添入矿镰，随出银随添矿，可经累月，须俟损裂再行打造，故又曰"万年罩"。④ 由上可知，清代用来炼银的炉称为"罩"，"罩"有两种，即小者"虾蟆罩"、大者"七星罩"；"凡罩要需为老灰"，即无论用大罩或

---

① 杨煜达：《清代中期滇边银矿的矿民集团与边疆秩序——以茂隆银厂吴尚贤为中心》，《中国边疆史地研究》2008 年 12 月第 18 卷第 4 期。
② 《清实录》第十四册《高宗实录》卷 400，第 262 页。
③ 岑毓英等修：光绪《云南通志》卷 73，食货志·银厂，光绪二十年刻本，第 14 页。
④ 吴其濬：《滇南矿厂图略》（上），罩第七，第 8 页。

小罩炼银，均应"铺灰于底"，即采用"灰吹法"。据夏湘蓉等研究，用"灰吹法"炼银，最晚在唐代已被广泛采用，明代陆容《菽园杂记》和宋应星的《天工开物》均有记录："大抵富含方铅矿的矿石，可用灰吹法一次得银。"① 云南银矿石中富含方铅矿者较多，故采用"灰吹法"炼银亦即顺理成章了。如此看来，清代云南银矿业中，炼银的罩不仅有一次性的"虾蟆罩"和长久性的"七星罩"，而且已经普遍采用"灰吹法"来炼银。②

关于滇银生产，从上面表 7-18 可知，清代前期云南先后开采的银厂共计 45 个。其中从康熙二十四年至六十年共有 14 个银厂在生产，这是滇银生产快速发展的时期。从乾隆五年至五十七年共有 20 个银厂在生产，③ 这是滇银生产大发展的时期。从嘉庆三年至二十五年有 17 个银厂在生产，这是滇银生产继续大发展的时期。道光以后仅有 4 个银厂在生产（也许不止此数，因有一些银厂开采和封闭年代不详）。由此看来，滇银生产自康熙二十四年（1685）开始进入快速发展时期，从乾隆初年即进入大发展时期，迄于嘉庆时期仍不断在发展，而道光以后则已经逐渐走向衰落。（详见下文）其中乾隆嘉庆两代是滇银生产的极盛时期。这就是清代前期滇银生产发展的大致情况。

关于滇银产量。清代前期，滇银产量未见文献记载，只能根据一些银厂的额课银与课银税率进行计算，得出大致的产量数额。《钦定大清会典事例》卷 243 "金银矿课"条记载了康熙后期至乾隆前期云南开化府马腊底等 14 个银厂每年额课银数，兹列表 7-19 以观之。

---

① 夏湘蓉、李仲均、王根元编著《中国古代矿业开发史》，地质出版社，1980，第 296 页。

② "灰吹法"：这是古代炼银过程中分离银铅的方法。银矿一般含银量很低，炼银的技术关键是如何将银富集起来。由于铅和银完全互溶，而且熔点较低，所以古代炼银时加入铅，使银溶于铅中，实现银的富集。然后吹以空气，使铅氧化渗于炉灰之下，银则住于灰了，从而将银分离出来。

③ 檀萃：《滇海虞衡志》卷之二"志金石"也谓："滇南银厂十有六。"引自《云南史料丛刊》第十一卷，第 180 页。

表 7 - 19　清康熙后期至乾隆前期云南银厂每年额课银数

单位：两

地点	银厂名称	额课银数	附记
开化府	马腊底银厂	706.86	遇闰不加
丽江府(中甸厅)	古学银厂	568.5363	遇闰不加
云南府	兴隆银厂	3132.65	遇闰不加
永昌府	募乃银厂	300	遇闰不加
楚雄府(南安州)	石羊银厂	22390.32	遇闰加银 29 两
楚雄府(南安州)	马龙银厂	698.52	遇闰不加
楚雄府(南安州)	土革喇银厂	60.84	遇闰不加
楚雄府(楚雄县)	永盛银厂	3375.96	遇闰不加
鹤庆府	蒲草堂银厂	421.817	遇闰加银 24.3 两
大理府(邓川州)	沙涧银厂	1302.67	遇闰加银 106.334 两
临安府(建水县)	黄泥坡银厂	661.101	遇闰不加
临安府(蒙自县)	个旧银厂	36613.78	遇闰加银 38 两
临安府(新平县)	方丈银厂	68.08	遇闰加银 4.074 两
永昌府	茂隆银厂		收课多寡无定额
合　　计		70311.0893	

注：1. 据《续云南通志稿》卷 43 "食货志·矿务一"，表中石羊银厂的额课银为康熙四十四年缴纳的数额；马龙、土革喇、永盛及个旧银厂的额课银为康熙四十六年缴纳的数额；古学银厂的额课银为乾隆十七年缴纳的数额。因此，表中所列云南各银厂的额课银，约为康熙后期至乾隆前期每年缴纳的数额。

2. 上表引自全汉昇《明清时代云南的银课及银产量》，《中国经济史研究》（下），（台北）稻香出版社，民国八十年，第 633 ~ 634 页，第四表清康熙（1662 ~ 1722）后期至乾隆（1736 ~ 1795）前期云南银厂每年额课银数。

表 7 - 19 所示，康熙后期至乾隆前期，云南 13 个银厂缴纳的课银总数为 70311.0893 两。这与倪蜕《复当事论厂务书》如下记载大致相符："及康熙四十七、八年，贝制军（即贝和诺）始报课二万七、八千两。至今（乾隆初年）二十余年，陆续增至七万两。"① 按康熙后期调整

---

① 师范编纂《滇系》卷 2，职官系。引自王文成等《〈滇系〉云南经济史料辑校》，第 30 页。

确定的15%的课银税率计算，乾隆初期，滇银产量为468740.59两。但是，这一产量中并未包括乐马银厂和茂隆银厂的产量。① 前面已述，乐马厂开采于乾隆七年——，其后年产银284000余两；茂隆厂开采于乾隆八年，不久年产银即达30万两左右。若加上乐马、茂隆两银厂的产量，则乾隆前期，滇银总产量为105万余两。著名经济史学家彭泽益先生根据"不完全的统计"，认为全国的银产量，"1754年（乾隆十九年）最高达556996两。1800年（嘉庆五年）间左右，年产银不过439063两"。② 显而易见，这两个年份全国的银产量中也未包括云南的茂隆、乐马两个银厂的产量，确实是"不完全的统计"。乾隆中后期至嘉庆初期，滇银产量可能有所减少，但其数量并未减少太多。因为据道光《云南通志》卷73"矿厂一·银厂"条载：乾隆四十二、四十六年，嘉庆三、五、六年等五个年份，"云南新、旧各厂，……每年额课银六万二千五百八十九两九钱五分"③，比乾隆前期仅少7700余两。从产量方面说，按15%的课银税率计算，乾隆中后期至嘉庆初期，年均产银417266.33两，比乾隆前期也仅少51400余两（按：茂隆厂因"收课多寡无定额"，未计入其中）。如此看来，从乾隆初年至嘉庆初期，滇银年均产量大致是100万两，有一些年份曾多达105万两。这比明代最高年均产银34万两，高出两倍之多。

嘉庆后期，云南各银厂每年的额课银都大大减少，随之全省每年额课银总数也大幅降低，详见表7-20。

表7-20所示嘉庆十六年（1811）至道光二十五年（1845）间，云南有15个银厂在生产，其每年缴纳的额课银合计24197余两。这一年均额课银数较之康熙后期至乾隆前期的70311余两减少了46197两，

---

① 据《钦定大清会典事例》卷243"金银矿课"条载："永昌府属茂隆银厂，收课多寡无定额"。见《云南史料丛刊》第八卷，第219页。乐马厂也可能"收课多寡无定额"。故茂隆厂和乐马厂均因课银"无定额"，其所缴纳的课银数额都未记入《会典事例》之中。

② 彭泽益：《鸦片战争后十年间银贵银贱波动下的中国经济与阶级关系》，《历史研究》1961年第6期。

③ 阮元等：道光《云南通志》卷73，矿厂一·银厂。引自《云南史料丛刊》第十二卷，第620页。

表 7 - 20 清嘉庆十六年至道光二十五年（1811～1845）云南银厂每年额课银数

单位：两

地点	银厂名称	额课银数	附　　记
临安府	摸黑银厂	51	每银一两,抽课一钱五分
	个旧银厂	2306	
东川府	棉花地银厂	5106	同上
	金牛银厂	289	
昭通府	乐马银厂	6353	
	金沙银厂	1199	同上
	铜厂坡银厂	1119	
丽江府	回龙银厂	3894	同上
	安南银厂（即古学旧厂）	2522	
永昌府	三道沟银厂	40	同上
顺宁府	涌金银厂（即立思基旧厂）	560	同上
楚雄府	永盛银厂	217	
	土革喇银厂	20	每银一两,抽课一钱八分
	石羊银厂	5	每银一两,抽正课二钱
	马龙银厂	516	
	十五厂合计	24197	嘉庆十六年定年额课银数

注：①《滇南矿厂图略》（下）"银厂第二"谓："以上十五厂,嘉庆十六年定年额课银二万四千一百一十四两三钱"。编纂者吴其濬于道光二十三至二十五年任云南巡抚。故上述十五厂每年缴纳课银24114两的时间,约从嘉庆十六年至道光二十五年。

②上表引自全汉昇《明清时代云南的银课与银产量》,《中国经济史研究》（下）,（台北）稻香出版社,民国八十年,第634、635页。

资料来源：吴其濬：《滇南矿厂图略》（下）,银厂第二。

仅为其34%；较之乾隆中后期至嘉庆初期的62589余两也减少了38475两,也仅为其38%。从产量方面来说,嘉庆十六年至道光二十五年,按15%的课银税率常制计算,此间年均产银160765两,只及乾隆初年至嘉庆初期约100万两的16%。可见,嘉庆中后期至道光后期,滇银产量已大大减少。

此外，我们还从道光《云南通志》卷73"矿厂一·银厂"条下，看到"道光九年份"19个银厂报解的课银数，从中也可知道这一年份的银产量，兹列表7－21以明之。

表7－21　清道光九年（1829年）云南各银厂报解额课银数

单位：两

厂名	额课银数	厂名	额课银数	厂名	额课银数
石羊厂	5.546	金沙厂	686.973	摸黑厂	51.113
个旧厂	2306.142	金牛厂	289.814	三道沟厂	4.879
永盛厂	217.332	涌金厂	298.198	角麟厂	121.18
土革喇厂	20.462	回龙厂	3401.229	太和厂	42.924
马龙厂	516.134	铜厂坡厂	1119.398	白羊厂	382.43
古学厂	1262.31	棉花地厂	5106.259	悉宜厂	800
乐马厂	4673.851				

　　表7－21所示，道光九年（1829），云南有19个银厂在生产，当年缴纳的额课银合计21306.174两。若按15%的课银税率计算，这一年全省产银共142041.15两，只及乾隆、嘉庆初年的14%。从道光九年的实际产银数量，也可看到滇银逐渐走向衰落的趋势。

　　据研究，道光中期以后，包括云南在内的全国银矿业都已处于逐渐衰落之中。迄于道光二十三年（1843），全国在采银厂仅有28～30个，比乾嘉极盛之时的89个减少了约三分之二。翌年（1844），清廷曾几次"密谕"云南、贵州、广西、四川等省督抚，要求他们设法大力鼓励当地商民投资开采银矿。但广西只有三个银厂继续开采，而课银"为数寥寥"；云南尚维持原来在采的27个银厂。迄于道光二十八年（1848），全国在采银厂也有36个，而云南先后新开的银厂也只有9个，其他各省则始终未见报开新的银厂。① 当时有人认为，银矿业衰落的原因主要是"银源日竭"。如成毅在《专重制钱论》中写道："银之行用日广，

---

① 彭泽益：《鸦片战争后十年间银贵银贱波动下的中国经济与阶级关系》，《历史研究》1961年第6期。

煎炼日多，地宝之泄日甚，则矿砂有时或竭。"① 即由于白银使用范围日渐广泛，银矿采冶大规模展开，地下埋藏的银矿资源随之日渐减少甚至枯竭，从而造成银矿业走向衰落。"银源日竭"当然是导致银矿业衰落的一个重要原因。因此，除前面分析铜矿业衰落的三个原因，即封建社会生产力的局限、清政府的控制与掠夺、清嘉庆道光年间货币商品市场出现新的变化等外，银源日竭也应是促使银矿业走向衰落的重要原因。

六　滇银大开发的作用与地位

如上所述，滇银自康熙二十四年（1685）快速发展以后，至乾隆初年均产量达 46 万余两，乾隆前期至嘉庆中期年均增至约 100 万两，其中有些年份更多达 105 万两。滇银的大发展，"上充国课，下裕民生"，② 即政府从中抽收大量课银，社会也从中受益。对此，乾隆后期在云南做知县的檀萃说得更清楚。他在《厂记》中这样写道："论者以银币之济中国者，首则滇之各厂，次则粤海花银。滇昔盛时，外有募（茂）隆，内有乐马，岁出银不赀。自尚贤死，募（茂）隆遂为夷人所据，而乐马亦渐衰，于是银贵钱贱，官民受其累"；吴尚贤"开茂隆厂，大赢，银出不赀，过于内地之乐马厂，二厂东西竞爽，故滇富盛，民乐而官康"。③ 檀萃又在其《滇海虞衡志》卷二"志金石"条中写道："银亦上币，军国之巨政也。中国银币尽出于滇，次则岭粤花银，来自洋舶，他无出也。昔滇银盛时，内则昭通之乐马，外则永昌之募（茂）龙（隆），岁出银不赀，故南中富足，且利天下。"④ 檀萃的这两段话，包括三方面内容：其一乾隆时期，中国市场上流通的白银大部分来自云南，其次才是从广东沿海流入我国的花银（即外国

---

①　盛康辑《皇朝经世文续编》卷 58，"户政·钱币"。引自《近代中国史料丛刊正编》（840），文海出版社，1966，第 6688、6689 页。

②　《朱批奏折》，"乾隆四十一年四月十五日署云贵总督兼署云南巡抚觉罗图思德奏"。转引自《清代的矿业》下册，第 593 页。

③　师范编著《滇系》八之四，艺文系。引自王文成等《〈滇系〉云南经济史料辑校》，第 299 页。

④　檀萃：《滇海虞衡志》卷之二，志金石。引自《云南史料丛刊》第 11 卷，第 180 页。

银元，因边缘有花纹得名）。其二过去云南银矿业兴盛时，东面有乐马银厂，西边有茂隆银厂；这两个大银厂的产量很多，以至于无法估量。其三云南出产的白银，不仅使本省富足，而且有利于国家的发展。檀萃的这些话，所谓"南中富足"、"民乐而官康"似乎言过其实，但乾嘉近百年间每年产银几十万两甚至上百万两，确实对云南和国家的经济发展作出了贡献。

道光二十二年（1742），著名学者魏源曾对当时中国流通白银的来源进行了研究，他说："今则云贵之铜矿多竭，而银矿正旺。银之出于开采者十之三四，而来自番舶者十之六七。中国银矿已经开采者十之三四，其未开采者十之六七。"① 如果魏源的估计与事实距离不致太远，在当时全国流通的大量白银中曾经提供百分之三四十的各省银矿，"云南银矿显然是其中最重要的一个。因此，明、清时代中国各地市场上之所以能够普遍用银作货币来流通，把赋、役折算为银来缴纳给政府的一条鞭法所以能够实行，除外国银子的流入外，云南银矿的长期采炼，应该也是其中一个因素"。② 直到道光时期，云南银矿业虽然已经衰落，但是作为最重要的产银大省，云南仍然提供全国白银流通量中百分之三四十的绝大部分，成为白银市场的主要支撑力量之一。可见，滇银在全国货币市场中占有重要的地位。

此外，云南银矿大多分布在山区，随着银矿业的大规模开发，大量人流、物流、资金流纷纷进入山区，从而带动了山区农业生产特别是粮食和副食品生产的发展。再者，一些银厂如茂隆、募乃、悉宜等厂，位于中国与缅甸接壤的边疆民族地区，其中有的银厂甚至由当地土司管办。随着这些银厂的开发，数以千计、万计的内地人民前来走厂。他们与边地少数民族进行经济、文化交流，促进了民族经济的发展；同时，由于银厂生产出大量白银，增强了边疆地区的经济实力，更加有效地维护了

---

① 魏源：《魏源集》下册，军储篇一。引自赵靖、易梦虹主编《中国近代经济思想资料选辑》上册，中华书局，1982，第113页。
② 全汉昇：《明清时代云南的银课与银产额》，《中国经济史研究》（下），第642、463页。

边疆地区的安全，"如永昌边外茂隆银场，在乾隆时，……不惟利足以实边储，且力足以捍外侮"。① 可见，开发边境地区的银矿，还有利于维护国家的主权与安全。

第四节　金锡铅锌铁的开发

清代前期，在云南矿产中，除铜、银均被大开发外，金、锡、铅、锌、铁也有不同程度的开发，兹分述之。

一　金矿的开发

清代前期，全国金矿不多，产量也不大。产金之地有贵州天柱县相公塘、东海洞金矿，思南府天庆寺金矿以及镇远中峰金矿等；陕西有哈布塔海、哈拉山等金矿；甘肃有扎马图、敦煌沙州南北山等金矿；新疆有伊犁皮里沁山等金矿；湖南辰州府大油山等金矿。其中甘肃敦煌县沙州金矿于乾隆五十一年（1786）产金约1980两，可能是当时国内最大的金矿。这些金矿从雍正时开采，乾隆、嘉庆间开采较多，迄于道光时尚有甘肃沙州、湖南辰州和新疆伊犁等处金矿仍在开采。②

据统计，顺治元年至道光十八年（1644～1838），全国报开金厂41个，其中甘肃20个、云南11个、贵州5个、广西3个、陕西1个、湖南1个。③ 由此可知，云南报开的金厂数，仅次于甘肃省。

（一）金厂的分布

据道光《云南通志》、《滇南矿厂图略》等记载，兹将云南11个金厂的分布及其简况，列表7－22以观之。

表7－22所示，清代前期云南先后报开的11个金厂，分布在永北等

---

① 《济宁直隶州续志》卷20，艺文志。转引自《清代的矿业》下册，第591页。
② 夏湘蓉等：《中国古代矿业开发史》，地质出版社，1980，第193、194页。
③ 彭泽益编《中国近代手工业史资料》（1840～1949）第一卷，中华书局，1962，第386页"清代矿厂统计"1、各省矿业情况。

表 7－22　清代前期云南金厂的分布及简况

名称	所在府州县	开采时间	封闭时间	每年额课金（两）	备注
金沙江厂	永北直隶厅（今永胜县）	康熙二十四年		康熙二十四年 14.52（遇闰加金 1.21 两）乾隆六年 7.26	"每金床 1 张，月抽课金 1 钱"
麻姑厂	开化府（今文山州）	乾隆十五年		10.01（遇闰加增 0.91）	"每金床 1 张，月纳课金 1 钱 3 分"
麻康厂	中甸厅（今香格里拉县）	乾隆十九年		嘉庆十六年 11.2（闰加 5 钱）	（乾隆时为慢梭厂子厂）"每金一两抽课金二钱"
黄草坝厂	腾越州（今腾冲县）	嘉庆五年		道光九年 0.3953（闰加 0.0329）	以上 4 个金厂于道光初期乃在开采
上蒲江厂	永昌府保山县	康熙四十六年	乾隆十五年	25.56（遇闰不加）	
锡板厂	开化府（今文山州）	康熙四十六年	乾隆十五年	34（遇闰加金 2.2 两）	
北海蒲草厂	鹤庆府（今鹤庆县）	开采年份无考	嘉庆二十年	7.2（遇闰加金 1.26 两）	"每票一张，月纳钱二百五十文，折金起解"。
慢梭厂	临安府建水州	开采年份无考	嘉庆十五年		"每签一枚，月纳课金一分" "每金票一张，月纳课金一钱"
冷水箐厂	腾越州（今腾冲县）	嘉庆六年	嘉庆八年	未定年额	
金龙箐厂	腾越州（今腾冲县）	嘉庆六年	嘉庆八年	未定年额	
魁甸厂	腾越州（今腾冲县）	嘉庆六年	嘉庆十一年	未定年额	

资料来源：阮元等：道光《云南通志》卷 73 "矿厂·金"。引自《云南史料丛刊》第十二卷，第 613、614 页。吴其濬：《滇南矿厂图略》（下）"金锡铝铅铁厂第三"第 17 页。按：该书载麻姑厂开采时间为雍正八年。

7 个府厅（州）县，其中腾越州最多（4 个）。从地域上看，主要分布在滇西、滇西北和滇南地区。此外，表中所示，云南金厂大多开采于康熙、乾隆时期，嘉庆时的金厂则旋开旋闭。

　　此外，在其他个人著述和官修史志中，也有关于云南金矿的记载。康熙十一年（1672）来滇任云南府同知的刘崑，久居云南，"据其身经目击"写成《南中杂说》，其中专列"金"条，曰："滇水之产金者，曰金沙江；土之产金者，曰白牙厂（疑鹤庆府北衙厂）。"①在乾隆中后期的文献中记载当时云南金矿者主要有：吴大勋《滇南闻见录》谓："金生于水，以沙土淘洗而得，金沙江以此得名，所谓金生丽水者是也。亦有生于山者，鹤庆有金矿，……开化产蘑菇（即麻姑）金，永平产水金，皆足色赤金。中甸之金色最淡，分最低。永北滨江之区，向以淘金有课。"② 檀萃《滇海虞衡志》卷之二"志金石"谓："金出于北金沙江，所谓金生丽水也。淘洗得之，工费正等；惟掘于平地，得金块大小而利赢。……滇南金厂三：一在永北之金沙江，一在保山上潞江，一在开化之锡板。"③ 又《清朝通典》卷 8 "食货典八"载："金银矿课：云南永北府属金沙江金矿，每年额课金七两二钱六分。永昌府属上潞江金厂，额课金二十五两五钱六分。开化府属锡版金厂，额课金三十四两。"④ 又，乾隆《开化府志》也载："麻姑山（今马关县大马固）在府南九十里，其地产金；乾沙坡在府南一百里，其地产金。"⑤ 从上述文献来看，乾隆之世，云南开采的金矿更多一些。

　　表 7-22 中所列"慢梭厂"，在今红河州金平县之岔河。乾隆二十二年（1757），临安府通海县知县余庆长奉命查看慢梭厂，后来写成《金厂行记》一书。其按日记程，详记沿途艰辛，而于厂事甚略。有价值者仅

---

① 刘崑：《南中杂说》，金。引自《云南史料丛刊》第十一卷，第 357 页。
② 吴大勋：《滇南闻见录》下卷，物部·金。引自《云南史料丛刊》第十二卷，第 27 页。
③ 檀萃：《滇海虞衡志》卷之二，金石志。引自《云南史料丛刊》第十一卷，第 180～181 页。
④ 嵇璜：《清朝通典》卷八，食货典八，浙江古籍出版社，1988，典 2065。
⑤ 乾隆《开化府志》，云南省图书馆藏抄本。

为"抵（建水）摸黑银厂，晤厂官王元赞，慢梭其兼官也"；"又二十五里为麻梨坡，抵慢梭厂官房宿。二十四日，巡视厂地，定情形五条，拟章程五条，以报委查之命"。[①] 由此可知，慢梭金厂于乾隆二十二年仍在开采，该厂设有厂官（即"厂员"），由摸黑银厂厂官王元赞兼管。与上述铜厂厂员一样，其主要职责乃在于监收课金。至于余庆长巡视慢梭金厂时所拟定的"情形五条"和"章程五条"未见文献记载，故不得而知。又据《云南屏边西区岔河金厂调查报告》，岔河金厂即慢梭金厂，开办于乾隆初年，江西人王布田为其始祖。金厂蕴藏丰富，"金之含量为二万三千七百五十分之一；其实，金之含量不止此数"。[②] 在云南 11 个金厂中，仅慢梭厂有如上一些简略记载，其余 10 个金厂均未见更多记载，故不能一一详加介绍。

（二）金厂的生产

刘崑《南中杂说》谓："永北县采江金之法：土人没水采泥沙以漉（过滤）之，日可得一二分，形皆三角，号曰'狗头金'。采土金之法：土人穴地取沙土以漉之，亦日得一二分，状如糠秕，号曰'瓜子金'。"[③] 吴大勋《滇南闻见录》下卷"物部·金"也谓："金生于水，以沙土淘洗而得。……至于淘金者，每日或有或无，不能必得。即得金，亦有少无多，且为质甚微，易于欺隐"；"亦有生于山者，……亦如银、铜攻采而得，煅炼而成"。[④] 上述康熙、乾隆时期的记载都比较简略、笼统。近代关于金厂实地的调查，对其生产方法的记录，则较为详细、具体。据 1937 年《云南屏边西区岔河金厂调查报告》称：江外（即金平）采金之法，包括三方面，兹摘要如下：

（1）硐尖：即开凿坑道，挖掘矿石，负矿而出，将其击碎，又捣细如粉状。然后在"金塘"（水池）内洗矿。金塘长宽各二米，深一米。塘侧置摇床（即金床，实为洗床），床上置一竹筛，有两足，名曰摇箕。塘

---

① 余庆长：《金厂行记》，收录在《小方壶斋舆地丛钞》第八帙第一册。引自《云南史料丛刊》第十二卷，第 186、187 页。
② 陶鸿涛：《云南屏边西区岔河金厂调查报告》，《云南日报》1937 年 9 月 10～16 日。
③ 刘崑：《南中杂说》，金。引自《云南史料丛刊》第十一卷，第 357 页。
④ 吴大勋：《滇南闻见录》下卷，物部·金。引自《云南史料丛刊》第十二卷，第 27 页。

内预置金盆及水斗（类似水瓢）各一具。此外尚有一竹制畚箕，名曰金撮，用以撮矿倾于摇筛。然后即进行冲洗，左手扶筛柄，陆续摇动，右手执水斗，取水倒于筛内；矿即通过筛孔，随水流于摇床上，经过各横槽，金质及比较重之物质，即留存于横槽内，轻者流入尾渣池内，如此冲洗至十数撮即得金矿。

（2）冲塝尖：雨季，在有金矿的山沟内置溜床若干张。溜床长70~100厘米，宽40~50厘米。床面刻横格数十齿，格之间距为1~2厘米。山水暴发时，在山沟上方将从附近采集之金塝，倾倒于沟内，金塝被山水冲过溜床，一部分金砂以及比重较大的沙土，即留存于溜床横格内。然后将溜床上的金砂收集于金盆内，施行荡洗，即得金矿。

（3）混汞：将硐尖或冲塝尖获得的金矿倒入水斗内，混入水银三数两，以右手持定水斗，不分次数在金塘水面转动，矿砂内所含金粒细末，即陆续粘集于水银面上。随后，乃将水银滤于瓷碗内，以右手食指附着口沫少许，以取有黏着性之故，接触水银面，将金汞滤出。所遗过量之水银，复倾于水斗内，再施如上手续工作。后将斗内矿砂倾于金盆，加少许木炭灰，以棕揉洗之；恐金粒上面附着铁锈垢腻，不易与水银粘集，故以碱质揉洗。如此揉洗数十次，将一切灰泥漂尽，复倾于水斗，混以水银，又同样如前工作，如是三数次即得金汞。照此洗金，大约每金一两，须耗费水银一两。

（4）分金：将滤得之金汞，捣以铁杵使细，置于左手心内合以口沫，以右手大拇指用力搓揉二三分钟，使过量之水银及附着之杂质排挤分离。将金汞团成圆形，以包谷壳包裹，纽成结形，置于石涡内，以木炭火吹烧之，使水铁排出后，取出置于瓷碗内，以面巾或布盖好，团团摇转，约一分钟即可得八成至九成五之赤金。

上述《云南屏边西区岔河金厂调查报告》的作者云南矿业公司总经理陶鸿涛写道：江外金厂采冶方法，"均沿袭千年前陈法，毫不改良。政府从未提倡或过问，听任土人三三五五，于每年雨水节期山洪暴发时，自由冲洗山沟内微量之砂金，或淘洗沿河岸之积砂，每日所得仅足糊口，倘使多获立即停业"。陶鸿涛还说，这种沿袭千年，未有改进的土法，

"自有不可磨灭之学理存焉"。①

（三）金厂的课金

道光《云南通志》卷73"矿厂一·金厂"条载："雍正十年，（云南全省）金厂年该额征课金七十四两八分，遇闰加金三两六钱一分。""乾隆二十二年八月，钦奉上谕：'滇省课金，嗣后搭解户部交纳，不必留于该地方变价。钦此'。""道光九年，金厂年该额征课金二十八两八钱六分五厘三毫。"② 以上记载，乾隆二十二年云南课金数额不详。雍正十年为74.08两，道光九年仅28.8653两，减少了45两，这反映了云南金厂的产量迄于道光初年已大大减少。此外，清代前期，云南黄金产量已大不如元明两代，元代云南金课是1840两，明代"年例金"是1000~5000两。③

至于政府怎样向金厂"额征课金"，《清代矿税》有如下之说："有以夫计者，每夫每月纳课三分；……有以床计者，每金床一张，月交课一钱或一钱三分；……有计金纳课者，每两抽课四钱。"④ 此即全国而言，课金征收有计夫（采金人数）、计床（金床数）、计金（产金数）三种方式，在云南则主要以"计床"和"计金"方式为主。如康熙二十四年（1685），"总督蔡毓荣于《谨陈筹滇第四疏》：为亟议理财以佐边饷事，（永北金沙江金厂）每金床一张（原注：金床以木板为之，淘金之器），月抽课一钱，年该课金一十四两五钱二分，遇闰加金一两二钱一分"。⑤ 又如乾隆十五年开采的麻姑金厂，"每金床一张，月纳课金一钱三分"。⑥ 麻康金厂，"每金一两，抽课二钱"，这种"计金"方式，课金税率为20%。此外，黄草坝金厂，"按上中下三号塘口抽收，上沟抽课金一钱五

---

① 陶鸿涛：《云南屏边西区岔河金厂调查报告》，《云南日报》1937年9月10~16日。
② 阮元等：道光《云南通志》卷73，矿厂一·金厂。引自《云南史料丛刊》第十二卷，第613页。
③ 张永俐：《滇金的历史与今后的发展》，《贵金属》第32卷第2期（2011年5月）。
④ 《清代矿税》，载《矿冶》第一卷第四期，第730页，1928年。转引自《中国古代矿业开发史》第194页。
⑤ 阮元等：道光《云南通志》卷73，矿厂一·金厂。引自《云南史料丛刊》第十二卷，第613页。
⑥ 阮元等：道光《云南通志》卷73，矿厂一·金厂。引自《云南史料丛刊》第十二卷，第614页。

分，中沟抽课金八分，下沟抽课金四分"。① 这种按"塘口"抽课的方式并不多见。鹤庆府北衙蒲草金厂，"每票一张，月纳钱二百五十文，折金起解，年纳课金七两二钱，遇闰加金一两二钱六分"。② 此即按"票"征课，"票"即用作凭证的票帖文书，是民户向政府申请淘金而获得的一种凭证。又建水州慢梭金厂，"每签一枝，月纳课金二钱一分：每盆票一张，月纳课金一钱"。③ 此即按"签"、"盆票"征课。"签"即竹片上写有文字符号的标识或凭证；"盆票"即金盆凭证。由此可知，云南征收课金，除主要以"金床"和产金数量为依据外，个别金厂还按政府颁发的票帖或竹签等凭证以及金盆数量等征收课金。此外，嘉庆初开采的金厂则"未定年额"。

清代前期，云南金矿业不景气，淘金者"取利甚微"，甚至"得不偿失"，"未闻以金富也"。④ 有的地方开采金矿，不仅没有给当地带来好处，反而成为其"大累"、"大害"，兹举一例以明之。乾隆时，云南永北府人刘慥，任山西布政使，他向乾隆帝上《奏免金课疏》。他这样写道："窃惟云南永北府地界金沙江，旧传明季本有淘金八户，每户金床一架，额征金一钱五分，递年约征十四两五钱零，添平二两，知府规礼三两，通共征金一十九两五钱零。迩来金渐不产，从前淘金人户久已散亡。今间有淘金之人，俱系四方穷民，藉此糊口，去来无常，或一日得一二分，或三四日竟无分厘。是以额征之数，不能依例上纳；倘课头抽紧，淘金者即潜散他方。有司以正课不敢虚悬，督责课头，以淘金人尽散，无可著落，只得将江东西两岸之夷㑩按户催征，以完国课。间有逃亡一户，又将一户之课摊入一村，相仍积弊，苦累无穷。况二村夷㑩并不淘金，乃至卖妻鬻子，赔纳金课，嗟此夷民，情何以堪。臣生于永北，知之最悉。……小民疾苦，不敢壅于上闻。为此据实冒昧渎陈，伏祈圣主一视

① 吴其濬：《滇南矿厂图略》（下）金锡铅铁厂第三。第 17 页。
② 阮元等：道光《云南通志》卷 73，矿厂一·金厂。引自《云南史料丛刊》第十二卷，第 614 页。
③ 阮元等：道光《云南通志》卷 73，矿厂一·金厂。引自《云南史料丛刊》第十二卷，第 614 页。
④ 刘崑：《南中杂说》，金。引自《云南史料丛刊》第十一卷，第 357 页。

同仁，俯赐蠲免。"① 刘慬的奏疏获乾隆帝谕准，"得减课，尚存六两"。②
较之原来的 14.52 两，减少了 8.52 两，即一半还多。对此，檀萃称道有
加："公（即刘慬）以草茅新进之臣，慷慨直陈于殿陛，数百年之累
遂轻。"③

二 锡矿的开发

清代前期，有云南、湖南、广东、广西等省开采锡矿。乾隆五十年
（1785 年）湖南郴州、宜章两处产锡约十五万余斤。广东的惠阳、潮安、
曲江和高要等府也开采锡矿，并"均二八收课"。广西的贺县、河池、南
丹等处，还有江西南部的大庾、南康等县，都是明代著名的锡产地，清
初似已逐渐衰落。④

云南锡矿，以个旧独著盛名。道光《云南通志》卷 74 载："个旧锡
厂，坐落蒙自县地方，康熙四十六年，总督贝和诺奏开"。《滇南矿厂图
略》下"锡厂一"条也载："个旧厂，在蒙自猛梭寨，蒙县知县理之，康
熙四十六年开"。其实，蒙自个旧村产锡，早在明代正德时已有记载（见
本书第六章第四节）。不过，迄于康熙四十六年（1707），经云贵总督贝
和诺奏请获准后，个旧锡矿即较大规模地进行开采了。

康熙四十六年（1707）定个旧锡厂"每锡百斤，抽课十斤，该课银
四千两"。⑤《滇南矿厂图略》下"锡厂一"载："每百斤例价银四两三分
六厘一毫"。据此可计算出这一年的锡产量是 99.1 万斤。雍正二年
（1724），"总督高其倬奏明：个旧锡厂锡税、锡课外，各商贩锡出滇，九
十斤为一块，二十四块为一合，每合例缴课银四两五钱，（又加税银三两
五钱七分八厘，见《滇南矿厂图略》下'锡厂一'）年收税银二千七八

---

① 阮元等：道光《云南通志》卷 73，矿厂一·金厂。引自《云南史料丛刊》第十二卷，
  第 613、614 页。
② 吴大勋：《滇南闻见录》，金。引自《云南史料丛刊》第十二卷，第 27 页。
③ 檀萃：《永北刘方伯公（慬）传》，师范：《滇系》卷 8。引自王文成等《〈滇系〉云南
  经济史料辑校》，第 323 页。
④ 夏湘蓉：《中国古代矿业开发史》，地质出版社，1980，第 184 页。
⑤ 阮元等：道光《云南通志》卷 74，矿厂二·锡厂。引自《云南史料丛刊》第十二卷，
  第 630 页。

百两、三千余两不等，原无定额。"① "假以年收取平均税银三千两计，当时该厂出省之锡约为 144 万斤"。② 嘉庆十七年（1812），"云南蒙自县个旧锡厂，每年额课银三千一百八十六两"。③ 据此可推算出当年的锡产量为 152 万多斤。由上述可知，康熙、雍正、嘉庆时期，一些年份的锡产量分别是 99 万斤、144 万斤和 152 万斤；在此 100 余年间，个旧锡厂的年产量似乎是比较稳定的，也是逐渐有所增加的。从康熙时起，个旧锡厂的产量已遥遥领先于湖南等产锡诸省。

乾隆四十二年（1777），"奏准：云南蒙自县个旧厂，照例抽课，尽收尽解，每年额课银六万二千五百八十九两"。④ 此额课银，可能为银、锡课税之合计数，故无法确知产锡情况。乾隆时期，个旧锡厂已有较大发展。乾隆二十二年（1757），通海县知县余庆长奉命前往慢梭金厂调查，途经个旧锡厂，见其"商贾辐辏，烟火繁稠，视摸黑迥胜，地产银、锡、铅，白锡质良，甲于天下"。⑤ 乾隆三十年（1765），个旧厂商"协力捐金"，在云庙立《永远碑记》，称"幸厂地硐旺炉兴，商贾云集"。⑥ 又乾隆后期，吴大勋在其《滇南闻见录》中称云南有几大名厂，即"鲁甸之乐马，为大银厂；东川之汤丹、落雪、大水沟、茂禄，顺宁之宁台，蒙自之金钗，为大铜厂；古臼（即个旧）为大锡厂"。⑦ 个旧锡厂已跻身于当时著名的大厂之列，与大银厂、大铜厂相提并论。可见，乾隆时期，个旧锡厂"硐旺炉兴"，产锡不少，产品质良，已成为全国著名的大锡厂。

个旧锡厂生产的锡产品称为"响锡"（不杂铅自响），主要供给铸钱之用。首先是早在雍正初年即供给浙江省铸钱。据《户科史料》记载：

---

① 阮元等：道光《云南通志》卷 74，矿厂二·锡厂。引自《云南史料丛刊》第十二卷，第 630 页。
② 章鸿钊：《古矿录》卷五，第 218 页。
③ 刘锦藻：《清续文献通考》卷 43，征榷十五·坑冶，第 7976 页。
④ 宣统《续蒙自县志》卷 2，物产·矿物。见《中国地方志集成》（云南府县志辑）49，凤凰出版社，2009，第 228 页。
⑤ 余庆长著《金厂行记》，《云南史料丛刊》第十二卷，第 186 页。
⑥ 《永远碑记》今仍存于个旧市五一路云庙内。
⑦ 吴大勋：《滇南闻见录》上卷，人部·打厂。《云南史料丛刊》第十二卷，第 22、23 页。

雍正三年（1725），总理户部事务和硕恰亲王允祥等题："临安府被劾知府王僴抽获雍正元年份个旧锡厂未变锡斤价银四千两，业经奏销正案。……查前项锡斤目今又无商贾在厂承买，况历系浙地行销，……令现在发给道库余银，雇脚差员运往杭州货卖，俟变价回滇，照数补库，更可获余息，尽数充饷。"[1] 个旧锡厂锡斤"历系浙地行销"，说明雍正初年甚至更早，个旧大锡即已销往浙江省。上引雍正二年有"个旧锡厂锡税锡课外，各商贩锡出滇"，也许就是指商贾贩锡前往浙江销售，其数量多达 144 万斤。乾隆五年（1740）"奏准：云南省局增设炉十座，临安局增设炉五座。又议准：云南省改铸青钱，需用点锡，赴粤采买不易，即以各旧（即个旧）厂板锡搭配鼓铸"。[2] 即从乾隆五年起，个旧所产板锡已成为云南铸钱的原料之一，大大拓宽了锡产品的使用范围。又，乾隆十三年（1748），"准：四川省鼓铸，采买云南个旧厂板锡，每一百斤，给价银二两九钱二分七厘有奇；自厂运至四川省城，给脚费银二两八钱八分九厘有奇"。[3] 可见，雍正、乾隆时期，个旧生产的大锡已销往浙江、四川等省以供铸钱之需，同时还供给本省省城局和临安局铸造铜钱。

以上所述，清代前期，个旧锡厂迅速发展起来，乾嘉之世有的年份产锡量多达 152 万余斤。这是因为当时全国大量鼓铸制钱，需要更多的锡料，从而推动了锡矿业的迅速发展。个旧锡厂，从乾隆时起，即以其产量巨大、品质优良，而闻名于全国。

三　铅矿的开发

清代前期，全国铅矿主要分布在云南、贵州、湖南三省。此外，山西、陕西、四川、广东、广西等省也有出产。贵州大定府大兴铅厂乾隆时曾年产 50 万斤，湖南桂阳州铅厂、郴州铅厂曾年产铅 20 万斤，广西渌泓等铅厂也曾年产铅 20 余万斤等。陕西、四川等省产铅甚少，且无课额

---

[1]　《户科史书（料）》。转引自《清代的矿业》下册，第 601 页。
[2]　光绪《大清会典》卷 219，直省鼓铸，中华书局，1990，第 565 页。
[3]　光绪《大清会典》卷 219，直省鼓铸，第 549 页。

可考。①

云南铅厂，先后开采者 12 个。据道光《云南通志》和《滇南矿厂图略》记载，兹列表 7-23 以观之。

表 7-23　清代前期云南铅厂的分布及简况

名称	所在府州县	开采时间	封闭时间	课铅税率
北地坪厂	丽江府	康熙二十三年	不详	每百斤抽课铅十斤（10%）
者海厂	东川府会泽县	乾隆二年	不详	每百斤抽正课十斤，外收余铅五斤（15%）
老彝良厂	镇雄州	嘉庆七年	不详	不详
阿那多厂	东川府会泽县	乾隆十九年	乾隆五十九年封闭 嘉庆二十二年复开	不详
妥妥厂	寻甸州	乾隆十三年	不详	每百斤收课二十斤（20%）
普马厂	建水州	乾隆初年	嘉庆十三年	每百斤抽课十斤，又抽公廉铅五斤，又抽充公铅五斤（20%）
摸黑厂（又称大黑山铅厂）	建水州	乾隆四十二年	不详	每百斤抽课铅十五斤（15%）
多宝厂	禄劝州	乾隆十八年	乾隆三十一年	每百斤抽课铅二十斤（20%）
发咱厂	弥勒州	乾隆十八年	乾隆二十三年	每百斤抽课铅二十斤（20%）
金鸡厂	不详	乾隆十八年	原注：封闭年份无考	每百斤抽课铅二十斤（20%）
逢里山厂	通海县	乾隆二十九年	乾隆二十九年	每百斤抽正课十斤，余课十斤（20%）
甸尾厂	不详	乾隆十九年	乾隆十九年	不详

资料来源：阮元等：道光《云南通志》卷 74，矿厂二·铅厂；吴其濬：《滇南矿厂图略》（下）锡厂一。

---

① 夏湘蓉等编著《中国古代矿业开发史》，第 184、185 页。

由表 7-23 可知：清代前期，云南先后开采的铅厂共 12 个，分布在东川、临安、丽江、曲靖、镇雄、武定等六个府州（厅）地区。这些铅厂开采时间最早的是康熙二十三年，最晚是嘉庆七年，绝大多数开采于乾隆时期。

铅，在历史文献中又称"黑铅"，俗称"底母炉"（与灰吹法炼银有关）。①

云南 12 个铅厂中，有年产量可考者只有如下 5 个：

者海厂：嘉庆八年，"建水普马厂不能供省局鼓铸，改令者海厂供省局鼓铸铅一十八万八千八十三斤四两三钱八分"。

普马厂：嘉庆八年，"令普马厂自运铅五万斤"，供省局鼓铸。

老彝良厂："嘉庆十三年报部，屡奉部驳，令以十三年出铅七十二万零作为定额"。

妥妥厂："案册：……年办黑铅一万斤。嘉庆十八年，加办黑铅一万斤"。

摸黑厂："案册：年办铅六千七百五十三斤十两八钱五分九厘"。②

以上五个厂，在嘉庆十三年（1808 年）前后，大约年产铅合计 98 万余斤。全省 12 个铅厂中五个厂有近百万斤的年产量，说明在当时全国产铅诸省中云南应是年均产量比较多的一个省。

云南铅厂均向政府缴纳一定比例的课铅。据《滇南矿厂图略》记载：课铅的一般"定例"是："每百斤抽课十斤、充公五斤；通商十斤，通商铅每百斤仍抽课十斤，充公五斤；课铅变价充饷，公铅变价充公，以支廉食。"③ 这就是说，铅厂每生产 100 斤铅，就要向政府缴纳课铅 10 斤、充公铅 5 斤，加上再从厂民自卖的 10 斤通商铅中抽 10% 的课铅和 5% 的充公铅，即课铅的一般定例为每百斤抽十六斤五两。除课铅（又称"正课"）外，又征充公铅。课铅变卖成银两后"解司充饷"，充公铅（又称"公廉铅"）变卖成银两后"以为管厂官役廉食之需"。征收"充公铅"，

① 吴其濬：《滇南矿厂图略》（下），锡厂一，第 18 页。
② 阮元等：道光《云南通志》卷 74，矿厂二·铅厂。引自《云南史料丛刊》第十二卷，第 630、631、632 页。
③ 吴其濬：《滇南矿厂图略》（下），锡厂一，第 18 页。

实际上是另立名目增加课铅的一种方式，似乎仅见于云南铅矿业中。上述 16.5% 的课铅只是一般"定制"。如上表 7 – 23 所示，各个铅厂的课铅税率还有所不同。如康熙时丽江府北地坪厂课铅税率为 10%，乾隆二年会泽县者海厂增为 15%，乾隆十三年后寻甸州妥妥厂、禄劝州多宝厂、弥勒州发咱厂、通海县逢里山厂、建水州普马厂和摸黑厂，课铅税率均又增为 20%。乾隆时课铅税率逐渐增加，比康熙时高出两倍之多。

云南铅厂生产的铅，主要供本省钱局铸造铜钱，如者海厂所产之铅供东川钱局，后又供省城局鼓铸；阿那多厂"向供东川局鼓铸"；普马厂"改拨省城局供铸"等。各铅厂"所出之铅，先尽官为收买，余无论本省、邻省，准其通商"。① 可见云南产的铅，除主要供本省铸钱外，可能有一部分由厂民自行销往"邻省"。无论是政府征收的课铅及充公铅，还是厂民自卖的通商铅，都有不同的"变价"标准，如北地坪厂"每课铅百斤，变价银七钱五分"；普马厂"每百斤抽课十斤，变价银二钱"；阿那多厂"每百斤厂价银一两六钱八分四厘"；妥妥厂"收买价值""每百斤给银一两八钱"；摸黑厂"每百斤变价银一两四钱八分等"。② "变价"标准的变化，当然与铅的质量及市场的需求密切相关。

四 锌矿的开发

前面已述，明代云南已生产锌（见第六章第四节）。入清后，云南锌矿开发的范围有所扩大，锌产量也随之增加。

锌，在清代文献中称为"白铅"，又称"倭铅"。

清代前期，全国产锌的省份有贵州、广西、云南、湖南和四川，其中以贵州产锌最多，其次是广西和云南。贵州省的福集、莲花两大锌厂，乾隆五十八年（1788）"岁供京楚两运白铅六百余万斤"。广西省于乾隆二十九年至三十八年的 10 年间，"每年（锌）的产量约四十七、八万

---

① 俱见阮元等道光《云南通志》卷 74，矿厂二·铅厂。引自《云南史料丛刊》第十二卷，第 630 页。
② 俱见阮元等道光《云南通志》卷 74，矿厂二·铅厂。引自《云南史料丛刊》第十二卷，第 630、631、632 页。

斤"。①

云南锌厂，见于文献记载者有 5 个，兹分别简述如下：狮子山厂：位置不详。乾隆二十九年（1764）题准："云南狮子山白铅厂准其开采。每百斤抽正课十斤，变价充饷；余课十斤，以五斤变价充公，五斤为管厂官役廉食之用。余铅给价银二两，收买供铸。"② 乾隆三十五年（1770）封闭，先后经营了 6 年。

野猪畔厂：乾隆二十九（1764），准云南弥勒州开采白铅厂。照例每百斤抽正课十斤，余课十斤；所余之铅给价收买，拨运广西（府）局鼓铸。乾隆三十六年（1771）封闭，先后经营了 7 年。

卑浙、块泽二厂：卑浙倭铅厂坐落于罗平州地方；块泽倭铅厂，坐落平彝（今富源）县地方。雍正七年（1729）总督鄂尔泰、巡抚沈廷正题开。八年（1730）题报抽收课铅，每年变价四五千两不等，无定额。乾隆十六年议准该二厂煎出倭铅，每百斤抽正课十斤，报部充饷；又抽余课十斤，以五斤为管厂官役廉食，以五斤变价解司充公。案册：年额办省局铅二十一万九千七百六十九斤二两八钱一分二厘，每百斤变价银一两八钱二分，该课银三百九十九两九钱八分。报部充饷，有闰照加。③乾隆时，卑浙、块泽二厂每年按定额供给省局倭铅 219769 余斤，应是当时两个比较大的锌厂。

普马厂：坐落于临安建水州，乾隆十四年开采。该厂既产黑铅，又产倭铅。乾隆四十四年题准：云南建水县普马厂白铅，改拨省城局供铸。案册：普马铅厂，年办局铅二十一万九千七百六十九斤二两八钱一分二厘，有闰办铅二十三万八十三斤四两三钱八分。嘉庆十三年封闭。④ 普马厂每年供给省局白铅 219769 余斤，也是乾隆后期一个比较大的锌厂。

由上所述，清代前期，云南开发的锌厂共 5 个，除卑浙、块泽二厂开采于雍正中期外，其他三个厂都是乾隆时期开采。这些锌厂的课锌均

---

① 夏湘蓉等编著《中国古代矿业开发史》，第 186、187 页。
② 阮元等：道光《云南通志》卷 74，矿厂二·铅厂。引自《云南史料丛刊》第十二卷，第 632 页。
③ 阮元等：道光《云南通志》卷 74，矿厂二·铅厂。引自《云南史料丛刊》第十二卷，第 631 页。
④ 岑毓英等：光绪《云南通志》卷 74，矿厂二·铅厂。光绪二十年刻本，第 15 页。

按二八抽收，即政府征收 20% 的课税。乾隆时，锌的官价是每百斤银 1.82~2 两。从记载较为明确的三个厂来看，乾隆时卑浙、块泽二厂曾年产锌 219000 余斤，普马厂年产锌的数量也如此。如果记载无误，乾隆时云南年产锌大约是 438000 余斤。这一年均产量次于贵州和广西，位居第三。

五 铁矿的开发

清代前期，开采铁矿的省包括云南在内共 15 个，其中最有名的大型铁厂是广东佛山铁厂和陕西汉中铁厂。[①]

据道光《云南通志》记载，清代前期，云南先后开采的铁厂共计 30 个，兹列表 7 – 24 以观之。

表 7 – 24　清代前期云南铁厂的分布及简况

名　称	所在府州县	开采时间	封闭时间	年征课银（两）	遇闰年加银（两）
石羊厂	南安州（今双柏县）	无考		27.44	2.287
鹅赶厂	镇南州（今南华县）	康熙二十四年		12.11	1.0091
三山厂	陆良州	康熙二十四年		10.71	0.8925
红路口厂	马龙州	康熙二十四年		11.52	0.96
龙朋里上下厂	石屏州	康熙二十四年		10.76	0.8991
小水井厂	路南州	康熙二十四年		7.2	0.6
阿幸厂	腾越州（今腾冲县）	雍正六年		年该溢额归公银 4 两，道光九年分收盈余银 50 两	0.334
沙喇箐厂、水箐厂	腾越州	无考		各 4	0.333

---

① 夏湘蓉等编著《中国古代矿业开发史》，第 165~168 页 "清代前期全国金属矿产分布地区表"；又第 172 页。

续表

名　　称	所在府州县	开采时间	封闭时间	年征课银（两）	遇闰年加银（两）
河底厂	鹤庆州	无考		8	
滥泥箐厂	嘉州（今双柏县南）	无考		8	
椒子坝厂	大关同知（今大关县）	无考		12	
老君山厂	易门县	无考		8.56	
猛烈山厂	威远同知（今景谷县）	无考		7.2	
小东界厂	大姚县	康熙二十四年	无考	6.46	0.5383
只苴厂	和曲州（今武定县南）	康熙二十四年	无考	6.50	0.5416
马鹿塘厂	和曲州	康熙二十四年	无考	5.50	0.4583
矣纳厂	和曲州	康熙二十四年	无考	5.84	0.4866
河底厂	和曲州	康熙二十四年	无考	5.28	0.44
平底喷水滩厂	和曲州	康熙二十四年	无考	7.80	0.59
大麦地厂	和曲州	康熙二十四年	无考	13.18	1.0983
三家厂	和曲州	康熙二十四年	无考	7.2	0.6
双龙叠水厂	和曲州	康熙二十四年	无考	6.72	0.56
白衣关厂	易门县	康熙二十四年	无考	8.56	0.7133
迷末厂	易门县	雍正六年		9.97	0.8308
苴芜厂	定远县（今牟定县）	雍正六年		年该溢额归公银240两	0.775
甲甸骂刺厂	和曲州	雍正六年	无考	年该溢额归公银8.1两	0.334

续表

名　称	所在府州县	开采时间	封闭时间	年征课银（两）	遇闰年加银（两）
鹅脖子厂	嶍峨县（今峨山县）	雍正六年	无考	年该溢额归公银 4 两	
法泥打矿山厂	禄丰县	雍正六年	无考	年该溢额归公银 7.4 两	
普马山厂	建水县	不详	无考	年该溢额归公银 301.69 两	

注：前 14 个铁厂迄于道光时仍在开采，后 16 个铁厂道光前已封闭。

资料来源：阮元等修：道光《云南通志》卷 74，矿厂二·铁厂。引自《云南史料丛刊》第十二卷，第 627、628、629 页。

表 7 - 24 所示，清代前期，云南先后开采的铁厂共计 30 个。其中康熙二十四年云南总督蔡毓荣奏开者 16 个，雍正六年云南总督鄂尔泰题报者 5 个，开采年份无考、不详者 9 个，可见大部分铁厂开采于康熙中期。这些铁厂分布在 17 个州县，其中和曲州有 9 个铁厂，是当时铁厂比较集中的地方。

《钦定大清会典事例》载："康熙二十四年又奏准：云南省各铁厂，照例收课，以佐边饷。"① 如上表 7 - 24 所示，云南所有铁厂都有"年征课银"若干两，最多是普马山厂"年额课银"301.69 两、苴芜厂"年该溢额归公银"240 两，最少的是沙喇箐厂和水箐厂各 4 两，大多数铁厂是 8 两左右。成书于道光二十四年（1844）的《滇南矿厂图略》下谓："凡铁厂十有四，有闰之年共课银二百九十两一钱五分八厘，无闰之年共课银二百八十一两五钱三分。"② 清代云南铁矿业的课铁税率未见文献记载，故"照例收课"不得其详。如果沿袭明代嘉靖时"铁产万斤交银三两"③的前例，即可推算出道光中后期云南全省年均产铁 938430 余斤。这比明代有所增加。按同样的方法，可计算出普马山厂曾年产铁 1005600 斤、苴芜

---

① 《钦定大清会典事例》卷 244，铜铁金锡铅矿课。引自《云南史科丛刊》第八卷，第 221 页。

② 吴其濬：《滇南矿厂图略》（下），金锡铅铁厂第三，第 19 页。

③ 引自许涤新、吴承明主编《中国资本主义的萌芽》，1985，第 172 页。

厂也曾年产铁 800000 斤。如此看来，建水县普马山厂、牟定县苴芜厂是清代前期云南最大的两个铁厂。

综上所述，清代前期是云南矿业大开发的时期，滇铜、滇银的大开发获得了巨大成就，金、锡、铅、锌、铁等矿产也有所开发。在此期间，滇铜方面，经常有三四十个铜厂生产，年均产铜 1100 万斤左右，保证了京师两大铸钱局（宝源、宝泉）、云南 13 个铸钱局和江苏等 11 省铸造制钱的需要。滇银方面，先后开采的银厂共 45 个，茂隆厂和乐马厂是全国最大的两个银厂，乾隆时期的一些年份全省平均产银达 100 多万两，这是当时其他产银诸省不可企及的。滇铜、滇银大开发的成就，不仅为国家、为本省增加了财富，同时也带动了云南经济社会的发展，特别是促进了山区的开发和少数民族经济的发展。在滇铜、滇银之中，明代中后期业已出现的资本主义萌芽，入清以来有了较大发展，雇佣关系、"月活"或"亲身兄弟"式的工资制等更加明显。除了铜和银以外，金、锡、铅、锌、铁均有不同程度的开发。金厂多至 11 个，其中位于今金平岔河一带的慢梭金厂"蕴藏丰富"。个旧锡厂年产"板锡"140 多万斤，乾隆时期"白锡质良，甲于天下"。先后开采的铅厂共 12 个，其中 5 个年产铅近百万斤。锌矿开发较显著，5 个锌厂中最主要的是建水县的普马白铅厂和曲靖府属的卑浙、块泽倭铅厂，其年均产锌量均分别为 21 万余斤。又，铁厂共 30 个，最大的是建水县普马山厂和牟定县苴芜厂，分别年均产铁 100 多万斤和 80 万斤，超出了明代云南产铁水平。清代前期，云南铜、银等金属矿的大开发、大发展，既是云南省"亘古未有"的第一件大事，也是全国经济发展中的重大事件，在中国古代矿业开发史上占有重要地位。

下篇
近代云南矿业开发

道光二十年（1840）中英鸦片战争后，中国逐渐沦为半封建半殖民地社会。近代云南的社会经济也处在这个总体变化之中。此前已经占领缅甸、越南的英法殖民者，都对云南怀有侵略野心，英法殖民势力的竞相掠夺，加速了云南殖民地化的进程。

　　宣统三年（1911）10 月 10 日武昌起义成功，推翻了清王朝的封建帝制。同年 10 月 27 日、10 月 30 日云南先后发动腾冲武装起义和昆明重九起义，11 月 1 日成立"云南军都督府"，结束了清朝在云南的封建统治。民国四年（1915）12 月 27 日，云南首义，宣布独立，出兵讨伐袁世凯，历时半年于民国五年（1915）6 月护国运动获得成功。此后云南陷入军阀混战之中，直到民国十八年（1929），龙云打败其他军伐，蒋介石任命其为云南省政府主席。抗日战争时期，云南作为大后方，全省人力物力投入全国抗战。1945 年 9 月，蒋介石改组云南省政府，免去龙云职务，任命卢汉接任省政府主席。1949 年 12 月 9 日卢汉宣布起义，云南和平解放。

　　以上就是近代云南矿业开发的社会政治背景。

第一章

近代地质测勘与调查报告中有关
云南矿产资源及其开发的记录

在古代，有关矿产资源及其开发的记载，大多见诸于官方的正史、实录、地方志以及官员的笔记、文集之中。近代以来，有关矿产资源及其开发的记录，则主要出自有关学者的调查报告及研究著述、地质工作者的地质测勘以及相关官员的报告之中。一般而言，后者比前者全面，也更科学一些。

晚清光绪十三年（1887），云南巡抚唐炯奉命"督办云南矿务"（任矿务大臣）。他多次前往铜矿、锡矿、白铅（即锌）矿等矿区调查，"身亲履勘，逐事考求"。之后，他几次上奏疏，就云南矿业开发中的招集商股、购买机器、聘请东洋矿师、采用西法以及谨防"法人谋夺锡利"等问题，一一陈述原因及建议。其见识深远，颇具新意，不经深入调查，不能获得实情。他的这些奏疏，成为研究晚清云南矿业不可多得的第一手资料。[①] 宣统二年（1909），"留学英国矿学（学）生梁焕彝"对东川铜矿进行调查，写成"驰铜禁议"。建议除汤丹、落雪、因民铜矿和巧家厅铁厂外，"其余各处铜矿当准海内外本国商人来滇任便择矿，奉请照章开采，须俟该公司办理发达、炼成熟铜后，按照部定出井（境）出口税新章纳税"。又写下《述游东川铜矿所见》一文，提出"东川铜矿

---

① 中国史学会主编《洋务运动》（七），上海人民出版社，1961，第 31～41、43～46、49～57、61～63 页。

不进步则已，欲求进步，必从改良用西法提炼入手"的观点。① 这位留英学者的建议和观点，显然受洋务运动的影响，颇有见地，也具有重要史料价值。

民国四年（1915），昆明矿署余焕东写道："焕东承乏矿官瞬将一载，目睹滇南实藏郁积地中，而国计民生日嗟贫困。地不爱宝，人谋不臧，谓之何哉？欲谋振兴于今日，首以调查为要图。（民国）三年秋冬间，正广派技术员生，周历三迤，（进行调查）……公余有暇，辄检阅旧卷志乘所载，并参以一二调查员之报告，计得已开、未开及荒废各矿，约千有余处，蕴藏之宏，实甲中国"。"爰将所得各矿，编为表册，分别种类，纪录产地，兴废之故一目可了"，此即为《云南矿产一览表》。这是云南矿业史上第一个通过实地调查和查阅文献编纂而成的全省矿产分布表。该表内容包括铜矿、铁矿、金矿、银矿、铅矿、锡矿、锑矿等所属县别、产地、已开、未开、试办、产额、承办商民、开采年月、现时状况等。② 这个表全面反映了民国初年云南矿业的开发状况，是一份史料价值颇大的调查记录。民国十五年（1926），杨公兆、孟宪民、袁丕济对个旧锡业进行调查，最后由袁丕济编写成《云南个旧锡业调查报告》。该报告共九章，对"个旧锡业之生产、运销、捐税、价格、成本，以及锡矿之分布、矿工之生活，并对于两锡业公司与建设厅驻个旧办事处之组织与现状，皆有记述"。③ 这显然是一个很有史料价值的调查报告。民国二十九年（1940），国立云南大学矿冶系教授（曾在地质调查所任事）朱熙人与袁见齐、郭令智"对于矿床学有专精，本其在滇经历，益以采访所得，辑为专书"，即《云南矿产志略》。编撰者朱熙人等，"在滇数年，所亲自测勘各重要矿产，为数亦属不少；地质矿冶界同人，供给材料，为量亦多"，遂成为一部"立言得要，论列详明"的专著。时任国民政府经济部部长的翁文灏博士曾为之作序。该书共十二章，分别论述了云南省铜、银、锡、铅、锌、铁、钨、铋、钼、金、钴、镍、锰、铝等 14 种金属矿

---

① 顾金龙、李培林主编，云南省档案馆、云南省经济研究所合编《云南近代矿业档案史料选编》（1890～1949 年）第 3 辑（上），未正式出版，1990，第 4～12 页。
② 《云南近代矿业档案料史料选编》第 3 辑（上），第 75～176、182～184 页。
③ 《云南近代矿业档案史料选编》第 3 辑（上），第 308 页。

产的分布、矿床、矿脉、沿革、采冶、产量以及经营现状等。① 这是一部
以地质测勘成果为主的专著，具有较强的科学性，是研究近代云南矿业
尤需关注的著作。民国三十年（1941），云南区税局根据调查所得，编制
成《云南各矿一览表》，对锡、铁、铜、铅等金属矿产的矿厂名称或代表
人、所在地址、矿区名称和面积、每年产量、资本总数、开采方式等，
一一填入表中。表中数据丰富，可供经济分析之用。民国二十九年
（1940），资源委员会经济研究室组织有关学者对云南经济、工矿、钨锡
矿业、管理事业、锑汞矿业、南洋经济等分别进行调查，最后写成各项
调查报告。这些调查报告分为六种，即甲种云南经济研究报告，共 21
册；乙种云南工矿调查报告，共 19 册；丙种钨锡矿业调查报告共 9 册；
丁种管理事业统计报告，共 15 册；戊种锑汞矿业调查报告（未完成）；
己种南洋经济研究报告（未完成）。其中云南工矿调查报告 19 种，即云
南工矿调查概述（曹立瀛辑）、会泽巧家之铜矿（上、下，曹立瀛、陈锡
辑）、会泽之铅锌（上、下，曹立瀛、陈锡
辑）、武禄罗之矿业（陈锡
辑）、滇中区之盐（陈锡辑）、一平浪之煤（陈锡辑）、迤西十三县之煤
（曹立瀛、范金台）、迤西十三县之铁（曹立瀛、范金台）、永胜之铜矿
（曹立瀛、范金台）、迤西之其他矿产（曹立瀛、范金台）、剑川乔后之盐
（曹立瀛、范金台）、迤西之瓷业（曹立瀛、范金台）、滇池西岸之铁
（王乃樑）、云南个旧之锡矿（曹立瀛、王乃樑）、玉溪之织布工业（王
乃樑）、云南一般经济述略（曹立瀛、范金台、陈锡辑、王乃樑）。又，
云南经济研究报告中，关于金属矿产的报告还有：云南之铁、云南之铜、
云南之铅锌、云南之锡、云南之钨锑矿业资料等。每部矿产调研报告，
均述及矿业分布、矿区概况、沿革、生产与消费、贸易与运输及其经营
概况等。显而易见，这是抗战时期，由学者经过调查研究编写而成的一
部大型资料性系列丛书（全部为油印本）。它是研究近代云南矿业开发最
重要的参考书。还有一份颇为厚重的调查报告，就是国立清华大学国情
普查研究所苏汝江先生编著的《云南个旧锡业调查》。苏汝江等于民国二

---

① 朱熙人、袁见齐、郭令智：《云南矿产志略》，国立云南大学、中华教育文化基金董事
会印行，云南财政厅印刷局，1940 年 6 月初版，翁序、例言。

十七年（1938）对个旧锡业进行长达三个多月的实地调查，后经整理分析，编成该书。全书 12 章，分别论述世界与中国锡矿状况、个旧厂区概况、个旧锡矿分布、个旧锡之生产、个旧锡之运输、个旧锡之成本与价格、政府与个旧锡业、矿工之性质、矿工之工作与待遇、矿工之安全卫生福利及生活状况，最后是个旧锡业的影响及问题和建议等。[①] 可见，这是一部内容丰富、资料翔实、结构严密的调查报告，是一部极具参考价值的研究专著。此外，民国三十一年（1942），中国国民经济研究所出版了张肖梅的《云南经济》一书，其中第十章专论云南矿业，述及锡、铅、锌、金、银、铜、钨、锑、钴、锰等矿产。时任云南省政府主席的龙云为该书作序，称其"周谘博访，巨细毕陈，条分缕析，纲举目张，得兹一编，吾滇资源，瞭若指掌"。[②] 可见，这也是颇为重要的参考专著。

　　以上是近代以来有关云南矿业资源与开发的主要著述，大部分是相关学者的调查报告。如上所述，这些著述具有较为明显的全面性和科学性特点，是今天研究近代云南矿业问题不可或缺的参考文献。

---

① 苏汝江编著《云南个旧锡业调查》，国立清华大学国情普查研究所发行，云南开智印刷公司印刷所，1942 年 6 月初版，目录。
② 张肖梅编《云南经济》，中国国民经济研究所出版，1942 年，"龙主席序"。

第|二|章|

新式矿业：云南近代工业的
重要标志

中国近代工业产生于中英鸦片战争至中日甲午战争即 1840～1894 年的 50 余年间。19 世纪 60 年代，清政府中的一些大官僚、大军阀等，以"自强"、"求富"为口号，兴起了以创办军事工业以及其他近代企业为主的洋务运动。这一运动持续到 19 世纪 90 年代，共 30 年。运动初期，以兴办军事工业为主，先后创办了十几个新式兵工厂和造船厂。70 年代以后，清政府及其洋务派官僚开始经营采矿、炼铁和纺织等民用工业。①

19 世纪七八十年代，洋务运动推行到云南。云南也像内地一样，首先创办军事工业。清同治十二年（1873），云贵总督刘长佑和巡抚岑毓英在昆明开办"云南机器局"。这个官办的军用企业，主要生产火炮、枪支和弹药。它曾经聘请法国技师，通过洋行购买机器，又不断扩大厂房，职工多时达 200 人。"云南机器局"显然是在洋务运动影响下，云南最早兴办的近代军事工业。

清朝末年，云南近代工业逐渐发展起来，官办、官商合办及商办的民用企业纷纷涌现。光绪九年（1883），云南布政使唐炯在云贵总督岑毓英、巡抚杜瑞联支持下，创办"云南矿务招商局"，并在云南、上

---

① 祝慈寿：《中国近代工业史》，重庆出版社，1989，第 5 页。

海等地招集商股，以恢复和发展云南的铜矿业。十三年（1887），时任云南巡抚的唐炯被清廷委任为督办云南矿务大臣。他一上任即设立"云南招商矿务公司"，力主招商开采云南矿业，并实行新法，购置大小机器600余件，又延聘日本技师二人，自行兴办巧家白锡蜡铜矿。后因招来商股寥寥无几，加之经营不善，开办不到两年，全归失败。这是在云南矿业中最先使用机器生产的尝试。光绪三十一年（1905），在蒙自个旧创办"个旧厂官商有限公司"，采炼大锡出口；四年后即宣统元年（1909）改为"个旧官商合办锡务股份有限公司"，采用新法进行生产，先后向德国购置冶炼、洗选、电气、索道等各种机械，并以重金聘请德国人裴劳禄和波力克为工程师，负责机器安装和开采设计等事宜。又据宣统三年（1911）的调查，商人开办的大小厂尖（锡矿）不下1200余家，较大者有40个，矿工10余万人，但绝大多数是土法生产，只有极少数是部分使用机器。① 其中比较有名的有：石屏人李恒升从光绪二十六年（1900）开始在个旧天马山开办硐尖，后来又在马拉格办天良硐尖，矿工达千人以上，是当时个旧最大的商办厂尖之一。② 玉溪人李文山开办"鸿发昌号"，雇用工人近千人采炼锡矿，年产大锡几百吨，光绪三十一年（1905年）前后在国内13个省均设有鸿发昌的分号。③ 宣统二年（1910）广东商人在蒙自设立"宝兴有限公司"，兴办矿务，其"现已购机器，先从古山试办"。④（详见下文。）光绪三十二年（1906），在囊充（似应为"腾冲"）等地有商办的"福寿公司"，开采铜铅。光绪三十四年（1908），在昆明开办"宝华锑矿有限公司"，先为官办，反改为官商合办，在文山、开远、广南等地开采锑砂，又向德国商号禅臣洋行购置机器，在蒙自芷村建厂炼锑。（详见下文）此外，从光绪三十年（1904）至宣统二年（1910）的六年间，还出现了玻璃、火柴、制革、纺织、鞋帽、卷烟、罐头、面粉、煤炭、

---

① 李珪主编《云南近代经济史》，云南人民出版社，1995，第111页。
② 云南历史研究所：《个旧锡业私矿调查》（1979年4月），第14页。
③ 云南历史研究所：《个旧锡业私矿调查》（1979年4月），第9页。
④ 《云南近代矿业档案史料选编》第3辑（上），第38页。

电力、制茶、印刷等一些商办近代民用工业等。① 由上所述，采用机器生产的新式矿业，在清末云南近代工业中已占有重要地位。

民国时期，云南近代工业进一步发展，除纺织业、针织业、服装鞋帽业、制糖业、酿酒业、榨油业、造纸业以及清末出现的火柴业、制茶业、卷烟业等手工业均有较快发展之外，以采用机器进行采炼为主要特征的新式矿业又有较大发展。在此期间，新式矿业的发展表现出不同的阶段性特点，故可分为民国前期和后期两个时期。

民国前期即从中华民国成立至抗日战争爆发（1912～1937）的 25年，其间，云南矿业发展的主要特点是滇锡的崛起。在个旧绵延几十里的矿区，出现了数百上千个私人开办的厂尖（即锡矿），其中较大的有"四十八厂"。这些私人经营的厂尖，虽然主要沿用土法，但其生产的大锡占个旧产锡总量的 90% 左右。清末成立的"个旧官商合办锡务股份有限公司"，民国时期有了较大发展，其股本由最初的 176.95 万元（官股100 万元、商股 76.95 万元）增为 200 万元（官股 139.85 万元、商股60.15 万元），采掘与冶炼基本上实现机械化，经营管理采用新式方法等。据统计，民国元年至二十五年（1912～1936），个旧锡矿平均年产大锡7000～8000 吨，较之清末的数十吨至百余吨已有大幅增加（详见下文）。此外，滇铜亦有所恢复和发展。民国二年（1913）在东川成立官商合办的"东川矿业股份有限公司"，延聘日本技师，渐次采用新法生产，建有鼓风炉和反射炉以冶炼精铜。民国十五年（1926），在易门有盈泰铜矿公司，这是一家商办企业，采炼沿用土法，其产品是粗铜。民国十六年（1927），在永胜县开办了一个较大的铜厂即米里铜厂，几年后其生产规模扩大，年产净铜 30 余万斤。据统计，民国十二年（1923）至二十八年（1939）的十六年间，东川、永胜和易门三矿区年均产铜合计 294.4 吨（详见下文）。在此期间，铅、锌、锑矿的采冶也有所发展。据统计，民国元年（1912）以后，全省开采的铅矿有 42 处、锌矿 16 家，其中仅民国四年（1915）至民国八年（1919）就有铅矿 29 家、锌矿 13 家。至于

---

① 该书编写组：《云南近代史》，云南人民出版社，1993，第 160 页"云南近代工业表"（1872～1910 年）。

锑矿，因欧战期间，锑价大涨，云南光华、补乃、荣记等公司纷纷兴起，锑之产量极一时之盛；大战后，锑价大跌，各公司相继停顿（详见下文）。

民国后期，即抗日战争爆发至新中国建立（1937~1949）。在此十一年间，云南矿业发展的主要特点是沿海工矿企业内迁和云南新式矿业纷纷建立。抗战开始以后，国民政府决定将东南沿海的工厂迁往内地。至民国二十九年（1940），内迁工厂共488家，其中迁入云南的有数十家。内迁至滇的工厂有冶金、兵工、机械、电器、化工等行业，它们不仅带来了先进的设备，而且带来了先进的技术和大批管理人员，有的还带来了一定数量的资金等。迁入云南的冶金企业有二个：民国二十八年（1939），设在上海的中央研究院工程研究所迁到昆明，由国民政府经济部和云南地方政府合办"中国电力制钢厂"，主要生产钢锭、钢材和钢铸件等。民国二十七年（1938），中央炼铜厂从长沙迁到昆明，改名为"昆明炼铜厂"，主要冶炼精铜以及锌、铅。在此期间，基于抗战建国的需要，国民政府经济部资源委员会与云南地方政府合办了三个新式矿业：民国二十八年（1939），资源委员会与云南省政府合资组建滇北矿务公司，经营东川等滇北地区以及其他地区铜、铅、锌矿的采炼运销事宜。民国二十九年（1940）由云南省政府、资源委员会和中国银行三方合资组建"云南锡业公司"；民国三十二年（1943），由云南省政府与资源委员会、兵工署合资开办"云南钢铁厂"，其设备能力为日产铁500吨、钢3吨。同期，云南地方政府也兴办了一些新式矿业，如云南电气制铜厂、云南矿业公司、平彝钨锑公司、文山钨矿公司、蒙自芷村锑矿公司、鲁甸矿务局等（详见下文）。抗战后期和内战爆发以后，云南矿业逐渐走向衰落。

上述近代云南矿业大多为官办以及官商合办，少数为商办。这些矿业大都已采用新法进行生产，向外购置机器和延聘技师，并实行新式管理。锡、铜、铅、锌等新式矿业成为云南近代工业的主要组成部分和重要标志。

祝慈寿先生指出："中国的近代工业，是在中国封建统治和外国资本主义侵入的条件下发生的。""中国早期所办的近代工业，有如下几个特点：第一，中国最初的机器工业，不是由本国的工场手工业发展而来的，而是由外国机器工业移植的结果。第二，中国最早的近代工业，不是用于民生的日用品的商品生产，而是用于军需品的非商品生产。第三，中国最早的近代工业，并非创于民间，而是创于政府，是官办企业"。[①] 云南近代工业的产生，也完全符合祝慈寿先生的这一分析。云南于晚清时期创办的近代工业是机器工业，而且是生产军需品的企业，是由云南地方政府所开办。迄于清末，基于铸钱和军工的需要，以采用机器生产为主要特征的新式矿业开始出现，而民国以后又不断获得发展。新式矿业成为云南近代工业的重要标志，这是云南近代工业有别于内地的显著特征。

---

① 祝慈寿：《中国近代工业史》，重庆出版社，1989，第6页。

第 三 章

滇铜的进一步衰落

本书上篇第七章第二节已述，自嘉庆中期以后，滇铜已逐渐走向衰落。迄于道光初年，滇铜产量锐减，解运京铜之数一减再减。据云贵总督伊里布后来奏陈，道光六年（1826），云南应运京铜正运 4 起、加运 2 起，共额解、带解铜斤仅 240 万斤，仅及额运京铜 633 万斤的 37.9%。翌年（1827），由于铜厂继续减产，又不得不再次要求减解。① 道光二十年（1840），鸦片战争爆发后，滇铜更进一步走向衰落。

第一节　晚清时期的滇铜

道光末年，滇铜产量继续减少，因"厂办之数不敷济运"，使"云南（应为四川）泸店存铜无多"。② 这严重影响京师宝源、宝泉二局铸造制钱。为此，户、工两部的"钱法堂"不断奏请"严催铜运"。③ 道光帝从二十七年（1847）三月至三十年（1850）七月的三年间，先后十一次谕内阁："京局鼓铸钱文，全赖滇、黔二省按时运到铜、铅，方资应用，岂容任意稽延？"④ "铜、铅为鼓铸攸关，断不容迟延贻误"。⑤ 但是，无论

---

① 王锺翰点校：《清史列传》卷 36 "伊里布传"。中华书局，1985，第 2848 页。
② 《清实录》第三十九册《宣宗实录》卷 447，道光二十七年七月丙申，又谕内阁，第 615 页。
③ 《清实录》第四十册《文宗实录》卷 440，道光三十年六月癸酉，第 186 页。
④ 《清实录》第四十册《文宗实录》卷 11，道光三十年六月癸酉，第 186 页。
⑤ 《清实录》第三十九册《宣宗实录》卷 440，道光二十七年三月己亥，第 514 页。

道光帝怎样急如星火，"屡经降旨饬催"，滇铜"厂办之数"仍大大减少，不能再像过去那样如额如数地运往京师了。

咸丰初年，云南先后爆发了以李文学为首的彝族农民起义和以杜文秀为首的回民起义。这两次反清武装起义，史学家称"近代初期云南各族人民的起义"。① 这一大起义，发生于咸丰六年（1856），义军多达数十万众，波及三迤即滇西、滇南和滇东广大地区，直至同治十二年（1873）才被清政府残酷镇压下去，先后经历了17年。这一大起义，主要是为了反对清朝的残暴统治，反对封建地主阶级的沉重剥削，如李文学起义提出"铲尽满清赃官，杀绝汉家庄主"。② 但是，客观上，这一大起义严重破坏了当时云南全省的矿产业，导致滇铜迅速走向衰落。在这一大起义期间，全省铜矿封闭，生产停顿，其详情见于当时云南督抚大吏的一些奏章之中。如同治十三年（1874）即清军镇压云南各族大起义后的第二年，巡抚岑毓英奏："自军兴以来，厂地屡遭蹂躏，炉户、砂丁逃亡殆尽。各厂礁硐或被荒土填塞，或为积水淹没，废弛十有九年。各厂炉舍器具荡然无存，油米柴薪无不昂贵，加以户口凋零，商贾逃亡过半，驼马稀少。"③ 又如光绪八年（1882），云贵总督岑毓英、云南巡抚杜瑞联奏："自经兵燹，加以疾疫，户口凋残，仅存十之一；而商贾不能流通，田土又多荒芜，凡百生计艰难"。又"军兴后，常平衣食率多不给，更无余资以牟厂利。而库帑支绌，亦不能一一预借底本，厂务废弛半由于此"。④ 由此可见，咸丰、同治年间的这场民族大起义以及清政府的军事镇压，对滇铜等矿业带来了大破坏、大摧残，导致滇铜"废弛十有九年"，成为铜业进一步衰落的直接原因。

清政府镇压民族大起义后，由于铸造制钱和发展军工生产的需要，乃着手恢复滇铜生产。同治十三年（1874），巡抚岑毓英奏准"试办厂务"，采用"官督商办"的方式，委云南绅商牟正昌包办全省各厂，而由道员、知府、知州"督同绅商，上紧采办，以专责成"。首先选择茂麓、

---

① 该书编写组：《云南近代史》，云南人民出版社，1993，第26页。
② 夏正寅：《哀牢夷雄列传·李文学传》。引自《云南近代史》第31页。
③ 王文韶等修《续云南通志》卷45，食货志·矿务，第2898页。
④ 王文韶等修《续云南通志》卷45，食货志·矿务，第2882、2883、2887、2888页。

宁台、得宝坪、万宝四厂进行试办，仍实行放本收铜，"酌添铜价、运费，并暂停抽课"；牟正昌则每年"办解京铜一百万斤"。① 然而，试办厂务"行之数年，迄无成效。每年所产，总不足数十万"。② 由于"所获之铜不敷所用之本，且铜质甚低，必须七、八次煅炼方能供京运，绅商亏折甚巨"等原因，遂于光绪五年（1879 年，即试办后五年），停止试办，"改归官办"，责成地方官经理。③ 但是，滇省自大乱之后，户口凋零，贫困流离，"应召无人"，旧有矿硐，倾覆淹没，存者无几。一旦归官经理，凡所经营之礁硐房屋器具等，皆为官有，而铜厂原来积欠之款，必须承担追缴，因之遂至有倾家破产者。地方官有鉴于此，不敢负此重责，"无接办之员"。故此，"改为官办"这一权宜之计也难持久，行之三年，仍无起色。光绪八年（1882），云贵总督岑毓英、巡抚杜瑞联提出"整顿铜政"章程共五条，即"禁革使费④、别开新厂、官商并办、预借低本、宽予年限"。在此基础上，光绪九年（1883），时"在藩司（布政使）任内"的唐炯提出了"设一矿务招商局，综理开采各务，并于上海设一驻沪办理云南矿务招商局，专司招集、转运各务"等建议。此建议经云贵总督岑毓英奏请获准实行。⑤ 然因信用不著，商贾裹足，招股数年，仅得款七万余两；加上官本 12 万两，经营铜矿生产，但每年出铜不过 60 万斤而已。⑥ 据后来的统计，"自同治十三年至光绪十五年先后十六年中，厂务方面领用公款银 1132166 两，陆运用 447226 两，水运 274748 两，共计用公款银 1854141 万余两，只解运京铜八批，共 837 万斤，别存储各铜店待运者 75140 斤。这与从前每年领款 100 万，得京铜 600 余万斤

---

① 王文韶等：《续云南通志稿》卷 45，食货志·矿务，第 2898、2899 页。
② 丁文江：《东川铜矿之历史》，《独立评论》第 85 期。引自陈真等《中国近代工业史资料》第三辑，三联书店，1961，第 599 页。又唐炯："同治末年，乱定，岑公毓英始奏试办厂务，……然漫无章程，第委其所部武人办理，岁仅运 50 万斤，而亏欠公款复多"。（《成山老人自撰年谱》第 6 卷，第 7 页）
③ 王文韶等：《续云南通志》卷 45，食货志·矿务，第 2881 页。
④ "禁革使费"，禁止在放本收铜中存在的折扣多收与刁难等弊端。
⑤ 中国史学会：《洋务运动》（七），云南矿务，上海人民出版社，1961，第 20～22 页。
⑥ 丁文江：《东川铜矿之历史》，《独立评论》第 85 期。引自陈真等《中国近代工业史资料》第三辑，第 599、600 页。

比较起来，真有天壤之别"。① 光绪十三年（1887），清政府因需铜料急迫，乃委云南巡抚唐炯为督办云南矿务大臣专办云南矿务。唐因久官于滇，深知官办之弊，主张招商开采，实行商办。他一上任，即设立"招商矿务公司"。为了解决资金缺乏的问题，他与滇大票号"天顺祥"（同庆丰）经理王帜联络，并委以重任，派其赴川、广、鄂、苏、浙各地招集商股。还规定股息为六厘，三年结算分红利，皆凭折向"天顺祥"支取。② 但是，"究以官本不足，商股难凑……仍鲜宏效"。③ 招商公司招来商股寥寥无几，少许商股实际是向"天顺祥"挪借得来。此外，招商公司的业务，还有两项：一是替官府"放本收铜"，以供京铜之需；二是自行采炼，"并延聘日本人多名为工程师，购置机器，筹划自设炼炉"。但由于日籍工程师能力太低，不能胜任；经理其事者，皆贪刻无赖，只知自利，故其所自行兴办之巧家白锡腊铜矿，开办不及二年，耗资十余万两，出铜才二十万斤。招商局之新法采炼，即全归失败。新法失败后，督办云南矿务大臣唐炯不得已乃复招本地炉户，给以工本，由其自行开采；出铜后则由招商公司按价收买，铜价仍以同治时的每百斤值 10 两 3 钱计算。同时规定产铜百斤抽收课铜 14 斤，商民自卖 10 斤，并禁止偷漏。根据光绪十八年（1892）的奏报，当时每百斤铜实需成本 12 两 3 钱，而市价则为十五六两至十七八两不等，若按 10 两 3 钱收购，则厂民与公司均必定亏赔。为此，云南督抚及唐炯奏报多次，请求加价。初于十八年下半年起加价一两，二十四年又加价二两，然两次加价均未加足成本。从光绪十三年至二十四年，招商矿务公司办理 10 年，亏本达 65 万两之多。光绪二十五年，滇督王文韶入掌户部，熟于滇省情形，始允唐炯二十三年之请，破格加价，每铜百斤，发价 20 两，官价与市价几不甚相远。于是，招商公司略有利可图，经营数年，才偿清大笔亏欠，得免破产。迄于光绪三十二年（1906），唐炯辞职，招商公司也就不存在了。④ 招商矿

---

① 严中平编著《清代云南铜政考》，第 45 页。

② 唐炯：《督办云南矿务奏》，光绪十三年闰四月十三日。见《洋务运动》（七）—云南矿务，第 32 页。

③ 周钟岳等：民国《新纂云南通志》卷 146，矿业考二，第 133 页。

④ 严中平编著《清代云南铜政考》，第 48 页。

务公司从光绪十三年至三十二年的 20 年间，其经营虽然亏本，但所应兑的京铜却是照数兑足的。第一批京铜于光绪十六年起解，到光绪三十二年为止，每年两批，每批正铜 50 万斤，始终按数起解，并未拖欠。据光绪二十年的奏报，从公司开办到光绪十六年，共获铜 5130471 斤，起解九批京铜，共正铜 450 万斤，别配余铜 135000 斤，配耗铜 25718 斤。照此数估计，则每年京运正、耗、余三项铜料共 135 万余斤。唐炯督办 20 年，云南发出京运铜料当在 2700 万斤以上，若加上百分之十的通商铜和百分之十四的课铜一并计算，则在此 20 年中全部出产当不下3550 余万斤。[①]

在唐炯督办云南矿务期间，云南发生了"七府矿权案"，兹简要记述如下。英法殖民者觊觎云南矿产资源由来已久。光绪二十一年（1895）法驻滇总领事弥乐石以及伯乐尼等曾屡次向唐炯要求入股招商矿公司，共同开采铜矿以及其他金属矿产，唐氏不允，交涉数年，未得结果。[②] 光绪二十六年（1900），昆明发生教案，法国以其教堂被毁为由，提出以云南、澄江、临安、开化、楚雄五府及元江、永北二直隶州厅（合称七府）的开矿权作为赔偿条件，英国政府乘机以利益均沾为由，共同迫使清政府于二十八年（1902）与英、法订立《云南隆兴公司承办七属矿务章程》，同意将七府（州、厅）矿产开发权让予英法两国。根据该"章程"，英法隆兴公司在七府境内开发矿产，如发现无矿可采，则以他处府厅交换，如此云南全省均成为英法开矿的范围。七府矿产中，包括了当时闻名的临安府属的个旧锡矿、云南府属的易门铜矿和永北厅属的米里铜矿等；开发矿种包括金、银、铜、锡、铁、宝石、朱砂等；开发期限为 60 年，期满后若矿务兴旺，还可展限 25 年。英法殖民者的恣意掠夺以及清政府的昏庸无能，激起云南人民及云南留日学生的强烈反对，从光绪三十二年（1906）至宣统二年（1910）先后掀起三次争回七府矿权的运动。清廷迫于全国人民的强大压力，遂与英法政府几经交涉，由中方赔款 150 万两白银作为代价，取消原订"章程"，赎回了云南七

---

① 严中平编著《清代云南铜政考》，第 49 页。
② 《光绪政要》实业卷二，光绪二十五年三月唐炯奏严饬公司赶办京铜折。转引自《清代云南铜政考》，第 94 页。

府矿权。①

从光绪三十三年（1907）起，云南铜矿最重要的产区即东川各矿改归云南布政使经理，仍用旧法，民采官收，并改炼精铜，以应京铜的需要。这时，京铜每百斤给价二十两，另加折耗运脚等十五两，政府需费达三十五两。据说此时每年可办获铜一百三十万斤。②

光绪末年至宣统时期，云南铜厂事务改归劝业道经理。计自光绪三十四年（1908）至宣统三年（1911）四年间，滇铜率以每百斤 35 两支销，但实发炉户之价不过 17 两，与报销不符。故自劝业道承办以后，滇铜厂事虽稍有起色，每年所产仍在 150 万斤以下也。③ 宣统二年（1910），留学英国矿学学生梁焕彝调查东川铜矿后称："伏查东川府附近各处铜矿，……现经官办铜矿计四处：曰汤丹、曰落雪、曰因民、曰铁厂。四处之中，汤丹最旺，现每岁产铜约五十余万斤，落雪、因民、铁厂三处共约每岁产铜五十余万斤"。汤丹"现采之铜，皆出自老新山，……老新山新旧硐口约以千计，矿丁约以万计，相聚而居，已成街市"。④ 梁氏实地调查所见，仅东川府属 4 个铜厂即每年产铜 100 余万斤。另据《中国矿业纪要》（第二次）统计：光绪十五年（1889）至宣统三年（1911）的 22 年间，滇铜年均产量为 130 万斤。⑤

由上所述可知，晚清时期，云南矿业遭受"咸同兵燹"的严重破坏，其后为了恢复滇铜生产，先后采取了"试办厂务"、"改归官办"等措施，并一度设立"矿务招商局"，然而均未见成效。光绪十三年至三十三年，督办云南矿务大臣唐炯创办"招商矿务公司"，先用新法，未果；继行民采官收，屡增铜价，公司始有起色。光绪末年至宣统时期，滇铜改归劝业道经理，亦"稍有起色"。在整个晚清时期，滇铜产量呈不断下降趋势。道光末年额运京铜减为 240 万斤，同治末年"岁仅

---

① 该书编写组：《云南近代史》，第 212、122 页。
② 《第三次矿业纪要》，第 178 页。转引自《清代云南铜政考》，第 49 页。
③ 丁文江：《东川铜矿之历史》，《独立评论》第 85 期。引自陈真等《中国近代工业史资料》第三辑，第 601 页。
④ 梁焕彝：《述游东川铜矿所见》，云南省档案馆等编《云南近代矿业档案史料选编》，第 3 辑（上），第 10 页。
⑤ 《中国矿业纪要》（第二次）第 5 章，第 175 页。

五十万斤"，光绪初期每年产铜不过60万斤，光绪十五年至宣统三年平均每年产铜130万斤。这些数字所反映的不同时期的滇铜产量，同乾嘉时期年均产铜1100万斤以上相比，可谓天渊之别，滇铜衰落之势真一落千丈也。

第二节　民国时期的滇铜

民国时期，我国产铜之地主要有云南东川、永北、易门，贵州咸宁、大定，四川彭县，辽宁本溪盘岭等，此外湘、鄂、鲁、豫、赣、皖、晋、浙各省产量甚微或无生产。[①] 云南省产铜多于其他各省，仍是主要的产铜大省。

一　矿区与铜厂的分布

云南铜矿遍于全省，然而主要铜矿又集中分布在三个区域：滇北区，包括镇雄、大关、永善、鲁甸、巧家、会泽等六县，而以会泽、巧家为最著名；滇西区，包括永胜（永北）、丽江、蒙化、顺宁、云龙、保山、龙陵等九县，而以永胜为最著名；滇中区，包括寻甸、禄劝、武定、罗次、牟定、镇南、禄丰、易门、澄江、路南、华宁、建水、蒙自、文山、元江、宁洱、思茅、金平等十八县，而以易门为最著名。生产规模较大的铜厂，主要集中分布在东川、永北和易门三个矿区，兹分别说明如下。

东川矿区：位于会泽县之西南、巧家县之正南，开采甚早。清乾隆年间矿业极盛，年产铜600余万斤。民国以后，铜矿业继续发展，主要有以下5个铜厂：

其一汤丹厂：开采历史可以追溯至明代，雍正四年改归云南采办。矿脉自大元宝山东南山麓起，西北迄红塘沟上，绵延二三公里余。硐口之数，自开采至今，当千数以上。矿脉通常厚仅三四公分，富厚部分间有达二公寸者。主要矿石为孔雀石（碳酸铜），其次是辉铜矿、斑铜矿、

---

① 曹立瀛、陈锡嘏：《云南之铜》，资源委员会经济研究室编云南经济研究报告第五种，民国二十九年三月，油印本。以下所述，除已注明出处者外，均引自该书，恕不再一一注明页码。特此说明。

自然铜和赤铜矿、兰铜矿等。该厂有炼炉5座,炉户14家,工人约共1200人(包括砂丁约千人,炉工约百人,炭工约百人),炭户2家,民国初年每年产量约20万斤,民国二十八年每月约可出粗铜十吨左右。此为民国年间最大的铜厂。

其二白锡蜡厂:开采年代不详。该厂由汤丹厂附带经营,产量无分别统计。

其三落雪厂:又名碌碌厂,开采时代无考,雍正四年(1726)改归云南采办。位于今东川市北部山区,平均海拔约3100米。主要矿物为斑铜矿和辉铜矿。矿脉一般厚约三四公寸至七八公寸,间有厚至十七八公尺者。该厂有炼炉2座,工人约350人(其中砂丁约300人、炉工和炭工合计50人),炉户7家,炭户2家。民国初年每年约产矿石8万斤,民国二十八年产粗铜每月约七八吨。

其四因民厂:又名大水沟厂,开采年代无考,雍正四年(1726)改归云南采办。该厂主要矿石为斑铜矿,其次为辉铜矿。有炼炉1座,工人约200人(其中矿丁约170人、炉工30人),炉户7家,炭户1家。民国初年与茂麓厂合计每年产铜4万斤,民国二十八年每月约产粗铜4吨。

其五茂麓厂:开采于乾隆三十三年(1768)。主要矿石为赤铁矿、褐铁矿夹附之孔雀石以及兰铜矿。其产量未有定数。

永北矿区:位于永胜县之西北境,交通极为艰难。其矿物有辉铜矿、斑铜矿、黄铜矿及其氧化物,矿石含铜量为2%,全区铜矿储量约有6370吨。该矿区有以下4个铜厂:

其一米里厂:开办于民国十六年(1927),是永北矿区产铜最盛之铜厂,其产量占全区总产量的90%以上。其含铜矿物主要为辉铜矿,其次为斑铜矿,矿石含铜量为2%,铜矿总储量为5400吨。民国十六年至二十七年(1927~1938)的11年间,每年产铜1460吨。

其二宝坪厂:开采于乾隆五十八年(1793年,当时称"得宝坪厂"),嘉庆年间产铜最盛,年产量达120万斤。其铜矿储量约相当于米里厂五分之一即1000余吨。

其三大宝厂：发现于光绪二十五年（1899）。其含铜矿物为辉铜矿及斑铜矿，矿石含铜平均为百分之一至百分之二，储量约相当于米里厂十分之一。民国以来，时采时辍，未见大量产铜。

其四练山厂：开办于民国二年（1913）。其含铜矿物为辉铜矿，含铜岩层之含铜量为百分之一至四，实际储量不过米里厂之十分之一。该厂开采之初曾一度兴盛，后来则逐渐衰颓。

除以上四个较大的铜厂外，还有风吹梁子、姚钱河、帚竹箐、晒席地、顺州四方地等铜厂。这些铜厂产量有限，无关紧要。

易门矿区：位于易门县之西区，距易门县城45公里，距昆明仅100公里。该矿分布较广，含铜矿物为孔雀石及黄铜矿，矿砂含铜量为百分之三四。开采于清乾隆中期，当时的香树坡厂、万宝厂、义都厂等年产铜30万斤以上。民国以来，开采之铜厂有4个，兹分述如下：

其一万宝厂：位于易门县城之西，昔日开采地点包括其附近之铜厂等处。自民国初年至二十七年（1938），年产铜十余吨至百余吨。

其二大潦塘厂：位于易门县之西北，又居铜厂之西北。光绪初年始行开采，民国七、八年间曾在该处采冶。①

其三三家厂：又称香树厂，位于易门县之西，又居铜厂之西南。清代称为"香树坡厂"，当时属楚雄府南安州（即双柏县），康熙时开，后封闭，乾隆九年（1744）复开。民国时期，盈泰铜矿公司在该处开采。②

其四新旧铜厂：位于易门县之西北，距万宝厂四五公里，包括其西南的新厂和东北的旧厂。新旧二厂均系昔日冶铜之地。③

除上述东川、永北、易门三个矿区所辖13个较大的铜厂外，民国时期，经调查发现的铜矿，还有祥云九顶山、富民老青山、云龙宝石甸、

①　朱熙人、袁见齐、郭令智：《云南矿产志》，第30页。
②　朱熙人、袁见齐、郭令智：《云南矿产志》，第31页。
③　朱熙人、袁见齐、郭令智：《云南矿产志》，第30页。

永胜铜厂河、建水回头山^①以及路南元兴及绿矿洞等铜矿。^②

由上所述可知，民国时期，云南铜矿分在滇北、滇西和滇中的 33 个县，生产规模较大的 13 个铜厂又集中分布在东川、永北和易门三个矿区。其中，东川矿区是最主要的矿区，而其汤丹厂仍如清代乾嘉时期一样，是云南也是全国产铜最多的大铜厂。

二　经营与管理

民国时期，云南铜矿的经营管理分为两种，一为国营公司，一为私营独办与伙办，兹分述如下：

（一）国营公司（厂）

（1）东川矿业股份有限公司：

民国二年（1913）二月六日成立，由官商集股合办，资本总额原定为银币 60 万元，后减为 30 万元；宗旨在于改良东川铜铅诸矿产，并扩充其他矿业，以期为全滇矿业之模范。^③ 公司总部设于东川城内，并于省城昆明及公司所属的汤丹、落雪、因民、铁厂、矿山等厂各设一分部。该公司延聘日本技师，渐次采用科学方法。建有十二吨鼓风炉一座；又在会泽城内建有精炼厂及反射炉，纯用煤炭，冶炼精铜（纯度为 99.4% 以上）。东川矿业公司不从事铜矿开采，而是委托槽户采矿。槽户向公司支领垫款，以作开支，率领砂丁数人或数十人，自由选择地点开尖采矿。所得矿石，分别优劣，送交公司；由公司估定价格，扣除原来垫款。每厂各有槽户十余家，全矿约计百余家。公司除制炼精铜外，其粗铜以及铅、锌之制炼，概委托于炉户。炉户支领垫款，亦与槽户同，所给炼费，则视其成品之优劣及所领矿石之数量而定。全矿炉户约计数十家。至于各槽户、炉户所雇之砂丁、炉工，总数为千余人，多系巧家与会泽人，

---

① 朱熙人、袁见齐、郭令智：《云南矿产志》，国立云南大学等印行，民国二十九年，第 22～38 页。

② 张肖梅编《云南经济》，中国国民经济研究所出版，民国三十一年，J56～66 页。说明：张肖梅在《云南经济》中，用 A、B、C、D 等作为第一章、第二章、第三章、第四章等的序号。本页注⑤J56～66 页，即第十章第 56～66 页。故只能依照作者的做法，沿用英文序号。下同。

③ 张肖梅编《云南经济》，J66 页。

每人每月工资约国币十二元。全矿每年产铜约四十七八万斤，又年产铅锌约三十万斤。至于售价，在省城每铜百斤为国币五十元，铅与锌每百斤为十七元；若在东川交货，每百斤可减四五元。公司所产铜及铅锌向以四川为大销场，供其铸造铜元之用。经营盛时，每年可获利三四十万元。民国九年（1920）以后，川运停滞，积存之铜竟达四五百吨；[①] 加之"金融紊乱、百物昂贵"，又"地方不靖，土匪蜂起，投资者裹足不前，矿工亦多避乱辍业，产销所受影响，不可言喻"。[②] 于是该公司经营的矿业逐渐走向衰落。

应当提及的是，民国二十年（1931）七月，云南省财政厅将东川矿业公司的资本拨出一部分，开办"东川矿业银号"，其主要目的在于吸收存款，以供矿务上应用。民国二十九年（1940）四月，扩充资本为100万元，正式改名为东川矿业银行。这是近代云南矿业与金融结合的一个事例。

（2）滇北矿务公司

民国二十七年秋，"抗战方殷，外铜绝源，而（铜之）需用日亟，国民政府为谋充分开发滇铜，配合抗建大业起见，令由经济部资源委员会与本省政府合资组建滇北矿务公司，共谋开发滇北东川一带铜铅锌矿"。公司于二十八年（1939）三月一日正式成立。"该公司资金，原定为国币二百万元，由会（资源委员会）、省（云南省）各担半数"；云南省政府"将前东川矿业公司全部矿区及资产作为投资之一部"。三十一年（1942）后，"因业务之需要，由会、省双方批准，改组为滇北矿务局，并增加资金，扩大组织，继续积极组织经营"。"截至三十四年为止，固定资金总额已达一千五百万元（会、省各半）外，流动金六百万元（会拨），两项共二千一百万元"。[③] 滇北矿务公司经营了七年，到民国三十五年（1946）四月结束。

滇北矿务公司的经营范围，除经营东川矿业公司原有的铜铅锌采炼

---

① 云南省志编纂委员会办公室编：《续云南通志长编》下册，1985，未正式出版，第452页。

② 张肖梅编《云南经济》，J70页。

③ 《续云南通志长编》下册，第460页。

运销事宜外，还经营滇省北部以及其他地区铜矿的采炼运销事宜。该公司之总公司设在昆明，[①] 在会泽、易门、永胜三县设办事处，又在下关设转运处，转运滇西铜产。全公司职员、矿工总数约 2000 人。公司管理系统如下图 3－1：

秘书室
总工程师—工程师—副工程师—助理工程师等
总务课—文书、庶务、出纳、医务
股东大会—董事会、监察
人—总公司—总经理—协理
工务课—矿务、机务、土木、材料等股
业务课—营业、调查、运输等股
会计课—账务、成本、审核等股
会泽办事处、会泽精炼厂、汤丹铜矿厂
附属厂处
永胜办事处、易门办事处、落雪铜矿厂
矿山铅锌厂、下关转运处等

图 3－1　公司管理系统图

滇北矿务公司的主要设备有：各式交流电机、马达、水轮机等动力设备共 18 部，钻探设备中柴油压风机 4 部、风钻 13 部，冶炼设备中 12 吨反射炉 1 座、鼓风实验炉 2 座、土法炼炉 20 座、鲁兹鼓风机 3 座、离心式鼓风机 1 座，碎矿设备中碎矿机 2 部、磨矿机 1 部，此外，还有车床、锯床、创床若干以及 20 号卡车 5 辆等。可见，在矿产采、炼、运输工序中，已经使用了更多的机器进行生产。

滇北矿务公司的主要业务是：一，"自营生产"，即自行采矿、冶炼，不但经营铜矿，兼及铅、锌，主要铜矿是汤丹、落雪，铅、锌采炼地在矿山厂。二，"统制收购"，即"就厂收买"，通过设在各矿区的办事处收购铜厂生产的粗铜（一般含铜百分之八十五上下）。这些粗铜运至会泽精炼厂，经反射炉精炼后，即得纯度在 99.4% 以上的精铜。[②]

上述滇北矿务公司暨滇北矿务局，是一个因应抗战需要由国民政府

① 曹立瀛等：《云南之铜》载："滇北矿务公司之总公司已于民国二十八年十一月迁会泽，昆明办事处只留业务课。"（见该书第 53 页）
② 云南省志编纂委员会办公室编《续云南通志长编》下册，第 462 页。

资源委员会与云南省政府合资组建的官办矿务公司（或局），其基础是原东川矿业公司。经营范围已从东川矿区扩大至易门、永北两矿区。该公司除采冶铜矿外，还采冶铅、锌矿，其管理系统已实现近代化，生产中部分采用新法，更多地使用各种机器进行生产。

（3）昆明炼铜厂

昆明炼铜厂原名中央炼铜厂，系资源委员会创办。民国二十六年（1937）在湖南长沙开始筹备，后因抗战军兴，时局日趋严峻，于二十七年（1938）迁滇设厂。二十八年（1939）三月在昆明马街正式成立，改名为昆明炼铜厂。后来因除炼铜外，兼冶电锌纯铝，又于三十四年（1945）更名为昆明电冶厂。

昆明炼铜厂为直属资源委员会之企业，全部资本国币262000元。这是抗战时期一个内迁昆明的官办企业。其管理系统如下图3-2：

```
     ┌ 工程师—助理工程师—工务员—实习员
     │ 总务课长—课员—事务员—雇员
厂长 ┤ 工务课长—课员—事务员—雇员
     │ 业务课长(厂长兼)—课员
     └ 会计课长—课员—事务员—雇员
```

图3-2　昆明炼铜厂管理系统图

其工程部分，为便于管理起见，又分为五部分，如下图3-3：

```
         ┌ 熔炼室
         │ 电解室
昆明炼铜厂 ┤ 化验室
         │ 修理室
         └ 附设火砖厂
```

图3-3　昆明炼铜厂工程部管理系统图

全厂有职员50余人，工人200余人。平时日夜开工，工人分两班轮流工作。

昆明炼铜厂的主要设备有：电动机3具、直流电发电机3座、电解槽160具、反射炉2座、双缸压气机1座等。电源来自资源委员会所办昆湖电厂。其炼铜电解设备，在当时国内实不多见。[①] 该厂燃料以煤为大宗，前均来自一平浪，后改用宜良可保村万寿山煤。

昆明炼铜厂的原料全部由滇北矿务公司供给。铜料分为条精铜、条净铜、块净铜及饼钜四种，前三种为反射炉之产品，含铜约 95.97%；后者为鼓风炉之产品，含铜约 93%。滇北公司供给的原料以前三者居多。

昆明炼铜厂按原定计划每日出电解精铜（含铜 99.95%）四吨，如原料供给畅通其至可产六吨。该厂产品足供当时兵工与电工之迫切需要。它是一个因战时需要而开办的新式炼铜厂。

（4）云南电气制铜厂

民国二十五年（1936），云南奉行法币政策，停铸银币，乃将原造币厂设备加以改造，成立电气制铜厂，厂房设于昆明市宝善街 2 号。资产总值约为国币一万元，流动资金八万元。主要设备有大小碾片机、冲压机、蒸气发动机、电动机、车床、刨床、钻床、直流发电机、电解电镀缸、鼓风炉等。全厂工人 300 人。该厂采用鼓风炉每日可出 97% 的熟铜两吨；用电解方法将东川、永北等处之粗铜提炼为 99.9% 精铜，每日可出精炼铜半吨，其产品仅供政府使用。[②]

（二）私营独办与合办的铜矿业

永北铜矿历来投资者分为"矿主"与"炉主"两种，主办者概系个人独办或二三人合伙经营。其资本为数不多，采矿投资由国币 5000 ~ 7500 元，炉户投资自 250 ~ 1000 元。米里厂内，独办、合办之矿主共有 54 家，投资总额达 37400 余元；炉主有 6 家，投资总额 3000 余元。矿工计 1100 人，其中采矿部分占 67%，冶炼占 6%，其他占 27%。民国二十八年（1939）滇北矿业公司成立后，即于永北铜矿区设办事处，统筹经营；惟其业务只限于收买粗铜，而未及于自行采炼。

东川铜矿区的矿工，并非全部为东川矿业公司所雇用，至少有半数以上的矿工，为自己采矿，似亦属于独办者。他们将其采获的矿石，背往市中，售与炉户，其价格依矿石所含成分而定。含铜百分之十五者为

---

① 云南省志编纂委员会办公室编《续云南通志长编》下册，第 473 页。
② 云南省志编纂委员会办公室编《续云南通志长编》下册，第 463 页。

最佳，每百斤可卖得新滇币 7～8 元。此外，在矿工中还有所谓"亲身班"者，当时又称为"卖矿制"，即由炉户借支盐、米、油等类，以开尖子（即矿硐），采获矿石后，限定卖给债权者之炉户；或炉户自家之尖子，交予矿工采矿，所采得之矿，亦必须卖与炉户。这种"亲身班"，可能来源于清代滇铜、滇银中的"亲身"制，在东川铜矿区全部矿工中，为数并不多。[①]

　　曹立瀛等在《云南之铜》中，对铜矿经营的"办法"有如下记述："其办法有招丁开矿、亲身矿抽硐费两种：招丁开矿，每丁除供给伙食用具外，约需工资每月国币一元余。亲身矿，更有两种：其一，硐主供给伙食及一切油药铁器，以所得矿价，硐主居六、砂丁居四，曰四六亲身；不供伙食，则各得其半，曰打平半。其二，硐主如系炉户（即兼营炼矿者），则估计矿价，由硐主按原定成本补给工人；若非炉户，则将矿砂出卖，按照成本分摊价银抽硐费；则一切伙食用具概由工人自备，所得矿价，硐主照抽十分之一或二为硐费。"[②] 曹氏等上述铜矿经营办法，泛泛而论，未言是何矿区，然对了解民国年间私营独办或合办采矿，颇有参考价值，故引述于上。

（三）私营公司

　　易门铜矿，自清末以来至民国十五年（1926），云南省政府委托易门铜税委员褚月轩主持其采炼事宜，历时二十余年，期间经营情况不详。其后改由盈泰铜矿公司经营。盈泰铜矿公司是一家私营公司，有资本旧滇币 10 万元，采炼沿用旧法，矿砂雇工开采或购自砂丁，购价视矿质而异，民国二十六年每公斤（疑为每百斤）自一元至四五元不等。矿砂先经煅烧，再入炉冶炼，每炉可炼矿三千斤，需木炭三千斤至五千斤，历时一日可产粗铜五百余斤及冰铜三百斤。采炼成本，二十六年每吨约为旧滇币 290～320 元。公司粗铜产量年仅六吨，均运昆明销售。

　　民国二十八年（1939），滇北矿务公司奉经济部颁示易门铜矿矿区

　　① 张肖梅编《云南经济》，J68、69 页。
　　② 曹立瀛等：《云南之铜》第四章第一节。第 27 页。

图，即派员前往成立办事处，主持易门铜区探采及收购事宜。[①] 至此，历时 13 年，私营盈泰铜矿公司结束了对易门铜矿的经营。

以上所述 4 个国营企业中，除东川矿业公司为官商合办外，其余 3 个均为官办。这些国营企业，大多采用新法进行管理，生产中已部分或全部使用机器，生产效率和产品质量均大大提高，有的厂甚至已能生产纯度为 99.95% 的精铜。在永北、易门和东川矿区中，仍有许多私营的铜矿，大部分是独资或合伙经营，个别的是公司经营。这些私营企业，管理方面仍沿袭陈法，未有显著变化；生产方面仍使用土法，亦未见较大改进。

三　生产与产量

民国时期，云南铜矿业的生产，在探矿和采矿方面，基本上仍沿用土法。对此，曹立瀛等在《云南之铜》中这样写道：探矿方法，"纯据矿脉之露头及墝引以为准绳，漫无规则，如老鼠掘洞然。试探工作可谓毫无"。采矿方法，"视矿脉松软或坚硬而异，松软处只需尖喺击之，或尖尖裂之，即可使之坠落；如遇坚硬之处，则需工人抬杆凿眼，塞药放炮炸石"。运输方法，"悉用竹框或布袋装矿，由人工搬出硐外"。[②] 这些方法，自明清以来皆如此，民国时期未见较大改进。

然而在冶炼方面却有重大改进。据《云南之铜》记载：云南炼铜生产，分粗铜、精铜、电铜三种，粗铜采用土法，精铜与电铜则尽引新法。

粗铜冶炼：沿用土法，炼炉系高炉式，其容量约为矿砂 25000 斤。矿石未入炉之前，如系含有硫质者，须先加以煅烧，使之氧化；含硫多者，须翻移煅烧多次。开炉至出铜需三四日或七八日不等，完全视矿石性质含铜成分而定。炼出之粗铜又称"毛铜"，含铜约 85%。冶炼粗铜称为"新炼"，一般均由炉户投资。其冶炼成本，据估计：粗铜每公吨（1600斤）成本为国币 370 元，炉户以每百斤新币 50 元卖与东川矿业公司。[③]

① 张肖梅：《云南经济》，J72 页。
② 曹立瀛等：《云南之铜》第四章第一节。第 27 页。
③ 张肖梅编《云南经济》谓：炉户炼成八十五分之毛铜（粗铜）以每百斤新币五十元（民国二十六年夏季时价，二十七年每百斤仅新币四十元）之价格，卖与东川矿业公司。见该书 J69 页。

民国时期，全省粗铜产量素无详细统计，故无法知道历年产铜情况。《云南之铜》将原东川矿业公司的统计以及永北米里厂的调查报告所得数据，列成下表 3 - 1，兹引录如下，可略知一个大概情形。

表 3 - 1　东川区与永北区米里厂历年粗铜产量表

单位：公吨

年　份	东川区	永北区米里厂	备　考
民国十二年(1923)	371.7	无统计	
民国十三年(1924)	334.6	无统计	
民国十四年(1925)	179.6	无统计	
民国十五年(1926)	156.5	无统计	
民国十六年(1927)	137.7	9.4	
民国十七年(1928)	183.5	12.5	
民国十八年(1929)	170.3	18.8	
民国十九年(1930)	173.7	93.7	
民国二十年(1931)	228.4	189.5	
民国二十一年(1932)	301.3	218.5	
民国二十二年(1933)	293.2	143.7	
民国二十三年(1934)	298.0	187.5	
民国二十四年(1935)	245.0	93.7	
民国二十五年(1936)	109.2	93.7	
民国二十六年(1937)	202.3	150.0	
民国二十七年(1938)	89.2	250.0	
民国二十八年(1939)	250.0	250.0	本年为滇北公司估计数
总　计	3724.2	1711.0	
各年平均产量	219.07	131.6	

注：1 公吨 = 1600 旧斤。

资料来源：曹立瀛、陈锡煴:《云南之铜》，第 32 页。

由上表 3 - 1 可知，民国十二年（1923）至二十八年（1939）的 17 年间，东川矿区年均产铜 219.07 公吨，永北矿区米里厂年均产铜 131.6 公吨，两区合计年均产铜 350.67 公吨。又据《云南之铜》记载，民国十五年（1926）成立的易门盈泰铜矿公司每年产铜 12.5 公吨。东川、永北、易门三区合计每年均产铜 363.17 公吨。如此看来，民国中后期，滇铜生产有所恢复和发展，年均产铜约 363 余吨，较之上述清末年均产铜 104 吨增加两倍多，但与清代乾嘉时期年产 8000 吨相比，则相距甚远，只占其 4.5%。

精铜冶炼，主要在会泽精炼厂进行。该厂建有新式 12 吨反射炉一座，系民国三年（1914）由日本人设计监造，后经东川矿业公司协理邹世俊"数度改良"，即投入运行。铜之精炼，系将土法冶炼所得之粗铜投入反射炉加以重炼，使铜之成分由百分之八十五上下增至百分之九十八左右，以应市场之一般需要。会泽精炼厂有技工 40 余人，每月产精铜约 34 吨。该厂精铜冶炼成本为每公吨国币 507 元。又，昆明炼铜厂也建有反射炉两座，为精炼之设备，其容量较小（两炉共六吨）。粗铜经反射炉精炼后，即成为含铜百分之九十七至九十八的精铜。据《续云南通志长编》记载：滇北矿务局生产精铜情况是，民国二十八年（1939）144 公吨、二十九年（1940）175 公吨、三十年（1941）167 公吨、三十一年（1942）175 公吨、三十二年（1943）136 公吨、三十三年（1944）1~6 月为 114 公吨。

电铜（又称电解精铜）提炼，生产厂家有二个，即昆明炼铜厂和云南电气制铜厂。昆明炼铜厂先将粗铜入反射炉熔炼，炼成含铜约百分之九十八左右之精铜，接着将熔铜倒入阳极模中，形成块状，然后挂于电解槽为阳极纯铜板，加蜡绝缘于表面，通以电流，即开始电解。这时阳极中之纯铜分解而镀于阳极表面。经过一段时间后，即形成纯铜薄片，将其安置于第二组电槽加厚即成为含铜 99.95% 的电解精铜。按原定计划，每日可出电解精铜 4 公吨，如原料供给通畅甚至可日产 6 公吨。《云南之铜》绘制了昆明炼铜厂电解精铜的生产流程如图 3－4，兹引录如下：

云南电气制铜厂也有相关的电解电槽等设备，用电解方法将东川、永北等处之粗铜提炼为 99.9% 的精铜，其生产流程与昆明炼铜厂相同。该厂鼓风炉每日可出 97% 的精铜 2 吨，可出 99.9% 的电解精铜 0.5 吨，其产量仅及昆明炼铜厂的八分之一。[1]

---

① 云南省志编纂委员会办公室编《续云南通志长编》下编，第 463 页。

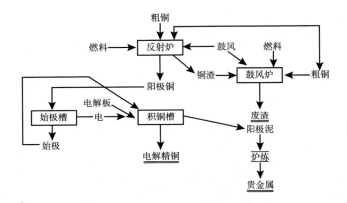

图 3 - 4   电解精铜生产流程

四   运输与销售

（一）滇铜的运输

晚清时期，滇铜仍继续由陆路、水路运往京师以供铸钱之用。宣统三年（1911）辛亥革命后，随着清王朝的覆灭，从乾隆四年（1739 年）开始的"京铜"即滇铜京运，经历 170 余年后，亦宣告结束。"民国后，京铜制度遂废"。[①]

民国时期，云南铜产品（粗铜、精铜）的市场主要在昆明，东川、永北和易门三个矿区的铜产品都运往昆明销售。因此形成了三条运铜路线：

（1）会昆线

东川矿区各铜厂生产的粗铜，用马驮运至会泽，经会泽精炼厂精炼后，其产品再用汽车、驮马、牛车三者兼用，转运至昆明。会泽至昆明全程 252 公里，已筑成可通汽车的公路，但路况不佳，雨天不能行驶。滇北矿业公司有卡车 2 辆，因燃料困难，未再增购。惟主要通过改良牛车构造，以利行驶；驮马则组织厂运队，订立长期承运契约，以保证精铜顺利运往昆明销售。

---

① 张肖梅编《云南经济》，J66 页。

（2）永昆线

永北矿区交通极为困难，从永胜至昆明的途程，除昆明至祥云之清华洞或凤仪县之下关间为滇缅公路之干线，可通汽车外，其余均为崎岖山道。陆路至永北矿区，可分东西两条大道：东大道，自清华洞经祥云、宾川，北行约四百里，至永胜县城，又从永胜县城西北行百三十里，即达米里铜厂；西大道，自凤仪之下关站北，西北行经大理、邓川、剑川各县，凡四百二十里至丽江，又自丽江东行约百四十里，即至米里铜厂。其他各厂均有大路通达永胜或丽江。滇北公司永胜办事处组织马队，承运铜斤至下关；再由下关转运处换装汽车运至昆明。

（3）易昆线

昆明至易门县城，陆路不过 100 公里，且有船车兼用之便，交通尚不甚困难。其路线有匹条：其一乘滇缅公路汽车至艾家营站，计程 64 公里，自此南至易门五十余公里，1940 年已修筑公路，行将通车；其二同上路线乘车东至安宁站，计程 32 公里，自此旱路至易门 60 公里；其三驮运路线，由昆明船运至滇池海口，自此旱道 40 余公里至易门；其四乘车或船至昆明，自此旱道 60 公里即至易门。四条路线中，以第三条较为便捷，即利用驮运从矿厂运至海口，再换装帆船运至昆明。又，民国二十八年滇缅公路安宁支线的修铺工程亦在洽请速办之中。《云南之铜》绘成滇北矿务公司运铜路线表，兹将其表 3－2 引录如下，以供参考。

表 3－2　滇北矿务公司运铜路线表

各　段	距离	卡车	马车	驮马
昆明至会泽段	250 公里	1 日	10 日	7 日
昆明至下关段	421 公里	2 日	20 日	13 日
昆明至易门段	100 公里	半日	4 日	3 日

（二）滇铜的销售

云南铜产品的销售分矿砂、粗铜和精铜三种，兹分别叙述如下：

（1）矿砂（矿石）的销售

此种销售发生在矿场，即槽户将矿砂、矿石售予炉户或公司进行冶炼（称为"新炼"）。此种贸易价格并无一定，而是视矿砂、矿石之成色高低，由炉户或公司凭经验估价收买。民国二十八年以前平均每百斤国币四五元。

（2）粗铜（毛铜）的销售

炉户将矿砂、矿石以高炉冶炼而成的粗铜（又称"毛铜"）售予会泽精炼厂或公司进行精炼（称为"复炼"）。此种贸易既有"官价"（即政府所定收购价），也有市场价。民国初年，粗铜收购价格为：民国元年至二年（1912～1913）官价每担（100 斤）值国币 21 元，市价 21.6～23.04 元；民国三年（1914）分别为 11.52 元，23.04 元；民国十二年（1923）至二十八年（1939）十七年间，东川矿业公司收购毛铜的平均价格为每百斤国币 34.14 元，最低 22.5 元，最高 39 元。民国中期较之民国初年有所增高，

（3）精铜的销售

民国初年，云南出产的精铜主要运往四川，供其铸造铜币的需要，文献上称"京铜之铜更为川运所代"。民国元年（1912）至二年（1913）销往四川之铜多达 10 万担（即 5000 吨），但从民国三年（1914）至十三年（1924）的十年间，总共输往四川的精铜仅 10 万担左右。盖因自民国十年（1921 年）后，川路阻塞，铜价跌落，产量亦愈趋下降之故。民国中后期，精铜的市场则主要在本省。云南造币厂、兵工厂等，每年消费铜约共二三百吨。昆明炼铜厂生产的电解精铜则全数售交兵工署，分配各地兵工厂制造兵器（如子弹壳等）。至于其他消费，据《云南之铜》的编者曹立瀛等于民国二十九年对昆明铜器业 40 户同业公会者进行的调查，云南每年消费精铜总量仅 48000 斤（即 24 吨），全省制造铜器消费当不止此数。

由上所述可知，民国时期，滇铜生产有所恢复和发展，粗铜产量大大超过清末生产水平；尤为突出的是，滇铜生产已"尽引新法"，炼制精铜和电解精铜，以供兵工及电工需要。铜矿业遂成为云南近代工业的重要标志。

第四章

滇金的发展与滇银的衰落

第一节 滇金的发展

近代以来，滇金有所发展，其产量超过此前任何历史时期。

一 滇金产地分布与主要矿厂

晚清时期，云南先后开采的金矿主要有 22 处。其中，咸丰、同治年间有墨江县的坤勇、蒙自县的老摩多、中甸县的天生桥等 3 个金厂，这 3 个金厂均"极一时之盛"。[①] 光绪时期，先后开采的金矿较多，共 16 个，即富民县大山坡厂，永善县金江边厂，蒙自县老摩多厂、逢春岭厂和老金山厂，顺宁县涌金厂，丽江县岩瓦厂，昭通县金沙旧厂，中甸县江边安南厂、格咱厂、天生桥厂和麻康厂等，腾冲县马牙金厂，文山县麻姑金厂，他郎（墨江）县坤勇金厂，景谷县猛乃乡金厂。宣统时也开采了 3 个金厂，即马关县金厂、云南（祥云）县金厂箐金厂和绥江县老鹰石金厂等。此外，晚清时期，旋开旋废的金矿（点）还有 70 余处。[②]

民国时期，政府和学界对云南矿产进行了全面调查。其中关于金矿的调查结果是："云南金矿之分布，若就地理上而言，可分为金沙江、澜

---

① 周钟岳等：民国《新纂云南通志》卷 145，矿业考一·金矿，第 137、138 页。
② 详见昆明矿署余焕东于民国四年编纂的《云南全省金矿一览表》，引自《云南近代矿业档案史料选编》第 3 辑（上），第 143～150 页。

沧江、红河与怒江流域四区"。"金沙江流域之金矿，西北由西康境内之木里土司范围起，而南至永宁、中甸、丽江、永胜、鹤庆，而东折至大姚、巧家，复东北至永善、绥江等处"；"澜沧江流域之金矿，北自维西、兰坪，沿澜沧江主流至澜沧县；另一支流为漾濞江，自剑川、洱源、漾濞而入澜沧江"；"红河流域之金矿，北自凤仪、祥云沿礼社河而至红河本流，经新平、元江、墨江、蒙自、屏边，复分歧而为二支，一支向东延伸，经文山而入广西；其他一支，可延接安南（越南）之金矿"；"怒江流域之金矿，……其下游保山、腾冲一带主流及其支流两岸，皆曾淘洗砂金"。① 由上所述，云南金矿分布在金沙江、澜沧江、红河和怒江流域的 25 个县内。这些地区的黄金矿点较多，是因为在这里分布着不少的含金石英矿脉，并且"通常脉宽而储量较丰，且为数甚多而甚延长。即如墨江之坤勇及蒙自之犒吾司之含金石英脉，经试金试验后，佳者每吨含金达三百余两，劣者亦在八两以上，不可不谓丰矣"。② 民国三十四年（1945）前后编制的《云南矿区分布及藏量估计表》，列出全省有 28 个县产金，产地共 184 处，即蒙自县老摩多等 13 处、墨江县坤勇等 8 处、永平县燕子河等 11 处、云龙县归仁里等 8 处、凤仪县金厂箐等 11 处、鹤庆县黄六郎等 6 处、永胜县金江镇等 11 处、元谋县大己保等 7 处、钊川县羊岭乡等 7 处、洱源县黑德里等 9 处、丽江县马厂格子乡等 7 处、中甸县吾竹村等 11 处、祥云县毛栗坪等 5 处、漾濞县金马场 1 处、腾冲县桥头村等 11 处、保山县潞江等 5 处、龙陵县长沙坝等 4 处、屏边县义河老林等 3 处、金平县五步田老厂等 6 处、澜沧县西盟厂等 6 处、建水县宝山寨等 3 处、马关县菜子地等 5 处、宁蒗县木里等 6 处、新平县困龙河等 4 处、文山县麻姑厂等 5 处、顺宁县洪家寨等 2 处、绥江县卷子滩金沙等 2 处、维西县摩顶等 7 处。③ 由上可知，民国时期在金沙江、澜沧江、红河与怒江四大江河流域的 28 个县内有 184 个金矿产地，说明滇金资源分布较广，亦颇为丰富。

在上述金矿产地中，"有开采价值、比较著名者为墨江之坤勇、蒙自

① 朱熙人、袁见齐、郭令智：《云南矿产志略》，第 89、90、92 页。
② 朱熙人等：《云南矿产志略》，第 92 页。
③ 详见《云南近代矿业档案史料选编》第 3 辑（下），第 678~680 页。

之老摩多、中甸之天生桥和江边镜、维西之江马厂，澜沧江南锡河以及洱源、丽江、永北、巧家、永善等县所属之金沙江沿岸等处"。[1] 其中主要金矿是墨江县的坤勇金矿、蒙自县的逢春岭犒吾司金矿、屏边县岔河金厂和滇西金沙江沿岸的金沙矿，其生产情况如下：

坤勇金矿：位于墨江县东北十六公里的山区，金矿包括含金石英脉及砂金岩二种。石英脉为数甚多，纵横交错，其中宽者达 5 公尺，延长约 10 公里。其石蛙塘矿硐之矿石，每 60 斤可获金五分至二钱，亦即万分之一二，可谓含金高矣。砂金则见于山谷坡麓之角砾石中。坤勇金矿，明末即已发现，清道光时产额最盛，年产金万余两。咸丰、同治年间因战乱停顿，民国十九年（1930 年）恢复生产，为杨姓一家独办，最盛时有工人 300 余人，镶头工资为 12～18 元，小工 2～8 元，由厂方供给伙食，并酌予奖金。金矿生产沿用旧法，开硐采掘或开明槽，以摇床淘洗；每年雨季淘洗甚盛，雨季一过则又递减。用绿矾硝酸矾红土与盐之混合剂溶去杂质，再以水银吸收金粒。金粒通常不纯，含金 60%～92%，一般在 75%～80% 之间。该金矿的产量，民国十九至二十七年九个年份，分别为 200 两、300 两、400 两、500 两、600两、700 两、1000 两、2000 两。[2] 坤勇是当时云南产金量较多的金矿之一。

逢春岭犒吾司金矿：位于红河南岸蒙自县境内逢春岭之南，包括犒吾司、老摩多、马店、老金山、白石寨等矿。区内马店附近有一金河，夷汉沿河淘金者日达千人，惟因烟瘴关系，每年只能工作六个月；其所获之金，颗粒粗大，间有达数两至十余两者。矿区内有市集四处，均于每月六日有一集市，每市金之贸易共约达百至二百两之间。民国二十七年（1938）曾有江新采金公司在此开采，后因其新建房屋被水冲毁，兼遭当地土司忌嫉，遂致中辍。[3]

---

① 由云龙辑《滇录》，民国二十二年印行，第 324 页。
② 俱见朱熙人等《云南矿产志略》，第 94～96 页。
③ 朱熙人等：《云南矿产志略》，第 93、94 页。"逢春岭"，今属元阳县，清代和民国时此地土司为"犒吾卡土把总龙氏"（哈尼族）。详见龚荫著《中国土司制度》，云南民族出版社，1992，第 502 页。

屏边岔河金厂：位于红河西岸屏边县西区岔河老林，大约清代乾隆初年即已开采。民国时期，在此采金者多属本地土人，其资本有限，多于农忙之余，冲洗山沟塝砂；其次则沿金河、马店河淘洗砂金。此外，间有于高山峻岭开凿坑道、采掘金矿者。其采冶方法，均沿袭千年前陈法，毫无改良。其产金量，年约三千两之谱；金市场有铜厂街、马店街、金平街三处，均系每月六日集市一次，每次金之交易，约20两至50两不等。民国二十六年（1937），云南矿业公司总经理陶鸿涛前往该金厂进行调查，后又对其坑内矿石进行化验，其含金量为二万三千七百五十分之一以上，因此认为该"金厂蕴藏之富，质量之纯，确有可开采之价值"。①

滇西金沙江沿岸的沙金矿：滇西金沙江主流与支流沿岸旧河道和新河床的沙石淤积地中含金颇多，千百年来当地百姓即在此淘洗沙金。抗战以来，金价高涨，采金业遂勃兴，滇西金沙江沿岸的沙金业迅速发展起来。以丽江为中心的金沙江沿岸沙金矿点主要分布在丽江、中甸、兰坪等县的十九处，即丽江的打鼓、木草渡、木瓜寨，兰坪的熟苗、巨甸、德思、下驮、上驮，中甸的里敢谷、几度谷、打子坝、上所邑、思罗、格露湾、思列、里却、士旧旺、西施坝、良美。当地人民在这些矿点挖洞取沙，于附近河流中淘洗沙金。淘洗工具有水盆、木槽、板槽三种。水盆用以淘洗最大之砾砂，木槽用以洗粗砂，板槽用以淘洗最细之砂。通常聚集千百人，争担挖洗。过去开采者，均为小规模经营，或独自一人，或数人合伙。其所产之金，多售予当地富户商家，一小部分则自携至较大城镇出卖。民国二十八年（1939），"滇垣有力人士"王裕光等在丽江成立"裕丽矿业公司"，专营打鼓一带沙金之采取。其资本总额为国币20万元，工人均从丽江县及打鼓当地招雇。淘洗所获沙金含金率为85%～95%，但其产量未见记录。民国二十九年（1940），丽江当地军官史华司令等组建"丽江白马厂金矿公司"，开有两个硐尖，雇有工人32人，来自四川西康、叙府和西昌一带。其"开采未久，且

---

① 陶鸿涛：《云南屏边西区岔河金厂调查报告》，《云南日报》民国二十六年九月十日至十六日。

未抵（达）富金层，故出产极有限"。永胜与鹤庆之间有土塘金矿，"以产金著闻"。该矿包括下坪、上干及下干等若干淘金处。有独办矿主15家，每家资本二三百元，所雇工人最多时不过200人。又，云南与西康交界的木里也是产金盛地，其龙达河两岸分布有若干采金洞。民国二十六年（1937），在木里设立"利民公司"，经营当地采金业。该公司除自采小部分外，广招矿商经营。矿商出其所产金的百分三十给利民公司，以作租金；又以百分之三十五提供给当地驻军，以作供养开支。开采人所得不过百分之三十五而已。矿商实行分砂制和工资制两种工资制度。二十七年（1938），该公司达于极盛，工人多至千人以上。二十八年（1939）渐衰，工人减少，产金甚微。至二十九年（1940）发生民变，利民公司工程师赵朋遇害，工人四散，矿业停顿，利民公司因此撤销。①

二　滇金的经营方式

近代滇金以私人经营为主，官办和官商合办者极少。

私人经营又分为两种方式，即"独办"和"集股"，而以"独办"为多。独办"主要是金矿附近的居民和金沙江沿岸农隙淘洗的土民"，他们"虽然获利甚微，然全赖此为生者实属不少"。②

私人独办金矿的经营方式有两种，即雇工制和"亲身制"。所谓雇工制，即"由矿主出资，招雇工人，代其开采"。如上述土塘金矿，民国二十九年（1940）时有独办矿主15家，每家资本二三百元，所雇工人最多时不过200人。雇工之每日工资，捶手（开凿矿硐者）新滇币一元四角，淘金者一元，马尾（背运矿砂者）七角，均不供给膳食。另外，每人每月给"私砂"二床，每床重15斤，可得金最多二钱，普通可得8分。所谓"亲身制"，即自为矿主，自力经营，"自挖自吃"；有的租地开采，租金为所获矿砂的十分之三。在土塘金矿，"亲身制"占全体采金者的80%以上。木里金矿实行分砂制和工资制。所谓分砂制，即矿商供给工人伙

---

① 曹立瀛、范金台具拟：《云南迤西金沙江沿岸之沙金矿业简报》，资源委员会经济研究室编《云南工矿业调查报告之十二号》（油印本），民国二十九年五月。
② 由云龙辑《滇录》，民国二十二年，第325页。

食，每日工作之报酬为一背砂，由工人自己淘洗，出金若干悉归其所有。工资制，即除供伙食外，每工每月硬币六元，约合新滇币 30～40 元，即国币 15～20 元。这两种制度以前者为多，占十之八九。①

官办金矿：见于政府档册者只有一个，即开办于光绪三十四年（1908）的腾冲马牙金厂，其生产情况不详。②

官商合办金矿：见于记载者有四个，即开办于宣统元年（1909）的祥云金厂箐金矿，开办于民国二十六年（1937）的"云南矿业公司"（兼营江外即屏边岔河金厂），开办于民国二十六年（1937）、于二十九年（1940）停业的木里"利民公司"，开办于民国二十八年（1939）的丽江"裕丽矿业公司"。这些官商合办的金矿，其经营方式已初具近代工业生产的规模，如"裕丽矿业公司，资本总额定为国币 20 万元，原官办的裕滇公司的矿权作为股本十分之一，其余则另招股份。公司设股东大会、董事会、董事长和总经理，下设工程部和事务部。矿区面积为 210 公顷，有 4 个矿井同时开采。招雇工人数百名，除当地丽江人外，尚有不少四川籍者。工人每天工作八小时，按日计发工资，工资分为三等：一等工每日国币一元，二等工九角，三等工八角。膳食则由公司提供厨子、家具，费用按人均摊。③ 其他官商合办金矿的经营方式与裕丽矿业公司大致相同，兹不备述。

三　滇金的生产、产量及市场

近代滇金的生产，基本上沿袭千百年以来的"土法"。关于这种土法，民国二十六年（1937）云南矿业公司总经理陶鸿涛写的《云南屏边西区岔河金厂调查报告》和民国二十九年（1940）资源委员会经济研究室曹立瀛、范金台写的《云南迤西金沙江沿岸之沙金矿业简报》都作了说明，兹不详述。需要指出的是，近代滇金采冶中沿用的这种古已有之的土法，迄于民国年间已有所改进，即采矿与选矿的分工已经出现，并且混汞分金法的运用已臻于成熟。

---

① 曹立瀛、范金台：《云南迤西金沙江沿岸之沙金矿业简报》，民国二十九年。
② 《云南近代矿业档案史料选编》第 3 辑（上），第 146 页。
③ 曹立瀛、范金台：《云南迤西金沙江沿岸之沙金矿业简报》，民国二十九年。

近代滇金的产量,历来未有专门的统计,仅就所见文献的零星记载,综述如下:

晚清时期,道光时墨江坤勇金矿"产额最盛,年产金万余两"。① 咸丰、同治年间,墨江坤勇、蒙自摩多、中甸天生桥三个金矿,曾"极一时之盛",② 然未详见其实际产量。

民国时期,滇金产量时高时低。云南省政府统计处根据各矿业呈报之明细表统计,云南全省黄金产量为:民国二十六年(1937)1879 公两、二十七年(1938)1430 公两、二十八年(1939)873 公两、二十九年(1940)432 公两、三十年(1941)381 公两、三十一年(1942)255 公两、三十二年(1943)278 公两。③ 这一官方统计数字,似有不尽准确之嫌。因为抗战时期,国民政府为了支持长期抗战,需要大量黄金,于民国二十八年(1939)三月经济部公布《非常时期采金暂行办法》,后又有《加紧民矿产金实行方案》,均鼓励和支持国营和民营采金业的发展;加之这一时期全国金价暴涨,必定刺激滇金生产,其产量当会有所增加。民国二十九年(1940)云南大学矿冶系师生对云南矿产进行调查后称:"最近数年前,年产金约三五千两间,……自抗战以来,金价暴涨,已采之处均能增加产量;即如昔日认为含金较贫之处,亦皆逐渐恢复开采工作,以致产量渐增,据作者等之粗略估计,最近一年来金之年产额,约在一万七千两上下";其中年产金一千两以上的县即有 5 个,即中甸 2500 两、永胜 4500 两、丽江 1000 两、维西 1000 两、蒙自 4500 两。④ 又民国二十六年(1937)屏边岔河金厂年产金约 3000 两。⑤ 毋庸置疑,实地调查得来的数字,比官方依据各地呈报而统计的数字应更准确一些。由此看来,抗战时期,滇金产量确实有所增加。

由上所述,近代滇金生产有所发展,然而与国内其他产金诸省相比

---

① 朱熙人等:《云南矿产志略》,第 95 页。

② 周锺岳:民国《新纂云南通志》卷 145,矿业考一·金矿,第 90 页。

③ 《云南近代矿业档案史料选编》第 3 辑(下)第 641 页,《云南全省矿业生产量调查表》。

④ 朱熙人等:《云南矿产志略》,第 90、91 页。

⑤ 陶鸿涛:《云南屏边西区岔河金厂调查报告》,《云南日报》民国二十六年 9 月 10 日 ~ 16 日。

却处于落后地位，如光绪十四年（1888）黑龙江成立官督商办的"漠河金矿局"，翌年产金 1.9 万余两；光绪十五年（1889）湖南省平江金矿在全国率先购置机器，采用新法生产；光绪二十二年（1896），广西桂县、山东招远平度、广东增城也相继使用新法采金与炼金。① 从黄金产量方面看，早在光绪十四年（1888），我国黄金年产量已达到 13.5 吨（43 万两），居世界第五位。② 民国十八年（1929）全国产金 82710 两、十九年（1930）113986 两、二十年（1931）128500 两、二十一年（1932）110000 两、二十二年（1933）100000 两。③ 抗战期间，国民政府实行鼓励采金的政策，四川、西康、云南、贵州、湖南、广西、陕西、青海、新疆等省都有黄金出产。④ 因各省黄金产量不详，难以将云南与其他各省作比较。由上所述，近代滇金采用机器生产方面远远落后于内地，其产量方面也少于一些省份。

近代滇金的市场：由于滇金产地分布较广，故其市场也比较分散，滇中、滇西和滇南等地均有黄金交易之地，然而省会昆明则是滇金买卖的最大市场。民国三十年（1941）官方统计：昆明市有专营黄金饰品销售的商号 15 家、职工 73 人、资本总额国币 20 万元、营业额 62 万元；从事金银器具生产的手工铺坊 83 家，从事金箔业的 27 家。⑤ 这些铺坊所需之黄金主要来自省内各产金之地，"多由商人就地收买，转售昆明各金铺中"。⑥ 此外，黄金市场还有下关、丽江、腾冲、缅宁（今云县）、梁河、蒙自、开远、石屏、个旧、金平等县治所在地。这些地方都有一些手工业者从事黄金饰品的生产与销售，其中大理生产的金首饰、金箔等较为著名，特别是金箔每年需黄金数十两，还出现了"金箔街"，产品"销行

① 朱熙人等：《云南矿产志略》，第 91、92 页。
② 张永俐：《滇金的历史与今后的发展》，《贵金属》第 32 卷第 2 期，2011 年 5 月。
③ 祝慈寿著《中国近代工业史》，重庆出版社，1989，第 690 页，《中国采矿工业产量统计表（三）》。
④ 祝慈寿著《中国近代工业史》，第 800 页。
⑤ 云南省志编纂委员会办公室编《续云南通志长编》下册编，第 543、511 页。
⑥ 陈鸿涛：《云南屏边西区岔河金厂调查报告》，《云南日报》民国二十六年九月十日至十六日。

各县，价值随金价转移"。① 在滇金出产之地，有一些定期的交易集市。如永胜县金江街，"每七日一市，每市金之交易约在一百五六十两之间"。蒙自县老摩多等地，"计有集市四处，均于每月六日有一市集，每日之贸易共约达百至二百两之间"。② 屏边县，"金市场有铜厂街、马店街、金平街三处，均系每六日集市一次，每次金之交易约二十两至五十两不等"。③

除上述省内市场外，滇金还销往缅甸、越南和香港等地。《续云南通志长编》（下册）载：大理生产的叶金"行销各县及瓦城（属缅甸），价格涨落无定率"。又《云南矿产志略》载：各地生产的黄金，"多由商人就地收买，转售昆明各金铺中，或由商人向安南（越南）出口，转运至香港等处"。可见，滇金的市场除省内之外，尚有国外和境外市场。

近代滇金的价格未见专门记载。惟曹立瀛等在永胜金江镇调查时，从镇长胡某处得知：当地金价以新滇币计（新滇币 1 元等于国币 0.5 元），民国二十七年（1938）春每两 400 元、秋 800 元，二十八年（1939）春低至 365 元、六七月升至 800 元、秋 600 元，二十九年（1940）正月 800 元、三至五月 1000～1100 元、六月又升至 1400～1500 元。④ 可见，当时金价涨跌的幅度是比较大的。

四　滇金发展的制约因素

近代滇金的生产较之古代有所发展，已如上述。然而，近代滇金的发展仍然十分缓慢，其效益更显得微薄。寻其制约因素，主要有以下四方面，兹分别说明之。

（1）交通闭塞，道路险阻。云南出产砂金和山金，其产地或江河沿岸，或荒岭之间，无任何交通设施可言；加之多属气候恶劣、蛮烟瘴雨之地。采金者稍有不慎，即易致疾丧命，故视采金为畏途，有民谚曰：

---

① 云南省志编纂委员会办公室编《续云南通志长编》（下册），第 518 页。

② 朱熙人等：《云南矿产志略》，第 98、93 页。

③ 陶鸿涛：《云南屏边西区岔河金厂调查报告》，《云南日报》民国二十六年九月十日至十六日。

④ 曹立瀛、范金台：《云南迤西金沙江沿岸之沙金矿业简报》，民国二十九年五月。

"穷走厂，饿当兵，背时倒灶淘砂金。"

（2）产金区域，多为土司属地。这些地方的土司每视其属地为子孙万世生存的基业，深恐外地人等进入而威胁其固有的权利，所以竭力反对和阻止任何人进入其领地开采金矿。如滇康边境的木里地区，"金藏既丰，土司闭关自守，非但不准外人进入开采，即当地土人之挖掘亦须蒙蔽土司之闻悉"。①

（3）历来地方政府漠视滇金的开发。自清代中后期至民国抗战爆发以前，历来云南地方政府对于开发滇金均无任何举措；不惟如此，大小贪官污吏及地方豪绅，更是从各种矿业中敲诈勒索，摧残矿业的发展。抗战以后，从中央政府到地方政府为了充实抗战建国基金，直接换取外汇以购买抗战建国物资，遂重视黄金生产。然而，因战争连年，大量资金投向习军经武，对投资兴办矿业则已"气短力竭"，只得听任民间个人经营者，三三两两地以"小资本"去采金淘金。正如张肖梅所言："云南开办金矿者，均为个人小资本开发，其不能发达，乃当然之事。"②

（4）滇金生产始终沿袭"土法"。近代滇金的开采、淘洗和冶炼一直沿袭千百年未变之陈法，从无较大改良；同时，近代滇金生产也一直未向外购置机器、引进先进技术。这是制约滇金大规模生产的一个重要因素。早在民国十三年（1924），知名学者谢彬来滇旅游，从官方与学界了解到不少滇金的生产情况后认为：云南有许多不可多得的金矿，然而"惜乏资本，又无采矿学识"，如此宝藏只得永埋地下。为此，他不禁"徒兴望洋之叹"！③

第二节　滇银的衰落

上篇第七章第三节已述，滇银于乾隆、嘉庆时期曾达于极盛，年产

---

① 曹立瀛、范金台：《云南迤西金沙江沿岸之沙金矿业简报》，第五章《滇康边境木里金矿》，民国二十九年五月。
② 张肖梅：《云南经济》，J61页。
③ 谢彬：《云南游记》，上海中华书局印行，民国十四年三月，第124页。

100 万两之巨，而嘉庆中后期至道光时期年产仅 16 万余两，显然已经大大衰落。迄于晚清和民国时期，滇银又进一步走向衰落。

一　晚清时期的滇银

晚清时期，滇银已大大衰落。寻其原因，大致主要有三个方面。其一是咸同兵灾。咸丰六年（1856），云南先后爆发了以李文学为首的彝族农民起义和以杜文秀为首的回民起义。这两次反清武装起义规模颇大，波及三迤广大地区，直至同治十二年（1873）才被清政府残酷镇压下去，先后经历了 17 年之久。在此期间，全省铜、银等矿业生产受到了极大破坏，"厂地屡遭蹂躏，炉户、砂丁逃亡殆尽。各厂硐或被荒土填塞，或被积水淹没，废弛十有九年"。① 因此次"兵灾"而停办的银厂为数颇多。其二是硐老山空。历经清代前期大规模的盲目开发，银矿资源已日渐枯竭；一些大矿、富矿早已被开采殆尽，一些小矿、贫矿则因埋藏深即"硐深矿薄"而难以采掘；加之沿用千年不变的土法不仅增加采掘难度，而且增加了生产成本。三是投资不足。由于生产成本不断增加，一些银厂因资金缺乏而停办。由于上述原因，咸丰至宣统时期，云南不少银厂纷纷封闭、停产、抛荒以至废弃。民国二十九年（1940），云南大学矿冶系朱熙人等对全省银矿进行调查，得知晚清时因故停办的一些银厂情形，兹列举几个主要的银厂：

乾隆、嘉庆时期数一数二的乐马银厂，"前清咸同年间，因矿道过深，与回乱影响，遂致中辍。至光绪年间，又复开采，改为官营，成效不著，亦告停顿"。

双柏马龙银厂，"前清嘉道年间，产额最高。后因回乱，矿硐工作十停八九"。

云龙白羊银厂，"为前清乾嘉著名银矿之一，当时开采甚旺，矿峒无虑数百，工人数千。至咸丰年间，因回汉纷争事，被迫而停"。

班洪茂隆银厂，"自嘉庆五年封闭后，迄未重开"。②

---

① 王文韶等修《续云南通志》卷 45，食货志·矿务，第 2898 页。
② 朱熙人、袁见齐、郭令智：《云南矿产志略》，第 45、56、55、51 页。

此外，因"咸同兵灾"而停办的银厂，还有建水摸黑银厂、楚雄罗摩哨区天苍山银厂、泸西杨梅山银厂、新平白达母银厂，[①] 会泽金牛银厂、巧家棉花地银厂、丽江回龙银厂、中甸安南银厂等。[②] 因"硐老山空"和"投资不足"而停办的银厂则更多，如楚雄白马厂和大宝厂、维西地宝铜江西老厂、文山马腊底厂、宾川宾西大兴厂、凤仪轿子山厂、云龙东南乡箭里睹鹅厂、新平大和厂、澜沧募乃厂。[③] 此外，原因不详而停办、荒废的银厂还有不少。总之，晚清时期，因故停办的银厂甚多，其中不少是清代前期产银颇丰的银厂。

晚清时期，嘉庆、道光时期生产的银厂中，除上述因故停办的许多银厂外，继续生产的银厂已经为数不多。光绪、宣统年间，新开了十几个银厂，如顺宁（凤庆）县黄吉太厂（光绪二十二年）、立贵厂（光绪三十三年）、云贵山银厂（光绪三十四年），丽江县吴烈里老母智厂（光绪三十四年），马关县花鱼铜厂（光绪二十四年），宾川县白象厂（光绪二十四年）、骡子硐厂（光绪三十一年），邓川县兴宝山遇师厂广利公司（光绪三十一年）；路南县狮子山厂（宣统元年），姚安县尹家山厂（宣统二年），大姚县庙宇厂（宣统元年），顺宁县大安新厂（宣统二年），保山县道人山厂（宣统元年），马关县东安里厂（宣统元年），洱源县马鹿塘厂（宣统二年），澜沧县白马厂（宣统元年）等。[④] 继续生产和新开的银厂，其生产情况不详。估计规模都不大，产量也不会多。

随着大批银厂的停办，银产量已大幅减少。据《新纂云南通志》卷145"矿业考一·银矿及铅矿"载："银之年产额，在十年前，约计至多亦不上十万两。"该"通志"记事止于宣统三年（1911），所谓"在十年前"，即光绪二十七年（1901）前后。可见，光绪末年，滇银产量已"不上十万两"。张肖梅在其《云南经济》第十章第五节"铅锌银及金之开

---

① 《云南近代矿业档案史料选编》第3辑（上），第151～153、163页。
② 周钟岳等：民国《新纂云南通志》卷64，物产考七，第140、141页。
③ 《云南近代矿业档案史料选编》第3辑（上），第153、157、159、160～163页。
④ 《云南近代矿业档案史料选编》第3辑（上），第151～165页，"云南全省银矿一览表"（民国四年编）。

采"也写道:云南银矿"至咸同年间,迭经兵燹,砂丁炉户流离失所,遂至停办"。迄于清末民初,"据估计,全省银产量,每年不下(上)十万两"。[1] 清末,滇银年产约十万两,仅及乾嘉时期 100 万两的十分之一,可见滇银已大大衰落。

二 民国时期的滇银

民国前期:云南开办的银厂主要有会泽县矿山厂等十余个,其详情见表 4 - 1。

表 4 - 1 民国前期云南主要银厂

银厂名称	所在县名	承办者	注册年月	附记
忠顺里矿山厂	会泽	东川矿业公司	民国十一年四月	
忠顺里麒麟厂	会泽	鑫泰公司	民国十六年八月	
乐马厂、老君山、手扒岩	鲁甸	裕丰公司	民国七年五月	
石羊厂、天仓、麒麟硐	摩刍(盐丰即双柏)	马伯安等	民国十二年	
江东里富隆厂	兰坪	赵永熙等	民国六年二月	
下甸片虚岩例厂	兰坪	吕咸熙	不详	
下甸新老山厂	兰坪	吕咸熙	不详	
银厂坡	石屏	隆裕公司	民国六年五月	
忠顺里小华圃厂	会泽	鑫泰公司	未注册	
滇滩隘、大哨圹	腾冲	刘福元	未注册	
棉花地、菜子地	巧家	矿业筹备处	未注册	
回龙厂	姚安	矿业筹备处	未注册	

资料来源:《云南矿产概况》(民国十一年),引自《云南近代矿业档案史料选编》(1890~1949 年)第 3 辑(上),第 393、394 页。

表 4 - 1 中所列民国十一年(1922)全省主要的十余个银厂中,比较著名者,仅会泽之矿山、麒麟两厂,兰坪之富隆厂,腾冲之滇滩隘厂等。除此之外,清代盛极一时的巧家之棉花地厂、鲁甸之乐马厂、澜沧之募乃厂、

---

[1] 张肖梅:《云南经济》,J57 页。

耿马之悉宜厂、中甸之安南（古学）厂及丽江之回龙厂等，均"时办时停，多未见效"。在此期间，进行生产的银厂"大都沿用土法，规模狭小，产量甚微"。全省产银数量，"无确数可稽，近年以来，各厂情况多未见佳，约计全省产量每年至多不上十万两"。"各厂首出之生银除供本地及邻县制作首饰及各种银器外，多运销省城以作铸币材料"。① 然而，"近数年间，本省所需之银为数甚巨，他且无论，即每月（似应为'年'）供铸币之生银，至少亦需五十万（两）"。② 因此，滇省铸币所需之生银，"多完全由香港、上海购入"。③ 清代乾嘉时期，云南每年产银 100 余万两，以供全国货币流通；民国前期，云南铸造银币则需从香港、上海购入五分之四的生银。滇银之衰落可显见也。

民国中期：云南银厂又有一些先后停办，其原因是产量减少、资本缺乏、办理不善、洞内积水、地方匪患、违反法令和特别事变等。④ 据张肖梅《云南经济》载：民国二十七年（1938）调查结果，民国前期开办的十余个银厂中，石羊、棉花地、菜子地、回龙等银厂已经先后停办，余下仍然开采者仅有 3 个：会泽县忠顺里矿山厂（由东川矿业公司开办）、会泽县忠顺里麒麟厂（由鑫泰公司开办）、兰坪县下甸新老山厂（由吕咸熙采办）；新开银厂有 2 个：嵩明县岳灵山老鸦阱厂（由唐吉品采办）、华宁县官租乡发基地厂（由刘荫萱采办）。此外尚有腾冲狮子山厂、昆明北乡阿拖倮银铅矿、安宁班鸠村铅银矿、澜沧孟达公鸡厂铅银矿等，正在筹划进行开采。⑤ 又有文山县白牛厂（由李郁高采办）等。⑥ 可见，民国中期，云南开办的银厂数已大大减少。

抗战爆发以后，国民政府为了解决重要工业原料进口渠道被日军封

---

① 《云南矿产概况》（民国十一年），引自《近代云南矿业档案史料选编》第 3 辑（上），第 394、395 页。
② 《民国十一、二年各矿综合评价》，引自《近代云南矿业档案史料选编》（1890～1949）第 3 辑（上），第 352 页。
③ 《云南矿产概况》（民国十一年），引自《近代云南矿业档案史料选编》（1890～1949）第 3 辑（上），第 395 页。
④ 《云南矿产调查统计表》（民国二十年），引自《云南近代矿业档案史料选编》（1890～1949）第 3 辑（上），第 362 页。
⑤ 张肖梅：《云南经济》，J57～59 页。
⑥ 《续云南通志长编》下册，第 491 页。

锁的问题,十分重视全国的矿产开发。民国二十七年(1938)11 月颁发《非常时期农矿工商管理条例》。依据该条例,国民政府对金、银、钢、铁、铜、锡、钴、镍、铅、锌、钨、锑、锰等金属矿产及其产品实行统制,即由中央政府直接控制其生产、流通、分配和消费等。在此背景下,云南省地方政府对其矿产资源进行了广泛调查,大约在抗战后期编成了《云南矿区分布及藏量估计表》。根据该表:云南全省有 39 个县发现银矿,其产地多达 185 处。① 这是一次比较全面、细致的调查和统计。至于这 180 多个银矿(点),当时开发了哪些,生产情况怎样,均未见记载。

民国二十八年(1939),云南省财政厅在昭通县设立"鲁甸矿务局",从事该地银铅矿的探采。三十一年(1942),又扩大改组为银铅锌矿厂管理处,隶属云南省企业局。该处成立后,接收原鲁甸乐马银厂的全部业务,改置鲁巧矿务所,从事该矿区银铅矿的探采,一方面从已有旧窿中择优探进,一方面新开坑井以广事探矿。同时建设鼓风炉,购置发电机、柴油机、马达等设备;又先后于区内老君山、海家湾、冬青树及大佛山、手把岩、六洼子一带,开凿探矿坑井几十处。经营三年多,先后投资国币共 2200 余万元,"所获无多,遂于三十三年八月暂作结束"。②

民国后期,滇银生产除上述鲁巧矿务所在当地进行探采以及使用机器冶炼外,未见其他有关银矿生产的记载。云南和平解放后,省人民政府财政经济委员会于 1950 年 9 月编印了一个《云南经济资料》(内部刊物)。其中矿产部分有锡、铜、铅、锌、铁等历年产量统计表,唯独没有银的产量统计表,只在矿藏部分记录了银矿分布的县份。这说明,迄于民国后期,滇银生产大约已基本停顿,产量已减少至不屑进行统计了。何瑭于 1949 年在其《云南矿产》一文中有如下一段话:"银铅锌三种矿产,必相共生,……在云南分布甚广,据建设厅统计,达七十二县。产地虽多,但现今俱已停采,其有相当产额者,今只有会泽矿山厂一处,

---

① 《云南矿区分布及藏量估计表》(约民国三十四年),引自《云南近代矿业档案史料选编》(1890~1949)第 3 辑(下),第 681~684 页。
② 《续云南通志长编》下册,第 469、470 页。

年产铅三百吨、锌二三十吨。银则全省境内，无人采办矣。"① 何瑭毕业于北京大学地质系，曾协助实业部地质调查所孟宪民、陈恺等在滇调查矿产；其所谓迄于 1949 年，滇银已"无人采办矣"，是可信的。

由上所述，近代以来滇银逐渐走向衰落。晚清时期和民国初年尚有十多个银厂进行生产，其年产量约 10 万两，抗战时期曾对全省银产地进行调查，但进行有效开发者很少，迄于民国后期，全省银矿均已停顿，"无人采办矣"。

---

① 云南省立昆华民众教育馆编辑《云南史地辑要》下册，民国三十八年十一月出版，"第八篇云南矿产"，第 17 页。

第 五 章

滇锡的崛起

近代以来，滇锡迅速崛起。[①] 光绪十五年（1889）蒙自开关，滇锡出口增加，个旧"厂情日盛"；宣统元年（1909）滇越铁路通车，滇锡出口量"倍蓰往昔"。民国初年以来，滇锡年均产量从四五千吨跃至七八千吨，有的年份甚至超过万吨，滇锡产量成为全国之冠，并居世界第五位；直到民国后期，由于战争等原因，滇锡才走向衰落。

第一节　滇锡崛起的原因

近代滇锡崛起的原因较多，主要有以下6个方面，兹分别简述之。

一　锡矿资源的丰富

个旧矿山绵延900余平方公里，蕴藏着丰富的锡矿资源。据有关文献记载，光绪十六年（1890）至1950年，个旧产锡金属合计332147吨，按采矿损失率、选矿实收率50%，加之冶炼回收率84.68%计算，在此61年中共采地质储量100万吨以上。1950~1985年的30余年间，通过全面地质勘探，探明个旧矿区累计锡储量205万吨；且矿区资源尚有一定远

[①] 周钟岳等：民国《新纂云南通志》卷146"矿业考二·锡矿"载："本省产锡，有个旧、宣威、泸西等县，而以个旧独著盛名"。（见该书第139页）因此，"滇锡"即指个旧之锡业。

景，预计还有 30～50 万吨的锡资源尚未探清。两者合计，则若有原始锡资源总量 350 万吨以上，如此巨大的锡矿床是世界少有的。①

在近代，人们还不可能知道个旧锡矿的储量，但已经知道其矿石和矿砂的含锡量（即成色）是比较高的。民国三十年（1941），中国国民经济研究所学者张肖梅在《云南经济》第十章第三节"大锡的开采冶炼与销售"中，记录了当时"法人化验个旧草皮尖与硐尖所出原砂（即未经洗选的矿砂）的结果"是：草皮矿含锡量为 0.2%、硐尖矿为 3.3%。又"地质学家 M. D. Dopar 与炼锡公司英国工程师 S. B. Arendaereen 曾分析个旧马拉格与老厂之塃"的结果是：马拉格的塃含锡 8.80%、全个旧 6.70%、老厂 3.05%。这些都是经过科学化验获得的结果，从中可知矿砂含锡量是比较高的。

但是，当时在个旧矿区仍普遍采用土法来鉴别塃的含锡成分。这种土法，全凭经验："欲知塃中所含锡之多寡，用手取塃一撮，谓之一把，投入土碗中，用清水淘洗，去其泥渣，而净矿比重大之故，沉于碗底，谓之碗口。视其碗口之大小，而有种种之名称，即可知每槽塃能得若干之净砂。"碗口名称有 10 种：一，大文钱，其面积如大制钱，每槽塃可得净矿五桶余；二，小文钱，其面积如小制钱，每槽塃可得净矿四桶余；三，大螺丝盖，其面积如螺丝盖，每槽塃可得净矿三桶余；四，小螺丝盖，其面积如小螺丝盖，每槽塃可得净矿二桶余；五，大碗颠，其面积如大碗底之尖处，每槽塃可得净矿一桶半；六，小碗颠，其面积如小碗底之尖处，每槽塃可得净矿五升至一桶；七，大黄口，其面积如孔雀之黄口，每槽塃可得净矿三至五升；八，小黄口，其面积如孔雀之黄口，每槽塃可得净矿一至三升；九，老鼠嘴巴，每槽塃可得净矿一升以上；十，苍蝇翅，每槽塃所得净矿不及一升。按：每槽塃约 2500 斤；"净矿"又称"硃"，含锡约 60%；一桶重量 100 标准斤。② 可知，采用土法鉴别塃之含锡量，每槽塃 2500 斤，可得净矿多者 500 斤，小者 10 斤；可得锡最多 300 斤，最少 6 斤，分别为 12% 和 0.02%。

① 该书编委会编《云锡志》，云南人民出版社，1992，第 139 页。
② 详见张肖梅编纂《云南经济》，J6、7 页。

朱熙人等在《云南矿产志》中也写道：个旧锡矿，"其含锡在千分之二三者，已属佳矿，昔曾盛事开采，今渐就竭。但因采掘较易，现仍占所采之锡砂产额中百分之八十左右"。[①] 此结果也可能是通过化验获得的。

上述无论是通过科学化验，还是采用土法所获得的结果，都说明个旧矿区出产的矿石和矿砂的含锡量都比较高，其中绝大多数为 2% 左右，少数则高达 8% 以上。如此之高的含锡量，当然吸引四方投资者前来采冶。因此，个旧矿区丰富的锡矿资源乃是近代滇锡崛起的基础和首要原因。

二　世界市场的需求

锡是我国历来所谓"五金"（金、银、铜、铁、锡）之一，在工业生产中实为一种不可缺少的原料。在近代，"锡主要用途为：涂敷在其他金属上以防养（氧）化，铸为轴承合金，作铅字，作锡化合物用于陶瓷业及纺织业；消用最多之工业为马口铁及汽车制造业。"[②] 上述用途主要发生在世界一些工业较发达的国家。以 1937～1938 年头七个月而论，全世界共消费锡 203800 吨，其中美国消费最多，占 39.9%；其次为英国，占 12.5%；第三为苏联，占 10.8%；第四为德国，占 7.1%；第五为法国，占 5.5%；第六为日本，占 5.2%；第七为意大利，占 2.4%。此七国为锡之主要消费国，合计消费 83.4%；其他如印度、加拿大、波兰等国之消费不及 20%。[③] 至于中国，主要"用锡制造各种器皿，如花瓶、烛台、壶、罐、盅、盃、盘、碟、盒及玩具等；用锡制成锡箔，用来制作冥镪、冥衣、冥房之类的迷信用品，以付之一炬。此种用途，在全国甚为普遍，江、浙、闽、粤诸省，即多为制造锡箔之用"。"中国锡箔工业以浙江之宁波、杭州及绍兴三处最为发达，……三县每年消费之锡料计约七万块左右，若以每块一百磅计，共需锡三千吨"。又据民国十二年（1923）海

---

① 朱熙人等著《云南矿产志》，国立云南大学印行，民国二十九年，第 66 页。
② 曹立瀛、王乃樑：《云南个旧之锡矿》，《云南工矿调查报告》之十六，民国二十九年九月，第一章绪论。按：该书系油印本，因墨迹模糊，页码不清，故无法一一注明出处，下同。
③ 苏汝江编著《云南个旧锡业调查》，国立清华大学国情普查研究所发行，民国三十一年初版，第 11 页。

关统计，当年输入浙江之锡约三千五百吨。此外，锡还用来"焊洋铁器物及其他金属器物"。[1] 以上是在正常年代世界市场对锡的需求情况，从中可知国外市场远远大于国内市场。

在第一次世界大战（1914～1918）和第二次世界大战（1939～1945）的战前，世界市场对锡的需求量均有所增加。如"1911年以后，西方帝国主义国家都在积极准备重新瓜分世界的战争。因此，一方面由于当时与战争有关的工业部门的发展使锡的消费量增加，另一方面，各帝国主义国家同时在扩大锡的储备量，以致对锡的需要大大增加。这样便造成了世界市场上大锡供不应求的趋势，于是锡价节节上升，锡业利润丰厚，这对个旧锡业的生产是一个强有力的刺激"。[2] 此外，从战前和战后锡价的变化也可以看到世界市场对锡的需求增加情况。"一战"前的1912年，伦敦五金交易所锡价为每长吨233英镑，为此前之最高价；战争开始后的1914年，跌至120镑，战争结束的1918年又暴涨为330.138镑。"二战"开始的1939年，锡价为230镑，1940年涨为256.4镑，1941年又涨为275镑。[3] 由上可知，两次世界大战都对世界锡市场产生了影响，大致于战前与战后对锡的需求量都有所增加。当然，世界性的经济萧条和危机，也会影响世界市场对锡的需求。如1920～1921年爆发了资本主义经济危机，世界市场对锡的需求大大减少，造成锡价暴跌，1921年锡价从1918年的330.138镑跌为165.265镑，1922年更跌为159.45镑，不及1918年的一半。[4]

近代，世界产锡之地有亚洲的马来半岛（今马来西亚）、荷属东印度（今印度尼西亚）、暹罗（今泰国）、印度、中国和日本，非洲的奈几立亚，比属刚果，南美洲的玻利维亚，澳洲的新南威尔士、昆士兰、维多利亚、西澳及达斯马尼亚，欧洲英国的康瓦尔及得文等。以1936年而论，产锡最多的国家有5个，依次为马来亚（37.3%）、荷属东印度

---

① 俱见苏汝江编著《云南个旧锡业调查》，第2、3页。
② 陈吕范、邹启宇：《个旧锡业"鼎盛时期"出现的原因和状况——解放前个旧锡业研究之二》，《云南矿冶史论文集》，云南历史研究所印，1965，第181、182页。
③ 《云锡纪实》，云南锡业公司五周年纪念刊，民国三十四年九月，第94、95页。
④ 曾鲁光著《个旧锡业概观》，同文书局，民国十三年，第25、26页。

（17.6%）、玻利维亚（13.7%）、暹罗（7.9%），中国占5.9%，即居第
五位。这一年（1936）中国锡产量为10.664万吨。当时产锡之省有云
南、广西、湖南、江西、广东、福建等六省，其中"个旧产锡量始终占
最大部分，一九三三年至一九三六年之五年平均数，个旧产量占全国百
分之八十四，广西次之占百分之七强，江西又次之仅占百分之五，湖南、
广东两省产量最少，合占百分之三、五"。① 据此可知，1936年个旧产锡
量为8967余吨。如上所述，中国国内消费之锡主要用于制造器皿、锡箔
和用作焊物之用："全国对此三种用途之纯锡消费总量，虽无精确之统
计，但按近年来我国纯锡产量及锡产出入口之数字以估计之，其总额约
在三千吨至四千吨之间。"② 然而，国内消费的一部分纯锡又是从香港转口
贸易而来。如此看来，国内锡市场十分狭小，国产的纯锡（其中个旧所产
占80%以上），绝大部分用来出口，以供外国进行消费。换言之，正是国外
对大锡的大量消费，即世界市场对大锡的需求，促进了滇锡的发展。因此，
世界市场的需求，乃是滇锡崛起的原因之一，而且是最重要的原因。

三　蒙自海关的开设

1862年，法国殖民者吞并越南西贡等南方地区后，一心想利用红河
侵略资源丰富的云南。1885年中法战争后，法国殖民者强迫清政府签订
了若干条约，要求在中国云南、广西、广东三省境内开矿、办厂和设埠
通商等。光绪十三年五月六日（1887年6月26日）中法双方又在北京签
订《中法续议商务专条》，其第二条规定："按照光绪十二年三月二十二
日所定和约第一款，两国指定通商处所，广西则开龙州，云南则开蒙自。
缘因蛮耗系保胜（越南老街）至蒙自水道所必由之处，所以中国也允开
该处通商，与龙州、蒙自无异。又允法国任派在蒙自法国领事官属下一
员，在蛮耗驻扎。"③ 根据此条约，光绪十五年七月二十八日（1889年8
月24日）蒙自海关正式开关。在蒙自县城东门外设正关，蛮耗设分关；

---

① 曹立瀛、王乃樑：《云南个旧之锡》，第一章绪论。
② 苏汝江：《云南个旧锡业调查》，第8页。
③ 转引自万湘澄著《云南对外贸易概览》，新云南丛书社出版，民国三十五年十一月，第
7页。

县城西门外及河口、新街三处设分卡；又将原安平同知所管的马白关划归蒙自关管辖，改为分卡。订立《蒙自正关通商章程专条》十款、《蛮耗分关通商章程专条》十九款，并公布实施。至此，蒙自开埠通商条约实行，蒙自海关开始承办征收关税业务。与此同时，法国政府又在蒙自设立领事府。[1] 光绪二十一年（1895），中法双方又在北京订立《中法商务专条附章》，其第二条规定："两国议定：……自蒙自至保胜（今越南老街）之水道，允开通商一处，现议非在蛮耗，而改在河口。法国在河口驻有蒙自领事官属下一员，中国也有海关一员，在彼驻扎。"[2] 根据此条约，光绪二十三年六月一日（1897 年 6 月 30 日），正式成立河口分关，属蒙自正关管辖。同时，将蛮耗分关和马白分关改为查卡，又在马白查卡下增设天生桥和牛羊街两分卡。[3] 以上是有关蒙自海关开设的经过。

蒙自海关的设立，对个旧锡业的发展产生了极大的推动作用。原来，自鸦片战争后，英国殖民者占领了香港，使之成为国际商业城市，云南与香港之间的贸易日渐活跃，个旧大锡开始运销香港。中法战争前，个旧大锡由蒙自运至蛮耗，从红河水运至越南老街、河内、海防，再航运至香港。当时"滇南所产铜、铅、铁、锡、鸦片烟，取道红河出洋；各项洋货，又取道红河入滇，愈行愈熟，已成通衢"。[4] 由此可知，中法战争前，蒙自对外贸易的主要路线是红河。但中法战争期间，由于越南北部成为主要战场而航路关闭，改为从北海转运，即从蒙自经广南、剥隘，至广西百色、南宁，出北海港抵达香港。光绪十五年（1889）至二十三年（1897）蒙自海关及河口分关正式开设后，蒙自对外贸易的路线又恢复红河水运，即蒙自至蛮耗，从红河水运至河口，再运至越南老街、河内、海防，最后航运至香港。红河运输路线的恢复，对蒙自的对外贸易带来诸多利好，主要有：一，运输天数缩短。北海转运时，使用驮马运输，由北海港至南宁 14 天，南宁至百色 17 天，百色至剥隘 3 天，剥隘至广南 8 天，广南至蒙自 10 天，共需 52 天；恢复红河水运后，使用海船、

---

[1] 蒙自县志编纂委员会编《蒙自县志》，中华书局，1995，第 546 页。
[2] 转引自万湘澄著《云南对外贸易概览》，第 8 页。
[3] 蒙自县志编纂委员会编《蒙自县志》，第 564 页。
[4] 束世澄：《中法外交史引越事备考》，转引自《云南对外贸易概览》，第 18 页。

舢板和畜力运输，由海防到河内 1 天、河内到老街 12 天、老街到蛮耗 7 天、蛮耗到蒙自 9 天，共计 31 天。可见红河线比北海线缩短了 21 天。二，当时经过广西进入云南之税捐极重，且越南之通过税最多不过从价百分之五，商品只需在蒙自关一次缴纳进口税即可在省内通行无阻。三，北海港设施太差，既无码头又无栈房等。① 另外，据时任云南矿务督办的唐炯说，滇越、滇桂两条商路在税厘和运价的支付上悬殊甚大，前者较低，这也是商人们转往滇越一线即红河水运的重要原因。他说："查商人运锡向走百色至香港转运上海，统计沿途税厘、脚费每票 2500 斤，共需银 270.5 两，其由蛮耗至上海，每票只需银 155.375 两。从前以其透漏税厘甚多，曾经禁走蛮耗；今既开关，自应听其运行。"唐炯还对海关税则减低后的情况作了详细分析，指出个旧大锡现由蛮耗出越南，每票只需银 122.55 两，较减税前过蛮耗少 32.825 两，过百色少 147.95 两。商人们唯利是图，势必尽买洋票群趋蛮耗。为抽取税厘计，为脚夫、船户生活计，"拟请援照加抽土药正税例，凡运锡走蛮耗，每百斤加抽厘 5.92 两，增为条约，庶与百色一路两得其平，而锡利不致尽为法人所夺，并可杜华商偷买洋票透漏税厘"。② 由上可知，改由红河水运，从蛮耗出越南不仅缩短运输天数，经由越南的通过税和海关税则以及大锡运价等都有所减低。因此，蒙自开关设埠后，外贸通道仍然走红河至海防一线，这大大有利于个旧大锡等货物的出口。蒙自开关后的第二年（光绪十六年，即 1890 年），个旧大锡的出口量从 255 吨骤增为 1317 吨，第三年（1891）为 1736 吨，第四年（1892）增为 2063 吨，分别增加 5.58 倍、6.80 倍、8.09 倍，直到滇越铁路通车前的 1909 年大锡出口量多达 4282 吨，③ 又增加 16 倍。在此 20 年间，大锡出口量增加了 16 倍，显然与蒙自开关设埠密切相关。因此，蒙自海关的开设是近代滇锡崛起的又一个重要原因。

---

① 万湘澄著《云南对外贸易概览》，第 17 ~ 19 页。
② 《滇矿务督办唐炯奏牵涉通商事件敬呈愚虑折》（光绪十五年四月十七日），转引自《云南近代史》，第 138 页。由上可知，改由红河水运，从蛮耗出越南不仅缩短运输天数，经由越南的通过税和海关税则以及大锡运价等都有所减低。
③ 《蒙自县志》，第 587、588 页"1889 ~ 1937 年蒙自口岸个旧锡出口量一览表"。

四　铁路运输的修通

近代，云南先后修筑了两条铁路，即宣统二年（1910）通车的滇越铁路和民国二十五年（1936）全线通车的个碧石铁路。这两条路的修通，极大地改善了个旧的交通运输状况，从而大大促进了个旧大锡的出口外销。

（一）滇越铁路

光绪二十年（1894）爆发的中日甲午战争以中国的失败而告结束，随着《马关条约》的签订，日本帝国主义获得了诸多在华权益。英、法、俄、德等西方列强乘机援引"利益均沾"的片面最惠国待遇条款，纷纷获得新的特权，其中之一便是它们先后在我国东北、华北、西南等地，夺取了大量的铁路投资及修建权。在云南，英、法两国为了独占云南，各自派员来滇进行探路活动，企图从云南的西面或南面，将铁路伸入云南。

法国殖民者将云南、广西等省视为其势力范围，力图夺取这些地方的路权，以求将滇、桂与其所属殖民地越南连接起来，形成一个庞大的殖民地和势力范围，最终实现法国在五洲的殖民战略计划。法国殖民者的这一图谋，早在中法战争后于光绪十一年（1885）中法签订的《越南条款》中，已经有所体现，即中国被迫同意"日后若中国酌拟创造铁路时，中国自向法国业此之人商办"。① 甲午战争结束的当年（1895），法国迫使清政府在《中法续议商务专条附章》中同意："越南之铁路，或已成者，或日后拟添者，彼此协议，可由两国酌商妥订办法，接至中国界内。"② 光绪二十三年（1897）二月十三日，法国公使施阿兰向总理衙门照会："自东京（今越南河内）至云南府（今昆明）之铁路，由法国筑造。"清政府于 6 月 12 日复照说：同意将铁路延伸至云南昆明，但必须由中国自办。③ 光绪二十四年（1898）四月，法国公使吕班照会清政府，

---

① 王铁崖：《中外旧约章汇编》第 1 册，第 468 页。转引自《云南近代史》，第 114 页。
② 王铁崖：《中外旧约章汇编》第 1 册，第 623 页。转引自《云南近代史》，第 114 页。
③ 王铁崖：《中外旧约章汇编》第 1 册，第 722 页。转引自《云南近代史》，第 114 页。

声称由法国修筑从越南至云南省城的滇越铁路，中国只需负责提供土地。总理衙门在复照中，对于从越南边界至云南省城修筑铁路等三件事，均答应说："本衙门查来照所称，既以坚固友谊为言，可允照办。"① 至此，法国最后获得滇越铁路的修筑权。

1901 年 6 月 15 日，法属印度支那总督杜美，将滇越铁路的承办权交给法国东方汇理银行、巴黎伊士公特银行、法国工商推广银行等三家银行。9 月，在巴黎正式成立法国滇越铁路公司。1903 年 6 月，法国议会上下院决议通过，7 月法国政府批准实施有关滇越铁路的合同等。同年 10 月 28 日，法国公使与清政府签订了《滇越铁路章程》，其主要内容是：铁路的全部投资，完全由法国的滇越铁路公司筹集；铁路各级管理人员由外国人担任，其余的"公司执事人员、工匠、人夫等，均归（外国）总监工管理，中国不得过问；筑路所需的一切机器物料，完全免税进口；铁路的客货运价均系公司自行核定"；干线修成后，"可在干线上接修支线；中国如要收回滇越铁路北段的路权，必须在 80 年之后等"。

滇越铁路起自越南海防，经河内、老街入中国河口，中经蒙自、开远、呈贡抵达云南府（今昆明），全长 855 公里。越南境内的海防至老街段，长 389 公里，于 1901 年动工。云南境内的河口至昆明段长 466 公里，于光绪三十年（1904）动工，宣统元年四月十五日（1909 年 6 月 2 日）铁路修筑至蒙自碧色寨，宣统二年四月一日（1910 年 5 月 9 日）河口至昆明段全线通车。从开工到通车历时 7 年又 11 个月，投资共计 16547 万法郎。② 来自云南各州县以及福建、四川、河北、山东、浙江、广东等省的二三十万中国劳工先后投入该铁路之修筑。

滇越铁路的修通，法国殖民者实现了经济侵略云南的图谋，通过全面操控铁路运营，征收高额货物运费和过境税等，对云南进行肆意掠夺，从而加深了云南的半殖民地化进程。然而，以客观效果而论，滇越铁路的修通，大大改善了云南的交通条件，极大地推动了云南进出口贸

---

① 王铁崖：《中外旧约章汇编》第 1 册，第 745 页。转引自《云南近代史》，第 115 页。
② 详见《云南近代史》，第 115、116 页。

易的发展。通过这条铁路，云南近代工业尤其是矿产业发展需要的大量机器及工具，车辆及零件等，源源不断地从国外运入云南；云南的矿产品以及生丝、茶叶、猪鬃、皮货等土产品，也成批量出口国外。其中特别突出的是滇越铁路通车后，由于大大缩短了运输时间和增加了货运量（详见下文），极大地便捷了个旧大锡的出口。滇越铁路通车前，个旧大锡的出口量从未超过 5000 吨。但从宣统二年四月一日（1910 年 5 月 9 日）滇越铁路通车后，当年个旧大锡出口量即从上年（1909）的 4282 吨增加为 6195 吨，增幅为 44.67%。从宣统二年至民国二十六年（1910～1937 年）28 年间，个旧大锡的出口量有两年（1911、1921）略低于 6000吨，3 年（1917、1920、1933）高于 1 万吨，3 年（1922、1936、1937）高于 9000 吨，其余 20 年均在 6000～8000 吨之间。[①] 1910～1937 年的 28年间，个旧大锡的出口量以上千吨的数量不断增加，其中的原因是多方面的，但滇越铁路的修通显然是其中一个原因，而且是一个极其重要的原因。

（二）个碧石铁路

在光绪二十九年（1903）中法签订的《滇越铁路章程》中，法国政府迫使清政府准其"在干线上接修支线"。光绪三十年（1904）滇越铁路云南段开工修筑后，法国殖民者多次派人进行路线测量，欲迫使清政府准其将铁路支线伸到个旧，旨在夺取个旧锡矿资源。对此，个旧厂商引为最大危机，而甚为忧虑，遂于光绪三十一年（1905）以"主权丧失，力谋补救"为由，上书清廷，要求自修铁路。当时，厂商们还认为，"对于个旧所生产的大锡和办厂所需要的米炭油盐等物资，全赖牛马运转，感觉迟滞，非常不便，而无可如（奈）何。自法帝国主义经营的滇越铁路通车后，一般厂商受到了刺激，深知牛马运输货物较之火车运输货物，相差何止百倍。于是，乃倡议修建由碧色寨至个旧的个碧铁路，以便矿区的运输"。[②] 光绪三十四年（1908），全省官商议决筹建滇蜀铁路公司，

---

① 《蒙自县志》，第 587、588 页，《1889～1937 年蒙自口岸个旧锡出口量一览表》。

② 杨霈洲：《修建个碧石铁路的起因经过和结果》，云南省社会科学院历史研究所编《云南现代史料丛刊》第七辑，1986，第 216 页。按：杨霈洲先生系著者杨寿川之先祖父，曾于民国二十五年至二十八年担任个碧石铁路公司协理职。

并由个旧锡、炭销售额中抽收股金，充作部分筑路资金。宣统二年（1910），个旧绅商认为滇蜀铁路于个旧运输无补，有 48 人联名上书清廷，请修个碧铁路（个旧至蒙自碧色寨）。时任云贵总督的李经羲批准了其请求。宣统三年（1911）六月二十一日，云贵总督下令组织官商合办个碧铁路公司。不久因爆发辛亥革命，筑路之事停止。民国元年（1912），个碧铁路公司股东代表李光翰等又呈请云南都督蔡锷批准修筑个碧铁路，并召集股东到省城开会确定继续抽收股金事宜。与此同时，法国政府照会中国政府要求个碧铁路的修筑权。北京政府外交部将法国照会转交云南军都督府办理。民国二年（1913）云南军政府呈复北京政府外交部，称"此路利害，路权与矿权相因，既归滇人自修，商款商办，主权在民，滇政府不能主持"，其事遂寝。同年，云南军政府召开个碧铁路股东代表会议，决定由滇蜀铁路公司与个碧铁路公司股东组成官商合办个碧铁路股份有限公司，并继续抽收锡、炭、砂股，筹措修路资金。民国三年（1914），云南军政府委任石屏人陈钧为"个碧铁路有限公司"总经理，主持修路事宜。[①]

个碧铁路公司开办时定为官商合办，其修路资金的筹集是参照滇蜀铁路公司所定办法抽收股金，即每产锡 1 张（2500 老斤）认股银 50 两（折合银元 72.29 元），每用炭火一个（每炉每昼夜炼锡用炭约 500 公斤）认股 3 元，每产锡砂即矿一桶（约重 20 公斤）认股 1 元。原定股本总额为 288 万元，其中由滇蜀铁路公司入股 144 万元，作为官股；由个碧铁路公司抽收股金 144 万元，作为商股。至民国六年（1917），滇蜀铁路开工无望并准备结束，即将所认交的 144 万元股金退还各矿商，由各矿商自行直接入股。至此，个碧铁路公司由官商合办改为商办。个碧铁路公司以抽收锡股、炭股、砂股作为主要筹集资金方式，一直延续至民国二十三年（1934）2 月 10 日，总计抽股集资 1740.68 万元，以后即奉令停止抽收。个碧铁路公司为方便资金周转，于民国八年（1919）2 月在个旧开办个碧铁路银行，下设蒙自、建水分行。该银行先后四次发行纸币，共计889.7 万余元，还经营存款业务。直到民国二十二年（1933）12 月，因

---

① 《蒙自县志》，第 485 页。

其纸币流通后对金融市场造成混乱,云南省政府决定由富滇银行贷款专用,其所发行的纸币全部兑换销毁,铁路银行关闭。民国二十一年(1932),云南省政府对个碧铁路公司进行整顿,正式改名为云南民营个碧石铁路股份有限公司。民国三十二年(1943),云南省政府以"本路关系南防交通及矿产运输甚巨,因种种滞碍势将停顿,公司无法维持"为由,再次对该公司进行整顿,同时又将公司由民营改为官督商办。民国三十三年(1944),公司又恢复民营。①

个碧铁路公司于民国三年(1914)聘请法国承包商尼复礼士为工程师主持铁路的勘测设计,后即确定采用 60 厘米轨距方案。民国四年(1915)4 月 21 日个旧至碧色寨的铁路正式开工修筑,至民国十年(1921)11 月 9 日竣工通车。接着于民国十一年(1922)开工修筑鸡街至建水的铁路,至民国十七年(1928)11 月完成;又于民国二十年(1931)开工修筑建水至石屏的铁路,至民国二十五年(1936)10 月竣工。至此,以个旧为起点,鸡街为中心,经鸡街东至碧色寨,西至建水、石屏,全长 176.975 公里的个碧石铁路全线竣工通车。②

个碧石铁路公司先后从美、法、英三国购买蒸汽机车 34 台,从美国、法国和国内购买车厢 31 节。民国十年(1921)底,个旧至碧色寨段正式开始客运和货运。民国十年至十七年(1921~1928)每天进入个旧车站的货车 4 列,每列货车载重 35 吨,日运入货物 140 吨,全年货运量 5.11 万吨,民国十九年至二十九年(1930~1940)全年货运量增为 8.21 万吨。民国三十年至三十七年(1941~1948),全年货运量减为 6.38 吨。民国三十八年(1949)减为 5.37 万吨。1950 年又增为 6.6 万吨。③ 上述货运产品包括农产品、畜产品、林产品、矿产品和制造品等。据民国十八年(1929)至二十二年(1933)的统计,在此五年中,以林产品最多,占 27.73%;其次是农产品和矿产品,各占 26% 弱;再其次是制造品,占 16.63%。④ 显见之,这些货运产品都与个旧锡矿的生产、生活密切相关。

---

① 《云南省志》卷 34《铁道志》,云南人民出版社,1994,第 45、46 页。
② 个旧市志编纂委员会编《个旧市志》上册,云南人民出版社,1998,第 209、210 页。
③ 《个旧市志》上册,第 211 页。
④ 张肖梅编纂《云南经济》,J42 页。

正如曹立瀛先生所说："自个碧石铁路全线通车以后，大锡运输益便，可以源源出口；且厂用物品，亦可源源输入，不虞缺乏。"[1]

关于"大锡运输益便"。个碧铁路通车以前，大锡从个旧以牛马驮运至蒙自，途经庙丫口、冲门口、大屯，然后从大屯海水运至碧色寨，里程约60公里，需要2~3天时间。个碧铁路通车后，大锡从个旧站装车运出，经火谷都、石窝铺、乍甸、泗水庄、鸡街、江水地、雨过铺、十里铺、蒙自等车站至碧色寨，全线长73.28公里，运行时间约为3~4小时。可见，火车运输较之牛马驮运大大缩短了时间。大锡经个碧铁路运至碧色寨后，换为滇越铁路直接运往越南海防港。因此，个碧铁路通车后，个旧大锡的运输确实极大地便捷了。

关于矿区所需物资"源源输入"。个旧地区荒山荒地面积很大，农产品极少，"烧柴不见树，吃米不见糠"。因此，个旧矿区及城区10万左右人口的生活必需品，全靠从外地运来。[2] 首先是大米，大多从宜良、陆良、澄江、路南、开化（今文山）等处运来，有时安南（越南）米亦输入不少。其次是黄豆（矿山上多用来做成"老妈妈汤"，系主要菜汤）和蚕豆，来自宜良、呈贡、建水等；菜油来自澄江、泸西、曲靖；食盐来自磨黑井等。另外，炼锡所需的木炭，来自蒙自、江外（今金平等）、开远、建水、石屏等；有烟煤来自开远之鸟格，以及宜良之可保村等处；柴煤来自建水以及开远小龙潭；无烟煤则个旧长房及开远大庄等地均有。[3] 可见，个旧矿区和城区所需要的生活物资以及生产生活中不可缺少的燃料，均依靠省内有关地区供应；过去全赖驮马及人力运输，今则由个碧石铁路以及滇越铁路运入。原来修筑个碧石铁路的初衷之一，即改善个旧矿区米炭油盐等生活物资的供应，随着该铁路的通车业已获得实现。

五　采用新法

滇锡生产自古以来一直使用土法，直至近代也未完全改变。然而自

---

① 曹立瀛、王乃樑：《云南个旧之锡矿》第三章位置与交通。

② 据《个旧市志》（上册）载：个旧人口数量：1918 年为 49891 人，1922 年增为 68916 人，1932 年又增为 93586 人，1941 年减为 5005 人，1949 年又增为 53403 人。详见该书第 107 页。

③ 苏汝江编著《云南个旧锡业调查》，第 13 页。

宣统元年（1909）个旧锡务公司成立，旋与德商礼和洋行订约购置洗砂、制炼、化验、电机、架空铁索等机械，并于民国二年（1913）各项安装工程完工，并正式从事新法开采。从此在锡矿生产中遂渐推广新法，部分采、运、选、炼工序使用机械生产。锡务公司由于采用新法生产，"其业务愈形发达矣"。[1] 继锡务公司之后，于民国二十二年（1933）成立的云南炼锡公司、二十七年（1938）成立的云南矿业公司以及同年成立的云南锡矿工程处，均采用新法生产，部分或全部实现机械化生产。不言而喻，采用新法后，大大提高了生产效率，促进了个旧锡矿业的发展（详见下文）。

六　劳力廉价

近代，云南农业生产一直处于落后、停滞状态，农村经济一片残破、凋敝景象。《云南农林行政撮要》谓："滇省农业之现状，尚未脱离粗放式，经营无术，耕作失宜，气候不知观测，土壤不知改良，籽种不知交换，虫害不知预防，陈陈相因，由来已久。驯至地未尽辟，人有余力，一遇水旱偏灾，即成荒象而至匮用矣。"[2] 落后的生产方式，再加上沉重的租税剥削、捐税负担以及天灾人祸，广大农民处于贫困状态："今日云南农民之贫困，正如饥者之待食，渴者之待饮。"[3] 于是，大批因经济贫困而无以为生的农民，纷纷前往个旧矿山"走厂"，到公私矿厂充当砂丁，为锡矿发展提供廉价劳动力。

据苏汝江于民国二十七年（1938）的调查，个旧锡务公司的矿工大多来自迤东宣威、平彝（今富源）、昭通、泸西、曲靖、沾益，建水和石屏则次之："矿工大抵来自迤东，因迤东各县寒苦，居民多为贫农。……建水、石屏亦多，由于该二县在个旧办厂者最多，且该二县距个旧甚近，往来方便。"又据个旧第二区金钟镇户籍册之记录：老厂区之耗子庙、双槽门、通风口及大陡山的1489名矿工中，1464人是云南人，来自建水、石屏者最多，其余则来自较为穷困的元江、宣威、陆良、江川、沾益、

---

①　苏汝江编著《云南个旧锡业调查》，第 26 页。
②　转引自李珪主编《云南近代经济史》，第 245 页。
③　《南强月刊》第 1 卷第 8 期。转引自《云南近代经济史》，第 266 页。

昆阳、易门、昭通等县。苏汝江等还调查了 100 名矿工入厂的原因，因迫于经济困难而到个旧当矿工者多达近八成。[①]

为了谋生而到锡矿当工人，除了厂方供给基本伙食、简单衣物外，每月得到的工资甚为低廉。私营厂尖矿工工资无统一标准，大致情况是硐尖每月国币 6～7 元，草皮尖因劳动时间较长为 7～8 元。个旧锡务公司工人工资则有统一规定，一般工人每月为国币 5～7 元（详见下文）。据说，个旧锡务公司马拉格矿每人每月伙食费约为国币 4 元。[②] 如此看来，个旧矿工的工资，除养活自己外，仅能给另外 1 人提供基本饭钱和简单的衣物费用。如此廉价的劳动力，降低了生产成本，厂方有利可图，当然就会去扩大生产规模，开发更多的矿厂。

由上所述，基于个旧丰富的锡矿资源，又因清末民初以后世界市场对大锡需求量的增加，蒙自海关的开设、滇越铁路和个碧石铁路的修通，以及锡矿生产中逐渐采用新法、普遍使用廉价劳动力，从而促使滇锡迅速崛起，云南省成为近代中国最主要的产锡大省，并成为世界著名的大锡产地之一。

第二节 滇锡矿厂的分布

云南产锡以个旧独著盛名。个旧位于云南省南部，红河北岸，东与蒙自县接壤，南隔红河与元阳、金平两县相望，西与建水县交界，北与开远市毗连。个旧原来是蒙自县一个荒僻的小村落，因其"萃聚天地之精华"，出产银、锡、铜、铅，从汉代起即已进行开发。明代正德时，"蒙自个旧村"出锡，已记载于官修志书之中。清代，康熙时以产银为主，乾隆时则主要产锡，且因产量不少，品质优良而远近闻名。光绪九年（1883）设立官商合办的"个旧厂务招商局"，从事锡矿采冶及运销。后因锡矿"渐次开发，厂务渐繁"，遂于光绪十一年（1885）设立个旧厅，与蒙自同隶属于临安府统辖，始设官吏（系一

---

① 苏汝江编著《云南个旧锡业调查报告》，第 60～62 页。
② 《个旧市志》上册，第 395 页。

同知），专管厂务，监收课税，而不管民事。民国二年（1913），云南军政府认为矿厂事务极繁，且区域过远，蒙自县管理不便，"为谋行政上的便利，始改设县治"。于是撤销个旧厅，正式成立个旧县。可见，个旧从一个小村落到设立个旧厅再到成立个旧县的历史沿革，均与锡矿开发密切相关。①

个旧锡矿位于个旧县城东、南、西三面的群山之上。矿区北起鸡街李海寨，南至红河沿岸，东迄甲界山，西到洗马塘，总面积共约 1700 平方公里。②

关于矿厂的分布，我们下面从矿区、厂地和厂尖三方面，分别叙述如下。

一 矿区的分布

个旧矿区的划分有两种做法：其一按厂地位置，"从来相沿"，划分为四区：第一区老厂、第二区新厂、第三区古山、第四区西区。其中第一区开办最早，硐尖最多，草皮尖次之；第二区开办较晚，以马拉格为最发达，硐尖亦较多；第三区开办亦较晚，厂尖较少，而以草皮尖及冲瑞尖较多；第四区则尚未更大开发，故厂尖最少。其二以县城为中心，依方向划分为五区：上八厂、中八厂、下八厂、外八厂及新八厂，此外再加上新开办之厂地。

二 厂地的分布

（一）四大矿区所辖厂地

老厂区：位于县城之东南，是开采最久、范围最大而厂尖最密集的厂区。区内有相传开发最早的麦雨冲之闵家硐、花札口之连发硐、银硐厂之银硐；此外，还有黄茅山、湾子街、期白山、小城门硐、耗子厂、坪子厂、长冲、蜂子硐、晒鱼坝、大冲、天生塘、松子坪、菜园、新山、哑巴塘、白石岩冲、仙人硐、烂泥湾、蓇头地、老银厂、上下竹林山、

---

① 《个旧市志》上册，大事记，第 5、7、9 页。
② 该书编委会编《云锡志》，第 44 页。

上濛子、下濛子、后山、大沟等。

新区：位于县城之东、老厂区之北。区内有马拉格、野鸡硐、荷叶坝、瓦房冲、破山槽、黄泥硐等。

古山区：位于县城之东，有古山、松树脚、半坡、绿钗坝、旱谷地等。

西厂区：位于县城之西，有牛屎坡、禄丰寨、陡岩等。

以上四大矿区所辖厂地共计43处，均为主要的厂地。

（二）五大矿区所辖厂地

上八厂（县城东南）：包括黄茅山、松子坪、长冲、野猪塘、塘子凹、矿王山、晒鱼坝、白泥塘。

下八厂（县城之西）：包括蜂子硐、头台坡、二台坡、三台坡、上竹林山、中竹林山、下竹林山、蛤蟆井。

中八厂（县城东南）：包括耗子厂、梅家冲、银硐、湾子、花札口、天生塘、小城门硐、坪子。

外八厂（县城东南）：包括上濛子、下濛子、白石岩冲、黑明槽、黄泥硐、老铅坡、良山锁口。

新八厂（县城之南）：包括大冲、石丫口、老塞坪、前山、后山、老熊硐冲、美女山、烂泥湾。

以上是民国十一年（1922）之前的统计。此后至民国二十七年（1938）又有一些新开发的厂地，其分布如下：

县城之东：荷叶坝、破山槽、古山、半坡、大竹叶、马拉格、瓦房冲、野鸡硐、各蚤冲、新地盘、麒麟山。

县城之南：白岩子、老象冲、金钗坡、红塄硐、马扒井、打洞脑、鸡心脑、白花草、龙潭头、老硐坡、头石门、芭蕉箐、大沟、田心、水箐、龙树脚、猪头山。

县城之西：牛屎坡、贾石龙、白马寨冲、茶园、炉房寨、陡岩。

县城之东南：狮子山、老银硐、菜园、朱衣马、左簸兮、乌得簸、小长冲、大花山、小花山、田坝、小坡头、木花果、大夹石、泥浆塘、白沙冲、仙人洞、马道子、狮子口、期白山、干巴坡、羊角箐、雷打山、马鹿塘、老山硐、通风口、彭家丫口、大明槽、兰蛇硐、黑鱼冲、竜树坝、马吃水、木登洞、风筝山、干儿子冲。

上述五大矿区所辖厂地及新开办厂地，共计110处，大多分布在个旧县城的东部和南部，西部以及北部则为数甚少。[①]

以上四区所举"荦荦大者"43处和五区所列与新开办者110处，均为锡矿厂地之名，有的厂地可能只是一个尖子（即办厂地点），而大多数厂地则是一些尖子统一的名称，即一个厂地包括若干尖子。

在个旧，办矿称为办尖子。尖子，以其开办方式不同，分为硐尖、草皮尖、买塲尖、冲塲尖和塲渣尖五种类型：

硐尖，锡矿产生于山腹中，用人工开凿硐穴以采取锡矿之办法，谓之硐尖。

草皮尖，即露天开采锡矿。《锡山见闻录》谓："草皮尖者，矿产于草皮之下，铲去草皮，即可获矿"；"草皮尖挖深后，则为明槽，有深至十数丈者，掘出矿尽，成为废槽"。

买塲尖，自己不开采锡矿，而是向其他厂尖收购矿砂（即塲），加以揉洗成砵（即精矿），然后出售。

冲塲尖，即利用水力采矿。

渣滓尾首尖，又称塲渣尖，也是自己不开采锡矿，而是向其他厂尖或炉号收购一些淘洗成砵或冶炼成锡后留下的渣滓，再加以淘洗。

以上尖子中，以硐尖为最多，草皮尖次之，买塲尖又次之，冲塲尖及塲渣尖为数甚少。五种尖子习惯上统称为"厂尖"。

三　厂尖的分布

所谓"厂尖"，即挖掘或淘洗矿砂处所之俗称。个旧锡矿的厂尖分布及其数目，历来无精确统计，兼以各厂尖兴替靡常，变动频仍，因此很难得知准确无误的数目。

据宣统三年（1911）六月临安府个旧厅调查，个旧锡矿的厂地有40处，其厂尖"合计大小不下一千二百余家"。[②] 这是见于记载的第一个官

---

① 俱见苏汝江编著《云南个旧锡业调查》，第18、19页。
② 云南省档案馆、云南省经济研究所合编《云南近代矿业档案史料选编》（1890～1949年）第3辑（上），第3页。

方统计数字，大概比较确切，但未记厂尖的分布情况。

民国四年（1915）昆明矿署余焕东"检阅旧卷及志乘所载，并参以一二调查员之报告"，编成"云南矿产一览表"，其中"云南全省锡矿一览表"中列有个旧县主要厂尖分布情况，兹摘引如下表 5 - 1。

表 5 - 1　民国四年个旧锡矿主要厂尖分布

厂尖名称	开采年代	承办商民（公司、商号）	产额	现时状况
马拉格	光绪三十一年	官商有限公司		
黄茅山	光绪二十年	朱朝文之恒泰号	年出 30 余吨	
野猪塘				
花札口	光绪二十二年	朱朝文之恒泰号		
银硐		李文山		
耗子厂				
上中下竹林山		杨涌泉、王镇东		
碘王山				
晒鱼坝				
破山	光绪三十一年	李光翰		
上箐口				现正畅旺
石耗硐		何干臣		
龙头寨				现正畅旺
龙树脚街				现正畅旺
马道子				现正畅旺
三台坡	光绪十九年	王筱东	年出 10 余吨	
蜂子硐	光绪十九年	王筱东	年出 10 余吨	
牛屎坡	同治三年	钧文星、黄育齐	年出 10 余吨	
龙潭头	同治三年	钧文星、黄育齐	年出 10 余吨	
梅雨村	同治三年	钧文星、黄育齐	年出 10 余吨	
二转湾	同治三年	钧文星、黄育齐	年出 10 余吨	
银硐厂	光绪二十一年	叶翰之源兴昌	年出 3 余吨	
湾子厂			年出 3 余吨	
期白山			年出 3 余吨	
竹林山	光绪二十八年	杨春五、王吉昌	年产 7 吨	
黄泥洞	光绪二十八年	杨春五、王吉昌	年产 7 吨	
二台坡	光绪二十八年	杨春五、王吉昌	年产 7 吨	
古山		缪国钧、李承汉之华兴公司		现正扩充

厂尖名称	开采年代	承办商民(公司、商号)	产额	现时状况
仙人洞			年出30万斤	现正畅旺
新山			年出10万斤	现正畅旺
泥浆塘		陈升阶		
卡房		马用卿		

资料来源:《云南近代矿业档案史料选编》(1890~1949年)第3辑(上),第174、175、176、177页。

由上表5-1观之,民国初年,个旧锡矿主要厂尖有32个,大多开办于光绪时期。这些厂尖中,不少成为后来的厂地之名,并有若干厂尖于此厂地开发出来。又,对这32个厂尖,表中也未说明分别属于何种类型的尖子。

民国二十二年(1933)和二十三年(1934)个旧厂业同业公会先后进行了两次调查,其结果大致反映了民国中期个旧锡矿厂尖分布的状况,兹分别引录如下表5-2、表5-3。

表5-2 民国二十二年八月登记个旧各厂尖户数

区 别	厂地名	硐尖户数	草皮尖户数	塘渣尖户数	合计
黄茅山区	黄茅山	66	35	14	115
	菊花山	44	18	18	80
	松子坪	64	6	5	75
	晒鱼坝	100	24	35	159
	黑蚂井	8	8	3	19
	野猪塘、白泥塘	18	7	—	25
	共 计	300	98	75	473
耗子厂区	耗子厂	62	21	7	90
	通风口、拗头上	46	4	12	62
	天生塘、蒋子凹	32	7	6	45
	龙树坡	25	3	10	38
	梅家冲	17	12	2	31
	湾子	31	14	9	54
	白峡硐	15	10	6	31
	菜园	5	6	7	18
	坪子	23	7	8	38
	小城门硐	61	6	21	88
	共 计	317	90	88	495

区　别	厂地名	硐尖户数	草皮尖户数	塘渣尖户数	合计
花札口区	花札口街外	79	41	27	147
	花札口街内	—	—	—	
	黑明槽	—	2	—	2
	蜂子洞	9	25	—	34
	洋油山	15	3	1	19
	一二三台坡	—	9	1	10
	上中下竹林山	8	20	—	28
	长冲	32	21	2	55
	共　计	143	121	31	295
朦子厂区	朦子厂	20	17	—	37
	黄泥硐	16	15	—	31
	白石岩冲	—	11	—	11
	期白山、矗头地	7	16	3	26
	上中下大冲	2	12	4	18
	共　计	45	71	7	123
烂泥湾区	烂泥湾	49	4	6	59
	新山	22	2	2	26
	白沙冲	63	7	4	74
	金钗坡	16	18	1	35
	象冲	23	9	8	40
	老洞坡	12	6	—	18
	鸡心脑	31	5	4	40
	白岩子	20	11	—	31
	黄泥洞、仙人洞	29	8	2	39
	下梭坡	11	10	—	21
	老熊洞冲	—	8	—	8
	共　计	276	88	27	388
松树脚区	瓦房冲	122	11	12	145
	松树脚	61	6	29	96
	马拉格	8	—	—	8
	尹家硐	27	—	2	29
	荷叶坝	8	1	—	9
	梨花山	1	—	—	1
	破山槽	54	5	11	70
	共　计	281	23	54	358

区　别	厂地名	硐尖户数	草皮尖户数	塘渣尖户数	合计
独立甲	银硐	23	9	2	54
	卡房	—	2	28	30
	牛屎坡	1	60	8	69
	古山	—	50	26	76
	共　计	24	121	74	219
各　区	总　计	1386	612	346	2341

资料来源：苏汝江编著《云南个旧锡业调查》，第 19、20 页。

表5-3　民国二十三年九月登记各厂尖户数

区　别	乡镇	硐尖	草皮尖	买塘尖	合计
第一区	古山镇	—	100	50	150
	牛屎坡、独立甲	28	73	5	106
	共　计	28	173	55	256
第二区	好自乡	590	71	78	739
	湾子镇	335	65	90	490
	黄华镇	492	85	96	673
	银硐乡	203	112	19	334
	花札口	172	47	79	198
	朦自镇	80	114	8	202
	松树镇	318	17	74	409
	马拉格镇	57	13	3	73
	共　计	2247	524	447	3219
第三区	上方镇、独立甲	29	1408	17	154
	宝丰镇	208	79	19	306
	新山乡	188	46	12	246
	共　计	425	233	48	702
各乡镇总计		2700	930	550	4180

资料来源：苏汝江编著《云南个旧锡业调查》，第 20、21 页。

　　观以上两表，可见民国二十二年所调查的厂尖分布比较详细，但未列入买塘尖，且厂尖总数仅 2341 户，比二十三年遗漏较多。二十三年的调查则较为全面、准确。据这一年的调查，厂尖总数为 4180 户，其中硐尖最多，计 2700 户，占 64.6%；草皮尖次之，计 930 户，占 22.2%；买塘尖最少，计 550 户，占 13.2%。从厂尖分布情况看，老厂、马拉格、瓦房冲等厂地的硐尖最多，为 2247 户；草皮尖也较多，为 524 户；分别占全矿区硐尖与草皮尖总数的 83.2% 和 56.3%。可见,老厂、马拉格和瓦房冲等是出产矿砂最丰富的厂地,绝大多数硐尖和过半数的草皮尖,都分布在这里。

周楚之在《个旧锡矿业演讲稿》中,根据民国二十四年(1935)的调查,分别以列表方式记录了数千个厂尖以及比较主要的硐尖、草皮尖、冲塎尖的基本情况。兹引录如下。

首先来看主要的硐尖,见表 5-4:

表 5-4　个旧锡矿有名硐尖一览

厂　区	厂　地	主要硐尖名称	硐尖深处(步)	砂丁人数(人)
第一区	黄茅山	红塎硐	3000	1310
		老城门硐	4000	
		五分硐	3000	
		湖广硐	2000	
		倭礤硐	1500	
		杨柳硐	2000	
	湾子厂	湾子硐	2000	2300
		郑兴硐	2000	
		李恒硐	2000	
		观音硐	3000	
	小城门硐	小城门硐	3000	427
		白牛硐	2000	
		兴宝硐	1800	
		十伙硐	3000	
	花札口	天元硐	2400	615
		连发硐	4000	
		财神硐	3000	
	耗子厂	红塎硐	4000	
		双槽门		270
	麦雨冲抅头	闵家老硐	3000	100
	银硐厂	银硐	4000	500
	坪子厂	坪子硐	2000	150
	晒鱼坝	毛家硐	3000	5000
	长冲	张姓硐	1000	200
	尹家硐	蒋姓硐	500	
	前山	小老硐	400	
	后山	小老硐	500	

厂　区	厂　地	主要硐尖名称	硐尖深处（步）	砂丁人数
第一区	二龙山	李家硐	800	
	雷巴山	小老硐	1500	
	玉麦地	小老硐	800	
	梁山	小老硐	500	
	小区（期）白山	小老硐	600	
	上朦子	小老硐	1000	
	下朦子	小老硐	500	
	上下竹林山	大利硐	1000	
		狗钻硐	2000	
		鼎元硐	2000	
		荞粑硐	300	
	龙树脚	观音硐	—	
	大冲厂	地宝硐	—	
	白硖硐	白硖硐	—	
	照壁山白泥硐	白泥硐	—	
第二区	野鸡硐	野鸡硐	—	
	破山	三和硐	4000	
	瓦房冲	太平硐	2000	
		瓦房冲硐	2000	
	马拉格	老硐	4000	
		新硐	3000	

　　备考："表内所列硐尖深处其未停办者，进步犹未已也。砂丁人数亦系据调查时所得之数而言，各尖都时有增减，此不过略举其数，以资参考云耳。"（见该书第 28 页）

　　资料来源：周楚之编《个旧锡矿业演讲稿》，民国二十四年，刻印本，第 26、27、28 页。

　　表 5 - 4 所列硐尖共 48 个，系诸多硐尖中之比较主要者。这些硐尖分布在一、二区的 31 个厂地，其中又以第一区最多，其 27 处厂地即有 42 个硐尖。可见，个旧锡矿的主要硐尖，大多分布在老厂区，集中于黄茅山、湾子厂、花札口、小城门硐一带；而黄茅山、花札口、银硐各厂地的硐尖，出产矿砂最多，可称旺硐集中之地。后来，第二区的马拉格、野鸡硐、瓦房冲等厂地的硐尖也相继兴旺，大有由东南转向东北的趋势。此外，古山厂区及西区的硐尖，则不足数了。

　　其次，来看草皮尖的分布及数量，见表 5 - 5：

表 5 – 5　个旧锡矿草皮尖概况

厂 区	厂 地	尖子个数	砂丁人数 （民国十二年度）
第一区	黄茅山	8	600
	晒鱼坝	10	600
	白泥塘	16	250
	野猪塘	2	100
	银硐	12	300
	耗子厂	8	300
	麦雨冲	3	150
	小城门硐	6	100
	白石岩冲	17	400
	坪子	6	400
	茶园	7	200
	湾子厂	10	200
	老银硐	3	100
	白夹冲	1	30
	花札口	13	260
	蜂子硐	8	500
	太冲	6	400
	区（期）白山	3	250
	菖头地	1	90
	黑明槽	1	200
	上朦子	3	150
	下朦子	2	10
	下锁口	2	60
	黄泥硐	4	150
	上竹林山	2	120
	中竹林山	3	100
	下竹林山	3	200
	后山	2	150
	荞粑山	1	30
	黄泥坡	1	30
	前山老寨坪	2	50
	老熊硐冲	1	60
	头台坡	1	50
	二台坡	1	50

厂 区	厂 地	尖子个数	砂丁人数 （民国十二年度）
第一区	三台坡	1	120
	拉里黑	3	120
	围杆山	1	50
	长冲	5	200
	大坪子	5	400
	美女山	1	30
	蛤蚂井	1	30
	天生塘	2	70
	塘子洼	1	30
	松子坪	2	50
	新山	5	300
	亚白塘	5	200
	猴打秋	1	30
	鸡仙（心）脑	2	50
	仙人洞	3	100
	峡石笼	1	30
	芭蕉菁	1	30
	烂泥湾	2	100
	黄矿硐	1	30
	象冲	1	30
	猪头山	1	50
	小花山	1	50
	龙滩（潭）头	1	50
	大沟	1	60
	田心	1	60
	狮子口	1	30
	妻（期）禄寨	1	150
	大梨花口	1	30
第二区	望乡台	1	30
	荷乡坝	2	100
	破山槽	3	100
	瓦房冲	3	30
	马拉格	1	100
	古山	12	500

备考："表列各厂草皮尖的数目逐年都有增减，此系根据调查时所得个数，特表列出，以资参考。"（见周楚之编《个旧锡矿业演讲稿》，第42页）

资料来源：周楚之编《个旧锡矿业演讲稿》，第41、42页。

以上表中所列草皮尖共243个，砂丁共9980人。这些草皮尖大多分布在第一区，集中在黄茅山、晒鱼坝、白泥塘、白石岩冲、湾子厂和花札口等厂地；此外，第二区古山的草皮尖也逐渐多起来。据调查，民国十二年以前，草皮尖“当不下三百个，砂丁约有一万五几千人”。①

复次，冲塃尖的分布及数量见表5－6：

表5－6 个旧锡矿冲塃尖概况

厂位名称	挖塃地	兑水及坝塘地	龙沟长度(里)
白马寨冲	牛屎坡	白马寨冲	3
大沟一	猪头山等处	龙滩(潭)头	10
大沟二		白花塘	10
卡房	大坪子	卡房	16
头道水	竹菁鸦(丫)口	头道水	20
白沙冲	马拉格	白沙冲	6
老个旧冲	小菊花山	老个旧冲	10
古山第一尖	半坡	古山街	5
古山第二尖	半坡	古山街	6
古山第三尖	松树脚	古山街下	10
顺成尖	半坡	古山街下	7

资料来源：周楚之编《个旧锡矿业演讲稿》，第45页。

表5－6所列冲塃尖共11个，大多分布在第二区的古山等厂地，少数分布在第一区的大沟等厂地。其利用水力采矿，龙沟之长多达20里，一般也有10里左右。

以上硐尖、草皮尖、冲塃尖的概况所反映的时间是民国十二年前后及至二十三年，相当于民国初期至中期。记录于《个旧锡矿业演讲稿》中的这些基本情况，系著者周楚之“博访周咨”调查的结果，而周氏“昔曾在个（旧）经理厂务有年”，② 故具有一定的全面性和真实性。

至于民国后期个旧锡矿厂尖的情况，1998年编纂的《个旧市志》（上册）作了统计，列出民国三十五年（1946）主要的私营厂尖，基本上反映了当时的情况。兹引录如下表5－7。

① 周楚之编《个旧锡矿业演讲稿》，第40页。
② 周楚之编《个旧锡矿业演讲稿》，周子祐“序”。

表 5－7　民国三十五年个旧锡矿主要私营厂尖简况

锡号	锡商	厂尖所在地	经营类型	开采时间	民国三十五年	
					工人数	锡产量（吨）
天知道	王加祥	大梨花山	硐尖	民国三年	150	28
恒裕	何茂源	大梨山、古山、松子坪	硐尖	民国四年	50	15
顺成号	周子荫	古山	冲堆尖	民国五年	100	20
成勖昌	马少龙	天锡镇湾子街马成硐	硐尖	光绪二十八年	45	6
鑫昌	沈松亭等	古山、大冲、牛屎坡	硐尖、草皮尖、冲堆尖	民国三十三年	1500	30
中华昌	沈正祥	古松乡破山槽	草皮尖	民国九年	7	1
群福号	谭辉廷	天锡镇松子坪	草皮尖	民国六年	150	12
力行锡矿	张瑞呈	天锡镇上大冲	硐尖、草皮尖	同治八年	90	15
亦复兴	马亦昌	上方镇卡房、天锡大坪子	硐尖、草皮尖	民国五年	58	20
明利丰	刘显光	天锡镇黄泥硐	草皮尖	民国十六年	40	5
云福昌	王维玉	尹家硐	硐尖、草皮尖	宣统两年	38	12
良宝昌	苏良田	天锡镇濛子庙	硐尖	民国四年	46	7
良宝泰	苏良田	黄泥硐、龙潭头、双槽门	硐尖、草皮尖	光绪二十八年	39	9
寿元祥	张仁怀	天锡镇花札口联发硐	硐尖	光绪二十八年	60	8
恒兴利	李尽臣	马拉格	硐尖	宣统元年	26	6
珠美昌	杨珠光	古松乡松树脚	硐尖	民国五年	11	8
东升恒	姚正满	黄茅山、晒鱼坝、花札口、三台坡、竹林山	硐尖、草皮尖	民国十二年	250	36
宝兴矿	黄励汝	上下竹林、玉麦地、象冲、泥浆塘	硐尖、草皮尖	民国十八年	60	10
杨兴斋	杨兴斋	老寨坪	草皮尖	光绪三十年	60	8
天宝兴	刘宝铭	上方镇龙潭头	草皮尖	民国二年	80	8
张广智	张广智	天锡镇湾子街	草皮尖	民国三年	18	4
九合祥	李九皋	下竹林、玉麦地	硐尖	民国五年	10	10

续表

锡号	锡商	厂尖所在地	经营类型	开采时间	民国三十五年	
					工人数	锡产量（吨）
鸿昌号	张希仁	天锡镇黄茅山	草皮尖	民国六年	30	3
永源	仇开文	天锡镇观音硐	硐尖	民国七年	50	8
钟文彩	钟文彩	宝华镇白马寨冲	硐尖	民国十三年	37	3
五华昌	张廷良	古松乡尹家硐	硐尖	民国十八年	29	4
义和祥	向恕中	天锡镇黄茅山	草皮尖	光绪三十一年	40	5
钟鼎臣	钟鼎臣	天锡镇黄茅山	草皮尖	宣统三年	20	3
美兴矿厂	梁鼎亨	天锡镇龙潭头	冲墥尖	民国二十六年	74	7
恒大号	沈香亭	小竹箐	冲墥尖	民国四年	250	10
光盛昌	钟文光	天锡镇黑明槽、大冲、老寨坪	硐尖、草皮尖	光绪二十八年	25	8
敬复昌	张敬臣	天锡镇濛子庙、上方镇鸡心脑	硐尖、草皮尖	宣统元年	32	10
五合祥	张曜五	新山、仙人洞、松树脚	硐尖、草皮尖	民国十二年	40	10
和悦祥	陈昆瑞	天锡镇大冲	硐尖	民国元年	35	7
亮发昌	张继荣	瓦房冲	草皮尖	民国二年	20	3
光宝兴	龙三中	老城门硐	硐尖	民国十四年	32	3
宝集生	苏莘农	宝华镇牛屎坡、天锡镇湾子街、花札口	硐尖、草皮尖、冲墥尖	光绪七年	30	4
同春号	沈松亭	古松乡古山	冲墥尖	光绪二十二年	不详	2
鸿利昌	李鹏程	古松乡、尹家硐	硐尖	民国十八年	20	6
祯兴昌	龙沛苍	天锡镇银硐	硐尖、草皮尖	民国二十二年	58	10
兴顺号	周宝塘	红土坡	冲墥尖	民国六年	46	5
宗发昌	罗兆富	天锡镇晒鱼坝、毛家硐	硐尖	民国二十六年	30	4
献发昌	吴献廷	上方镇新山、白花草	硐尖、草皮尖、冲墥尖	光绪二十九年	36	5

锡　号	锡　商	厂尖所在地	经营类型	开采时间	民国三十五年	
					工人数	锡产量（吨）
常发昌锡矿厂	梁鼎亭	上方镇龙潭头	草皮尖	宣统元年	11	5
郭思棋	郭思棋	天锡镇濛子庙、白山狮子湾	草皮尖	民国八年	12	2
张应泰	张应泰	天锡镇坳头	硐尖、草皮尖	民国九年	50	8
苏应武	苏应武	天锡镇老歪硐	硐尖	民国九年	26	3
朱嘉禄	朱嘉禄	上方镇马扒井、白岩子	硐尖、草皮尖	民国十四年	27	3

注：原为"300人以上私营锡户1939年以前、1946年简况表"，因"300人以上"系1939年以前厂尖数，故引录时除去1939年工人数和锡产量，而改为"民国三十五年个旧锡矿主要私营厂尖简况表"。

资料来源：个旧市志编纂委员会编纂《个旧市志》（上册），云南人民出版社，1998，第305、306、307页。

从表5-7可知，民国三十五年（1946），个旧锡矿私营锡号共计49家，它们分别经营硐尖、草皮尖及冲壋尖，拥有工人最多达1500人，最少仅7人，一般为40~80人；当年锡产量最多36吨，最少仅1吨，一般为10吨左右。这些锡号大多分布在天锡镇即原来的老厂区，仍然集中在黄茅山、湾子街、花札口、晒鱼坝、银硐、濛子庙等厂地；其次，在上方镇（即卡房）和古松乡（古山、松树脚）也有少数私营锡号。

由上所述可知，近代个旧锡矿的厂尖分布在北起古山、南至卡房，以老厂为中心的方圆数十公里的矿山之上。其中，大多数硐尖和草皮尖分布在老厂区的黄茅山、花札口、晒鱼坝、银硐、朦子庙等厂地，少部分则分布在古山、马拉格、卡房和牛屎坡等厂地。这些厂地都分别有几个、十几个，甚至几十个不同类型的厂尖，在近代乃至当代，它们都是我国锡业开发史上享有盛名的锡矿产地。

关于近代个旧锡矿厂尖的数量，所见文献均无系统记载。根据相关文献的零星记载和调查，兹综合整理如表5-8。

表 5-8　近代个旧锡矿厂尖数量

单位：户

年代	硐尖	草皮尖	冲塘尖	买塘尖	尾首尖	合计	文献根据
宣统三年 （1911）	—	—	—	—	—	1200	《云南近代矿业档案史料选编》第 3 辑（上），第 3 页
民国四年 （1915）	—	—	—	—	—	32 （主要厂尖）	《云南近代矿业档案史料选编》第 3 辑（上），第 174~177 页
民国十年 （1921）	—	—	—	—	—	158	《个旧市志》（上册）第 305 页
民国十二年 （1923）以前	41	262	11	—	—	683	《个旧锡矿业演讲稿》第 57 页
民国二十二年 （1933）	1386	612		346		2344	《云南个旧锡业调查》第 19 页
民国二十三年 （1934）	2700	930	—	550	—	4180	《云南个旧锡业调查》第 21 页
民国二十四年 （1935）	48	216	21	1000		1285	《个旧锡矿业演讲稿》第 46 页
民国二十五年 （1936）	—	—	—	—	—	152 （重要厂尖）	《云南个旧之锡矿》第 7 章矿厂与炼厂
民国二十六年 （1937）	1795	2386	34	1075	23	5313	《云南个旧之锡矿》第 7 章矿厂与炼厂
民国二十七年 （1938）	1518	1635	21	1229	50	4453	《云南个旧之锡矿》第 7 章矿厂与炼厂
民国二十八年 （1939）	—	—	—	—	—	3471	《云南个旧之锡矿》第 7 章矿厂与炼厂
民国三十五年 （1946）	—	—	—	—	—	49 （重要厂尖）	《个旧市志》（上册）第 305~307 页
民国三十六年 （1947）	—	—	—	—	—	282	《个旧市志》（上册）第 30 页
民国三十八年 （1949）	—	—	—	—	—	2090	《平民日报》民国三十八年三月二十八日
1950 年	—	—	—	—	—	2808	《个旧市志》（上册）第 309 页
1951 年	—	—	—	—	—	3053	《个旧市志》（上册）第 309 页

表 5 - 8 所示，个旧锡矿厂尖的数量自清末至民国后期，大致在 1000 ~ 5000 余户之间，其中以民国二十三年、二十六年、二十七年三个年份最多，分别为 4180 户、5313 户、4453 户。新中国成立之初，尚有私营厂尖 2808 户。表 5 - 8 中一些年份因未见详细厂尖数量，仅从文献中摘出主要的或重要的，以供研究参考。

以上所述，只涉及个旧锡矿的矿区、厂地和厂尖的分布以及厂尖的大致数量，这些厂尖都是从事锡矿的开采和洗选，大多分布在矿山之上。下面简略地介绍个旧锡矿炼厂的分布情况。

《云南个旧之锡矿》写道："个旧锡矿之炼厂，集中于个旧县城"，"分设于上下河沟两旁，盖取用水之便也"。①

据民国二十四年（1935 年）周楚之对个旧炼厂（当时称为"炉号"或"炉房"）进行的调查，个旧炼厂共有大炉 50 座，其中锡务公司有土炉 4 座，另外 46 座如下：丰顺炉、长源炉、双顺炉、二吉炉、庆源炉、万宝炉、水源炉、顺丰炉、宝丰炉、应炉炉、老应炉、兴炉、老顺丰炉、新顺丰炉、大兴炉、云泰炉、品兴炉、天宝炉、永保炉、水头炉、鸿昌炉、上地宝炉、下地宝炉、马炉、向源炉、忠宝炉、正顺炉、正宝炉、天顺炉、祥宝炉、天和炉、常宝炉、善宝炉、聚宝炉、天福炉、有昌炉、小新炉、老进宝炉、永昌炉、鸿宝炉、福宝炉、福德炉、恒兴炉、宝昌炉、元兴炉、信源炉、德兴炉。② 因一户炉房拥有的大炉可能不止一座，故大炉数不等于炉房数。

云南省档案馆馆藏资料显示，民国二十五年个旧锡矿私营炉房共有 53 户，分布在县城上、下河沟等地，兹列表 5 - 9 以明之。

表 5 - 9   民国二十五年个旧锡矿私营炉号一览

字 号	地 址	老 板	字 号	地 址	老 板
丰盛号	上河沟	黄子献	宝兴号	上河沟	张兴云
云泰号	上河沟	吕秀秋	福兴号	上河沟	郭绍聪
东兴泰	上河沟	王镇东	祥利号	上河沟	赵云山

---

① 曹立瀛、王乃樑：《云南个旧之锡矿》第七章第一节概述。
② 周楚之编著《个旧锡矿业演讲稿》，第 67 页。

续表

字　号	地　址	老　板	字　号	地　址	老　板
李兴号	上河沟	毛继伯	承美昌	上河沟	彭承兴
裕庆丰	上河沟	赵　禄	云福号	上河沟	薛云安
庆泰丰	上河沟	贾庆吉	向正禄	上河沟	向正禄
丰盛号	上河沟	黄烔斋	云丰利	上河沟	赵云山
宝丰隆	上河沟	李聘丰	良宝泰	上河沟	苏良田
宝　庆	上河沟	王次东	荣升昌	下河沟	高升贵
同美和	中河沟	薛宝元	馨成和	下河沟	杨家和
云运和	中河沟	王天佑	亦复兴	下河沟	马亦眉
亿　顺	下河沟	姚茂生	赵　字		元　丰
唐福昌	下河沟	周兴旺	裕和昌		
云桂昌	下河沟	周兴旺	耀发祥	绿春花	钱思彩
隆盛昌	下河沟	赵桂卿	美发号	绿春花	张处五
同运和	下河沟	刘兴发	德兴祥	绿春花	苏来全
良兴昌	下河沟	何慕云	天盛和	通宝门外	苏良田
云盛号	下河沟	沈　右	姚建侯	通宝门外	姚建侯
云美祥	下河沟	罗　美	天源昌	猫猫洞	刘宝明
成发昌	下河沟	周庆生	福来祥	大坟坝	张中清
恒兴隆	下河沟	林周兴	良　美		
祯宝昌	下河沟	张祯廷	云　庆		
恒兴利	下河沟	李恒升	裕丰亨		
珍宝昌	下河沟	张　珍	沈顺丰		
运来祥	上河沟	李运来	万泰昌		
鸿昌号	上河沟	张　鸿	长兴和		
源美昌	上河沟	龙正兴			

资料来源:《个旧市志》(上册),第307、308页。

由表5-9可知,个旧锡矿的炉房(炼厂),在民国中期大约有50余户,均分布在县城上下河沟一带,"因就河沟水,便于洗整矿墒也"。又据《个旧锡矿业演讲稿》载:当时"各厂所出的矿,皆驮运至个旧售予各炉房,熔炼大锡,……炼锡大炉除锡务公司有新式炉外,所有炉房,皆系用旧式土炉"。[①]这说明,直到民国中期,个旧锡矿的精矿炼成大锡,

① 周楚之编著《个旧锡矿业演讲稿》,第57页。

仍然主要是在私营的炉房（或炉号）中"用旧式土炉"完成的（下文将作详述，兹不赘）。

第三节　滇锡的管理与经营

近代，个旧锡矿的管理与经营，因其性质不同而差异甚大，一般而言，私人开办的厂尖实行旧式的管理与经营，官商合办或官办的公司则实行新式的管理与经营。兹分述如下。

一　私营厂尖的管理与经营

（一）管理办法

个旧矿区大大小小数千个厂尖，都有成文或不成文的管理办法，且长期沿用，改变不大。这种旧式管理办法的主要内容是：开办厂尖者称为"供头"、"锅头"即厂主，其向政府呈报办厂，筹备米油等生产生活物资，招集矿丁，进行生产。供头之下为"上前人"，其为全厂之经理兼技术人员，承供头意旨，总揽厂中日常事务及采矿之技术事宜。"上前人"大多办厂有年，于采矿技术、经验均较丰富，很得供头之信任；也常有出资与供头合伙经营者。上前人之下为"先生"，也称"司书"，管理记账、文书，记工人出勤、背堆次数以及缝制麻袋等杂务。先生以下有"月活头"，专司至县外招工，并于工人工作时负责监督，防止逃亡等。"欀头"或"工头"，上受上前人指挥，下管全厂砂丁，以及硐中采矿、架欀之事。欀头之下即为矿工，通称砂丁，任背堆、挑堆、打短（硐内打杂）、烧火、守夜、杂务等。此组织管理系统如下图 5 - 1：

图 5 - 1　个旧矿区厂尖组织管理系统

以上所述，为硐尖方面的组织管理。草皮尖、冲塄尖以及尾首尖方面，矿工所承担的工作均与硐尖不同。如草皮尖，有揉塄、戽水、打扒子、攒塄、揽沟、磨塄等工种，均由矿工分别担任。炉房方面，出资开设炉房者称为老板；下有矿师，专司选购矿砂，能凭其经验辨认矿样；先生，职司记账、文书等；技工，职司炼锡，包括炉头（总管炉房熔炼事务）、扒子师傅（专司整矿事务）、盖炭（专管加炭之事）、条子师傅（在大炉前手持长条，时时穿通火门，翻动矿炭）、扯风箱（职司鼓风）、打池子与提锡（锡炼好后，以铁勺将锡液从锅内提到池子内）以及杂务等。[①] 以上管理办法系就一般厂尖和炉房而言，有些规模较小的厂尖和炉房的管理办法则要简单得多。

（二）经营方式

个旧锡矿的私营厂尖，按办厂者的身份，大致可以分为三种不同的经营类型，兹分述如下。

第一种类型是小生产者办的尖子。

在个旧矿区这类尖子被形象地称为"锣锅尖子"，意即一只锣锅煮饭就够全尖人吃。一般只是一个人独办或几个人合办一个尖子，有少量工具，自有或租用一个厂位或硐口，雇佣很少工人，小生产者本人参加主要劳动，他们大多是矿山附近或建水、石屏一带的农民。如有名叫张家喜、沈嵩华的两人，拼凑了一些大米、塄包和煤石，雇了两个工人，在老厂小咕噜山合办一个硐尖，两人与雇工一样参加劳动，自背自选，本小利微，经营不到一年即停办了。还有的尖子是父子或兄弟合办。如张自权父子四人在瓦房冲办了一个草皮尖，有水塘 2 个、砖槽与石磨各 2 张，自挖自选，不雇工人，所有工作全由其父子四人承担。这种小生产者办的尖子，以其人数和产量来说，在私人经营的厂尖总人数和总产量中，占 20% 左右。这类尖子户数特多，其特点是极不稳定，遇厂情不好即纷纷停业，厂情好转则又大批涌现。

第二种类型是小业主办的尖子。

这种尖子人数也不多，有一定数量的生产工具和资金，雇有少量工

---

① 苏汝江编著《云南个旧锡业调查》，第 23、24 页。

人，小业主本人也不脱离劳动。如小业主邹国祥与人合办买塽尖，雇工5～7人，有一石多硴的资金，并有骡子4匹，砖槽、平槽各1张、伙房2间，本人每月参加劳动20天以上。另一个小业主李家义在老厂荞粑硐自办尾首尖，雇工6～7人，有马2匹，石磨2张，伙房2间，每月产硴（精矿）3～4桶，每月除伙食费外，发给工人工资大锡5斤，本人每月参加劳动15天。这类尖子也占私人厂尖总人数和总产量的20%左右。这类尖子户数很多，特点也是很不稳定，其内部还会发生分化，有的小业主可能上升为老板，有的则下降为砂丁。

第三种类型是商人、地主、官僚以及军官办的尖子。

他们既办大尖子，也办中小尖子，其人数从十余人、二三十人、几十百把人，一直到几百人、上千人不等。这类尖子有独资经营的，也有合伙开办的。厂主称为供头或锅头，一般都住在个旧城里，不直接经办厂尖，而是提供米油、黄豆、资金及生产工具，委托"上前人"直接管理厂尖。这类尖子的人数和产量，在全部厂尖的总人数和总产量中约占60%，其中十人以上至几十人的中小尖子人数和产量占总量的45%左右，七八十人至近千人或千人以上的大尖子人数与产量占总量的15%左右。因此，这类尖子在个旧锡矿业中占主导地位，起着极其重要的作用。①

上述三种类型的厂尖有下列五个方面的特点：

（1）分散落后，土法生产，资金短少，资本有机构成极低。数千家尖子分布在个旧绵延900平方公里的山区，交通设施差，来往一切物资都依靠马匹驮运。生产中完全采用手工劳动，没有任何机器设备。几个人凑一点大米、黄豆、煤石等，就能开办一个尖子，即使大一点的尖子，也无太多资本，往往靠借贷进行生产。

（2）办厂者的成分非常复杂，有农民、商人、地主、官僚、军官，也有地痞流氓及土豪劣绅。但与我国其他地方不同的是，个旧厂尖的供头（厂主）大部分是由劳动者转化而来的。

（3）对矿工的剥削特别残酷。个旧私营厂尖，不仅有资本主义的剥

---

① 岳胜等：《对个旧私矿调查》，1951年7月。转引自陈吕范《个旧锡业私矿调查》，云南历史研究所，1979年4月，第3～6页。

削，而且还有封建主义甚至奴隶制的剥削；矿工劳动强度极大，生活待遇极差。

（4）严重的投机性与盲目性。"早晨无米吃，下午买马骑"的说法正是办厂投机性的写照。挖着大塘（富矿）突然暴发的例子并不少见。

（5）不进行扩大再生产。一般打了"旺硐"，发了财，主要是回乡买田盖屋，既不改进技术，也不扩大生产。[①]

二　官商合办与官办公司的管理与经营

（一）官商合办公司的由来

（1）个旧厂务招商局

光绪九年（1883），云南省当局拨官款在承宣布政使司内设立统管全省矿务的"云南省厂务招商局"，同时在个旧设立"厂务招商局"，经营锡矿的开采、洗选、冶炼和销售。个旧厂务招商局由地方巨绅李光翰任董事，主持局务，此乃是官商合办锡业的开始。光绪十三年（1887），个旧厂务招商局因个旧已设立专管锡务的厅署，即被裁撤，个旧厂务悉归商办。

（2）个旧锡务股份有限公司

光绪二十九年（1903），英法殖民者合办的隆兴公司企图夺取包括个旧在内的云南七府矿权。滇人愤起反对，乃经个旧官商集议，呈请云南矿务大臣唐炯、云贵总督丁振铎奏准，遂于光绪三十一年（1905）八月成立云南省政府与个旧锡商合股的"个旧厂官商有限公司"。公司有省政府官股 48.5 万银元、商股 18.1 万银元。公司成立后，即在个旧以低息贷款给各炉号，待秋季出锡，照市作价，运至香港销售。宣统元年（1909），云贵总督锡良派公司总理王夔生等前往南洋考察回来之后，将"个旧官商有限公司"改组为"个旧锡务股份有限公司"，扩大股本为官股银元 100 万元、商股 76.95 万元。民国元年（1912），公司股本又增为银元 250 万元，其中官股 100 万元、商股 150 万元。民国九年（1920），公司股本调为银元 200 万元，其中官股 1398500 元、商股

---

①　陈吕范：《个旧锡业私矿调查》，第 7、8 页。

601500 元。

民国二十二年（1933）8 月 1 日，个旧锡务公司为了融通资金，成立"锡务银号"，资本确数不详，可能与公司资本混在一起，利润大概也夹在公司的利润之内。锡务银号专营存款、放款、汇兑等业务，但其中心目标，还在于吸收存款，以供矿务上运用。① 这是继东川矿业银号之后又一个矿业与金融结合的事例。

民国二十九年（1940）9 月，锡务公司全部资产折合国币 1000 万元并入云南锡业股份有限公司。这个官商合办的公司共经营了 31 年。

（3）云南炼锡公司

民国十九年（1930），云南省政府为了改变个旧大锡因土法冶炼不符合国际标准，须经香港加工精炼始能运销欧美市场而受港商操纵、售价每吨损失 20 英磅的状况，乃派农矿厅长缪云台负责制炼标准纯锡。翌年12 月，缪云台赴马来西亚考察回来，即向省政府拟具《个锡改良报告书》，经批准后，便于民国二十三年（1933）3 月，将长期以来收砂不敷熔炼、产锡少而开支繁的个旧锡务公司冶炼厂划出设立"云南炼锡公司"。公司仍为官商合办，股本为国币 500 万元，其中官股占 2/3、商股占 1/3。至民国二十九年（1940）9 月，"云南炼锡公司"财产折资 1000万元并入"云南锡业股份有限公司"。② 这个官商合办的公司共经营了七年半。

（4）云南矿业公司

民国二十六年（1937）2 月，云南省企业局成立云南矿业公司。该公司也为官商合办企业，股金为旧滇币 500 万元（旧滇币 10 元等于国币 1元）。公司的总经理为上文言及的陶鸿涛，总部初设昆明，后迁开远，民国三十三年（1944）迁至个旧大屯。1950 年 4 月 1 日，经中央人民政府财经委员会决定，云南矿业并入云南锡业公司。③ 这个官商合办的公司共经营了 13 年。

---

① 张肖梅编《云南经济》，S21 页。
② 《个旧市志》（上册），第 310、311 页。
③ 《个旧市志》（上册），第 311 页。

（二）官办公司的由来

（1）云南锡矿工程处（即"中央公司"）

民国二十六年（1937），国民政府资源委员会在个旧老厂秧草塘成立"云南锡矿采勘队"，开展探矿工作。翌年（1938）8 月，更名为"云南锡矿工程处"，俗称"中央公司"。该工程处有资金国币 600 万元，有矿区约 943 公顷。民国二十九年（1940）9 月，云南锡矿工程处资产折价国币 590 万元并入云南锡业股份有限公司，并更名为老厂锡矿。这个云南锡业开发史上的第一个官办企业，仅经营了三年半。

（2）云南锡业股份有限公司

民国二十九年（1940），国民政府为了扩大中央利益，统一生产组织，从事新式大规模采冶，决定合并个旧锡务公司、云南炼锡公司和云南锡矿工程处，组建云南锡业特种股份有限公司。为此，经济部资源委员会主任翁文灏、中国银行董事长宋子文、云南省主席龙云商定，该公司股本定额为国币 5000 万元，其中资源委员会占 30%，除将云南锡矿工程处资产折价国币 590 万元投入外，另拨外汇折价国币 910 万元，合计 1500 万元认购股份；云南省占 40%，将个旧锡务公司和云南炼锡公司资产折价国币 2000 万元认购股份；中国银行则以现款认购股份以作为公司流动资金。民国二十九年（1940）9 月 1 日，云南锡业特种股份有限公司正式成立。公司总部设在昆明，在个旧设厂矿管理处。后来，为了应付战争以及通货膨胀、锡价跌落、生产物资短缺等造成的困难以维持生产，曾相继 5 次增股集资，增资数额以国币计，分别为民国三十二年（1943）1000 万元、三十三年（1944）4000 万元、三十四年（1945）9 亿元、三十六年（1947）180 亿元；至三十八年（1949）4 月，公司总资产折合金圆券 1 亿元。民国三十七年（1948），公司总部迁至个旧，昆明设办事处。1950 年 3 月 8 日，中国人民解放军昆明军管会工业接管部接管云南锡业股份有限公司，将其收归国家所有，并改名为"云南锡业公司"。①云南锡业股份有限公司共经营了九年半而结束。

---

① 参见苏汝江编著《云南个旧锡业调查》，第 25～28 页。《个旧市志》上册，第 309～313 页。

（三）官商合办与官办公司的经营与管理

个旧锡务公司从宣统元年（1909）成立之时起，其经营方式便是官商合办，官股 48.5 万银元，商股 18.1 万银元。后来虽然股本一再增加，仍然是官商合办，而官股始终占多数，商股一直为数较少。管理方面，个旧锡务公司从一开始即采用新式管理方法，建立了股东会统辖之下的比较严密的组织管理系统。有学者称：个旧锡务公司的管理制度与方法，已经实现了科学化。云南炼锡公司与云南矿业公司也都是官商合办的企业，它们在管理方面与个旧锡务公司大致相同。（详见下文）

云南锡矿工程处（即"中央公司"）与云南锡业股份有限公司的经营方式都是官办，前者由国民政府经济部资源委员会直接经办；后者由资源委员会、中国银行、云南省政府三家合办，分别占股份总数的 30%、30%、40%。云南锡业股份有限公司的管理制度与方法与个旧锡务公司也大致相同。（详见下文）

有必要说明的是，上述官商合办的个旧厂务招商局、个旧锡务公司、云南炼锡公司、云南矿业公司，官办的云南锡矿工程处、云南锡业股份有限公司，均因其采用新式管理方法，又引进国外先进生产技术、购置机器、延聘外国技师等，都成为云南近代工业的重要标志。

第四节　滇锡的著名厂尖与三大公司

一　著名厂尖与炉号

前面言及，明代正德时已有"锡，蒙自县个旧村出"的正式记载；[①] 隆庆二年（1568 年），一位名叫周世用的蒙自县知县离任，"个旧锡户以二百金为赠"，[②] "锡户"即后来的"供头"、"老板"。清初，"四方来

---

① 周季凤纂正德《云南志》卷 4，临安府土产。引自《云南史料丛刊》第六卷，第 147页。
② 秦光玉编纂《滇南名宦传》卷六，临安府《周世用传》，云南大学图书馆藏铅印本。

采者不下数万",投资办厂者来自各省,其中以湖南、湖北、江西、山西、陕西为最多,"楚人居其七,江右居其三,山陕次之,别省又次之"。① 嘉庆以后,锡户以建水、石屏两县为多,有"建水人多打老硐(硐尖),石屏人多盘岭岗(草皮尖)"之说。清末,锡户已逾千家。据故老相传:道光年间,通海人赵天觉在老厂麦雨冲闵家老硐招工办硐尖,其初亏折甚巨,以至无力供办,仅剩余当日所用之少数铜钱,乃分置于工友枕下,暗自远逃。不料才到宝华山,其时硐中正值发现矿藏,其工友急追他转回,继续开采,厂业遂由此发展起来。赵天觉以为此乃天赐,因捐资修宝华山庙宇。后来办厂者追念赵天觉之为人,乃塑其像于庙中右庑,以作祀奉,而个旧一带民间尊称其为"赵老祖公"。② 赵天觉发迹的麦雨冲闵家硐便成了远近闻名的厂尖。随后开发的花札口之连发硐,银硐厂之银硐,黄茅山之红塆硐、老城门硐以及湖广硐等,也都是有名的厂尖。此外,个旧矿区还流传有名的厂尖是"四十八厂"。③ 又据 1979 年云南历史研究所陈吕范等调查,在个旧锡矿若干厂尖炉号中,有 5 个具有一定代表性,也可称为著名厂尖与炉号。兹分别简介如下。

其一,张瑞呈父子办的上大冲草皮尖

这是个旧最大的私人经营的厂尖之一。张瑞呈的父亲张崇义,外号张三烂眼,当过石屏城防大队长、老厂耗子庙井备队队长。辛亥革命前就在上大冲买了个厂位,办起了草皮尖,挖了一里长的明槽。由于矿砂品位较高,该草皮尖很快就兴旺起来。张崇义死后,其子张瑞呈从日本留学回来,继承父业,经办该厂尖。上大冲草皮尖极盛时有七八百人。张瑞呈兄弟三人当老板,下分四个尖子,有四个上前人、四个先生,还有总先生、总欀头。后来张瑞呈当了个旧保安队长、国民党个旧县党部执行委员等二十多种党、政、军职务,依仗其势力,张家兄弟在方圆不到五公里的厂尖范围内,设置了一个人间地狱,修建了硐堡和炮楼、篆

---

① 康熙《蒙自县志》卷之二"厂房",第 8 页,云南省图书馆誊印本。
② 周楚之编《个旧锡矿业演讲稿》,第 4 页。
③ 《个旧私矿四十八例》,袁任远根据个旧市档案馆保存的个旧市矿业局各区厂商登记表整理而成。见陈吕范等《个旧锡业私矿调查》(1979 年 4 月)。

养着 40 多个家丁，配备了近百条长短枪，对来自昭通、宣威、陆良、龙武、元江等地的矿工，实行惨无人道的奴役和剥削。这是一个由地方军官独资经营的、实行超经济强制的中型厂尖。

其二，马成的"马成硐"

马成，建水人，原来是一个马帮商人。光绪三十一年（1905），马成在老厂弯子街搞了一个厂位，雇了 20 多个工人，办了一个草皮尖。三年后（1908），挖了一个 40 多丈深的明槽，之后发现了"螺丝盖大墥"（即含锡量较高的矿砂），马成立即派人四处招募工人，矿工从原来的百余人增至近千人，其草皮尖改为硐尖，取名"马成硐"，兼营洗墥，又在个旧县城开设"成勋号"炉房。"马成硐"招雇的工人，大多是元江县的"山马头人"（即少数民族），此外还有来自宣威、昭通、曲靖等地的破产农民，其中 50% 左右又是十二三岁的童工。矿工们每人每天要背 6 桶墥（约 400 多公斤），劳动时间长达十二三个小时。"马成硐"全长 3000 余步，其窝路（矿硐内的道路）极其狭窄、闷火（通风不畅），矿硐常发生坍塌。民国十一年（1922），"马成硐"发生"戏台捞塘翻身"大惨案，即在"马成硐"内名叫"戏台捞塘"的地方，发生了大面积陷落的事故，有 400 多矿工因此丧命。矿工们有顺口溜："马成硐，阴森森，张口血口百丈深，满腔仇恨进槽门，活人跌进死人坑。"

其三，李文山的"鸿发昌号"

李文山，玉溪人，出身轿夫，最初只是在个旧矿山上"拣小墥"。后来，在老厂银硐挖到了"大墥"（即富矿）而暴发起来。于是，由开初的小硐尖发展到拥有七八百工人的大硐尖。李文山又经营大锡冶炼，其"红宝炉"每年出锡几百吨。光绪三十一年（1905）前后，李文山开办的锡号"鸿发昌"进入其鼎盛时期，这时全国十三个省份均有"鸿发昌"的分号从事大锡的营销。

李文山发财后，社会地位也随之发生变化。他曾经担任个旧锡务公司董事，又用钱买了"道台"官衔。其长子李龙元，也在浙江当上了道台，后又当了副都督。李氏父子都成了显赫一时的官吏。

其四，李恒的"天良硐"

李恒，又名李恒升，石屏人，早年在个旧饭馆当跑堂。光绪二十六

（1900），李恒约了几个人，拼凑了一点米和钱，在马拉格天马山办了一个小硐尖，开始时没有什么起色，后来挖到了"大嵝"（即富矿），就迅速发展起来。宣统二年（1910），李恒与个旧锡务公司马拉格矿山管理处合办"同昌号"厂尖，李恒占60%股份，锡务公司占40%股份。李恒开办的"天良硐"在马拉格矿区号称一号矿体，不仅矿体大，而且含锡量高。据地质人员统计，在1950年以前的五十年间，"天良硐"采出的矿石多达100万吨，按金属含量2.5%计算，出锡共计25000吨左右。在兴旺时期，"同昌号"矿工达到千人以上，每年出矿千石左右，一般年景也在六百至八百石之间。"天良硐"成为"马成硐"之后发展起来的个旧最大厂尖之一。

其五，吕氏弟兄与"益兴炉号"

石屏吕秀秋弟兄的家庭原来是做豆腐生意的，其父曾在宣统三年（1911年）到个旧办过厂。吕家老三吕秀秋善辨矿砂成色品位，弟兄几人在卡房办起了买嵝尖。起初，他们主要买"小嵝"（即品位不高、价格较低的矿砂），后来与他人合作成立"炉房"，又买又炼，大赚其钱。民国二十四年（1935），开办了吕家独资经营的"益兴炉号"。在"益兴炉号"成立前后，吕家在卡房、老厂、晒鱼坝等地，还办了买嵝尖和草皮尖，工人多时达二三百人。"益兴炉号"每年出大锡上百吨，在香港开设益兴分号，所产大锡直运香港出售。吕家发迹甚快，其途径还有：放高利贷，即按五分利息放给小硐尖，待其挖到矿砂后，又要杀价优先卖给吕家，价低而息不减，大获其利；压斤扣两，即凡到吕家卖矿者，每桶硃（即精矿）均要白白地被压掉三至五斤，又获其利；拖骗兼施，即吕家买硃后不马上付款，或只付一部分款，而待货币贬值之后，吕家付给卖方的钱已大大贬值，这又从中获利不少。[①]

吕氏弟兄的厂尖，既经营"益兴炉号"，又兼营买嵝尖、草皮尖，还放高利贷等，在个旧矿区是一个不多见的大型私营厂尖。

上述著名厂尖（包括2个硐尖、1个草皮尖和1个买嵝尖）与炉号，

---

① 以上俱见陈吕范、袁任远、王大龙《若干厂尖炉号介绍》，载云南历史研究所《个旧锡业私矿调查》（1979年4月），第15、16、10~12、9、14、19、20页。

分别由小业主、商人和当地军官开办，最早始于光绪末年，宣统与民国时开办者较多。四个厂尖的人数都在七八百人至上千人，是"个旧厂"最大的私营企业。这些厂尖与炉号大多独资经营，只有"同昌号"硐尖是李恒与锡务公司合办。

二　三大公司

（一）个旧锡务股份有限公司

个旧锡务股份有限公司简称"个旧锡务公司"，成立于宣统元年（1909），是一个官商合办的大型企业，其股本最初仅为银元66.6万元，后来增至250万元。至民国二十九年（1940）全部资产折为国币1000万元并入云南锡业股份有限公司。

个旧锡务公司成立后，即以崭新的面目出现于云南实业界。它一改过去"中古式"的原始落后管理为科学化的管理；扩大经营范围，从单一大锡买卖的商业型转为生产、经营型；从一开始就注重引进国外先进技术，购置先进设备，延聘外国技师，不断提高生产水平；不断废除"土法"而采用"新法"，降低生产成本，增加大锡产量。经过30余年的经营，个旧锡务公司成为近代云南工矿企业中鹤立鸡群的佼佼者。

兹就个旧锡务公司的管理、经营、新法生产及其产量诸方面的基本情况，分别简述如下。

（1）管理

个旧锡务公司从成立之始，就有一整套严密而科学的管理体系。股东大会是最高权力机构，由官股和商股的代表组成，负责制定或修改本公司的章程，并筹集官商股本，议定公司总经理、董事的人选及其薪水等事宜。股东会之下，设董事会（初为董事局，后改为董事会），由官股和商股分别推选的常务董事及董事组成，此为公司的监察机构，"对于公司全部业务，有筹议监督之权"。董事会下，设总协理，由股东会公举并报省政府审定，主管公司全部事务；又设协理，襄助总协理工作。总协理属下的机构，初为制炼部、开采部、商业部，后来改商业部为营业部，又增设总务部、矿山管理处和会计处。总务部下设三个处，分别负责文书、庶务和医务。开采部下设三个股，分别负责测量、矿事和矿工。制炼部负责管矿砂、洗砂、整矿、渣滓、机械、电灯、化验、动力、汲水、制炼等。营业部专管买卖事务，"凡收买矿砂、销运大锡、汇兑拨付各埠银钱、收付往来借贷款项以及汇报全部表册等属之"。该公司总公司设于个旧，还在昆明、碧色寨、香港和海防设有分部或分栈，管理大锡出口的运输、销售等事宜。后来，该公司又设立与董事会平行的监察会，职责是"监督公司财产、账目"。① 从上述可知，个旧锡务公司有一个比较严密的管理系统，每一管理机构权限分明，各司其职；公司的生产和经营通过这一管理系统得以正常运转。对此，《云锡志》有如图 5-2，兹引录于下。

该图是个旧锡务公司的行政与生产管理系统。此外还有工资管理制度和赏罚制度，兹简介如下。

工资制度：个旧锡务公司实行计时与计件两种工资制度。公司本部及选厂、炼厂主要实行计时工资制，矿山采矿工人则实行计件工资制。民国初年，各类人员的月薪大致是：总协理国币 300 元、总技师 400 元、董事及各部经理 100 元、其他职员及工人或二三十元，最低为 5 元左右。② 这种工资制度体现了各工种的特点和脑体劳动的差异，应该说是比较合理的。

赏罚制度：个旧锡务公司还实行严格的赏罚制度。其酬奖办法有三：加薪、分红、特别给予。其惩罚办法也有三：减薪、扣奖、解职。凡公司职员、工人等，均视其表现，予以酬奖或惩罚。③ 另外，个旧锡务公司还实行抚恤制度，"对矿工之因工硐亡与因病而死者，均给棺木、恤金"。④

个旧锡务公司的上述管理制度与方法，在当时不失为一种新式的科学化的制度与方法。当时个旧与本省的其他工矿企业，大多沿用"中古式"的管理办法，即封建把头主宰一切，矿工无自由可言，其生活可谓牛马不如。因此，郭垣在《云南经济问题》一书中写道：在云南近千个矿厂中，采用新式方法管理的只有四五家，个旧锡务公司即为其中一家，

---

① 以上均引自苏汝江编著《云南个旧锡业调查》，第 26、27 页；钟纬、黄强撰《云南个旧锡山报告书》（下），民国四年，杨名镜标校，见云南省社会科学院历史研究所编《云南现代史料丛刊》第七辑，1986，第 193 页。
② 《云南个旧锡山报告书》（下），《云南现代史料丛刊》第七辑，第 194、195 页。
③ 《云南个旧锡山报告书》（下），《云南现代史料丛刊》第七辑，第 196、197 页。
④ 《云南个旧锡业调查》，第 73 页。

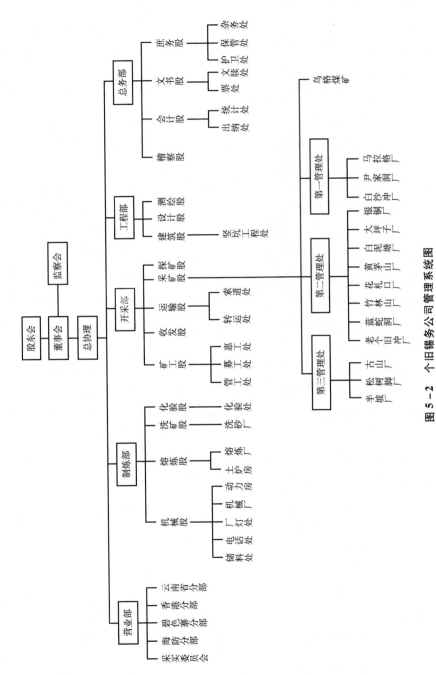

图 5-2 个旧锡务公司管理系统图

资料来源：云锡志编委会编《云锡志》，1992，第 56 页。

其余均滞留在中古式的阶段。^① 民国二十七年，西南联大的苏汝江先生在个旧实地考察之后，也写道：个旧锡务公司"即管理方面亦科学化"。^②

（2）经营

个旧锡务公司的章程规定：该公司的经营项目有四方面，即"（一）锡砂之采炼运售事项；（二）锡矿业之贷借及汇总事项；（三）采炼运售之委托、代办事项；（四）其他与锡业有关之各附带事项。"^③ 可见，个旧锡务公司的经营范围较广，除经营锡矿的采、选、冶外，还兼营锡砂的运输及有关锡业的借贷、汇兑。

个旧锡务公司经营的厂尖分布在个旧的各主要厂地，如马拉格、老厂、野猪塘、兰蛇洞、白沙冲、古山等。其中，既有硐尖（即地下采矿），也有草皮尖和冲塃类（均系露天采选）。另外，在个旧城区还有洗砂厂、汲水厂、动力厂、制炼厂和炉号，又在开远有鸟格煤厂等。其厂尖，有自办与伙办两种形式。据记载，民国四年（1915）共有厂尖19个；^④ 二十四年（1935）有34个，其中自办18个，伙办者16个；自办厂尖为：马拉格第一至第八尖、白沙冲冲塃尖、大坪子硐尖、野猪塘尖、兰蛇洞尖、耗子厂红塃硐、古山第一冲塃尖、古山第二冲塃尖、索道处洗砂尖和竖坑新尖；与人伙办之厂尖为：同昌号、锡万昌、万云集、李荣录第、锡钧昌、锡德昌、锡天昌、锡盛昌、锡怡昌、锡章昌、锡集昌、恒大、锡安昌、锡恒昌、钧顺号及荣和祥。^⑤ 民国二十六年（1937）有24个，自办与伙办各为一半。^⑥ 该公司历年矿工人数，未见详载。唯《云南个旧之锡矿》记载了民国二十六年和二十七年的人数，分别为4200人和3533人。^⑦ 查民国二十六年，个旧共有私营厂尖5330户，矿工32089人，每户平均6人，锡务公司矿工人数为私营总人数的13%；民国

① 郭垣：《云南经济问题》，正中书局，民国二十九年，第141页。
② 苏汝江：《云南个旧锡业调查》，第27页。
③ 曹立瀛、王乃樑：《云南个旧之锡矿》第七章第二节主要厂矿分述，页码不清。
④ 钟纬、黄强：《云南个旧锡山报告书》所言未详自办或伙办，页码不清。
⑤ 曹立瀛、王乃樑：《云南个旧之锡矿》第七章第二节主要厂矿分述，页码不清。
⑥ 曹立瀛、王乃樑：《云南个旧之锡矿》第五章经营，页码不清。
⑦ 曹立瀛、王乃樑：《云南个旧之锡矿》第七章第二节主要厂矿分述，页码不清。

二十七年，个旧共有私营厂尖 4494 户，矿工 32183 人，每户平均 7 人，锡务公司矿工人数为私营总数的 11%。① 可见，个旧锡务公司不仅经营的厂尖较多，而且拥有的矿工人数也远远超过其他私营厂尖，它是雄踞个旧地区最大的锡矿企业。另外，个旧地区的私营厂尖，一般只经营一个小尖子，少数厂尖也经营几个小尖子；这些厂尖，有的只管开采或揉洗（即选矿）而不熔炼，有的只管熔炼而不采选。② 如上所述，只有锡务公司一直经营几十个厂尖和洗炼厂，兼营采、选、冶，从开采生墥到洗选成碓砂（即精矿），再到冶炼成大锡（即精锡），均由该公司本身一并完成。可见个旧锡务公司是一个从事锡业全过程的生产联合体。

此外，个旧锡务公司还经营矿砂和大锡的买卖。它向私营厂尖收购矿砂以炼成精锡，又向私营炉号收购大锡，然后连同该公司生产的大锡一并运销国外。

总之，个旧锡务公司是一个"将整个锡矿之采、选、炼、运、销、金融等，皆置于业务范围之内"的综合性经济实体，其生产规模之大，经营范围之广，不惟在个旧一地，即或在云南全省也是"绝无而仅有"。③

（3）新法生产

个旧锡矿向来普遍采用原始落后的"土法"进行生产，其特点是：生产工具笨拙、矿场规模狭小、开采方法陈旧、寻找矿硐全靠经验和"运气"、冶炼技术不精、排水通风以及坑道设施极其简陋。④ 个旧锡务公司成立后，一改过去"全用土法"的局面，全面采用新法生产，无论是采矿、选矿或冶炼，均不断引进国外先进技术，购置新式设备，延聘各类技师。苏汝江写道："至于个旧锡务公司，为国内历史最久，与唯一用新法经营之锡厂。"⑤ 可见，在 20 世纪 20 年代末，个旧锡务公司已是云南乃至全国为数不多的采用新法生产的工矿企业之一。

个旧锡务公司成立伊始即采用新法进行生产。宣统元年（1909 年）

① 曹立瀛、王乃樑：《云南个旧之锡矿》第七章第一节概述，页码不清。
② 苏汝江：《云南个旧锡业调查》，第 27 页。
③ 苏汝江：《云南个旧锡业调查》，第 27 页。
④ 苏汝江：《云南个旧锡业调查》，第 27 页。
⑤ 苏汝江：《云南个旧锡业调查》，第 27 页。

九月，该公司与德商礼和洋行订约，以 108 万马克购买德国克虏伯厂生产的洗选、冶炼、化验、电机、架空铁索等新式机器与设备；同时又以月薪国币一千元的重金先后聘请德国人裴劳禄、波力克为工程师，负责机器安装和开采设计等事宜。[①] 民国二年，各项安装告竣，乃开始进行新法生产。民国三年（1914），又购进锅炉 4 具，发动机 2 具，气压机 2 具，煤气炉 3 座，洗砂厂机多件，内有粗砂震动台 26 具、细砂震动台 6 具、树胶平台 20 具、瓦斯熔锡倒焰炉 6 座、净锡炉 3 座、熔锡炉 2 座、炼渣八卦炉 1 座以及铁索道 8000 米、铁矿车 150 具等设备。[②] 民国四年（1915），又以 125.5 万马克从德国购买锅炉、发动机、洗砂机、磨煤机、炼锡机、运砂机、铁索机、抽水机以及化验、电灯等设备十余种。[③] 以上各类设备的购置，为锡务公司全面采用新法生产打下了基础。

个旧锡务公司采用新法生产，首先从最关键的部门采矿开始。如上所述，该公司成立以后即聘请德国技师裴劳禄、波力克为其设计开采工程。不久，即在老厂兰蛇洞架设了一条空中索道，用来运输矿砂。民国九年（1920），经美国工程师重新设计，将此索道移至产矿甚丰的马拉格，将马拉格采出的矿砂运至设在个旧城区的洗砂厂洗选。索道上有墥兜来回运矿，每天可运约 150 吨，大大便利了矿砂的运输。民国十五年（1926），聘请美国技师卓柏设计马拉格竖坑，以为探矿和采矿之用。经过 3 年的开凿，竖坑始成，深 745 英尺，并有平坑 3 个。在竖坑内，铺设轻便铁道，以墥车运矿，又安置升降机、卷扬机、鼓风机，并装有电灯照明；更重要的是，采用新式金刚凿岩机进行采矿，"每日可深入十米突，何种坚石，均能钻入"。[④] 竖坑内的机械设备，均由美商慎昌行订购。可见，锡务公司在采矿和运矿方面，已基本上实现了机械化。采矿技术的改进，完全改变了过去以铁啄挖矿、人工背墥、竹筒排水、风箱鼓风、油灯照明等土法采矿方式，从而大大提高了采矿水平。

---

① 曹立瀛、王乃樑：《云南个旧之锡矿》第七章第二节主要厂矿分述。（页码不清）
② 汪敬虞编《中国近代工业史资料（1895～1914）》第二辑上册，中华书局，1962，第 522 页。
③ 钟纬、黄强：《云南个旧锡山报告书》（下），《云南现代史料丛刊》第七辑，第 196 页。
④ 苏汝江：《云南个旧锡业调查》，第 32 页。

个旧锡务公司采用新法选矿始于民国八年（1919）。是年，该公司在其附近的老阴山脚建盖了新式洗砂厂，"凡七层，成阶梯形。规模宏大，设备完全"。① 民国十四年（1925），又先后购进碎矿机、磨矿机、分级器、洗矿床、回矿带、沉淀箱、汲水机、格子筛等选矿机械，进一步更新了洗砂厂的设备，使洗砂效率从民国八年（1919）的平均每日50吨提高到十七年（1928）的日均250吨左右。② 同年，该公司又新建动力厂，采用新式的司根乃尔发电机和奇异发电机发电，以供洗砂厂和马拉格竖坑用电之需。可见，锡务公司在选矿方面也基本上实现了机械化和电气化。选矿技术的改进，完全改变了过去以碾磨杵碓臼碎矿、砖平陡抱泥槽选矿的土法选矿方式，从而大大提高了选矿水平。

个旧锡务公司在冶炼方面或用新法或用土法。《云南个旧锡山报告书》（下）载：个旧地区"炉房约数十家，俱系沿用土法。惟锡务公司设有新式炼厂，但开炉较难，惟处理多量时用之，否则仍用土法"。③ 该公司的制炼厂，有购自德国的煤气炼炉3座、熔锡倒焰炉6座。起初，因无法解决从锡中除去铅质的问题，新法炼锡效果不佳。民国四年（1915），辞退工程师裴劳禄，改聘德国人可奈克为工程师。经其"多方改良"，所炼大锡最后得以"屏弃杂质"，新法炼锡的声誉始"渐次恢复"，"一般商民，又多有托公司代炼者"。④ 民国二十年（1931），聘英国人亚启更为工程师，拆改炼锡炉，用柴油代替煤气为燃料，其效果甚佳。民国二十二年（1933），始用反射炉试炼，获得成功。同年，不断改进的制炼厂从锡务公司中划出，另组"云南炼锡公司"，"专营收买净砂炼成九九以上之纯锡"，"直接销售国外"。⑤ 过去，个旧锡务公司以及其他炉号生产的大锡，因纯度不高而称之为"土条"，必须运至香港以马来亚锡掺炼成标准锡即"洋条"（纯度为99.5%）"始能运销欧美诸国"。⑥ 如今，个旧锡

---

① 苏汝江：《云南个旧锡业调查》，第34页。
② 苏汝江：《云南个旧锡业调查》，第35页。
③ 钟纬、黄强：《云南个旧锡山报告书》（下）。《云南现代史料丛刊》第七辑，1986，第175页。
④ 钟纬、黄强：《云南个旧锡山报告书》（下），《云南现代史料丛刊》第七辑，第180页。
⑤ 曹立瀛、王乃樑：《云南个旧之锡矿》第七章第二节主要矿厂分述，页码不清。
⑥ 苏汝江：《云南个旧锡业调查》，第44页。

务公司的制炼厂以及以此为基础而建立的云南炼锡公司，已能炼制纯度为 99.2% ~ 99.8% 的纯锡，不再经过香港精炼而直接销往世界市场。这是一个很大的转变，不仅标志着炼锡技术的巨大进步，而且使个旧大锡从间接出口变为直接出口，增加了大锡的外贸出口总值。

个旧锡务公司冶炼大锡，除用新法外也用土法。直至民国二十七年，仍保留土炉 4 座。然而，其土炉在鼓风方面已作了较大改进，即将原来的风箱鼓风改为鼓风机鼓风。这一改进，不仅节省了人力、时间和费用，而且由于火力均匀而强烈，其炼锡效率比其他土炉提高了一倍左右。[①]

总之，个旧锡务公司从成立开始，一直采用新法进行生产。无论在采矿与选矿方面，抑或冶炼方面，均逐步实现了机械化和半机械化，从而大大提高了生产水平。这在当时云南全省以至全国的工矿企业中，也是不多见的。

（4）产量

个旧锡务公司由于采用科学化的管理，尤其是采用新法进行生产，在采、选、冶三方面都实现了机械化或半机械化，所以其产量逐年有所增加。

民国十年以前，个旧锡务公司的产量未见详细记载，只有《我国近代锡业工程》第五页记载说："民国二年（1913）当锡务公司新工程完竣时，……仅产七十二吨。"[②] 民国十年后的历年产量则多见于记载，兹列表以观之。

表 5 - 10　个旧锡务公司历年大锡产量

年　份	锡务公司产量（长吨）	个旧锡矿总产量（长吨）	锡务公司产量占个旧锡矿总产量的百分比（%）	资料来源
民国十年	817.5	8235.0	9.92	《个旧锡务公司民国二十一年营业报告书》
十一年	705.0	8735.0	8.00	同上
十二年	633.0	8602.5	7.30	同上
十三年	654.0	7806.0	8.32	同上
十四年	528.0	7119.0	7.42	《云南个旧锡业调查》第 41 页

① 苏汝江：《云南个旧锡业调查》，第 27 页。
② 转引自杨寿川著《云南经济史研究》，第 181 页。

年　份	锡务公司产量（长吨）	个旧锡矿总产量（长吨）	锡务公司产量占个旧锡矿总产量的百分比(%)	资料来源
十五年	487.5	5586.0	8.73	同上
十六年	432.0	5446.0	7.90	同上
十七年	462.0	6000.0	7.70	同上
十八年	451.5	5737.5	7.86	同上
十九年	457.5	6015.0	7.60	同上
二十年	829.5	5632.5	14.72	同上
二十一年	714.5	6744.0	10.58	同上
二十二年	754.5	7431.0	10.15	同上
二十三年	558.0	6946.0	8.03	同上
二十四年	660.0	7528.5	8.76	同上
二十五年	653.4	9910.8	6.59	同上
二十六年	735.2	8916.4	8.25	同上
二十七年	431.0	10377.0	4.15	《云南个旧之锡矿》第七章第二节

注：1 长吨 = 1.016 吨。

　　由表 5－10 可知：1. 从民国十年（1921）至二十七年（1938）的 18 年中，个旧锡务公司的年产量大致徘徊在 400～800 余长吨之间。其中以民国十年、二十年为最高，均突破了 800 长吨大关。2. 民国二十年（1931）为产量最高年份，这一年的产量达 829.5 长吨，比之民国二年的 72 长吨，增加十一倍多。民国二十七产量最低，然而也比民国二年增加近 6 倍。可见，个旧锡务公司成立以后，其大锡产量总的说是呈上升趋势，后期比初期有很大的发展。3. 个旧锡务公司大锡产量占个旧锡矿大锡总产量的百分比，最高为民国二十年的 14.72%，最低为民国二十七年 4.15%，十八年的平均百分比为 8.33%。这就是说，个旧大锡中约有一成产于个旧锡务公司。

　　随着大锡产量的增加，个旧锡务公司逐渐由亏变盈。民国元年至三年，连续三年"皆遭亏折"，元年亏折旧滇币 16 万余元、二年为 13 万余元、三年为 11 万余元。民国四年，略有盈余，约 5.8 万余元。民国五年，复遭亏折，达 25.8 万余元。从民国六年开始，即扭亏为盈，"每年均有盈余"，直至锡务公司结束。其中，以民国二十二年度盈余最多，计旧滇币 6046923 元。从民国元年至二十二年，经过二十余年的经营，从亏损

16 万元到盈余 600 多万元,① 其发展之显著由此可见。

个旧锡务公司是近代云南锡矿业中最早实行新式管理、最先采用新法生产的一个大型官商合办企业,是云南早期近代工业的突出标志。它从宣统元年（1909 年）成立,至民国二十九年（1940 年）年结束,共经营了 31 年,历久而不衰,期间年均产锡 400～800 余吨,占个旧锡矿总产量的 8% 左右。它对当时云南锡业以及全省矿业的发展,都产生了积极而巨大的推动作用。

（二） 云南炼锡公司

民国二十二年（1933 年）三月,云南炼锡公司正式从个旧锡务公司中划出而正式成立,先隶属云南省实业厅,后归云南全省经济委员会管辖。云南炼锡公司仍为官商合股性质,股本国币 500 万元,其中官股占 2/3,商股占 1/3。该公司于民国二十七年（1938）底共有工人 230 人。

云南炼锡公司亦实行新式管理,以总经理执行业务,其下设秘书、会计主任及营业技术之经理。该公司组织管理系统如下图 5 - 3。

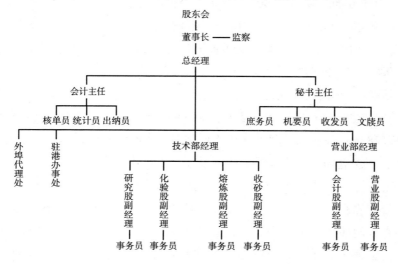

图 5 - 3 云南炼锡公司组织管理系统

资料来源:《云锡志》,第 58 页。

---

① 曹立瀛、王乃樑:《云南个旧之锡矿》第七章第二节主要厂矿分述,页码不清。

云南炼锡公司主要从事锡砂熔炼和精锡运销。该公司向个旧锡务公司、私营厂尖购买锡砂，按化验分析论价，一度采用放款收砂办法，在个旧和老厂湾子街设有两个买砂处。聘英国冶金专家亚迟迪耿任总工程师，生产管理全用新法。该公司之设备"多就锡务公司清时（即宣统年间）所购之机件改造"，新建日处理 60 吨的柴油熔炼炉 3 座、日产 30 吨的反射炉 2 座、处理精矿净矿塘 21 个。该公司每日产锡量为 10 ~ 12 吨，每年生产量约为 2000 余吨。成立当年（即民国二十二年）3 月，改良炼锡即获得成功，炼出 99.75% 上锡、99.50% 纯锡和 99% 普通锡三种产品；并取得伦敦五金交易所化验证书，为世界各地五金交易所承认；其产品可以直接销往欧美市场，与英国锡享有同等价值。此外，该公司还设立电台，委托香港路透社将伦敦标准锡价与香港汇率及时转达至个旧，以视行情进行交易。该公司所获美金、英镑全数售予富滇银行，以作云南之外汇储备。[①]

云南炼锡公司的产品不再经香港加工精炼而直销世界市场，且不再受港商从中盘剥而与英国锡同价，这是一个极大的进步已与国际接轨。此外，该公司成立后，其产品产量与销量均不断增加。民国二十二年（1933）4 月至二十三年（1934）6 月销售量为 936.111 长吨，而民国二十六年 12 月，为 1774.928 长吨，即增加了近 2 倍，详见下表 5－11。

随着产量和销量的增加，公司的经济效益也连年提高，民国二十二年（即公司成立当年，1933 年）赢利国币 90469 元，民国二十三年（1934）增为 382528 元，民国二十四年（1935）又增至 1069332 元，[②] 即公司成立第三年较之成立当年利润增加 11.8 倍。"自公司建立至民国二十八年（1939），五年产锡 8478.37 吨，年均盈利国币 40 万元"。[③]

云南炼锡公司于民国二十九年（1940）9 月，财产折资国币 1000 万元并入云南锡业股份有限公司，经营了七年半而告结束。它是云南锡业开发史上第一个炼出 99.75% 上锡和 99.5% 纯锡的冶金企业，产品质量达到了世界水平，并获得了重大经济效益。

---

① 该书编委会编《云锡志》，第 56、57 页；《个旧市志》上册，第 310、311 页。
② 张肖梅编《云南经济》，J34 页。
③ 《个旧市志》上册，第 311 页。

表5-11 云南炼锡公司大锡分期销量

单位：长吨

销售地 \ 期别	第一期 民国22年4月～23年6月	第二期 23年7月～12月	第三期 24年1月～12月	第四期 25年1月～12月	第五期 26年1月～12月	第六期 27年1月～5月	总量	百分比
伦敦	542.421	333.850	600.574	1101.422	1327.903	1050.600	4956.770	64.93
日本	—	—	—	—	—	42.700	42.700	0.06
纽约	285.664	—	100.372	401.775	75.286	—	863.097	11.30
海防	69.056	—	163.404	209.988	5.918	530.400	978.766	12.82
香港	—	—	140.640	—	—	—	140.640	0.18
上海	—	50.058	75.066	—	—	—	125.124	0.16
利物浦	5.001	35.315	70.275	24.361	—	—	110.591	0.14
马赛	21.129	—	—	—	360.000	—	381.129	0.50
德国	4.091	—	—	4.091	—	—	4.091	—
云南与四川	8.749	4.035	3.664	7.853	5.821	—	30.102	—
销量总计	936.11	423.258	1153.937	1749.490	1774.928	1623.60	7632.920	90.03

注：1长吨（即英吨）=1.016吨。
资料来源：曹立瀛、王乃樑编《云南个旧之锡矿》，第八章第二节运输路线与费用。

（三）云南锡业股份有限公司

云南锡业股份有限公司成立于民国二十九年（1940）九月一日，是由国民政府经济部资源委员会、中国银行和云南省政府合办的官办股份公司，又是一家包括了个旧锡务公司、云南炼锡公司和云南锡矿工程处的综合性冶金企业。公司成立之初，有管理、技术人员和工人共3700余人，民国三十八年底，职工共计4616人。公司总部设在昆明，综理财务、会计、规章、人事及器材的供应运输；厂矿管理处设在个旧，管理厂矿及工程技术事宜。民国三十七年（1948）九月，公司总部移驻个旧，厂矿管理处裁撤，昆明改设公司办事处。

云南锡业股份有限公司亦实行新式管理制度和方法。股东大会选举董事会和监察人，董事会推举董事长和总经理以及协理和其他高级管理人员。总经理和协理总揽公司全部事务，下设若干管理机构，形成一个严密的组织管理系统，详见下图5-4。

云南锡业股份有限公司的生产机构有老厂锡矿、新厂锡矿（即马拉格锡矿）、个旧选矿厂、个旧炼厂、鸟格煤矿。为适应云南出口矿产品运销处的需要，民国三十年（1941）五月在昆明马街石嘴建成昆明炼锡厂，对个旧土锡进行精炼。又在开远小龙潭筹建发电厂，向美国订购价值53.9万美元的发配电设备。公司投产后，为降低成本，将以进口柴油作燃料的反射炉改为以焦炭作燃料的鼓风炉冶炼。用低温熔析理论创造冶炼新法，提纯、生产纯度99.75%以上的精锡；其研究成功的调温结晶放液、油浴熔锡除铅、加硫除铜三项成果，获得英国10年专利权；发明用硫和硫化矿物去铜方法，两种方法也获得专利。公司的产品YCTC甲级精锡在国际上取得较高声誉；试制、生产出纯度为99.95%的精锡，受到美国学者的赞誉。公司采矿引进美国方框采矿法，获得成功；选矿采用钢骨水泥摇床面，产净砂品位达72.5%含锡量，所研制的漆面摇床获得成功而取代了进口；自制温砂式磁力选矿机，首次在世界锡业中使用磁力选矿技术。由于不断改良生产技术，公司产品产量逐年增加。民国三十年（1941）生产锡原矿3.6万吨、锡精矿510吨、炼锡443吨；至民国三十四年（1945）分别增为4.24万吨、1011吨、930吨，产精锡800吨。民国三十五年（1946）产精锡998吨，次年达1185吨，为

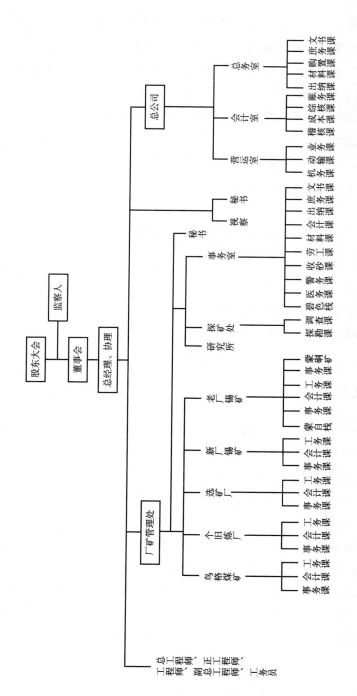

图 5-4 云南锡业股份有限公司管理系统

资料来源:《云锡志》,第 60 页。

历史最高产量。民国三十七年（1948），由于内战、物价飞涨、销路受阻等原因，当年仅产锡原矿 5.54 万吨、锡精矿 1144 吨，而精锡减为 90 吨。民国三十八年（1949），公司有所起色，当年产锡原矿达 6.84 万吨、锡精矿 1458 吨、精锡 610 吨。[①]

云南锡业股份有限公司是近代云南乃至全国锡业开发史上一个生产规模最大、股本最丰的大型官办企业。它从民国二十九年（1940）九月一日成立，至 1950 年 3 月 8 日收归国有并更名为"云南锡业公司"，共经营了十年半，对云南对国家均作出了重要贡献。

第五节　滇锡的生产技术

近代个旧锡矿的生产技术，分为土法与新法两种。土法自古代以来一直沿用，迄于民国时仍普遍使用，并无重大改进；新法则自晚清宣统时开始采用，后来又不断得到推广。兹对土法和新法分别简述如下。

一　土法

古已有之的土法，直到近代仍广泛运用于找矿、采矿、选矿及冶炼等生产过程之中。

（一）土法找矿

个旧矿区经过长期的积累，逐渐形成了一套找矿方法，主要包括三种：

（1）脉矿找矿法：矿山有歌谣云："察堂色，顺堂引，冲尖子，看栓口"，即根据含矿砂石的颜色、形态，测定矿脉方位后打硐探寻。

（2）砂矿找矿法：矿山又有歌谣曰："堂（原矿）落凹底，砒（精矿）走裙边"，即因地表岩石矿化，受洪水冲移沉积于山坡脚边缘及凹地，状如裙边，于此取样涮碗鉴别，往往会发现锡矿。

---

① 《个旧市志》（上册），第 312、313 页。

（3）矿石鉴别法：找到矿石后，通过"看碗口"（即用水洗涮后，根据色泽判别含量）的方法，以目力鉴别其所含金属。[1]

（二）土法采矿

（1）硐尖采矿：硐尖采矿一般包括打硐、架欂、挖堂、背堂、点灯、排水、通风七道工序。

打硐：又称开坑。先打槽门（坑道口），后开坑道。坑道走向以矿脉为导，沿矿脉平行掘进称"平推"，向上掘进称"冒蓬"，向下掘进称"吊井"，斜向掘进称"陡打"。各硐深度不一，少者数百步，多则四五千步。

架欂：坑道内，为预防倒塌，以木料支护。欂木上下左右 4 根为一架，上部横木较短粗，称"梁头"；下部横木较长细，称"地脚"；两边直木较粗，称"站柱"。欂架外空隙用土石填实，使用牢固。

挖堂：主要使用铁啄子挖掘。遇石化矿以大锤击碎，或用炮杆凿孔装火药崩裂。矿石经欂头鉴别品位，有洗选价值者背运出硐，贫矿及泥石则充填坑内或运出硐外丢弃。

背堂：从坑道内向外运输矿石或废石称为背堂。背堂的堂包用麻布制成，形如褡裢，负于肩背之上，每背堂约重 50 公斤。工人在曲折抵矮的坑道内蹲爬而行。一些很小的矿硐，常用 12～14 岁的童工背堂。

点灯：硐内黑暗，需要照明。清代以前，灯具是用金属制成的瓢形菜油灯，称为"亮子"。灯瓢上置柄，柄端有钩，悬挂于工人头上，供行进照明。民国年间，开始使用从日、英、法等国进口的电石（又称"煤石"）和小汽灯，其光亮而无煤烟，每磅电石可供 3 人照明一日。

排水：坑道内遇水时，工人每以竹筒盛水负出，或将水引入低凹处积存以备使用。水大时，用竹竿连接入硐道以人力扯出，或用手动抽水机进行抽排。

通风：一般坑道弯曲狭小，人体气味与油烟熏臭弥漫，工人呼吸困难；严重者称为"闷火硐"，空气稀薄缺氧，点灯不燃，工人入内作业窒息或油烟中毒事件屡屡发生。为此，在坑道较浅的通风处安置约长 1 米、直径 30 厘米的木制风箱，以竹筒或布袋连接成风管，沿坑道壁内伸入，

---

[1] 《个旧市志》上册，第 324、325 页。

拉动风箱将风送入坑内，但多半仅能使空气稍为流动而已。亦有利用天然岩隙或另凿通风洞通风者。

（2）草皮尖采矿：草皮尖开采锡矿砂，一般有挖明槽、草皮硐、办岭岗塃等方法。

挖明槽：即露天采掘地表矿。采场选定后，每年3月前将地面草泥沙石挖除剥离使含矿层裸露，称"发头皮"。3月后至雨季前为挖塃期，由地面向下挖采形成的大坑即为明槽。明槽大小、深浅不一，槽内有人行阶梯，供工人将所采之矿砂挑至地面洗选之处堆放。明槽矿砂一为原矿，称为"本塃"；二为前人采选后遗留下来的含锡品位高的矿渣，称为"渣子塃"。6月后雨季来临，明槽内积水，开采停止，转为洗选矿砂。

草皮硐：即在泥土表层下的矿砂层中打硐，一般深数百步。其开采方法略同于硐尖。

办岭岗塃：又称"办炼岗"，即采掘分布于山岭石岗间凹陷裂隙带或岩穴内的矿砂。岭岗矿有的是天然生成，有的系高处地表矿被雨水冲积而成。开挖面大小不一，小者宽数尺，深数丈，大者宽、深可数十丈。

（3）冲塃尖采矿：冲塃尖采矿指挖采矿砂并将矿砂从高处经沟道（俗称"龙沟"）借助水力冲运至低处。主要设施和方法有挖塃、蓄水塘、龙沟、兑水和坝塘。

挖塃：每年雨季前经过挖掘明槽，将矿砂取出堆放于龙沟之旁，以待水力冲运。

蓄水塘：筑于龙沟上方，作蓄积雨水之用。

龙沟：又称"冲塃沟"，其上接明槽下口，下连蓄水塘。龙沟一般以石头衬砌，宽约1米，深1~1.05米，随地势而下，短者一二公里，长者十多公里，高差数百米。

兑水：往龙沟里注水，使矿砂在龙沟里向下流动，并与泥石分离。

坝塘：即蓄矿池。以石砌成，呈长方形，宽约3米、长7~10米、深2.5~3米；分设4个，称头坝、二坝、三坝、滥泥坝。矿浆从龙沟流入各坝塘，起分级除渣作用，然后从坝塘取出送至溜口进行洗选。①

---

① 《个旧市志》上册，第329~331页。

（三）土法选矿

通过硐尖或草皮或冲塄尖取得的矿砂即原矿、原砂，统称为"塄"，其含泥土杂质甚多，需经揉洗才能得到净矿。个旧矿区在漫长的实践中积累和形成了一套传统的锡重力选矿工艺，即以水为介质，手工操作为主，借助水力带动原矿在一定坡度上流动，并在反复流动中不断除去泥沙和杂质，从而选出净矿（即"砾"）。

（1）选矿设施

溜口：土法选矿的场地俗称"溜口"。溜口规模视选矿量大小而定，其选址通常要具备 3 个条件：其一，场地开阔平坦，便于布置设备和选矿流程；其二便于筑塘蓄水；其三靠近采矿场地，以缩短原矿运输距离。

水塘：选矿用水靠筑塘蓄水。水塘就地挖掘，放水闸口用石砌筑。塘底和四壁贴上胶泥，并用木棒槌捶实不使渗漏。水源来自周围溪流及雨水。

矿槽：此为土法选矿的主要设施，分为平槽和砖槽两种。平槽又称搅槽，槽底用厚木板制成，平置于地面，长约 2 米、宽 0.6 ~ 0.8 米，帮高 0.6 米，槽头端用木板封死，槽尾端敞开。槽头外有给水小槽与清水沟相连，紧接小槽是站塘。槽尾出口下端用砖石砌筑圆塘，直径为 1.5 米，深约 1 米。距圆塘约 0.7 米用砖石砌筑方塘，约宽 1 米，深 0.7 米。槽尾、圆塘、方塘至水塘之间有沟道连通。砖槽因用途不同又可细分为揉塄槽、闷矿槽、抱槽等。揉塄槽与闷矿槽结构基本相同，约长 4 米、宽 2 米，均分为槽头和槽身两段。槽头呈 40 度坡度，槽尾呈 3 ~ 5 度缓坡。槽头与槽身连接处稍凹，叫槽腰。槽面用槽砖镶嵌，两边砌砖石，槽边高出槽面约 25 厘米。槽尾正下方为站塘。槽尾一边有出口，出口外紧接渣塘，有沟通道达泥浆塘（尾矿池）。抱槽结构与揉塄槽大致相同，唯槽体稍小，槽头坡度更陡，故又称陡槽或泥浆槽。

工具：扒子、戽瓢、水车等是土法选矿的主要工具。扒子分为三种：1. 揉塄扒子。头部为木制长方形刮板一块，约宽 30 厘米、高 15 厘米、厚 6 厘米，下沿安装铁齿 8 颗，刮板中央打眼后紧固于长约 5 米称为扒子竿的竹竿头上。2. 平槽扒子。形状与揉塄扒相同，但刮板较为宽大，宽度略小于槽内膛，约高 20 厘米、厚 4 厘米，下沿改铁齿为条形铁皮。

3. 闷矿槽和抱槽扒子。形状与上述两种无异，但更小更薄，扒竿略短，刮板不装铁齿和铁条。

戽瓢与水车：戽瓢分大、中、小3种，揉墭槽分级脱泥用大戽瓢，镀锌铁皮制成，圆筒状呈撮箕口，直径约15厘米，尾部安木手柄，口部系有绳索，戽水时，一手握柄一手提绳。选粗砂用中戽瓢，竹筒制成，直径4～7厘米，形状和使用方法与大戽瓢相同。选泥浆矿用小戽瓢，竹筒制成，直径约3厘米，无手柄绳索，单手操作。水车，系木制龙骨水车。

溜口布置：一般溜口按选矿流程分台布置。第一台为原矿堆，第二台为分类型排列的各种选矿槽。规模大的溜口抱槽设在第三台。石磨布置在平槽上方。溜口最下部是水塘，清水塘供水，泥浆塘蓄泥浆并回水再用。另有清水沟、泥浆沟、搅沟等各种沟道连接槽与塘。站塘上盖简易草棚遮雨避晒。冲墭尖溜口置于冲墭龙沟尾部较开阔地带。龙沟尾部与坝塘相连，坝塘共4个，称头坝、二坝、三坝、滥泥坝。龙沟矿浆先流入头坝，沉积坝内的矿砂粒度较粗，含矿品位较高；二坝、三坝渐次沉积细砂；沉于滥泥坝的是稀薄沉砂，称滥渣。各坝下方设一水门，当坝内矿砂沉满寸许时在水门加一条横木拦堵，随满随加横木。由横木上方溢出的矿浆流入下一坝塘后，放入清水揉洗，较粗部分沉于坝内，更细部分溢出流入再下一坝。各坝塘水门前置椭圆形深水池，称为二塘，坝塘中沉积的矿砂经二塘处理，除去浮渣，即可取至选矿溜口进行洗选。20世纪50年代后用沉淀沟代替坝塘，分级脱泥效果更好。

（2）工艺流程

土法选矿分为分级脱泥、选别和粉碎3个流程。选别时粒度大的粗砂须坡度缓、给水量大；细砂和泥浆须坡度陡、给水量小，据此而采用不同设备和方法进行洗选。

分级脱泥：原矿分级脱泥用揉墭槽或平槽。

揉墭槽分级脱泥：俗称揉墭，3人操作，每槽处理原矿约2吨。先将原矿放置槽头陡面上，戽水工人立于站塘中用大戽瓢沿原矿下部逐层往上戽水，水头须形成强大冲力。两名执扒工人站于站塘左右用扒子借水力揉搓原矿，使泥砂分离随水往下流，并不时将沉于槽尾的浮渣刮出槽外，大块硬头推向槽顶。原矿经过揉搓粗矿砂沉于槽腰部位，称槽腰砂，为富集矿石，取出堆放待选别；细砂和浮渣沉于槽尾和渣塘，绒矿石沉于泥浆沟，泥浆流入泥浆塘，其中含矿的浮渣、槽顶的硬头取出粉碎后再入槽揉洗，细砂复洗升级为槽腰砂，绒矿集中另处理，其余废渣、泥浆丢弃。

平槽分级脱泥：由4人操作，每槽处理原矿约1吨。先用木板两块将平槽隔成两段，一人用水车向槽内供水；两人执锄立于槽头站塘将原矿送入槽头一段，并用板锄翻搅，使泥砂分离，泥浆、浮渣流入槽尾一段；一人执扒站立槽尾圆塘横木板上，用扒子在槽内尾部一段前推后刮，使泥浆和浮渣溢出槽外。最后，沉于槽头一段的粗砂称为槽头砂，沉于槽尾一段的细砂称为槽心砂，为分级脱泥后的主要矿砂，取出堆存待进一步选别。流出的粗渣沉于圆塘，部分绒砂和泥浆沉于方塘，部分泥浆沉于泥浆沟并流入泥浆塘，按其粒度和含矿多少分别处理。

选别：对分级脱泥后的矿砂进行选别称并碛，选一次称并一次，每并一次除去一部分杂质使矿砂含锡品位提高。选别分为粗选和精选两个过程。经过粗选后的矿砂称为闷砂，将闷砂集中筛去粗渣，经过精选产出合格锡精矿。选别主要分为平槽选别、闷砂槽选别、抱槽选别、敲大锅4种方法。

平槽选别：粗砂通常用平槽选别。槽内不加隔板，4人操作。一人供水，两人用板锄将矿砂徐徐放入槽内，并翻刮冲动，使杂质浮起流往槽尾，司扒工人用扒子在槽尾部前推后刮，将浮渣刮出槽外。这个过程称为淘碛和勒碛。留在槽内的矿砂经过多次淘选产出锡精矿，流出槽外的渣子根据含矿情况进行复选、粉磨或丢弃。

闷砂槽选别：细砂主要用闷砂槽选别。2人操作，先将矿砂置于槽头坡面上，戽水工人立于站塘用中戽瓢连续戽水，水如雨点落在矿砂下端边缘，水、砂混合呈鱼鳞状从坡面均匀地流下。司扒工人将槽头矿砂均匀地慢慢刮下，并不时用扒子摊平砂面，防止其出现小沟影响选别效果，沉于槽尾的浮渣用扒子刮出槽外；戽满一槽，将槽腰、槽尾、渣塘沉积的矿砂取出分别进行复选，直至产出精矿。

抱槽选别：可选的绒砂和泥浆统称泥矿，矿石粒度最细，含泥浆最多，须用搅沟进行二次脱泥，然后用抱槽选别。选别操作方法与闷砂槽选别细砂相同，只是戽水用小戽瓢，水点细小均匀，比选细砂需要更多时间。

敲大锅（又称"磕碓"）：经抱槽选出的锡精矿，因含灰分过多须用敲大锅的方法除去灰分，进一步提高含锡品位。操作时在地上放草扎垫圈，上置直径 1～1.5 米煮饭用铁锅，锅内注入清水，二人用小板锄将待选锡精矿铲入锅内，翻搅使水与精矿混合呈浆状，然后用扫帚柄不停敲打锅边，使矿石在震动中慢慢下沉板结，灰分浮于表面。最后将水倒出，倾入少量干灰吸尽水分，再刮去表面上灰分，注水重新搅敲，反复数次，即得品位更高的合格锡精矿。

粉碎：个旧矿区锡矿多与其他矿物共生。质地坚硬不利揉搓的俗称礁头，其中不含锡矿的称枯礁头，含锡矿的称礁堍。礁堍必须经过粉碎才能洗选。过去以似舂米用的碓粉碎，效果不好。后改用石磨粉碎，石磨用花岗石制成，与一般磨粮石磨相似，直径约 70 厘米，以石块砌筑坝塘 1 个，塘口放横木 2 根，磨置于横木上。磨有拉杆以马牵引或用人推。大于 5 毫米的礁堍先用锤敲小后入磨，小粒礁堍直接入磨。粉碎时连续注水，磨出的矿浆流入磨塘，塘满后取出送到平槽分级脱泥后选别。

（3）品位鉴别

选矿过程中每道工序产出的矿砂须鉴别其含锡品位和粒度大小，以便确定进入下道工序的选别方法。对选出的精矿经鉴别达到成品要求才能送矿仓堆存。鉴别品位用涮碗，抓精矿一把放入碗内，手执碗在清水盆中涮出杂质，再把杂质倒进另一个涮碗，以杂质为 1 份，与精矿互相比较，精矿有杂质的几倍就称几份碎。如杂质 1 份，精矿为杂质的 4 倍称4 份碎，表明含锡品位已达 80%，可作为合格产品入炉冶炼。[①]

（四）土法冶炼

晚清以前，个旧炼锡一直沿用闷气炉，大约从光绪中期开始，即主要采用大炉熔炼，其产品为含锡量已达 90% 左右的粗锡。兹具体分述如下：

---

① 《个旧市志》上册，第 346～348 页。

（1）闷气炉冶炼

闷气炉状如鸡罩，故又名鸡罩炉。炉体用砖砌成，高1米。炉身圆形，内腔炉底及炉口略小，直径0.3米；中间略大，直径0.5米。炉底用食盐、沙和黄泥混合捶实。炉身近炉底处开直径约10厘米圆形火门，连接炉底设置锡窝，锡窝形如铁锅，内膛直径0.23米。在火门炉底以上0.5米处斜插风箱过气管正对炉底中心。炉子燃料为栗木炭，冶炼时放入炭20公斤、硔10公斤，炭硔下落一次，再放入一次，每3小时可提取粗锡一次，量约30公斤。炉内落下的含硔炉渣以铁锤敲细再入炉冶炼。冶炼作业昼夜两班，每班2人，使用工具主要为铁捅条两根、钉耙一把、板锄3把。闷气炉燃料消耗大，生产量小，实收率低。康熙四十六年（1707）个旧有银、锡炉房共10座，熔炼耗子厂、黄茅山等处矿砂。乾隆五十七年（1792），个旧有银、锡炉房天宝炉、万宝炉、水头炉、陕西炉、饶炉、桥边炉、涌金炉、盛炉、分金炉共9座，之后发展至43座。清末闷气炉逐渐被淘汰。

（2）大炉冶炼

晚清以后，个旧开始出现大炉冶锡。清末大炉得到推广，民国时期炉号普遍使用大炉，形成了较大生产规模。

炉号设施主要有：

大炉：炉体用砖、耐火砂石、耐火小土坯等材料砌成。炉身方形，正边长约1.7米，侧边长约1.2米，高约1.2米。炉前壁和两侧以砖砌成，后壁下段用耐火小土坯砌成，正中砌两个并列的练子石，长约0.7米，宽约1.5米，厚7厘米。两石之间留一空隙用以接通风箱。风箱长约2.2米，外圆直径约0.6米、内腔直径0.4米，用香樟木或红椿木制成。练子石横担长与炉宽相等，约宽60厘米、厚2.5厘米的两块铁板称为扁担。其上用砖砌成炉的后壁上半部，再用小土坯砌成高约0.8米的半圆形挡壁，称为砂帽头。挡壁正中平炉口处夹砌一块约长0.8米、宽0.3米的石块，称硔石。炉前壁正中砌成高约1米、上窄下宽的剪形火门头。火门头接近炉底的炉壁处用耐火石砌成高0.2米、宽3厘米的火门，供锡液流出。炉腔装硔砂及燃料，称为甑子。火门之下掘一长方池盛锡，底以黑灰和泥掺入食盐拌匀捶实以防渗漏，称窝子。土炉外侧砌有石阶梯以备工人上下加炭加碋。民国时期大炉先后建有 85 座。

炉房：一般为三间两耳土木结构楼房。主楼无顶层，中筑大炉熔炼。两侧楼房有顶层，左侧置木炭与工具等设备。因生产需要，炉房一般修建于取水容易，碋砂、锡产品及木炭交易便利的集镇。民国时期炉房多集中于城区上、下河沟，绿春巷、木行街等地段亦有分布。

溜口：其设备与洗选矿石溜口相同。炉号熔炼的锡砂从各厂尖购买而成色不一，入炉前须经溜口重新洗整一次。大炉熔炼后剩下的炉渣尾首和飞碋亦须入溜口翻洗再炼。

碾房：碾房供安置碾子。用来将粗锡砂和熔炼后的含锡炉渣碾细入炉。碾子用麻布石打成厚 16 ~ 20 厘米、直径 2.3 ~ 2.7 米的圆盘，中贯以木或铁轴，称碾砣；再以同样石料打制深约 0.3 米的环形沟，称碾盘。以碾砣嵌入碾盘，将矿石置于碾盘内拉动中轴进行碾压粉碎。碾子用水牛 2 ~ 4 头牵引，昼夜运转。

矿仓：用于堆存碋砂。四壁以石砌成，地面铺砌石板或以三合土、水泥浇灌。

碋盘：用石砌成长方形盘。位于大炉左前方，堆存配好的上炉碋砂。

渣塘：以石砌成的方形水池。位于大炉窝子前方，由窝子提出的含矿炉渣投入塘内用水冷却。

炭堆：堆积于大炉左边或右边供熔炼用的燃料木炭。

提锡锅：挖筑于大炉旁地下，供盛由窝子内舀出的锡液。

池子：位于提锡锅旁，为潮湿土砂翻砂制成的长方形锡片模型。每池约长 40 厘米、宽 17 厘米、厚 8 厘米，一般有 10 余个。锡液由提锡锅内舀入池子，凝结成锡锭。

熔炼方法与步骤主要分为：

烧炉：熔炼前置柴火于大炉甑子及炉前窝子内，燃 1 ~ 2 日，待甑子及窝子烧热后，启炉熔锡。

配碋：由碋师负责，先将溜口洗净的碋砂粗细搭配，再掺入一定数量的飞碋及碾细洗净的含锡炉渣。根据市场要求的成色经查验合格，挑至碋盘上以备熔炼。

上碋：又称打碋。由条子师傅用铁铲将碋砂铲入甑子内，碋砂离铲后先砸在打碓石上然后落入甑子内。每铲称一圈,12～15圈称一转。每小时上碓一转,约数十斤。上碓极讲经验,多则炉腔窒塞,少则碓熔炼过度而烧干。

加炭:又称盖炭。熔炼全用木炭,碓质硬或粒粗用栗木炭,碓砂细用松木和冬瓜木炭,尾首碓全用冬瓜木炭。熔一炉约需炭1500公斤,每日分四班加炭,每班两人,每上碓一次加炭一次。

拉风箱:又称扯大炉。每班6小时,配青壮年工人2～3人,1人拉3～5个来回,轮流鼓风。风须均匀才能保持炉火旺盛,正常出锡。

放条子:条子为长约两米的木条,条子师傅手持条子频频捅入火门防止炭炉渣阻塞,使甑子内燃化的锡液顺利流出沉积于窝子内。

提炉渣:由火门流出窝子的锡液混杂着未熔化的碓渣和炭渣,一般含锡品位可高达50%。条子师傅用铁条将碓渣和炭渣拨散分离,用板锄将碓渣提入渣塘冷却后取出筛分。筛下的细渣称海底渣,配入碓砂再炼;筛上的粗渣经碾子碾细交溜口洗选后配入碓砂再炼。

提锡:提锡每3小时进行一次。由提锡师傅和守炉助理各持一大铁勺,将窝子内的锡液舀入提锡锅内,搅拌后用漏勺捞去浮渣,待温度合适再舀入池子内,用小铁铲刮开锡面,使之平滑光亮基纹明显。锡冷却后即成可出售之产品锡片。每片锡重约25～27公斤;两片称为一块,25块称为一张。

扫飞碓:熔炼时部分未熔化的碓砂粉末随风力及火焰飞出,散落于房顶及楼板上,每日清扫一次。飞碓含锡量约50%,重新配入碓砂再炼。

生产效率:大炉炼锡直接影响效率的因素为碓砂品位、燃料及鼓风,炉号称之为"头碓二炭三扯火"。碓砂品位高,炼出的锡质量好,反之则差。碓砂品位虽高,若木炭质差,温度不够则碓砂熔炼不尽;炭质虽好鼓吹入炉风力散漫,火力不足,温度不均衡亦锡质不佳。大炉一般24小时熔炼一炉,可炼碓砂约1500公斤,产粗锡750～800公斤,实收率70%左右。大炉熔炼工序复杂,劳动条件艰苦。[①]

大炉炼出的锡称为土锡,各炉号以铁制成斧形,上刻炉号名称,在

---

① 《个旧市志》上册,第359～361页。

锡片上打制斧印标识出售。据民国12年（1923）统计，个旧共有斧印56种。锡片表面斑纹称为"花口"，锡纯度以花口凭目力鉴别。根据花口，土锡一般可分为上锡5种、中锡3种、次锡5种。民国十三年（1924），法国商人对正锡、中锡、次中锡进行化验，其含量分别为99.40%、94.80%、93.7%，详见表5-12。

表5-12　个旧土锡花口与锡含量表

等级	品种	花口	含锡量（%）
上锡	上上镜面锡	满面金斑花如核桃状且大如云彩,光亮如镜,叩之声音纯正	99.70
	顶上金斑锡	满面金斑花如芭蕉叶,叩之声音纯正	99.50
	正上金斑锡	满头斑多,中间花如竹叶且少,叩之声音好	99.00
	普通上锡	满头斑少,中间竹叶花多,花比正上锡稍小	98.00
	二五上锡	满头有亮光而无斑,中间竹叶花多	97.00
中锡	大竹叶花锡	满面大竹叶花,有光亮无斑彩	96.00
	中竹叶花锡	满面中竹叶花,微有光	95.00
	小竹叶花锡	满面细竹叶花,多数无光	90.00
次锡	苍蝇翅花锡	满面花如苍蝇翅	不详
	平面子锡	无花,含铅量多	不详
	满洞锡	无花,表面有洞孔	不详
	黑蚂背锡	无花,表现有突出小色	不详
	铜钱花锡	无花,有铜钱状斑,含铜量多	不详

资料来源：《个旧市志》（上册），第371页。

从表5-12可知，用土法大炉炼出的上锡中已有含锡量为99%～99.7%的精锡，但其为数极少，绝大多数均为98%以下的土锡。

（五）交通运输

如上所述，自古代以来至民国时期，个旧私营厂尖的矿砂运输，硐尖全赖砂丁背运，草皮尖也主要靠工人肩挑。矿区、厂地之间，主要靠骡马沿着崎岖狭窄的山间小道往来运输。至于从个旧县城通往矿区的道路，有5条古已有之的道路：老厂古道，从县城宝华门至老厂耗子厂庙，长15公里；龙树脚古道，从城南行经卡房，到达龙树脚，长30公里；瓦房冲古道，从城东上老阴山，往瓦房冲至古山，长20公里；马拉格古道，从城东上老阴山、经马鹿塘至马拉格矿区，长 8 公里；牛屎坡古道，由城区西行，经牛屎坡至陡岩矿区，长 42.5 公里。矿区所需生产、生活物资，即通过这些古道由骡马驮运。

个旧锡砂出口，在滇越铁路通车以前，主要依靠驮马从个旧运至蒙自蔓耗，再从红河水运至越南海防，水陆行程共 20 天。蔓耗作为个旧锡砂外运的中心码头，一直延续到宣统二年（1910）。滇越铁路通车后，先是由个旧以骡马将大锡驮运至 32 公里地的大屯街，从大屯街用木船装载，经水路 30 里至碧色寨坡脚，再搬运至碧色寨上滇越铁路。民国十年（1921）修通个碧铁路后，个旧大锡即由个旧经乍甸、鸡街、蒙自运至碧色寨，全长 73 公里，然后与滇越铁路衔接。① 个旧锡矿土法生产所用工具及设施详见附录。

附录：个旧锡矿土法生产通用器具与设施

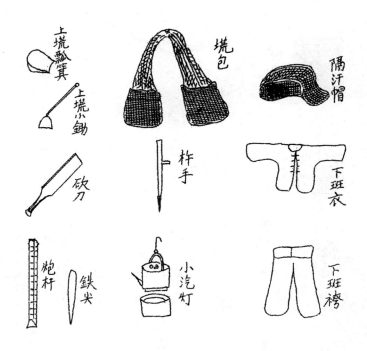

---

① 《个旧市志》上册，第 203、204 页。

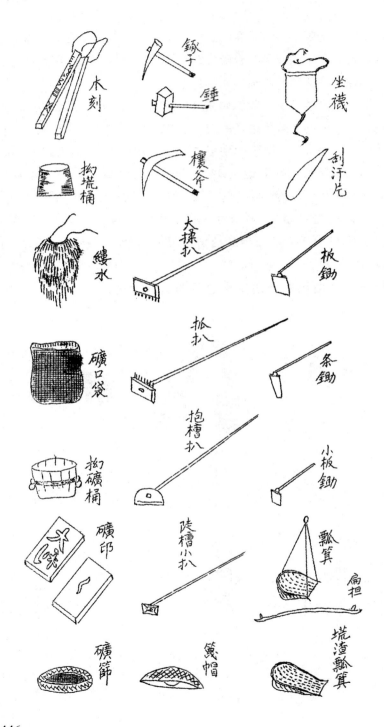

木刻
锹子
锤
坐褥
掏琉桶
櫻斧
刮汗片
綹水
大操扒
板锄
礦口袋
抓扒
条锄
掏礦桶
抱槽扒
小板锄
礦印
陡槽小扒
瓢箕
扁担
礦篩
簑帽
琉渣瓢箕

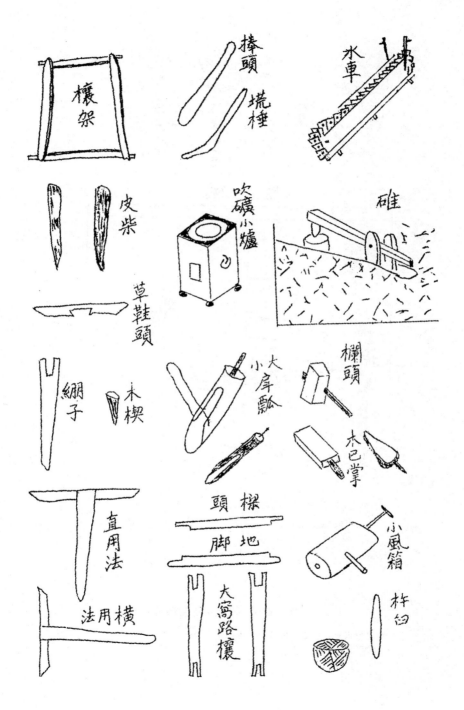

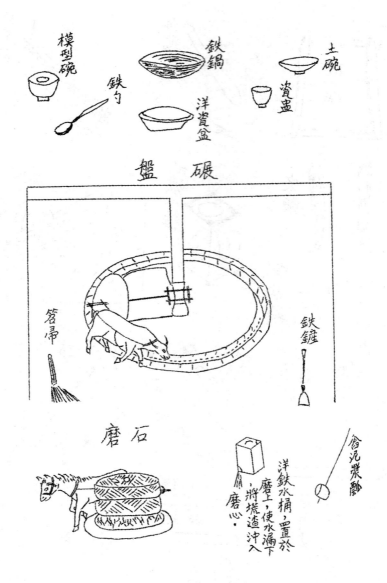

（甲）硐尖、草皮尖通用器具

资料来源：周楚之编《个旧锡矿业演讲稿》，第 18、19、20 页。

大爐平面圖

大爐上層

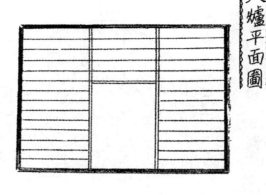

說明

1. 甑子　　2. 窩子　　3. 爐身　　4. 風箱　　5. 礦盤　　6. 提錫鍋

7. 池子　　8. 後火泥堆處　　9. 堆炭處　　10. 歸塘　　11. 大門

12, 13. 兩廂（守爐人住處）　　14. 堆錫處

大爐下層

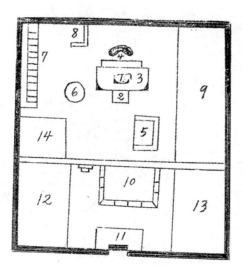

大爐正面圖

大爐形式圖

说明

(1) 紗帽頭

(2) 甄子

(3) 火門

(4) 离子

(5) 風箱

大爐橫斷面圖

（乙）炉号通用大炉

资料来源：周楚之编《个旧锡矿业演讲稿》，第59、60页。

二　新法

前面已述，清末民初个旧锡矿业已经开始采用新法生产。最早是宣统元年（1909）个旧锡务公司成立之后，即以 108 万马克（合银 50 万两）"向德商礼和洋行订购制炼、洗砂、索道、电气各种机械，……并聘德人裴劳禄为工程师，于宣统二年兴工。至民国二年（1913）始设置完备"，[①] 正式投入生产。个旧锡务公司一改过去"全用土法"的状况，引进国外先进技术，购置新式设备，延聘外国技师，根本革新锡矿采、选、冶生产，成为当时全国为数不多的采用新法生产的工矿企业之一，而且是全国"唯一用新法经营之锡厂"。[②]

除个旧锡务公司率先采用新法生产外，云南炼锡公司、云南矿业公司、云南锡矿工程处、云南锡业股份有限公司也都采用新法，实行机械化生产，并研发出一些具有世界水平的新工艺和新产品。

云南炼锡公司：民国二十年（1931）建成日处理精矿 60 吨的柴油熔炼炉 3 座、日产锡 30 吨的反射炉 2 座以及精矿净矿塘 25 个。延聘英国冶金专家亚迟迪耿任总工程师，公司的生产及管理全用新法。民国二十二年（1933）三月，该公司用氯化亚铁淋滤法试制生产出含锡量分别为99.75%、99.5%、99% 的上锡、纯锡和普通锡，并获得伦敦、纽约五金交易所化验证书，产品可直销国际市场，与英国锡同价。此外，该公司还首次使用科学的化验方法，分析矿砂的含锡量，以便按质论价收购矿砂。

云南矿业公司：民国二十六年（1937）成立后，收购和租用锡矿厂位 60 余处，设矿山工程处于古山黑水塘，组建黄茅山、锁口硖、黑水塘 3 个探矿队，建成日洗矿能力 500 吨的洗矿厂，又开拓平坑和竖井，开展矿山探采工程。民国三十二年（1943），公司聘请德国工程师李必显进行勘测设计，在开远南桥建水电厂供个旧生产用电。当年 8 月电厂发电，装机容量 2×896 千瓦，其输电线路先后通达大屯、松树脚、老厂、马拉

---

① 曹立瀛、王乃樑：《云南个旧之锡矿》，第七章第二节主要矿厂分述，页码不清。
② 苏汝江编著《云南个旧锡业调查》，第 27 页。

格和个旧县城。

云南锡矿工程处（即"中央公司"）：该工程处有竖井两口及机械厂、动力厂、洗选厂，拥有 600 马力煤气反射炉 2 座，有煤气柴油机引擎、交流发电机、手摇金刚钻、压气机、卷扬机、吊车等机械设备，还有汽车 4 辆，载重量合计 11 吨，蓄水池 6 个共蓄水 11 万吨等。其竖井位于老厂湾子街东北约 1000 米处，井壁石砌并支撑钢架，皆深 205 米。其中口径 3.1 米井称人井，供输送人员和材料；口径 3.8 米井称砂井，为出矿之用；内拓南北探巷，至民国二十九年（1940）探矿累计掘进南巷 170 米，北巷 35 米。此外，工程处还修筑了老厂至蒙自的公路 20 余公里。

云南锡业股份有限公司：该公司于民国二十九年（1940）九月成立后，先后在昆明马街石嘴建成炼锡厂，在开远小龙潭筹建发电厂，向美国订购价值 53.9 万美元的发配电设备。公司所属的厂矿有老厂锡矿、新厂锡矿、个旧选矿厂、个旧炼厂、鸟格煤矿。公司投产后，为了降低成本，将以进口柴油作燃料的反射炉改为以焦炭作燃料的鼓风炉；用低温溶析理论创造冶炼新法，提纯生产含锡量 99.75% 以上的精锡；研究成功的调温结晶放液、油浴熔析除铅、加硫除铜 3 项成果获英国 10 年专利权。采矿方面引进美国方框采矿法获得成功。选矿方面采用钢骨水泥摇床面，所产净砂品位达 72.5% 含锡量；后又研制漆面摇床，也获得成功，取代了进口。试制成功硬面铸铁，用于制造大磨、平磨衬板及辗压机滚子。先后架通老厂至个旧 6600 伏高压输电线、开远南桥至大屯、大屯至松树脚高压输电线路等。①

上述公司在采用新法，实行机械化生产中，还利用和开发其附近的煤炭和水力资源，建立煤矿和电厂。

鸟格煤矿：位于开远县城东南约 12 公里处，距滇越铁路大塔车站约 9 公里，有公路可通。煤田分布于鸟格村和矣那味村二区，主要煤层厚 0.5~1.0 米，储量估计鸟格区约 200 万吨、矣那味区约 530 万吨。煤质为烟煤，质甚佳，土法开采已久。民国二年（1913），个旧锡务公司收买经营，设立鸟格煤厂，有斜洞 2 个，矿工 130 人，采炼为包工制，产煤 1

---

① 以上引自《个旧市志》（上册），第 310~312 页。

吨，包价 0.5 元，产量每日自 10 吨至 30 吨。民国二十六年（1937 年），鸟格煤矿实产烟煤 3993 吨，民国三十年（1941）产 6200 吨，民国三十一年（1942）产 5975 吨，民国三十二年（1943）产 10451 吨，民国三十三年（1944）产 14719 吨。其所产烟煤、焦煤大部分供给个旧锡务公司，还有小部分销与云南炼锡公司以及蒙自芷村锡矿公司，每吨售价 18 元。个旧锡务公司每年需要煤炭约 13200 吨，除自办的鸟格煤矿供给一部分外，其余从宜良可保村煤矿购买，通过滇越铁路运来。[①]

南桥水电厂：位于开远县城之南。民国二十六年（1937），云南省政府为了改善个旧锡矿生产条件，利用电力进行采、选、冶生产，以期增加大锡产量，因此拟利用开远南桥水力资源，筹设水电厂。惟因工程浩大，进度缓慢。[②] 民国三十二年（1943），云南矿业公司聘请德国工程师李必显进行勘查设计，随即全面展开南桥水电厂工程。该工程的主要项目包括：利用泸江河水能源，在河中游山峡处建水坝 1 座，挖沟引水发电，沟长 5.7 公里，水流量 12 立方米/秒；安装德国法兰西斯立式螺旋水力透平机及 SSW 标准立式三相同期交流发电机各 2 台，总装机容量 1792 千瓦；架设南桥至开远城区 4.8 公里输电线、南桥至大屯云南矿业公司所在地 34 公里输电线以及大屯至松树脚 6 公里输电线。民国三十六年（1947 年）初，南桥水电厂至大屯、松树脚的输电电压由 6.3 千伏改为 33 千伏，又将变电设备换为 1250 千伏安，安装 6300/35000 伏变压器 3 台。后来又从松树脚架设输电线 10 公里至个旧选矿厂和炼厂。当年五月正式供电，形成了开远至个旧选矿厂和炼厂 33 千伏输电网。[③]

另外，个旧锡务公司成立时即建有动力房，民国十四年（1925）改为动力厂。其拥有蒸气发电机、变压器、锅炉等设备，所发电力供给洗选厂和马拉格竖坑以及所属各厂尖电灯之用。[④] 云南锡业股份有限公司成立后，分别在老厂和个旧建立动力厂。老厂锡矿动力厂装有煤气发电机组 3 台，装机容量 399 千瓦，所发电力供给老厂锡矿的卷扬机及部分坑下

---

① 张肖梅编《云南经济》，J42 页。
② 张肖梅编《云南经济》，O45 页。
③ 《云锡志》，第 483 页。
④ 张肖梅编《云南经济》，J31 页。

用电。民国三十一年（1942），建成老厂至个旧 11 公里的 6.6 千伏输电线，又供个旧机厂用电。个旧动力厂装置蒸气发电机组 1 套、煤气发电机组 2 套、柴油发电机组 1 套，总装机容量 780 千瓦。蒸气发电机供个旧选炼厂，并架设 8 公里长的 2.2 千伏输电线供马拉格锡矿用电。[①]

由上所述可知，清末民初以来，个旧锡矿业逐渐采用新法生产，民国年间在官商合办及官办锡业生产中均广泛推广机械化和半机械化。采矿方面，建设竖井、平坑，以金刚凿岩机采矿，又以坑内墙车和空中索道运输矿砂；选矿方面，拥有碎矿机、磨砂机、分级器、洗矿床、回矿带、沉淀箱、汲水机、格子筛等机械设备，选矿技术空前提高；冶炼方面，先后采用煤气炉、柴油炉和反射炉，并不断改进冶炼工艺，炼出含锡量分别为 99.75%、99.5%、99% 的上锡、纯锡和普通锡，达到了当时的世界水平。由于广泛推广新法，不仅大大降低了生产成本，而且大大提高了生产效率，增加了大锡产量，将个旧锡矿业的发展推入了鼎盛时期。

第六节　滇锡的产量与生产成市

近代，滇锡生产经历了三个不同阶段：第一阶段为光绪时期（1875～1908），此为滇锡迅速发展的时期。光绪年间，因钱贵银贱，本省官铸制钱扩大，需要锡料较多，于是个旧私营厂尖纷纷涌现，矿砂和大锡产量迅速增加。光绪十六年（1890）产锡 1315 吨，18 年之后即光绪三十四年（1908）增至 3675 吨，较光绪十六年增长 1.8 培。从光绪十六年至三十四年的 19 年间，年均产锡 2690 吨。这比清代前期雍正二年（1724）个旧产锡约 870 吨增长 2 倍多，比乾隆三十八年（1773）产锡 767 吨增长 2.5 倍。[②] 光绪年间，个旧所产大锡除供本省铸钱外，因"海禁大开，方销外洋"，[③] 即一部分滇锡经由蒙自、开化、剥隘、百色等地出口至香港。光绪十一年（1885），滇锡出口量为 46.7 吨，始见于当年汉口海关报告

---

① 《云锡志》，第 240、241 页。
② 《个旧市志》上册，第 378 页。
③ 京滇公路周览筹备会云南分会编辑《云南概览》（建设）民国二十六年，未出版，第 53 页。

之中。① 第二阶段为宣统元年至民国二十九年（即 1909～1940 年），此为个旧锡矿业的鼎盛时期。宣统元年（1909 年）滇越铁路通车后，个旧大锡改由铁路运输出口，运量增大，运输时间及费用减少；世界市场对大锡的需求量增加，锡价提高；个旧锡务公司成立后，采用新法生产，生产效率大大提高等。基于这些原因，个旧大锡产量快速增加。宣统元年（1909 年）较上年（光绪三十四年，1908 年）增加 1000 余吨，达到 4743吨；三年（1911 年）更增至 6347 吨，比元年增长 33.8%。宣统元年至民国二十九年（1940 年）的 32 年间，平均年产锡 7590.7 吨。其中有 4年突破万吨，最高是民国六年（1917 年）产锡达 11070 吨。在民国二十二年（1933 年）至二十五年（1936 年）的四年中，个旧产锡量占同期全国产锡总量的 84%，位居全国首位。民国二十五年（1936 年）个旧产锡9796 吨，占世界总产量的 5.9%，排名为第五位。历史学家称这一时期是近代个旧锡业的"鼎盛时期"，而且个旧已成为当时世界上主要的锡产地之一。② 第三阶段为民国三十年至三十八年（即 1941～1949 年），此为个旧锡矿业急剧衰落的时期。民国二十九年（1940 年）日本飞机轰炸个旧，并相继阻断滇锡出口的海陆通道；国民政府对个旧锡业实行战时统制政策，低价收购大锡产品，于是大批私营厂尖和炉号纷纷倒闭停业，大锡产量急剧下降。民国三十年（1941 年）个旧锡产量由上年（1940 年）的9094 吨锐减至 5094 吨，而且从此一蹶不振，连年大副减产，至民国三十八年（1949 年）的 9 年间，年均产锡仅 3227 吨，其中有 6 年年产锡量在3500 吨以下，有 2 年分别产锡仅 1613 吨和 1600 吨；民国三十八年（1949 年）也仅产锡 3300 吨，只占民国六年（1917 年）的 29.8%。由此可见，这一时期，个旧大锡产量确乎已今非昔比，其衰落之势亦如江河日下矣。

　　以上是近代滇锡生产经历的三个不同阶段。对这一生产过程的论述，还应着重于对大锡历年产量和生产成本的分析。

---

　　① 《个旧市志》上册，第 7 页。
　　② 陈吕范、邹启宇：《个旧锡业"鼎盛时期"出现的原因和状况》，云南省历史研究所云南地方史研究室、云南大学历史系编《云南矿冶史论文集》，云南省历史研究所印，1965。

一　历年产量

关于滇锡的历年产量，相关文献有或详或略的记载。其中主要有云南省政府秘书处统计室于民国二十四年（1935）编的《四十七年来云南省出口统计册》、云南锡业股份有限公司于民国三十四年（1945）编的《云锡纪实》，该两书均系统、全面地记载了晚清光绪、宣统年间和民国时期滇锡的历年产量。此外，苏汝江的《云南个旧锡业调查》，张肖梅的《云南经济》和龙云作序的《云南概览》等，则分别记载了民国时期一些年份锡的产量。1998 年个旧市志编纂委员会编纂的《个旧市志》（上册），在前面文献的基础上，作了必要的改正和补充，形成了"1890～1949 年个旧地区锡产量统计表"。此为近代滇锡历年产量最全面亦可能是较准确的一个统计表，兹引录如下，见表 5-13。

表 5-13　近代滇锡历年产量统计

单位：吨

时代·公元		产量	时代·公元		产量
光绪十六年	1890 年	1315	三十四年	1908 年	3675
十七年	1891 年	1740	宣统元年	1909 年	4743
十八年	1892 年	2060	二年	1910 年	6000
十九年	1893 年	1930	三年	1911 年	6347
二十年	1894 年	2340	民国元年	1912 年	5802
二十一年	1895 年	2440	二年	1913 年	6580
二十二年	1896 年	2010	三年	1914 年	6600
二十三年	1897 年	2480	四年	1915 年	7360
二十四年	1898 年	2740	五年	1916 年	6850
二十五年	1899 年	2560	六年	1917 年	11070
二十六年	1900 年	2900	七年	1918 年	7900
二十七年	1901 年	3020	八年	1919 年	8330
二十八年	1902 年	3320	九年	1920 年	10900
二十九年	1903 年	2317	十年	1921 年	5880
三十年	1904 年	3413	十一年	1922 年	8980
三十一年	1905 年	3627	十二年	1923 年	7810
三十二年	1906 年	3790	十三年	1924 年	6850
三十三年	1907 年	3450	十四年	1925 年	7119

时代·公元		产量	时代·公元		产量
十五年	1926 年	5586	二十七年	1938 年	10731
十六年	1927 年	5466	二十八年	1939 年	10050
十七年	1928 年	6000	二十九年	1940 年	9049
十八年	1929 年	5738	三十年	1941 年	5094
十九年	1930 年	7218	三十一年	1942 年	4641
二十年	1931 年	6025	三十二年	1943 年	3096
二十一年	1932 年	7566	三十三年	1944 年	1613
二十二年	1933 年	8349	三十四年	1945 年	1600
二十三年	1934 年	8350	三十五年	1946 年	2200
二十四年	1935 年	8534	三十六年	1947 年	3500
二十五年	1936 年	9796	三十七年	1948 年	4000
二十六年	1937 年	9187	三十八年	1949 年	3300

原注：表中数字 1890～1944 年出自云南锡业股份有限公司所编的《云锡纪实》，其中 1929 年数字依据《个旧锡务公司十八年度业务概况报告书》改正；1936 年数字依据张肖梅所编的《云南经济》改正；1945～1949 年数字摘自云南省档案馆记载数字。

资料来源：《个旧市志》上册，第 378、379 页，"统计表"标题略作改动。

由表 5－13 可知，近代滇锡历年产量见于文献记载始自光绪十六年（1890 年）。光绪十六年至三十四年（1890～1908）的 19 年间，年均产锡 2690 吨，最高为光绪三十二年（1906）产锡 3790 吨，最低是光绪十六年（1890）产锡 1315 吨。光绪年间，滇锡从 1300 余吨增至 3700 余吨，增速是比较快的。其原因乃是光绪年间云南铸造制钱需要较多锡料；尤其是光绪十五年（1889）蒙自开关通商后，大锡即从红河水路运往越南海防，较之原来陆路由广西北海出口便利快捷，刺激了大锡生产。宣统元年（1909）至三年（1911），滇锡增为 4743 吨，后又增至 6347 吨，其原因显然与滇越铁路通车及世界锡价升高等密切相关。民国年间，滇锡产量并不稳定，常有"突增骤减"情况发生，其主要原因与世界锡价行情、矿区天灾人祸、新法采用状况等相关。如民国六年（1917）锡产量从上年（1916）的 6850 吨剧增为 11070 吨，增幅为 61.6%，其原因是欧战正酣，"锡价高涨"。民国二十五年（1936）产锡 9796 吨，较此前几年的七八千吨增加了 1000～2000 多吨，其原因是当年"锡价上涨，销路畅旺"。民国二十三年（1934）锡产量仅为 8350吨，原因在于当年个旧矿区"气候失常，矿工多染疫疠，生产减少"。民国二十二年（1933）锡产量从此前几年的六七千吨增为 8349 吨，原因是"缘各矿主曾于本年内购置新式机器，从事采掘，设备较完善，产量因此大增"等。[①] 民国时期，虽然历年产量增减幅度较大，但从总体上说，民国二十九年（1940）以前，呈上升趋势，而此后则急剧走衰。具体而言，民国元年（1912）产锡仅 5802 吨，至民国二十九年（1940）增至 9094 吨，其中有 4 年（即民国六年、民国九年、民国二十七年、民国二十八年）突破 1 万吨，民国六年高达 11070 吨；有 8 年（民国八年、民国十一年、民国二十二年、民国二十三年、民国二十四年、民国二十五年、民国二十六年、民国二十九年）超过 8 千吨；在此 29 年间，年均产锡达 7783 吨，称为个旧锡矿业的"鼎盛时期"。民国三十年（1941）锡产量从上年（1940）的 9094 吨骤减为 5094 吨。此后至民国三十八年（1949）中，有 2 年即民国三十三年、三十四年分别锐减为 1613 吨和 1600 吨，其余年份也仅产三四千吨；在此 9 年中，年均产锡仅为 3227 吨，较之鼎盛时期已大大减少，仅占其 41.5%。至于民国三十年（1941）以后滇锡急剧衰落的原因，将在下文另作详细分析。

上述滇锡产量是个旧锡矿业历年的总产量，其中包括私营厂尖和官办、官商合办公司的产量。对这两方面的产量进行分析和比较，是很有必要的。在本章第四节中，根据《云南个旧锡业调查》等文献的记载，已对个旧锡务公司的历年产量及其在个旧锡矿总产量中的百分比，列表进行了说明。因文献记载不详，云南炼锡公司和云南锡业股份有限公司的历年产量不得而知。现以官方编写的《云南概览》为据，仍将个旧锡务公司和个旧全矿的产锡量再作比对，这或许更能加深认识，兹引录如表 5 - 14。

---

① 以上所引俱见钟崇敏著《云南之贸易》，云南经济研究报告之第二十号，民国二十八年十二月，油印本，第 171～175 页。

表 5 – 14　个旧全矿与锡务公司历年产量统计

年份 （民国·公元）		全矿产量		锡务公司产量		锡务公司产量占 全矿产量之%
		张数	吨数	张数	吨数	
民国十一年	1922 年	5840	8760.0	470	705.0	8
十二年	1923 年	5725	8602.5	422	633.0	7.3
十三年	1924 年	5240	7860.0	436	654.0	8.32
十四年	1925 年	4746	7119.0	352	528.0	7.4
十五年	1926 年	3724	5586.0	325	487.5	8.72
十六年	1927 年	3644	5466.0	288	432.0	7.90
十七年	1928 年	4000	6000	308	463.0	7.70
十八年	1929 年	3285	5737.5	301	451.5	7.86
十九年	1930 年	4010	6015.0	305	457.5	7.60
二十年	1931 年	3755	5632.5	553	829.5	14.72
二十一年	1932 年	4496	6744.0	476	714.0	10.58
二十二年	1933 年	4954	7431.0	503	754.5	10.15
二十三年	1934 年	4631	6946.0	372	558.0	8.03
二十四年	1935 年	5019	7528.5	440	660.0	8.77

注：1. 原统计表为"个旧全厂"，今改为"个旧全矿"，似更确切。
　　2. 个旧大锡 1 张 = 1.5 长吨，1 长吨 = 1.016 吨。
　资料来源：京滇公路周览筹备会云南分会编辑的《云南概览》"建设·矿业"第 54、55 页，
民国二十六年。

　　由表 5 – 14 观之，民国十一年（1922）至二十四年（1935）的 14 年
间，个旧锡务公司锡产量占个旧全矿锡产量的比例，最高为民国二十年
（1931）的 14.72%，最低为民国十二年（1923）的 7.3%，平均为
8.79%。[①] 可见，近代滇锡产量中，官商合办与官办公司的产量大约占全
矿总产量的 9% 左右，而私营厂尖的产量大约占全矿总产量的 90% 左右；
换言之，两者产量之比，大致是 1∶10。私营厂尖的产量远远高于官商合
办与官办公司。

――――――――――――――

　　① 第四节中民国十年至二十七年共 18 年的平均百分比为 8.335，较民国十一年至二十四年
　　共 14 年的平均百分比 8.79% 低 0.46 个百分点。历史文献中记载的数字互有出入，统计
　　和计算结果时有龃龉，都是常见的现象。

二 生产成本

采用土法生产的厂尖与采用新法生产的公司，其生产成本相差颇大，兹分别述之。

（一）土法生产成本

采用土法生产的厂尖包括硐尖、买塝尖和草皮尖三种不同的经营类型，其生产成本又各不相同。

（1）硐尖

硐尖的生产成本指开采原塝的费用，各个硐尖因窝路（矿硐内的坑道）之深浅、矿藏之贫富、矿脉之坚软及通风、排水条件等方面各不相同，其生产产量和成本亦均不同。因此，欲了解全部硐尖的实际平均生产成本，乃不可能做到之事。为此，只能选择有一定代表性的硐尖进行研究，然后推而广之，了解其他硐尖的大致生产成本。曹立瀛、王乃樑二位先生正是这样展开了其调查和分析工作。他们选择老厂晒鱼坝同和昌号硐尖作为个案进行研究。民国二十八年（1939），同和昌号硐尖有工人 50 人，其各项用费如表 5 - 15：

表 5 - 15 个旧老厂晒鱼坝同和昌号民国二十八年生产费用表

单位：国币元

项　目	数　量	价　值	合　计
工资：			5851.55
开采工人工资		5257.55	
上前人薪金		237.00	
管账先生薪金		237.00	
烧尖工人工资		120.00	
食米	84.6 石		7842.40
黄豆	5.06 石		760.40
盐	375.2 斤		231.20
菜蔬食品			1100.20
柴炭（包括其马脚）	38940 斤		1552.66
欀木	3713 架		967.50
煤石	64 桶		2257.80
煤油	87 桶		219.90
蔴布	27 个		431.60

续表

项 目	数 量	价 值	合 计
黄菸	33.1 斤		409.76
杂费			1766.60
马脚			742.20
抽收			417.80
总 计			24521.57

资料来源：曹立瀛、王乃樑《云南个旧之锡矿》第六章第二节生产成本。

由表5-15观之，民国二十八年（1939）同和昌号生产费用共计24521.57元，其中以食米、工资二项费用最多，分别占总费用的32%和24%，两项共占总费用的56%，即超一半。曹立瀛、王乃樑认为："以此代表全厂（矿）硐尖情形，或无大错误。"①

曹立瀛、王乃樑根据上述民国二十八年每工的消费量并按照民国二十九年七月个旧物价及工价，推算出当年七月晒鱼坝同和昌号硐尖每日每工的消费如表5-16：

表5-16 个旧老厂晒鱼坝同和昌尖民国二十九年七月每日每工消费（推算）

单位：国币元

项目	数量	价值	项目	数量	价值
工资		0.60	煤油	0.005 桶	0.04
食米	0.49 升	1.37	蔴布	0.016 个	0.05
黄豆	0.03 升	0.08	黄菸	0.019 斤	0.038
盐	0.022 升	0.03	杂费		0.306
蔬菜		0.19	马脚		0.129
柴炭	2.26 斤	0.18	抽收		0.034
欀木	0.22 架	0.33	总计		3.58
煤石	2.48 两	0.20			

曹立瀛、王乃樑以上述晒鱼坝同和昌号硐尖每日每工的消费量国币3.56元为依据，又以马拉格尖子平均每工产塃0.154吨，原塃含锡率

① 曹立瀛、王乃樑：《云南个旧之锡矿》第六章第二节生产成本，页码不清。

2.75%，即每工产锡为 0.0042 吨或 7.056 斤为参数，计算出同和昌尖每开采含锡 1000 斤的原墥，其费用为 507.36 元（算式为：1000 ÷ 7.056 × 3.56 = 507.36）。① 他们认为，这一生产成本"当为全厂各硐尖中较低一流者"。他们又以湾子街南之银硐为例进行推算：该硐尖深 4000 步，每工每日背墥 3 背，每背 70 斤，3 背合 210 斤；其原墥称"红墥"，含锡率与马拉格各尖平均量相同。依上述算法，则民国二十九年（1940）湾子街银硐每开采含锡千斤之原墥的费用为国币 619.9 元（算式为：1000 ÷（210 × 0.0275）× 3.85 = 619.9）。② 这一生产成本"当属于较高一流者"。

上述硐尖开采含锡 1000 斤的成本，较低者 507.36 元，较高者 619.9 元；按 33.6% 的采收率计算，则每千斤大锡之原墥成本较低者为 1510 元，较高者为 1974.1 元。

（2）买墥尖

买墥尖专营买墥及洗选，不事开采，亦不事冶炼，故以其每年产碄（精矿）桶数及费用，即可求出每桶之洗选费。这种洗选费相当固定，只随物价涨跌而变动。上述晒鱼坝同和昌号硐尖也经营买墥尖，以其买墥尖为例，推算生产成本。

民国二十九年（1940）晒鱼坝同和昌号买墥尖每桶碄的洗选费为国币 147.8 元，每桶碄可炼锡 60 斤，炼锡 1000 斤需要 16.7 桶碄（1000 ÷ 60 = 16.7），每千斤锡的炼费为 471.6 元。据此，每千斤锡之成本，应为硐尖开采成本 + 洗选成本 + 冶炼成本，即可推算出较低者为 4449.86 元 [1510 +（147.8 × 16.7）+ 471.6 = 4449.86]，较高者为 4913.96 元 [1974.1 +（147.8 × 16.7）+ 471.6 = 4913.96]。

（3）草皮尖

草皮尖生产成本包括采墥与洗选两方面的成本。因草皮墥的含锡成分（一般为千分之二至千分之五）不同，各草皮尖的生产成本亦不一致。故也只能选择有一定代表性的厂尖为个案进行分析。

---

① 曹立瀛、王乃樑：《云南个旧之锡矿》第六章第二节生产成本计算为 507.64 元，有误，应为 507.36 元。
② 曹立瀛、王乃樑：《云南个旧之锡矿》第六章第二节生产成本计算为 663.30 元，有误，应为 619.9 元。

曹立瀛、王乃樑选择塘子凹尖、猪头山尖、新湾子维新尖及勤泰尖为对象，全面调查其民国二十八年（1939）全年的生产、生活用费情况，最后并按民国二十九年（1940）个旧的物价和工价算出其生产成本。

民国二十八年（1939）塘子凹等三个草皮尖的用费包括：工资、食米、黄豆、菜油、盐、燃料、黄芤、灯油、工具、马脚、位租（租用厂尖）、捐款、杂费等，合计国币 36303.5 元。这一年三尖共产净砿（精矿）84.1 桶，每桶含锡 65.3 斤。据此即可算出：三个草皮尖平均每桶砿的成本为 431.6 元（36303.5÷84.1＝431.6）。每桶净砿可炼 65.3 斤，炼 1000 斤锡需 15.3 桶（1000÷65.3＝15.3）。净砿费共 6603.48 元（15.3×431.6＝6603.48）。再加上炼锡费用 433.3 元（见下文），共计 7036.78 元。如果仅以塘子凹尖为例，同年，其每桶砿的成本为 438.7 元，每桶砿可炼锡 71 斤，炼千斤锡需 14.08 桶（1000÷71＝14.08），砿费合 6176.90 元，加上炼锡费 398.5 元（见下文），共计 6575.4 元。以上塘子凹等三尖及塘子凹尖的生产成本具有一定代表性。

（4）炉号

炉号的冶炼成本，若所炼净砿成分相同，则各炉号几乎完全一致。曹立瀛、王乃樑以美丰炉房为个案，进行调查和研究。

民国二十九年（1940）七月一日，美丰炉房的费用包括：炭、条子、工人工资、工人伙食、牛及马饲料、管理人员薪金、账房伙食、大炉租金、溜口租金、杂费等，合计国币 848.9 元。当天用砿 30 桶，产锡半张。据此算出：每张锡的冶炼成本为 1697.8 元，每千斤锡的冶炼成本为 514.4 元。

净砿成分的高低，直接决定产锡数量。上述炼 30 桶净砿产锡半张，按 95% 回收率计，每桶含锡 57.9 斤。若炼含锡 65.3 斤的 30 桶净砿，可出锡 1959 斤；炼含锡 71 斤的 30 桶净砿，可得锡 2130 斤。又，若炼每桶含锡 65.3 斤的净砿，每千斤锡的冶炼费应为 433.3 元（848.9÷1959×1000＝433.3）；炼每桶含锡 71 斤的净砿，每千斤锡的冶炼费为 398.5 元（848.9÷2130×1000＝398.5）。[①] 上述美丰炉房的生产成本颇具代表性。

---

① 以上均引自曹立瀛、王乃樑《云南个旧之锡矿》第六章第二节生产成本。该书系油印本，因时间久长，许多地方字迹不清，其数字可能有误。特此说明。

以上分别记述了土法厂尖和炉号的生产成本。由于所依据的《云南个旧之锡矿》字迹不清，个别数据可能有误，故推算得出的各种生产成本数量有的可能不尽准确。仅能以此提供参考，了解一个大致情况。

（二）新法生产成本

　　在个旧锡矿业中，个旧锡务公司是率先采用新法生产的企业，虽然它在洗选和熔炼方面还未完全机械化，但在开采以及部分洗选方面已完全采用新法。因此，计算新法生产成本，以个旧锡务公司为个案，是可行的。苏汝江先生对民国二十六年（1937）七月至二十七年（1938）六月个旧锡务公司的年度经营报告进行了分析，将其生产费用归纳为如下四个方面：

　　（1）"墣之开采费及运费"：开采费包括工资、伙食、招丁费、蔴布、草席、欀木、煤油以及杂费等项，其中以工资、伙食及杂费为最多。民国二十六年度（1937），该公司矿山七尖每吨墣之开采费平均为国币 8.19 元。竖坑运费平均每吨墣为国币 4.15 元，索道运费为国币 0.66 元。以上合计，平均每吨墣的开采费和运费为国币 13.00 元。若以墣 40 吨炼锡 1 吨计，则平均每吨锡所需的开采费及运费为国币 520.00 元。

　　（2）"矿砂之洗选费"：洗选费中包括洗砂厂之动力、滑物油、工资、折旧、修理等项，以及整矿处、渣子处、管矿处的整矿、碾洗与收管事项费用，还应加上毛矿揉洗费、净矿碾洗费、渣子洗选费以及毛矿的索道运费等等。民国二十六年（1937）度锡务公司每石净矿（向例净矿每石 10 桶，约等于 0.7 吨）的洗选费平均为国币 324.94 元。该年度，锡务公司每炼锡 1 吨，平均约需净矿 2.4 石（24 桶），故平均每吨锡的净矿洗选费为国币 779.85 元。

　　（3）"大锡之熔炼费"：熔炼费包括柴炭、工资、米盐等项。民国二十六年度，平均每千斤煤费为国币 91.17 元，平均每吨为国币 153.13 元。

　　（4）"总务费"：总务费包括管理费（税捐除外）、事务费及特别费。民国二十六年度，合计为国币 97082.018 元。以该年度公司大锡总产量 735.2 吨计，则平均每吨大锡耗去总务费约国币 132.05 元。

　　此外，锡务公司还有一项生产费用，即"伙办各尖之毛矿作价"费。

该公司伙办厂尖有锡万昌、锡天昌、白泥塘等，其所产之毛矿，均由公司作价买入。民国二十六年度公司收进各尖毛矿 500 石，每石作价国币 527.326 元，共计 263680 元。当年公司产锡 735.2 吨，则每吨锡平均应摊国币约 358.00 元，亦应为其成本之一。[1]

上述个旧锡务公司采用新法的生产成本，包括了采矿、洗选、冶炼以及总务和买垱等五个方面。由于该公司的管理"亦颇合科学原则"，所记录的数据应该较为准确。因此以上推算出来的各项生产费用基本上是可信的。

兹将上述土法与新法的生产成本作一粗略比较。

采矿成本：土法硐尖每 1000 斤锡的平均成本是国币 1742 元，新法每 1000 斤锡平均成本是 326.25 元 ｛〔（520 元÷1 吨×1000 斤）+ （132.05 元÷1 吨×1000 斤）〕= 260 + 66.25 = 326.25 元｝，前者是后者的 5.3 倍。

冶炼成本：土法炉号每 1000 斤锡的平均成本是国币 514.4 元，新法每 1000 斤锡的平均成本是 157.42 元（91.17 + 66.25 = 157.42），前者是后者的 3.27 倍。

洗选成本方面，因个旧锡务公司洗矿厂的原垱来自马拉格等矿尖，而非就地开采，土法草尖的原垱则是就地开采。因此两者生产成本无法进行比较。

由上所述，土法生产成本大大高于新法生产成本，大约采矿成本是 5∶1，冶炼成本是 3∶1，洗选成本则无法得知。个旧锡务公司在采矿方面已完全实现机械化，因此成本大大降低。在冶炼方面尚未完全实现机械化，而且部分仍使用土法大炉熔炼，因此成本下降幅度稍小一些。

第七节　滇锡的贸易

滇锡的贸易包括四个方面，即本地交易、滇港贸易、国际贸易和转口贸易，兹分述如下。

---

[1]　以上俱引自苏汝江编著《云南个旧锡业调查》，第 49～51 页。

一 本地交易

个旧城内上下河沟两旁是矿砂（主要是精矿即砵）交易的市场。卖矿砂者，于每日午前九时至午后二时，以布包矿样前往出售。买主方面，则由矿师将少许矿样置于土碗之内，倾入清水摇动，并换水多次，直至矿样所带泥沙淘洗净尽为止。此时，含锡成分较高的矿砂，因体质较重沉积于碗底。矿师凭经验而鉴定矿砂成色，视其含锡成分若干和当时锡价之高低，以及锡色之良否，以估定矿价。其估价办法是：以矿砂之含矿成数，乘以每成含锡斤数，再乘以当时市场之锡价，并减去熔炼费用，即得矿砂之价。其算式为：含矿成数×每成含锡斤数×锡价－熔炼费＝矿砂之价。例如：有矿一桶，用土碗淘洗后，得净矿七成。每一成矿中含锡 8 斤，当时锡价每斤 1.5 元，每桶熔炼费 12 元。这桶矿砂的价格即为：（7×8×1.5）－12＝72 元。矿师估定矿价后，卖矿者如不同意，可持矿样至第二家、第三家，将所有购价进行比较后，卖予出价最高者。成交后，将矿样交与买主收存为凭。次日由买主自行将矿砂搬运至炉号，并以土碗再行分涮检验一次，视其与矿样是否符合。若矿不对样，得取消原议；若矿样相符，则以桶量之；并将矿砂桶数记簿算账，最后付款，交易结束。这种交易办法和手续，在民国九年（1920 年）制订的《云南个旧厂务暂行规章》中都有明确规定。

有时含锡成色难以骤然验定，或疑有次矿及杂质掺入时，尚须用吹矿之法辨别之。其法以矿样一把，置于改制的煤油小炉中，鼓风炽炭，待熔化成锡液后，将炉放斜，使锡液流出，以铁勺盛之，视其火色合时，倾入于以湿砂制就之土碗模型中，刮去表面一层，俟其冷却凝结后，即可取出检验其成色之高下，并可约计矿内所含锡质之多寡。故买矿者，经过吹矿手续后，即可估计锡之斤头与花口；而卖矿者，或有弊端，亦可预防矣。

个旧矿砂之买卖，除在本地交易外，不许运销外地。但据《个旧县志稿》记载，曾经发生过几次出口情事。民国元年（1912 年），法国人白里氏私到个旧购买矿砂。民国六年（1917 年）英法隆兴公司与个旧奸商订购矿砂 5 吨。民国八年（1919 年）新加坡炼锡公司英商郭霖生偕同该国矿业工程师到省，与当局交涉，请准其来个旧采购矿砂，并在蒙自设立收砂公司。其与个旧奸商订立合同，订购砂矿 13350 吨，交定银 20700 元。以上外国商人到个旧诱买矿砂先后计三次。但第一、第二次均被个旧厂商阻止、查禁，第三次则经政府出面交涉，加之个旧民气激昂，亦未得逞。经过上述事件后，民国九年（1920）制定的《云南个旧厂务暂行规章》第三条明确规定："个旧矿砂只许在个旧县署驻地熔炼，不得售运出境；违者除将矿砂牛马器具全数没收外，并处三等以下有期徒刑，及所售价值两倍之罚金。"同年，又订立禁止个旧矿砂出口规则十六条。"自此以后，个旧矿砂均运销于县城之内，由各炉号收买熔炼，盖所以保护国有之纯锡原料，而免利权外溢也。"①

至于个旧锡务公司以及后来的云南炼锡公司、云南锡业股份有限公司向私营厂尖收购碸砂，则是利用科学方法，对碸砂进行化验，测出其含锡成分，然后以质论价。

二 滇港贸易

个旧大锡"不论最后销售地在国内或国外，……大多数均先运至香港，一方面因为输出国外之锡，须在香港与马来锡掺合，一方面因为香港系由滇至沪航运必经之地，以此香港遂成为个旧锡之重要市场"。② 这就是说，无论是国际贸易，还是转口贸易，个旧大锡的最终集散地都在香港。换言之，滇港贸易是滇锡出口与转口贸易的前提。从事滇港大锡贸易的商人历来称为"客号"或"锡商"，包括个旧锡商和香港锡商。两地重要锡商分别见表 5－17、表 5－18。

表 5－17　个旧重要锡商

单位：张

商号名	地址	经理人		成立时间	购销数	
					1934 年	1935 年
福兴泰	下正街	李达生	广东南海	1917.9	731	599
元兴	中正街	黄之吉	广东香山	1921.11	666	628

---

① 苏汝江编著《云南个旧锡业调查》，第 42、43 页。
② 张肖梅编《云南经济》，J17 页。

商号名	地址	经理人		成立时间	购销数	
					1934 年	1935 年
万来祥	中正街	田灿南	云南建水	1912. 2	589	967
徐壁雅洋行(法)	中正街	桂海山	湖北	1927. 10	358	571
亿昌	中正街	屈镜成	广东北海	1919. 7	121	711
鸿兴	云庙内	苏汉泉	广东顺德	1923. 8	119	61
龙东公司(法)	米店街	吕仲谟	云南建水	1936. 3	—	—
其他					590	533
合　计					3174	4070

原注：民国二十五年停办之锡商如富滇新银行、祥记、原生、利恒、兴利、福泰、万丰衡、同和等亦未列入表内。

资料来源：张肖梅编《云南经济》，第 17 页。

表 5 - 18　香港重要锡商

商号名称	地　址	经理人	成立年数
冯登记行	毕　打　街	冯香泉　广东南海	64 年
志兴锡号	大道西 392 号	麦凤俦　广东南海	30 年
永康锡号	大道西 402 号	吴晓生　广东南海	30 年
利成锡号	大道西 334 号	郭荣之　广东南海	5 年

原注：四家锡号每年共销 7000 千吨锡。

资料来源：张肖梅编《云南经济》，第 18 页。

除个旧、香港锡商外，还有 6 家驻香港的洋行，即：Jarnine, Mathesonand Co.（驻香港，伦敦代办者），BotheIdo Brothers（驻香港，伦敦代办者），China Commercial Co.（驻香港，伦敦代办者）；Union Trading Co.（驻香港，美国代办者）；Fu-Tang-Ki.（驻香港，美国代办者），Mitsui Bussan Kaisha（驻香港，日本代办者）。

上述经营滇锡买卖的商家，可分为滇帮、广帮、外商以及"簸箕客"与政府共五方面。滇帮，自民国以来，不过数家，后来仅有万来祥一家。广帮，以前有十余家，后来在个旧、香港二地亦不过十家。滇帮为经纪代办人，仅在个旧收买大锡，运至香港销售。广帮对于国际贸易甚为熟稔，且与香港锡商多有联络，故多有兼营出口贸易者。至于外商之在个旧收买大锡者，有徐壁雅洋行及龙东公司二家，均系法商。上述驻在香港的六家洋行，则经理精炼与出口事宜。至于"簸箕客"，人数向无一定，因其系一些投机商人，于锡市行情初涨时，将锡买入，俟锡价上升，则又卖给客号。政府购销大锡，前由云南省政府所属之富滇新银行与管理贸易委员会办理。从民国二十九年（1936）初以后，所有个旧出产大锡，概由财政部贸易委员会云南分会统一购买与销售。①

个旧大锡的交易地在个旧县城的云庙内，无论是客号收购大锡或是炉户出售大锡均集中在此进行。后来，为了便利客商起见，交易地点迁至个碧铁路车站附近的"行情楼"。每日上午 10 时至 12 时，买卖双方均到此聚会，面谈交易，观看锡色，议定价格，写立订单；后来，客号、炉号感到在行情楼拘束不便，即直接在各炉号内进行交易。客号购锡一部分是购买"现锡"，一部分是购买"期盘"（俗称"枝花"，寓枝上的花，结果在后之意）；抗战以来，"大锡交易，现锡极少，多属期货"。②

客号在个旧购买大锡后，即将大锡运往香港。"锡运香港，最初由陆路取道剥隘、百色出口，继而取道蛮耗由水道经过越南出口，最后取道碧色寨由滇越铁路出口"。③ 其中，宣统二年（1910）滇越铁路通车后，个旧大锡以牛马驭运至碧色寨，交滇越铁路运往海防，再由英法轮船公司航运至香港。民国八年（1919）个碧铁路通车后，个旧大锡改由铁路运输，个旧至碧色寨只需六七小时，碧色寨至海防也只需一两天时间，比过去从蛮耗至海防需要 18 天，大大缩短了运输时间，也节省了运费。

个旧大锡运销香港的外汇管理，实行一种称为"跟单押汇"（又称"运锡跟单"）的办法。这种办法的实施，民国二十三年（1934）以前与法国东方汇理银行（以下简称"东行"）有关，④ 此后与云南富滇新银行（以下简称"富行"）有关。所谓"跟单押汇"，即锡商（客号）将收购来的大锡委托滇越铁路公司和越南轮船公司从碧色寨运至香港，锡商将这两个公司开具的提货单抵押给银行（前为"东行"，后为"富行"），从银行

① 苏汝江编著《云南个旧锡业调查》，第 44 页。
② 苏汝江编著《云南个旧锡业调查》，第 43 页。
③ 杨需洲、李表东、张若谷：《锡与个旧》，云南省社会科学院历史研究所：《云南现代史料丛刊》第八辑，1987，第 217 页。
④ 法国东方汇理银行于民国三年（1914 年）在蒙自成立支行，接着又在个旧设立其商号代理业务。

预先得到香港售锡可得款项的 70% ~ 80%，但银行不支付外币，而是以滇币支付。银行将提货单跟随大锡运至香港，锡商或代理人售出大锡后，以外币向银行赎回提货单，以提取大锡，并向银行交纳 8 厘月息和相关手续费。民国二十三年以前，"东行"利用"跟单押汇"这一办法，将云南港销大锡所得大部分外汇吸收到自己手中，又将部分外汇卖给云南的进出口商人，从中获取不少利润。民国二十一年（1932），富滇新银行成立后，即受权管理外汇。民国二十三年（1934）七月，为了掌握个旧大锡销售的外汇收入，"富行"拟订了《正修大锡押汇章程》。经过近一年的谈判，民国二十四年（1935）六月，"富行"与"东行"达成协议，"东行"愿意放弃个旧大锡的"跟单押汇"，"富行"同意以优惠价卖给"东行"一定外汇。从此，个旧大锡港销外汇的控制权回归本省掌握，"富行"取代"东行"成为滇锡外汇买卖和汇兑的中心。迄于民国二十八年（1939）十一月，国民政府统制大锡，个旧大锡的收购、运销、外汇结售等均由财政部贸易委员会云南分会办理，"跟单押汇"办法随之废止。

三　国际贸易

个旧大锡运销香港后，在香港经过精炼改装，然后转销于国际市场，售予英、美等十余个国家，兹详述如下。

（一）提炼与改装

个旧所产大锡在销往国际市场之前，必须在香港进行提炼及改装。对此，民国十二年（1923）五月，云南省实业司司长由云龙在其《呈滇锡直销外洋意见书概略》中曾这样写道："锡抵香港，除粤商所办外，概交云南驻港锡号售卖。云南驻港锡号约十余家，自筹款项向银行提取跟单，预备售锡。（锡务公司另有专员坐办，又当别论）"；"滇号得锡后，随时照香港市价售与广东锡店。香港有锡店四家（从前有六家），收买滇锡；从新提炼一次，划一成色，改换装口，运销外洋；时或卖与驻港日本商及英商。滇商在港交锡收银后，即不过问"。[①] 缪云台先生也有一段

---

① 由云龙：《呈滇锡直销外洋意见书概略》（民国十二年五月），详见《云南近代矿业档案史料选编》第 3 辑（上），第 319 页。

详细回忆："云南锡产，历史悠久，但滇锡在国际市场上向来没有地位，主要是冶炼水准不够。当年，伦敦五金交易所（国际锡市中心）的锡分三等：质量最高的叫洋条，纯净度 99.75% 以上；中等的叫英国锡，纯净度在 99.5% 到 99.75% 之间；最次的叫中国锡，质量最高的也在 99% 以上。中国锡又分为一、二、三号三个等级。个旧所产的锡，由于含铜、铅、砒等杂质过多，其成色往往只有 98% 强，达不到最低等级的标准，港商称之为土条。土法冶炼，除产品含杂质外，还有产品标准不能划一的问题，因此不可能直接外销。于是一批广帮商人应运而生。他们在香港开了六家锡店，包办滇锡加工转手生意。最初他们在香港收买滇锡，加工后出售；以后索性在个旧设号，就地收购。他们的加工技术也是很原始的，成色往往达不到标准，但他们采取掺入洋条的办法提高成色，然后把改造后的锡条送香港皇家化验所取样化验认可后，便可以由洋行运销伦敦。"① 从以上引两段记载看来，个旧以土法生产的大锡，含锡成分不太高，其成色最高仅 98% 多一点，尚未达到国际市场的要求，因此必须在香港掺入马来亚锡（或洋条）加工提炼，提高含锡成分，符合"九九成色"的国际标准。此外，运至香港的个旧大锡成色也不统一，"每批无论吨数若干，成色必须一致"，"成色划一，外国厂家但照所需成色进货"；又，个旧大锡以"块"为单位，每块 50 斤，成长方形上宽下窄。这种式样难于核算价目，不便搬运转载堆积，与外国大锡以吨数为单位也完全不同。故必须"改换装口"，即改铸成与"洋条"一致的式样，呈长方元宝形，每片重 120磅，每 20 片为 1 吨。如此，既便于计算，也方便搬运堆积。②

上述个旧所产大锡从新提炼、划一成色和改换装口，都是在香港由其锡商完成的。之后，他们又经办滇锡的外销，即将滇锡运往国际市场，售予相关国家。滇锡即成为香港对外贸易的一种重要商品。"锡为香港重要的贸易品，输出数量约占全矿产物四分之一。多属云南、广西等处所

---

① 缪云台：《缪云台回忆录》，中国文史出版社，1991，第 37、38 页。按：缪云台，又名嘉铭（1897~1988 年），早年留学美国，毕业于明尼苏达大学矿冶系。民国九年至二十九年，先后任个旧锡务公司总理、云南炼锡公司总经理、云南锡业股份有限公司总经理等职，对滇锡发展作出了重要贡献。
② 由云龙：《呈滇锡直销外洋意见书概略》，《云南近代矿业档案史料选编》第 3 辑（上），第 323 页。

产。由海防、梧州等各地输入。"① 这说明，大锡贸易也是香港对外贸易的重要组成部分，香港锡商不仅从贱收、提炼、改装中得到了不少利益，更从转手外销中获取了"大利"。

有一点需要说明：民国二十二年（1933），云南炼锡公司试炼出了99.75%的纯锡和99%的普通锡，盖有 YTC 英文标记的锡条在国际市场取得免验资格，可以直销欧洲、北美市场，无须再在香港提炼加工和转运。从民国二十二年（1933）四月至二十七年（1938）五月的 5 年中，云南炼锡公司所产大锡分 6 期先后从越南海防装船航运，直接销往英、美、法、德、日本等国。这当然是滇锡出口贸易方面的一个重大变化。但是，云南炼锡公司直销的大锡，其数量并不多，每年最多为 1700 余长吨，少者只有 400 多长吨，仅为滇锡常年出口六七千长吨中的一小部分。这就是说，个旧大锡中的大部分仍然是由个旧与广东锡商运往香港卖给港商，再由其提炼加工后，销往世界各地。

（二）销往国家

自 19 世纪中叶以后，欧洲、北美国家的近代工业迅速发展起来，其船舶、汽车、机械、金属合金、化工、食品包装等工业，都需要大量的锡作原料，其中特别是美、英、德、法以及亚洲的日本等国家，需要大锡的数量更多，成为大锡的主要消费国。据统计，民国二十六年（1937）至二十七年（1938）七月，全世界每年（以 14 个月计）共消费锡 203800吨，美国消费量占 39.9%、英国占 12.5%、苏联占 10.8%、德国占7.1%、法国占 5.5%、日本占 5.2%、意大利占 2.4%。② 可见，欧洲、北美是全世界最主要的大锡市场，滇锡出口亦主要销往欧美国家。

据有关文献记载，个旧大锡出口销往十余个国家，其中主要有英国、美国、荷兰、南非、法国、埃及、日本、比利时、德国、菲律宾和越南等。盖第二次世界大战以前，滇锡的最大买主是英国，其次是美国，越南等又次之。如民国二十二年（1933）四月至二十七年（1938）五月底，云南炼锡公司共生产大锡 7632.920 长吨，其中销往英国伦敦和利物浦者

① 李史翼、陈湜：《香港——东方的马尔太》，上海华通书局，1930，第 145 页。
② 苏汝江编著《云南个旧锡业调查》，第 11 页。

合计 4767.361 长吨，占 65.07%；销往美国纽约者 863.097 长吨，占 11.30%；销往越南海防者 978.766 长吨，占 12.82%；销往马赛、德国、日本以及香港、上海者则为数甚微。[①]

第二次世界大战开始以后，滇锡出口销售情况发生了变化，美国成为第一买主，英国则退居其次。据记载，民国二十八年（1939），我国大锡的总出口量为 117981 担，其中滇锡占 93%，即 109722 担（16.54 担＝1 吨）。其中销往美国者为 45254 担，占 38.36%；英国为 27978 担，占 23.71%；荷兰为 18881 担，占 16%；其余国家则为数甚少，如南非占 2.12%、法国占 1.97%、埃及占 1.63%、菲律宾占 1.03%、比利时占 0.34%、德国占 0.32%、安南（今越南）占 0.55% 等。[②] 此后，云南"大锡运销伦敦者为减少，迨（民国二十八年）十一月中央统制大锡以来，几全数销纽约矣"。[③]"二战"爆发以后，所以发生这一变化，是因为当时美国凭借其强大实力，逐渐取代英国在我国的优势地位；尤其是，民国二十九年（1940）三月五日订立"中美售购华锡合同"，规定此后七年（即迄于民国三十六年）内中国必须向美国交售纯度为 99% 的大锡 4 万吨。从此，美国实际上已控制了中国大锡（其中主要是云南大锡）的出口。

（三）出口数量

个旧生产的大锡，绝大部分的销路是出口，即销往欧洲、北美以及非洲、亚洲等有关国家。对此，相关文献也有记载，如《云南个旧锡业调查》称："个旧大锡，什九均为外销。"[④] 又如《云南个旧之锡矿》也说：个旧所产大锡，"除当地及本省锡匠消费极少数量，用以制造花瓶、烛台、碟盘等器皿外，则几全部运出云南，其中少数转口至国内各港埠，大部销至国外市场"。[⑤] 据统计，光绪十六年（1890）至民国二十四年（1935）的 46 年间，个旧共出产大锡 251202 吨，[⑥] 同期出口外销的大锡为

[①] 曹立瀛、王乃樑：《云南个旧之锡矿》，民国二十九年，第八章第二节运输路线与费用，页码不清。

[②] 苏汝江：《云南个旧锡业调查》，第 48 页。

[③] 曹立瀛、王乃樑：《云南个旧之锡矿》，第八章第一节个旧锡之国内外贸易，页码不清。

[④] 苏汝江：《云南个旧易业调查》，第 53 页。

[⑤] 曹立瀛、王乃樑：《云南个旧之锡矿》，第八章第一节个旧锡之国内外贸易，页码不清。

[⑥] 《云锡纪实》，民国三十四年九月，第 100 页"个旧历年锡产量表"。

214534 吨，① 出口量占出产量的 85.4%。② 可见，个旧生产的大锡确实是绝大部分销往国外市场。

滇锡绝大部分用于出口，这有内外两方面的原因。首先是外部原因。近代云南同全国一样处于半殖民地社会，英、法、美西方殖民势力都将云南当作其原料产地，个旧所产大锡自然成了它们千方百计掠夺的矿产资源之一。如光绪二十八年（1902）英国提出开采云龙漕涧矿产的要求；同年英国与法国联合组成"隆兴公司"，妄图夺取云南矿产的开发权。"二战"以后，美国取代英国在华地位，更是扩大了对云南锡矿资源的掠夺。此外，如上所述，19 世纪中叶后，英、美、法等国近代工业迅速发展，其机械、轻工、化工以及金属合金等工业，均需要大量锡作原料。它们将云南作为其收购大锡的重要产地之一。其次是内部原因。近代中国的工业远不及欧美诸国发达，许多需要大锡作原料的新式工业尚未发展起来，因此国内市场对大锡的需求量较小（详见下文）。此外，云南本省的近代工业更加落后，对大锡的需求量也更小。昆明、个旧等市县的锡店也用大锡制造各种器皿，但其生产规模很小，所需大锡为数不多。如民国二十二年（1933）四月至二十四年（1935）一月，云南炼锡公司共生产大锡 2513.364 吨，其中在本省消费者仅有 16.448 吨，只占 0.65%，平均每年只需 1774 公斤。③ 又据《云南个旧之锡矿》记载：民国二十二年（1933）四月至二十七年（1938）五月，云南炼锡公司大锡销售总数是 7661.48 吨，其中在本省和四川销售者只有 30.092 吨，仅占 0.39%。④ 可见，个旧生产的大锡在本省以及附近的四川销售量亦为数甚少。

滇锡出口最早始于何时，未见早期相关文献记载。1998 年出版的《个旧市志》（上册）"大事记"谓：道光二十二年（1842），"个旧厂商通过蒙自、开化、剥隘、百色等地转运锡至香港出售，再由香港购回百货。"1995 年出版的《云南近代经济史》也说："鸦片战争后，英帝割据

---

① 云南省政府秘书处统计室编《四十七年来云南省出口锡统计册》。该统计册以担为单位，1 担等于 60 公斤零 5 公两，即 16.8 担为 1 长吨，0.84 长吨为 1 吨。
② 这些数字也许不尽准确，但可反映一个大致情况。
③ 苏汝江：《云南个旧锡业调查》，第 48 页。
④ 曹立瀛、王乃樑：《云南个旧之锡矿》第八章第二节运输路线与费用，页码不清。

香港，使它成为国际商业城市，个旧大锡开始运销香港，蒙、个地区的对外经济贸易与香港的联系日益增多。"① 由此看来，从 19 世纪 40 年代初开始，滇锡已经由广西百色运往香港出口。

光绪元年（1875），"蒙自、个旧厂商组建马帮，将个旧锡驮至蔓耗装船由红河外运越南海防转香港出口。初时驮马数十或百多匹，后渐增至数千乃至上万匹。"九年（1883 年），"云南当局拨官款设立个旧厂务招商局，从事锡的开采、冶炼及运销"。十一年（1885），"个旧锡出口量首次载于汉口海关（关册），出口 46.7 吨"。十五年（1889 年）七月二十八日（阳历 8 月 24 日），"按法国与清政府签订的《中法续议商务专条》规定，蒙自海关正式开关，所属蔓耗分关同时开放。个旧锡从蔓耗直接出关水运越南转香港外销。……由于海关征收锡出口税，个旧锡自此有完整的出口量统计数字"。② 可见，光绪初期，滇锡一直从蔓耗沿红河航运至海防再运至香港出口。此外，从光绪十五年（1889）起，蒙自海关的关册与报告中，已正式有滇锡出口数量的记录。

根据蒙自海关关册与报告的记载，云南省政府秘书处统计室编制了《四十七年来云南省出口锡统计册》，其中有《光绪十五年至民国二十四年云南出口锡担数按季比较表》，兹去掉"按季比较"部分，改如表 5-19：

表 5-19　光绪十五年至民国二十四年（1889~1935 年）滇锡出口数量表

单位：担

年份	数量	年份	数量	年份	数量
光绪十五年（1889）	4233	二十四年（1898）	45914	三十三年（1907）	58464
十六年（1890）	22121	二十五年（1899）	43146	三十四年（1908）	76572
十七年（1891）	29168	二十六年（1900）	48710	宣统元年（1909）	70824
十八年（1892）	34666	二十七年（1901）	50833	两年（1910）	102446
十九年（1893）	32300	二十八年（1902）	63625	三年（1911）	95625
二十年（1894）	39355	二十九年（1903）	41045	民国元年（1912）	138331
二十一年（1895）	40820	三十年（1904）	50044	两年（1913）	128288
二十二年（1896）	33027	三十一年（1905）	74972	三年（1914）	112253
二十三年（1897）	41620	三十二年（1906）	66947	四年（1915）	124401

---

① 李珪主编《云南近代经济史》，云南民族出版社，1995，第 147 页。

② 《个旧市志》（上册）"大事记"，第 6、7 页。

年份	数量	年份	数量	年份	数量
五年（1916）	115293	十二年（1923）	131175	十九年（1930）	108416
六年（1917）	185634	十三年（1924）	115239	二十年（1931）	112870
七年（1918）	130670	十四年（1925）	147662	二十一年（1932）	125201
八年（1919）	139977	十五年（1926）	108806	二十二年（1933）	175975
九年（1920）	182581	十六年（1927）	102023	二十三年（1934）	122583
十年（1921）	98705	十七年（1928）	114460	二十四年（1935）	146627
十一年（1922）	151147	十八年（1929）	109316		

原注："本书锡量单位以担计，一担等于六十公斤零五公两"（见该书凡例。）

资料来源：云南省政府秘书处统计室编《四十七年来云南省出口锡统计册》，第1页。

上表 5 – 19 时限为 1889～1935 年。1936～1949 年滇锡出口量，《云南省志·对外经济贸易志》作了统计。将其《云南历年出口锡及其占全国比重表》中"占全国比重"部分去掉，改如表 5 – 20：

表 5 – 20　民国二十五年至三十八年（1936～1944 年）滇锡出口数量

单位：担

年份	数量	年份	数量	年份	数量
民国二十五年（1936）	150592	二十九年（1940）	52079	三十六年（1947）	17587
二十六年（1937）	94662	三十年（1941）	71724	三十七年（1948）	303
二十七年（1938）	92604	三十一年（1942）	3016	三十八年（1949）	100
二十八年（1939）	69863	三十五年（1946）	200		

注：原表缺民国三十二年、三十三年、三十四年三个年份的数量。

资料来源：《云南省志》卷16《对外经济贸易志》，云南人民出版社，1998，第49页。

由表 5 – 19、表 5 – 20 可知，从光绪十五年（1889）至民国三十八年（1949）的 58 年（缺民国三十二年、三十三年、三十四年）中，滇锡共计出口 4847739 担，平均每年出口 103143 担。其中，有 24 年出口超过 10 万担，只有 5 年在 1 万担以下。出口量最多的是民国六年（1917）达 185634 担、民国九年（1920）为 182581 担；此外，还有四个年份出口量也在 14 万担以上，即民国十一年（1922）为 151147 担、十四年（1925）为 147662 担、民国二十二年（1933）为 175975 担、二十四年（1935）为

146627担。民国三十一年（1942）以后，出口量急剧减少，民国三十七年（1948）仅为303担，三十八年（1949）更锐减为100担。从18万余担锐减为100担，犹如从巅峰跌至低谷，反映了当时世界市场以及云南锡产的诸多变化。

滇锡出口发生时多时少甚或突增骤减的情况，其原因是多方面的，主要有：世界市场销路畅通与否、锡价高涨与低落、滇锡产量之多少、地方政局安定与动荡、个旧矿区的气候雨水等自然状况等。如民国六年（1917）出口大锡多至185634担，为历年出口量之最，其原因是欧战爆发以后，连年世界锡价高涨，从而刺激了滇锡出口。民国九年（1920），出口数量仅次于民国六年，达182581担，但大部分未能售出，而存在香港；其原因是锡价跌落，市面停滞，而美国因有玻利维亚之锡，不再购买滇锡等。民国十一年（1922）出口151147担，原因是"锡在外洋，需求渐盛，南洋方面，复无出货与争；岁尾每担价格由滇币七十二元增至一百二十元。香港存货完全售出"。[1] 民国十四年（1925）出口147662担，是因为当年"产额增加，价格高涨"。[2] 民国二十二年（1933）出口175975担，"缘各矿主曾于本年内购置新式机器，从事采掘，设备既较完善，产量遂因此大增。且所产锡砂，曩系运往香港提炼，今则取用新法，就矿制炼，品质益见精良，可得百分之九十九点七至百分之九十九点九之纯锡。世界著名市场，如伦敦、巴黎及纽约，对本省所产锡现皆开有行市，使国外洋商得以直接订购焉"。民国二十四年（1935）出口也为146627担，因当年"锡产增加，雨量充足及海外锡价昂贵所致"。[3] 至于民国二年（1913）出口数比上年（1912）减少一千多担，因当年"夏季欧洲各种金属价格均跌，大锡出口因之减少"。[4] 民国十年（1921），出口数从上年（1920）的182581担骤减为98705担，是因为"锡在外洋无人过问"。民国二十三

---

① 钟崇敏：《云南之贸易》，云南经济研究报告之第二十号，民国二十八年，油印本，第173页。

② 钟崇敏：《云南之贸易》，第172页。

③ 钟崇敏：《云南之贸易》，第172页。

④ 钟崇敏：《云南之贸易》，第45页。

年（1934）比上年（1933）出口数减少 53000 余担，是因为"锡砂输出减少"。[①] 至于民国三十一年（1942）以后，滇锡出口数量大幅减少的原因，则与当时大锡产量锐减以及政局动荡密切相关，详见下文。

（四）锡价与运价

（1）锡价

关于云南大锡的价格，征诸文献，主要有如下两则记载：

> 个旧锡的价格，视香港行情为转移；而香港行情，又视伦敦及新加坡之行情为转移。伦敦纯锡交易价格，例于午前十时电报香港，香港之锡店与外商发生交易；同时各号得知消息，即电达个旧，并由个旧商会于云庙外，将本日锡价悬牌示众，以为交易之根据。……价格变动之由于当地供求关系之影响者甚微，而由于世界市场供求关系所引起价格涨落，与我国法币对外汇价之高低者则极大。[②]

> 个旧锡价，在政府统制锡矿以前，全受世界市场之（支）配，视伦敦价为转移。故个旧锡价常可由伦敦价减一常数而推得之。此常数即为个旧大锡出炉以后，在伦敦市场作标准锡出售以前，所必须有之捐税、运费、掺炼费及其他费用之总和。……必视世界市场之涨落，与中国对外汇价之高低而定，而当地供求关系之影响反甚微而不显著。个旧大锡之产量有明显之季节变化，而锡价并不随之起伏，即可证明此点。[③]

上述两则记载，互为补充，其主要之点有三：其一，在民国二十八年 11 月国民政府统制锡业以前，云南锡价完全受世界市场的支配，以伦敦大锡市场的交易价格为转移。其次，云南锡价的变动，主要受世界市场锡价涨落的影响。再次，与中国货币对外汇价的高低也有关系。国内供求关系对云南锡价的影响则很小。

---

① 钟崇敏：《云南之贸易》，第 172 页。

② 苏汝江：《云南个旧锡业调查》，第 53 页。

③ 曹立瀛、王乃樑：《云南个旧之锡矿》第十一章第三节历年锡价之变迁，"个旧锡价与伦敦锡价之比较表"，页码不清。

　　云南锡价是怎样受世界市场调节的呢？我们举两个年度为例予以说明。民国二十一年（1932），云南锡价跌到了最低水平，每一长吨平均只有 71.3 英镑。[①] 其原因在于，当时资本主义各国出现了经济恐慌，大锡消费量锐减；而与此同时，世界各产锡国的大锡生产又呈猛增之势，于是世界市场上锡供过于求，造成了世界锡价暴跌，每长吨只值 135.945 英镑，云南锡价亦随之暴跌。民国二十六年（1937），云南锡价猛增为每长吨 182.57 英镑，[②] 是民国二十一年（1932）云南锡价的 2.5 倍多，其原因在于当时资本主义各国经济复苏，世界市场需求大锡甚殷，于是伦敦锡价猛增，每一长吨高达 242 英镑，[③] 是民国二十一年世界锡价的约 1.8 倍。可见，云南锡价随伦敦锡价而涨跌，其涨跌值几乎一致。据《云南个旧之锡矿》一书计算，民国二十三至二十七年的 5 年间，伦敦锡价减去云南锡价所得的差数，平均为 66.01 英镑，而其中有 33.3% 的差数均在 60～70 英镑之间。由此该书作者认为：只要从伦敦锡价中减去 66.01 英镑，即可大致推得云南之锡价。[④] 云南锡价受世界大锡市场调节，随伦敦锡价涨落而涨落，更是显而易见。

　　云南锡价又是怎样受中国货币对外汇价的影响呢？我们也举两个年度为例予以说明。民国二十四年（1935），云南锡价从上一年的每一长吨 157.2 英镑跌至 150.7 英镑。[⑤] 同年，上海英镑汇价也从上一年的一英镑值国币 14.87 元降到 13.49 元。[⑥] 民国二十六年（1937），云南锡价从上一年（1936）的每一长吨 148.4 英镑增为 242 英镑。[⑦] 同年，上海英镑汇价也从上一年的一英镑值国币 16.70 元增为 16.77 元。[⑧] 可见，中国货币与英镑比值的变化也是影响云南锡价起伏的因素之一。但是，我们认为：外汇比值的影响甚小，世界市场的调节作用则甚大。仍以上述两个年度

① 苏汝江：《云南个旧锡业调查》，第 53 页，"个旧锡价与伦敦锡价之比较"。
② 曹立瀛、王乃樑：《云南个旧之锡矿》第八章第二节运输路线与费用，页码不清。
③ 曹立瀛、王乃樑：《云南个旧之锡矿》第十一章第三节历年锡价之变迁，页码不清。
④ 曹立瀛、王乃樑：《云南个旧之锡矿》第十一章第三节历年锡价之变迁，页码不清。
⑤ 曹立瀛、王乃樑：《云南个旧之锡矿》第十一章第三节历年锡价之变迁，页码不清。
⑥ 曹立瀛、王乃樑：《云南个旧之锡矿》第十一章第三节历年锡价之变迁，页码不清。
⑦ 曹立瀛、王乃樑：《云南个旧之锡矿》第十一章第三节历年锡价之变迁，页码不清。
⑧ 曹立瀛、王乃樑：《云南个旧之锡矿》第十一章第三节历年锡价之变迁，页码不清。

为例，民国二十四年，伦敦的锡价从上一年的每长吨 230 英镑下降为 226 英镑，而民国二十六年，伦敦的锡则从上一年的每长吨 205 英镑上升为 242 英镑。由此看来，伦敦锡价的涨跌才是影响云南锡价涨跌的最重要因素。

人们不禁要问，为什么云南锡价主要受世界市场调节，其次受对外汇价的影响呢？主要原因在于：首先，云南锡业受英、法、美殖民势力的控制。它们为了掠夺云南丰富的锡矿资源，必定要千方百计操纵云南大锡的出口，将云南大锡纳入其所控制下的世界大锡市场，并从锡价与汇率方面榨取巨额利润。其次，如上所述，云南大锡的市场主要在国外，第二次世界大战前在英国，此后在美国，而国内市场则十分狭小。因此，云南大锡的价格必然要受世界市场的支配，先是以伦敦五金交易所的锡价为转移，后是以纽约五金交易所的锡价为转移。

（2）运价

滇锡出口，在滇越铁路通车之前，盖由个旧以牲口驮至蒙自之蛮耗，用舢板装载下水，沿红河顺流而下，经越南老街、河内至海防，然后航运至香港。在香港精炼成标准锡（即"洋条"）后，再销往其他国家（少部分则转口至上海，再分销各地）。宣统二年（1910）滇越铁路通车后，云南大锡即由个旧以牛马驮至碧色寨，交滇越铁路运往越南海防，再航运至香港，然后销往国外。民国八年（1919）个碧铁路通车后，个旧至碧色寨间的运输改由铁路承担。这时，个旧至碧色寨只需六七个小时，碧色寨至海防也只需二日左右，比之过去的从蛮耗至海防需要 18 天，大大缩短了运输时间，并节省了运费。民国二十九年 6 月，由于日本侵略军占领越南，云南大锡的出口改由碧色寨运至昆明，通过滇缅公路再运至仰光，然后销往其他国家。滇越、个碧两条铁路和滇缅公路的修通，海防、仰光两个出海口的开辟，为云南大锡的运输与出口提供了便利条件，从而大大促进了云南大锡的出口贸易。

然而，滇锡出口的运价是相当昂贵的。这是由于法国殖民者通过征收高额关税和过境税、任意抬高滇越铁路运价以掠夺云南锡业的结果。云南出口的大锡，都须经过法国殖民统治下的越南。法国殖民者除了采用修改越法海关税率及利用金法郎与越币比值的变更来任意提高关税，还征收高额的过境税。民国九年（1920年）《蒙自口华洋贸易情形论略》指出：过境税"实本省商务之最大障碍"。同年，云南总商会的一份电文也指出：云南出口货经过越南，越关抽取之税率，高达2%，"此项税率已成为世界各国所无，商人感受痛苦已属无可如何"。① 法国殖民者控制下的滇越铁路公司还利用光绪二十九年《中法滇越章程》第23款中"客位货物运送价值，均系公司自行核定"，经常改订并增加运价。起初是三年一加，民国七年后变成一年一加，② 从而使云南大锡出口的运价成倍增加。如云南炼锡公司生产的标准锡，不经香港而从海防直接运至伦敦，每一长吨的运价是：民国二十五年（1936）为国币142.39元，二十七年（1938）增为290.14元，二十八年（1939）增为785.33元。二十八年比二十七年增加一倍多，比二十五年则增加了四倍多。云南炼锡公司以外的炉号生产的大锡，从个旧运至香港，每一长吨运价是：民国二十五年为国币87.68元，二十六年增为114.40元，二十七年又增为156.29元，仅三年时间即增加差不多一倍。③ 据记载，从民国二十五年至二十七年的三年中，个碧铁路的运价基本未变，而滇越铁路的运价却提高了两倍。④ 上述情况说明，法国殖民者通过提高关税、过境税和滇越铁路的运价，企图操纵云南大锡的出口，并从中牟取巨额利润。

四　转口贸易

滇锡销至香港之后，锡商们除将绝大部分销往国外市场外，还将少部分转口至国内沿海地区销售。这种转口贸易所占比重不大，其原因有两方面：

第一，近代中国的工业远不及欧、美、日等发达，许多需要大锡作原材料的机械、化工以及食品等新式工业均尚未发展起来，因此国内市

① 万湘澄：《云南对外贸易概观》，新云南丛书社，1946，第68页。《续云南通志长编》下册，第548页。
② 万湘澄：《云南对外贸易概观》，第68页。
③ 曹立瀛、王乃樑：《云南个旧之锡矿》第八章第二节运输路线与费用。
④ 曹立瀛、王乃樑：《云南个旧之锡矿》第十一章第三节历年锡价之变迁。

场对大锡的需求量较少。当时，只有轻工业需要一小部分大锡产品，主要用来制造锡箔，以作迷信活动用品而付之一炬。其次，用来制造各种器皿，如花瓶、烛台、壶、缸、盅、杯、盘、碟、盒以及玩具等。此外，也有用锡焊接铁器或其他金属器物者，但并不普遍。总而言之，大锡在我国的消费量为数甚少。据记载，民国二年（1913），全国大锡消费量约为5400吨、十六年（1927）为3500吨、十七年（1928）为3900吨、十八年（1929）为3500吨，平均计之，全国每年平均消费3500吨左右。民国十八年（1929）至二十二年（1933）间，全国每年平均产锡约共八九千吨，[①] 国内消费量仅占生产量的38%～43%。这就是说，全国消费的大锡只占三四成。

第二，近代中国需要大锡作原料的锡箔工业主要分布在东南沿海的江西、浙江、福建、广东等省。其所需要的大锡，主要由附近出产大锡的广西、湖南、江西、广东等省供给，对滇锡的需求量并不大。

至于从香港转口至国内的滇锡占出口量的比重有多大，从表5－21可知一个大概。

表5－21　民国二十一年至二十六年（1932～1937年）滇锡出口状况

单位：公担

年　份	合计	对外贸易	转口贸易	转口贸易占出口总数%
民国二十一年(1932)	75696	18605	57091	75
二十二年(1933)	106423	91109	15314	14
二十三年(1934)	68093	54869	13224	19
二十四年(1935)	88657	75158	13499	15
二十五年(1936)	104214	91071	13143	13
二十六年(1937)	98971	94662	4309	4

资料来源：钟崇敏编《云南之贸易》，第175页。

从表5－21可知，民国二十一年（1932）至二十六年（1937）的六年中，转口贸易的数量在出口总数中最多为75%，最少仅有4%，其余为14%左右。民国二十一年占到75%，原因是当年"个旧锡价最

---

① 苏汝江：《云南个旧锡业调查》，第8页。

低，即为世界市场之影响。因当时世界经济恐慌，锡之消费大减，而同时锡之生产又复激增，造成世界锡价之暴跌"。① 于是滇锡外销数量锐减，而转口内销者巨增。此为个别特殊事例。一般转口贸易的比重大约是15%。

从香港转口的滇锡，首先航运至上海以及汕头等通商口岸，然后再销往因制造锡箔而需要大锡的东南沿海各省，如江西、浙江、福建、广东等。至于转口贸易的锡价及运价，则因未见记载，故不得其详。

由上所述，滇锡通过本地交易和滇港贸易，销至其唯一集散之地香港，然后大部分外销出口至世界市场，售与欧美等国家和地区，小部分则转口内销至上海等通商口岸，再销往浙、闽、粤、赣等省。

第八节　滇锡的地位与贡献

近代以来，滇锡迅速崛起，并取得了举世瞩目的重大成就，在世界、在全国占有重要地位，对国家、对云南做出了巨大贡献。

一　滇锡的重要地位

（一）世界产锡第五位

近代，世界产锡区域分布在亚洲、南美洲、非洲、欧洲和澳洲，其中以亚洲区域产锡最多，南美洲次之，非洲又次之，澳洲和欧洲最少。亚洲产锡国家为马来亚（今马来西亚）、荷属东印度（今印度尼西亚）、暹罗（今泰国）、印度、中国和日本。南美洲产锡国家为玻利维亚。非洲产锡国家为奈几立亚（今几内亚）和比属刚果（今刚果民主共和国）。欧洲产锡国家为英国，其锡产地为康瓦尔与得文。澳洲（今澳大利亚）产锡地为新南威尔士、昆士兰、维多利亚、西澳、塔斯马尼亚等处。② 其中，以马来亚、荷属东印度、玻利维亚、暹罗和中国产锡较多，其他国家则产锡很少，详见表5－22。

---

① 曹立瀛、王乃樑：《云南个旧之锡矿》第十一章第三节历年锡价之变迁。
② 苏汝江：《云南个旧锡业调查》，第9、10页。

表 5 - 22　世界锡产量与各国所占百分比

单位：吨，百分比（%）

国　别	历年产锡数量									
	1913 年	%	1925 年	%	1930 年	%	1935 年	%	1936 年	%
马来亚	51371	38.39	48146	33.20	63974	36.36	45955	31.28	66806	37.2
荷属东印度	20921	15.63	31326	23	34903	19.8	24719	16.8	31546	17.56
玻利维亚	25939	19.38	32224	22.23	38146	19.4	27168	18.50	24074	13.4
暹罗	6747	5.0	6802	7.6	11060	6.3	9779	6.66	12678	7.06
中国	8257	6.8	8880	6.1	6860	3.9	9378	6.39	10664	5.93
奈几立亚	3734	2.8	6256	4.3	8692	4.9	7029	4.8	9529	5.31
比属刚果	6	—	1059	0.7	860	0.49	6481	4.4	7514	4.2
澳洲(澳大利亚)	7780	5.8	3016	2	1451	0.82	3130	2.1	4300	2.4
英国	5517	4.2	3221	2.2	3497	1.99	3026	2.06	3016	1.68
世界总产量	133799		145028		175912		146819		179600	

资料来源：苏汝江编著《云南个旧锡业调查》第 10 页，第九表"世界锡产量"。

由表 5 - 22 可知，在 1913 年、1925 年、1930 年、1935 年、1936 年 5 个年份中，马来亚产锡量一直占世界总量的 30% 以上，居第一位；其他四国即荷属东印度、玻利维亚、暹罗、中国次之，奈几立亚、比属刚果又次之，澳洲和英国最少。在此 5 个年份中，中国产锡量（90% 以上为滇锡）占世界产锡总量的百分比：1913 年为 6.8%，占第四位；1925 年为 6.1%，占第五位；1930 年为 3.9%，占第六位（奈几立亚为 4.9%，占第五位）；1935 年为 6.39%，占第五位；1936 年为 5.93%，占第五位。概而言之，民国初年至民国中期，即二十世纪二三十年代，滇锡产量占世界产锡总量的 6% 左右，居于第五位。

（二）中国产锡第一位

近代，中国产锡区域除云南外，主要还有广西、湖南、江西、广东等省。

广西的锡产地主要有富川、贺县、钟山、恭城、河池、南丹、博白、陆川等处。全省采炼锡矿的公司及锡厂不下 20 处。

湖南的锡产地主要有江华、临武、郴县、宜章、常宁、桂阳等处。民国二十八年（1939）成立江华矿务局，采用新法生产，所炼纯锡之成色已达百分之九十九以上。

江西的锡产地主要有大庾、南康、赣县、安远、会昌、崇义等处，其中以大庾锡矿最有名。

广东的锡产地主要有电白、揭阳、赤溪及海南岛之琼山、担县、陆水等处。其生产规模较小，产量不多。[1]

关于云南与上述各省产锡数量的比较，兹仅以民国十八年至二十二年5个年份为例，详见表5-23。

表5-23　中国产锡各省锡产量比较（民国十八年至二十二年）

省　名	民国十八年（1929）		民国十九年（1930）		民国二十年（1931）		民国二十一年（1932）		民国二十二年（1933）	
	产锡吨数	%	产锡吨数	%	产锡吨数	%	产锡吨数	%	产锡吨数	%
云　南	6927.5	92	6645	92.1	8197	94.87	7140	90.49	7500	93.9
广　西	226.6	3.0	40	0.55	180	2.1	500	6.33	437	5.47
湖　南	85.9	1.14	232.6	3.22	181.7	2.1	200	2.53	50	0.62
江　西	278.2	3.7	225	3.1	—	—	—	—	—	—
广　东	—	—	75	1.0	80	0.9	50	—	—	—
合　计	7528.2		7217.6		8638.7		7890		7987	

资料来源：苏汝江编著《云南个旧锡业调查》第8页第七表"中国产锡区域及其产量"（民国十八年至二十二年）。

从表5-23可知，在民国十八年（1929）至二十二年（1933）的5年间，云南每年产锡远在广西、湖南、江西、广东之上；云南锡产量占全国总产量的90%以上，其他四省产量合计尚不及10%。可见，云南雄踞全国产锡各省首位。

（三）云南工矿业之冠

近代，云南开发的矿产种类较多，金、银、铜、铁、锡、铅、锌以及钨、锑、钴、锰等都有不同程度的发展。然而，如前所述，金有所发展，但规模较小；银与铜已经大大衰落，远不如过去；铁、铅、锌等的开发，也成就不著。唯有锡矿，在诸矿业中名列前茅。

————————

[1]　苏汝江：《云南个旧锡业调查》，第4~8页。

滇锡自迅速崛起之后，其发展态势良好，表现出诸多与其他矿业迥异的特点。首先是它与世界市场紧密联系。滇锡"什九"用于出口，不仅是当时云南外贸出口的大宗，也是当时我国矿产出口的大宗，给云南带来了大量外汇收入（详见下文）。锡务公司成为近代云南最大的外向型企业。其次是它采用新法生产。锡务公司、炼锡公司和锡业股份有限公司，先后一改过去"全用土法"的状况，大力引进外国先进技术、购置新式生产设备、延聘外国专业技师，根本革新锡矿的采、选、冶生产。锡务公司成为当时全国为数不多的采用新法生产的工矿企业之一，而且是全国"唯一用新法经营之锡厂"。炼锡公司采用先进技术试制成功含锡量分别为99.75％、99.5％、90％的上锡、纯锡和普通锡，达到了当时的世界水平，此乃中国锡业史上的重大突破。由于广泛推广使用新法，不仅大大降低了生产成本，而且大大提高了生产效率，增加了大锡产量，将滇锡的开发推入了鼎盛时期。第三是它生产规模巨大。个旧矿区绵延几十里，数千个厂尖星罗棋布，拥有矿工数万人；硐尖、草皮尖、冲璜尖每年生产精矿二万余吨，冶炼成大约六七千吨大锡以供出口；锡务公司、炼锡公司和锡业股份公司均先后实现了机械化生产，又有鸟格煤矿和南桥电厂提供动力能源；而个碧铁路和滇越铁路皆为滇锡运输提供了便捷条件；等等。滇锡所具有的这些特点，都是云南其他矿业望尘莫及的。因此，滇锡不仅是近代云南矿业唯其独尊的"执牛耳"者，而且是云南近代工业的显著标志。

二　滇锡的巨大贡献

近代以来，滇锡开发取得了举世瞩目的重大成就，对国家、对云南、对个旧都做出了巨大贡献。

（一）近代中国矿产出口的大宗

近代中国出口的矿产品，主要有锡、钨、锑、铜、铅、汞、铋、钼等，其中"锡为我国矿产出口品之大宗"。[①] 上述云南锡产量占全国总产量的90％以上，即在我国作为大宗矿产品出口之中，有九成以上的锡产

---

① 苏汝江：《云南个旧锡业调查》，第79页。

品是产自云南，滇锡也就成为中国矿产出口的大宗。这在民国二十五年
（1936）云南省政府秘书处统计室编制的"光绪二十八年至民国二十四年
云南出口锡占全国出口锡总数百分比较表"中，有颇为详尽的记录，详
见表5-24。

表5-24 光绪二十八年至民国二十四年云南出口锡占全国出口锡总数百分比较

年 份		锡量(单位:担)			锡值(单位:关平两)		
		云南	全国	占全国比例(%)	云南	全国	占全国比例(%)
光绪二十八年	1902	63635	64624	98.47	3317818	3348964	99.07
光绪二十九年	1903	41045	41883	98.00	2023060	2050624	98.66
光绪三十年	1904	50044	50501	99.10	3187214	3204989	99.45
光绪三十一年	1905	74972	75341	99.51	3426892	3442892	99.54
光绪三十二年	1906	66947	68168	98.21	3429668	3482226	98.49
光绪三十三年	1907	58464	60005	97.43	3236907	3389829	95.49
光绪三十四年	1908	76572	80698	94.89	4314150	4507086	95.72
宣统元年	1909	70824	75529	93.77	3939738	4149679	94.94
宣统二年	1910	102466	108716	94.25	5992052	6281383	95.39
宣统三年	1911	95625	101692	94.03	6219940	6484999	95.91
民国元年	1912	138331	148739	93.00	11390198	11813914	96.41
民国二年	1913	128288	141263	90.82	10484902	11011083	95.22
民国三年	1914	112253	122102	91.93	7648010	8077609	94.68
民国四年	1915	124401	134817	92.27	8889564	9330456	95.28
民国五年	1916	115293	128534	89.70	8046978	8703799	92.49
民国六年	1917	185634	198396	93.57	11579628	12295907	94.18
民国七年	1918	130670	146676	89.09	10039391	11059644	90.78
民国八年	1919	139977	146870	95.31	8038933	8456112	95.07
民国九年	1920	182581	192256	94.97	10629634	11186097	95.03
民国十年	1921	98705	104056	94.86	5762910	6042362	95.37
民国十一年	1922	151147	155700	97.08	8277490	8482528	97.58
民国十二年	1923	131175	135980	96.47	7772905	8027064	96.83
民国十三年	1924	115239	120029	96.01	8988642	9181779	97.90
民国十四年	1925	147662	153331	96.30	11984870	12260390	97.75
民国十五年	1926	108806	116224	93.62	8704480	9164692	94.98
民国十六年	1927	102023	109842	92.88	8161840	8668459	94.16
民国十七年	1928	114460	122588	93.37	9156831	9803396	93.41

续表

年　份		锡量(单位:担)			锡值(单位:关平两)		
		云南	全国	云南占全国(%)	云南	全国	云南占全国(%)
民国十八年	1929	109316	119622	91.39	8745225	9669376	90.44
民国十九年	1930	108416	117939	91.93	8673281	9669383	89.70
民国二十年	1931	112870	124621	90.57	9029635	10247846	88.11
民国二十一年	1932	125201	133962	93.46	9981867	10721020	93.11
民国二十二年	1933	175975	191294	91.99	14242564	15582565	90.40
民国二十三年	1934	122583	142299	86.14	9153232	12203082	75.01
民国二十四年	1935	146627	183348	79.97	11960650	15775251	75.82

注:16.54 担 =1 吨;1 关平两 = 国币约 1.558 元。

资料来源:云南省政府秘书处统计室编制《光绪二十八年至民国二十四年云南出口锡占全国出口锡总数百分比较表》,《四十七年来云南省出口锡统计册》,第 10 页。

又钟崇敏在《云南之贸易》中,也有一个比较,兹照录如表 5 - 25。

表 5 - 25　五年来云南锡矿出口与全国锡矿出口比较

单位:公担

年　份	全国出口总数	云南出口总数	云南占全国(%)
民国二十二年(1933)	96112	91109	95
二十三年(1934)	64424	54869	85
二十四年(1935)	91797	75158	82
二十五年(1936)	112604	91071	81
二十六年(1937)	130772	94662	72
合　计	594851	488243	82

注:10 公担 =1 吨。

资料来源:钟崇敏编著《云南之贸易》,云南经济研究报告之二十号,民国二十八年,第 169 页。

从以上两表可知,光绪二十八年(1902)至民国二十四年(1935)的 34 年间,滇锡出口共 3828227 担,占全国出口锡总数 4117645 担的 92.97%。而在光绪二十八年(1902)至民国二十六年(1937)的 36 年间,在全国出口的大锡总量中,云南出口的大锡,有 30 年占 90% 以

— 488 —

上，其中有 10 年占 95% 以上，只有 2 年低于 80% 以下。由此可见，滇锡在全国出口锡总量中处于绝对多数的地位，其他如广西、湖南等省所产大锡在全国出口总量中少之又少。故滇锡是近代我国大锡出口之大宗。

滇锡也是我国近代矿产出口之大宗，对于全国对外贸易及战时经济均产生了巨大作用。对此，苏汝江写道：滇锡"自光绪十六年至民国二十四年，平均每年出口约九三二七六担，值银六〇五六一〇六关平两，或国币九四三五四一三元。且民国二十七年大锡由港出口总值达一千六百三十余万元；民国二十八年出口总值遽增至二〇五二九二三三元。此对于平衡我国际贸易、国际收支与充实国民经济力量，其影响之大，显而易见。不但此也，民国二十八年七月，政府复将矿产品（大锡在内）特别指定由政府贸易机关统筹收购运销，以资易货偿债及储料之便利。大锡既经政府直接购销，则对于我国国际贸易及战时经济方面，更能发挥其效用矣"。此外，"大锡出口，前此年约一千万元，近则达二千万元以上。既经政府统购统销，则外汇不统制而自统制，外汇之获得与集中愈有把握。且以民国二十八年之情形而论，我国销于美国者占第一位，占百分之二八；英国次之，占百分之二三·七；荷兰又次之，占百分之一六，其他销于英美殖民地如南非、埃及、菲律宾者，尚不在内。……且英美与我国在财政金融方面，有严密之合作，……所得外汇更易集中，外汇基础更能充实，外汇价格与国内金融基础更可日趋稳定，于我国战时财政经济愈有良好之影响"。① 以上从全国国际贸易与外汇收入及价格两方面，分析了滇锡出口产生的巨大作用，并指出这对于"我国战时财政经济"具有"良好之影响"。这一分析是切实的，平允的。

（二）近代云南出口贸易的支柱

近代，云南对外贸易逐渐发展起来，特别是自光绪十五年（1889）蒙自开关通商和宣统二年（1910）滇越铁路通车以后，云南对外贸易进入了迅速发展的时期。抗日战争初期，云南对外贸易处于极盛阶段；民

---

① 苏汝江：《云南个旧锡业调查》，第 79 页。

国二十九年（1940）滇越铁路被迫停运、三十一年（1942）滇缅公路被日军截断，云南外贸骤然下降；内战爆发后则急剧衰落。[①]

云南对外贸易中进口的大宗商品是棉纱、棉布、煤油、人造靛、纸烟、机器与工具等，出口的大宗商品是大锡、生丝、皮革、猪鬃、药材、茶叶、桐油、钨砂以及"特货"（即鸦片）等。云南出口的商品中，宣统元年（1909）以前占90%以上的大宗物品是大锡、特货（鸦片）等六种，大锡居第一位，年均占出口总值的63%以上；特货（鸦片）占第二位，占4%以上；其次为生丝、茶叶、生牛皮及药材。宣统二年（1910）以后，占出口总值88%以上的大宗货物为大锡、生丝等九种，大锡仍居第一位，亦占出口总值的63%以上；生丝居第二位，占3%以上；其次为钨砂、牛皮、羊皮、猪鬃、茶叶、药材及桐油。[②]

由上所述可知，宣统之前与之后，大锡都是云南出口大宗商品中居于第一位的商品，每年占全省出口总值都在63%以上。这就是说，大锡在近代云南出口贸易中占有极其重要的地位。对此，《云南之贸易》专门列有两个表加以证明，兹对其进行调整制成表5-26。

表5-26 云南历年出口大锡与大宗商品货值百分比较

年　份		大锡出口货值 （单位：国币千元）	全省大宗出口货值 （单位：国币千元）	大锡货值占全省出口 货值百分比（%）
光绪十五年	1889	112	137	81.75
十六年	1890	620	730	84.93
十七年	1891	781	908	86.01
十八年	1892	971	1147	84.66
十九年	1893	936	1145	81.75
二十年	1894	1186	1469	80.73
二十一年	1895	1266	1609	78.68
二十二年	1896	1055	1324	79.69
二十三年	1897	1296	1696	76.42
二十四年	1898	1502	1955	76.83
二十五年	1899	2353	2999	78.46

---

① 李珪、梅彤：《云南近代对外贸易史略》，《云南文史资料选辑》第42辑，云南人民出版社，1993，第2、3页。

② 钟崇敏：《云南之贸易》，第67页。

续表

年　份		大锡出口货值 （单位：国币千元）	全省大宗出口货值 （单位：国币千元）	大锡货值占全省出口 货值百分比（%）
二十六年	1900	3022	3855	78.40
二十七年	1901	3829	4833	79.24
二十八年	1902	5169	6033	85.68
二十九年	1903	3152	4360	72.29
三十年	1904	4966	7895	62.90
三十一年	1905	5339	7900	67.58
三十二年	1906	5343	8483	62.98
三十三年	1907	5043	6361	79.28
三十四年	1908	6721	8996	74.71
宣统元年	1909	6138	7402	82.92
二年	1910	9336	10880	85.81
三年	1911	9591	11262	86.05
民国元年	1912	17746	19589	90.59
二年	1913	16335	18439	88.59
三年	1914	11916	13989	85.18
四年	1915	13850	16497	83.95
五年	1916	12537	15646	80.13
六年	1917	18041	21329	84.58
七年	1918	15641	20030	78.09
八年	1919	12525	18616	.67.28
九年	1920	16561	21685	76.37
十年	1921	8979	14220	63.14
十一年	1922	12896	16837	76.59
十二年	1923	12110	16551	73.17
十三年	1924	14004	18836	74.35
十四年	1925	18672	24032	77.70
十五年	1926	13562	18330	73.99
十六年	1927	12716	18634	68.24
十七年	1928	14266	19092	74.72
十八年	1929	13625	19060	71.48
十九年	1930	13513	19174	70.48
二十年	1931	14068	18844	74.66
二十一年	1932	15551	19624	79.24
二十二年	1933	22189	27880	79.59

年　份		大锡出口货值 （单位：国币千元）	全省大宗出口货值 （单位：国币千元）	大锡货值占全省出口 货值百分比（%）
二十三年	1934	14262	18786	75.92
二十四年	1935	18636	23767	78.41
二十五年	1936	23913	31315	76.37
二十六年	1937	30495	40135	75.98

　　资料来源：钟崇敏编著《云南之贸易》第 68、69 页表十九"云南历年出口大宗货值百分比数表（三关合计）"；第 70、71、72 页表二十"云南历年出口大宗货值（三关合计）比较表"。按："三关"即蒙自关（光绪十五年八月二十五日开设）、思茅关（光绪二十三年一月二日开设）、腾越关（光绪二十八年五月八日开设）。

　　由表 5－26 可知，在光绪十五年（1889 年）至民国二十六年（1937年）的 49 年间，大锡出口货值占全省大宗出口货值的比重，有 16 年占80% 以上、27 年占 70% 以上、6 年占 62% 以上，最高占 90.59%（民国元年）、最低占 62.90%（光绪三十年）。这就是说，在此近半个世纪之中，大锡出口一直是云南出口大宗之中的大宗。换言之，大锡是云南对外贸易的最大支柱。

　　需要说明的是，民国二十八年（1939 年）和二十九年（1940年），日本飞机先后轰炸蒙自、个旧，严重破坏了锡业生产，滇越铁路运输中断，从而造成大锡出口量骤然减少。据统计，民国二十七年（1938 年）滇锡出口值为 28890629 关平两，占全国大锡出口货值的80.28%；民国二十八年（1939）分别为 21895325 关平两，96.06%；民国二十九年（1940）分别为 26312658 关平两，68.76%。[①] 民国三十年（1941）以后，由于货币贬值，其大锡出口货值与此前已无可比性。

　　滇锡对外贸易均从蒙自海关出口。从蒙自海关统计册的记录，也可以更切实地了解滇锡在云南外贸中的地位。

---

　　① 《云南省志》卷十六，"对外经济贸易志"，云南人民出版社，1998，第 49 页，"云南历年出口锡及其占全国比重表"（续上）。

蒙自海关设立较早，进出口货值远高于其他两关即思茅关、腾越关，① 其中个旧所产大锡悉数从该关出口；换言之，蒙自关出口的大锡量，即为滇锡的出口量，而其出口货值亦如此，详见表 5 - 27。

表 5 -27　蒙自海关滇锡出口值及其占全关出口货值比较

年　份		全关出口货值（单位：关平两）	出口锡值（单位：关平两）	锡值占全关出口货值百分比(%)
光绪十五年	1889	88000	71951	80.18
十六年	1890	468904	397790	84.83
十七年	1891	583275	501587	86.00
十八年	1892	736355	623401	84.66
十九年	1893	735204	600485	81.68
二十年	1894	943321	761514	80.73
二十一年	1895	1033066	812819	78.68
二十二年	1896	849639	676878	79.68
二十三年	1897	1057737	832042	78.66
二十四年	1898	1218811	964195	79.11
二十五年	1899	1883297	1510093	80.18
二十六年	1900	2439088	1939471	79.52
二十七年	1901	3066934	2457545	80.13
二十八年	1902	3688085	3317808	89.96
二十九年	1903	2518688	2023060	80.32
三十年	1904	4683522	3187214	68.05
三十一年	1905	4791836	3426892	71.52
三十二年	1906	5144005	3429668	66.67
三十三年	1907	3563329	3236907	90.84
三十四年	1908	5237917	4314150	82.36
宣统元年	1909	4246740	3939738	92.77
二年	1910	6387609	5992052	93.81
三年	1911	6750304	6219940	92.14
民国元年	1912	11847849	11390198	96.14
二年	1913	11066270	10484902	94.75
三年	1914	8379838	7648010	91.27

① 据载，"盖蒙自关有滇越铁路交通之便，有个旧大锡出产之富，故其出入口货值占全省百分之八十五左右，实属势所必然"。见《续云南通志长编》下册，第575页。

年 份		全关出口货值 (单位:关平两)	出口锡值 (单位:关平两)	锡值占全关出口 货值百分比(%)
四年	1915	9809128	8889564	90.63
五年	1916	9387913	8046978	85.72
六年	1917	12865668	11579628	90.00
七年	1918	11398818	10039391	88.07
八年	1919	9886638	8038933	81.31
九年	1920	12252083	10629634	86.76
十年	1921	7156397	5762910	80.53
十一年	1922	9240969	8277490	89.57
十二年	1923	9042543	7772905	85.96
十三年	1924	9976363	8998642	90.10
十四年	1925	13642029	11984870	87.85
十五年	1926	12210913	8704480	71.28
十六年	1927	9583858	8161840	85.16
十七年	1928	11257660	9156831	81.34
十八年	1929	10929384	8745225	80.02
十九年	1930	10790611	8673281	80.38
二十年	1931	10773617	9029635	83.81
二十一年	1932	11234530	9981867	88.85
二十二年	1933	15785563	14242564	90.23
二十三年	1934	10303353	9153232	88.84
二十四年	1935	13116677	11960650	91.19

资料来源:云南省政府秘书处统计室编制《光绪十五年至民国二十四年云南蒙自关出口锡值占全出口货值之百分比较表》。《四十七年来云南省出口锡统计册》第15页。其凡例一谓:"本书材料,摘录自光绪十五年至民国二十四年海关统计月刊、季刊及年刊中。"

从表5-27可知,光绪十五年(1889)至民国二十四年(1935)的47年间,从蒙自关出口的滇锡货值占全关出口总货价的比重,有12年高达90%以上,有26年为80%以上,有7年为70%以上,只有2年为60%以上;最高是96.14%(民国元年),最低是66.67%(光绪三十三年)。可见,滇锡出口货值占蒙自关出口值的比重相当高,大致占到八成以上。①

---

① 据苏汝江统计,滇锡出口值占蒙自关全关出口货值的84.37%。见其编著的《云南个旧锡业调查》,第48页。

由上所述可知，滇锡是近代云南出口贸易的最大支柱，大锡出口值占全省出口总值的比例，"普通各年，均在百分之八十左右"。对于滇锡在云南出口贸易中的重要地位，当时就有学者指出："本省出口贸易，胥维锡业是赖。进口贸易之盛衰，全视其出口之兴衰为转移。……无怪本省对外贸易，视锡为生命线也。"[①] 这一论述是符合实际情况的。

据统计，民国中期，滇锡对外贸易，每年出口值大约为国币 1600 余万至 2000 余万元。政府首先从中征收锡税，民国二十四年（1935）以前，每年为新滇币 300 万元，约占政府财政收入总额的 1/4。民国二十四年至二十九年（1940）七月大锡统制以前，每年锡税增为新滇币 500 万元。此外，又征收大锡消费税。自民国二十一年（1932 年）至二十六年（1937）中，平均每年在 200 万元以上，约为消费税总收入额的 1/10。可见，锡税与大锡消费税在云南财政中占有重要地位，"历来为云南财政收入之大宗"。[②] 显见之，滇锡对增强云南经济实力，产生了颇大的作用。

此外，滇锡的贡献还表现在以下两个重要方面：

其一是促进了云南工矿业的发展。个旧由于锡产丰富，已成为当时云南最大的矿业区域；加之三大公司采用新法生产，实验成功了一些新技术和新产品，培养了不少技术人才。这对于云南其他工矿业的发展，特别是"抗战建国"时期后方工矿业的发展，产生了积极影响和带动作用。

其二是带动了滇东南农村经济的发展。个旧矿区及城区人口数"达十余万"众，其生产、生活物资均来自滇东南各县。如粮食多来自宜良、陆良、澄江、路南、开化（今文山）等，黄豆主要来自宜良、呈贡、建水等，菜油来自澄江、泸西、曲靖等，木炭来自蒙自、江外（今元阳、红河、绿春）、开远、建水、石屏等。滇东南各县农村，为了适应个旧矿区的需要，一方面大力发展粮食生产，一方面扩大经济作物种植，从而推动了农村经济的发展。这种情况在滇越铁路和个碧石铁路沿线的一些农村表现得更为突出。

---

① 钟崇敏：《云南之贸易》，第 170、171 页。
② 苏汝江：《云南个旧锡业调查》，第 79 页。

（三）个旧经济社会发展变化的动因

个旧因锡而兴，也因锡而盛。

在汉代文献中，益州郡所辖的"贲古"县（今蒙自一带），因其北边的采山和南边的乌山都"出锡"而被史官载入典籍。明代正德时，"蒙自个旧村"因出锡而首次正式记入地志之中。清光绪时先设立个旧厂务招商局，后改为个旧厂官商有限公司，又正式设立"个旧厅"管理矿务。民国二年（1913），因"矿厂事务极繁……蒙自县管理不便"，遂撤销个旧厅，正式设立个旧县。可见"个旧"的由来与兴起，均与"锡"密切相关。

近代，个旧锡业迅速崛起，随着锡产量的不断增加，出口数量及销售区域扩大，个旧已逐渐闻名于中外。古代被称为"古臼"（古时用来捣碎矿石的石臼）的小山村，变成了居于中国首位的锡矿区和世界第五位的锡产地。

个旧锡业的崛起和发展，使个旧经济、社会发生了巨大变化。

经济方面：大锡是个旧财富的唯一来源，除此以外一切物产均极为匮乏。近代个旧平均每年出产大锡六七千吨，出口货值大约为国币 1600 万～2000 余万。这对于一个大约 10 余万人口的小县，在当时应是一项巨大的经济收入。当然，大锡带来的财富大部分由厂户和炉号所占有，他们"以办厂起家，腰缠万贯，成为大财主"。财富的增加，带来了消费能力的增强和商业金融业的繁荣："由于锡业之发展，个旧市内，店铺林立，物品齐备，举凡生活必需品，生活供应之设备，洋杂货物、奢侈品，以及一切新奇货物，莫不应有尽有，以供一般人之需求"。又"如银行、钱庄、押当，……莫不应运而兴。商业之发达，及市面之繁荣，亦仅次于省会而已，是皆由于锡业所生的影响也"。[1]

社会方面：锡业的发展带来了人口的变动。民国十一年（1922）个旧全县人口为 7944 户、68961 人。至民国二十一年（1932 年）为 16496 户、93780 人。在此十年中，户数增加 107.6%、人口数增加 36%，这是由于此间锡业迅速发展所致。再则二十一年的 93780 人中，男子约为女子的一倍半，性别比例差距如此之大，是锡业多用男子之故。[2] 民国三十年

---

① 苏汝江：《云南个旧锡业调查》，第 80 页。
② 苏汝江：《云南个旧锡业调查》，第 80 页。

（1941）全县人口减至 50005 人，民国三十五年（1946）又减至 41257 人，民国三十八年（1949）也仅有 53403 人。① 从此前的九万多人减至四五万人，显然与此间锡业的急剧衰落密切相关。另外，矿区人口迁徙无定，流动频繁。盖不少矿工常流动于各厂区之间；至年关将近，则离厂返乡；迨至翌年春，则又分别来厂也。

此外，锡业的发展也带来一些负面的社会问题。如由于个旧兴厂历时悠久，逐渐形成一种社会风气，即发财奢靡与兴衰侥幸。社会上"均以办厂发财为鹄的，发财者既多，遂养成奢靡豪华之风。其失败者则又困瘁自守，委诸命运。得失间不容发，兴衰归于侥幸"。社会治安方面，"因厂户间纠纷时起，兼以厂区人员复杂，良莠不齐，争夺扰攘之事层见叠出；盗贼抢窃之事亦常有所闻。故治安可虑，不易维持。此皆由于锡业所生之影响也"。②

第九节　个旧锡矿的矿工状况

一　矿工的人数

自晚清时期滇锡迅速崛起后，几百上千个厂尖纷纷出现，随之矿工人数也不断增加。

据宣统三年（1911）云南临安府个旧厅调查，当时个旧锡矿有大小厂尖不下 1200 余家，其生产规模较大者 40 家，有矿工共计 10 万余人。③ 民国三年（1914）八月《云南巡按使署政务厅稿》载："查个旧厂锡斤，就近数年内平均计算，每出锡一千二百余万斤左右，约值银一千数百万元。砂丁十五六万，均以矿为业。"④ 上述宣统三年和民国三年矿工数为 10 余万和"十五六万"，均为估计数，可能不会很

---

① 《个旧市志》上册，第 108 页。
② 苏汝江：《云南个旧锡业调查》，第 80、81 页。
③ 《云南近代矿业档案史料选编》第 3 辑（上），第 2 页；又《云南档案》77 – 4 – 37（二）。
④ 《云南近代矿业档案史料选编》第 3 辑（上），第 215 页。

准确。

《个旧锡矿业演讲稿》载："据民国十二年（1923）度前人调查，如上述硐尖的砂丁，共计二万二千一百七十八人，草皮尖共计一万一千一百人，冲塃尖共计一千余人，总共二万四千二百七十余人。此外，如各溜口揉塃整矿者，虽无确实调查，以四十一个硐尖、二百六十二个草皮尖、十一个冲塃尖（计算），……即有六百八十三个溜口，每个溜口揉塃整矿砂丁平均为二十人，则为一万三千六百六十人，合计以上出场砂丁，有四万七千八百三十五人。而个旧炉房溜口之工作者，尚不在此内。约略计之。当不下五万人也。但是个旧砂丁，时有增减，上述人数，虽不确实，亦可得其大概。"①

曾鲁光《个旧锡业概观》载：民国十二年（1923）八月调查，硐尖矿工 12178 人、草皮尖 11100 人、冲塃尖 1000 人，加上炉房溜口大约 13660 人，合计 37938 人。

《云南日报》载民国二十四年（1935）六月二日林樑成的报告：民国十九年（1930）个旧锡矿矿工共 22500 人、民国二十年（1931）为 30000 人、民国二十一年（1932）为 35000 人。个旧厂业同业公会曾于民国二十二年（1933）和二十三年（1934）进行调查，这两个年度的矿工数分别为 36109 人和 51407 人。② 云南省建设厅驻个旧办事处从民国二十六年（1937）开始，对个旧锡矿厂尖及矿工等进行登记，当年（即民国二十六年）个旧矿工数为 32098 人，二十七年（1938）为 32183 人，二十八年（1939）为 35360 人。③

苏汝江认为：民国十二年以来的这些调查数字，"必较实际数目为少，盖厂户类多隐匿不报，矿工之登记者，即有少无多。故估计近年矿工之总数，除各溜口揉塃整矿工人不计外，约在五万至六万之间"。④ 曹立瀛、王乃樑也说：云南省建设厅驻个旧办事处登记的数字，"由于工人之避不登记者甚多，乃至过小。据该处办事人估计，二十七年矿工数当

① 周楚之：《个旧锡矿业演讲稿》，第 57 页。

② 苏汝江：《云南个旧锡业调查》，第 59、60 页。

③ 曹立瀛、王乃樑：《云南个旧之锡矿》第十一章第一节矿工人数。

④ 苏汝江：《云南个旧锡矿调查》，第 60 页。

在七万人左右。……二十九年上半年，个旧全部矿工似应有十万七千三百余人"。①

民国三十二年（1943）3月17日《云南日报》有一个统计：民国二十七年（1938）个旧锡矿工人数为101130人、二十八年（1939）84808人、二十九（1940）51863人、三十年（1941）25707人、三十二年（1943）1～6月17596人、6～9月5100人、10～12月2230人。该统计与上述记载有所出入，尤其是民国二十七年工人数相差较大，《云南日报》的统计也许较为准确。此外，从《云南日报》的统计可以得知，民国二十九年以后，个旧矿工人数已大为减少。

由上所述可知，个旧锡矿的矿工人数，向来都无准确统计，虽然也有调查或登记，但因大多"隐匿不报"，而"有少无多"。上引周楚之估计全矿矿工"当不下五万人"，苏汝江也认为"约在五万至六万之间"，这可能是常年矿工的实际人数。但是有的年份则多达10余万人。

以上是个旧锡矿私营厂尖以及炉号的矿工人数的大致情况。至于新式锡厂如锡务公司的矿工人数，据民国二十六年（1937）度的统计，其矿山各尖全年平均为1231人，老厂各尖（伙办者在内）平均共为1872人，合计该年度共有约3100人。若全矿区矿工总数以55000人计，则锡务公司矿工数仅占5.6%。②

《个旧县志稿》谓"砂丁占（全县人口）百分之三十"。据民国二十一年（1932）调查，个旧全县人口为93780人，矿工为35000人，则矿工占全县人口的37%；若全矿矿工总数以55000人计，则矿工已占全县人口的58.6%，即一半以上。

二 矿工的来源及其"走厂"的原因

（一）矿工的来源

晚清与民初，个旧矿工大多来自湖南、湖北、江西、山西、陕西等省。民国续修《蒙自县志》载："初因方连硐兴旺，四方来采者，不下数

---

① 苏汝江：《云南个旧锡矿调查》，第60页。
② 苏汝江：《云南个旧锡业调查》，第60页。

万人，楚居其七，江右居其三，山陕次之，别省又次之"。然而，民国中期后，"矿工的籍贯，则大异于前"，即绝大多数矿工都来自云南本省各地，来自外省者，则少之又少。

民国二十六年（1937）云南省建设厅驻个旧办事处对个旧全矿矿工籍贯进行了统计，并按各县矿工人数多少制成表格，兹照录如表5－28。

表5－28　民国二十六年个旧锡矿矿工籍贯与人数统计

籍贯	人数	籍贯	人数	籍贯	人数
石屏	6102	沾益	318	墨江	15
建水	5643	峨山	228	双柏	12
宣威	3987	澄江	210	砚山	11
元江	2512	弥勒	179	楚雄	6
玉溪	1396	开远	175	大理	5
昭通	1206	鲁甸	121	元兴（不详）	4
陆良	994	宜良	110	镇雄	4
昆阳	923	河西	109	巧家	3
泸西	801	晋宁	106	丽江	3
龙武	683	罗平	85	腰站	2
曲靖	620	易门	69	外省：	
新平	528	寻甸	54	贵州	107
会泽	517	黎县（华宁）	42	威宁	90
南溪	497	师宗	39	四川	38
个旧	423	舍平（不详）	29	曲江（浙江）	28
华宁	389	西畴	24	盘县	7
蒙自	368	普安	27	湖南	1
江外	351	临江（不详）	22		
广南	348	嵩明	18	总计	31415
文山	326	马龙	14		

资料来源：曹立瀛、王乃樑：《云南个旧之锡矿》第十一章第一节矿工人数。

民国二十七年（1938）个旧第二区金钟镇（即老厂区之耗子庙、双槽门、通风口、大陡山）户籍册记载，其1489名矿工的籍贯如表5－29。

表 5-29　个旧第二区金钟镇 1489 名矿工籍贯与人数统计

籍　贯	人数	籍　贯	人数	籍　贯	人数
建　水	577	河　西	27	蒙　自	9
石　屏	241	玉　溪	26	开　远	9
元　江	81	澄　江	26	峨　山	8
宣　威	65	曲　靖	24	路　南	7
陆　良	58	通　海	24	曲　溪	7
江　川	46	弥　勒	16	贵州威宁	25
沾　益	39	龙　武	15	其　他	31
昆　阳	37	会　泽	14		
易　门	32	个　旧	14	合　计	1489
昭　通	30	泸　西	10		

资料来源：苏汝江编著《云南个旧锡业调查》，第 60 页。

　　从以上两个表可知：民国时期，个旧矿工中绝大多数都来自云南本省，民国二十六年（1937）全矿区 31415 名矿工中，有 31144 人籍贯为云南，仅有 271 人是贵州、四川、浙江和湖南人，云南籍矿工占全矿矿工总数的 99% 以上。云南省内到个旧"走厂"（即当矿工）者，共来自 50个县或地方，其中以距个旧最近的石屏、建水两县最多，合计占 37%；其余是滇东的宣威、昭通、陆良、曲靖、会泽、平彝（今富源）、沾益、鲁甸等县；滇南的元江、龙武、开远、蒙自、江外（今元阳等）广南、文山、西畴等县；滇中的玉溪、峨山、新平、昆阳、泸西、华宁；还有滇西的楚雄、大理等县。在 50 个县或地方中，到个旧当矿工的人数在500 人以上者共 13 个县，依人数多少为序，分别是石屏、建水、宣威、元江、玉溪、昭通、陆良、昆阳、泸西、龙武、曲靖、新平、会泽等。查民国二十六年（1937）全省"辖县一百一十二（个）"，[①] 即几乎一半的县有或多或少的贫苦农民到个旧当矿工。

　　以上是个旧锡矿私营厂尖与炉号的矿工来源大致情况，至于官商合办的锡务公司矿工来源，《云南个旧锡业调查》也有统计。民国二十七年（1938），锡务公司马拉格矿山各尖新到（即新招募来）的矿工 214 名，

---

① 《云南概览》，第 1 页。

其籍贯为宣威 53 人、平彝 43 人、昭通 22 人、泸西 20 人、曲靖 19 人、沾益 10 人、陆良 9 人、石屏 9 人、路南 5 人、玉溪 5 人、鲁甸 4 人、其他 15 人。锡务公司老厂各尖矿工的籍贯为沾益、曲靖、元江、宣威、建水、石屏、开化（今文山）、广南、华宁、蒙自、龙武、通海、昆阳、易门、昭通等。可见，"锡务公司之矿工以籍隶迤东宣威、平彝、昭通、泸西、曲靖、沾益者最多，石屏、建水次之"。①

（二）"走厂"的原因

上述各县农民到个旧"走厂"当矿工，绝大多数是因为家境贫寒，如"矿工大抵来自迤东（即滇东），因迤东各县寒苦，居民多为贫农"。②民国二十七年清华大学国情普查研究所在个旧矿区调查了 100 名矿工的"走厂"原因，"以经济困难者为最多，占百分之七十八"，其他原因者仅22%。详情是这样：生活困难者 59 人、负债者 19 人、被引诱者 10 人、避免兵役者 9 人、家庭不睦者 3 人。这 100 名矿工中，农民占 80%，其中无田地者占 20%；其他职业占 12%（经商 4%、帮工 4%、小贩 3%、赶马 1%）；无业者占 8%。由此可见，到个旧矿区"走厂"当矿工者，80% 以上为农村中无地或少地的贫苦农民，他们将"走厂"作为生路，以资糊口。

民国时期，云南农业生产一直处于落后、停滞状态，总体水平落后于全国。正如民国四年（1915）云南实业司编写的《云南农林行政撮要》所说："滇省农业之现状，尚未脱离粗放式，经营无术，耕作失宜，气候不知观测，土壤不知改良，籽种不知交换，虫害不知预防，陈陈相因，由来已久。驯至地未尽辟，人有余力，一遇水旱偏灾，即成荒象而至匮用矣。"③ 落后的生产方式，加上日益加剧的土地兼并，沉重的地租剥削、捐税负担以及物价上涨与天灾人祸，使广大农民纷纷失去土地，贫困化程度不断加深。当时有人疾呼："今日云南农民之贫困，正如饥者之待食，渴者之待饮。"④ 于是，各地大批无以为生的贫困农民，纷纷前往个

---

① 苏汝江：《云南个旧锡业调查》，第 60、61 页。
② 苏汝江：《云南个旧锡业调查》，第 61 页。
③ 转引自《云南近代经济史》，第 245 页。
④ 《南强月刊》第一卷，第 8 期，转引自《云南近代经济史》，第 266 页。

旧"走厂",借以获得谋生出路。总之,农业生产落后,农村经济凋敝,农民贫困化加深,乃是数万农民奔赴个旧"走厂"的根本原因。

三 矿工的招募

个旧矿工的招雇,分为招募与自动来厂两种。自动来厂者甚少,估计仅为5%左右,多系附近各县如建水、石屏等处者。招募则为数甚多,一般于每年冬至节令前后开始,各厂尖的"月活头"(或"上前人"、欀头)前往个旧城内客栈或赴外县进行招募。招募人每招一丁,可得酬劳费国币二元五角至三四元不等,其旅费由厂方付给。对已招募的矿工,则斟酌其家中景况,预付贷款国币十元或二三十元,作为安家费;又代付矿工旅费,往后从其工资中扣除。厂主与矿工之间并无文约以规定雇佣条件,仅由招募人与矿工口头约定;这就是说厂主与矿工之间没有直接的契约关系。锡务公司招募矿工的办法,依照其招丁简则办理,内容与上述私营厂尖大致相同,唯对招募人与矿工的待遇较为优厚。[1]

在个旧矿工的招募中,硐尖以及其他厂尖都会招募部分童工。据清华大学国情普查研究所于民国二十七年(1938)对个旧第二区金钟镇1498名矿工年龄的调查,12~20岁者最多,占47.2%;21~40岁者次之,占35.4%;41岁以上者又次之,占1.22%;12岁以下者,占5.2%。又抽查100名矿工的结果,21~40岁者,占36%;17~20岁者占31%,12~16岁者占24%,12岁以下者占8%。又硐尖与草皮尖矿工分开而论,抽查50名硐尖矿工的年龄,12~16岁和17~20岁两组各占34%,21~40岁与12岁以下者各占16%;至于50名草皮尖矿工的年龄,12~40岁者占56%,17~20岁者占28%,12~16岁者14%。硐尖矿工12岁以下者多于草皮尖。据说因硐尖窝路狭窄难行,童工出入较为便利:"据矿山管理处经理谓:矿山各尖矿工之年龄十二、三岁以下者,约占6%。且编者(即苏汝江等)确曾亲见年约八、九岁至十一、二岁之童龄砂丁甚多。"[2] 私营厂尖普通招募和使用童工,12岁以下的童工竟占到全

---

① 苏汝江:《云南个旧锡业调查》,第61、62页。

② 苏汝江:《云南个旧锡业调查》,第63、64页。

部矿工的 6%，这是个旧锡矿长期存在的一个严峻的社会问题，直到新中国成立以后才逐渐得到解决。

四　矿工的劳作

在个旧矿区，矿工从事的工种甚多，按厂尖类别分为硐尖工人、草皮尖工人、冲塃尖工人、炉房工人及溜口工人；按生产流程又可分为采矿工人（包括硐尖、草皮尖、冲塃尖的采塃、冲塃工人）、选矿工人（即各溜口的揉塃、洗砂工人）及炼锡工人（即各炉房的工人）；按工作性质可分为技术工人、运塃工人、杂务工人三种。技术工人包括硐尖、草皮尖的挖塃、架欀的欀头和打硐凿石的工人；冲塃尖的挖塃，布置水路、龙沟、坝塘及兑水的工人；各厂尖及买塃尖、渣子尾首尖溜口的揉塃、整矿、站槽头、搅平槽、戽抱槽、戽水（戽大水与戽小水）、攒塃、打扒、使板锄、搅泥沟、酌水等工人；炉房的加炭、上矿、鼓风、放条子、提锡工人等。运塃工人包括硐尖的砂丁（其工作通称"出场"）和一部分欀头，草皮尖硐的挑塃工人和背塃的砂丁。杂务工人包括修窝路、打短、扯水、烧火、守夜、看塃、守矿、打杂、挑除渣、招呼磨马及抽水等工人。①

个旧矿区，除锡务公司以及后来的炼锡公司、锡业股份有限公司采用新法生产外，所有私营厂尖与锡务公司部分厂尖均沿用土法生产。无论硐尖、草皮尖和冲塃尖，都是生产工具笨拙、矿场设施简陋、采选方法落后、劳动强度大。其中特别是硐尖和草皮尖的运塃工人即砂丁，他们劳作的艰难困苦"甚于牛马"，悲惨无比。欀头在硐内将塃挖出后，装入塃包内，砂丁将塃包括于肩背与胸前背出硐外。其所背之塃系土石与矿质混合，且极潮湿，成年砂丁所负少则五六十斤，多至八九十斤，童工所负自三十斤至五十斤不等。锡务公司规定每人每日所负塃量为250 公斤，私营厂尖也大致如此。每日必须背塃四五次，所耗时间至少为八小时。硐尖窝路（即硐道）浅则数百步，深则 4000 余步，草皮硐也有深自数百步至千余步者。硐中窝路狭窄不平，且多有陡推（斜井）

---

① 苏汝江：《云南个旧锡业调查》，第 66 页。

吊井与土石崩落之险，砂丁背堍埋头曲背匍匐而行，宛如爬虫（即蛇）。矿硐内有的路段由于通风不畅，出现"闷火"，令人窒息；有的地方积水成塘，举步艰难；水与矿石溶和发出强烈的有害气体，致人昏厥等。[1]矿工中流传的歌谣这样唱道："可怜可怜真可怜，可怜不过走厂人。下硐好像山耗子，出硐好似讨饭人"；"若是硐尖尖子，苦楚更是难当。管你陡推吊井，老板只管要堍。手提亮子一盏，耳插汗片亮堂。手拄棍子行走，肩背好堍两囊。脚步稍走慢点，攘头噪骂啷当。若是回答两句，打得鲜血流淌。窝路曲折矮小，左爬右跪难当。攘头在后跟行，要想偷闲无方。堍包越背越重，血汗流齐胸膛。来到槽门之外，抬头才见阳光。平地慢慢气喘，咳嗽尽是泥浆。矿硐好似地狱，出硐好像还阳"。其实，草皮尖的劳作也颇艰苦。矿山歌谣唱道："若是草皮尖子，从早到晚奔忙。肩挑畚箕一对，手抓绳子一双，任你饥寒劳累，打骂苛刻如常"；"露天明槽百丈深，下雨就是埋人坑，要是明槽一倒塌，几百兄弟活葬身"。[2]

个旧矿工劳作之艰苦，生活之辛酸，引起了当时国内外学者的关注。民国二十三年（1934），国民政府卫生顾问美国人斯丹巴博士考察个旧矿区后，感慨道："世界上矿工作业和生活待遇，个旧的矿工无疑是一个悲惨的典型。"民国三十一年（1942），西南联合大学教授在《云南个旧锡业调查》一书的序中也说：个旧矿工的劳作与生活，"在余二十年来所见中外工人中，是最困苦不过的"。[3]

笔者1951～1953年因家庭生活极其困难，被迫辍学，赴个旧"走厂"，在下河沟一个名叫"蕴发祥"的私营草皮尖当童工，工作是挑堍、浇泥浆、打扒子等，亲身经历了矿工的千辛万苦。如今，每当回首这段矿工生活，大有不寒而栗之感。

五　矿工的工资

清华大学国情普查研究所于民国二十七年（1938年）对个旧锡矿矿

[1]　苏汝江：《云南个旧锡业调查》，第66页。
[2]　《个旧市志》上册，第391页。
[3]　《个旧市志》上册，第391页。

工的工资情况进行了调查，让我们对此有一个基本了解。

关于私营厂尖矿工工资情况：以耗子厂双槽门硐尖为例，该矿硐深 3000 步，矿工每日背正塘 3 次，每月工资国币 3 元。完成定额后每背私塘一桶可得 3 分，每月如背私塘百余桶，则正塘、私塘合计每月工资为六七元。耗子厂区草皮尖矿工工资，挑塘工人工作时间较背塘工人为长，每月工资约六七元；戽水工人因系技工，每月工资在 8～11 元之间；打扒子及揉塘工人，每月工资约七八元。银洞厂地的草皮尖，挖塘、挑塘工人，每月工资少则 4 元，多则 6 元；戽小水工人 8～10 元；戽大水工人七八元；打扒、揉塘工人六七元；草皮硐背塘工人，每月工资仅有 4 元。私营厂尖矿工工资发放日期大都不定，矿工若有需用时，可酌量支给，记入账簿，俟年终或退工时一并结清。

关于锡务公司矿工工资情况：公司马拉格矿山规定，每个矿工每月要背塘 13000 斤，平均每日 430 斤，完成此定额者，每月工资国币 5 元。如正塘外背私塘，也按每月 13000 斤国币 5 元的标准，照算额外的工资。除背塘之外，其他各种工人的工资，每月从国币 3 元至 8 元 5 角不等；最高者为架横之横头，每月 6.5～8.5 元；募工头 6.5～8 元；冲塘尖工人 6～7.5 元；整塘工人 5～7.5 元；看塘工人 6.5～7 元；挑塘工人 5～7 元；守伙房工人 6 元 5 角；杂务烧火工人 5～6 元；打短工人 3～5 元。锡务公司老厂区硐尖的矿工，每月工资亦为 5 元。但伙办硐尖如锡万昌等尖，每工每日至少背塘 2 次，每次 3 桶，则每月工资国币 4 元。如背私塘，一年在 300 桶以上者，每百桶给 3 元 8 角；400 桶以上者，每百桶 4 元；500 桶以上者，每百桶 4 元 5 角；1000 桶以上者，每百桶 10 元。横头工资多为每月六七元，亦有至十元者。公司与同昌号伙办的硐尖，规定矿工每日背塘 4 桶（每桶约重 50 斤），每次行路约 2000 步，其工资亦定为每月 5 元。正额之外背私塘者，每桶给资 5 分。公司老厂区草皮尖的矿工工资，挑塘工人每月至少五元，亦有六七元者；戽水、打扒、揉塘工人，每月工资在七至八元之间。锡务公司马拉格各尖矿工工资，按月发给一次，由矿山经理处清算后，定日在矿王殿发放。至于公司老厂区与古山区矿工工资，约每两月发给若干，至年终再结算付清。①

由上所述可知，民国时期，个旧锡矿矿工的工资，一般而言，硐尖方面，私营厂尖每月国币 3 元，公司厂尖每月 5 元，而无论私营或公司，都有背私塅的额外工资，以正塅、私塅合计，平均每月约 6 元。草皮尖方面，私营厂尖每月 4 ~ 11 元，公司厂尖每月 5 ~ 8.5 元。总体上说，锡务公司矿工的工资略高于私营厂尖。此外，据《个旧市志》记载，云南锡业股份有限公司矿工工资分为三等九级，即技工、半技工和小工均各分三级，其工资按日计算以月支付，如小工日薪为国币三级 0.65 元、二级 0.75 元、一级 0.85 元。

除工资外，私营厂尖一般无其他福利可言。虽然公议厂规有"砂丁因硐覆塅埋或疾病死亡者，供头应给予衣棺殓埋；若有遗族，得酌予抚恤"的规定，但实际履行者甚少。锡务公司对因公因病死亡的矿工，视死者工作年限给予棺木和一定的恤金。②

据《云南省志·物价志》载，民国二十七年（1938），昆明市中白米每公石售价为法币 11.2 元。③当时个旧矿区粮价未见记载，若按昆明市粮价计算，大多数矿工要以两个月的工资，才能买到 1 公石（100斤）米。此后，粮价不断上涨，民国二十八年（1939）昆明市每公石米涨至 32 元，民国二十九年（1940）又增至 86.5 元，三十年（1941）增至 161.1 元，后来更是继续飞涨，直到民国三十四年（1945）每公石中白米暴涨至 3147.5 元。④民国三十四年粮价是民国二十八年粮价的 281倍；在此八年间，个旧矿工的工资绝对不可能增长 280 多倍。可见，个旧矿工的工资，本来就很低廉，后来随着物价的上涨，特别是粮食价格的暴涨，越来越显得十分微薄，矿工们辛劳一年所得无几，除了自己极少的消费外，难以再养家糊口。许多矿工甚至于被扣除入厂时预领的安家费及旅费后反欠厂方债务，只得继续留在厂尖卖命，有的则只好逃亡。

---

① 上引俱见苏汝江编著《云南个旧锡业调查》，第 69、70 页。
② 《个旧市志》上册，第 394 页。
③ 《云南省志》卷 30，物价志，云南人民出版社，2000，第 46 页。
④ 《云南省志》卷 30，物价志，第 51 页，"1937 ~ 1945 年昆明市部分商品价格表"。

六 矿工的生活

个旧矿工的生活困苦不堪。民国《个旧县志》有一段比较客观的记载："砂丁生计艰难，异常苦楚。形瘁力疲，身轻命贱，蛇行山洞之中，蜷伏茅屋之内，短褐为衣，泥涂遍体，脱粟作食，蔬菜无缘，疲瘁甚于牛马，豢养不如犬豕，历尽凄风苦雨，饱尝槁壤黄泉。"至于矿工生活的具体情况，兹简述如下。

伙食：矿工伙食由厂方供给，主要为米、盐及被称为"老妈妈汤"的石磨黄豆浆，四季难见蔬菜。每月阴历初二、十六两天，"让墒吃肉"，即让矿工少背一转墒而打一次"牙祭"（即吃荤），但厂方常以经营不善为由或借故取消打牙祭，如矿山歌谣所唱："石榴花开叶子青，叫声老板你听真，小雀不叫你先叫（天不亮就逼矿工上班），初二、十六你吞声（闭口不谈打牙祭之事）。"有的私营厂尖甚至几年难见荤菜，矿工编成歌谣唱道："砂丁苦来砂丁愁，三年砂丁不见油。从头到脚摸一把，尽是一身光骨头。"锡务公司的矿工伙食较私营厂尖稍好一点。马拉格矿每人每月伙食费标准约国币 4 元。此外，每月阴历初二、初九、十六、二十四日打 4 次牙祭，每人每次牙祭费 0.2 元；每人每日可得小菜及油钱 0.03 元；每月得黄烟钱 0.1 元。矿工伙食费合计 5.7 元。公司老厂锡矿每月有初三、十六日两次牙祭，供给黄豆较多，发给黄烟钱，但无小菜钱。

居住，私营厂尖的矿工，住宿、煮饭、吃饭同在一间工棚，称为"伙房"。伙房以乱石砌墙、茅草覆顶，一般为两层。楼板以竹条或木片搭成，中间为过道，两边睡人，四壁无窗。楼下一半为厨房及矿工吃饭场所，一半用来关养牲口、堆放富矿及杂物。伙房内漆黑如洞，空气污浊，黄烟与炊烟弥漫，牛马粪尿泄流，恶臭熏人。矿工在歌谣中唱道："一进伙房长又长，茅草屋顶毛石墙；蓑衣被盖砖头枕，一把乱草就是床。""上了硐来闷蔫蔫，关进伙房像蹲监，衣裳破烂天又冷，火塘旁边过光阴。"锡务公司矿工的住宿条件比私营厂尖稍好。马拉格矿的伙房多为三合式院房，较为宽敞，室内有窗。小间住 5～6 人，大间住数十人。矿工入厂时发给一床棉被，日后从其工资中扣除。此外，矿工床上少有御寒物品，遇秋冬季节，风透屋顶，冷气袭人，夜难成寐。

衣裳：矿工入厂后，厂方供给麻布背心一件、工作衣裳一套，值国币3元，从工资中扣除。终年穿着这套衣裳，很少换洗。矿工大多赤足无鞋或穿自编的草鞋。矿工们唱道："衣裳穿成连花片，裤子穿成吊吊钱"，"十个脚趾张了嘴，浑身上下是鸡皮"。

卫生：矿区的卫生状况极差。矿工们长期在空气、阳光缺乏的坑道内作业而无任何劳动保护，普遍患有呼吸系统、风湿、皮肤等病症。又由于膳食缺乏营养、饮用水塘内生水，加上衣裳单薄等，大多矿工身体虚弱而缺乏抗病能力，常流行伤寒、痢疾、疥疮等传染性疾病。民国二十一至二十二年（1932~1933），矿区回归热病流行，死亡工人多达3200人。锡务公司在马拉格设有矿山医院，为矿工免费治病；锡业股份公司在老厂、新厂和鸟格矿区也设有诊疗所，但均因经费投入甚少，缺医少药，效果不彰。私营厂尖皆无任何医疗设施，虽然公议厂规有"砂丁于受雇期间疾病应给医药"的规定，然而并未加以实行。矿工们生病后，大多难以得到有效治疗。矿山歌谣唱道："年年五六月间，疾病大得非常。你看荒郊野坝，尸骨尽埋道旁。"不少矿工因病被解雇或体弱年衰丧失劳力后，沦为"叫花子"，沿街乞讨度日。个旧县城西郊有名的"花子洞"内常有数百成为乞丐的矿工栖身。[①]

清华大学国情普查研究所苏汝江等于民国二十七年（1938）八月至十一月，深入个旧锡矿厂区进行调查。关于矿工状况，他们认为存在的问题主要是八个方面：

（1）招募矿工没有订立契约，雇佣关系不明确；

（2）招收14岁以下童工，有的厂尖竟占到50%以上，违反有关法规；

（3）鼓励矿工背私墈，延长工作时间至10小时以上，过分用其疲劳的精力，实为一种"血汗制"，对矿工健康大有伤害；

---

① 以上俱引自《个旧市志》上册，第395、396页。

（4）矿硐内缺乏通气、阳光、排水、消毒及便于行走等安全设备，导致矿工屡因硐内灾变而伤病死亡；

（5）工资太低，平均每月仅 6 元；

（6）膳食粗劣，饮水缺乏且污秽不洁；

（7）伙房简陋拥挤，空气混浊，不合卫生；

（8）医药设施甚少，不能满足实际需要等。①

上述个旧锡矿矿工状况的八大问题，客观真实，针针见血。

第十节　滇锡与政府管理

一　矿业立法与矿税

晚清时期，皇帝的诏令、谕旨就是"法"，故无矿业立法可言。民国北京政府时代（民国元年至十七年，即 1912～1928 年），虽然于三年（1914）颁布《矿业条例》，然而因历年政局扰攘不宁，很少付诸实施。且云南地处边陲，交通不便，政令难达。地方主管官署，亦未能锐意整顿，严加监督。就厂商方面言之，个旧锡矿开采年久，其经营方式相沿成习，积重甚深。民国九年（1920 年），个旧商会虽有《厂务暂行规章》公布，然而该厂规仅仅是矿区的一种特别习惯法，内容偏重于厂商间权利与义务的划分，厂商与政府间应有的权利义务关系则未涉及，厂商与政府仍然各自为政，不相连系。因此，"一般厂商未得政府法规，以资遵循"。②

民国十九年（1930）六月三十日国民政府颁布《矿业法》，二十七年（1938）七月二十二日又作第三次修订。该《矿业法》开宗明义，第一条明确规定："中华民国领域内之矿均为国有，非依法取得矿业权不得探采。"这就是说，人民没有矿产与矿地的所有权，只有依法取得经营矿业的权利。《矿业法》又规定：矿业权分为两类，即国营矿业权和小矿业

---

① 苏汝江：《云南个旧锡业调查》，第 82 页。
② 苏汝江：《云南个旧锡业调查》，第 56 页。

权。国营矿业系由经济部划定矿区，设定国营矿业权，由国家自行探采，或由私人承租，一切依照法定手续办理。小矿业权以采矿为限，并以十年为限期，应具呈省主管官署核准登记，发给小矿业执照。拥矿业权者应缴纳矿税，分矿区税与矿产税两种。国营矿业权出租时，承租人除按年缴纳规定的租金外，还需缴纳矿税。矿区税缴纳于经济部或省主管官署；矿产税，依照实际产额，约计市价，按月缴纳于财政部委托代征的机关，并于核定平均市价后逐年结清，于年终缴纳。矿业权者、小矿业权者及国营矿业权承租人，违背《矿业法》的规定，如以欺诈获得矿业权、违法私自采矿、私将矿业权租赁典质、不经核准将矿业权让与或抵押、逾出矿区以外采矿以及漏税等，均有处罚之规定。①

个旧锡矿的经营者向政府缴纳矿税，并非始于民国十九年《矿业法》颁布之时，而是从清初即已开始。如上所述，康熙四十六年（1707），在个旧设厂员征收锡课，按量计征实物，税率为10%；年征课锡1409块，闰月年份加征89块，每年课锡折银4000两。雍正二年（1724），除锡课外，商人贩锡出省，每合（约2160老斤）课税银4两5钱，每收税银约3000两。咸丰、同治年间（1851～1874）因回民起义，锡库被毁，停征锡课。光绪元年（1875）改从量计征实物为按量计征银两，每票（约2210老斤）锡征课银8两；商人贩锡一票收厘金银12两，另收票费银10两作为各官署办公费，膏火银1两6钱作临安府属8县办学经费。光绪十三年（1887），个旧同知兼办锡厘金，藩司（布政使）印发大票，每票准卖锡2500老斤。个旧厂务局按贩锡量向炉号每票抽课银11两，分别解缴司库与省厘金局。此外，每票还抽收膏火银1两6钱、票费银4两，分别解交临安府属8县作办学经费及书吏办公费。光绪二十七年（1901），藩司会同省厘金局核议原章程，以抽厘太轻而加重抽收，定每票锡抽银12两外加收4两，合计正、加厘金银16两，于次年5月1日起执行，年收正、加厘金银27000余两。宣统元年（1909），每票锡又抽收修建个碧石铁路股金银50两，详见表5-30。

---

① 苏汝江：《云南个旧锡业调查》，第55、56页。

表 5 – 30　光绪宣统时期个旧每票锡税负担量

征收机关	政府										个碧石铁路公司			个旧商会			省署	海关
征收名目	旧课	新课	旧厘	新厘	票费	膏火	神功	坐平	加色	升平	锡股	砂股	炭股	团费	庙费	伕力	教育费	出口税
征收数目	九两六钱八分	五十两零五钱四分	十两零五钱六分	三两五钱二分	三两五钱二分	一两四钱零八厘	九钱	一钱六分一厘三毫	二两四钱二分三厘七毫	五两三钱二分五厘五毫	七十二两二角九仙	六十元	四元	七元五角	一元	一元	五元	四十四元
合计	（银两折合银元）一百二十元										一百三十六元二角九仙			九元五角			五元	四十四元
总计	银元三百一十四元七角九仙																	

原注：表中征收数目金额单位，政府栏下变本加为银两，其余各栏为银元。

注："票"，锡产品重量单位，又称"张"、"合"。雍正时 1 票约重 2160 老斤，光绪初年每票约重 2210 老斤，十三年每票准卖锡 2500 老斤。

资料来源：《个旧市志》下册，第 807 页。

　　民国元年（1912）取消晚清时期的新旧锡课、正加厘金、神功、票费、平色、膏火等征收名目，统一征收银课。每张锡官价银元 1600 元，市场平均价 1627 元，征锡课 122 元，是年实征锡课 51 万元。民国二年（1913），锡课划分为二种：一是国家税，每张锡征课 90 元，解缴省库；二是地方税，每张锡征课金 32 元。后来从每月征收的锡课总收入中提取 2560 元，称"老三成"，分给个旧独立营饷 1160 元、个旧警察局饷 740 元、蒙自警察局饷 108 元、云南教育厅 160 元、个旧建设委员会 200 元、个旧教育经费委员会 140 元、个旧救济院经费 52 元。民国三年（1914），北洋军政府颁布《矿业条例》后，锡课分为矿产税和矿区税。注册登记者，其所产之锡按市场平均价缴纳 15% 的矿产税，划定采矿区每亩征三角矿区税；未注册登记者，则仍按旧章规定每张期缴纳锡课现金 122 元。民国十二年（1923）十二月，锡税改从量征收为从价计征，税率 5%，全年征收 57.47 万元。民国十三年（1924）四月，个旧锡务公司及矿商以负担太重为由向省政府请愿，获准暂改按 4% 征收。民国十四年（1925）二月恢复 5% 的税率，全年征收锡课共 131 万余元。民国二十二年

（1933）六月个旧税局规定一律按过磅日锡价计税，并从八月一日起，在锡税收入中除提取地方款"老三成"外，省政府又规定从每月锡税收入总额中提取 6%，称"新三成防费"，其中分配给个旧筹防处 15%、省教育厅 66%、个旧教育经费委员会 7%、蒙自教育经费委员会 6%。另外，还从锡税收入中按月支拨个旧县政府经费 480 元、蒙自县政府外交费 60 元。

个旧锡矿经营者除按国家制定的《矿业法》以及有关规章缴纳锡税外，地方政府和有关团体、部门还抽收各种捐、费。据民国二十二年（1933 年）七月个旧县商会调查，当时有矿砂抽捐、商会捐、矿砂团捐、自治捐、公捐 5 种，此外还有矿山道路、新公路、厂会、水灾赈、烟茶、毛印费等名目繁多的捐、费。每吨纯锡共计缴纳税、捐、费 237.188 元，详见表 5 – 31。

表 5 – 31　个旧每吨纯锡应缴纳税捐费调查

名　称	征收处	缴纳税捐费人	税率与捐费数		每吨锡应纳税捐费	
			单位	税率与捐费	国币（元）	占税捐费百分比（%）
海关附税	蒙自关	出口商人	公担	国币 0.295 元	2.997	1.26
水灾赈捐	蒙自关	出口商人	公担	国币 0.295 元	2.997	1.26
锡税	个旧特种消费税局	卖矿砂、纯锡者	从价征收	5%	126.00	53.12
矿山道路捐	个旧特种消费税局	卖矿砂者	从价征收	5‰	12.600	5.21
新公路捐	个旧特种消费税局	出口商人	每张锡	新滇币 30 元	9.375	3.95
团捐	团捐局	卖矿砂者	从价征收	5‰	12.60	5.31
厂会捐、自治捐	厂业公会	卖矿砂者	每张锡	新滇币 30 元	0.625	0.26
商教捐	商会教育局	卖矿砂者	每张锡	新滇币 10 元	3.125	1.32
矿砂抽捐	厂业公会	卖矿砂者	每张锡	新滇币 1.9 元	3.125	1.32
商会捐	商会				0.594	0.25
会馆捐	厂业公会	卖矿砂者	每张锡	新滇币 10 元	3.125	1.32
烟茶捐	锡库工人	卖锡者	每张锡	新滇币 0.12 元	0.038	0.02
毛印费	锡库工人	卖锡者	每张锡	新滇币 .15 元	0.047	0.02
合　计					237.188	100.00

资料来源：《个旧市志》下册，第 808 页。

表 5 – 31 所示为私营厂尖均应缴纳的税、捐、费。至于锡务公司应缴纳的税捐，计有六种，即锡税、团捐、矿捐、公路捐、自治捐、商会捐。以民国二十六年（1937 年）度平均锡价每吨国币 245.7 元计，每吨锡应纳税捐 94.09 元，其中锡税 73.71 元，占全部税捐的 78.11%，几及五分之四，此外团捐也有 11.52 元，占 12.25%。详见表 5 – 32。

表 5 – 32　锡务公司每吨大锡应缴纳的税捐

种　类	定　率	每吨锡应纳税捐（每张锡作 1.6 吨计算）	百分比
锡　税	从价征收 3%	73.71	78.34
团　捐	从价征收 0.47%	11.52	12.25
公路捐	每张锡国币 7.50 元	4.69	4.96
矿　捐	每张锡国币 5.00 元	3.13	3.34
自治捐	每张锡国币 1.00 元	0.63	0.68
商会捐	每张锡国币 0.95 元	0.59	0.63
合　计		94.09	100.00

资料来源：苏汝江：《云南个旧锡业调查》，第 51 页。

民国二十九年（1940），钨、锑、锡、汞、钼、铋六种矿产品实行国家统制，国民政府经济部资源委员会委托个旧富滇新银行收购大锡，应纳税款暂作记账，税率仍为 6%。民国三十年（1941），税率中的 4% 为锡税入中央库，2% 为采冶营业税入省库；同年 10 月 1 日税率调高至 10%，从价计征。民国三十一年（1942），废止资源委员会个旧运销处大锡纳税采取记账的方法，规定清缴旧税、新税收现。但运销处拒缴，后由财政部电令免缴。民国三十三年（1944），财政部电令个旧局对运销处收购的大锡以民国二十六年价每吨 3000 元计价，减除 7.7% 运费后计税征收。民国三十六年（1947），税率又调为 5%。民国三十七年（1948）十月起，大锡除正税外，从价计征 3% 为自卫特捐，用于扩充省保安队。民国三十八年（1949）六月，省政府接办国税，收入归省库，税率又增至 10%；取消自卫特捐，锡税收入按税六捐四比例入库。1950 年全国税政统一，大锡列为货物税征税品目，废除附加在锡产品上名目繁多的捐、费，定税率为

5%，从价计征，当年征锡税 84.7 万元。①

民国时期历年征收锡税情况，详见表 5 - 33。

表 5 - 33　民国时期个旧锡税历年征额

单位：元

年份		货币	征额	年份		货币	征额
民国·公元				民国·公元			
元年	1912	银元	510000	二十七年	1938 (1~8 月)	国币	1848486
四年	1915	银元	324241	二十八年	1939	新滇币	3865885
十一年	1922	银元	460249	二十九年	1940	国币	6043575
十二年	1923	银元	574711	三十年	1941	国币	1768960
十三年	1924	银元	524239	三十一年	1942	国币	3546706
十四年	1925	银元	1310339	三十二年	1943	国币	3810057
十五年	1926	银元	708678	三十三年	1944	国币	1729485
十六年	1927	银元	914155	三十四年	1945 (1~5 月)	国币	523593
十七年	1928	银元	2493301				
十八年	1929	新滇币	3994768	三十五年	1946	国币	8648905
十九年	1930	新滇币	741699	三十六年	1947	国币	1552905730
二十年	1931	新滇币	781541	三十七年	1948	国币 金圆券	10063741650 591248
二十一年	1932	新滇币	456902				
二十二年	1933	新滇币	887898	三十八年	1949	—	—
二十三年	1934	新滇币	915172	—	1~3 月	金圆券	11940886
二十四年	1935	新滇币	925455	—	6~12 月	银币半开预算	254000
二十五年	1936	新滇币	1222513	—	12 月	银币半开实收	3837
二十六年	1937	银元	2802428	—	—	—	—

资料来源：《个旧市志》（下册），第809、810 页。

二　政府对锡业的管理

晚清时期，清廷对矿业的管理，除铜矿设有大臣（矿务大臣）专司采运京铜以供全国铸钱之用外，其余均由当地官署核准，发给执照，以凭开采。辛亥革命后，云南矿务事项，由军都督府实业司处理。当时，

① 以上均引自《个旧市志》下册，第807、808、809 页。

经拟定办矿规章凡 105 条呈准实行，凡呈请开采矿产，均依此规程的规定，予以核准给照为凭。民国三年（1914），北京政府成立矿务监督署，专司矿政。民国十九年（1930）十二月订立矿业法，矿业行政于此遂臻完备。① 从此，管理锡业的机关在中央为经济部矿业司，其管理范围较广，主要有矿业的保护与监督、国营矿业权的设定与出租、国营矿区的划定及矿业用地与地质矿床的查探等。至于地方主管官署，则为各省的建设厅，并设科管理。

在云南，民国九年（1920）成立实业厅，有关矿务归其管理。十一年（1922）改为实业司。十六年（1927）复改为实业厅。十七年（1928年）改为建设厅，有关矿务均隶属之。十九年（1930）以后，秉承中央经济部之命令，建设厅成为主管矿务的官署，其下设立的第四科负责管理矿业的登记与监督、矿山的测量、矿工的保护抚恤、矿区税的征收以及其他矿业行政事项。②

昔日个旧厂区内遇有矿权与厂界等纠纷，例由"总欀"及"硐长"调解处理。地方团体中，关于锡业的纠纷，例由个旧商会公断。民国二十二年（1933），个旧商会设立公断处，无论厂业争议、商事纠纷，均归该处排解公断。同年，个旧厂业同业公会依法成立，其目的在于增进与保障同业之利益，举办各厂尖的登记事宜，并设立仲裁委员会，以排解同业间的纠纷。

民国二十六年（1937）一月，云南省建设厅遵照省政府命令，在个旧设立驻个旧办事处，以就近办理个旧矿区之测量、登记以及调解事项，并依据《矿业法》与参酌《云南特许试办矿业暂行章程》以及《个旧厂规》等办理相关事务。省建设厅驻个旧办事处设立登记股，职掌关于矿主、厂户、炉户、客号、炭户的调查、登记事项，以及登记与测量后给证事项。又设测量股，职掌关于矿地与厂位的测量事项。又设调解委员会，由建设厅从个旧商会、个碧石铁路公司、锡务公司及个旧厂业同业公会中，各选定一人担任委员，其职责以调解因测量、登记所出现的地

① 《云南近代矿业档案史料选编》第 3 辑（下），第 415、416 页。
② 苏汝江：《云南个旧锡业调查》，第 57 页。

权与矿权等纠纷为主，其中有属于民事刑事范围应按普通法律手续办理者，则移送个旧县政府司法处理之。

驻个旧办事处的登记工作于民国二十六年（1937）八月至十一月进行。其登记申请书有六种，即关于厂位之业主与租户者、采办草皮尖冲塝尖买塝尖者、采办硐尖者、上前人者、矿工者、客号炉号炭户者。登记人将各项填明后，照章缴纳登记费，然后由办事处发给登记证。该处的测量工作与登记工作同时进行。凡各厂厂位，均由测量人员亲往查勘、测量、绘制草图，以便确定厂界，解除纠纷，而达到划区设权的目的。因测量、登记所发生的地权与矿权一切纠纷，则由调解委员会负责进行调解。①

以上是抗战以前中央与地方政府管理锡业的大致情况。当时，云南省建设厅是主管矿业的官署，在民国二十六年以前，其管理并不严格，更多依赖个旧县商会等地方团体实施管理；抗战开始后，为了加强政府监管，在个旧设立办事处，以就近进行直接管理。

三　国家对锡业的统制

抗日战争爆发以后，国民政府为了发展战时工业生产和适应战时军事需要，先后颁布了一系列关于调整和发展工业生产的政策，并将锡、铜、钨、锑、金、铁等矿产品，列为抗战急需的军用物资。为此，国民政府逐渐加强了对锡业产销的统制及外汇的管理。

民国二十八年（1939）六月十四日，国民政府经济部公布《锡业管理规则》，规定凡锡及锡砂一切事业的生产运销，皆依该规则进行管理，指定资源委员会执行管理事务、制定管理章则，并在适当地点设立锡业管理与稽查机关，或委托其他机关代行职权，设立锡业管理处专司其事。

同年十月，资源委员会在昆明设立"云南出口矿产品运销处"，继后又在个旧设立"个旧事务所"。又，同年七月，经济部特别指定云南省矿产（包括锡在内）与桐油、茶叶、猪鬃四类出口货物，由政府贸易机关

---

① 以上引自苏汝江编著《云南个旧锡业调查》，第57、58页。

体察产销情形及国际市价，随时以优惠价格统筹收购运销。自此规定之后，大锡由政府统购统销之政策，即开始实行。个旧厂商所有大锡出产后，均按定价直接售予富滇新银行。其价格由财政部贸易委员会订定；其运输出口事宜，则由"云南出口矿产品运销处"办理。同年十一月，经济部正式宣布"大锡统制"，规定个旧出产大锡均按官价卖给资源委员会，再由资源委员会以每吨黄金 32 两的价格卖给美国，规定大锡收购运销之管理由资源委员会执行，大锡的采炼商人应按定价直接售予资源委员会或其委托机关；在内地运输时，应有资源委员会的运输护照；如系运输出口，须凭该会填发的准运单报关，且必要时可对出口数量加以限制。① 由上所述可知，从民国二十八年十一月开始，国家对锡业实行统购统销政策，人们称之为"大锡统制"。

国家在对锡业产销实行统制的同时，也加强了对大锡外汇的管理。民国二十七年（1938）四月二十二日，财政部公布《商人运货出口及结售外汇办法》，规定凡出口商售得之货价，以外币计算；此项外币，应售予约定的中国银行或交通银行，按其所定汇率，换取法币。关于港币汇率，按一零四五结算，即个旧锡商卖锡得港币一百元，只能与锡商结算国币一百零四元五角。② 国家加强外汇管理的目的在于，吸收出口贸易所得的外汇，使之集中、充实外汇资金，以稳定外汇价格，巩固金融基础。

抗战时期，国民政府向苏、英、法、美等国多次举借外债，其中于民国二十九年（1940）四月，向美国借款 2000 万美元，双方签订《中美售购华锡合同》，规定在七年之内中国必须交售纯度为 99% 的大锡 4 万吨给美国；其售价必须较纽约平均市价"每磅减低美金一分计算"。这是战时美国第二次对华借款，又称为"华锡借款"。民国三十年（1941）二月，中美又签订战时第四次易货借款合约（即《中美金属借款合约》），借款数额为 5000 万美元，用以购买美国物资，中方以钨、锡、锑等特种金属运售美国抵还本息。③ 这两次以"华锡"作抵偿的借款，总额达

① 苏汝江：《云南个旧锡业调查》，第 58、59 页。
② 苏汝江：《云南个旧锡业调查》，第 59 页。
③ 刘克祥、陈争平：《中国近代经济史简编》，浙江人民出版社，1999，第 641 页。

7000 万美元。因为当时 95% 以上的"华锡",产于云南个旧,故为了向美国偿还借款本息,国民政府采取了一些措施,进一步加强对个旧大锡的统制。首先是提高税率。从民国三十年（1941）十月一日起,个旧大锡的税率从 6% 调高为 10%,从价计征;因矿商纷起投书反对,财政部电令个旧分局延至翌年（1942）一月开始执行新税率。① 其次是"以锡易金"。战时物价波动,其指数不断增高,唯金价相对稳定。民国三十三年（1944）六月,国民政府与美国政府洽商,"以锡品易售黄金,籍以增加锡产,一方面固在供应盟帮需要,一方面尤在维持滇省锡业,关系至巨"。② 当时双方商定,每吨大锡交易黄金 32 市两。这对于稳定锡价、维持成本及刺激大锡生产,或多或少产生过作用。但事实上,矿商们每生产一吨锡只得到黄金 23 市两,收购机关扣去 9 两作为开支与战时保运费,因此"以锡易金"实际收效甚微。尤其是抗战结束后,"物价与金价均极度跌落,金价尤疾趋直下"。③ "以锡易金"给矿商造成了巨大亏损,故实施不久便停止了。复次是低息贷款。由于个旧"当地物价奇涨,政府规定收购大锡价格,与实际生产成本相距甚远,以致厂商亏折而倒闭者十之八九"。④ 为此,云南省政府于民国三十二年（1943）十二月,向国民政府转呈省参议会张怀仁参议员等"请为挽救个旧锡产危局,以苏厂困而利抗战"的建议,吁请"四联总处""按照核定之工矿事业贷款,分拨大部分于个旧,设立贷款机构,贷给矿商"。⑤ "四联总处"（即中央银行、中国银行、交通银行、农民银行联合总办事处）与云南经济委员会签订"贷款规则",规定"四联总处"给个旧从事采矿者贷款,总额为国币 4 亿元,利息 3 分,归还期限为民国三十四年（1945）十二月。⑥ 4 亿低息贷款,交由个旧县矿炉商联合办事处具体发贷,共贷给 281 户,最高

① 《个旧市志》下册,第 808、809 页。
② 民国三十三年六月十七日经济部长翁文灏、钱昌照为与美国政府洽商以锡易金致龙云电。《云南近代矿业档案史料选编》第 3 辑（下）,第 444 页。
③ 《云南近代矿业档案史料选编》第 3 辑（下）,第 452、450 页。
④ 《云南近代矿业档案史料选编》第 3 辑（下）,第 431 页。
⑤ 《云南近代矿业档案史料选编》第 3 辑（下）,第 428 页。
⑥ 《云南近代矿业档案史料选编》第 3 辑（下）,第 436 页。

者 2000 万元，低者不过数十万元。① 此次四联总处的低息贷款，对缓解个旧锡业危困，产生了一定作用。

由上所述可知，从民国二十八年（1939）十一月开始，国民政府实施"大锡统制"，这对于国家战时经济的稳定，尤其是对国家"易货偿债"即以锡偿还美国借款，产生了积极作用。"大锡统制"实施了 8 年，至民国三十六年（1947）六月国民政府行政院宣布取消，个旧厂商从此又"可自由产收运销"。抗战期间，国家对个旧锡业实施统制，严格控制其产销，"给价过低"，而税率提高，致使许多厂商蒙受巨大亏损，有的甚至因此而破产（详见下文）。然而，个旧广大厂商"始而忍苦挣扎，继而坐受亏蚀，终则倾家破产"，是因为他们认为"实因国难期中，为供政府换取外汇，充实抗战资源，大义所在，不能不勉力以赴"。② 个旧厂商不惜亏损、共赴国难的爱国热忱，令人感佩。

第十一节　滇锡的衰落

前面已述，民国三十年（1941）以后，个旧锡业急剧衰落，大批厂尖、炉号纷纷倒闭停业，从民国二十七年（1938）的 5000 余户减为三十三年（1944）的 440 户；大锡产量大幅下降，从过去年产 10000 余吨降至 3000 余吨。导致滇锡急剧衰落的原因是多方面的，其中主要原因有四方面，兹分述如下。

一　日本飞机轰炸，铁路公路运输中断

日本侵略军知道云南个旧盛产大锡，位于蒙自境内的滇越铁路是当时中国对外交通的重要通道，因此从民国二十八年（1939）起，日军便派飞机对个旧和蒙自进行多次轰炸，造成了巨大的破坏。

据记载，民国二十九年（1940）七月至三十三年（1944）三月，

---

① 《云南近代矿业档案史料选编》第 3 辑（下），第 440 页。
② 民国三十五年三月十六日个旧县商会理事长张瑞生、锡矿熔锡同业分会理事长沈松亭等，请求取消锡矿统制给缪云台的电报。《云南近代矿业档案史料选编》第 3 辑（下），第 438 页。

日本飞机先后对个旧进行了 18 次轰炸，造成工人伤亡、设备破坏、物资损失和生产停顿。如民国二十九年十月十八日，日本飞机 14 架分两次轰炸个旧，炸死洗砂厂和动力厂工人 5 名，其厂房和机器也被炸毁。又如民国三十年（1941）一月十九至二十二日，日机轰炸个旧选矿厂，炸毁索道、矿仓和部分摇床，损失矿砂 3 万余斤、伤工人 2 人、停工 49 天。① 同年五月十一日，日机共 154 架（次）空袭个旧 23 次，投弹 272 枚，炸死市民 189 人、伤 250 人、毁坏民房 2000 余间，云锡股份公司老厂、新厂锡矿等部分厂房、机器、设备受到严重毁损，锡业生产遭受破坏。②

民国二十八年（1939）四月至三十一年（1942）十一月，日本飞机多次轰炸蒙自，主要目标是滇越铁路。民国二十八年（1939）十二月，日机轰炸蒙自芷村车站（此地设有机修厂），投下大量炸弹，站房、车房、水塔、宿舍全被炸毁，死伤 200 多人。随后，又先后炸毁滇越铁路上的白寨大桥与小龙潭大桥，并曾空袭一列运行于波渡箐至湾塘区间的混合列车，导致全列车被毁，100 多人伤亡。对于滇越铁路的咽喉、"举世闻名的奇迹"人字桥，日机曾先后轰炸了几十次，惟因该桥架设在两座高山相夹峙的深涧之中，投了无数炸弹也未击中，其桥身一直屹立完好。③

滇越铁路从 1910 年修建后，其路权与经营权一直由法国殖民者所把持，年均货运量约 11 万吨，客运量 29 万人左右。抗战开始后，由于东南沿海港口被日军占领，内地人员、各种货物及外援物资均通过香港绕道海防再沿滇越铁路运至昆明，因此滇越铁路客货数量大增，一度成为我国获取国际援助运输量最大的一条线路。民国二十七年（1938）售出客票 4200 万张，货运量为 376628 吨；翌年（1939）分别为 4542 张、534326 吨；二十九年（1940）六月一个月运量达 15000 吨。④

---

① 《云锡志》，云南人民出版社，1992，第 18 页。
② 《个旧市志》上册，第 18 页。
③ 孔庆福：《滇越铁路在抗战中》，《抗战时期西南的交通》，云南人民出版社，1992，第 388 页。
④ 孙代兴、吴宝璋主编《云南抗日战争史》，云南大学出版社，1995，第 246 页。

民国二十九年（1940）六月，法国首都巴黎被德军攻陷，贝当政府投降德国，命令驻越南殖民政府禁运中国物资。九月二十六日，日本飞机轰炸海防，紧接着日军登陆海防，攻占河内，并向中越边境进军。中国政府为防止日军沿滇越铁路侵入云南，除调集军队布防于边境线外，采取军事接管滇越铁路云南段的断然措施，[①] 并炸毁河口大桥与河口隧道，又拆除河口至碧色寨间 177 公里铁轨。[②] 这样通往越南海防的铁路运输中断了，个旧大锡亦不能再经滇越铁路运往海防，再航运至香港出口。

滇越铁路中断后，个旧大锡改从滇缅公路运输出口。民国二十六年（1937）十二月至翌年（1938）八月，云南省修通了大西南唯一的国际通道——滇缅公路，从昆明出发，经下关、保山、龙陵、芒市至畹町，出境至缅甸木姐，再至腊戍转火车可达仰光。民国二十九年（1940）十月以后，个旧大锡经个碧石铁路运至碧色寨，再运至昆明，沿滇缅公路运至仰光出口。然而，从民国二十九年十月十八日至次年（1941）二月二十七日，驻越南河内的日本飞机先后 18 次轰炸滇缅公路上跨越澜沧江的功果桥和跨越怒江的惠通桥。民国三十一年（1942）五月五日，日本侵略军窜抵怒江西岸，我国守桥工兵奉命炸断惠通桥，阻敌于怒江之西。从此，滇缅公路中断，直至民国三十四年（1945）二月四日，才又恢复通车。[③] 在此期间，个旧大锡显然不能再出口外销。

民国三十七年（1948）十月，美国援华经济建设调查团来到昆明，团长司徒雷登提出在个旧设立公司收购锡矿砂，直运美国精炼。资源委员会与云南锡业股份公司订立《云锡运美精炼协定和交砂抵偿贷款协定》。然而，不久美国公然停发"99"锡进口执照，个旧所产又全是"99"锡，因此大锡外销受阻，私营厂尖遭到致命打击，纷纷停业倒闭。民国三十八年（1949），个旧锡砂开始首次外运，美国陈纳德航空大队将

---

① 1943 年 8 月 1 日中国政府宣布正式接管滇越铁路，提前 40 年收回该铁路。1946 年 2 月 27 日中法签订《关于中越关系之协定》，废除 1903 年滇越铁路章程，法国正式将该铁路交还中国。
② 孙庆福：《滇越铁路在抗战中》，《抗战时期西南的交通》，云南人民出版社，1992，第 389 页。
③ 《云南省志·交通志》，云南人民出版社，2001，第 108、110 页。

锡砂从蒙自运到海防，再航运至纽约。① 不久，云南和平解放，个旧大锡停止外运。

由上所述可知，由于日本飞机轰炸，滇越铁路与滇缅公路相继遭到破坏，导致大锡出口运输线中断，"滇锡滞销，几濒绝境"。② 这是造成个旧锡业急剧衰落的直接原因。

二 "大锡统制"，"给价过低"，不敷成本

前面已述，国民政府于民国二十八年（1939）十一月至三十六年（1947）六月近 8 年期间实施了"大锡统制"。此项政策的积极作用前面已作分析，而其负面作用却也是十分突出的。对此，当时云南省临时参议会的一些参议员有切身感受，其认识也颇深刻，让我们来听听他们是怎样说的。

民国三十二年（1943）九月二十九日，云南省临时参议会通过"张参议员怀仁请挽救个旧锡产危机以苏厂困而利抗战"的提案，同年十二月七日云南省政府将此提案转呈国民政府行政院。该提案称：个旧锡产"在未受政府统制以前，商人自采自销，每矿一桶之价，可购食米三石，因有微利可图，群相投资开采，生产年有增加，已成吾国重要财源。自抗战军兴，政府统制，由资源委员会矿产品出口运销处设立事务所专司购运。……政府核给锡价：二十九年每吨一万二千五百元，三十年每吨由一万五千元增为二万五千元，三十一年每吨由四万元增为七万元。直至今年（即三十二年），迭经请求后，始于七月一日奉准每吨加为一十一万。然以市斤计之，每斤仅合六十六元而已。每售一桶矿，仅能购米六七斗而已，两相品迭，亏折实巨。诚以每锡一吨之成本以时下物价计算，约需二十七万八千余元，今政府所给者只十一万元，不及半数，致令矿商亏折尽净，纷纷停业。且自越缅陷后，国际路线已被封锁，外销自感困难，内销又不开放，厂困重重，生机断尽。在此抗战紧要关头，各矿商虽欲勉强挣扎，以尽国民职责，而力尽精疲，奄奄待命，已成强弩之末"。③

---

① 《云锡志》，第 21 页。
② 《云南近代矿业档案史料选编》第 3 辑（下），第 459 页。
③ 《云南近代矿业档案史料选编》第 3 辑《下》，第 426、427 页。

民国三十四年（1945）一月十六日，云南省临时参议会参议员黄子衡等提案"为个旧县大锡生产复苏办法"称，个旧大锡"自抗战后，为经济部矿产出口运销处所统制。物资步涨，折勒锡价，不敷成本。数年来，厂商倒闭，生产减少。经个旧厂商无数呼吁，省府迭代力请加价，维持个厂，而有意摧残，坐视崩溃。今则四十八厂伙房折卖，不余一椽，矿硐倾覆，鲜有人迹，于市则蔓草颓垣，满目惨状。十余万矿工，流离穷困，厂户家业荡然，至为饿莩。数百年创造经营，已告崩溃而不堪问矣"。[①]

民国三十五年（1946），云南省参议员张怀仁、马伯周等四人建议"取消个旧锡产统制暨救济办法"称："自抗战军兴，政府明令统制，物价日涨，成本日高，政府牌定收锡价格远逊成本甚，或不及三分之一。虽则偶有增加，但比例成本，仍随时相悬甚巨，于是一般厂民始而忍苦挣扎，继而坐受亏蚀，终则倾家破产，流离失所，演成今日全厂崩溃之凄凉景象"。[②]

从上引省参议会几位参议员的提案和建议可知，自实施"大锡统制"以后，资源委员会"云南出口矿产品运销处"对个旧大锡实行严格的统制政策，即强行规定所有大锡都必须按官价卖给运销处，而运销处又一直压低收购价，即所谓"给价过低"、"折勒锡价"，从而造成"不敷成本"，有时"不及半数"，有时甚至"不及三分之一"。锡价与成本"随时相悬甚巨"的状况，必然造成厂商亏折，锡矿停业、破产。

据相关档案记载：政府压低收购价，造成不敷成本的情况，民国三十二年（1943）和三十三年（1944）两个年度较为突出。民国三十二年十月，每吨大锡的生产成本为国币30万元，而收购价每吨仅为12.5万元，官价只占成本的41.7%，不到一半。三十三年九月，每吨大锡的生产成本为120万元，而收购价每吨仅为57万元，官价只占成本的47.5%，也不到一半。[③] 此外，民国三十四年（1945）九月，"每吨锡价

---

① 《云南近代矿业档案史料选编》第3辑（下），第447页。
② 《云南近代矿业档案史料选编》第3辑（下），第451页。
③ 许涤新、吴承明主编《中国资本主义发展史》第三卷，第550页"管制物资的生产成本和官价"。

较前瞬跌五分之四有奇”。[①] 民国三十五年（1946），“政府牌定收锡价格远逊成本甚，或不及三分之一”。[②] 大锡收购价不断压低的状况，必然造成厂商亏损破产，锡矿停业倒闭。

“大锡统制”实施了近八年，对个旧锡矿生产造成了巨大破坏。在“大锡统制”以前，大锡产量一直呈现逐渐增长的势头，曾经出现过连续两年（1938、1939）超万吨的奇迹；私营锡矿的户数多达5000户（1938）和4000户（1939）；矿工人数达10万余人。自“大锡统制”以后，大锡产量直线下降，到1945年全矿产锡仅1150吨，只等于1938年产锡量的10.7%；私营锡矿户数到1944年已锐减为440户，只有1938年户数的8%；矿工人数1949年仅有2230人，只占1938年的2.2%。[③]

“大锡统制”造成私营锡矿纷纷破产倒闭，对私营锡矿的打击尤为沉重。对此，《云南冶金史》有这样一段叙述：“当时，个旧最大的资本家李恒、马亦眉，也没有逃出破产的命运。曾经拥有几十份尖子，一千多工人，年产硔二百担左右，并自开炉号的马亦眉，尽管他还和云南地方统治势力有着极为密切的关系，但到这时也只不过剩下二三十个看伙房的工人。李恒也由于国民党云锡公司拒绝为他运输、供水和收砂，而被迫停办矿业。拥有较雄厚资金的资本家尚且这样，其他较小的资本家和小生产者就可想而知了。例如个旧的白沙坡，原有一千多家中、小尖子，大锡统制后的第二年，就只剩几家了。在老厂区原有的几万矿工、千余份尖子中，占有很大比重的中小尖子，到1942年只剩下一千余人。私人资本的炼锡炉号，也像采墏选矿的私人资本一样，纷纷倒闭。到1943年，终年不断开炉熔炼的炉子已经根本没有了，时断时续开工生产的炉子不过六七座。因此，当时对私矿倒闭的荒凉景象的报道，屡见不鲜。总的说来，95%以上的厂商宣告破产或停业，仅有的几千工人也只是为了看守伙房而留下来。整个个旧锡矿

① “个旧商会理事会为以锡换金亏损救济办法”，《云南近代矿业档案史料选编》第3辑（下），第450页。

② 《云南近代矿业档案史料选编》第3辑（下），第451页。

③ 李珪主编《云南近代经济史》，第500页。

的生产是临到了总崩溃的前夕。造成这种总崩溃的主要原因，就在于'大锡统制'"。[1]

由上所述，"大锡统制"以后，政府一再压低价格收购大锡，官价远远低于生产成本。厂商连年亏损，不堪重负，不得已只得停业倒闭。私营厂尖大量减少，大锡产量一落千丈，全矿生产一蹶不振。因此，"大锡统制"是导致滇锡急剧衰落的最重要的原因。

三 通货恶性膨胀，大大推高生产成本

抗战开始以后，国民政府声称为了购买大量军需物资和满足其他军事费用开支，需要大量货币。于是，从民国二十六年（1937）起，便毫无节制地超发货币。据统计，抗战期间，政府法币发行量从民国二十六年六月的 14.1 亿元，猛增为三十四年（1945）八月的 5569 亿元，增加 394 倍。抗战胜利后的三年（1946～1948），国民政府为了发动内战，需要庞大的军费开支，便变本加厉地滥发货币，法币发行额以天文数字飙升。仍以民国二十六年六月法币累计额为基期（即发行指数为 1），至三十七年（1948）八月二十一日，法币发行量骤增为 6636946 亿元，发行指数为 45 万，即 1948 年 8 月法币发行量是 1937 年法币发行量的 45 万倍。[2] 随着法币发行量的猛增，在云南投放的法币数量也不断大增。据统计，民国二十六年（1937）底，在云南发行的法币为 2067.1 万元，三十四年（1945）底增为 16795403.7 万元，三十六年（1947）底又增为 49997103.3 万元，三十七年（1948 年）一至八月，多达 749612755 万元。1948 年仅 1～8 月的法币投放量是 1937 年法币投放量的 362626 倍。[3]

云南省政府隶属的富滇新银行从民国二十五年（1936）开始私下增发滇钞（新滇币）2500 万元，三十年（1941）又暗中突击发行新滇币 62500 万元。民国二十五年至三十年（1936～1941），富滇新银行发行的新滇币总额为 81014.3 万元。新滇币以 2∶1 作为法币的辅币使用。[4]

① 云南大学历史系等编《云南冶金史》，云南人民出版社，1980，第 182 页。
② 石毓符：《中国货币金融史略》，天津人民出版社，1984，第 306、314 页。
③ 李珪主编《云南近代经济史》，第 574 页。
④ 《云南省志·金融志》，云南人民出版社，1994，第 108 页。

　　货币毫无节制发行的结果，直接导致了通货恶性膨胀与物价的暴涨。据统计，抗战期间，以1937年6月为基期，至1945年8月日本投降，法币发行增加了394倍，陪都重庆商品批发物价指数上涨了1585倍。① 后方重镇昆明，以1937年1~6月批发物价指数为100，1937年12月为103，1938年12月为213.2，1939年为534.2，1940年为1206.1，1941年为3436.7，1942年为14270.2，1943年为28794.1；1943年物价比1937年增加28794倍。昆明的批发物价远远超过重庆，也超过其他后方城市。此外，昆明的零售物价指数也上涨最快，以1937年为100，1940年指数高达106209，较重庆、成都、西安都高，其中上涨最快的是燃油和粮食及其制成品。②

　　解放战争时期，物价继续飞速上涨。仍以1937年6月为基期，至1948年8月，货币发行指数增加到45万倍，重庆物价上升至155余万倍、上海物价上升至492余万倍、广东约上升580余万倍、昆明约上升340余万倍。③

　　昆明物价中，以大米价格为例，民国二十八年（1939）11月1日大米每市斤为国币0.22元，三十三年（1944）9月18日每市斤大米增至140元，近五年间米价上涨636余倍。④ 个旧米价也逐年不断上涨，民国二十九年（1949）每石（约200公斤）为国币300余元，即每市斤0.75元；三十年（1941年）涨至1000元，每市斤2.5元；三十一年（1942）又涨至2000元，每市斤5元；三十二年（1943）八月底，狂涨至四千七八百元至五千四五百元。⑤ 1943年八月较1940年，米价上涨了近16倍。民国三十三年（1944）以后，个旧米价"突飞猛进，继涨增高"，"每石（约二百公斤）已涨至一万五六千元"。⑥ 民国三十四年（1945）五月十日，个旧县县长董广布电呈云南省建设厅厅长称："查近月以来，迤南各县米价飞涨，每公石已涨至四万余元。"⑦ 与民国二十九年比较上涨了

---

① 石毓符：《中国货币金融史略》，第314页。
② 俱见陆仰渊、方庆秋主编《民国社会经济史》，中国经济出版社，1991，第642、643页。
③ 石毓符：《中国金融货币史略》，第314页。
④ 云南大学历史系等编《云南冶金史》，第181页。
⑤ 《云南近代矿业档案史料选编》第3辑（下），第427页。
⑥ 《云南近代矿业档案史料选编》第3辑（下），第433页。
⑦ 《云南近代矿业档案史料选编》第3辑（下），第446页。

133 倍。

当然，在米价上涨的同时，锡价也不断上涨；但是锡价的涨幅远在米价之下，详见表 5-34。

表 5-34　米价与锡价涨幅比较

时　间	每斤米价（元）	涨幅	每吨锡价（元）	涨幅
1939 年 11 月 1 日	0. 22	1. 0	8736	1. 0
1940 年 6 月 21 日	2. 10	9. 5	12455	1. 43
1941 年 2 月 1 日	—	—	15000	1. 72
1941 年 8 月 1 日	11. 00①		18700	2. 14
1941 年 12 月 7 日	—	—	25000	2. 86
1942 年 1 月 10 日	—	—	40000	4. 58
1942 年 3 月 13 日	18. 50②	84	50000	5. 72
1942 年 3 月 26 日			70000	8. 12
1943 年 7 月 1 日	48. 00 ~ 60. 00	218. 10 ~ 272. 72	110000	11. 25
1944 年 9 月 18 日	140. 00	636. 30	374000	44. 28

　　注：①为 1941 年平均价。②为 1942 年平均价。

　　说明：基期：1939 年；基价：锡每吨 8736 = 1，米每斤国币 0. 22 元 = 1

　　资料来源：《云南日报》1943 年 11 月 1 日，1945 年 1 月 14 日。转引自《云南冶金史》，第 181 页。

从表 5-34 可知，1939 ~ 1944 年 5 年间，米价上涨 636 倍，但锡价不过上涨 44 倍。

货币贬值，物价暴涨，大大推高了大锡的生产成本。民国三十二年（1943）十二月七日，云南省临时参议会参议员张怀仁"挽救个旧锡产危局以苏厂困而利抗战"的提案写道："诚以每锡一吨之成本，以时下物价计算，约需二十七万八千余元"。[①] 民国三十五年（1946）四月二十二日，个旧县借欠四联贷款矿商吕秀秋等在"请求将运费六千余两黄金归还贷款呈"中写道："缘本县锡产因抗战成本增高，逐年亏折，至三十三年冬，不幸总呈崩溃，不得已乃有贷款接济之请。……自是以全矿工人五千名工作，以十个月计算，每人日需一千三百六十元，每八

――――――――――

　　① 《云南近代矿业档案史料选编》第 3 辑（下），第 427 页。

人可产锡一吨，每吨需加熔炼费二十四万。每锡一吨，共应合成本三百五拾万零四千元。"①　每吨大锡的生产成本，民国三十二年为 278000 元，三十五年剧增为 3504000 元。时隔仅三年，大锡生产成本增加 12.6 倍。

　　上述关于滇锡的生产成本，民国二十九年（1940）以前，土法生产的采矿成本为每 1000 斤大锡平均 1742 元（即每吨 2177.5 元，以民国二十九年老厂同和昌号与湾子街银硐为例），洗选成本为每吨大锡 779.85 元（以民国二十年锡务公司为例），熔炼成本为每 1000 斤大锡 514.4 元（即每吨 643 元，以民国二十九年美丰炉号为例）。三项合计，民国二十九年（1940）以前，每吨大锡的生产成本为国币 3600.35 元。由此可见，民国三十年（1941）以后，个旧大锡的生产成本急剧升高。三十二年（1943）每吨大锡的生产成本为 278000 元，是二十九年以前生产成本的 77 倍；而三十五年（1946）猛增为 3504000 元，是民国二十九年以前生产成本的 973 倍，这简直成了令人惊讶的天文数字。

　　抗战后期，个旧大锡生产成本的飞速增加，直接导致大锡生产停业、破产。这在当时政府官员、参议会议员以及矿商们的报告、建议和要求中，十分明确地反映出来。让我们简略地引录一些："查个旧民营锡业，近两年来，因当地物价奇涨，政府收购价格与实际生产成本相距甚远，以致厂商亏折而倒闭者十之八九。""因物价狂涨，成本剧增，牌定收价与成本相悬甚巨，厂民困苦，不堪言状。""自抗战军兴，政府明令统制，物价日涨，成本日高，政府牌定收锡价格远逊成本甚，或不及三分之一。……于是一般厂民始而忍苦挣扎，继而坐受亏蚀，终则倾家破产。"②由此可见，通货恶性膨胀，大大推高生产成本，是滇锡急剧衰落的又一重要原因。

四　政局动荡，社会混乱，矿工流离

　　抗战胜利后不久，国共内战，个旧社会与全省、全国一样又陷入了

---

① 《云南近代矿业档案史料选编》第 3 辑（下），第 442 页。按："选编"作"民国三十三年"，因文中有"至三十三年冬，不幸总呈崩溃"；又"至三十四年底……黄金已用尽折完"等语，故有误，应改为"民国三十五年"。
② 《云南近代矿业档案史料选编》第 3 辑（下），第 431、427、451 页。

动荡、混乱之中。

个旧是全国最主要的锡产地，承担着以锡抵债的重任。因此，国民党政府进一步加强了对个旧的控制。早在民国三十二年（1943年）五月，国民党中央常务委员会第223次会议决定设立直属个旧锡矿党部。三十六年（1947）八月，国民党中常会又决定将个旧矿区党部改为个旧锡厂特别党部。由国民党中常会作出决定，在一个矿区先后设立直属党部和特别党部，这在国民党的历史上并不多见，其意在牢牢控制个旧锡矿。民国三十七年（1948）六月十五日，国民政府主席蒋介石令金属矿产处索取云锡有限股份公司每月产量分配表，又令各厂矿添加工人，完成全年生产1800吨锡的计划。国民政府对个旧锡业的重视程度达于极致。云南省政府也紧随国民政府之后，于三十七年（1948）三月，云南省政府令第五区行政督察专员公署专员布秉武兼任个旧县县长，次年（1949）三月，专员公署及第五区保安司令部由建水县迁驻个旧县，强化对个旧的严密控制。同年冬，个旧县实施"防奸"计划，实行夜间戒严，清查户口，颁发国民身份证，并实行联保连坐法。这从反面说明，当时的个旧已处在剧烈的社会动荡及混乱之中。

这一时期，共产党也加强了地下活动，积极开展工人运动。中共云南省工委和滇南工委派出大批党员进入个旧矿区，组织和开展工运工作。中共个旧县委员会直接领导了几次工人罢工：民国三十四年（1945）十月老厂工人抗议矿方拖欠工资的大罢工；三十五年（1946）十二月老厂锡矿、机厂、选厂、炼厂工人抗议克扣抗战胜利奖金的罢工；三十八年（1949）八月私营锡矿工人先后三次反压迫、要求改善生活的罢工；同年十二月老厂、机厂工人要求取消挂牌、增加工资、不许随意开除工人的总罢工等。中共地下党还领导了其他社会各界开展多种形式的斗争，号召全县人民"团结起来，斗争到底，推翻黑暗统治，迎接解放"。① 可见，国民党与共产党两党的斗争，在个旧地区也有明显反映。

由于政局动荡，加之许多矿厂停业破产，大批工人纷纷流离矿区。这种情况在抗战胜利前夕即已出现。民国三十四年（1945）一月十六日

---

① 以上俱见《个旧市志》，第19～23页。

云南省临时参议会参议员黄子衡等在其提案"为个旧县大锡生产复苏办法"中写道:"今则四十八厂伙房拆卖,不余一椽,矿硐倾覆,鲜有人迹。于市则蔓草颓垣,满目惨状,十余万矿工,流离穷困,厂户家业荡然,至为饿莩。"① 个旧矿区因大量矿工流离,呈现出"鲜有人迹"的荒凉景象。这种情况不仅发生在私营厂矿,官办的云南锡业股份有限公司也发生工人流离的情况。民国三十六年(1947)十二月底,该公司"外省职员(工)纷纷辞职回籍。……老厂锡矿一年内离去1180人,新厂锡矿离去694人,占两矿总人数的90%,公司的生产、经营受到严重影响"。② 迄于云南和平解放前夕即1949年,个旧的工人已由原来的三万多人下降到三千多人,③ 不及昔日"十余万矿工"的三十分之一。这一年,大锡产量,骤降至3300吨,也不及极盛之时超过万吨的三分之一。由此可见,政局动荡,社会混乱,导致矿工纷纷流离,也是滇锡急剧衰落的原因。

---

① 《云南近代矿业档案史料选编》第3辑(下),第447页。
② 《云锡志》,第20、21页。
③ 《云南冶金史》,第216页。

第 六 章

铅矿与锌矿的开发

近代，云南的铅矿与锌矿有了进一步开发，其分布有所扩大，经营方式有所改变，产量也较古代有了明显增加。

第一节　铅矿的开发

一　铅矿的分布与主要铅厂

晚清时期，原来乾隆、嘉庆之世曾经兴旺的一些铅厂，由于咸同年间的战乱等原因，纷纷封闭停产，如镇雄州老彝良铅厂、东川府阿那多铅厂、寻甸州妥妥铅厂、建水州摸黑铅厂等，皆于"咸丰初停"。同治十三年（1874）以后，随着战乱平息，少数铅厂逐渐恢复生产，如东川府所属者海铅厂等，于"同治十三年试办，照例抽课，尽收尽解"，[①]以供本省钱局铸钱之需。在此数十年间，"本省产出之铅，十分之七皆由已停银厂之残滓中炼出者，而附近居民，亦多赖淘洗矿渣、制炼废矿之余利，以资生活"。[②]可见，这一时期，云南铅矿的生产规模已大大萎缩。

民国初年，第一次世界大战期间，由于铅锌价格大涨，很多地方争

---

① 岑毓英等修纂光绪《云南通志》卷74，矿厂二·铅厂，第10页。
② 周钟岳等：《新纂云南通志》卷64，矿物一·铅矿，第158页。

相开办铅矿。民国四年（1915），云南全省有 42 个县产铅，铅矿总数多达 95 处。① 民国二十九年（1940），据《云南之铅锌》一书统计，云南全省"铅矿总共一百八十三处（实为 184 处），分布于六十一县及麻栗坡对汛之中"。但在 184 处铅矿中，未开者 38 处、开而已停者 98 处、已开而现状不明者 36 处、未明真相者 12 处，"当时实际开采者为数有限"。② 当时云南省建设厅矿务科登记领照开采的铅锌矿区有会泽县的矿山厂、麒麟厂，兰坪县的富隆厂、通甸里北甸菜子地厂和下甸厂，顺宁（今凤庆）县的营盘镇洪家寨厂，广通县的东营厂和广运厂，剑川东区沙水箐厂，鹤庆县老北衙厂，曲溪县（今属建水）亨苏租厂以及路南县大兑咸（冲）厂等。③

云南铅矿中，最大的铅厂有 3 个，兹分述如下。

矿山厂：位于会泽县东北约 65 公里处，是一个铅锌共生的大矿。其"开采于何时无从稽考。然山上有明时李姓石碑，禁止采掘炉渣以炼铅，因此足见明时已开采矣。据闻前清咸丰年间，出产最旺，厥后渐衰。至光绪十五六年，复大振兴。民国四年（1915），由东川矿业公司接办，最盛时，有工人二千名以上"。④ "会泽之矿山厂，历明清而民国，继续维持达三百余年，由民国二年（一说四年）改归官商合办东川矿业公司继续以至今日，矿量尚称充足"。⑤《云南冶金史》述："据调查，在矿山厂最兴旺的时候，大小炉子共达四百多座，矿工四千多人，驮马一千多匹，牛车二百多辆，老矿山厂设过炉子的地方，渣遍地。除去东川公司和鑫泰公司以外，当时私人冶炼的还有一百多处。"⑥

麒麟厂：位于矿山厂东南，两厂相距约七八公里，矿床也是铅锌共生。光绪三十二年（1906）由东川绅士刘某创办，又招彭姓入股，组成鑫泰公司。民国七八年（1918～1919）正式投入生产。民国二十四至二

---

① 《云南近代矿业档案史料选编》第 3 辑（上），第 166～173 页，"云南铅矿一览表"。

② 曹立瀛、陈锡暇编著《云南之铅锌》（油印本，页码不清），云南经济研究报告之六，民国二十九年三月。至于 183 处铅矿，详见该书附录一"云南全省铅矿产地一览表"。

③ 《云南之铅锌》第二章云南铅锌矿之分布，页码不清。

④ 《云南之铅锌》第三章云南铅锌矿区分论，页码不清。

⑤ 姜和鸾、陈凤鸣：《民国十一、二年各矿综合评论》，《云南近代矿业档案史料选编》第 3 辑（上），第 344 页。

⑥ 云南大学历史系编《云南冶金史》，第 110 页。

十六年（1935～1937）间，平均每年产铅锌 200 吨。有时因销售密陀僧（氧化铅），土法提银，民国二十六年仅提银百余两；当年该厂铅锌产量已超过矿山厂。二十七年（1938）后，因坑道愈挖愈远，工费增多，困难倍蓰，于是产量逐渐减少。①

乐马厂：位于鲁甸县西南 60 余公里处，是一个银铅共生的大矿。乐马厂于明末清初已从事开采，至乾隆、嘉庆时产银大盛，成为当时全国著名的银厂。咸丰、同治间，因矿道过深以及回民起义影响遂致中辍。光绪十七年（1891），有昭通人马军民恢复开采，以炼银为主，每年约产银千两以上。民国年间，改为官营，元年至六年（1912～1917）共产银约在万两，后来则成效不著。民国十二年（1923）以后，乐马厂即已完全停顿。迄于民国二十八年（1939）年二月，云南省财政厅成立鲁甸矿务局筹备处，招雇工人从事整理老硐、开发新硐，逐步恢复生产。据说，乐马厂极盛之时，炼铅炉与分银罩甚多，烟雾弥漫，田禾皆毁，并设有炭市，炉户有数十家。②

除上述三个较大的铅厂外，还有几个铅矿也应述及。双柏县石羊厂系一银铅矿，"前清嘉道年间，始著成效，历咸同光数朝，均属旺盛之时，最后在光绪十七八年，仍属发达"。澜沧西盟新厂铅矿，开采于咸同年间，"至光绪初年，工人已至万余名"。又澜沧募乃厂铅矿，"在民国二十四年后，有工人四五十名，专事提炼炉渣之铅，制成铅块及铅瓦，运销本地及肯东（似'景东'），平均年产一百二十吨左右"。③ 兰坪县的富隆铅厂在这一时期也被开发出来。④

二　铅矿的生产与产量

（一）会泽矿区的生产

会泽矿区包括矿山、麒麟二厂。

矿山厂：原为民营铅厂，民国四年（1915）东川矿业公司接办，改

---

①　《云南近代矿业档案史料选编》第 3 辑（上），第 352 页。
②　《云南之铅锌》第三章云南铅锌矿区分论。
③　朱熙人等：《云南矿产志略》，第 56、53 页。
④　《云南概览》（建设），第 52 页。

为官营。二十八年（1939）三月，东川公司由资源委员会与省政府协同改组为滇北矿务公司后，矿山厂即归滇北公司经营。矿山厂开采矿砂，沿用土法，生产成本较高。据民国二十七年（1938）十月调查，每吨铅矿成本国币 6.99 元，卖价 8.00 元，盈余仅 1.11 元。二十九年（1940）初，滇北公司新购置之柴油机发动风钻，并开始安装；利用风钻开凿平坑后，其采矿速度大大加快；硐内搬运、通风、排水等也随之改进。矿山厂炼铅也沿用土法高炉。炼铅高炉原来为私营炉户所有，每炉建筑资本约为国币 280 元。后来，东川矿业公司以同样价收买，又以 20 元之月租租给炉商。会泽矿区共有高炉 15 座，其中东川公司有 6 座，全部租与炉商。民国二十八年（1939）三月，滇北矿务公司接办后，将其 7 座土炉委托炉商进行生产，平均每月产量在 20 吨以上。二十九年（1940）炼炉增至 10 座，1/3 仍委炉商代炼，2/3 则由公司自炼，每月平均产量达 30 吨。土炉炼出的铅称为"毛铅"。"毛铅"在铁锅中"净熔"后，除去一部分杂质，便成为"净铅"。经英国某厂化验，矿山厂生产的净铅，含铅成分已达到 99.44%，银、铁、锑、锌、砷、锰等杂质成分尚不足 0.6%。生产成本中，毛铅每吨国币 260.59 元，"净熔"每吨 5 元，合计净铅成本每吨 265.59 元。[①]

麒麟厂：这是一个由民营鑫泰公司经营的铅厂。滇北矿务公司成立后，规定鑫泰公司必须将其所产铅的 4/5 转售给滇北公司。麒麟厂采矿情况不详，可能也是沿用土法。炼铅方面，有高炉 9 座，自用 4 座，租给炉商 5 座。[②] 其产品也应为毛铅和净铅。麒麟厂的生产成本未见记载。

（二）鲁甸矿区的生产

鲁甸矿区以乐马厂为主。

乐马厂：民国二十八年（1939）二月，鲁甸矿务局筹备处成立后，开始恢复生产，首先是整理旧硐，其次是探勘新硐。采矿仍沿用土法，但工具已有所改良，如炮杆改用洋钢、炸药改用黑火药等。其土法炼铅与会泽矿山厂大致相同，炼炉有大炉、小炉两种，大炉可炼矿砂三千斤以上，小

---

① 《云南之铅锌》第四章，云南铅锌之生产，页码不清。
② 《云南之铅锌》第四章，云南铅锌之生产，页码不清。

炉炼数十斤至数百斤不等。熔炼而成的铅块含有银的成分。铅块采用砂罩进行分银，或由矿砂精选后用炭直接分银。从矿砂炼铅至分银的生产成本，以河沟矿砂 50 斤为例，炼铅工料费为国币 3.25 元、分银工料费 1.6 元，计得银 1.35 两值 4.5 元、铅 11 斤值 1.98 元，所得赢利 1.18 元。[①]

（三）铅矿的产量

对于近代云南铅矿的产量，素乏全面统计，故无法得一系统的记录。东川矿业公司曾有一个历年产量统计表，云南省政府秘书处也曾编有一个历年产量表，虽然都不完整，且互有出入，但因无其他记载可言，只能将二表录之，并合为表 6 - 1。

表 6 - 1 近代云南历年铅矿产量

单位：吨

年　份	云南全省铅产量	东川铅产量	年　份	云南全省铅产量	东川铅产量
民国十二年（1923）	—	85.3	二十一年（1932）	221	259.8
十三年（1924）	—	147.2	二十二年（1933）	222	190.2
十四年（1925）	281	125.3	二十三年（1934）	190	186.9
十五年（1926）	188	144.2	二十四年（1935）	178	132.0
十六年（1927）	125	71.1	二十五年（1936）	193	116.7
十七年（1928）	250	184.6	二十六年（1937）	250	177.4
十八年（1929）	189	101.5	二十七年（1938）	—	76.9
十九年（1930）	260	70.6	总　计	2600	2121.1
二十年（1931）	253	101.4	平均产量	215.4	132.6

资料来源：京滇公路周览筹备会云南公会编《云南概览》（建设）第 61、62 页。《云南之铅锌》第四章云南铅锌之生产。

由表 6 - 1 可知，民国十四至二十六年（1925～1937）的 13 年间，云南全省共生产铅 2600 吨，平均每年 215.4 吨。民国十二至二十七年（1923～1938）的 16 年间，东川矿业公司共生产铅 2121.1 吨，平均每年 132.6 吨。抗战以前，东川矿业公司是云南产铅最多的企业，其年均产量占全省总产量的 61.6%，几乎为三分之二。但表 6 - 1 中有明显的出入，即民国二十一年，东川矿业公司产铅为 259.8 吨，而全省产铅仅为 221

---

① 详见《云南之铅锌》第四章云南铅锌之生产，页码不清。

吨，后者较前者还少 38.8 吨，这显然存在误差。应该说东川公司的统计较为准确，省政府秘书处所引数字则似有遗漏。

抗战开始后，云南铅矿生产有所发展，其产量较战前有较大增加。据各铅矿呈报明细表统计，民国二十六年（1937）全省产铅 215 吨、二十七年（1938）247 吨、二十八年（1939）328 吨、二十九年（1940）365 吨、三十年（1941）341 吨、三十一年（1942）389 吨、三十二年（1943）273 吨；民国二十六至三十二年（1937~1943）的 7 年间，共产铅 2337 吨，平均年产 334 吨。[①] 抗战 7 年的平均产铅量是抗战前的 1.55 倍。

民国三十三年（1944）以后，全省产铅数量未见记载。据滇北矿务局保管处统计，东川矿区的铅产量是：民国三十三年（1944）156.09 吨、三十四年（1945）85.10 吨、三十五年（1946）不详、三十六年（1947）177.49 吨、三十七年（1948）190.41 吨、三十八年（1949）24.67 吨。[②] 可见，民国三十三年以后，东川矿区的铅产量处于时增时减的状况之中。民国三十八年则骤减为 24.67 吨，仅为民国三十三年的 15.8%，东川矿区是云南主要的铅矿产地。东川矿区的状况，反映了抗战后期及战后云南全省铅产量的变化状况。

第二节　锌矿的开发

如本书上篇所述，云南锌矿的开发始于明代，清代前期有所发展。迄于近代，又有进一步的开发。

一　锌矿的分布与主要锌厂

清代前期，云南先后开发的锌厂有 5 个，即狮子山厂、野猪畊厂、普马厂、卑浙厂、块泽厂。前三个厂早在乾隆中后期及嘉庆时期就已经封闭，唯卑浙、块泽二厂一直生产。迄于咸丰初年，因发生回民起义，生产停顿。战乱平息后，与铅矿一样，于"同治十三年试办，照例抽课，尽收尽解"。[③] 可

---

① 《云南近代矿业档案史料选编》第 3 辑（下），第 641 页。
② 云南省人民政府财政经济委员会编《云南经济资料》，内部刊物，1950 年 9 月，第 70 页。
③ 岑毓英等：光绪《云南通志》卷 74，矿产二·铅厂，第 10 页。

见，晚清时期，云南锌厂较前减少，生产规模也随之萎缩。

民国时期，锌矿有所开发。据统计，民国元年（1912）以后，全省有锌矿 16 处。民国三年（1915）至八年（1919）有锌矿 13 处，而在民国四年至五年（1915～1916）间，"因日本人到香港收买锌，其价骤涨，平时每吨仅国币 200 元，忽增至 500～600 元。各地矿商乘机加工赶办，滇锌年产量竟达 1500 吨以上"。后来，日本制锌工业发展起来，不再购买滇锌，云南锌厂渐次停办。① 根据云南省建设厅的统计，全省有锌矿 28 处，分布在路南、陆良、罗平、会泽、巧家、鲁甸、彝良、建水、弥勒、玉溪等 10 县。先后发现的 28 处锌矿，未开者 4 处、开而已停者 14 处、现况不明者 10 处，"实际开采者为数有限"。②

此间，云南主要锌厂有 4 个，兹分述如下。

会泽矿区的矿山、麒麟二厂，其矿床为铅锌共生，因此这两个厂既是铅厂，也是锌厂。

矿山厂：前面已述，咸丰年间产额最旺，后渐衰落；光绪十五、六年复大盛，民国四年（1915 年）由官商合办的东川矿业公司接办，民国二十八年改由官办的滇北矿务公司经营。该厂采矿和冶炼基本上沿用土法。炼锌之炉大多分布在牛栏江两岸，此即"以矿就炭（煤炭）"之故。土法炼锌采用直立罐式的蒸馏炉。蒸馏炉炼出的锌称为"毛锌"。"毛锌"含锌约为 95%，加以精炼后可达 99.8% 以上。每百斤纯锌的生产成本为国币 9.7 元。③

麒麟厂：上面已述，这是一个由民营鑫泰公司经营的铅锌厂。其采冶沿用土法，生产技术与矿山厂相同。

巧家凹木口锌矿：该矿位于巧家县西南、金沙江西岸，距县城约三四日路程。凹木口锌矿的矿石含锌成分高达 18%，其储量约为 11372 吨。该矿开采于光绪二十二年（1896）。欧战期间（1914～1918），因锌价大涨，于民国六、七年（1917、1918）其生产"颇著成效"。欧战结束后，锌价渐落，该矿"亦归停办"。④

---

① 李珪主编《云南近代经济史》，云南民族出版社，1995，第 325 页。
② 《云南之铅锌》第二章云南铅锌矿之分布，页码不清。
③ 《云南之铅锌》第四章云南铅锌之生产，页码不清。
④ 《云南之铅锌》第三章云南铅锌矿区分论，页码不清。

罗平卓浙锌矿：该矿在罗平县城北五十里，矿石以锌为主，铅量不多。该厂较会泽矿山厂开发更早，十八世纪时曾兴旺一时，每年产锌约千吨。"后因缺乏销路，运费繁重，即趋停顿"。①

二　锌矿的产量

近代云南锌的产量与铅产量一样，仅见于省政府秘书处和东川矿业公司并不全面且互有出入的统计，见表6-2。

表6-2　近代云南历年锌矿产量

单位：吨

年　份	云南全省锌产量	东川锌产量	年　份	云南全省锌产量	东川锌产量
民国十二年(1923)	—	119.5	二十一年(1932)	80	145.9
十三年(1924)	—	174.4	二十二年(1933)	52	44.9
十四年(1925)	187	295.4	二十三年(1934)	53	51.0
十五年(1926)	162	250.3	二十四年(1935)	49	16.0
十六年(1927)	125	95.5	二十五年(1936)	44	7.1
十七年(1928)	175	139.4	二十六年(1937)	47	12.9
十八年(1929)	188	114.3	二十七年(1938)	—	31.5
十九年(1930)	140	135.5	总　计	1420	1763.1
二十年(1931)	140	129.5	平均产量	109.2	110.2

资料来源：云南省政府秘书处编《云南概览》第61、62页；《云南之铅锌》第四章云南铅锌之生产。

由表6-2可知，民国十四年至二十六年（1925～1937）的13年间，云南全省共产锌1420吨，平均每年出产109.2吨。民国十二年至二十七年（1923～1938）的16年间，东川矿业公司共产锌1763.1吨，平均每年产110.2吨。东川矿业公司是当时全省产锌最多的企业。但是，表6-2中数字有明显误差，即民国十四年、十五年、二十一年三个年份，东川矿区的产锌数量均高于全省产锌数，这显然是不准确的。东川区的统计可能较准确，而省政府秘书处的统计也许不够全面。

---

① 《云南之铅锌》第三章云南铅锌矿区分论，页码不清。

从民国二十二年（1933）开始，云南的锌产量即开始不断大幅减少。抗战期间以及战后也无起色。以东川矿区为例，民国二十七年产净锌31.5吨、二十八年22.5吨、二十九年10.6吨、三十年19.8吨、三十一年60.4吨、三十二年44.5吨、三十三年71.1吨、三十八年5.1吨。[①] 东川矿区产锌情况尚且如此，全省也不会景气。

三　铅锌的贸易

晚清时期，铅锌主要是用作制钱的原料，故大多由政府统一收购。辛亥革命后，停止铸造制钱，铅锌的用途发生变化，其贸易方式也随之改变。

民国时期，铅锌同为军事工业与其他相关工业的重要资源。铅的主要用途是：电瓶中的锑铅、制颜料油漆和电线包皮等。锌的用途更广：镀锌钢板，制造合金如黄铜、机器模型的辗锌，油漆及染料的锌粉，火柴、搪瓷、墨水玻璃的氧化锌以及医药用品之锌等。军事工业对铅锌直接、间接需要的种类甚多，故抗战开始后对铅锌的需要甚为迫切。因此，云南生产的铅锌与其他各省一样，"大部均为兵工署购买"。

云南生产铅锌的企业有滇北公司、鑫泰公司和鲁甸矿务局筹备处。因鑫泰公司受滇北公司统制，其4/5产品由滇北公司收购；鲁甸矿务局筹备处则产量不多。故在云南的铅锌贸易中，滇北矿务公司"握有全权"。

国民政府国防部兵工署购料委员会直接向滇北矿务公司订购铅锌。如民国二十八年（1939）度至二十九年（1940）一月，兵工署订购滇北公司炼铅2批共300吨，其价格第一批每吨国币500元，第二批710元。此为滇北公司批量销售部分，其数量最多。此外，零售部分数量甚少，最多不过二三十吨，分销于本省的五金制造厂及印刷公司。[②] 至于锌的贸易，因其产量甚少，故无批量交易的记载。

四　云南铅锌在全国的地位

近代，我国铅锌矿分布甚广。据统计，铅锌矿产分布于28省，367

---

① 云南省人民政府财政经济委员会编《云南经济资料》，内部刊物，1950年9月，第70页。
② 《云南之铅锌》第五章云南铅锌之贸易与运输，页码不清。

个县，主要产地首先是湖南省，共有 51 个县出产铅锌，其中最著名的是常宁、衡山、慈利、郴县、湘乡、桂阳、临湘等县；其次是云南省，共有 70 个县出产铅锌，其中最著名的是会泽、鲁甸、巧家、罗平、兰坪等县；复次是西康、浙江、辽宁、贵州、广西、河南、山西等省。此外，尚有广东、福建、山东、江西、河北等省也出产铅锌。①

据《中国经济年鉴续编》截至民国二十三年（1934）六月底的统计，全国各省铅锌采矿区区数及面积（公亩）是：湖南省的铅矿有 17 区 71272.5 亩，云南有 6 区 19651.24 亩，浙江有 3 区 6239.50 亩，其他河北、山东、福建各有 2 区，江苏、山西、察哈尔各有 1 区。湖南的锌矿有 2 区 10415 亩，云南有 3 区 20846.59 亩，浙江有 1 区 383 亩。② 可见，铅矿矿区数与面积，湖南省位居第一，云南省位居其次，浙江省第三。锌矿矿区数与面积，云南省第一、湖南省第二、浙江省第三。

据《中国矿业纪要》记载，全国各省历年铅、锌矿产量如表 6 - 3、表 6 - 4 所示。

表 6 - 3　全国各省历年铅砂产量

单位：吨

年份 产地	民国十五年 1926	民国十六年 1927	民国十七年 1928	民国十八年 1929	民国十九年 1930	民国二十年 1931	民国二十一年 1932	民国二十二年 1933	民国二十三年 1934
湖南水口山	10095	5525	14419	9309	7717	5961	5320	5068	6460
云南会泽	200	133	100	20	—	—	221	222	190
辽宁青城子	2823	462	300	1450	—	—	—	—	—
西康会理	30	—	—	—	20	20	20	20	20
广东	20	4	—	—	—	—	—	—	—
贵州	—	—	20	150	—	—	—	—	—
西康康定	—	—	—	—	15	15	15	10	—
总　计	13168	6124	14839	10909	7752	5996	5576	5310	6670

资料来源：《中国矿业纪要》第二次至第五次；杨大金：《现代中国实业志》。转引自《云南之铅锌》第六章云南铅锌与全国铅锌之比较。

---

① 《云南之铅锌》第六章云南铅锌与全国铅锌之比较，页码不清。
② 《云南之铅锌》第六章云南铅锌与全国铅锌之比较，页码不清。

表 6 - 4　全国各省历年锌砂产量

单位：吨

产地 \ 年份	民国十五年 1926	民国十六年 1927	民国十七年 1928	民国十八年 1929	民国十九年 1930	民国二十年 1931	民国二十一年 1932	民国二十二年 1933	民国二十三年 1934
湖南水口山	23210	16194	15264	19699	14922	14319	9882	10052	12846
云南会泽	162	125	175	188	140	164	80	152	153
西康会理	500	—	—	200	300	300	300	300	300
广西	—	—	—	—	—	—	322	61	—
总计	23863	16319	15439	20047	15362	14783	10584	10565	132

资料来源：《中国矿业纪要》第二次至第五次。

从以上二表可知：民国十五年至二十三年（1923～1934）9 年间，湖南水口山的铅砂和锌砂产量远远高于其他各省，云南会泽生产的铅砂和锌砂产量分别次于辽宁青城子和西康会理，居于第三位。

云南的铅、锌产量远远低于湖南，主要原因有如下两方面：首先是湖南铅锌开发较早，且兼用新法、土法采炼；其次是湖南铅锌产地交通便利，距离销售市场不远，运输省费，生产成本不高。这两方面，都是云南不能与之相比的。①

---

① 以上俱见《云南之铅锌》第六章，云南铅锌与全国铅锌之比较，页码不清。

|第|七|章|

铁矿的开发

近代，云南铁矿有较大开发，其产地大大增加，铁厂规模有所扩大，生铁产量随之增加，钢铁工业开始发展起来。

第一节 晚清时期铁矿的开发

晚清时期，自道光以来"有额课之铁厂，凡十有四"，兹胪列如下：

石羊厂，坐落于南安州（今双柏县），年征课银 27.44 两，遇闰加银 2.287 两；

鹅赶厂，坐落于镇南州（今南华县），年征课银 12.11 两，遇闰加 1.091 两；

三山厂，坐落于陆凉州（今陆良县），年征课银 10.07 两，遇闰加 0.893 两；

红路口厂，坐落于马龙州，年征课银 11.92 两，遇闰加 0.96 两；

龙朋里上下铁厂，坐落于石屏州，年征课银 17.99 两，遇闰加 0.89 两；

小水井厂，坐落于路南州，年课 7.2 两，遇闰加 0.6 两；

河底厂，坐落于鹤庆州，年征银 8 两；

阿幸厂，坐落于腾越厅（今腾冲县），年课溢额归公银 7 两，遇闰加 0.334 两；

喇箐厂，坐落于腾越厅，年课 4 两，遇闰加 0.33 两；

水箐厂，坐落于腾越厅，年课 4 两，遇闰加 0.33 两；

滥泥箐厂，坐落于嘉州（今双柏县南），年课银 8 两；

椒子坝厂，坐落于大关同知（今大关县），额征银 12 两；

老君山厂，坐落于易门县，额征银 8.56 两，遇闰加 0.71 两；

猛烈乡厂，坐落于威远同知（今景谷县），额征银 7.2 两。①

以上铁厂，自道光时期以来一直在生产，迄于"咸丰初军兴课停"，即因咸丰六年（1856）爆发各族人民的反清起义，铁厂停产，铁课随之停征。迨至光绪八年（1882），即时隔 26 年之后，才逐渐恢复生产，而"照例抽课，尽收尽解"。②

晚清时期，云南铁矿一直"由民间经营，纯用土法"。"大致铁矿之采掘，以磁铁矿、赤铁矿、菱铁矿等为多，含镜铁矿、硫铁矿亦有之；而坑道掘多于露天掘。至于炼铁，姑举通海为例：该地焙铁以粗鼓风式炉为之，用黏土及砖制成，高可三十英尺之炉，内径圆阔，两端渐狭，炉内实焦炭与煤及磁铁矿之混质，层数相等。由下边生火，约经两昼夜；又由炉上加火一次，迨检验矿汁，现恰当之色，即将矿滓去尽，投碎炭粉一层于熔铁炉内，以棍搅之，任其自冷，且令铁流水内破为碎粉；再以小手炉熔之，趁热时，锤为铁锭。"③

当时，"铁之产额，各县时作时停，殊无一定确数。据十年前之估计，大致每年约万吨上下"，④ 即光绪年间云南年均产铁约一万吨，超过清代前期的生产水平。

当时，铁的主要用途是制农具和铸铁锅，"以通海、平彝（今富源县）出产者为佳"。⑤

第二节　民国时期铁矿的开发

一　铁矿的分布

民国时期，云南铁矿分布甚广，几乎无县无之。云南省建设厅统计：

---

① 《新纂云南通志》卷 145，矿业考一·铁矿，第 122 页。
② 光绪《云南通志》卷 74，矿厂二·铁厂，第 4 页。
③ 《新纂云南通志》卷 145，矿业考一·铁厂，第 124 页。
④ 《新纂云南通志》卷 145，矿业考一·铁矿，第 124 页。所谓"据十年前之估计"，即 1902 年（光绪二十八年）前后，因"新志"所收资料截止于 1911 年（宣统三年）。
⑤ 《新纂云南通志》卷 145，矿业考一·铁矿，第 124 页。

"全省产铁之县、设治局及督办区，共有八十二个。虽然其储量不（未）必皆称丰富，但由此可见其分布广矣。"①

据民国四年（1915）昆明矿署余焕东"检阅旧卷及志乘所载，并参以一、二调查员之报告"，全省有 63 个县产铁，其已开、试办、未开的产地共 218 处。② 又据民国三十四年（1945）《云南矿区分布及藏量估计表》，全省产铁的县也为 63 个，产地共有 295 处。③ 当时全省 112 个县，产铁的县占 52%，即一半以上。

二　主要的铁矿区

云南铁矿虽然分布甚广，但也相对集中，形成了几个较大的铁矿区。民国二十九年（1940 年）曹立瀛、王乃樑在《云南之铁》中将云南铁矿产地分为 3 大区，兹分述如下。

（一）安易铁矿区

本区铁矿大部分布于易门县境内，小部在安宁县境内。可分为 7 个小区，即东山、檀香箐、黄石崖、军哨、阿德、槐树庙及沙场。其矿层厚自二三公尺至五六公尺不等，军哨小区最厚处有达二十米左右者。矿床中主要矿物为赤铁矿，此外也有褐铁矿、镜铁矿等。矿质颇为纯粹，含铁多在 60% 以上，唯阿德小区含铁较低。全区储量估计为 450 万至 700 余万吨，其中军哨小区储量最丰，估计为 170 余万吨。

（二）峨玉昆龙武区

本区铁矿大部分布在峨山、昆阳一带，小部分布于玉溪县与龙武设治局。峨山县境内有 6 个小区，即西舍迭、山后厂、他达（塔达）、野马硐、上厂、老鲁关铁矿。昆阳境内的铁矿有大六期、法古甸、石槽河、老蒋河、内甸乡、白马竜山等 16 处。玉溪县境内的铁矿有矿硐山、无衙河、豆街河等。龙武境内铁矿有洒红白老黑山、落水洞打矿山两处。该矿区所见矿物有赤铁矿、褐铁矿、菱铁矿、黄铁矿等。矿石含铁成分约

---

① 曹立瀛、王乃樑编《云南之铁》（油印本，页码不清），云南经济报告之四，民国二十九年十月。本章所述史事，除注明出处者外，其余皆引自《云南之铁》一书。
② 详见《云南近代矿业档案史料选编》第 3 辑（上），第 125～142 页。
③ 详见《云南近代矿业档案史料选编》第 3 辑（下），第 671～676 页。

为 40% ~ 60% ，储量未经统计。

（三）滇西铁矿区

本区包括鹤庆、腾冲两县。鹤庆县境内铁矿以北衙铁矿最著名，据说已有数百年的历史。该铁矿以赤铁矿为主，矿石含铁成分占 20% 。储量估计有 40000 余吨。腾冲县境内的铁矿主要有滇滩关附近的英板街铁矿，矿石主要为赤铁矿。其他情况不详。

民国三十五年（1946 年），周仁、王仲来在《云南钢铁事业概论》中，又将云南铁矿产地分为 4 大区，兹简述如下：

（一）滇中区：包括易门、安宁、武定、牟定、昆阳、峨山、龙武各县的矿铁，而以安宁为中心。其矿质均属赤铁矿及褐铁矿，含铁成分均在 50% ~ 60% 左右，矿量总计约 2100 余万吨。该矿区在昆明附近 200 公里内，交通便利，产销供应条件良好，其时建厂冶炼，于钢铁工业已略具基础。

（二）滇东区：包括路南、泸西、陆良、马龙各县铁矿，而以路南或陆良为中心。

（三）滇西区：包括鹤庆、华坪、丽江、永胜各县铁矿。

（四）滇南区：包括澜沧、南涧、车里（今西双版纳州）各县铁矿。

云南全省铁矿总储量约 100 兆吨左右（此数字可能有误）。上述 4 大矿区中，储量较丰的铁矿有如下 7 个：易门铁矿，储量为 423.6 万吨；东山铁矿，在易门县北 27 公里，与禄丰县交界之处，有东矿坑、西矿坑、水月庵三区，储量约为 214.1 万吨；安宁铁矿，在安宁县与禄丰县之间，有水箐、王家滩、河底 3 区，储量共约 200 万吨；禄丰铁矿，在禄丰东南 4 公里许，储量约 100 万吨；武禄罗铁矿，在武定、禄丰、罗次三县城之西约 10 公里许，有峨岭、夷纳、大脉、羁那 4 厂，储量约共 500 万吨；昆阳峨山河西玉溪龙武铁矿，在昆阳西南、峨山县西一带，散布在 5 县之间，储量约略估计 300 万 ~ 500 万吨；牟定楚雄铁矿，素以产铁著名，在两县与广通县之西，储量共约 200 万吨。①

---

① 《云南近代矿业档案史料选编》第 3 辑（下），第 613、614 页。

三 铁矿的经营

民国时期，云南铁矿主要由私人经营。民国四年（1915 年）余焕东《云南全省铁矿一览表》内注明所有铁矿均为"商民承办"，包括"本地绅商"承办、"本地商人自办"、"本地村民自办"、"本地土人自办"等。这些商人和村民自办铁矿，有的是独资经营，有的是合资经营（即"合办"）；此外，文山县的鑫隆山岔河边铁厂，经营者为"张宝善富华有限公司"；腾冲县的沙喇箐铁厂，经营者是"集义公司"。[①] 可见，民国初年云南铁矿均由商民承办，经营方式主要是独资、合资，少数铁厂已采取公司形式集股经营等。民国中后期，铁矿仍以商民经营为主，如民国十一年（1922 年）《云南矿产概况》中表列的"比较著名"的铁矿共 63个，其"承办人"中有 62 个为有名有姓的商民，只有嶍峨（今峨山县）的水品厂系"兵工厂委员办理"，[②] 即由官方直接经营。又如民国三十年（1941 年）九月由云南区税局编制的《云南各矿一览表》中列有铁矿共26 个，其"代表人"也都是有名有姓的商民。[③]

民国二十八年七月，"因国防工业之迫切需要"，加之易门矿区"屡经详细勘察"，其储量已大明，故国民政府经济部资源委员会成立易门铁矿局，创业费国币 10 万元，采勘总费预算为 85 万元，领有军哨、檀香箐、东山和阿德 4 区，日产矿石约 50 吨。此为滇省唯一国营新式铁矿区。[④]

民国二十八年十月，云南商民与国民政府兵工署合作成立"昆华煤铁特种股份有限公司"（又称"昆华铁业公司"），官商两方平均集资国币 160 万元，后又扩资 600 万元和 1500 万元。该公司经营泸西县圭山煤矿、易门县米川乡东山铁矿和安宁县九渡河九渡铁矿，其炼铁厂建有新式高炉，"所出生铁，与舶来之洋生铁相等，或且较优，适于翻砂铸铁炼钢之用"。[⑤] 此为滇省唯一官商合办的铁业公司。

---

① 《云南近代矿业档案史料选编》第 3 辑（上），第 125 ~ 142 页。
② 《云南近代矿业档案史料选编》第 3 辑（上），第 386 ~ 391 页。
③ 《云南近代矿业档案史料选编》第 3 辑（下），第 647 ~ 664 页。
④ 张肖梅编著《云南经济》，J55 页。
⑤ 云南省志编纂委员会办公室编《续云南通志长编》下册，第 470、471 页。

四　铁矿的生产

（一）采矿

云南铁矿"土法开采极盛"。因矿床显露和矿层较厚，故大多"利用露天开采法开采之"，凿硐挖掘者甚少。露天开采又称"采草皮矿"，即在矿山上表面进行："盖雨水降下，土轻者被水冲击，积于山之下半部，其色较赤，而其比重较大之赤铁矿，则残（留）于山之上半部，其色较为赤褐。采取之法，即用长柄长约三尺之铁铲刮取铁砂，装于竹制之篮内，由人力或畜力运至炼铁厂。"① 至于掘硐采取即采硐矿，与前面锡矿硐尖采矿大同小异，兹不复述。

（二）炼铁

大多数铁矿区都设有炼厂，其"无定数，亦无一定地点，惟因鼓风关系必须设于有水力之处。炼厂设有炼炉，炼炉有标炉、平炉两种。标炉又称高炉，备熔矿之用，相当于新式之鼓风炉，其产出物则为铣铁（即铸铁、生铁）。平炉又称炼炉，为精炼铣铁之用，相当于新式冶金之炼铁倒焰炉，其产出物为熟铁"。"炼制方法：先将矿石碎为适当之大小，运于标炉之顶；次用木柴置于标炉底热之；俟其达于赤热程度，装入矿料少许，俾成薄层，用泥封流出口，并通以最强之风；俟火焰渐次上升，再装入多量之木炭，旋即装入较厚之矿层，如此燃料与矿石逐渐互相装入，以近于炉顶；约经过数小时后，启流口处之封泥，其下之矿即熔解而流出，是为铣铁。将铣铁用铁锤碎之，装入已经赤热之平炉，时时用器具搅拌，以讫其熔解。其流面暂有浮渣，将其取去，置于铸型之内，即成为铁条而可出售矣"。云南所产之铁，据估计，生铁约占60％，熟铁仅占35％，而用以炼钢者则不及5％。②

学者曹立瀛、王乃樑将近代云南冶铁业称为"土铁业（即主要生产生铁）"。他们还指出："云南之土铁业，一如铁矿分布虽广，皆系零星小量，鲜有集中大规模冶炼者。铁矿分布之散漫，交通之不便，

---

① 张肖梅编著《云南经济》，J 第56页。
② 张肖梅编著《云南经济》，J 第56、57页。

炼铁技术之简单幼稚，炼炉设备费用之低廉，农民采之以为农闲副业——种种原因，实有以使然。总言之，云南土铁生产，一如各种农产品及农村工业品，几呈各县或邻县自给自足之现象；其偶见某地特别兴盛者，殆因该地产铁丰富、柴炭方便，但主要原因实为邻近有大销场，……反之，若一产地不近大销场，则虽铁矿及柴炭之条件具备，仍不能大量生产。"① 对云南没有形成大规模铁业的原因的此一分析，无疑是正确的。

五　生铁的产量

近代云南一向只有生铁产量的统计或估计，而此种统计和估计都是不尽准确的，只能从中窥其大概矣。

据民国二十五年（1936年）"云南各种矿产产量调查表"，历年生铁产量如下：民国十四年（1925年）3100吨、十五年（1926年）3100吨、十六年（1927年）4370吨、十七年（1928年）2050吨、十八年（1929）3000吨、十九年（1930年）5480吨、二十年（1931年）5441吨、二十一年（1932年）5192吨、二十二年（1933年）5833吨、二十三年（1934年）5170吨、二十四年（1935年）4271吨。②

据民国二十九年（1940年）曹立瀛、王乃樑调查与测算，昆阳、安宁、易门、武定、峨山、牟定六县开工土炉32座，每炉日产生铁0.55吨；每年平均工作120日或200日，全年共产生铁3708吨。滇西蒙化、剑川、鹤庆、永胜、丽江、维西、云龙、保山、景谷九县，年产生铁1437吨。此外还有麻栗坡等年产生铁2025吨，三地合计年产生铁5736吨。以上16县仅占全省产铁县数1/5，但产铁数量较大之县，皆已包括在内。故5736吨之数，虽不能代表全省之生铁年产量，至少可以视为一个大致之数。③

据民国三十三年（1944年）"云南全省矿业生产量调查表"，历年生铁产量如下：民国二十六年（1937年）4310吨、二十七年（1938年）

---

① 《云南之铁》第二章云南之土铁业。
② 《云南近代太业档案史料选编》第3辑（下），第643页。
③ 《云南之铁》第二章云南之土铁业。

5065 吨、二十八年（1939 年）5730 吨、二十九年（1940 年）5769 吨、三十年（1941 年）7431 吨、三十一年（1942 年）6287 吨、三十二年（1943 年）5432 吨。①

此外，《中国铁矿志》谓，民国五年（1916 年）云南全省生铁产量为 9300 吨。民国十五年（1936 年）第一次矿业纪要载：据云南省统计，年产铁约 20000 吨。② 又民国十二年（1923 年）姜和鸾、陈凤鸣"各矿综合评价"称"本省铁之产额，年约万吨上下"。③

综上所述，近代云南生铁产量向无准确统计。概而言之，大约年产生铁 5000 吨左右，最多 20000 吨，最少仅 2000 余吨。

六　生铁的成本与销售

（一）生铁成本

生铁生产成本，包括矿砂、柴炭、人力、大炉（土炉）折旧等各项费用。据调查，昆阳新房子铁厂之生铁成本每吨国币 73.06 元，鹤庆北衙铁厂之生铁成本每吨 53.95 元。④

（二）生铁销售

云南生产的生铁，首先大多用于铸锅，这是生铁的一大销路；其次用来煅成熟铁，用以打造农具、铁链、刀剑及其他各种铁器。再次少部分生铁则用来炼钢。

云南铸锅技术甚精，铁锅的销路颇远，除省内各县外，有的销往四川之盐场，平彝（今富源县）铁锅销至广西百色。通海、平彝以及腾冲、缅宁（今云县、临沧县）、丽江、宣威、寻甸、麻栗坡等县的铁匠均以生铁铸造铁锅。如鹤庆北衙铁厂，年产生铁 300 余吨，除大多用以铸锅外，还煅成熟铁供给附近诸县打制农具及铁器之用。又如峨山、玉溪、龙武矿区所产生铁"一向盛享荣誉，行销甚远，南达蒙自、开远、迄于河内，北至昆明"，其中一部分也用来铸造铁锅。

---

① 《云南近代矿业档案史料选编》第 3 辑（下），第 641 页。
② 《云南之铁》第二章云南之土铁业。
③ 《云南近代矿业档案史料选编》第 3 辑（上），第 350 页。
④ 《云南之铁》第二章云南之土铁业。

昆华铁业公司在易门、安宁矿内建有土炉 8 座,所产之生铁全部供给兵工署。①

七 钢铁工业的发展

云南以其所产之生铁设厂炼钢较内地为晚,民国二十八年(1939 年)先后建立"中国电力制钢厂"和"云南钢铁厂",云南的钢铁工业遂从此发展起来。

中国电力制钢厂:民国二十八年二月在重庆设立,由国民政府经济部与云南全省经济委员会"各加入官股"合办,厂址设在云南安宁县桥头村,额定资本为国币 200 万元。先后从英、美、瑞士等国采购机器。三十年(1941 年)冬正式投产,其在技术方面,与国立中央研究院工学研究所(今昆明贵金属研究所的前身)合作颇多。该厂原料为生铁、熟铁、废钢、毛铁等,来自昆阳和易门等处;主要机器有一吨电炉一座、一吨半裴色姆炉一座、四百马力轧钢机一座、六十公斤压气锤两座;原动电力由安宁耀龙公司水力发电供给。主要产品以质料区别有碳素钢与合金钢两大类,以形状区分有圆钢、方钢、角钢等。平均每月产钢约 60 吨,主要销地为云南、四川及西北各省。该厂"于抗建大计,殊多贡献"。②

云南钢铁厂:该厂由资源委员会、云南省政府及兵工署三机构合办。民国二十八年(1939 年)开始筹备,三十年(1941 年)推定资源委员会为主办机关。三十二年(1943 年)五月投产。厂址设于安宁城南、滨螳螂川、临滇缅铁路,全厂占地 1200 余亩。主要生产设备:在炼铁部门有日产生铁 50 吨之炼铁炉一座,附有(高白氏)热风炉四座、集尘器、旋尘器、蒸汽吊矿机与上料斜桥等;在制钢部门有两吨量与一吨量柏士麦炼炉各一座、附有两吨熔铁炉、十吨量起重行车与磨碎机等。附属生产设备有 200 匹马力蒸汽锅炉两具、蒸汽鼓风机一具、叶氏鼓风机五具、罗茨鼓风机两具、108KW 三相交流发电机一具等。该厂所用矿砂,取自滇中矿务局之王家滩及昆华公司之九渡。其产品有供铸造用的"特"、

---

① 《云南之铁》第二章云南之土铁业。
② 《续云南通志长编》下册,第 474 页。

"一"、"二"号三种生铁，柏士麦炼钢用的生铁，还有普通碳素钢锭、钢坯以及其他钢铁铸件等。[①]

由上所述可知，云南铁矿储量丰富，品质优纯，开发较早，近代以来年均出产生铁约 5000 ~ 20000 吨。抗战期间，钢铁工业迅速发展起来，对"抗战建国"做出重要贡献。然而，云南长期以生产土铁（即生铁）为主，且生产规模很小，产量也不高。近代云南的铁矿开发同当时辽宁、河北、山东、河南、安徽、湖北、江苏、江西、福建以及四川等省相比，首先是差距甚大，不能与之相比；其次是自有诸多"优利"条件，日后值得大力开发。[②]

---

① 《续云南通志长编》下册，第 474、475 页。
② 周仁、王仲来：《云南钢铁事业概论》（1946 年），《云南近代矿业档案史料选编》第 3辑（下），第 612 ~ 640 页。

|第|八|章|

钨矿与锑矿的开发

近代,国人已对钨、锑的用途有所认识。钨的最大用途是冶炼钨钢。钨钢在军事工业上用来制造枪炮 A 管、军舰甲板、飞机引擎上的活门;在工业方面用来制造各种机械工具。此外,钨还用来制造多种合金,如钨钴合金,用作切割工具与外科仪器;钨镍合金,用作牙科器材等;钨与铜锌镍合金,用作白金之替代品;钨与钾钠合金,通常用作装饰品。金属钨常用于电气工程上,最普通的用途就是电灯中的钨丝。锑的主要用途是电瓶、支撑合金及印模、铅字等;在军事工业上还用来与铅化合制造子母炮弹、子弹及弹丸核心,硫化锑与爆粉配合,可制爆剂。[①] 可见,早在 20 世纪 40 年代,钨、锑已具有广泛用途。

民国二十九年 (1940),资源委员会经济研究室的曹立瀛、温文华在《云南之钨锑矿业资料》中写道:我国的钨矿与锑矿"在世界钨锑生产中占极重要地位,产额各占全世界百分之六十以上,且每年输出海外之钨砂及锑品为数甚巨。"[②]《新纂云南通志》卷 65 "物产考·矿物" 也称:"世界产锑之国,以中国居首位"。[③]

近代,我国的钨矿产地首推赣南,光绪末年发现于江西大庾县之西华山,次则湘、粤、桂三省。云南虽有钨矿,然勘查未遍,储量不详,

---

① 曹立瀛、温文华编著《云南之钨锑矿业资料》,云南经济研究报告之八,油印本,民国二十九年九月,第 26、27 页。

② 《云南之钨锑矿业资料》,第 3 页。

③ 周钟岳等:民国《新纂云南通志》卷 65 "物产考·矿物"。

经营未力，矿产量不多。至于锑矿之发现，则始于光绪二十一年（1895）湖南境内：[①] "中国产锑之地，以湖南为第一，而云南、两广次之"。[②]

关于近代云南钨矿与锑矿开发详情，兹分述如下。

第一节　钨矿的开发

云南钨矿的开采，始于民国四年（1915 年）以后，"当时第一次欧战爆发，钨锑价格飞涨，操此业者获利颇厚，矿业遂大形发达。……战后，钨锑价格跌落，各公司难于支持，遂相继停顿"。[③] 抗战爆发后，钨矿业又有较大发展。

一　钨矿的分布

云南钨矿的主要产地在个旧县的卡房白沙坡一带，文山县内之钙钨矿、滇西龙陵县境内之钨、铁、锰矿蕴藏量亦颇不少。[④] 详见附录 "历史上云南金属矿产分布表" 表 8 "钨矿分布"。

二　个旧钨锑分公司

民国二十四年（1935 年），个旧商人董澄农在个旧卡房白沙坡一带发现钨矿矿苗，乃呈报省政府建议开采。省政府于民国二十五年（1936）下半年创设 "云南省钨锑公司"，定为官商合办，设总公司于昆明，设分公司于各重要钨锑矿区。个旧钨锑分公司于同年八月成立，公司设于卡房，专司开采个旧方面之钨矿，其资本为滇币 100 万元，董澄农任经理。经理之下，设矿务部和营业部，下有办事员若干，职员人数约 16 名。

个旧钨锑分公司并未在矿区自行开采，更未设厂炼钨，仅向厂商收买钨砂，然后淘洗销售。钨砂之产量每月平均可得 3 兜共 300 吨，但冬季

---

① 《云南之钨锑矿业资料》，第 3 页。
② 《新纂云南通志》卷 65，物产考八·矿物二·锑，第 161 页。
③ 《云南之钨锑矿业资料》，第 3 页。
④ 《云南之钨锑矿业资料》，第 4 页。

则产量稍低。民国二十五年（1936 年）约产 100 吨，二十六年（1937年）增至 340 余吨，二十八年（1939 年）和二十九年产额大增，"有云年产共一千吨，有云二千数百吨者，详情无从采悉"。

个旧卡房白沙坡一带开采钨矿的矿户有二三百家，工人约 2000 人。采出钨砂后，用马驮至城内钨锑分公司出售。各家规模均不甚大。采矿用土法，分为"硐尖"与"草皮尖"，即掘硐及露天开采；采得钨砂加以选洗，去其杂质，然后售予钨锑分公司。钨砂成分最多不过 40%，最少20%，12% 以下为不合格。钨砂价格按其成分分成而定。民国二十七年（1938 年）规定：含砂 40% 者为十成，每 100 斤钨砂为国币 42 元；含砂36% 者为九成，每百斤 41.5 元；其余类推，最后为含砂 12% 为三成者，每百斤 32 元。

个旧钨锑分公司购买钨砂后，再加擂碾精选、烘干，即可运往香港销售。盖因国内工业生产对钨的需求量不大，故个旧出产的钨砂都用来出口。含钨量为 60% 以上的钨砂运至香港后，由云南全省钨锑公司（即总公司）驻港办事处经销。"现价为每百港斤（约与天平相仿）约为港币百元。"① 个旧钨矿经个碧石铁路和滇越铁路运至越南海防，每兜（约 10吨）运费分别为旧滇币 850 元和法币 250 元；海防至香港由裕通转运公司负责办理，详情未悉。个旧分公司以其每年所得赢利 30% 作为消费税和关税缴纳给云南省政府。

个旧钨锑分公司历年出口钨砂的数量未见系统记载，据《个旧市志》载，民国二十五年（1936）为 240.5 吨，二十六年（1937）为828.7 吨，二十七年（1938）达 1007 吨。② 又据《云南经济》载，民国二十五年（1936）二月，云南"第一批钨出口，得价甚好，全年运港二四〇五公担，值国币三二〇四九一元。三七年（1937）钨增加出口达八二八七公担，比较上年三倍而过之，大部销英、德。三八年（1938）更增达一〇〇七三公担，价值国币约四百万元；且下半年受国外市场衰落之影响，否则更不止此，短期内有如此发展，殊可惊人"。③ 上引两书

① 《云南之钨锑矿业资料》，第 11 页。
② 个旧市志编纂委员会编纂《个旧市志》（上），第 408 页。
③ 张肖梅编著《云南经济》，P5 页。

所记情况基本相同，即民国二十五年至二十七年三个年份，个旧分公司出口的钨砂最多 1007 吨，最少 240.5 吨，平均为 692 吨。

另据《蒙自海关报告》，由蒙自关出口的钨砂，1937 年共 6787 吨价值 1820653 元（金单位），1938 年共 10073 吨价值 3913937 元，1939 年共 8892 吨价值 3659063 元。这些从蒙自关出口的钨砂，并"非全由云南一省所输出。盖抗战后，沿海口岸被（日军）封锁，云南成国际交通要道，赣、湘钨砂（甚至奥桂钨砂）再入云南，转安南及缅甸出口"。[①] 这就是说，从蒙自关出口的钨砂中，在有的年份的出口数中，包括了来自江西、湖南，甚至广东、广西出产的部分钨砂。

此外，民国三十一年（1942）成立文山钨矿公司。此前，曾于民国初年在文山县玉树乡老君山发现辉铋矿和白钨矿（钨酸钙又名重石），并有乡民出资承领开采，后因矿产贫瘠而告停歇。二十七年（1938）云南矿业公司派员从事探采，后因故暂辍。直到三十一年初正式成立文山钨矿公司，隶属云南省企业局，开始探采作业。从三十一年至三十四年（1942～1945），省企业局共投资 215 万多元。但因"该地白钨矿为一种接触变质交染矿床，仅于接触带之边缘偶或有之，赋量颇为有限，应无大量投资之必要；益以经营困难，乃于三十三年十月停办"。前后经办两年多，"计共洗获白钨净矿约及五吨"。[②]

第二节　锑矿的开发

云南锑矿的开发，盖始于光绪、宣统之际。光绪二十年（1894）至宣统三年（1910）在云南居官十有六年的贺宗章，著有《幻影谈》一书，其下卷"杂记"这样写道："滇南边地，亦产锑矿。"又谓：当时，云南地方政府从湖南招雇炉师多人，在开化（今文山）、广南设炉收炼锑矿，炼出生锑数十吨。其产品生锑由火车运至香港出口销售，因运费甚巨，而价值甚低，亏本不少。后来又有湖南商人投资开办锑矿，并改组为

---

① 以上俱引自《云南之钨锑矿业资料》，第 5～13 页。
② 《续云南通志长编》下册，第 469、469 页。

"宝善纯锑公司"。① 民国四年（1915）以后，第一次世界大战期间，锑价飞涨，矿商获利颇厚，锑矿业"遂大形发达"起来。欧战之后，锑价跌落，锑矿业逐渐衰落。迄于抗战时期，因"抗战建国"需要，锑矿业又迅速发展起来。

一　锑矿的分布

云南锑矿主要分布在滇东南各县，如开远的果花及都比，文山之茅山及羊血地，马关之裕源厂，屏边的仓房山，广南的革夺及塔塘，邱北的虎革厂，师宗的坡顶岩，平彝的蔡家老厂、银厂沟、柏冲及歇牛厂，罗平的锁崇山，沾益的松柏地等。此外，滇西南各县，如峨山之叶姓大桥，镇沅的山神庙箐，景谷的蛮恤村以及石屏等，蕴藏亦复不少。② 详见附录"历史上云南金属矿产分布表"表9"锑矿分布"。

二　宝华锑矿公司

此为最先开发锑矿的官办公司，成立于光绪三十四年（1908），其制炼总厂设于蒙自县属之米拉地方，即滇越铁路芷村车站侧。该公司最初于广南、文山间开采锑矿，因制炼不良，资本亏折殆尽。宣统元年（1909），改为官商合办，官股多而商股少。民国元年（1912），股本又罄，复增加官股与招入商股，合计新旧官商股本国币348000余元。

宝华公司有矿山三处，即文山县西南之茅山厂、开远县西南之都比及果花以及广南分厂。公司原用土法采炼，嗣因产品不精，即向湖南华昌公司收买炼锑秘法，购办新式机器；于是所出之锑，成分甚高，运往香港，托德商礼和洋行转运欧美销售。

宝华公司开办之初，锑价继跌，出口滞销，公司几乎不能维持。至民国四年（1915年）欧战爆发，锑价大涨，获利甚多，退还股本，尚有盈余。后因欧战停止，锑价回跌，出口滞销。迄于民国八年（1919），存

---

① 方国瑜主编《云南史料丛刊》第十二卷，第145页。
② 《云南之钨锑矿业资料》，第4页。

锑至四百五十吨。民国十四年（1925），存锑运往美国销售，以价款清偿旧欠。继因产锑各地匪患未平，经营不易，公司即告结束。[①]

三　开远果都钨锑公司

民国二十五年（1936）云南全省钨锑公司成立后，在蒙自芷村原宝华公司旧址设立果都钨锑公司，并于开远、文山、广南、西畴、屏边等地分设办事处，恢复锑矿采炼事宜。

果都钨锑公司的矿山有五处：开远菓花与都比、文山茅山、西畴小锡板、屏边茶特白与仓房、广南革夺与韭菜坪及九克。其中，矿石成分最佳者为广南的革夺，成色约35%；第二为文山的茅山，成色为25%；第三为屏边的仓房，成色为15%；第四为开远的菓花与都比，成色为10%。

果都钨锑公司的设备有卧式蒸气锅炉、发电机、碎矿机、抽水机、倒焰炉等，均由德商禅臣洋行经手购置。在云南各矿中，仅次于个旧锡矿，"当属第二机械化之矿厂"。

该公司采砂多用土法。制炼方法，最初系以锑砂入泥罐内，制成生锑，然后倒入倒焰炉，炼成 Sb_2O_4，再精炼成纯锑。此法因成本过高，且有种种不便，故不久即改用新法，即自锑矿直接炼成 Sb_2O_3，再炼成纯锑（Sb）。

菓花与都比锑矿的产量时增时减。民国元年至四年（1912～1915）四年共计产砂2550吨，而四年至八年（1915～1919）菓花仅产72吨，都比也仅产18吨。菓都公司成立后，从民国二十六年（1937）起，每年年产锑砂约360吨。

菓都公司生产的锑，多半铸成长方形及方形锑块，除其中一小部分售予省城（昆明）的兵工厂外，大部分从滇越铁路运往越南海防，再航运至香港销往国外；出口事宜则由德商礼和洋行经办。所有锑矿悉由蒙自关出口。

据统计，宣统二年（1910）至民国二十九年（1940），蒙自关共出口锑矿石18428担（1担＝60.5公斤）、纯锑63195担、生锑317担。其中

---

① 《续云南通志长编》下册，第464页。

于宣统二年出口蒙自白牛厂锑矿 920 担，此为蒙自关首次出口锑矿。三年（1911）蒙自关出口锑矿达 16539 担，这是历年出口锑矿最多的一年。①

又据统计，蒙自海关历年出口的纯锑数量如下：民国二年（1913）341 吨、民国三年（1914）337 吨、民国四年（1915）487 吨、民国五年（1916）168 吨、民国六年（1917）25 吨、民国十四年（1925）508 吨、民国十九年（1930）35.6 吨、民国二十六年（1937）305 吨、民国二十七年（1938）3472 吨、民国三十八年（1939）4309 吨。② 由此可知，第一次世界大战期间出口的锑较多，而战后急剧减少。民国十四年曾一度骤增为 500 余吨，后又锐减。抗战开始之后，有复兴之象，出口纯锑多达三四千吨，远远超过以往出口数量。

云南锑矿由马脚（即马匹驮运）及铁道运至芷村炼厂冶炼，其产品又由铁道以达越南海防，再由轮船航运至香港销售。据估计，民国四年（1915），锑矿在芷村成本约国币 188 元/吨，加上运至香港各费合计国币 271 元/吨。以每吨售价 20 英镑，合港币 240 元。民国二十八年（1939）第二次世界大战爆发，锑价每吨涨至每吨四五十镑，合港币 400 余元。③ 因此，民国二十八年后，云南锑矿生产较前有所发展。

四 平彝钨锑公司

平彝（今富源）余家老厂锑矿开发较早。民国初年即已发现，继因第一次世界大战锑价上涨，当地商人乃集资成立光华公司，进行大规模开采；后又有补乃公司兴起，先后生产纯锑数十吨。第一次世界大战结束后，锑价大跌，因资本不济而告停歇。

民国二十七年（1938）十月，云南省当局成立平彝钨锑公司，划定矿区，自行积极探采。起初隶属省财政厅，三十一年（1942）一月改隶省企业局。从民国二十七年十月至三十四年（1945）六月，先后投资共计国币 690 余万元。

平彝公司系以土法采冶，曾从湖南招请技师，指导锑矿生产；建有

---

① 《蒙自县志》，第 588 页。
② 《云南之钨锑矿业资料》，第 22 页。
③ 《云南之钨锑矿业资料》，第 22 页。

烘焙炉两座、提纯炉三座，以冶炼纯锑。民国二十九年和三十年（1940、1941）两年出产极旺，分别为120402.90吨和117192.10吨，三十一年及三十二年（1942、1943）则骤减为28919.8吨和11233吨。① 该公司因"产品滞销，经费困难"于民国三十二年（1943）一月停办，② 前后经营共约七年。

以上近代云南矿业开发，涉及金、银、铜、铁、锡、铅、锌、钨、锑等九种矿产。除此以外，还有几种金属矿产也先后被发现，并或多或少有所开发，兹简要罗列如下：

钴矿（又名"碗花"）："据闻在元明之前即行开采，前清末叶产量较盛，该时江西商人尚在宣威设立碗花行者，就地收买，而运往赣省（'以饰瓷碗'）。至民国成立以后，受进口颜料之影响，钴价低落，销路滞塞，业钴矿者遂相继停顿。闻产额最盛之时，约在二三百吨之间。在民国十一二年间，市价每吨三百二十元左右。"③ 云南境内钴矿主要分布在牟定、昆明、安宁、富民、呈贡、晋宁、嵩明、寻甸、路南、宣威、会泽、沾益、平彝、禄劝、文山、华宁等县。详见附录表10"钴矿分布表"。

锰矿：据调查，其产地为"玉溪之石灰窑、曲溪（今建水曲江）之普家庄，及河西之白塔营三处。此外，如易门及峨山诸铁矿中，亦偶夹有锰矿，然为量甚微。红河南岸诸地，锴铁矿矿床中，亦闻有锰之存在，其详细情形不易得知"。"玉溪曲溪、河西诸锰矿，……分布极为零星，矿区面积不大，以致储量有限"。④ 此外罗平、寻甸、会泽、路南等县也有锰矿发现。⑤ 详见附录表11"锰矿分布表"。

铝矿：据调查，其产地为宜良五亩山与可保村、呈贡一朵云与龙潭山以及昆明西山三清阁等。⑥

---

① 《续云南通志长编》记载的这些数字明显有误，其小数点似应提前三位，即应分别为：120.4029吨、117.1924吨、28.9198吨、11.233吨。
② 俱见《续云南通志长编》下册，第466、467、468页。
③ 朱熙人等：《云南矿产志略》，第101、102、103页。
④ 《云南矿产志略》，第149页。
⑤ 《云南经济》，J106页。
⑥ 《云南矿产志略》，第151页。

　　近代以来，云南先后发现的金属矿产达 12 种之多，包括金、银、铜、铁、锡、铅、锌、钨、锑、钴、锰、铝，其中绝大部分都已进行了程度不同的开发。个旧锡矿的开发取得了举世瞩目的巨大成就，其产量冠于全国并居世界第五位。著名的滇金、滇铜又有所发展，铅矿、锌矿获得进一步开发，钨矿、锑矿以及钴矿也逐渐开发出来。当代云南被誉为"有色金属王国"，这一盛名，实际上在近代即已铸就。

主 要 参 考 文 献

一　古代史籍

（战国）韩非：《韩非子·内储说上》。

（西汉）司马迁：《史记·西南夷列传》。

（东汉）班固：《汉书》"地理志"、"食货志"。

（东汉）司马彪：《续汉书》"郡国志"、"西南夷传"。

（东汉）王充：《论衡·验符篇》。

（西晋）陈寿：《三国志·蜀志》。

（东晋）常璩：《华阳国志·南中志》。

（唐）樊绰：《蛮书》。

（唐）杜佑：《通典·南蛮》。

（宋）王钦若、杨亿：《册府元龟》。

（宋）李石：《续博物志》。

（元）脱脱等：《宋史》"大理国传"、"南蛮传"。

（明）宋濂等：《元史》"食货志"、"地理卷"、相关本纪。

（清）张廷玉等：《明史》"地理志"、"食货志"、相关本纪与列传。

（明）王圻：《续文献通考》"征榷考·坑冶"。

（元）《马可波罗行纪·云南行纪》。

（明）胡广等：《明实录》。按：经济资料有李国祥、杨昶主编《明实录类纂》经济史料卷，武汉出版社，1993；郭厚安编《明实录经济资料选编》，中国社会科学出版社，1989。

（明）李时珍：《本草纲目》。

（明）宋应星：《天工开物》。

（明）王士性：《广志绎》。

（明）徐弘祖：《徐霞客游记·滇游日记》。

（明）顾祖禹：《读史方舆纪要·云南纪要》。

（明）陈文：《景泰云南图经志书》。

（明）周季凤：正德《云南志》。

（明）邹应龙、李元阳：《万历云南通志》。

（明）谢肇淛：《滇略》。

（明）刘文征：《天启滇志》。

（清）光绪《钦定大清会典事例》"户部·钱法"。

（清）蔡毓荣：《筹滇十疏》。

（清）张允随：《张允随奏稿》（上、下）。

（清）王昶：《铜政全书·咨询各厂对》。

（清）岑毓英：《岑毓英奏稿》。

（清）倪蜕：《滇云历年传》。

（清）倪蜕：《复当事论厂务书》。

（清）檀萃：《滇海虞衡志》。

（清）刘崑：《南中杂说》。

（清）吴大勋：《滇南闻见录》上、下卷。

（清）余庆长：《铜政考》。

（清）余庆长：《金厂行记》。

（清）未著撰者《铜政便览》。

（清）嘉庆重修《清一统志·云南志》。

（清）《大清历朝实录》（简称《清实录》）。按：云南省历史研究所摘抄有《"清实录"有关云南史料汇编》卷一至卷四，云南人民出版社，1984。

（清）师范：《滇系》。

（清）葛士濬：《皇朝经世文续编》。

（清）戴瑞征：《云南铜志》。

（清）稽璜等：《清朝文献通考》"征榷"、"国用"、"钱币"。

（清）三通馆：《清朝通典》"食货·钱币"。

二 近代撰述

阮元、伊里布等：《道光云南通志》"食货志·矿厂"。

吴其濬：《滇南矿厂图略》（又名《滇矿概略》）。

王文韶、唐炯等：《续云南通志稿》"食货志·矿务"，台北，文海出版社，1984。

岑毓英、陈灿等：光绪《云南通志》"食货志·矿厂"，光绪二十年刻本。

赵尔巽：《清史稿》"食货志"。

林则徐：《林文忠公政书》丙集，《云贵奏稿》。

王太岳：《论铜政利病状》。

王太岳：《铜政议》（上、下）。

倪慎枢：《采铜炼铜记》。

王崧：《道光云南志钞》"矿产志"。

云南省档案馆、云南省经济研究所合编《云南近代矿业档案史料选编》（1890～1949年）第3辑（上、下），1990。

朱熙人、袁见齐、郭令智：《云南矿产志略》，国立云南大学、中华教育基金会印行，云南财政厅印刷局，民国二十九年。

袁丕济编《云南个旧锡业调查报告》（油印本），民国二十五年。

苏汝江编著《云南个旧锡业调查》，国立清华大学国情普查研究所发行，民国三十一年。

张肖梅编《云南经济》第十章经济命脉之矿业，中国国民经济研究所出版，民国三十一年。

曹立瀛、王乃樑：《云南之铁》（油印本），资源委员会经济研究室，云南经济研究报告之四，民国二十九年。

曹立瀛、陈锡畇：《云南之铜》（油印本），资源委员会经济研究室，云南经济研究报告之五，民国二十九年。

曹立瀛、陈锡畇：《云南之锌》（油印本），资源委员会经济研究室，云南经济研究报告之六，民国二十九年。

曹立瀛、王乃樑：《云南之锡》（油印本，又名《云南个旧之锡矿》），资源委员会经济研究室，云南经济研究报告之七，民国二十九年。

曹立瀛、温文华：《云南之钨锑矿业资料》（油印本），资源委员会经济研究室，云南经济研究报告之八，民国二十九年。

曹立瀛、范金台：《云南西金沙江沿岸之沙金矿业简报》（油印本），资源委员会经济研究室，云南经济研究报告之十二，民国二十八年。

云南锡业股份有限公司编《云锡纪实》，云南锡业公司五周年纪念刊，民国三十四年。

云南省政府秘书处统计室：《四十七年来云南省出口锡统计册》，民国二十五年。

周楚之编《个旧锡矿业演讲稿》（油印本），民国二十四年。

严中平编著《清代云南铜政考》，中华书局印行，民国三十七年。

周钟岳等：民国《新纂云南通志》"物产考一"、"矿业考一"。

钟纬、黄强：《云南个旧锡山报告书》（上、下），民国四年，云南省社会科学院历史研究所编《云南现代史料丛刊》（第六、七辑），1986年。

京滇公路周览筹备会云南分会编《云南概览》（建设），民国二十六。

三 当代论著

何瑭：《云南矿产》，云南省立民众教育馆编《云南史地辑要》下册，1949。

云南省人民政府财政经济委员会编：《云南经济资料》（内部刊物），1950。

章鸿钊：《古矿录》，地质出版社，1954。

许涤新、吴承明：《中国资本主义萌芽》，人民出版社，1985。

卢嘉锡总主编，韩汝玢、柯俊主编《中国科学技术史：矿冶卷》，科学出版社，2007。

赵国华、周嘉华：《中国科学技术史：化学卷》，科学出版社，1998。

〔英〕李约瑟：《中国科学技术史》第5卷第2分册，周曾雄等译，科学出版社、上海古籍出版社，2010。

夏湘蓉、李仲均、王根元编著《中国古代矿业开发史》，地质出版社，1980。

张增祺：《云南冶金史》，云南美术出版社，2000。

李晓岑：《白族的科学与文明》，云南人民出版社，1997。

云南省博物馆编《云南青铜器论丛》，文物出版社，1981。

云南省博物馆编《云南青铜文化论集》，云南人民出版社，1991。

北京钢铁学院中国冶金简史编写小组编《中国冶金简史》，科学出版社，1978。

方国瑜主编《云南史料丛刊》第一至十一卷，云南大学出版社，1998。

云南历史研究所云南地方研究室、云南大学历史系编《云南矿冶史论文集》，云南历史研究所印，1965。

东川矿务局编《东川铜矿志》，云南民族出版社，1996。

云南大学历史系、云南省历史研究所云南地方史研究室编《云南冶金史》，云南人民出版社，1980。

梁方仲：《梁方仲经济史论文集》，中华书局，1989。

全汉昇：《中国经济史研究》（上、下），台北稻香出版社，1991。

郑学檬：《中国赋役制度史》，厦门大学出版社，1994。

肖清：《中国古代货币史》，人民出版社，1984。

汤纲、南炳文：《明史》（上、下），上海人民出版社，1985。

陈高华、史卫民：《中国经济通史·元代经济卷》，经济日报出版社，2000。

王毓铨主编，刘重日、张显清副主编《中国经济通志·明代经济卷（上下）》，经济日报出版社，2000。

方行、经君健、魏金玉主编《中国经济通史·清代经济卷（上、下）》，经济日报出版社，2000。

杨寿川：《云南经济史研究》，云南民族出版社，1999。

白寿彝：《学步集》，三联书店，1962。

陈真、姚洛等编《中国近代工业史资料》（第一至四辑），三联书店，

1958、1961。

彭泽益编《中国近代手工业史资料》（1840～1949年）（1～4卷），中华书局，1962。

中国人民大学清史研究所、档案系中国政治制度教研室合编《清代的矿业》（上、下册），中华书局，1983。

韦庆远：《档房论文集》，福建人民出版社，1984。

陈庆德：《商品经济与中国近代民族经济进程》，人民出版社，2010。

屈小强、李殿元、段渝主编《三星堆文化》，四川人民出版社，1993。

祝慈寿：《中国古代工业史》，学林出版社，1988。

祝慈寿：《中国近代工业史》，重庆出版社，1989。

万湘澄：《云南对外贸易概览》，新云南丛书社，民国三十五年。

蒙自县志编纂委员会：《蒙自县志》，中华书局，1995。

云锡志编委会：《云锡志》，云南人民出版社，1992。

个旧市志编纂委员会：《个旧市志》（上、下册），云南人民出版社，1998。

云南铁道志编写委员会：《云南省志》卷34《铁道志》，云南人民出版社，1994。

云南省对外贸易经济合作厅：《云南省志》卷16《对外经济贸易志》，云南人民出版社，1998。

云南省物价局：《云南省志》卷30《物价志》，云南人民出版社，2000。

冶金工业志编纂委员会：《云南省志》卷26《冶金工业志》，云南人民出版社，1995。

马曜主编《云南简史》，云南人民出版社，1991。

云南近代史编写组编《云南近代史》，云南人民出版社，1993。

李珪主编《云南近代经济史》，云南民族出版社，1995。

云南省地质矿产厅编撰《云南省志·地质矿产志》，云南人民出版社，1997。

昆明海关：《云南省志》卷32，"海关志"，云南人民出版社，1996。

云南省志编纂委员会办公室编《续云南通志长编》下册卷73"工业",1986。

云南省文史研究馆、云南省人民政府参事室编《云南矿产历史资料汇编》,1959。

杭州图书馆、云南省图书馆:《云南产业志》第四章矿业,1992。

| 附 | | 录 |

历史上云南金属矿产分布表

在古代和近代，云南先后发现了大批金属矿产。这些金属矿产，有的曾经在不同历史时期进行过开发，其开发规模有大有小，开发过程时续时断；有的曾进行过"试办"，其中投入生产者有之，弃置荒废者也有之；有的则因资金，技术限制而一直未曾开发。兹将这些金属矿产的分布，分别列表如下，以供研究者和开发者参考。

表1 金矿分布

县　　别	产　　地
富民	大山坡
永善	金江边
建水	马鹿塘、宝山寨、初达寨初达、破山、猛弄司哈播树、猛梭掌寨
蒙自	老摩多、逢春岭老金山、新马店、瑶山、白石寨、铜厂、平安寨、合竹林、金河、龙潭九股水、沙人寨、虾子河、韭菜冲、六蓬、铜厂
墨江	金厂河、水癸河、坤勇金厂、石蚌塘、龙马大路、岩子头、阿窝泥湾、石蚌塘、三柯枪、大小凹子、坝流沙
永胜	金沙江厂、金江镇、大咀子、下圩村、青草湾、羊桥箐、土塘、厚福硐、江外坪、下坪、三道箐、龙马村、老鸦岩
顺宁(今凤庆)	涌金厂、洪家寨、七台坡、塘房、鸿兴、白马、香竹蓬山、孔雀山、金厂坝、银厂河、永发、锡林、旧寨、梅子树、黄吉庆山、大树庄、大安新、立贵山、永金、黄皮箐、大安银厂、锡泥
缅宁(今云县、临沧)	猛弄公弄寨、猛库弄山脚、云县神州渡朝阳寺山脚
景东	丙寨山脚、阿罗街、澜沧江边、圈掌圈利、月河、三岔河

续表

县　别	产　地
丽江	大其王老新山、住古金厂、岩瓦厂、马厂格子乡、茨河、木草渡、后卡、巨甸、任老厂、新老山、仁义乡、木瓜寨、白马厂
维西	村下江边北济汛金厂、摩顶、康普圈、桥沟、奔子栏、小谷田、阿海洛古、江马厂、武庙坡、北济汛江边大湾子、天生桥
鹤庆	东区江边田、东区龙塘坡、东区江边坡、东区炭窑、黄六郎、中美镇、禾米肚、龙潭、北衙蒲草金厂、东区黄洛崀、东区西炭街、北箐
昭通	金沙旧厂
中甸	江边安南地方、安南山脚红溜口、格咱即拉格腊、大中甸境天生桥、龙须坡、麻康金厂、江边海巴洛、松坡金厂、吾竹村、里敢寨、马脛子、松子坪、梅山坪、新药山、中江河、孙屋田、黄草坝、黑敢谷、大塘口、宝兴厂、严里、洛吉河、拍怒、那贺簿、聚宝厂、下河、
保山	瓦窑厂、一碗水、李家山、三辅地、平坡金厂、澜沧江、新寨山、潞江金厂、温筏河、木瓜寨
永平	玉皇阁、河西乡梨树坪、燕子河、银江河、茅厂河、瓦射河、马料田、红土坡、大秧田、栗坪山
腾冲	马牙金厂、大河金厂、金龙箐、六合厂、大发厂、小厂、黄草坝、桥头村、大塘街、光明河、小新街、马鹿塘、凤尾、古永河、许家田、叠水头、葫芦口、金厂河、冷水箐、魁甸
龙陵	白水阱、长沙坝、老硐、平达乡、首根勾坡
文山	大山头、蔴姑金厂、岔河边、马到子、白牛厂、干河坡
马关	马关金矿、东区锡板、理明硐、底泥老厂、腊者、岩脚、腊科、正江北区锡板街、大梁者寨厂、马固、菜子地、油房坡、古鲁街、大坝塘、马拉冲
普洱(今宁洱)	麻栗林西八十里猛洒、麻林井
宾川	三岔河、云顺通金厂箐
景谷	猛遁乡
大理	下区佛顶峰北麓、花甸哨
祥云	金厂箐、毛栗坪、向笔庄、红土坡、万花溪、马屎坡
洱源	鸟骚箐、小鹿洞黑惠江、黑石千江西岸、上江咀、下江咀、菖蒲塘、下菖蒲塘、五十石、黑德里、长邑村、山羊坪、凸凹村、乔眉、仕登街、沙溪街、马鹿塘、罗坪
新平	困龙河迭巴都、磨刀滩、戛洒岔河、阿都冲、甘蔗园、界脾、太和、白达母、水塘街、六竜、马鹿塘
澜沧	公信公基厂、大丙山白马厂、大丫口宝兴厂、西盟新厂、南锡河金矿、石牛厂、龙潭山、席古
绥江	搭子滩沙金、卷子滩金沙、老鹰石、金沙厂

续表

县　别	产　地
广通（今属禄丰）	南区太哨
屏边	义河老林、戴家寨大山、阿德博、火山山顶
金平	五步田老金厂、老熊窝、宝山寨、猛喇铜厂、金薄田、瑶山、沙树田、金河沙
大姚	秀水河、小新厂
云龙	归仁里、登奎山、老茂山、鲁羌村、月亮田、苗篮坝、金台子、苗单田
凤仪	金厂箐、官房箐、小黑箐、双马槽、红岩、彩云镇、马厂箐、苏家庄、和尚箐、花椒箐、灰窑箐
元谋	大巳保、花椒阱、迴龙山、麦粮地、孟令沟、普登村、罗差村
剑川	羊岭乡、逆邦村、老厂、栗河两岸、栗坪、大塘子、黄花场、老君山
漾濞	金马场、下街、平坡街
宁蒗	木里、冲天河、无量河、东里河、水落河、龙打河
河口	自逢春岭马店至猛喇等处
广南	莫治峰
镇沅	章达
江城	泡竹箐
车里（今景洪）	九龙江
易武（今勐腊）	猛远
楚雄	雁山
牟定	戌街、香贝、伏龙
罗次（今禄丰碧城）	炼象、阿三村、街子厂
永仁	苴却
姚安	蛟龙江
陇川	淘金凹寨
元江	石门坎、板别、黑结冲
贡山	茂顶、拉打各
石屏	五郎沟

共计：54 个县 148 处产地

资料来源：（1）《云南全省金矿一览表》，昆明矿署余焕东编纂，民国四年；《云南近代矿业档案史料选编》第 3 辑（上），1990，第 143～150 页。

（2）《云南矿区分布及藏量估计表》，未著编者，民国三十四年；《云南近代矿业档案史料选编》第 3 辑（下），1990，第 678～680 页。

（3）《云南矿产历史资料汇编》，云南省文史研究馆编，1959 年，第一、三、五、六、七、八、九册。

表 2　银矿分布

县　别	产　地
鲁甸	乐马银厂、裕丰、元龙、天财开泰、硐、四口、老君山、湾腰树、照壁山、龙头山、老厂、叶马厂、大宝山、鹦哥嘴、马塘硐、黄公山、砂子场、大佛山、手扒岩
广西(今泸西)	北乡杨梅山
永善	三道沟银厂、金沙厂、金江、蒿芝坝、上厂、干田坝
路南	狮子山、大兑冲、小兑成厂、青士银厂、宝源银厂、围坡厂、三道沟
建水	摸黑银厂、判山厂、大山厂、磨羊山厂、席子塘、黄瓜田、黄泥坡、华竹箐、云龙山、龙岔河、歪尖山、羚羊洞
石屏	三岔河、裴革山、黄沙厂、银矿坡、一碗水、阿戛龙、红岩子、落水洞
习峨(今峨山)	白甸孔、宝岩
牟定	柳太山、阿龙池、祭天山、贾太山、鲊梅阱、马豆地、大兴厂
姚安	老虎山、尹家山、迴龙厂、会隆厂
楚雄	后河哨、罗摩哨、天苍山厂、永和厂、兴隆厂、黄草厂、天仓厂、碧鸡哨、团山厂、永盛厂、白马铜厂、大宝厂、老鹰洞厂、瓦房
双柏	三江口、土革喇银厂、石羊银厂、三江口藤子阱、野牛河、香树坡厂、白马厂、角猛江、天官厂、表罗山银厂、马龙厂、鸿兴厂、排沙厂、新银厂
大姚	庙宇厂、惠隆厂、庙门剑泉厂
镇南(今南华)	阿雄区、阿雄区团山厂、阿雄区白象山、桃花山、天象山、银厂山、豹子山厂、团山厂、龙潭地、铅船山
永北(今永胜)	土司山地、东升厂、矿山厂、阿剌山
镇沅	章达
陆良	兑成山、秧田河、牛首山
寻甸	妥妥村、纳家箐、那石冈
蒙化(今巍山)	观音山、白总旗营
顺宁(今凤庆)	涌金厂、银厂(鲁甸乐马厂之子厂)、锡林、湾片黑山、黄吉庆山、立贵山、孔雀山、香竹蓬山、永发厂、大树庄山、大安新、立贵银厂、永金银厂、黄皮箐、银厂河、金厂坝、耿马土司属悉宜银厂、银厂街、大安银厂、银泥厂、七台坡、塘房、鸿兴厂、白马厂、旧寨、梅子树
缅宁(今云县、临沧)	九邦山脚、党瓦村、遮街(遮乃)、猛峡(猛来)、雾龙山达恒、城北圈胜南窐
丽江	吴烈里老母智厂、述孟湾古岩山、通甸里回龙厂、花德邑补罗厂
景东	柳大庄、阿龙池、祭天山
维西	地宝厂、江西老厂、岁隆卡、白银硐、因夺村、上龙戛、阿南多、红坡吉咱
鹤庆	东区白马厂、东区白沙矿山、东区北衙山、东区麦地坡、马耳山、芹菜场、北衙后山水晶凹、乌山头、三尖山、细腰箐、销矿厂、草塘银厂、捨茶寺
中甸	古学银厂、大古碧怒村宝兴厂、安南厂、黄草坝、白土坡、东炉房厂

续表

县　　别	产　　地
保山	城北瓦窑火头木辰寨、富国厂、银矿山、茂隆银厂、道人山、关外乡里来寨银厂、阿思郎银厂坡银厂、椅子山、白水井、黄坪厂、马蚁堆厂
镇康	银街厂
永平	西里月甲三道沟
腾冲	明光隆下单罗家产、明光隘清水甲滇滩瓦甸、大银厂、练水箐厂、灰窑厂
龙陵	东区一百四十里白水阱、堵墩厂、老厂黑硐厂、羊广厂、猛懦铅银矿
文山	安南里、老寨甲、白牛厂、马腊底厂、所作迭、三宝山、白羊厂、外西乡保舍冲厂、外西乡羊街子、西乡新厂、外西乡阿尾厂、罗食冲、黄龙银厂、兴裕厂、阿尾厂
马关	东区一百里沙田湾、东区一百里三宝厂、东区一百五十里岔邦、东区一百二十里红石硐、都龙山、布忙厂、东安里、花鱼硐、水洞厂、南当厂、马白厂、菊花山、戛达厂、猛忙、大三家
他郎（今墨江）	得宝硐、三柯枪
普洱（今宁洱）	湾腰树、东门山
景谷	课里乡、翁孔乡、猛酒山
宾川	宾西大兴银厂、乳尖山、骡子硐、宾居街后白象银厂、宾西小龙潭老银厂、象山厂
云南（今祥云）	帽山厂、溪花洞、金龙厂
洱源	黑惠江之西、马鹿塘、凤羽蜂子硐、白龙厂
凤仪（今属大理市）	朵古二郎厂、观音山、轿子山、黑箐
云龙	东南乡箭里腊鹅厂、白羊厂、师里、梅坡厂、岩山厂、干沟厂东南乡蜂岩山、箭里、归里、师里梅坡厂、师里喜雀厂、勐量峰岩厂、松里公山
邓川（今属洱源）	宝山厂、遇师银厂、云龙山猪圈厂、小中所、煤炭山、沙涧、腊坪玉狮厂、坦坦厂
新平	太和厂、白达母、小黑箐、可作河、迭巴都山、倪家箐、东区岔河银厂、北区老厂潘家硐、方丈厂、来池母、了黑、乐和冲、可作河
镇雄	铜厂坡、银厂坡、花路沟、银厂坝
宜良	老山、蜂岩
广通（今属禄丰）	狮象山宝兴厂、南区广建厂
澜沧	募乃厂、大山厂、上改心碾厂河厂、仙人银厂、西盟新厂、野卡中厂、永广厂、石牛厂、上改心白马厂、麒麟山、西狮山、两象山、公鸡山、猛福寨、蛮洞
会泽	棉华地银厂、角麟银厂、丰东区三甲新寨厂、金牛银厂、小华园、矿山厂、永兴厂、尚德乡鱼洞、白马厂、披戛、忠顺礼乡大宝厂、宝兴厂
宣威	北区土木、北区郭家营、猴子窝、小红岩、东山、龙口、石龙山
广南	大荞坝、小里恨、六里塘、珠街银厂、董角银厂、莫治峰

县　别	产　地
元江	太和厂、一甲冲、牛尾冲、红龙厂、大竹箐、六根银厂、麻村
个旧	龙树脚、箐箕凹
漾濞	马厂新村、九箐尾厂、西里月、匡子河、马厂后山
兰坪	通甸里、白箐厂、下甸新老山、迴龙厂、江东里富隆厂
龙武(今属石屏)	银厂坡
巧家	棉花地、菜子地、杨家湾子、江外大银厂、双龙厂、厂门口
彝良	长发硐厂、大明、仙人硐、观音山、猫猫山、穿心寨、老山、金藤湾、蜂岩
麻栗坡	三宝厂、水硐厂、娃娃硐、岩龙关
昆明	北乡阿居鲁、撒旦、阿抵倮
盐津	银顶、观音山、银厂沟、半坡
绥江	银厂坝
邱北	舍戛、横水塘、普阳山
西畴	大坪白牛厂、水洞厂、娃娃硐、岩龙关
澄江	新庄、狗头坡、草甸土老冲及梁家庄、狮子山
河西(今属通海)	肥革
思茅	普文、得宝硐、白马蛮丹
江城	摹等中山
易武(今勐腊)	公中保、补竜
佛海(今勐海)	猛海银矿厂、蛮线、猛板、打洛
车里(今景洪)	牛尾巴冲
南峤(今勐海)	遮顶五福银矿
双江	上改心白马厂、银厂河厂、卡瓦新厂
德钦	思树隆巴马鹿塘
泸水	千工矿地、燕渴厂、太平银厂
南山	三区普拉河西岸、二区千拉博箐
大理	白云峰、云弄峰、周城
弥渡	城中乡蔡家地、东城乡观音山、黄矿厂、河东村
潞西	芒市大矿山、芒市司里东山白水河、芒市猛拱银厂
蒙自	扶车冲、蛮耗、期白山、西溪、老寨、爆竹箐、判村、麒麟山
开远	白花草、妈达、得难、他呢白
河口	石围寨山后
屏边	簸多依波
曲溪(今属建水)	侯家箐
金平	金平银厂
宁蒗	白牛厂、东升厂、三棵椿

续表

县　别	产　地
马龙	银矿山、翠屏山、翠屏山、喜雀厂、梅坡
沾益	北山寺后山象鼻岭
共计:86 个县 460 处产地	

资料来源：（1）《云南全省银矿一览表》，昆明矿署余焕东编纂，民国四年；《云南近代矿业档案史料选编》第 3 辑（上）1990 年，第 151～165 页。

（2）《云南矿区分布及藏量估计表》，未著编者，民国三十四年；《云南近代矿业档案史料选编》第 3 辑（下），1990 年，第 681～684 页。

（3）《云南矿产历史资料汇编》，云南省文史研究馆编，1959 年，第二、三、四、五、七、八、九册。

表 3　铜矿分布表

县　别	产　地
昆明	三支锅、板桥堡、宝兴厂、打矿山、沙井村、阿居鲁、大哨象鼻山、大麻堡沙井村
禄丰	打矿山、石灰坝、泥川乡旧铜矿、老硐箐厂
富民	黄土坡、大营村、沙国寺、李家村、杨梅山、伐柯青、双龙潭、清水河、老青山、核桃箐、赵家村、沙锅村、东山箐、老偏山、石狗箐、石箐
宜良	二龙戏珠双龙厂、黄保村山、围杆山、大铜山、二租稍、兰保村后山
罗次(今禄丰碧城)	孝母山塘子湾、龙潭山、南区可里郎、小新山、上厂、北区大美桥山、北区塘子心、北区热窝弯村、小尖山可里郎后冲、龙潭山、大美桥小串楼、下厂、孝母山大箐厂、孝母山小核桃箐、孝母山大寨箐、孝母山象鼻箐、小新山胡家庄、小新山花沟山、练象关、东山河、塘子箐、热窝塘、老硐箐、街子厂、大美厂、旧马街、大坝河
安宁	松林村鸪鸡厂、龙马山班鸠村、黑土厂、五子山放马坪、大青山、打矿箐、小黑箐、九渡河、拉咱箐
易门	狮山、凤山、大漯塘、白石头、新山、马干田、小尖山、大红山、老媒山、逐贼哨、牛厄山、起哨、老厂、永发厂、万年硐、大庆硐、副马硐、必成硐、青龙硐、六合硐、大转塘、皇姑硐、三家硐厂、万宝厂、洪发硐、九灯塘、香树厂新实硐、香树厂实兴硐、香树厂吉旺硐、铜厂、大梨树、大缘计、新硐、牛眉山、马鹿村、破子、大小塘、小星硐、地宝硐、吉祥硐、白龙井、白石头灯塘、起铺郎土瓜、娘娘庙铜厂、李子树、义都、九新山、马鹿铜厂、水泄厂
嵩明	日足里九龙冲、金马里腰站、邵内大小尖山、邵外甸头村、官箐、土灰山、骑马圭、雷大寺
广西(今泸西)	西北乡大哨、下西乡凤落梧尖山

县　　别	产　　地
师宗	南区小午竜、南区山潮村、西区鸭子塘、大哨、小务竜村、老尖山、鸭子塘转坡、小鱼村
永善	小岩坊厂、鸡窝多跳塘、普武乡、梅子沱、铜厂湾、新店子雪山、新寨、龙家沟、铜厂河、仁里沟、马旺沟、万家沟、沙河、仁甲沟、绍武溪、木杆河
弥勒	大古厂、莫租、虹溪
大关	邓家沟、大关乡四甲铜厂沟、姚家沟、人老山厂、箭竹塘、豆沙乡牛栏沟、芹菜场、大关乡二甲哆啰坪、邱家湾、临江溪、吉利铺、豆沙关、鹦哥嘴
鲁甸	石龙河、唐家沟、乐马厂、香木山、叶马厂、外中区、香杉箐、白龙水井、曹家渡、阿子阱
镇雄	宝兴厂、长发坡
河阳（今澄江）	城东五十里土文、热水河、城东五十里一碗水、城东四十里七佛铺厂、东北四十里双马箐、东北四十里矿厂箐、联发厂、宝兴厂、兴发厂、同兴厂、狮子山、土老冲、怀山、装山、五老山古埂、西边苦水洞
路南（今石林）	围杆山、卜草村老旺厂、路美邑双塘厂、大乐台旧石城坡厂、三家村、大阿易林、清水塘、所角邑、上卜草村、红坡、豆黑村、阿紫龙、小色多母鸡厂、小色多三道沟、小色多东宝厂、小色多黑矿厂、小色多老兴厂、小色多金马厂、青土厂、波罗黑干塘、小交厂、宝源厂、小老厂、凤凰坡、老鹰窝、老旺山厂、大兴厂、紫龙厂、双塘山厂、石城坡厂、尖山厂、小紫龙厂、围坡厂、上卜草村铜矿厂、羊圈厂、铜砂厂、小兴厂、锅盖厂、象牙厂、锡龙厂、白马厂、红石岩厂、鸭子塘村元新厂、泰来厂、羊屎厂、干塘厂、小龙厂、左列、水尾村、堵宜、鸡湾河、狮子山、大骂革、路则村、来福村挖矿箐、石峡子厂、元宝厂、团团厂、绿铜硐、石子坡、天生桥、灵光庙、新庄子、福德山、麦冲、白左山、四家村、莫租厂、永昌公司铜矿
建水	日新厂、大发坞后歪头厂、狗街铜厂、铜厂河、五台山、月半山、花木脑、模黑厂、辉窑、青龙硐、路矿山、迴龙厂、岔科、回头山、斐母、他腊、万象、那白、豹子箐、阿白寺、螃蟹、歪尖山、三元、灵丹、黑山水箐、落水洞、双岩、白家庄、萝卜甸、鼎新、鲁纳、波密、翠柏、大多山
蒙自	金钗坡、大坪子、黑拉古、新山铜矿厂
黎县（今华宁）	长发山、麒麟山、绿碛硐、三台山、马耳山、浦兮山岩铜厂、老象山、四宝厂、青龙厂、大红岩、狮子山、永兴、石牙口、小白厂、梅子铺、永盛、观音山、尖山
牟定	青龙厂、秀春厂、妈泰厂、大平地、洗澡河、白马河、甄子河、化佛山、长箐、平地厂、黑家湾、象鼻岭、马鹿坡、漫家寨、落水洞、沙人寨、猛冈河、大茂厂、秀春厂、青龙山、青龙厂新厂、尖山河、寨子山、马泰山、乌龙池、吃茶冲、新厂、寨子山、西岳庙山、高山顶

县　　别	产　　地
姚安	元宝山、拉巴山、三台山、拉鲊磨、斌姑山、新田山、多批磨、青牛厂、三台厂、马鹿坡、老厂、迴龙厂、梯山厂、老绿硐、打板箐、小横山、兴隆厂、土官厂、戛戛皮厂、石者河厂、北区界碑、马鹿塘老厂
楚雄	自楚哨、凹古哨、同发厂、纳广厂、宝善厂
摩刍(今双柏)	香树坡厂、马龙、小寨箐、凤凰厂、白马厂、豹子山、罗家村、发孔山、阿雄乡、石官山、华夏哨
大姚县	北界双龙厂、辉东厂、北界六直摩、新厂、西木村、大厂、秀春老厂、秀水河、北区界碑、茂密厂、茂密白铜子厂、东老厂、素昂堵、木卡拉、旧小春厂、双龙厂
镇南(今南华)	罗家村、豹子山、阿维雄乡、发孔山
永北(今永胜)	宝坪山厂、大宝厂、晒席地厂、小落脚、铜厂河、东升厂、木耳坪、巴横拉、树杂厂、老得宝厂、天宝山、新得宝厂、米里厂、姚钱河、四方地、积宝厂、落树河、那水杞、水炉房、大溜坡、风吹樑子、银矿箐、练山厂、姚钱河帚竹箐
陆良	西乡小喇得黄矿坡、勾闸冲、老红坡、法色村、天生关、大小戈息坡
寻甸	发古厂、双龙村、长冲箐、横沟、他他箐村、隆丰乡杨梅山、发窑箐、铜矿厂、白龙山、老茑营山、宣乡凤梧山、鲁鲁箐、铜厂箐、甸沙龙潭厂、杨柳箐、应钟厂
宣威	西冲、倘塘、马场、得禄、铜厂沟、大湾地、龙口厂、平顶山、西区邑那小厂、东区顺五甲小镇雄、北区月亮箐、皂卫三尖沟、皂卫山后著期法戛、月亮田、法撒、浆子树、茨营、母鸡沟、大栗树、安家口、耗子硐、大屯、得宝箐、獐子箐、大沟、格宜、哈蚂硐、白药、阿楂密、葛古、小屯、大窝子、小江边、兴隆、龙宝大山、乌龙、兴国
沾益	小井村、蒌兰、大板村、荷叶厂、滴水沟、大山冲、卡机厂、蒌盛厂、小水井、羊肠营龙村、隔浪河、班竹箐、毛家村、黄草塘、道人硐、大脑山、三岔河、小尖戛、营盘山、茂浪厂、新裕、白龙山、大麦地、伐柯山、不睹村、大小冲、三家村
罗平	独栗树、里采坡、哈马矿山、增多山、富罗厂、凉水井、驼牛坡、纳兆沟、翠丰山、计郎村、大阿起村、铁厂村、格干村、粗那村、摩拢村、鲁机、阿紫柏、初纳村、老鹰岩、安色白、蚂蚁坟、老厂、杨梅山、阿冈吃水冲、阿贵木沙里、下马街、阿马召、鲁法
平彝(今富源)	色舍则村、蛮冈山、豫顺关、曹家庄、四学庄、坝冲、大丫口、外口山、白马山、段家地、麒麟厂、罗木厂、黑石村、天祐硐、卑淅厂、块泽厂、新厂、后所、大小平山、九龙厂、补都箐、黄矿山、大黑牛山、东山、白石岩、深沟冲、紫荆冲、迴龙、香冲、板籍山、云龙山

县　　别	产　　地
蒙化（今巍山）	山后箐、白石崖、南涧街、老君殿、客里底、密里底、密马郎、南涧地方大佛山、南涧地方六瓢山、新兴乡山后井、新兴乡龙潭村、大合硐、公郎南涧及西山、马鹿吃水、小独木、耳左村、大仓官庙
顺宁（今凤庆）	炉塘山、炉台山、炉白厂、瓦屋上、咫尺路上、阿路山、宝竹林山、瓦屋恩度、卡马厂、宁台厂、大宝山、水泄厂、芦塘山、台铜厂、大兴铜厂、阿令厂、铜厂河、龙竹河、龙竹山、芦坡山厂、临江厂、打盹山、宁山山、灵台、篾至陆厂
云县	打黑庄、打黑庄宝兴厂、仁和硐、独家村、六合村山后铜厂、后山村、大绿崖、蛮六村、小箐河、小溪、威信里打黑庄、威信里打黑庄拦马甲、芦房河、黑箐绿石崖铜厂、李家田庄、打黑山脉顶铜矿厂、复兴硐、鸿开硐、天生洞东铜厂、老硐铜厂、西就硐、逢源硐、僮中硐、东区乐邦硐、宝兴厂、恒丰硐、三合村、马鹿塘、德化厂
景东	三岔河各有谷山、老仓左户啰啰山、猪街塘、圈掌圈邦巍打厂井、南区戛里江白玉岭、南区猛统乡者后日喜、猛统圈铁河三家村、有后里回喜、路东街后老阱花阱、花佛山长箐、白玉林、猛片
丽江	八宝亮达米松平子、罗寻硐、四十里箐、老君山、黑白水、东三里武郁村、迴龙厂、瓦里罗、香各里洛山、南山里、刺宅里花厅邑、江南里高轩井、江东里六合、江东里大发厂、大其里若子村、大其里耻可独、刺宅里风科厂、大河厂、东元厂、木保厂、北地坪厂、河西新龙厂、西尼罗厂、白马厂、东罗厂、热水塘厂、江西里气屋、大其里里泉、金龙厂、永宝厂、铜厂、中厂、金狮厂、聚宝厂、小宝厂、得胜厂、刺宝兴、日见汛铜厂、白驴铜厂、东山寸圭田、江西里气屋、大其里里泉、孟植古
维西	腊善洛、借他洛、神门多、大宝山、嗽普村、阴夺村、太乙山、亥咱村、甸古村、倮大树、喇白村、石门多、腊美洛、洛米洛红石崖康普老炉房、后山坡喇日、玉不底呵喃多、扎木底后山诚心厂、江西老厂、腊他洛、石箐、大宝山
剑川	华丛山、白腊哨、洰沙、操水井、永兴厂、水磨箐、沙溪
鹤庆	大水阱、熟地山、南区阿腊河、东区冯家阱、东区龙子坪山、东区小后山、洪家窝山、东区中村后山、东区晏公庙北牛坪、东区芹菜场、东区吉菜场、西区龙门舍山、西区白草罗山、奇峰口铜口厂、北衙后山铜厂、炉房铜厂、大湾山后铜厂、九峰山铜厂、眠龙山
中甸	安南山、迴龙厂、格咱浪市厂、西林厂、浪都厂、道郭厂、那斯厂、下邑所厂
保山	北上哨公山、包家山、莹宫山、刘家山、大围山、罗汉山、窑场田、沙河厂、北冲中岭冈铜厂、北冲牛湾樆铜厂、北冲猪食箐铜厂、五邑清水沟自然铜厂、北冲遇羊路铜厂、杉阳蜜场田铜厂、杉阳白鸡罗、关外乡东安山头、阿坡罗汉铜厂、城东阿坡罗汉铜厂、城东阿坡罗汉厂、双河厂、双龙厂、大荒田厂、清水沟、渭西河、肆洪、杉阳白鸡山、户蒜、核桃坪、河心田、黄宫山

县　别	产　地
镇康	五家寨小坪掌、小河滨、麻栗坪、送归、五家寨第二大山宝兴厂、大象厂、凤尾户
永平	苏屯乡青羊厂、泰来厂、花桥乡、东山、河西乡宝兴厂、大象厂、冷水沟、瓦舍山、长建里、老新、宁厂、绿汤厂、大豫厂、矿箐厂、青阳厂
腾冲	西区官山青岩、大西炼青岩山、南甸土司属地内、安库山、李家山、明光铜厂
龙陵	芒市土司地、东区堵礅厂、新街同兴厂、老厂铜矿、归顺乡老鸦屯寨
江川	古埂厂、太极厂、狮子洞、大发厂
文山	者囊厂、老龙箐、竜邑厂
马关	归仁里正南区都龙、归仁里正南街都童、归仁里铜街厂、东区冷水井、龙邑厂、老龙箐、龙铜厂、瓦台子山、戛达、老囊厂
他郎（今墨江）	迷那厂、城南八十里车哈厂、马市梁子、班倒河厂、铜街、沙河厂、车哈村
景谷	猛迺乡、翁哄乡、课里乡、翁哄土司私庄小河边、猛迺乡芭蕉林、西萨乡落水洞、课里乡暖里河底、翁哄乡那布、翁哄乡独田、翁哄乡坝戛河、海凯乡、老铜厂、北乡虫海清水硐、打矿乡、课里乡坝戛村、猛迪乡歪头山、北乡蛮海
宾川	宾西马鹿塘、平川铜厂、宾东官坡、南区邦帛岔山、回龙厂、宾源铜厂、芭蕉箐、宝兴厂、响水箐、排营铜厂、班明、四角山、皮铜厂
大理	上区五台山（峰）
云南（今详云）	松子哨、蒿子坝、铜厂箐、九顶山、金厂箐
凤仪（今属大理市）	泰国寺、嵩子坝、二郎铜厂、白岩
洱源	凸凹村、鸟吊山、鸡乳山、马鞍山、兵营岭、矿山、蕨菜坪、大山、大叶坪、凸旺厂、凤羽、下江、岩叶坪、钟乳山
云龙	白羊厂、师里、菜里、勋里、西北乡白草山、大麦地厂、上江乡铁门关毛草山厂、西北乡白草之西大功铜厂、乐依山、蛮浪山、草坪山厂、宝石甸、长建里、白戛山、炎山、荣里布麻山
邓川（今属洱源）	张波罗山张波罗厂、莲花阱、顶山厂、焦石硐、老马栏、波罗山厂、沙坝营后山南衙厂、平坝山、子关厂、南衙厂、坦坦厂
新平	练庄小尖山、太和三家村迭巴都厂、北区迭巴都、杨武乡土锅岩、大山、太和、东山哨、密得孔、乐施达、易得岭、乐邦东村、打黑山、小黑箐、舍迭龙、秀水山
元江	猛仰山、黄龙厂、白龙厂、大龙厂、青龙厂、老新厂、江龙厂、老乌山、大黑山、红龙厂、东乡牛尾巴冲、元丰厂
镇雄	宝兴厂、长发坡厂、龙塘厂、大鱼井厂、头道沟、红岩
彝良	坪上、大茶树、以勒坝、田黄寨后山、茶园、金藤湾、金彭湾

县　　别	产　　地
武定	迤那厂、狮子口、旧山箐、金钟罩、大麦地、平地厂、深沟箐、龙潭箐、鹅头厂、汤郎境、大宝厂、九厂境、插甸境、勒品乡、青峡硐、中象厂、鸡冠山、走马地、奔子塘、马鹿厂、铅厂箐、滴水箐、铺西山、芹菜箐、四尖山、老保厂、大巳村、英户村、米布、虎跳、倮山厂
禄劝	猪圈门、双龙潭、元宝山、马樱山、泥岔、金坪子、蜘蛛山、牛坑、多那、双龙厂、天宝厂、施期厂、马莫山厂、红罩山厂、狮子厂、凤凰山有沽厂、龙马厂、铜厂箐、多叶厂、安童箐、小倒山、党海山、崇仁马、发济、螺丝箐、凤尾山、磨盘山、甸尾村、韭菜地、火头田、花椒园、新山、小倮左、火头田
元谋	丙卷村、大巳村猛合沟、小罗岔河、莫（英）户村、虎跳海、螺村、狸山厂、阿保山、班洪山、对布
广通（今属禄丰）	北区火把箐、北区老山箐、南区大箐口、大象厂
澜沧	大山
绥江	近林里
会泽	猴岩及紫塘生铜厂、崇礼乡大兴厂、丰乐里六合铜厂、忠顺丰乐交界地盖德盛铜厂、敦仁乡铜厂箐、敦仁乡扯戛厂、丰乐区三甲新寨铜厂、岔河厂、大碘厂、龙宝厂、多宝厂、小米山、大水沟厂、聊兴厂、茂麓厂、普赋（咩）厂、忠顺里铜厂坡、向化里宝台厂、兴隆厂、聚宝厂、观音山、大风岭厂、杉木箐厂、大寨厂、紫午坡厂、迴龙厂、铜厂箐、新塘厂
巧家	向化里汤丹厂、向化里白锡腊厂、向化里落雪厂（原名碌碌厂）、向化里牛厂坪、向化里铁厂、宝源厂、新大红厂、二台坡厂、小铜厂、大丝箐厂、江外善良里杨家村厂、江外善良里毛春树厂、钱家坪、干沟厂、淌塘厂、汤丹新厂、白锡腊、老新山、小山脑、竹子箐、青龙厂、根地、大石棚、新闸、深沟、碌碌厂万全硐、碌碌厂龙山硐、碌碌厂老山、碌碌厂宝元山、因民厂后山面、因民厂大山撒、因民厂膏、因民厂根地、因民厂水成、因民厂黑山、茂麓厂新山、茂麓厂四棵树、茂麓厂帽壳山、汤丹牛心硐、汤丹水成、碌碌厂腰带鞘、碌碌厂偏冲、大水厂沫子山、茂麓韭菜地、凉山二十一地、汤丹二地多落滥泥坪、茂麓二地山脚鸡冠石、大水厂二地高粱地水成、落雪、九龙箐落雪鸡朵、落雪小河、九龙厂新塘、拖布卡、落英山、捷淌厂、砂包山杉树坪、三根桥崖坝、新发村
玉溪	天宝山、沙坝冲、峨牙山
广南	郎恒、大小黑恒、大桥坝、洋硐
兰坪	四十里箐、碧玉河、迴龙厂、八宝山、江东里大发厂、江东里六合、北地坪、天河厂、河西新龙厂、西尼罗厂、江西气屋厂、东元厂、木保厂
晋宁	天宝山
昆阳	子母山厂
峨山	义都厂、马厂山、阎家坡、山后厂、歪头山、木作龙、北拿鲊、老衡寨

县　别	产　地
马龙	溜槽山、西沟
开远	五美寨、他呢白、果克、乍里甸、妈达
屏边	苦竹寨
石屏	婆罗山、木梳扇、铜厂、海懦、黄沙厂、红岩子、龙棚里
曲溪(今属建水)	老象山、梁王山、他摩格山、六龙山
宁洱	猛隆、白龙、洩坡、会连、仙人潭、蚌坪村、孟连、南英箐、蚌弄山、把边聘空、连大山、马市梁子
思茅	普文、干沟厂、班倒河、班倒河、白马蛮丹、白马干沟猛丹、猛萨、白马山
镇沅	铁厂河铜厂、邓冈特洛河
猛烈(今江城)	铜矿山
车里(今景洪)	输石铜矿、勐沙铜矿
镇越(今勐腊)	整董白象铀厂
缅宁(今临沧)	雾龙山达恒
永仁	辉东团山
盐丰(今属大姚)	小兴厂、三台厂、树皮坡
华坪	小铜厂、河门口
漾濞	塘塔左、马厂村、杂古厂
弥渡	南二乡二郎、朵股、江买村
潞西	大矿厂、双宝厂、明硐、油菜地新厂坡
梁河	江东乡
昌宁	罗汉山、阿便寨、小厂东木笼
邱北	小弥勒、六独大山
富宁	囊充、坡防、板伦、里大
麻栗坡	都竜、铜厂街、山后、江盖、水洞厂、铜街
昭通	乐马厂、桂花箐、马背河厂

共计:101 个县 1246 处产地

资料来源：（1）《云南全省铜矿一览表》，昆明矿署余焕东编纂，民国四年；《云南近代矿业档案史料选编》第 3 辑（上），1990，第 75～124 页。

（2）《云南矿区分布及藏量估计表》，未著编者，民国三十四年；《云南近代矿业档案史料选编》第 3 辑（下），1990，第 687～693 页。

（3）《云南矿产历史资料汇编》第一、二、三、四、五、六、七、八、九册，云南省文史研究馆编，1959 年。

（4）《云南产业志》（六）"矿业"第 277～285 页，杭州图书馆整理、云南省图书馆审订，1992 年。

表4 铁矿分布

县 别	产 地
昆阳	白大营、老蒋河、石槽河、天井山、料草坝求雨山、天井村虎山、老矿山、大六期、法古甸、新房子、白马龙山、天井山、杨柳河、老鹳阱、河双营
禄丰	二乡八甲公山、金刚箐、小岗箐、东矿坑、打矿坡、梨园头、三家村
罗次	北区阿三村铁厂三处、北区花沟小新厂、南区阿里郎照壁山、马厂箐、孝母山、小尖山、山后村
安宁	河底村复兴厂、新甸樊村通仙桥、老莺山、杨梅村、将军崖、求雨山、谢家箐、马家坟、打矿箐、白马庙山、六柴箐、八街小营、八街乡桃园哨、坡头哑口山又名老虎山
广西(今泸西)	布韶山、雷打山
邱北	温列下一傲山、苴铁厂、富甸、得居厂、六常、当甸
习峨(今峨山)	小假左、红石崖、山后厂、上厂山、野马硐、老鲁关、洒江北、塔冲左山、水晶厂、永兴厂、模期黑、西舍迭、塔达、炼山、总果红石、老鹿关
建水	洒溪革
阿迷(今开远)	得难、得居铁厂、歪头山、山林果树
永善	杉木岩野雌乡蒜坪一带、万枝坝、羊义路、炉井坝、野鸡山
大关	椒子坝铁厂、大头厂、本域乡大坪子、毛坝田
休纳(今玉溪)	豆冲河、法中村、矿铁山
路南(今石林)	来福村、左席厂、尾乍黑、圭山、小板田、普拉河、秧草坝、焦草塘、勒马硐、核桃沟山、小乐美山、小芹田山、落沼山、当甸
广南	童街、沙木桥、龙街、马街、石登寨
石屏	落水洞、小水井铁厂、龙里州上下铁厂、昌明河上厂、海马格上下厂、老黑山、新厂
黎县(今华宁)	狮子山
牟定	大湾山铁厂、新田铁厂、扭柴河、苴苋、冷水塘、象山、椒子坝、苴尤、张周二家山
摩刍(今双柏)	石羊铁厂、滥泥箐铁厂、老虎山、和尚山、麻夒厂
大姚	东界小铁厂
镇南(今南华)	干海子、鹅赶山、草芥河
陆良	东乡高家村、三山铁厂、甸头村白大营、乞曲乡双箐、戈卑黑、阿错村、林茂村、节米、卑舍村、天花县铁厂
寻甸	双箐厂、乞曲乡双全铁厂、甸头村、白大营村
永北(今永胜)	干沟上下厂、老炉厂、拉都铁厂、打矿山、老矿山、纳拉箐
镇沅	大哀乐、哀牢山
宣威	马街、渣格、乍格厂、茨得、物格山
沾益	羊肠营、白龙山、沿塘、恩鸿黑泥桥、者白黑新村、滴水沟

县　别	产　地
罗平	西北乡迫干牛肠沟一带
平彝（今富源）	滴水崖、窑坡厂、迤之斤后、青龙河、核桃冲、海水潮、独户里吉克、龙王坡、后河、长坪山、拖坞
蒙化（今巍山）	新兴乡马鞍山、双龙硐、落旧村山四厂、老厂、新厂、板桥厂、中厂、田口村山下厂、新兴乡、新兴乡外西区、铁厂箐、富白坪、蒙城乡、轿顶山、落白山、雷雨坪、阿克塘
顺宁（今凤庆）	大寨河、九道河莽水矿山、红豆河、袁家村、石桥河、莽水河、山平板、陈家炉莽水矿山、张家炉莽水矿山、黄竹林莽水矿山、大河边莽水矿山、莽水铁厂、杨家山、松子坡、大河边、新矿山铁厂、底马席厂
云县	北区僧户里、阿维后山、杨家村
景东	新田、扭柴河、东区者干乡竹山、西区圈冒打矿井山、秉华乡
丽江	石鼓里白马、石鼓里华路瓦、江西里气屋、江东里羊马角、鲁甸里小木瓜足、龙宝厂、鲁甸里拖枝、高轩井、新宝厂、松子坪厂、马鞍山、江尾坡、鸿鸣厂、东山黑、大坝黑、玉龙厂、东山里、鲁甸山、箐口塘、甲卜点石厂
维西	腊关洛山、玉不底阿南多、箐槽谷大小别驮、洛通、偏天角、周巴洛、江河桥、锡腊可
剑川	麻栗箐象鼻岭、树坪丫口栗坪村、公山石照壁
鹤庆	河底铁厂、东区栗木阱山、舍茶寺、北衙街、北衙厂西山、龙硐坡、东山厂、锅盖山、北衙厂东山、马鞍山、白（北）衙厂
马龙	铁红路口锅铁厂、东南区大庄大哲宗、三脚硐、大庄马麻村、张梅山
保山	圈桥铁厂、水路矿山、阿边寨、山尾子、阿坡、铁厂坡、阿坡箐铁厂、阿坡水路铁厂、永和厂、永宝（保）厂、福来厂
腾冲	沙喇铁厂、水箐铁厂、阿幸铁厂、灰窑厂、滇滩隘大哨塘、练水厂、赵家营厂、小五山厂、练来厂、阿革厂
文山	干河坡、保地、鑫隆山岔河边、江那镇十河打铁寨、老君山
宾川	打矿山、东区者干乡竹山
洱源	雪梨村罗坪山、塘塔左、铁坪山、大叶坪、铁坪山
云龙	西区荣里、正西乡铁厂、漕涧铁厂、张家山、米家山、云里山
新平	杨武铁厂、十里河、鲁魁山、马腊蚁
镇雄	林口厂、天明寨、布丈坝、大河滩、范果、板桥、蔡营、口袋沟、林口、小米地、龙硐沟、法贡、走马坝、干河、木瓜园、山担湾、芭蕉河、天池
马关	东区董占、归仁里达报、东安里大山、东安里宝地、瓦子山
普洱（今宁洱）	马鞍山、松丁、菜子地、猛先、猛夏、太和厂
景谷	猛烈河铁厂、猛夏、西二乡邦东口、太和厂、铁矿山

县　别	产　地
彝良	唐家沟、管家坝、红沙湾、正河、勒扯、头道林、大莽坝、宝龙厂、黑水河、大桥坝、宝丰坝、小草坝
武定	只苴、五岔甸、大普勒、沙拉箐、河底大眼哨、橡山村、干河、那木厂、大厂、挖矿山、和尚庄、大黑山、凤凰山
禄劝	撒老倮厂、甲甸厂
元谋	凤凰山
澜沧	上改心德胜厂、上改心同胜（盛）厂、湾河、椰皮树、坝卡河半坡寨、上湾铁厂、磨刀河、南滨河、大南婆、和兴厂、双河厂
会泽	忠顺里黄梨树铁厂、丰乐里大红铁厂、雨绿
绥江	元亨里、近林里
嵩明	金上枝八家村
易门	老吾山铁厂、东山、檀香箐、黄石岩、军哨、阿德、西平岭、打矿箐、四区
富民	大山坡
富州（今富宁）	板仑
昆明	鱼街子、风摆山、箐竹寺、白大营、天井村
呈贡	白龙潭
广通（今属禄丰）	新庄、丽江箐
河西（今属通海）	白塔营
麻栗坡	罗家地、石海螺、火山厂、老厂、半甲老厂、包家地、大凹子、铁厂、火山干坝子、苏蒲地、火山黑山厂
师宗	山潮、江外坡顶岩、阿藏村
永平	青羊厂、泰来厂、范家灼
华坪	小铁厂、永兴东乡、义和乡、纳苴、依绿坪
兰坪	江西里、富川其普、松子坪厂、荣华厂、新宝厂、鸿鸣厂、江西里气屋、江东里羊马角、马鞍山、白石江后山
邓川（今属洱源）	寅塘里上档、公鸡石后山
西畴	火山厂、官墙厂

共计：70 个县 442 处产地

资料来源：（1）《云南全省铁矿一览表》，昆明矿署余焕东编纂，民国四年；《云南近代矿业档案史料选编》第 3 辑（上），1990，第 125～218 页。

（2）《云南矿区分布及藏量估计表》，未著编者，民国三十四年；《云南近代矿业档案史料选编》第 3 辑（下），1990，第 671～676 页。

（3）《云南之铁》，曹立瀛、王乃樑编，民国二十九年。

（4）《云南矿业志》（六）"云南全省已开矿物状况表"，杭州图书馆整理、云南省图书馆审订，1992 年 5 月印刷。

表 5　锡矿分布

县　别	产　地
大　理	云弄峰
建　水	陡岩
凤　仪	白岩
维　西	喇日村
大　姚	白家湾
潞　西	天矿山坡脚双宝硐、窝子山
蒙　自	大屯、汉叶村
文　山	产地不详
个　旧	马拉格、黄茅山、野猪塘、花扎口、银硐、耗子厂、上中下竹林山、碰王山、晒鱼坝、破山、小箐口、石耗硐、龙头寨、龙树脚街、马道子、三台坡、蜂子硐、牛屎坡、龙潭头、梅雨村、二转湾、银硐厂、湾子街、期白山、黄泥硐、二台坡、古山、仙人硐、新山、泥浆塘、卡房、朦子厂、老厂、田心、瓦房冲、韭菜冲苏家山、白沙冲冲门口、白沙坡、大冲、小竹箐山桔花山、菊花山、上朦子、下锁品、抅口、坪子、塘子凹、天生塘、大坪子、黑蟆井、白泥塘、白石岩中、老痕厂、白花草、芭蕉箐、斗姆阁落水洞、小花山、猴打革秋、老硐坡、老象山冲、白岩子、洪碰硐、打硐脑、后山、老鹰岩、白马寨、荷叶坝、皂角树、野鸡硐、古山黄泥冲、脚锁口甲百虎脑、花子洞、鼓山半坡、黑明、半坡、湾子大陡山、银硐山厂、木登硐、松子坪、白峡硐、小城门硐、菜园、长冲、玉麦地、头台坡、老铅坡、菖头地、羊油山、下朦子、干龙井、冒天井、石门、龙潭头、下梭坡、滥泥湾、鸡心脑、猪首山、金钗坡、哑吧塘、老寨坪、老熊硐冲、新关、茶园、石门坎、瓦房、松树脚

共计:9个县115处产地

资料来源:（1）《云南全省锡矿一览表》，昆明矿署余焕东编纂，民国四年；《云南近代矿业档案史料选编》第3辑（上），1990，第174~177页。

（2）《云南矿区分布及藏量估计表》，未著编者，民国三十四年；《云南近代矿业档案史料选编》第3辑（下），1990，第698页。

（3）《云南个旧之锡矿》，曹立瀛、王乃樑编，民国二十九年。

（4）《云南矿业志》（六）"云南全省已开矿物状况表"，杭州图书馆整理、云南省图书馆审订，1992年5月印刷。

表 6　铅矿分布

县　别	产　地
昆明	托土木村屋后福百山、妥木村梅子箐、妥木村仙龙山、明郎堡妥土木山、七盘山、白眉村、阿居鲁、撒旦矿山、龙盘树、玉案山木央箐
宜良	水晶坡华石岩
罗次	练象关、东山河、小核桃箐、象鼻岭山、大寨箐、塘子箐

县　别	产　地
大关	白水乡
鲁甸	大佛山、兴山海子、艾家坪、叶马河、湾腰树、立台山、当阳硐、大明、大宝山、金钏山、新山坪、乐马厂老君山、手扒岩、大佛山、落红地、二塘、艾家坪小瓦房、新小海子
路南	大雄冲、林口铺、黑豆村、阿慈林、大兑冲、大兑冲大总成、林口铺村天生桥、阿慈村阿慈铅厂
建水	大茂秧、摸黑黑铅厂、月半山、花木脑、辉窑、青龙硐、路矿山、恒格山
习峨(今峨山)	铅厂、白塔山、老衡寨
石屏	阿路白、银厂、异龙乡红岩子
镇南(今南华)	南界、铅村厂
曲靖	东乡、石灰窑狮子山
寻甸	那厘乡落耳箐、双龙村、那黑白、妥妥黑铅厂、甸头乡那石岗、落牙箐、祭龙箐、黄草岭、银矿山
平彝(今富源)	会泽倭铅厂、大黑牛山、色(舍)则村、块泽厂、新厂
罗平	卑浙厂老君台、卑浙厂、富罗厂、甸头乡那石岗、那黑乡落耳沟
富民	东山梅子箐旁大象山
顺宁	光阴黑、诗里街、洪家寨
缅宁(今云县、临沧)	北区龙潭山龙潭
丽江	蔑邑房、白地坪、江西里河西、香谷里尖帽山
维西	二道石门关内山巅康普村、济册铅厂、喇日村、白齐后山、维西洛沽
剑川	九冲村
中甸(今香格里拉)	吾竹铅厂、黄草坝、江边境吾林厂
嵩明	二龙戏珠、马家冲陡沟箐、岳庐山老鸦箐
保山	薄缥六十里孔雀寺、大坡脚、树皮窝铺、树皮坡
镇康	猛海箐
腾冲	明光隘东西两山、青岩山、大硐山、假角山、锡降山、滇滩隘之东老山顶、滇滩隘红发厂、大勒厂、大洞山、明光下单官山大洞厂、西区官山迤水厂、盏西山、观音山、大哨塘、六合厂、锡匠河厂、明光隘清水甲
龙陵	东区堵敦厂
文山	以乌迭
他郎(今墨江)	得宝硐
普洱(今宁洱)	蛮磨街、磨黑、厂硐、石膏井、猛先街、得宝硐银厂

续表

县　别	产　地
宾川	和村耆奶尖山、拖骡厂、乳尖山、三和村
凤仪	城东秀镀(渡)
云龙	荣里
镇雄	长发硐、老彝良铅厂
彝良	长发硐、易古寨、观音山
禄劝	三家村、档梅山、二哨厂、崇仁马、月旧庄房、安童箐、小倒山、双龙潭、龙马厂、党海山
澜沧	募乃铅厂、西盟厂、两狮山、两象山、石牛厂、永康、永内、公章沙、公鸡、公亮
会泽	白马银厂、忠顺里矿山厂、忠顺里麒麟厂、忠顺里小菜园、输城里天锡铅厂、狮子山天锡厂、丰乐里大宝厂、丰乐里治落所、者海铅厂、阿那多黑铅厂、双龙村、土灰山梁子、大田湾、陶家湾、大火地、待补里新山花木梁子
巧家	东三乡、东三乡狮子硐丁家湾、棉花地、大涝塘、拖摩呢、五甲楚胜沟、大田湾沟坝、陶家湾小湾子、大火地
兰坪	富隆铅厂、下甸新老山、四十里箐、白地坪、江西里、河西、新铅厂、庆兴厂、通厂、下甸村碧小岩
摩刍(今双柏)	石羊银厂、马龙厂、天仓硐、麒麟硐
沾益	边界倭铅厂、弥西罗、三家村、华家地、老鼻干地
安宁	班鸠村、大龙山、大龙硐、象母山
永胜	东升厂
龙武	银厂坡
澄江	草甸、土老坪(冲)、梁家庄
鹤庆	水晶凹、红土坡、水井湾
耿马	悉宜厂
个旧	龙树脚、甲石庙
新平	小黑箐、西区戛晒
云龙	白羊厂、腊鹅厂
易门	老莺窝、大黑山、杨柳箐、竹石哨
武定	银厂箐、大宝厂、滴水箐、铺西山、狮山干河
广南	郎恒、大小黑恒、大桥坝、洋硐
楚雄	马龙厂
镇沅	兴隆厂
元谋	庄房

县　别	产　地
江川	白夷寨芭蕉阱
陆良	北山放马箐
广通	罗川坝狮子山宝兴厂、野牛
马关	都竜山
元江	邓耳、哈诂粗
麻栗坡	崖龙关
蒙化	大佛山厂、芭木村、黑磨苣
弥渡	城中乡河东村
河西(今属通海)	骡峰山
共计:65个县257处产地	

资料来源：（1）《云南铅矿一览表》，昆明矿署余焕东编纂、民国四年；《云南近代矿业档案史料选编》第3辑（上），1990，第166～173页。

（2）《云南矿区分布及藏量估计表》，未著编者，民国三十四年；《云南近代矿业档案史料选编》第3辑（下），1990，第684～686页。

（3）《云南铅矿一览表》，曹立瀛、陈锡嘏编著《云南之铅锌》附录一，民国二十九年。

表7　锌矿分布表

县　别	产　地
会泽	输城里天锡厂、者海厂、白龙潭厂、矿山厂、麒麟厂、狮子山天锡厂、阿那多厂、丰乐里治乐厂、丰乐里大宝厂、忠顺里倭铅厂
巧家	三甲大水沟、片子山、小湾子、白牛厂
彝良	易古寨、长发硐、见音山
鲁甸	班鸠岩、白阳沟、新山梁子、乐马厂、小瓦房、青山、香坪
盐津	银厂坝
路南	大兑冲、麒麟山、狮子山、象山、大兑成厂、黑豆村、银厂坡
陆良	放马沟
罗平	一窝蜂、灯盏坪、歇马村、麂子塘山、北乡斗街、老君台富罗厂、卑浙厂
建水	甲长岭干、阿里黑、横路村、亨格苏租老母者
弥勒	拉里黑、寨子房、龙潭沟、卜箐门、野猪畔(箐)
曲溪(今属建水)	拉里黑牧羊山、大曲三甲已得邑横路矿山、北区十里横路村荒山
共计:11个县52处产地	

资料来源：（1）《云南锌矿产地一览表》，曹立瀛、陈锡嘏编著《云南之铅锌》，附录二，民国二十九年。

（2）《云南矿产历史资料汇编》云南省文史研究馆编，1959年，第二、五、八、九册。

表8　钨矿分布

县　别	产　　　　地
个　旧	卡房、白沙坡、贾石龙、新山乡、牛屎坡、六房寨、斗(陡)岩、黄茅山
文　山	玉树乡、老君山、母鸡冲、东南坡
龙　陵	产地不详
建　水	产地不详
共计:4个县14处产地	

资料来源:(1)曹立瀛、温文华编《云南之钨锑矿业资料》,民国二十九年,第4页。
(2)云南省文史研究馆编《云南矿产历史资料汇编》,1959年,第五、六册。

表9　锑矿分布表

县　别	产　　　　地
富宁	革当寨、大等
广南	革(格)朵坝、塔联塘、九克寨、得山巴、母利寨、小里恒、坝劳、韭茶坪、伐戛、清水塘观音硐、克宽、坝心(兴)、宝富里、里大后山、白龙山
罗平	西乡锁、崇山
平彝	罗木厂、芹菜坪、余家老厂、胡家坡、白马山、核桃冲、蛮冈山、大黑牛山、银厂沟、拍冲、歇牛厂、老尖山、戛拉门、打翠山、杨家坟、罗锅井山
文山	毛(茅)山硐、外北乡羊血地、打料山、锡板山、木都迭、仓房
马关	西区龙宝山、永平里永平区下麻底、正东区马欧、正北区锡板、西南区独木桥、裕原厂、裕顺厂、老宝厂、马街
景谷	扛哄(翁孔)蛮恤村、猛酒乡
西畴	小锡板、小西坡
大理	上区云弄峰
开远	菓花、都比
屏边	仓房山、东区仓房、茶桑白
师宗	坡顶岩、南崖、大陆棚、下窝得、谓落义山场
邱北	虎革厂、山林果树寨、虎革大坪箐、曹登北山、近山塘
峨山	南区叶姓大桥、兴夜尾乡大树
镇沅	山神庙箐
沾益	松柏地、朝阳山、大冲山、小冲山
河口	新寨
兰坪	产地不详

续表

县　　别	产　　地
永平	黄连铺
蒙化	城西南山
云龙	产地不详
镇南(今南华)	葛苴坪
罗次	孝母山
建水	白沙沟
蒙自	棉花(袍)山
新平	三尖山、谷麻江
宣威	务得
缅宁(今临沧)	邦卖油柞房
顺宁(今凤庆)	光复镇
共计:29 个县 91 处产地	

　　资料来源：（1）昆明矿署余焕东编纂《云南全省锑矿一览表》，民国四年；《云南近代矿业档案史料选编》第 3 辑（上），1990，第 182～184 页。

　　（2）《云南矿区分布及藏量估计表》，未著编者，民国三十四年；《云南近代矿业档案史料选编》第 3 辑（下），1990，第 695～696 页。

　　（3）曹立瀛、温文华编《云南之钨锑矿业资料》，民国二十九年，第 4 页。

　　（4）云南省文史研究馆编《云南矿产历史资料汇编》，1959 年，第三、四、五、六、七、八、九册。

表 10　钴矿分布

县　　别	产　　地
昆明	大西堡大哨村、沙朗村下马鞍山、西城外苏家村、龙头村、大板桥、杨梅山
富明	三锅山、冬瓜箐、黄土坡、天山坡、硐口山、大营村大营山、河东村、大山坡、凤仙山
安宁	高山、小龙山、月亮山
晋宁	盘龙山、大红山、石美山后、诰轴山、五龙山
嵩明	邵甸里龙潭山、龙潭营、罗登山、金下枝、洋朝箐
呈贡	马寨子、化城村外大红山、头甸村小哨箐
广西(今泸西)	黑锅山
休纳(今玉溪)	狮山、东化山
路南	南区明村厂、大湾箐、文笔山、阿子龙山、毛水硐、滥泥井

续表

县　　别	产　　地
寻甸	倘甸乡落塘地、马脚村五里外、小梁山、宣里、倘里、啰啰坟、大岐山、马街、马家地、落耳箐、法安哨、书米当
宣威	附敦各村、阿角村、阿当村、永安铺
沾益	小偏山、小湾箐、松林杨梅山
平彝(今富源)	四百户屯、大熟地、海潮水、凉水井、海水潮、七道水、东化山
文山	歪头山、迴龙乡
禄劝	住基厂、土色马、转龙马
会泽	全县境内、县东北经者海至矿山厂途中皆有钴故
鲁甸	双龙山
罗平	老君岩、祭树坡、大河金、西北两区
澄江	七拱坡
华宁	宝珠山
建水	笔架山
矣定	大湾山麓

共计:22 个县 82 处产地

资料来源:(1)昆明矿署余焕东编纂《云南全省碗花矿一览表》,民国四年;《云南近代矿业档案史料选编》第 3 辑(上),1990 年,第 178～181 页。

(2)《云南矿区分布及藏量估计表》,未著编者,民国三十四年;《云南近代矿业档案史料选编》第 3 辑(下),1990 年,第 697～698 页。

(3)云南省文史研究馆编《云南矿产历史资料汇编》,1959 年,第一、二、三、四、六、七、八册。

表 11　锰矿分布

县　　别	产　　地
玉溪	石灰窑
安宁	草铺、王家滩、八街、杨梅山
曲溪(今属建水)	普家庄、横路村、老黑山
河西	白塔营、石门坎
易门	东山厂、阿德厂、平顶山、军哨
蒙自	芷村
龙陵	产地不详
罗平	产地不详

续表

县　　别	产　　　地
寻甸	产地不详
永仁	产地不详
会泽	产地不详
路南	毛水硐、滥泥井

共计：12 个县 22 处产地

资料来源：（1）《云南矿区分布及藏量估计》，未著编者，民国三十四年；《云南近代矿业档案史料选编》第 3 辑（下），1990，第 697 页。

（2）云南省文史研究馆编《云南矿产历史资料汇编》，1959 年，第三、四、六、八、九、十册。

说明：

以上 11 个矿产分布表，系根据几种不同时期的文献制成，其中部分产地因为编音的差异或书写的不同，可能存在称谓不一或前后重复的情况，特此说明。

后 记

《云南矿业开发史》即将付梓问世。本书最终完成，得到了多方面的大力支持，在此谨向他们表示衷心的感谢。

国家社会科学基金《西南边疆项目》予以立项并提供资助，保证了本书的顺利完成和出版，谨此深表谢意！

云南大学社会科学处和我工作的发展研究院，一直关心和支持本书的撰写，谨此由衷致谢！

云南大学图书馆、云南省图书馆、云南师范大学图书馆、昆明理工大学图书馆、云南民族大学图书馆均大力提供查阅图书资料之便，热忱服务的态度深深留在我的记忆之中，谨向它们致谢！

我要深切感谢我的夫人张永俐女士。她是昆明贵金属研究所的研究员，知名的材料学者。她以良好的学养和严谨的态度，对本书的结构、内容和观点等提出许多颇有见地的建议，对书中涉及冶金学、材料学的论述进行了严格把关，还对全书的文字作了认真、细致的校正。本书渗透着她不少的辛劳。

我还要感谢我的姐妹，她们也一直关注该书的撰写，并常常提醒我注意节劳和健康。

最后，我要感谢社会科学文献出版社的李建军编辑认真严谨、一丝不苟的工作，使本书最终得以问世。

　　总之,《云南矿业开发史》的出版,得到了上述多方面学者、亲人的鼓励和支持,让我再道一声:谢谢你们!

杨寿川　谨记

2012 年 8 月 31 日

于云南大学北院寓所

图书在版编目（CIP）数据

云南矿业开发史/杨寿川著. —北京：社会科学文献出版社，
2014.1
（西南边疆历史与现状综合研究项目·研究系列）
ISBN 978 - 7 - 5097 - 4973 - 9

Ⅰ.①云…　Ⅱ.①杨…　Ⅲ.①矿业 - 工业史 - 云南省
Ⅳ.①F426.1

中国版本图书馆 CIP 数据核字（2013）第 194285 号

西南边疆历史与现状综合研究项目·研究系列
云南矿业开发史

著　　者／杨寿川

出 版 人／谢寿光
出 版 者／社会科学文献出版社
地　　址／北京市西城区北三环中路甲 29 号院 3 号楼华龙大厦
邮政编码／100029

责任部门／人文分社　（010）59367215　　　　　责任编辑／李建军
电子信箱／renwen@ ssap. cn　　　　　　　　　　责任校对／师敏革
项目统筹／宋月华　王琛玚　　　　　　　　　　　责任印制／岳　阳
经　　销／社会科学文献出版社市场营销中心　（010）59367081　59367089
读者服务／读者服务中心（010）59367028

印　　装／三河市尚艺印装有限公司
开　　本／787mm×1092mm　1/16　　　　　　　　印　　张／38.5
版　　次／2014 年 1 月第 1 版　　　　　　　　　　字　　数／586 千字
印　　次／2014 年 1 月第 1 次印刷
书　　号／ISBN 978 - 7 - 5097 - 4973 - 9
定　　价／189.00 元